Das Zuwachssteuergesetz

vom 14. Februar 1911

nebst den

Ausführungsbestimmungen des Bundesrats

und dem Abschnitt IX (Tarifnummer 11) des Reichsstempelgesetzes

erläutert von

Rechtsanwalt **Richard Becher**
und **Dr. jur. Heinz Henneberg**
Berlin

Zweite Ausgabe
mit sämtlichen preußischen und den wichtigsten Ausführungsbestimmungen der übrigen Bundesstaaten

Berlin 1912
Verlag von H. W. Müller
W 35, Potsdamer Straße 121 k

Druck der Spamerschen Buchdruckerei in Leipzig

Nachtrag

zu

Becher und Henneberg, Zuwachssteuergesetz.

H. W. Müller, Verlag, Berlin.

Inhalt:

A. Die Ausführungsbestimmungen

I. Übersicht über die in Zuwachssteuer-

Bundesstaat	1. Veranlagungsbehörden — Zuwachssteuerämter — (§ 1 Abs. 1 AB.)	2. a) Besondere Steuererhebungsstellen; b) Hilfsstellen der Zuwachssteuerämter (§ 1 Abs. 2 AB.)
1. **Preußen** .	a) In den Stadtgemeinden der Gemeindevorstand; b) in den Landgemeinden und in den Gutsbezirken der Kreisausschuß (in Hohenzollern: Amtsausschuß); c) in den Gutsbezirken der Kreisausschuß mit der Maßgabe, daß zu a. in Stadtgemeinden mit weniger als 2000 Einwohnern auf ihren Antrag die Veranlagung durch den Kreisausschuß zu erfolgen hat; zu b. in Landgemeinden mit mehr als 5000 Einwohnern oder in Landgemeinden, die schon vor dem 1. Januar 1911 eine Wertzuwachssteuer hatten, auf ihren Antrag die Veranlagung durch den Kreisausschuß dem Gemeindevorstand zu überweisen ist.	a) Steuererhebungsstellen: 1. die Gemeindekasse, falls die Steuer vom Gemeindevorstande veranlagt worden ist, 2. die Kreiskommunalkasse, falls die Steuer vom Kreisausschusse veranlagt worden ist; b) —.
2. **Bayern** . .	Die Rentämter.	—
3. **Sachsen** . .	In den Städten mit revidierter Städteordnung die Stadträte; in den übrigen Städten und in den Landgemeinden der Bürgermeister oder der Gemeindevorstand, dem die Geschäfte des Zuwachssteueramts von dem Finanzministerium widerruflich übertragen sind (für die Städte mit der Städteordnung, für mittlere und kleinere Städte ist dies allgemein geschehen); in den Gemeinden ohne selbständige Veranlagungsbefugnis und in den selbständigen Gutsbezirken die Hauptzollämter Dresden II (zugleich für die Hauptzollamtsbezirke Meißen, Pirna und Schandau), Leipzig II (zugleich für den Hauptzollamtsbezirk Grimma), Chemnitz (zugleich für die Hauptzollamtsbezirke Annaberg und Freiberg), Plauen (zugleich für den Hauptzollamtsbezirk Eibenstock), Bautzen, Zittau, Zwickau.	—
4. **Württemberg.**	Die Bezirkssteuerämter (Kameralämter und Hauptsteueramt Stuttgart).	—

sämtlicher Bundesstaaten (im Auszug).
angelegenheiten zuständigen Behörden.

3. Oberbehörden (§ 36 Abs. 2 Ges., § 1 Abs. 1 AB.)	4. Landeszentralbehörden im Sinne der AB.	5. Für das Verwaltungsstrafverfahren zuständige Behörden (§ 54 Abs. 1 Ges.)
a) Für das Zuwachssteueramt der Stadt Berlin der Oberpräsident in Potsdam; b) für die übrigen städtischen Zuwachssteuerämter und für die Kreiszuwachssteuerämter (in Hohenzollern: Amtszuwachssteuerämter) die Regierungspräsidenten; c) für die Zuwachssteuerämter in den zur selbständigen Veranlagung befugten Landgemeinden die Landräte als Vorsitzende der Kreisausschüsse (in Hohenzollern: die Oberamtmänner als Vorsitzende der Amtsausschüsse).	Der Minister des Innern und der Finanzminister.	Für die Stadt Berlin der Oberpräsident in Potsdam und der Minister des Innern; in den übrigen Stadtkreisen die Regierungspräsidenten und die Oberpräsidenten; in den Landkreisen die Landräte (Oberamtmänner) und die Regierungspräsidenten.
Die Regierungsfinanzkammern.	Das Staatsministerium der Finanzen.	Die Rentämter und die Regierungsfinanzkammern.
Die Generalzolldirektion in Dresden.	Das Finanzministerium	Die Hauptzollämter Dresden II, Leipzig II, Chemnitz, Plauen, Bautzen, Zittau, Zwickau und die Generalzolldirektion.
Das Steuerkollegium, Abteilung für direkte Steuern, in Stuttgart.	Das Finanzministerium.	Die Bezirkssteuerämter (Kameralämter und Hauptsteueramt Stuttgart) und das Steuerkollegium.

Bundesstaat	1. Veranlagungsbehörden — Zuwachssteuerämter — (§ 1 Abs. 1 AB.)	2. a) Besondere Steuererhebungsstellen; b) Hilfsstellen der Zuwachssteuerämter (§ 1 Abs. 2 AB.)
5. **Baden** . .	In den Städten Mannheim, Heidelberg, Karlsruhe, Pforzheim, Baden, Freiburg, Konstanz, Bruchsal, Durlach und Weinheim, in denen das Grundbuchamt als Gemeindeamt errichtet ist, die Grundbuchämter; im übrigen die Bezirkssteuerämter (Finanz- und Hauptsteuerämter).	a) Für die städt. Zuwachssteuerämter (Grundbuchämter) die Bezirkssteuerbehörde, in deren Bezirk d. Grundbuchamt seinen Sitz hat; in Karlsruhe und Mannheim das Hauptsteueramt; b) —.
6. **Hessen** . .	Die Finanzämter.	a) Die staatlichen Kassenstellen (Bezirkskassen u. Staatshauptkasse); b) —.
7. **Mecklenburg-Schwerin.**	Die Hauptzollämter.	—
8. **Sachsen-Weimar.**	Das Erbschafts- und Zuwachssteueramt in Weimar.	a) Die Rechnungsämter; b) die Rechnungsämter und in den Städten Weimar, Eisenach, Jena, Apolda, Ilmenau, Neustadt a. d. Orla, Weida und Bad Sulza die Gemeindevorstände.
9. **Mecklenburg-Strelitz.**	Das Hauptzollamt in Neubrandenburg.	—
10. **Oldenburg** .	Im Herzogtum Oldenburg: die Ämter und die Magistrate der Städte I. Klasse; im Fürstentum Lübeck: das Zuwachssteueramt in Eutin; im Fürstentum Birkenfeld: das Zuwachssteueramt in Birkenfeld.	a) Im Herzogtum Oldenburg: die Amtsrezepturen; in den Fürstentümern Lübeck und Birkenfeld: die Amtskassen; b) —.

3. Oberbehörden (§ 36 Abs. 2 Ges., § 1 Abs. 1 AB.)	4. Landeszentralbehörden im Sinne der AB.	5. Für das Verwaltungsstrafverfahren zuständige Behörden (§ 54 Abs. 1 Ges.)
Die Zoll- und Steuerdirektion in Karlsruhe.	Das Ministerium der Finanzen.	Die Bezirkssteuerbehörden und die Zoll- und Steuerdirektion.
Das Ministerium der Finanzen (Abteilung für Steuerwesen).	Das Ministerium der Finanzen.	Die Finanzämter und das Ministerium der Finanzen (Abteilung für Steuerwesen).
Die Oberzolldirektion in Schwerin.	Das Finanzministerium.	Die Hauptzollämter und die Oberzolldirektion in Schwerin.
Die Oberzolldirektion für den Thüringischen Zoll- und Steuerverein in Erfurt; für das Amt Allstedt und Oldisleben und für den Bezirk des Vordergerichts Ostheim der Großherzogliche Generalzolldirektor in Erfurt.	Das Staatsministerium, Departement der Finanzen.	Das Staatsministerium, Departement der Finanzen.
Die Oberzolldirektion in Schwerin.	Das Ministerium, Abteilung für die Finanzen.	Das Hauptzollamt in Neubrandenburg und die Oberzolldirektion in Schwerin.
Im Herzogtum Oldenburg: Oberbehörde für Zuwachssteuersachen in Oldenburg; im Fürstentum Lübeck: Regierungspräsident in Eutin; im Fürstentum Birkenfeld: Regierungspräsident in Birkenfeld.	Das Ministerium der Finanzen.	Die Zuwachssteuerämter und die Oberbehörden für Zuwachssteuersachen.

Bundesstaat	1. Veranlagungsbehörden — Zuwachssteuerämter — (§ 1 Abs. 1 AB.)	2. a) Besondere Steuererhebungsstellen; b) Hilfsstellen der Zuwachssteuerämter (§ 1 Abs. 2 AB.)
11. **Braunschweig.**	Das Zuwachssteueramt in Braunschweig.	a) Die Hauptsteuerämter, Steuerämter u. Steuerrezepturen; b) —.
12. **Sachsen-Meiningen.**	Das Zuwachssteueramt in Meiningen.	a) Die Zollämter; b) die Amtseinnahmen; in den Städten sowie in den Landgemeinden mit mehr als 1000 Einwohnern die Gemeindevorstände.
13. **Sachsen-Altenburg.**	Das Steuer- und Rentamt in Altenburg.	a) Alle Steuer- und Rentämter; b) die Steuer- und Rentämter mit Ausnahme desjenigen in Altenburg.
14. **Sachsen-Coburg und Gotha.**	Im Herzogtum Coburg: die Staats- und Domänenkasse in Coburg; im Herzogtum Gotha: das Zoll- und Erbschaftssteueramt in Gotha.	—
15. **Anhalt** . .	Das Erbschaftssteueramt in Dessau (unter der Bezeichnung Zuwachssteueramt).	a) Die Landeshauptkasse in Dessau; b) —.
16. **Schwarzburg-Rudolstadt.**	Das Erbschafts- und Zuwachssteueramt in Rudolstadt.	a) Die Zoll- und Steuerämter und die Forstkasse in Katzhütte; b) die Zoll- und Steuerämter, die Forstkasse in Katzhütte, die Gemeindevorstände der Städte mit mehr als 1200 Einwohnern und die Vorstände der Landgemeinden mit mehr als 2000 Einwohnern sowie das Revisionsbureau.
17. **Schwarzburg-Sondershausen.**	Die Erbschafts- und Zuwachssteuerämter.	a) Die Zollämter unter Mitwirkung der Sporteleinnehmer; b) die Magistrate in Städten von mehr als 2500 Einwohnern.

3. Oberbehörden (§ 36 Abs. 2 Ges., § 1 Abs. 1 AB.)	4. Landeszentralbehörden im Sinne der AB.	5. Für das Verwaltungsstrafverfahren zuständige Behörden (§ 54 Abs. 1 Ges.)
Die Zoll- und Steuerdirektion in Braunschweig.	Das Staatsministerium.	Das Zuwachssteueramt und die Zoll- und Steuerdirektion.
Die Oberzolldirektion für den Thüringischen Zoll- und Steuerverein in Erfurt.	Das Staatsministerium, Abteilung der Finanzen.	Das Zuwachssteueramt und die Oberzolldirektion.
Die Oberzolldirektion für den Thüringischen Zoll- und Steuerverein in Erfurt.	Das Staatsministerium, Abteilung der Finanzen.	Das Steuer- und Rentamt in Altenburg und die Oberzolldirektion.
Die Oberzolldirektion für den Thüringischen Zoll- und Steuerverein in Erfurt.	Das Staatsministerium.	Die Staats- und Domänenkasse in Coburg, das Zoll- und Erbschaftssteueramt in Gotha und die Oberzolldirektion.
Die Finanzdirektion in Dessau.	Das Staatsministerium.	Das Zuwachssteueramt und die Finanzdirektion.
Die Oberzolldirektion für den Thüringischen Zoll- und Steuerverein in Erfurt.	Das Ministerium, Abteilung der Finanzen.	Die Oberzolldirektion und das Ministerium, Abteilung der Finanzen.
Die Oberzolldirektion für den Thüringischen Zoll- und Steuerverein in Erfurt.	Das Ministerium, Finanzabteilung.	Die Erbschafts- und Zuwachssteuerämter und die Oberzolldirektion.

Bundesstaat	1. Veranlagungsbehörden — Zuwachssteuerämter — (§ 1 Abs. 1 AB.)	2. a) Besondere Steuererhebungsstellen; b) Hilfsstellen der Zuwachssteuerämter (§ 1 Abs. 2 AB.)
18. **Waldeck** . .	Die Kreisämter unter der Bezeichnung „Fürstliches Zuwachssteueramt“.	a) Die Staatskasse in Arolsen unter Mitwirkung der Kreisrentmeister; b) —.
19. **Reuß ä. L.**	Das Zuwachssteueramt in Greiz.	a) Die Landeskasse; b) —.
20. **Reuß j. L.** . .	Das Erbschaftssteueramt in Gera unter der Bezeichnung „Fürstliches Zuwachssteueramt“.	a) Das Hauptzollamt in Gera; b) —.
21. **Schaumburg-Lippe.**	In den Stadtgemeinden Bückeburg und Stadthagen die Magistrate; im übrigen die Landratsämter in Bückeburg und Stadthagen.	a) Die Landeskasse; b) —.
22. **Lippe** . . .	In den Städten die Magistrate, ausgenommen die Gemeinde Schwalenberg; diese ist dem Verwaltungsamt Blomberg angegliedert; auf dem Lande die Verwaltungsämter.	—
23. **Lübeck** . . .	Der Steuerdirektor in Lübeck.	—
24. **Bremen** . .	Das Generalsteueramt in Bremen.	—
25. **Hamburg** .	Der Steuerdirektor in Hamburg.	—
26. **Elsaß-Lothringen.**	Die Verkehrssteuerämter; in den Städten Colmar, Mülhausen, Straßburg, Zabern, Diedenhofen, Metz und Saargemünd die Verkehrssteuerämter I.	—

3. Oberbehörden (§ 36 Abs. 2 Ges., § 1 Abs. 1 AB.)	4. Landeszentralbehörden im Sinne der AB.	5. Für das Verwaltungsstrafverfahren zuständige Behörden (§ 54 Abs. 1 Ges.)
Der Landesdirektor in Arolsen.	Der Preußische Finanzminister.	Die Kreisamtmänner und der Landesdirektor.
Die Oberzolldirektion für den Thüringischen Zoll- und Steuerverein in Erfurt.	Die Landesregierung.	Das Zuwachssteueramt und die Oberzolldirektion.
Die Oberzolldirektion für den Thüringischen Zoll- und Steuerverein in Erfurt.	Das Ministerium, Abteilung der Finanzen.	Das Zuwachssteueramt und die Oberzolldirektion.
Die Ministerialabteilung für Gewerbe- und Gemeindeangelegenheiten in Bückeburg.	Das Ministerium.	Die Ministerialabteilung für Gewerbe- und Gemeindeangelegenheiten in Bückeburg.
Die Regierung in Detmold.	Das Staatsministerium.	Die Zuwachssteuerämter und die Regierung.
Die Steuerbehörde in Lübeck.	Der Senat.	Die Steuerbehörde.
Der Oberzolldirektor in Bremen.	Der Senat.	Das Generalsteueramt und der Oberzolldirektor.
Die Steuerdeputation in Hamburg.	Der Senat.	Die Steuerdeputation und der Senat.
Der Direktor der Verkehrssteuern in Straßburg.	Das Ministerium, Abteilung für Finanzen, Handel und Domänen.	Die Verkehrssteuerämter und der Direktor der Verkehrssteuern.

Bundesstaat	Beschwerde	Verwaltungsstreitverfahren oder ein durch die Landesgesetzgebung geregeltes anderweites Verfahren vor den Verwaltungsgerichten
1. **Preußen** .	Die Beschwerde ist ausgeschlossen. Zunächst Einspruch binnen 4 Wochen gegen den Steuerbescheid.	Gegen den Einspruchsbescheid (der Veranlagungsbehörde) binnen 2 Wochen verwaltungsgerichtliche Klage an den Bezirksausschuß; gegen das Urteil des Bezirksausschusses binnen 2 Wochen die Revision an das Oberverwaltungsgericht.
2. **Bayern** . .	Gegen den Steuerbescheid: a) Beschwerde an die Regierungsfinanzkammer, b) weitere Beschwerde an das Staatsministerium der Finanzen.	Gegen den Beschwerdebescheid der Regierungsfinanzkammer binnen 14 Tagen seit der Zustellung Beschwerde an den Verwaltungsgerichtshof (Artikel 16 bis 44 des Gesetzes über den Verwaltungsgerichtshof vom 8. August 1878).
3. **Sachsen** . .	Beschwerde an die Generalzolldirektion. Die weitere Beschwerde ist ausgeschlossen.	Gegen den Beschwerdebescheid binnen 4 Wochen nach seiner Zustellung Anfechtungsklage an das Oberverwaltungsgericht (Artikel 73f. des Gesetzes über die Verwaltungsrechtspflege vom 19. Juli 1900, Ges. u. VerordBl. S. 486).
4. **Württemberg.**	a) Verwaltungsbeschwerde an das Steuerkollegium, Abt. für direkte Steuern, b) weitere Beschwerde an das Finanzministerium.	Gegen die Entscheidung des Finanzministeriums binnen 1 Monat Rechtsbeschwerde an den Verwaltungsgerichtshof (Artikel 13 des Gesetzes über die Verwaltungsrechtspflege vom 16. Dezember 1876 — Reg.Bl. S. 485 —).
5. **Baden** . .	a) Beschwerde an die Zoll- und Steuerdirektion, b) weitere Beschwerde an das Finanzministerium.	Gegen den Beschwerdebescheid der Zoll- und Steuerdirektion binnen 1 Monat Klage beim Verwaltungsgerichtshof nach Maßgabe des Verwaltungsrechtspflegegesetzes.

Rechtsmittelverfahrens in Zuwachssteuersachen.

Rechtsweg	Durch die Erhebung der Beschwerde wird das Verwaltungsstreitverfahren oder der Rechtsweg ausgeschlossen	Das verwaltungsgerichtliche Verfahren oder der Rechtsweg ist erst nach Erledigung der Beschwerde oder der weiteren Beschwerde zulässig
—	—	—
—	Nein.	Nein.
—	Nein.	Anfechtungsklage gegen den Beschwerdebescheid.
—	Nein.	Ja.
—	Nein.	Gegen den Beschwerdebescheid der Zoll- und Steuerdirektion verwaltungsgerichtliche Klage und weitere Beschwerde

Bundesstaat	Beschwerde	Verwaltungsstreitverfahren oder ein durch die Landesgesetzgebung geregeltes anderweites Verfahren vor den Verwaltungsgerichten
6. **Hessen** . .	a) Beschwerde an die Abteilung für Steuerwesen des Ministeriums der Finanzen, b) weitere Beschwerde an das Ministerium der Finanzen.	Gegen den Beschwerdebescheid binnen 4 Wochen Klage an den Verwaltungsgerichtshof.
7. **Mecklenburg-Schwerin.**	a) Beschwerde an die Oberzolldirektion, b) weitere Beschwerde an das Finanzministerium.	—
8. **Sachsen-Weimar** . .	a) Beschwerde an die Oberzolldirektion für den Thüringischen Zoll- und Steuerverein in Erfurt; für das Amt Allstedt und Oldisleben und für den Bezirk d. Vordergerichts Ostheim an den Großherzoglichen Generalzolldirektor in Erfurt, b) weitere Beschwerde an das Staatsministerium, Dep. der Finanzen.	—
9. **Mecklenburg-Strelitz.**	a) Beschwerde an die Oberzolldirektion in Schwerin, b) weitere Beschwerde an das Ministerium, Abteilung für die Finanzen*).	—
10. **Oldenburg**	Die Beschwerde ist ausgeschlossen.	Klage binnen 2 Wochen bei den Verwaltungsgerichten.
11. **Braunschweig.**	Beschwerde an die Zoll- und Steuerdirektion. Die weitere Beschwerde ist ausgeschlossen.	Gegen den Beschwerdebescheid Klage beim Verwaltungsgerichtshofe.

*) Zu 9: Das Beschwerdeverfahren wird noch geregelt werden

Rechtsweg	Durch die Erhebung der Beschwerde wird das Verwaltungsstreitverfahren oder der Rechtsweg ausgeschlossen.	Das verwaltungsgerichtliche Verfahren oder der Rechtsweg ist erst nach Erledigung der Beschwerde oder der weiteren Beschwerde zulässig.
—	Die Klage an den Verwaltungsgerichtshof schließt die weitere Beschwerde aus und umgekehrt.	Ja; verwaltungsgerichtliche Klage gegen den Beschwerdebescheid.
Klage gegen das Finanzministerium bei dem Landgericht in Schwerin.	Ja; durch Ergreifung des einen Rechtsmittels seitens des Steuerpflichtigen wird das andere für ihn ausgeschlossen.	—
Gerichtliche Klage gegen die Entscheidung des Staatsministeriums, Dep. der Finanzen; Frist 1 Monat.	Nein.	Ja.
Klage gegen die Entscheidung des Ministeriums, Abt. für die Finanzen, bei dem Landgericht in Neustrelitz.	—	—
—	—	—
—	Nein.	Ja; verwaltungsgerichtliche Klage gegen den Beschwerdebescheid.

Bundesstaat	Beschwerde	Verwaltungsstreitverfahren oder ein durch die Landesgesetzgebung geregeltes anderweites Verfahren vor den Verwaltungsgerichten
12. **Sachsen-Meiningen.**	Die Vorschriften sind noch nicht ergangen. Der dem Landtag vorgelegte Gesetzentwurf sieht vor: Beschwerde an die Oberzolldirektion für den Thüringischen Zoll- und Steuerverein in Erfurt. Die weitere Beschwerde ist ausgeschlossen.	Gegen den Beschwerdebescheid Klage im Verwaltungsstreitverfahren beim Oberverwaltungsgerichte mit einer Frist von 2 Wochen.
13. **Sachsen-Altenburg.**		Landesrechtliche Vorschriften
14. **Sachsen-Coburg und Gotha.**	Beschwerde an die Oberzolldirektion für den Thüringischen Zoll- und Steuerverein in Erfurt.	—
15. **Anhalt** . .	a) Beschwerde an die Finanzdirektion, b) weitere Beschwerde an das Staatsministerium.	—
16. **Schwarzburg-Rudolstadt.**	a) Beschwerde an die Oberzolldirektion für den Thüringischen Zoll- und Steuerverein in Erfurt, b) weitere Beschwerde an das Ministerium, Abt. der Finanzen.	—
17. **Schwarzburg-Sondershausen.**	a) Beschwerde an die Oberzolldirektion für den Thüringischen Zoll- und Steuerverein in Erfurt, b) weitere Beschwerde an das Ministerium, Abt. der Finanzen.	—
18. **Waldeck** . .	a) Beschwerde an den Landesdirektor, b) weitere Beschwerde an den Preußischen Finanzminister.	—

Rechtsweg	Durch die Erhebung der Beschwerde wird das Verwaltungsstreitverfahren oder der Rechtsweg ausgeschlossen.	Das verwaltungsgerichtliche Verfahren oder der Rechtsweg ist erst nach Erledigung der Beschwerde oder der weiteren Beschwerde zulässig.
—	Nein.	—
nd nicht ergangen		
m Herzogtum Co- urg: Klage bei dem Gemeinschaftlichen andgericht in Meiningen; n Herzogtum Gotha: lage bei dem Landgericht in Gotha; Frist 1 Monat.	—	—
a; Frist 1 Monat.	Ja; durch Erhebung der Beschwerde wird der Rechtsweg ausgeschlossen.	—
Ja; Frist 1 Monat.	Nein.	Nein; der Rechtsweg kann auf den Steuerbescheid, auf den Beschwerdebescheid der Oberzolldirektion und auf den Beschwerdebescheid des Ministeriums, Abteilung der Finanzen, beschritten werden.
Ja; Frist 1 Monat.	—	Ja; gerichtliche Klage gegen die auf die weitere Beschwerde erlassene Entscheidung.
Ja; Frist 1 Monat.	Nein.	Ja.

Bundesstaat	Beschwerde	Verwaltungsstreitverfahren oder ein durch die Landesgesetzgebung geregeltes anderweites Verfahren vor den Verwaltungsgerichten
19. **Reuß ä. L.**	a) Beschwerde an die Oberzolldirektion für den Thüringischen Zoll- und Steuerverein in Erfurt, b) weitere Beschwerde an die Landesregierung.	—
20. **Reuß j. L.** . .	a) Beschwerde an die Oberzolldirektion für den Thüringischen Zoll- und Steuerverein in Erfurt, b) weitere Beschwerde an das Ministerium, Abteilung der Finanzen.	—
21. **Schaumburg-Lippe.**	Landesrechtliche Vorschriften	
22. **Lippe** . . .	a) Beschwerde an die Regierung, b) weitere Beschwerde an das Staatsministerium.	Gegen den Beschwerdebescheid der Regierung binnen einem Monat verwaltungsgerichtliche Klage (Revision) an das Oberverwaltungsgericht.
23. **Bremen***) .	a) Beschwerde an den Oberzolldirektor, b) weitere Beschwerde an die Steuerkommission des Senats.	—
24. **Elsaß-Lothringen**	Gegen den Zuwachssteuerbescheid ist bis zur Rechtsweg	

*) In Lübeck und Hamburg sind die staatlichen Wertzuwachssteuer- zunächst aufrecht gehalten worden.

Rechtsweg	Durch die Erhebung der Beschwerde wird das Verwaltungsstreitverfahren oder der Rechtsweg ausgeschlossen	Das verwaltungsgerichtliche Verfahren oder der Rechtsweg ist erst nach Erledigung der Beschwerde oder der weiteren Beschwerde zulässig
Ja; Frist 1 Monat.	Nein.	Nein.
Ja; Frist 1 Monat.	Nein.	Nein.

sind nicht ergangen.

Nein.	Die Erhebung der weiteren Beschwerde schließt die verwaltungsgerichtl. Klage, die Erhebung dieser die weitere Beschwerde aus.	—
Ja; Frist 4 Wochen.	Nein.	Ja; Rechtsweg nach Erledigung des Beschwerdeverfahrens.

anderweitigen landesgesetzlichen Regelung neben der Beschwerde der zulässig.

gesetze gemäß § 60 Abs. 2 und § 61 des Reichszuwachssteuergesetzes

B. Die Preußischen Ausführungsbestimmungen
(im Wortlaut).

I. Preußisches Ausführungsgesetz zum Reichszuwachssteuergesetze. Vom 14. Juli 1911. (Pr.GS. 95.)

§ 1. Die Zuwachssteuer wird

1. in den Stadtgemeinden durch den Gemeindevorstand,
2. in den Landgemeinden und in den Gutsbezirken durch den Kreisausschuß

veranlagt.

Für Stadtgemeinden mit weniger als 2000 Einwohnern hat die Veranlagung auf ihren Antrag durch den Kreisausschuß zu erfolgen.

Auf Antrag von Landgemeinden mit mehr als 5000 Einwohnern oder von solchen Landgemeinden, in denen eine Wertzuwachssteuer schon vor dem 1. I. 1911 in Kraft war, ist die Veranlagung durch den Kreisausschuß dem Gemeindevorstande zu überweisen.

§ 2. Auf die Rechtsmittel gegen die Veranlagung zur Zuwachssteuer und den Zuschlägen dazu finden in den Fällen, in denen die Steuer durch den Gemeindevorstand veranlagt worden ist, die Vorschriften der §§ 69, 70, 75 des KommunalabgabenG. v. 14. VII. 1893 (GS. 152), in den Fällen, in denen die Steuer durch den Kreisausschuß veranlagt worden ist, die Vorschriften der §§ 14 Abs. 2, 11 Abs. 4 und 5 des Kreis- und ProvinzialabgabenG. v. 23. IV. 1906 (GS. 159) mit der Maßgabe Anwendung, daß in erster Instanz stets der Bezirksausschuß zuständig ist.

§ 3. Die Zuwachssteuer ist, falls sie von dem Kreisausschusse veranlagt ist, an die Kreiskommunalkasse, in allen anderen Fällen an die Gemeindekasse zu zahlen. Die Kassen haben den nach den Vorschriften des ReichsG. (§ 58) dem Reiche zustehenden Steueranteil nach den Bestimmungen des Bundesrats abzuführen.

Von dem nach § 58 des ReichsG. dem Staate zustehenden Anteile von 10% des Ertrags der Zuwachssteuer erhält für die Verwaltung und Erhebung der Steuer, falls der Kreisausschuß diese veranlagt, der Kreis, in allen anderen Fällen die Gemeinde die Hälfte. Der dem Staate verbleibende Betrag ist nach Bestimmung des Finanzministers abzuführen.

§ 4. Von dem Anteil an der Zuwachssteuer, der nach den Vorschriften des ReichsG. (§ 58) den Gemeinden und Gemeindeverbänden verbleibt, erhält die kreisangehörige Gemeinde, in der sich der Steuerfall ereignet hat, sofern sie nicht mehr als 15000 Einwohner hat, $^2/_3$, sofern sie mehr als 15000 Einwohner hat, $^3/_4$. Den Rest des Anteils erhält der Kreis.

Aus den Gutsbezirken erhält der Kreis den vollen Steueranteil.

Die Kreise haben den auf sie entfallenden Steueranteil für ihre eigenen Aufgaben und zum Teil, jedoch höchstens bis zur Hälfte, auch für diejenigen einzelner Gemeinden und Gutsbezirke zu verwenden.

Ist die Zuwachssteuer vom Kreisausschusse veranlagt, so hat die Kreiskommunalkasse den nach Abs. 1 sich ergebenden Betrag an die Gemeindekasse abzuführen. Ist sie vom Gemeindevorstande veranlagt, so hat die Gemeindekasse den auf den Kreis entfallenden Anteil an die Kreiskommunalkasse abzuführen.

§ 5. Für die Zeit bis zum 1. IV. 1915 unterliegt die Anwendung der §§ 1 bis 4 dieses G. gemäß § 60 des ReichsG. folgenden Maßgaben:

1. Wenn in der Gemeinde, in der sich der Steuerfall ereignet, aber nicht in dem Kreise, zu dem sie gehört, eine Zuwachssteuer vor dem 1. IV. 1909 beschlossen und vor dem 1. I. 1911 in Kraft getreten war, so wird die Zuwachssteuer in allen Fällen des § 1 durch den Gemeindevorstand veranlagt und an die Gemeindekasse gezahlt, die ihrerseits die dem Reiche und dem Staate gebührenden Anteile gemäß § 3 dieses G. abführt. Ergibt sich nach Ablauf des Rechnungsjahrs, daß der auf die Gemeinde entfallende Anteil an Zuwachssteuer den auf Grund der maßgebenden Steuerordnung erzielten jährlichen Durchschnittsertrag übersteigt, so hat die Gemeinde, sofern sie nicht mehr als 15000 Einwohner hat, $^1/_3$, sofern sie mehr als 15000 Einwohner hat, $^1/_4$ des Überschusses an den Kreis abzuführen.
2. Wenn in dem Kreise, aber nicht in der kreisgehörigen Gemeinde, in der sich der Steuerfall ereignet, eine Zuwachssteuer vor dem 1. IV. 1909 beschlossen und vor dem 1. I. 1911 in Kraft getreten war, so wird die Zuwachssteuer in allen Fällen des § 1 durch den Kreisausschuß veranlagt und an die Kreiskommunalkasse gezahlt, die ihrerseits die dem Reiche und dem Staate gebührenden Anteile gemäß § 3 dieses G. abführt. Ergibt sich nach Ablauf des Rechnungsjahrs, daß der dem Kreise verbliebene Anteil an Zuwachssteuer den auf Grund der maßgebenden Steuerordnung erzielten jährlichen Durchschnittsertrag übersteigt, so hat der Kreis, wenn die beteiligte Gemeinde nicht mehr als 15000 Einwohner hat, $^2/_3$, sofern sie mehr als 15000 Einwohner hat, $^3/_4$ des Überschusses an die Gemeinde — bei mehreren Gemeinden dieser Art nach dem Verhältnis ihres Steueraufkommens — zu überweisen. Ist in dem Rechnungsjahre jedoch Zuwachssteuer auch aus Gutsbezirken oder aus unter Ziffer 3 fallenden Gemeinden aufgekommen, so ermäßigt sich die obige Überweisungssumme derartig, daß sie zu $^2/_3$ ($^3/_4$) des gesamten Überschusses in gleichem Verhältnisse steht wie das Steueraufkommen der für die Verteilung in Betracht kommenden Gemeinden zu dem aus allen Gutsbezirken und Gemeinden im Kreise stammenden Gesamtsteueraufkommen.
3. Wenn in der Gemeinde, in der sich der Steuerfall ereignet, und auch in dem Kreise, zu dem sie gehört, eine Zuwachssteuer

vor dem 1. IV. 1909 beschlossen und vor dem 1. I. 1911 in Kraft getreten war, so bestimmt sich die Veranlagungsbehörde nach § 1, die Steuerempfangsstelle nach § 3 dieses G. Ist jedoch die Veranlagung auf Grund der maßgebenden Steuerordnungen von der Gemeinde oder von dem Kreise einheitlich für beide vorgenommen worden, so wird die Zuwachssteuer von der bisher zuständigen Behörde veranlagt und an deren Kasse gezahlt. Der Anteil an dem Ertrage des einzelnen Steuerfalls, der nach Abführung der dem Reiche und dem Staate gebührenden Anteile verbleibt, ist zwischen Gemeinde und Kreis nach dem Verhältnis ihrer bisherigen Beteiligung an dem Ertrage der Zuwachssteuer oder, wenn ein bestimmtes Beteiligungsverhältnis nicht festgesetzt war, nach dem Verhältnisse der auf Grund der maßgebenden Steuerordnungen erzielten jährlichen Durchschnittserträge zu verteilen.

4. Wenn einer Gemeinde oder einem Kreise gemäß § 60 Abs. 2 des ReichsG. die bisherige Steuerordnung mit der a. a. O. bezeichneten Maßgabe belassen wird, so findet eine Verteilung des Steuerertrags zwischen Gemeinde und Kreis nur insoweit statt, als sie in der Steuerordnung etwa vorgesehen ist.

§ 6. In den Hohenzollernschen Landen tritt an die Stelle des Kreises der Amtsverband, an die Stelle des Kreisausschusses der Amtsausschuß.

§ 7. Für die Bevölkerungszahl im Sinne dieses Gesetzes ist maßgebend das Ergebnis der jeweilig letzten Volkszählung.

§ 8. Dieses Gesetz tritt mit dem Tage seiner Verkündung in Kraft.

II. Preußische Ausführungsanweisung des Ministers des Innern und des Finanzministers vom 19. Mai 1911. (JMBl. 208.)

Im folgenden bedeuten:

RG. = Zuwachssteuergesetz vom 14. II. 1911 (RGBl. 33).
AG. = Preußisches Ausführungsgesetz zum Reichszuwachssteuergesetze. (Pr.GS. 1911, S. 95.)
AB. = Ausführungsbestimmungen des Bundesrats zum Reichszuwachssteuergesetze vom 27. März 1911.

A. Behörden für Veranlagung und Erhebung, Abrechnung und Ablieferung der Steuer.

1. Oberbehörden im Sinne des § 36 des RG. und der Ausführungsbestimmungen sind die geordneten Kommunalaufsichtsbehörden, also

für die Kreis- (Amts-) Zuwachssteuerämter und für die städtischen Zuwachssteuerämter in 1. Instanz die Regierungspräsidenten, in 2. Instanz die Oberpräsidenten — in den Hohenzollernschen Landen der Minister des Innern —, für die Stadt Berlin der Oberpräsident zu Potsdam beziehungsweise der Minister des Innern, für die Zuwachssteuerämter in den zur selbständigen Veranlagung befugten Landgemeinden [sowie für die Ämter in Westfalen und für die Landbürgermeistereien in der Rheinprovinz]*) die Landräte (Oberamtmänner) als Vorsitzende der Kreis- (Amts-) Ausschüsse, in höherer Instanz die Regierungspräsidenten.

Landeszentralbehörde im Sinne der Ausführungsbestimmungen sind der Minister des Innern und der Finanzminister.

Der Umfang und die Art der Tätigkeit des Reichsbevollmächtigten gegenüber diesen Behörden und den ihnen unterstehenden Zuwachssteuerämtern wird vom Reichskanzler im Einvernehmen mit der Landesregierung geregelt (§ 36 Abs. 2 des RG.). S. auch unter Ziffer 20.

2. An die Stelle der Hauptzollämter im Sinne der für das Verwaltungsstrafverfahren, die Strafmilderung und den Erlaß der Strafe im Gnadenwege, sowie hinsichtlich der Strafvollstreckung und der Verjährung der Strafverfolgung geltenden Zoll-Strafvorschriften (§ 54 Abs. 1 des RG., Verwaltungs-StrafG. v. 26. VII. 1897, GS. 237) treten für den Umfang der Stadtkreise die Regierungspräsidenten, für den Umfang der Landkreise (Ämter) die Landräte (Oberamtmänner). An Stelle der Zolldirektivbehörden treten im ersten Falle die Oberpräsidenten, im zweiten Falle die Regierungspräsidenten; für die Stadt Berlin tritt an Stelle der Hauptzollämter und an Stelle der Zolldirektivbehörde, soweit diese in erster Instanz zuständig sind, der Oberpräsident von Brandenburg; in zweiter Instanz entscheidet der Minister des Innern.

3. Die Steuerveranlagung erfolgt durch die Zuwachssteuerämter (§ 1 des AG.) nach Maßgabe der Bestimmungen des Kreis- und des KommunalabgabenG.

Die Steuererhebung erfolgt nach Maßgabe des § 3 des AG. durch die dort bezeichneten Kassen.

4. Über den Ertrag der Zuwachssteuer ist von den in Nr. 3 bestimmten Kassen monatlich mit der Regierungshauptkasse und durch diese mit der Reichshauptkasse (§ 45 der AB.) abzurechnen. Dabei können die mit der Erhebung befaßten Gemeinde-, Kreis- (Amts-) Kassen ihren Anteil am Ertrage bei der Ablieferung zurückbehalten. Für Berlin kommt als Regierungshauptkasse diejenige in Potsdam in Betracht.

Wegen des bei der Verrechnung zu beobachtenden Verfahrens ergeht besondere Bestimmung.

B. Anmeldungsvorschriften.

5. Die Worte „bebaut oder unbebaut" im Sinne der Spalte 7 des Musters 1 der AB. sind bei der Anmeldung nach Maßgabe der im Katasterwesen üblichen Bezeichnungsweise, nicht im Sinne der Vorschriften des § 1 des RG. auszufüllen.

6. Die Mitteilungen der Behörden, Beamten und Notare über die Abtretung eines Geschäftsanteils einer Gesellschaft mit beschränkter

*) Aufgehoben durch Erlaß vom 5. August (siehe S. 32).

Haftung im Sinne des § 7 der AB. erfolgen durch Übersendung von Monatslisten an die Zuwachssteuerämter.

Die den Notaren gemäß § 3 C 1 der AB. obliegende Mitteilungspflicht fällt weg, wenn die von dem Notar aufgenommene Veräußerungsurkunde binnen 10 Tagen nach der Beurkundung dem Grundbuchamte zum Zwecke der Eintragung des neuen Eigentümers eingereicht wird und die Eintragung daraufhin stattfindet.

7. Die Grundstücksblätter sind nach Maßgabe des § 11 der AB. von den Zuwachssteuerämtern, sobald sich eine Veranlassung dazu ergibt, zunächst überall anzulegen.

Sofern in Gegenden mit stark zersplittertem Grundbesitz oder aus anderen Gründen die Anlegung von Grundstücksblättern Unzuträglichkeiten zur Folge haben sollte, bleibt der Oberbehörde überlassen, Anträge auf Abstandnahme von der Führung solcher Blätter bei der Landeszentralbehörde zu stellen.

C. Vorverfahren.

8. Die Zuwachssteuerämter haben dem zuständigen Registergerichte mitzuteilen, welche Vereinigungen von der Zuwachssteuer nach § 30 Ziffer 4 des RG. befreit sind. (Siehe dazu § 17 der AB.)

D. Hauptverfahren.

9. Die Vordrucke für die Zuwachssteuererklärung (Muster 6 der AB.) können nach Maßgabe des örtlichen Bedürfnisses durch Fragen — namentlich nach dem Vorliegen von Zwischengeschäften (§§ 27, 32 des RG.), von Vermittelungen (§ 11 Abs. 2, § 32 Abs. 2 daselbst), von Fällen des § 7 Ziffer 7, § 19 daselbst — ergänzt werden. Auch kann in die Vordrucke für die Zuwachssteuererklärung der Hinweis aufgenommen werden, daß die Belege in Heftform, nach den Ziffern der Zuwachssteuererklärung geordnet, einzureichen sind.

Soweit Zwangsversteigerungen, Gemeinheitsteilungen, sowie Teilungen eines gemeinschaftlichen Grundstücks in Frage kommen, ist bis auf weiteres das für Zuwachssteuererklärungen vorgeschriebene Muster Nr. 6 der AB. durch entsprechende Sonderfragen unter Berücksichtigung der Vorschriften in § 5 Abs. 3 Ziffer 4, § 14 Ziffer 2, und § 25 des RG. zu ergänzen.

Der Erlaß besonderer Muster zu Sondererklärungen im Sinne des § 20 der AB. bleibt vorbehalten.

10. Wo das Zuwachssteueramt nur aus einer Person besteht, sind bei Vergleichen im Sinne des § 23 der AB. zwei Mitglieder der Vertretung des kommunalen Verbandes, welchem jener Beamte angehört, zur Genehmigung heranzuziehen.

Sofern bei einem Vergleiche der Unterschied zwischen Erwerbs- und Veräußerungspreis ohne Berücksichtigung der anzurechnenden Aufwendungen einen Steuerertrag von mehr als 20000 M. erwarten läßt, ist der Vergleich nur vorbehaltlich der Zustimmung des Reichsbevollmächtigten abzuschließen. Diese ist unter Vorlegung der Vergleichsverhandlungen unverzüglich einzuholen. Erhebt der Reichsbevollmächtigte gegen den Vergleich Bedenken und schließt sich das Zuwachssteueramt diesen Bedenken nicht an, so hat es die Vergleichsverhandlungen durch Vermittelung der Oberbehörde unter Darstellung des Sachverhalts der Landeszentralbehörde vorzulegen, welche das Weitere veranlassen und gegebenenfalls die Entscheidung des Bundesrats herbeiführen wird.

11. Die im § 12 Abs. 2 des ZG. in bezug genommenen Vorschriften des ReichserbschaftssteuerG. lauten wie folgt:

§ 17. Bei Nutzungen oder Leistungen, die entweder ausdrücklich oder durch anderweitige, die Dauer begrenzende Umstände auf bestimmte Zeit beschränkt sind, ist der Gesamtwert unter Abrechnung der Zwischenzinsen durch Zusammenzählung der einzelnen Jahreswerte zu berechnen. Der Gesamtwert darf den zum gesetzlichen Zinssatze kapitalisierten Jahreswert nicht übersteigen. Bei immerwährenden Nutzungen wird das 25fache des einjährigen Betrags, bei Nutzungen von unbestimmter Dauer, sofern nicht die Vorschriften der §§ 18, 19 Anwendung finden, das Zwölfundeinhalbfache des einjährigen Betrags als Wert angenommen.

§ 18. Der Wert von Leibrenten oder anderen auf die Lebenszeit einer Person beschränkten Nutzungen, einschl. des im § 3 Nr. 1 bezeichneten Erwerbes, wird nach dem Lebensalter der Person, mit deren Tode das Bezugsrecht erlischt, berechnet, und zwar wird als Wert bei einem Alter

1.				bis zu	25	Jahren	das	20fache,
2.	von mehr als	25	„	„	35	„	„	18 „
3.	„ „ „	35	„	„	45	„	„	16 „
4.	„ „ „	45	„	„	55	„	„	14 „
5.	„ „ „	55	„	„	65	„	„	12 „
6.	„ „ „	65	„	„	70	„	„	10 „
7.	„ „ „	70	„	„	75	„	„	8 „
8.	„ „ „	75	„	„	80	„	„	6 „
9.	„ „ „	80	Jahren	das	4fache des Wertes der			

einjährigen Nutzung angenommen.

Ist jedoch die Nutzung oder Leistung

im Falle des Abs. 1 Nr. 1 schon innerhalb eines Zeitraums von 10 Jahren,

im Falle des Abs. 1 Nr. 2 schon innerhalb eines Zeitraums von 9 Jahren,

im Falle des Abs. 1 Nr. 3 schon innerhalb eines Zeitraums von 8 Jahren,

im Falle des Abs. 1 Nr. 4 schon innerhalb eines Zeitraums von 7 Jahren,

im Falle des Abs. 1 Nr. 5 schon innerhalb eines Zeitraums von 6 Jahren,

im Falle des Abs. 1 Nr. 6 schon innerhalb eines Zeitraums von 5 Jahren,

in den Fällen des Abs. 1 Nr. 7 bis 9 schon innerhalb eines Zeitraums von 4 Jahren nach dem Anfall erloschen, so wird ihr Wert nach Maßgabe der wirklichen Dauer bestimmt und die gezahlte Steuer bis auf den diesem Werte entsprechenden Betrag erstattet. In gleicher Weise wird, wenn die steuerpflichtige Masse um den nach Abs. 1 berechneten Wert einer Nutzung oder Leistung geringer veranlagt war, im Falle des früheren Erlöschens der Nutzung oder Leistung ein entsprechender Steuerbetrag nacherhoben.

§ 19. Hängt die Dauer der Nutzungen von der Lebenszeit mehrerer Personen ab, so ist, wenn das Bezugsrecht mit dem Tode der zuerst versterbenden Person erlischt, das Lebensalter der ältesten Person, wenn das Bezugsrecht mit dem Tode der letztversterbenden Person erlischt, das Lebensalter der jüngsten Person maßgebend.

§ 20. Der einjährige Betrag der Nutzung eines Geldbetrags ist, wenn er nicht anderweit feststeht, zu vier vom Hundert anzunehmen.

12. Als Sicherheiten für gestundete Zuwachssteuer kommen in Betracht (§ 27 Abs. 2 der AB.)

a) die Verpfändung von Schuldverschreibungen des Reichs und des Preußischen Staates,
b) die Verpfändung von Forderungen, die in das Reichsschuldbuch oder in das Staatsschuldbuch des Königreichs Preußen eingetragen sind,
c) die Verpfändung von anderen, bei der Reichsbank beleihbaren (lombardfähigen) Wertpapieren,
d) die pfandweise Hinterlegung der über Wertpapiere der vorgenannten Art erteilten Hinterlegungsbescheinigungen (Depotscheine) der Reichsbank, der Seehandlung (Pr. Staatsbank) und anderer von der Landeszentralbehörde hierfür zugelassenen Bankanstalten und Kassen,
e) schriftliche Erklärungen der Reichsbank, für gestundete Steuer Zahlung zu leisten,
f) Wechsel,
g) andere Sicherheiten, z. B. Hypotheken an inländischen Grundstücken, mündelsichere Forderungen, für die eine Hypothek an einem inländischen Grundstücke besteht, Bürgschaften, falls die Oberbehörde die Genehmigung hierzu erteilt.

Bei einer etwa erforderlich werdenden Verwertung des bestellten Pfandes zur Deckung der Steuerforderung sind die Vorschriften in den §§ 1147, 1204 bis 1258, 1280 bis 1290 BGB. zu beachten.

13. Die Niederschlagung der Steuer (§ 28 der AB.) bedarf der Genehmigung der Oberbehörde, sofern ein Betrag von mehr als 300 M. Gesamtsteuer in Frage kommt, bei Gemeinden von mehr als 10000 Einwohnern jedoch nur dann, wenn der Betrag 1000 M. überschreitet.

14. Die dem Zuwachssteueramte zustehende Entscheidung über Anträge auf Erlaß oder Erstattung zu Unrecht gezahlter Steuer (§§ 29 und 30 Abs. 1 der AB.) bedarf der Zustimmung der Oberbehörde und im Falle des § 30 Abs. 2 daselbst des Bundesrats,

dessen Zustimmung durch Vermittelung der Landeszentralbehörde nachzusuchen ist.

15. Bei Erstattung von Zuwachssteuer (§§ 29 und 30 der AB.) ist auch der Betrag für Kreis, Staat und Reich vorläufig von der Gemeindekasse auszulegen und bei der demnächstigen Monatsabrechnung (siehe oben Ziffer 4) gegenüber diesen Körperschaften zu verrechnen.

Auf Kreiskommunalkassen ist diese Bestimmung sinngemäß anzuwenden.

16. Zufolge § 38 Abs. 2 der AB. wird bestimmt:

Die Zuwachssteuerämter haben vierteljährlich die von ihnen abgeschlossenen Vergleiche (§ 23 Ziffer 1 der AB.) in einer Liste, aus der sich Gegenstand und Höhe des Vergleichs ergeben, zusammenzustellen und diese der Oberbehörde zur Prüfung einzureichen. Die Oberbehörde kann auf Grund dieser Zusammenstellungen die Vorlegung einzelner Fälle und Akten anordnen und dieselben nachprüfen.

Die Einstellung des Verfahrens gemäß § 13 Abs. 3 der AB. ist in der Spalte „Bemerkungen" der Zuwachssteuerliste einzutragen.

17. Die Mitteilungen über Eigentumsänderungen, die in der Zeit vom 1. I. bis zum 1. IV. 1911 stattgefunden haben, sind, soweit sie die Katasterbehörden von den Grundbuchämtern erhalten haben, von den ersteren bis zum 1. VII. 1911 an die Zuwachssteuerämter in Abschrift weiterzusenden.

Die Notare und sonstigen Beamten und Behörden, die in der Zeit vom 1. I. 1911 bis zu dem Inkrafttreten dieser Ausführungsanweisung ein unter Tarif-Nr. 11 des ReichsstempelG. v. 15. VII.1909 (RGBl. 833ff.) oder unter § 5 Abs. 3 Ziffer 5 des RG. fallendes Veräußerungsgeschäft beurkundet haben, müssen, sofern es noch nicht geschehen ist, dem Zuwachssteueramte hiervon bis zum 1. VII. 1911 Mitteilung machen. Dieser Mitteilung bedarf es nicht, wenn die Veräußerungsurkunde zum Zwecke der Eintragung des neuen Eigentümers inzwischen dem Grundbuchamt eingereicht worden ist oder bis zum 1. VII. 1911 eingereicht wird und die Eintragung daraufhin stattgefunden hat oder stattfindet.

Die Notare können in diesen Fällen der Anmeldepflicht bezüglich der unter Tarif-Nr. 11 des Reichsstempelgesetzes fallenden Geschäfte genügen durch nachträgliche Übersendung von Abschriften der den Zollämtern gemachten Mitteilungen. Weitergehende Mitteilungen werden für die oben angegebene Übergangszeit nicht gemacht.

Wer in der Zeit vom 1. I. bis zum Inkrafttreten dieser Ausführungsanweisung als Veräußerer oder Erwerber oder als gesetzlicher Vertreter eines von beiden an einem Veräußerungsgeschäft oder an einer Eigentumsübertragung oder am Übergang einer Berechtigung (§ 2 des RG.) oder eines Anteilsrechts (§ 3 a. a. O.) beteiligt gewesen ist, hat ebenfalls, soweit dies bisher nicht geschehen ist, bis zum 1. VII. 1911 den Zuwachssteuerämtern davon Mitteilung zu machen, und zwar:

1. von dem Veräußerungsgeschäfte, soweit der Veräußerungspreis (einschließlich der Nebenleistungen, insbesondere der für Zwischen-

beteiligte, Bevollmächtigte usw. vorgesehenen Gebühr, Gewinnbeteiligung usw.) oder der Wert höher ist als der Erwerbspreis, und soweit nicht eine öffentliche Beurkundung des Geschäfts erfolgt ist (§ 63 des RG.),

2. von dem Übergange des Eigentums einer Berechtigung oder eines Anteilsrechts,

soweit nicht die Auflassung oder Eintragung in das Grundbuch erfolgt ist.

18. Die Gemeinden (Gemeindeverbände), denen auf Grund der §§ 60 Abs. 2, 61 Abs. 2 des RG. an Stelle der Vorschriften dieses Gesetzes die bisherige Satzung belassen ist, haben (gemäß § 45 Abs. 4 der AB.) den Überschuß an Zuwachssteuer über den vom Bundesrate festgesetzten bisherigen Durchschnittsertrag an die Regierungshauptkasse — Berlin an die Regierungshauptkasse zu Potsdam — abzuführen und dem Regierungspräsidenten die aufzustellenden Einnahmeübersichten einzureichen.

19. Die Mitteilungen gemäß § 46 der AB. sind, soweit Entscheidungen des Oberverwaltungsgerichts ergangen sind, unmittelbar, im übrigen durch Vermittelung der Oberbehörden der Landeszentralbehörde zu erstatten.

Bei Revisionseinlegungen, die Fragen von grundsätzlicher Bedeutung betreffen oder wegen der Höhe des Streitgegenstandes von besonderer Bedeutung sind, wird das Oberverwaltungsgericht der Landeszentralbehörde Mitteilung machen.

20. Die Landeszentralbehörde wird den Beamten des Reichsschatzamts Gelegenheit geben, Einsicht in den Geschäftsgang der Zuwachssteuerämter und Oberbehörden zu nehmen, soweit Zuwachssteuerangelegenheiten in Frage kommen.

Die Oberbehörden und Zuwachssteuerämter werden daher allgemein angewiesen, den vorgedachten Reichsbeamten auf Wunsch diese Einsicht in ihren Geschäftsgang zu gestatten.

21. Für die Mitteilungen der Gerichte und Ortsgerichte bewendet es bei den von dem Herrn Justizminister getroffenen Bestimmungen.

Anlage:

Zusammenstellung der den Reichsbevollmächtigten in bezug auf die Zuwachssteuer zugeteilten Bezirke.

Die Aufsicht über die Ausführung des Zuwachssteuergesetzes wird ausgeübt

in dem Bezirke	durch den Reichsbevollmächtigten
Preußen:	
Provinz Ostpreußen	für Zölle und Steuern in Königsberg i. Pr.
„ Westpreußen . . .	(für Zölle und Steuern in Königsberg i. Pr.)
„ Brandenburg . . .	für die Erbschaftssteuer in Berlin
„ Pommern	für Zölle und Steuern in Stettin.
„ Posen	(für Zölle und Steuern in Stettin.)
„ Schlesien	für die Erbschaftssteuer in Berlin

Die Aufsicht über die Ausführung des Zuwachssteuergesetzes wird ausgeübt in dem Bezirke	durch den Reichsbevollmächtigten
Preußen:	
Provinz Sachsen	für Zölle und Steuern in Magdeburg
„ Schleswig-Holstein .	für Zölle und Steuern in Altona.
„ Hannover	für Zölle und Steuern in Hannover.
„ Westfalen	für Zölle und Steuern in Münster.
„ Hessen-Nassau . .	für Zölle und Steuern in Darmstadt.
„ Rheinprovinz . . .	für Zölle und Steuern in Cöln a. Rh.
Hohenzollernsche Lande . .	für Zölle und Steuern in Darmstadt.

III. Allgemeine Verfügung des Justizministers vom 19. Mai 1911 über Mitteilungen an die Zuwachssteuerämter. (JMBl. 201.)

Im Einverständnisse mit dem Herrn Reichskanzler, dem Herrn Minister des Innern und dem Herrn Finanzminister ordne ich an, daß die Mitteilungen, die nach dem Zuwachssteuergesetz und den dazu ergangenen Ausführungsbestimmungen des Bundesrats von den Amtsgerichten und den Ortsgerichten den Zuwachssteuerämtern zu machen sind, ausschließlich in folgender Weise zu bewirken sind.

I.

1. Von jeder Eintragung eines Eigentümers im Grundbuche gemäß § 31 Abs. 1 der Allg. Verf. zur Ausführung der Grundbuchordnung v. 20. XI. 1899 (JMBl. 349) erhält das Zuwachssteueramt Nachricht durch Übersendung einer Abschrift der dem Katasteramte zu übermittelnden Eigentumsveränderungsliste.

In Spalte 18 der Abschrift ist der der Stempelberechnung zugrunde gelegte Wert und, wenn der in einer bestimmten Summe bezifferte Kauf- oder Erwerbspreis von dem Werte abweicht, auch der Kauf- oder Erwerbspreis anzugeben; hat eine Stempelberechnung nicht stattgefunden, so ist der Kauf- oder Erwerbspreis anzugeben. Darunter ist das Jahr zu vermerken, in dem der zuletzt vorangegangene Eigentumsübergang stattfand, sowie der damalige Wert (Preis). Liegt dieser Eigentumsübergang vor dem 1. I. 1885, so ist nur das Jahr des Überganges zu vermerken. Wert oder Preis brauchen nur dann angegeben zu werden, wenn sie aus den Grundakten ersichtlich sind, der frühere Wert oder Preis auch nur dann, wenn er für den jetzt betroffenen Grundbesitz gesondert festgestellt war.

Im Falle von Rückübereignungen bei der Einrichtung von Rentengütern ist die Tatsache der Rückübereignung zur Rentenguteinrichtung in Spalte 19 ersichtlich zu machen.

Bis zu der alsbald von den Oberlandesgerichtspräsidenten zu veranlassenden Herstellung eigener Formulare für die Abschriften sind die vom Katasteramte gelieferten Formulare zu benutzen. In den Formularen für die Abschriften fällt der Vordruck auf der ersten und vierten Seite weg. Auf der dritten Seite werden die ersten Worte in der Überschrift der Spalte 18 geändert in: „Wert (Kauf- oder Erwerbspreis)". Die Spalten 18a, 20 bis 22 scheiden aus; der gewonnene Raum dient zur Verbreiterung der Spalte 19. Unten am Schlusse wird vorgedruckt: „.......... den .... Gerichtsschreiber des Königlichen Amtsgerichts."

Die erste Seite kann nach Anordnung des Oberlandesgerichtspräsidenten zum Vordrucke der Adresse benutzt werden. Aus der Abschrift soll hervorgehen, daß sie eine Mitteilung für die Zuwachssteuer enthält.

2. In entsprechender Weise und unter Beachtung der hierüber von dem Oberlandesgerichtspräsidenten erlassenen näheren Anweisung sind die Nachrichten durch Übersendung von Eigentumsveränderungslisten, soweit deren Ausfüllung jeweilig möglich ist, zu erteilen:

a) von der Übereignung von Berechtigungen (§ 2 des Gesetze), für die ein Grundbuchblatt angelegt ist;
b) von der Übereignung von Grundstücken und Berechtigungen, die sich, weil das Grundbuch nicht als angelegt gilt, nach früherem Rechte vollzieht.

3. Durch Übersendung einer Liste nach dem beigefügten Muster erhält das Zuwachssteueramt Nachricht:

a) von allen Fällen, in denen beim Amtsgericht eine Abgabe nach Tarif-Nr. 11 des RStG. zur Erhebung gelangt, mit Ausnahme der Auflassungen;
b) von allen sonst vom Amtsgerichte beurkundeten Rechtsgeschäften, die zu den im § 5 des Gesetzes bezeichneten gehören;
c) von allen sonstigen vom Amtsgerichte beurkundeten Rechtsvorgängen, die nach dem Inhalte der Urkunde der Auflassung nicht bedürfende Fälle des Eigentumsüberganges an Grundstücken (§§ 1, 4 des G.) oder den Übergang einer Berechtigung (§ 2 des Gesetzes) zum Gegenstande haben;
d) von allen vom Amtsgerichte beurkundeten Übertragungen eines Geschäftsanteils einer Gesellschaft mit beschränkter Haftung.

Der Eintragung in die Liste bedarf es nicht:

zu a, b, wenn die Veräußerung durch Übereignung bereits ausgeführt ist oder bis zur Absendung der Liste ausgeführt wird und die Tatsache der Übereignung in einer der Listen zu Nr. 1 oder 2 zu vermerken ist;

zu c, wenn die Tatsache des Überganges in einer der Listen zu Nr. 1 oder 2 zu vermerken ist;

zu d, wenn sich aus den dem Amtsgericht offenkundigen Tatsachen ergibt, daß die Gesellschaft, deren Anteil übertragen wird, keinen Grundbesitz hat oder nicht unter § 3 des Gesetzes fällt.

Im übrigen ist es auf die Notwendigkeit der Eintragung ohne Einfluß, ob eine Zuwachssteuer zu erheben ist oder nicht.

Die einzelnen Spalten sind nur soweit auszufüllen, als sich die Tatsachen ohne weiteres aus den Urkunden ergeben. Für die Ausfüllung der Spalte 5 ist die Katasterbezeichnung maßgebend.

Jede Liste umfaßt einen Kalendermonat und ist spätestens bis zum 10. Tage des folgenden Monats abzusenden.

4. Von jedem Falle, in welchem dem Amtsgericht als Registergericht zur Kenntnis gebracht wird, daß sich die Anteile einer unter § 3 des Gesetzes fallenden Vereinigung in einer Hand vereinigen, ist das Zuwachssteueramt alsbald gesondert zu benachrichtigen.

5. Den Amtsgerichten werden von den Zuwachssteuerämtern diejenigen in den Registern des Gerichts eingetragenen Vereinigungen bezeichnet werden, welche nach § 30 Ziffer 4 des Gesetzes von der Steuerpflicht befreit sind. Von jeder Satzungsänderung, durch welche der Satzungszweck einer solchen Vereinigung geändert wird und die dem Amtsgericht als Registergericht zur Kenntnis gebracht wird, ist das Zuwachssteueramt in gleicher Weise alsbald zu benachrichtigen.

6. Die Benachrichtigungen liegen dem Gerichtsschreiber ob.

II.

Soweit Ortsgerichte zuständig sind, Rechtsgeschäfte zu beurkunden, die zu den in § 5 des G. bezeichneten gehören, haben sie über diese Rechtsgeschäfte die unter Nr. I 3 angeordnete Liste nach Maßgabe der dort getroffenen Bestimmungen zu führen. Der Oberlandesgerichtspräsident erläßt die erforderlichen näheren Anweisungen.

III.

Verzeichnisse der Grundbuchämter, Registergerichte usw. sowie der Notare oder sonstigen Urkundsbeamten (§ 10 Abs. 2 der AB.) sind bis auf weiteres nicht mitzuteilen.

IV.

Die Bestimmungen dieser Verfügung gelten auch für die Amtsgerichte der Fürstentümer Waldeck und Pyrmont.

V.

Diese Verfügung tritt am 1. Juni 1911 in Kraft.

IV. Allgemeine Verfügung vom 23. Juni 1911 über Mitteilungen an die Zuwachssteuerämter. (JMBl. 255.)

In Ergänzung der Bestimmungen unter I und IV der Allg. Verf. v. 19. V. 1911 (JMBl. 201) über Mitteilungen an die Zuwachssteuerämter wird folgendes bestimmt:

1. Ist dem Gerichte bekannt geworden, daß der Befreiungsgrund des § 63 des ZuwachssteuerG.*) zutrifft, so ist diese Tatsache in Spalte 19 der dem Zuwachssteueramte zu übersendenden Eigentums-

---

*) § 63. Die Besteuerung unterbleibt, wenn die Urkunde über das Veräußerungsgeschäft, das zu dem Eigentumsübergange führte, vor dem 1. Januar 1911 in öffentlich beglaubigter Form errichtet oder bei einer Behörde eingereicht war.

veränderungsliste unter näherer Bezeichnung der Art und des Datums der Urkunde ersichtlich zu machen.

2. Ist nur ein Teil eines Grundstücks übereignet, während das Restgrundstück im Eigentume des bisherigen Eigentümers verblieben ist, so ist in Spalte 19 „T. V." und die Bezeichnung des Restgrundstücks durch: „Rest Kbl....... Parz......." zu vermerken.

V. Preußischer Erlaß des Ministers des Innern und des Finanzministers vom 5. August 1911.

Wir machen hierdurch auf das in der Nr. 18 S. 95 der GS. veröffentlichte AG. zum Reichszuwachssteuergesetz aufmerksam.

Unsere Erlasse v. 28. III. d. J. — M. d. J. Ia 531; FinM. II 3885, III 5420 — und v. 13. IV. d. J. — M. d. J. Ia 599; FinM. II 4532 — treten mit dem Tage der Verkündung des G. außer Kraft. Soweit die Zuständigkeit zur Veranlagung der Zuwachssteuer nach diesem Gesetz eine andere ist als nach der von uns angeordneten vorläufigen Regelung, sind die am Tage des Inkrafttretens des Gesetzes in Behandlung begriffenen, noch nicht durch Erteilung eines Steuerbescheides (§ 43 RG.) abgeschlossenen Zuwachssteuerfälle in dem Stadium, in dem sie sich an diesem Tage befinden, an die nach dem Gesetze zuständige Stelle abzugeben und von dieser weiterzubearbeiten.

In der mit dem Erlasse v. 19. V. d. J. — M. d. J. Ia 786; FinM. II 6289 — ergangenen preußischen Ausführungsanweisung zum Reichszuwachssteuergesetz fallen, nachdem in das Ausführungsgesetz die im § 1 Abs. 2 des Entwurfs vorgesehenen besonderen Bestimmungen über die Veranlagung in den Landgemeinden der Rheinprovinz und in der Provinz Westfalen nicht aufgenommen sind, unter A Nr. 1 die Worte „sowie für die Ämter in Westfalen und für die Landbürgermeistereien in der Rheinprovinz" fort.

Vorwort.

Am 14. Februar 1911 ist das Zuwachssteuergesetz veröffentlicht, am 1. April dieses Jahres ist es bereits mit Rückwirkung vom 1. Januar cr. ab in Kraft getreten.

Die Schwierigkeit der Materie sowie der große Kreis derjenigen, die an der Steuer interessiert sind, vor allem aber die Neuheit des Stoffes und die eminente Bedeutung des Wertzuwachssteuergedankens für die Zukunft, bilden einen besonderen Anreiz zur Bearbeitung des Gesetzes. Ist doch regierungsseitig kein Hehl daraus gemacht worden, daß es sich hier um Einführung des Zuwachssteuerprinzips handle, welches, wenn es sich bei Grundstücken bewährt, nach einiger Zeit auch auf sonstigen Vermögenszuwachs angewandt werden solle. Leider haben nun die Schnelligkeit, mit welcher das Gesetz gearbeitet worden ist, die mannigfachen Änderungen, welche die verschiedenen Interessentenkreise in das Gesetz gebracht haben, vor allem aber die Besorgnis vor Umgehung des Gesetzes manche Bestimmungen geschaffen, deren Auslegung zu den erheblichsten Zweifeln Anlaß gibt.

Die Verfasser haben sich nun nicht darauf beschränkt, lediglich die vorhandenen Gesetzesmaterialien zu den einzelnen Bestimmungen zu bringen, vielmehr ist der Versuch einer juristischen Durcharbeitung des Stoffes gemacht worden. Es ist demgemäß, auch soweit die einzelnen Begriffe des Gesetzes aus anderen Gesetzen übernommen sind oder sich an solche anlehnen, die entsprechende Judikatur aufgenommen. Insbesondere sind die entsprechenden Bestimmungen des Preußischen Stempelsteuergesetzes, des Reichsstempelgesetzes und des Erbschaftssteuergesetzes berücksichtigt. Das Reichsstempelgesetz, soweit es den Umsatzstempel betrifft, ist in der Anlage vollständig mitgeteilt, die Änderungen dieses Gesetzes selbst zu den §§ 67—71 des Kommentars erläutert. Des Ferneren sind die Ausführungsbestimmungen des Bundesrats nicht nur abgedruckt, sondern in den Text miteingeflochten; desgleichen sind die regierungsseitig erlassenen Übergangsbestimmungen in Preußen sowie der Entwurf zum preuß. Ausführungsgesetz verwertet. Das Schicksal dieses Entwurfes konnte im Hinblick auf die Notwendigkeit der möglichst raschen Kenntnis des bereits in Kraft getretenen Gesetzes nicht abgewartet werden.

Die mitunter recht verwickelten Berechnungsmethoden des Gesetzes sind an den einschlägigen Stellen durch eine Reihe von Zahlenbeispielen erläutert.

Ein ausführliches Sachregister soll der leichteren Handhabung des Werkes dienen.

Berlin, April 1911.

Die Verfasser.

Inhaltsverzeichnis.

Abkürzungen.

AB. = Ausführungsbestimmungen des Bundesrats z. Zuwachssteuergesetz.

AG. = Ausführungsgesetz.

ALR. = Allgemeines Landrecht für die preuß. Staaten.

Begr. = Begründung des Zuwachssteuergesetzes, Drucksache R. Sch. A. II 4749 an den Reichstag (12. Legislatur-Periode II. Session 1909/10).

BGB. = Bürgerliches Gesetzbuch (RGBl. 96, 195).

CPO. = Zivilprozeßordnung (RGBl. 98, 410; 09, 475).

EG. = Einführungsgesetz.

EStG. = Erbschaftssteuergesetz.

FGG. = Gesetz über die Angelegenheiten der freiwilligen Gerichtsbarkeit (RGBl. 98, 771); mit Vorsatz Pr = Preuß. Ges. über usw. (GS. 99, 249).

FM. = Finanzminister, ohne Zusatz = Preuß. FM.

G. = Gesetz.

GBO. = Grundbuchordnung (RGBl. 98, 754).

GKG. = Deutsches Gerichtskostengesetz (RGBl. 98, 659; 09, 493).

Gruch. = Beiträge zur Erläuterung des Deutschen Rechts, begründet von Gruchot, Berlin.

GS. = Gesetzsammlung.

GVG. = Gerichtsverfassungsgesetz (RGBl. 98, 371; 09, 475).

HGB. = Handelsgesetzbuch (RGBl. 97, 219).

JMBl. = Preußisches Justizministerialblatt.

JW. = Juristische Wochenschrift, Berlin.

KG. = Kammergericht.

KGJ. = Jahrbuch für Entscheidungen des Kammergerichts in Sachen der freiwilligen Gerichtsbarkeit in Kosten-, Stempel- und Strafsachen, Berlin.

KO. = Konkursordnung (RGBl. 98, 612).

Komm.-B. = Bericht der 15. Kommission über den Entwurf eines Zuwachssteuergesetzes — Nr. 374 der Drucksachen, Reichstag, 12. Legislaturperiode, II. Session, 1909/10.

LZ. = Leipziger Zeitschrift für Handels-, Konkurs- und Versicherungsrecht.

Pr. = Preußen, preußisch.

PrMBl. = Preuß. Ministerialblatt für die innere Verwaltung.

PrZBl. = Zentralblatt der Abgabengesetzgebung und -verwaltung in den Kgl. Preuß. Staaten.

REStG. = Reichserbschaftssteuergesetz.

RG. = Reichsgericht; auch Entscheidungen in Zivilsachen.

RGBl. = Reichsgesetzblatt.

RGSt. = Entscheidungen des Reichsgerichts in Strafsachen.

RK. = Reichskanzler.

RT. = Reichstag.

RZBl. = Zentralblatt für das Deutsche Reich.

StempESt. = Stempel- und Erbschaftssteuer, Zeitschrift des Vereins Preuß. Oberzollsekretäre für StempESt., Berlin 09, 10.

StenB. = Stenographische Berichte.

StGB. = Strafgesetzbuch.

StPO. = Strafprozeßordnung.

V. = Verordnung.

ZPO. oder CPO. = Zivilprozeßordnung (RGBl. 98, 410; 09, 475).

ZVG. = G. über die Zwangsversteigerung und die Zwangsverwaltung (RGBl. 98, 713).

ZZR. = Zeitschrift für Zollwesen und Reichsstcuern, Berlin.

Einleitung.

Dem Begriffe der Zuwachssteuer liegt der Gedanke zugrunde, daß die Wertsteigerung des Grund und Bodens zu einem erheblichen Teile nicht auf die Arbeit des Eigentümers, sondern auf die Leistungen der Allgemeinheit (der Gemeinden, Gemeindeverbände, Staaten sowie des Reichs) zurückzuführen ist, daß es deshalb angemessen ist, von diesem, dem „unverdienten" Wertzuwachse, einen Teil an die Allgemeinheit wieder abzuführen. Es läßt sich nicht bestreiten, daß diese Steuerart eine erheblich gerechtere Besteuerung darstellt als der sog. Umsatzstempel, welcher bei jeder Veräußerung eines Grundstückes in einem Prozentsatz des Preises oder Wertes zur Hebung gelangt, ohne Rücksicht darauf, ob der Eigentümer einen Gewinn oder Verlust erzielt hat.

Es waren zunächst die Gemeinden, welche den Gedanken der Wertzuwachssteuer ausbildeten. Dieser Gedanke selbst läßt sich etwa bereits bis in das Ende des 17. Jahrhunderts zurückverfolgen. Ob Frankreich (dafür Weil, Behandlung des unverdienten Wertzuwachses in der französischen Gesetzgebung, Jahrbuch der Bodenreform 1908, S. 161 ff.) oder England, in dessen Kommunen bereits Ende des 17. Jahrhunderts ebenso wie in solchen der Vereinigten Staaten ein „betterment" vorkommt, das Mutterland der Steuer ist (dafür Kumpmann, Neues zur Zuwachssteuer, Jahrbuch der Bodenreform 1908, S. 146), ist streitig. Napoleon I. erließ das sogenannte „Sumpfgesetz" vom 16. September 1807, das bei einer Enteignung von Grundeigentum den Wertzuwachs des gesamten Grundstücks von der Enteignungsentschädigung in Abzug brachte, ja sogar, wenn ersterer größer war, den Enteigneten noch zur Zuzahlung verpflichtete (Art. 54).

Wissenschaftlich begründet wurde die Wertzuwachstheorie in England durch James Mill (Elements of Political Economy 1821) und John Stuart Mill (Principles of Political Economy 1848). In Deutschland durch List und dann durch Adolf Wagner. Seine praktische Durchführung verdankte der Zuwachssteuergedanke vornehmlich der Agitation der Bodenreform-Gesellschaften. Wie die englische Bodenreform-Gesellschaft von 1871 die staatliche Besteuerung des „unearned Increment" forderte (vgl. Epstein, Zur Verteidigung der Zuwachssteuer, Soziale Streitfragen Heft 33, 34 S. 15), so hat die deutsche Bodenreformbewegung unter Führung Damaschkes erhebliche Ausdehnung gewonnen.

Schon 1898 wurde von Reichswegen in der Landordnung von Kiautschou (vom 2. Sept. 1898) eine allerdings sehr summarische Wertzuwachssteuer eingeführt.

Die erste deutsche Gemeinde, welche die Steuer einführte, dürfte die sächsische Gemeinde Oetzsch mit Raschwitz gewesen sein (Regulativ vom 9. Dez. 1902); s. Leuckart von Weißdorf, Entwicklung und Ergebnisse der Wertzuwachsbesteuerung im Königreich Sachsen, Leipzig 1911. Das Regulativ von 1903 der sächsischen Gemeinde Helbersdorf gebraucht bereits den Ausdruck „Wertzuwachssteuer" (ebenda S. 30 ff.).

1904 (1906) erließ Frankfurt a. M. als erste deutsche Gemeinde eine Zuwachssteuerordnung. Dieser folgten zahlreiche andere Gemeinden (nach Angaben des Reichsschatzamts zusammen 652 Gemeinden), insbesondere 1905 Köln, 1906 Essen, 1908 Dortmund, 1910 Berlin. Eine staatliche Zuwachssteuer wurde ferner eingeführt 1908 in Hamburg, 1909 in Lübeck und 1910 im Fürstentum Lippe. In Hessen wurde durch ein Gesetz vom 14. Dez. 1907 eine Zuwachssteuer im wesentlichen festgelegt, deren Erhebung den Gemeinden über 3000 Einwohnern freigegeben war. In Preußen waren die Gemeinden (Kommunalabgaben-Gesetz von 1893 §§ 13 u. 18) sowie die Gemeindeverbände (Kreis- und Provinzialabgaben-Gesetz vom 23. April 1906 § 6) allgemein zur Wertzuwachsbesteuerung befugt, ebenso die Gemeinden in Sachsen (Revidierte Städteordnung und Landgemeindeordnung usw., sämtlich vom 24. April 1873) und in Oldenburg (Gesetz vom 27. Dez. 1907). Staatliche Zuwachssteuergesetze wurden angestrebt in Bayern schon seit 1900, in Baden seit 1904, Elsaß-Lothringen seit 1905, ferner in Sachsen (Entwurf eines sächsischen Gemeindesteuer-Gesetzes von 1904).

Auch für eine Reichswertzuwachssteuer machte sich seit langem eine starke Bewegung geltend. Es wurde ausgeführt, daß gerade die Aufwendungen des Reiches zur Wertsteigerung der im Reich gelegenen Grundstücke erheblich beitrügen. Die Reichsregierung nahm zunächst eine ablehnende Haltung an. Noch im Jahre 1908 in der Hauptversammlung der Bodenreformer in Stuttgart am 25. April 1908 (Jahrbuch der Bodenreformer 1908 S. 104) erklärte ein Vertreter der preußischen Regierung, „man solle wie bisher den Gemeinden völlig die Zuwachssteuer überlassen und für Staat und Reich andere Quellen zu erschließen suchen." Auch die Reichsfinanzverwaltung „verhielt sich eher etwas retardierend" [Ausführungen des Reichsschatzsekretärs in Anlage 2 des Komm.-Ber. II, S. 145]. Aber schon im nächsten Jahre brachte die durch Ablehnung der Reichserbschaftssteuer entstandene Lücke in der Reichsfinanzreform den Gedanken der Reichswertzuwachssteuer zur Geltung. Der Antrag einiger Abgeordneten vom 23. April 1909 auf Besteuerung des Wertzuwachses bei Grundstücken und Wertpapieren wurde, soweit er sich auf Grundstücke bezog, einstimmig angenommen (Verhandlungen des Reichstags 12. Legislaturperiode, 1. Session, Anlagen Bd. 255, S. 8921). Der Gedanke der Besteuerung des Wertzuwachses an Wertpapieren wurde als unausführbar angesehen. Es wurde dagegen beschlossen, die Regierung um Ausarbeitung einer Gesetzesvorlage betreffend die Besteuerung des Wertzuwachses von Grundstücken zu ersuchen. Als am 14. Juni 1909 die verbündeten Regierungen den Entwurf eines Gesetzes wegen Änderung des Reichsstempelgesetzes (Nr. 1456 der Drucksachen) vorlegten, der den Umsatzstempel von Grundstücken reichsrechtlich einführte, erklärten sie die Vorlage eines Zuwachssteuergesetzes zurzeit als unausführbar, weil die „Steuergattung in der Praxis und Wissenschaft noch zu wenig geklärt sei, um die Vorarbeiten für eine gesetzliche Regelung innerhalb der für die Finanzreform zu Gebote stehenden Frist zu beendigen". Der von der Kommission selbst vorgelegte Wertzuwachssteuergesetzentwurf wurde bei der Verhandlung im Plenum des Reichstags abgelehnt (Stenographischer Bericht der 200. Sitzung v. 10. Juli 1909). Dagegen wurde der Reichsumsatzstempel angenommen und weiter als § 90 des Reichsstempelgesetzes folgende Bestimmung:

„Bis zum 1. April 1912 soll eine Reichsabgabe von der unverdienten Wertsteigerung bei Grundstücken (Zuwachssteuer) eingeführt werden, welche so zu bemessen ist, daß sie einen Jahresertrag von mindestens 20 Millionen Mark erwarten läßt.

Über diese ist durch besonderes Gesetz mit der Maßgabe Bestimmung zu treffen, daß denjenigen Gemeinden und Gemeindeverbänden, in denen eine Zuwachssteuer am 1. April 1909 in Geltung war, der bis zu diesem Zeitpunkt erreichte jährliche Durchschnittsertrag dieser Abgabe für einen Zeitraum von mindestens fünf Jahren nach dem Inkrafttreten der Reichsabgabe belassen wird.

Dieses Gesetz ist dem Reichstage bis zum 1. April 1911 vorzulegen.

Bis zum Inkrafttreten dieses Gesetzes wird zu der in Tarifnummer 11 vorgesehenen Abgabe ein Zuschlag von einhundert vom Hundert erhoben. Nach dem Inkrafttreten des Gesetzes wird der Steuersatz in Tarifnummer 11 von sechs zu sechs Jahren durch den Bundesrat einer Nachprüfung unterzogen. Übersteigt innerhalb des sechsjährigen Zeitraums der durchschnittliche Jahresertrag der Zuwachssteuer den Betrag von 20 Millionen, so ist der Steuersatz in Tarifnummer 11 mit Wirkung vom Beginne des der Feststellung folgenden Rechnungsjahrs für die folgenden sechs Jahre nach näherer Bestimmung des Bundesrats entsprechend herabzusetzen."

Nachdem das Reichsstempelgesetz am 1. August 1909 in Kraft getreten war, legten bereits am 11. April 1910 die verbündeten Regierungen dem Reichstag den Entwurf eines Zuwachssteuergesetzes vor (Nr. 374 d. Drucksachen, 12. Legislaturperiode, 2. Session 1909/10). Dem Entwurf lagen bei: eine Begründung, ferner im Anhang ein Abdruck der Zuwachssteuergesetze der deutschen Bundesstaaten (Hessen 1907, Lippe 1910, Lübeck 1909, Hamburg 1908) sowie der Zuwachssteuerordnungen einzelner Gemeinden (Berlin 1910, Köln 1905, Frankfurt 1906, Dortmund 1908) sowie einzelner Gemeindeverbände (Kreis Blumenthal 1907, Kr. Randow 1909). Der Entwurf wurde in 1. Lesung am 5. April 1910 im Plenum beraten und einer Kommission von 28 Mitgliedern überwiesen. Diese nahm zunächst 2 Lesungen (zusammen 13 Sitzungen) vor und legte die Ergebnisse dieser ersten und zweiten Lesung am 10. Mai 1910 in einem Kommissionsbericht (Nr. 515 d. Drucksachen) dem Reichstage vor. Eine dritte Lesung der Kommission wurde am 7. Mai 1910 beschlossen und in zehn Sitzungen ausgeführt, deren Ergebnisse in einem weiteren Kommissionsbericht am 11. Januar 1911 dem Reichstage vorgelegt sind. Dieser Bericht enthält außer dem Inhalt der Beratungen eine Reihe von Anlagen, darunter S. 158 eine Schätzung des Ertrags der Steuer in Gemeinden mit mehr als 5000 Einwohnern (S. 161 ff.), Erfahrungen der Gemeinden über die Veranlagungen und die wirtschaftlichen Wirkungen der Zuwachssteuer (S. 169 ff.), Ausführungen über das Verhältnis von kommunaler Grundstücks-, Umsatz- und Zuwachssteuer. Es folgte alsdann die zweite Beratung im Plenum des Reichstags in der Zeit vom 16.—25. Januar 1911, und die dritte Beratung am 31. Januar und 1. Februar 1911, nach welcher das Gesetz im ganzen mit 199 Stimmen gegen 93 Stimmen bei 20 Stimmenthaltungen angenommen wurde.

Nach Zustimmung des Bundesrats ist das Gesetz am 14. Februar 1911 vollzogen und im Reichsgesetzblatt veröffentlicht worden. Vom 27. März 1911 datieren die Ausführungsbestimmungen des Bundesrats zu dem Gesetze (veröffentlicht in dem Zentralblatt für das Deutsche Reich am 28. März 1911).

Die Ausführungsgesetze der Bundesstaaten, besonders

Preußens, liegen zurzeit noch nicht vor. Durch Bestimmung der Landesregierungen wird das Verfahren für die Übergangszeit geregelt. In Preußen sind vorläufig die §§ 1, 3, 5 des Entwurfs zum preußischen Ausführungsgesetze bis zu dessen Inkrafttreten in Wirksamkeit gesetzt und damit vorläufig als Zuwachssteuerämter die unten bezeichneten Behörden geschaffen (s. § 35 Anm. 4 und Anhang).

Nachdem das Gesetz gesprochen hat, kann der große Streit darüber, ob die Steuer sich überhaupt als Reichssteuer eigene oder den Gemeinden verbleiben müsse (verneinend Leuckart von Weißdorf S. 79 ff.), auf sich beruhen. Dem Einwand, daß die Verschiedenartigkeit der Grundbesitzverhältnisse in den deutschen Gemeinden eine einheitliche Regelung nicht zulasse, versucht das Gesetz durch § 59 Abs. 2 gerecht zu werden, dem Ausfall der Gemeinden durch § 60 vorzubeugen. Trotz der in § 60 übernommenen Garantie darf aus der Steuer die Deckung der 25 Millionen Mark, welche als Lücke bei der Reichsfinanzreform geblieben waren, mit Sicherheit erwartet werden.

I. Gesetzestext ohne Anmerkungen.

Zuwachssteuergesetz
vom 14. Februar 1911 (RGBl. S. 33).

§ 1. Beim Übergange des Eigentums an inländischen Grundstücken wird von dem Wertzuwachse, der ohne Zutun des Eigentümers entstanden ist, gemäß den Vorschriften dieses Gesetzes eine Abgabe (Zuwachssteuer) erhoben.

Beträgt der Veräußerungspreis, und im Falle einer Teilveräußerung der Wert des Gesamtgrundstücks, bei bebauten Grundstücken nicht mehr als 20 000 Mark, bei unbebauten Grundstücken nicht mehr als 5000 Mark, so bleibt der Eigentumsübergang von der Steuer frei. Als unbebaut gelten auch solche Grundstücke, auf denen sich Gartenhäuser, Schuppen, Lagerstätten und ähnliche zu vorübergehenden Zwecken dienende Baulichkeiten befinden. Die Steuerfreiheit tritt nur ein, wenn weder der Veräußerer und sein Ehegatte im letzten Jahre ein Einkommen von mehr als 2000 Mark gehabt haben, noch einer von ihnen den Grundstückshandel gewerbsmäßig betreibt. Wird festgestellt, daß die Veräußerung für Rechnung eines Dritten erfolgt, so ist die Steuerfreiheit nur zu gewähren, wenn die Voraussetzungen für die Befreiung auch in der Person des Dritten vorliegen.

§ 2. Die Vorschriften dieses Gesetzes über Grundstücke finden Anwendung auf Berechtigungen, für welche die sich auf Grundstücke beziehenden Vorschriften des bürgerlichen Rechtes gelten; ausgenommen sind unbewegliche Bergwerksanteile.

§ 3. Dem Übergange des Eigentums an Grundstücken steht gleich der Übergang von Rechten an dem Vermögen einer Gesellschaft mit beschränkter Haftung, einer Kommanditgesellschaft, Gewerkschaft, eingetragenen Genossenschaft, eines eingetragenen Vereins oder einer offenen Handelsgesellschaft, soweit das Vermögen der Vereinigung aus Grundstücken besteht, wenn entweder zum Gegenstande des Unternehmens die Verwertung von Grundstücken gehört, oder wenn die Vereinigung geschaffen ist, um die Zuwachssteuer zu ersparen.

§ 4. Die Steuerpflicht wird begründet durch die Eintragung der Rechtsänderung in das Grundbuch oder, wenn es einer solchen zum Übergange des Eigentums nicht bedarf, durch den Vorgang, der die Rechtsänderung bewirkt.

Sofern das Grundbuch noch nicht als angelegt anzusehen ist, tritt an die Stelle der Eintragung die Umschreibung in öffentlichen Büchern.

§ 5. Erfolgt der Übergang des Eigentums nicht innerhalb eines Jahres nach Abschluß des zur Übertragung des Eigentums verpflichtenden Veräußerungsgeschäfts, so gelangt die Zuwachssteuer aus Anlaß dieses Rechtsgeschäfts und, falls innerhalb des einjährigen Zeitraums mehrere Rechtsgeschäfte dieser Art abgeschlossen worden sind, aus Anlaß des letzten Rechtsgeschäfts zur Hebung.

Die Steuerpflicht tritt im Falle des Abs. 1 mit Ablauf eines Jahres nach Abschluß des Veräußerungsgeschäfts ein; für die Veranlagung ist der Zeitpunkt maßgebend, in welchem das Rechtsgeschäft oder bei mehreren Rechtsgeschäften das letzte Rechtsgeschäft abgeschlossen ist.

Als Rechtsgeschäfte im Sinne des Abs. 1 sind auch anzusehen:

1. die Übertragung der Rechte der Erwerber aus Veräußerungsgeschäften;
2. die Übertragung von Rechten aus Anträgen zur Schließung eines Veräußerungsgeschäfts, die den Veräußerer binden, sowie aus Verträgen, durch die nur der Veräußerer zur Schließung eines Veräußerungsgeschäfts verpflichtet wird;
3. nachträgliche Erklärungen des aus einem Veräußerungsgeschäfte berechtigten Erwerbers, die Rechte für einen Dritten erworben oder die Pflichten für einen Dritten übernommen zu haben;
4. die Abtretung der Rechte aus dem Meistgebot und die Erklärung des Meistbietenden, daß er für einen anderen geboten habe;
5. Rechtsgeschäfte, durch die jemand ermächtigt wird, ein Grundstück ganz oder teilweise auf eigene Rechnung zu veräußern.

§ 6. Die Besteuerung wird nicht dadurch ausgeschlossen, daß ein nach diesem Gesetze steuerpflichtiges Rechtsgeschäft durch ein anderes Rechtsgeschäft verdeckt wird, insbesondere an die Stelle des Überganges des Eigentums ein Rechtsvorgang tritt, der es ohne Übertragung des Eigentums einem anderen ermöglicht, über das Grundstück wie ein Eigentümer zu verfügen.

§ 7. Die Zuwachssteuer wird nicht erhoben:

1. beim Erwerbe von Todes wegen im Sinne der §§ 1 bis 4 des Erbschaftssteuergesetzes sowie beim Erwerb auf Grund einer Schenkung unter Lebenden im Sinne des § 55 des Erbschaftssteuergesetzes, sofern nicht die Form der Schenkung lediglich gewählt ist, um die Zuwachssteuer zu ersparen;
2. bei der Begründung, Änderung, Fortsetzung und Aufhebung der ehelichen Gütergemeinschaft;
3. beim Erwerb auf Grund von Verträgen, die zwischen Miterben oder Teilnehmern an einer ehelichen oder fortgesetzten Gütergemeinschaft zum Zwecke der Teilung der zum Nachlaß oder zum Gesamtgut gehörenden Gegenstände abgeschlossen werden, sowie beim Erwerb auf Grund eines Zuschlags, der in den vorgenannten Fällen bei Teilung im Wege der Versteigerung einem Miterben oder Teilnehmer erteilt wird;
4. beim Erwerbe der Abkömmlinge von den Eltern, Großeltern und entfernteren Voreltern;

5. beim Einbringen in eine ausschließlich aus dem Veräußerer und dessen Abkömmlingen oder aus diesen allein bestehende Gesellschaft des Bürgerlichen Gesetzbuchs oder Vereinigung der im § 3 bezeichneten Art. Die Steuerpflicht tritt ein, soweit nachträglich ein Gesellschafter aufgenommen wird, der nicht zu den Abkömmlingen des Veräußerers gehört;
6. beim Einbringen von Nachlaßgegenständen in eine ausschließlich von Miterben gebildete Gesellschaft des Bürgerlichen Gesetzbuchs oder Vereinigung der im § 3 bezeichneten Art. Die Vorschrift der Ziffer 5 Satz 2 findet entsprechende Anwendung;
7. beim Austausch im Inlande gelegener Grundstücke zum Zwecke der Zusammenlegung (Flurbereinigung), der Grenzregelung oder der besseren Gestaltung von Bauflächen (Umlegung) sowie bei Ablösung von Rechten an Forsten, wenn diese Maßnahmen auf der Anordnung einer Behörde beruhen oder von einer solchen als zweckdienlich anerkannt werden;
8. beim Austausch von Feldesteilen zwischen angrenzenden Bergwerken und bei der Vereinigung zweier oder mehrerer Bergwerke zum Zwecke der besseren bergbaulichen Ausnutzung, sofern sie nicht zum Zwecke der Steuerersparung erfolgen.

Zu den Miterben im Sinne der Ziffern 3, 6 wird der überlebende Ehegatte gerechnet, der mit den Erben des verstorbenen Ehegatten gütergemeinschaftliches Vermögen zu teilen hat.

§ 8. Als steuerpflichtiger Wertzuwachs gilt der Unterschied zwischen dem Erwerbspreis und dem Veräußerungspreise.

Der Preis bestimmt sich nach dem Gesamtbetrage der Gegenleistung einschließlich der vom Erwerber übernommenen oder ihm sonst infolge der Veräußerung obliegenden Leistungen und der vorbehaltenen oder auf dem Grundstück lastenden Nutzungen und bei Verträgen über Leistung an Erfüllungsstatt nach dem Werte, zu dem die Gegenstände an Erfüllungsstatt angenommen werden.

Ist einem der Vertragschließenden ein Wahlrecht oder die Befugnis eingeräumt, innerhalb gewisser Grenzen den Umfang der Gegenleistung zu bestimmen, so ist für die Bemessung der Abgabe der höchste mögliche Betrag der Gegenleistung maßgebend.

§ 9. Beim Übergang im Wege der Zwangsversteigerung gilt als Preis der Betrag des Meistgebots, zu dem der Zuschlag erteilt wird, unter Hinzurechnung der vom Ersteher übernommenen Leistungen. Im Falle der Abtretung der Rechte aus dem Meistgebot und der Erklärung des Meistbietenden, daß er für einen anderen geboten habe, tritt an die Stelle des Meistgebots der Wert der Gegenleistung, wenn sie höher ist als das Meistgebot.

§ 10. Von dem Preise kommt in Abzug der Wert der vom Veräußerer übernommenen Lasten, der Maschinen, auch soweit sie zu den wesentlichen Bestandteilen des Grundstücks gehören, und der Erzeugnisse des Grundstücks, solange sie mit dem Boden zusammenhängen.

§ 11. Ist ein Preis nicht vereinbart oder nicht zu ermitteln, so tritt an dessen Stelle der Wert des Grundstücks.

Das Gleiche gilt, wenn auf dem Grundstück eine der im § 2 bezeichneten Berechtigungen oder ein Nießbrauchsrecht lastet, zu deren Beseitigung der Veräußerer nicht verpflichtet ist, und der Wert des Grundstücks den Betrag der Gegenleistung übersteigt. Wenn die Beteiligten zum Zwecke der Steuerersparung einen Teil des Entgelts in die Form einer Vermittelungsgebühr, einer den üblichen Zinssatz erheblich übersteigenden Verzinsung des gestundeten Preises oder einer sonstigen Nebenleistung kleiden, so ist der als Teil des Entgelts anzusetzende Betrag durch Schätzung zu ermitteln.

§ 12. Die Wertermittelung ist in den Fällen, in denen für die Berechnung der Abgabe ein Wert in Betracht zu kommen hat, auf den gemeinen Wert des Grundstücks zu richten. Die Vorschrift des § 8 Abs. 3 findet entsprechende Anwendung.

Der Wert wiederkehrender Leistungen oder Nutzungen bestimmt sich nach den Vorschriften des Erbschaftssteuergesetzes.

§ 13. Betrifft der steuerpflichtige Rechtsvorgang steuerpflichtige und steuerfreie Gegenstände, ohne daß Einzelpreise oder -werte angegeben werden, so bestimmt die Steuerbehörde den auf die steuerpflichtigen Gegenstände entfallenden Teil der Gesamtsumme, wenn nicht der Steuerpflichtige auf Erfordern innerhalb der ihm bestimmten Frist die Trennung der Preise oder Werte nachholt. Sind zum Zwecke der Steuerersparung unrichtige Angaben gemacht worden, so ist der Betrag durch Schätzung zu ermitteln.

Das gleiche gilt für die Verteilung des Gesamtbetrags auf mehrere steuerpflichtige Gegenstände.

§ 14. Dem Erwerbspreis sind hinzuzurechnen:

1. als Kosten des Erwerbes, sofern nicht an Stelle des Erwerbspreises der Wert maßgebend ist, vier vom Hundert des Erwerbspreises und, falls der Veräußerer nachweislich einschließlich der ortsüblichen Vermittelungsgebühr einen höheren Betrag aufgewendet hat, dieser;

2. falls der Erwerb im Wege der Zwangsversteigerung erfolgt ist und der Veräußerer zur Zeit der Einleitung der Zwangsversteigerung Hypotheken- oder Grundschuldgläubiger war, der nachweisliche Betrag seiner ausgefallenen Forderungen, bis zu dem Werte, den das Grundstück zur Zeit der Zwangsversteigerung oder, wenn der Wert zur Zeit der Eintragung der Forderung höher war, zu diesem Zeitpunkt hatte. Die Forderungen kommen, wenn sie durch entgeltliches Rechtsgeschäft erworben sind, nur in Höhe des geleisteten Entgelts in Anrechnung. Beruht ihr Erwerb auf einer Schenkung, oder ist ihre Eintragung innerhalb kürzerer Zeit als sechs Monate vor der Einleitung der Zwangsversteigerung erfolgt, so werden die Forderungen nur berücksichtigt, wenn nach den Umständen Schenkung oder Eintragung keine Steuerersparung bezwecken;

3. die Aufwendungen für Bauten, Umbauten und für sonstige dauernde besondere Verbesserungen, auch solche land- oder forstwirtschaftlicher Art, sowie für bergmännische Versuchs- und Ausrichtungsarbeiten, die innerhalb des für die Steuerberechnung maßgebenden Zeitraums gemacht sind und weder die nach § 10 abzugs-

fähigen Gegenstände betreffen, noch der laufenden Unterhaltung von Baulichkeiten oder der laufenden Bewirtschaftung von Grundstücken dienen, soweit die Bauten und Verbesserungen noch vorhanden sind. Außerdem sind 5 vom 100, oder wenn der Veräußerer Baugewerbetreibender oder Bauhandwerker und selbst der Bauunternehmer ist, 15 vom 100 des anrechnungsfähigen Werts den Aufwendungen hinzuzurechnen. Diese Bestimmung findet jedoch keine Anwendung, wenn der Unternehmer eine Gesellschaft im Sinne des Handelsgesetzbuchs oder eine Genossenschaft ist, die nicht ausschließlich aus Baugewerbetreibenden oder Bauhandwerkern bestehen. Als Aufwendungen im Sinne dieser Vorschrift gelten Beträge, die aus Versicherungen gedeckt sind, nicht, wenn sie zur Wiederherstellung von Baulichkeiten verwendet sind, die vor dem für die Steuerberechnung maßgebenden Zeitraum errichtet waren;

4. die Aufwendungen, Leistungen und Beiträge für Straßenbauten, andere Verkehrsanlagen einschließlich der Kanalisierung, sowie ohne entsprechende Gegenleistung und Verzinsung geleistete Beiträge für sonstige öffentliche Einrichtungen, soweit die Aufwendungen, Leistungen und Beiträge innerhalb des für die Steuerberechnung maßgebenden Zeitraums gemacht sind. Für jedes volle Jahr dieses Zeitraums nach Schluß des Kalenderjahrs, in welchem die Aufwendungen gemacht oder die Leistungen oder Beiträge verausgabt sind, längstens jedoch für fünfzehn Jahre, sind ihnen 4 vom 100 ihres Betrags hinzuzurechnen. Auf Antrag des Veräußerers tritt an die Stelle dieser Zinsanrechnung die Hinzurechnung gemäß § 16, und zwar gemäß Abs. 1 Ziffer 1 von demjenigen Betrage, welcher den dort bezeichneten Höchstbetrag bei Berücksichtigung auch der Aufwendungen nach Ziffer 4 nicht übersteigt, gemäß Abs. 1 Ziffer 2 von dem Mehrbetrage.

§ 15. Soweit es sich um die Verbesserung von Flächen handelt, die aus Moorland, Sumpfland, Öd- oder Heideland bestehen, ist auf Antrag des Veräußerers an Stelle der in § 14 Ziffer 3 bezeichneten Aufwendungen dem Erwerbspreis die Erhöhung des Ertragswerts hinzuzurechnen.

§ 16. Dem Erwerbspreis werden für jedes Jahr des für die Steuerberechnung maßgebenden Zeitraums hinzugerechnet:

1. von dem Betrage des Erwerbspreises und der Anrechnungen nach § 14 Ziffer 1 bis 3, § 15, der zusammen 100 M., bei Weinbergen 300 M. für das Aar nicht übersteigt, $2^1/_2$ vom 100;
2. von dem Mehrbetrage bei unbebauten Grundstücken 2, bei bebauten Grundstücken $1^1/_2$ vom 100.

Beträgt der für die Steuerberechnung maßgebende Zeitraum nicht mehr als 5 Jahre, so ermäßigen sich die Hinzurechnungen bei unbebaut gebliebenen Grundstücken auf die Hälfte.

Die Hinzurechnung erfolgt für jedes volle Kalenderjahr nach Schluß des Jahres, in dem der für die Steuerberechnung maßgebende Zeitraum beginnt, oder die Aufwendung gemacht, oder in dem bei Bauten und Umbauten die behördliche Gebrauchsabnahme und soweit eine solche nicht besteht, die gebrauchsfertige Herstellung erfolgt ist.

§ 17. Beruht der Erwerb des Grundstücks auf einem steuerfreien Rechtsvorgange (§ 7), so ist für die Bemessung des Wertzuwachses von dem Preise zur Zeit des letzten steuerpflichtigen Rechtsvorganges auszugehen.

Ob im Sinne dieser Vorschrift Rechtsvorgänge steuerfrei oder steuerpflichtig sind, ist auch für die Zeit vor dem Inkrafttreten dieses Gesetzes nach ihm zu bestimmen. Rechtsgeschäfte der im § 5 bezeichneten Art stehen einem steuerfreien Erwerbsvorgange gleich, sofern sie vor dem 1. Jan. 1911 abgeschlossen worden sind.

Wenn der letzte steuerpflichtige Rechtsvorgang mehr als 40 Jahre vor dem Eintritt der Steuerpficht liegt, so ist als Ererbspreis der Wert anzusehen, den das Grundstück 40 Jahre vor dem Eintritt der Steuerpflicht hatte, sofern der Steuerpflichtige nicht nachweist, daß er oder sein Rechtsvorgänger vor jener Zeit bei einem steuerfreien oder steuerpflichtigen Erwerb einen höheren Erwerbspreis gezahlt hat.

Liegt der für die Bemessung des Wertzuwachses maßgebende Erwerbsvorgang vor dem 1. Jan. 1885, so tritt an die Stelle des Preises der Wert, den das Grundstück an diesem Tage gehabt hat, wenn der Steuerpflichtige nicht nachweist, daß er oder sein Rechtsvorgänger vor jener Zeit bei einem steuerfreien oder steuerpflichtigen Erwerb einen höheren Erwerbspreis gezahlt hat.

Als für die Steuerberechnung maßgebender Zeitraum gilt im Falle des Abs. 3 der vierzigjährige Zeitraum, im Falle des Abs. 4 die Zeit seit dem 1. Jan. 1885.

§ 18. Bei Grundstücken in Festungsrayons, die vor dem Erlasse des Rayongesetzes vom 21. Dez. 1871 erworben sind und für die eine Rayonentschädigung nicht gewährt worden ist, ist dem für den 1. Jan. 1885 ermittelten Werte der Betrag hinzuzurechnen, um den das Grundstück durch Einführung der Rayonbeschränkung an Wert gemindert worden ist.

§ 19. Bei einem aus Anlaß einer Flurbereinigung, Grenzregelung oder Umlegung (§ 7 Ziffer 7) empfangenen Grundstück ist als Erwerbspreis das Entgelt anzusehen, das der Eigentümer oder sein Rechtsvorgänger für das in die Flurbereinigung, Grenzregelung oder Umlegung gegebene Grundstück gezahlt hat. Ausgleichszahlungen, die bei der Flurbereinigung, Grenzregelung oder Umlegung stattgefunden haben, sind entsprechend anzurechnen.

Hat der Eigentümer oder sein Rechtsvorgänger bei der Flurbereinigung, Grenzregelung oder Umlegung mehrere Grundstücke empfangen, so werden deren Erwerbspreise aus dem im Abs. 1 bezeichneten Entgelt nach dem Verhältnis berechnet, in welchem die Werte der empfangenen Grundstücke im Zeitpunkt der Flurbereinigung, Grenzregelung oder Umlegung zueinander gestanden haben.

§ 20. Beschränkt sich der steuerpflichtige Rechtsvorgang auf einen Teil eines Grundstücks, so wird der Erwerbspreis dieses Teiles nach dem Verhältnis seines Wertes zum Werte des Gesamtgrundstücks berechnet.

Unentgeltliche dauernde Überlassung von Grundstücken für Verkehrszwecke, für öffentliche oder gemeinnützige Zwecke wird in der

Weise berücksichtigt, daß der Gesamterwerbspreis nicht auf die ursprüngliche, sondern auf die nach der Abtretung verbleibende Fläche verteilt wird. Hierzu ist nicht erforderlich, daß eine Eigentumsübertragung erfolgt ist.

Werden Teile eines örtlich und wirtschaftlich zusammenhängenden Grundbesitzes durch verschiedene Rechtsvorgänge von demselben Veräußerer oder von dessen Erben innerhalb dreier Jahre übertragen, so ist der Steuerpflichtige berechtigt, von dem Wertzuwachse des einen Teiles des Grundstücks einen bei der Veräußerung anderer Teile eingetretenen Verlust abzuziehen. Die Zuwachssteuer wird bei den einzelnen Rechtsvorgängen fällig; etwa zuviel gezahlte Steuer wird nach dem letzten Rechtsvorgang erstattet.

§ 21. Bei Teilveräußerungen sind nur diejenigen Aufwendungen (§ 14 Ziffer 3, 4) anzurechnen, welche diesen Teil ausschließlich oder gemeinschaftlich mit anderen Teilen betreffen. Im letzteren Falle erfolgt die Anrechnung nach dem Verhältnis des Wertes, den die Grundstücksteile zur Zeit der Veräußerung haben.

§ 22. Von dem Veräußerungspreise sind in Abzug zu bringen:

1. die dem bisherigen Eigentümer nachweislich zur Last fallenden Kosten der Veräußerung und Übertragung einschließlich der für die Vermittelung gezahlten ortsüblichen Gebühr, sofern nicht an Stelle des Veräußerungspreises der Wert maßgebend ist;

2. auf Antrag des Veräußerers der Betrag, um den nachweislich während des für die Steuerberechnung maßgebenden Zeitraums, jedoch nicht länger als für 15 zusammenhängende Jahre, der aus dem Grundstück erzielte Jahresertrag hinter 3 vom 100 des Erwerbspreises zuzüglich der nach § 14 Ziffer 1 bis 3 zulässigen Anrechnungen zurückbleibt. Ist statt des Erwerbspreises der Wert zu einer späteren Zeit als der des Erwerbes maßgebend (§ 17 Abs. 3 und 4), so sind die 3 von 100 nicht von diesem Werte, sondern von dem Erwerbspreis zu berechnen, den der Steuerpflichtige oder sein Rechtsvorgänger vor jener Zeit bei einem steuerfreien oder steuerpflichtigen Erwerbe gezahlt hat.

§ 23. Dem Veräußerungspreise sind hinzuzurechnen Entschädigungen für eine Wertminderung des Grundstücks, soweit der Anspruch während des für die Steuerberechnung maßgebenden Zeitraums nach dem 1. Jan. 1911 entstanden und der Betrag nicht nachweislich zur Beseitigung des Schadens verwendet worden ist.

§ 24. Wird die Zahlung der Zuwachssteuer nach dem Vertrage von dem Erwerber übernommen, so ist ein nach den sonstigen Vorschriften dieses Gesetzes berechneter Steuerbetrag dem Veräußerungspreise hinzuzuzählen und hiernach die Steuer festzusetzen.

§ 25. Im Falle der steuerpflichtigen Überlassung eines gemeinschaftlichen Grundstücks an einen Mitberechtigten oder Gesellschafter bleibt für die Bemessung des Wertzuwachses der Anteil des Erwerbers außer Betracht. Beim Eintritt des nächsten Steuerfalls ist der Wertzuwachs, der für den Anteil des Erwerbers seit dem letzten vor der Auseinandersetzung gelegenen steuerpflichtigen Rechtsvorgang entstanden ist, und der für die Anteile der früheren Mitberechtigten oder Gesellschafter seit der Auseinandersetzung eingetretene Wertzuwachs gesondert zu versteuern.

§ 26. Bei der Vertauschung ist die Zuwachssteuer für jeden Tauschgegenstand gesondert zu berechnen und zu erheben.

§ 27. Erfolgt der Erwerb auf Grund mehrerer aufeinanderfolgender Rechtsgeschäfte von dem bisherigen Berechtigten an den letzten Erwerber, so gilt der von dem ersteren gezahlte Preis als Erwerbspreis und die Gesamtheit der Beträge, um die sich der Preis des Grundstücks zwischen je zwei Rechtsgeschäften erhöht hat, als Wertzuwachs. Das Gleiche gilt, falls vor dem Übergang an den letzten Erwerber die Steuerpflicht gemäß § 5 eingetreten ist, mit der Maßgabe, daß für den Übergang an den letzten Erwerber als Erwerbspreis das Entgelt bestimmend ist, das bei der früheren Versteuerung als Veräußerungspreis zugrunde gelegt worden ist.

Als Rechtsgeschäfte im Sinne des Abs. 1 sind auch Vorgänge der im § 5 Abs. 3 bezeichneten Art anzusehen.

§ 28. Die Steuer beträgt

10 v. H. bei einer Wertsteigerung von nicht mehr als 10 v. H. des Betrags, der sich aus dem Erwerbspreis und den Zu- und Abrechnungen (§§ 14 bis 16, 21) zusammensetzt,

11 v. H. bei einer Wertsteigerung von mehr als 10 v. H. bis einschließlich 30 v. H. dieses Betrags,

12 v. H. bei einer Wertsteigerung von mehr als 30 v. H. bis einschließlich 50 v. H. dieses Betrags,

13 v. H. bei einer Wertsteigerung von mehr als 50 v. H. bis einschließlich 70 v. H. dieses Betrags,

14 v. H. bei einer Wertsteigerung von mehr als 70 v. H. bis einschließlich 90 v. H. dieses Betrags,

15 v. H. bei einer Wertsteigerung von mehr als 90 v. H. bis einschließlich 110 v. H. dieses Betrags,

16 v. H. bei einer Wertsteigerung von mehr als 110 v. H. bis einschließlich 130 v. H. dieses Betrags,

17 v. H. bei einer Wertsteigerung von mehr als 130 v. H. bis einschließlich 150 v. H. dieses Betrags,

18 v. H. bei einer Wertsteigerung von mehr als 150 v. H. bis einschließlich 170 v. H. dieses Betrags,

19 v. H. bei einer Wertsteigerung von mehr als 170 v. H. bis einschließlich 190 v. H. dieses Betrags,

20 v. H. bei einer Wertsteigerung von mehr als 190 v. H. bis einschließlich 200 v. H. dieses Betrags,

21 v. H. bei einer Wertsteigerung von mehr als 200 v. H. bis einschließlich 210 v. H. dieses Betrags,

22 v. H. bei einer Wertsteigerung von mehr als 210 v. H. bis einschließlich 220 v. H. dieses Betrags,

23 v. H. bei einer Wertsteigerung von mehr als 220 v. H. bis einschließlich 230 v. H. dieses Betrags,

24 v. H. bei einer Wertsteigerung von mehr als 230 v. H. bis einschließlich 240 v. H. dieses Betrags,

25 v. H. bei einer Wertsteigerung von mehr als 240 v. H. bis einschließlich 250 v. H. dieses Betrags,
26 v. H. bei einer Wertsteigerung von mehr als 250 v. H. bis einschließlich 260 v. H. dieses Betrags,
27 v. H. bei einer Wertsteigerung von mehr als 260 v. H. bis einschließlich 270 v. H. dieses Betrags,
28 v. H. bei einer Wertsteigerung von mehr als 270 v. H. bis einschließlich 280 v. H. dieses Betrags,
29 v. H. bei einer Wertsteigerung von mehr als 280 v. H. bis einschließlich 290 v. H. dieses Betrags,
30 v. H. bei einer Wertsteigerung von mehr als 290 v. H. dieses Betrags.

Die Steuer ermäßigt sich für jedes vollendete Jahr des für die Steuerberechnung maßgebenden Zeitraums um 1 vom 100 ihres Betrags. Ist das Grundstück vor dem 1. Jan. 1900 erworben, so beträgt die Ermäßigung für die Zeit bis zum 1. Jan. 1911 $1^1/_2$ vom 100 jährlich.

Steuerbeträge, die im ganzen unter 20 M. bleiben, werden nicht erhoben.

§ 29. Die Entrichtung der Zuwachssteuer liegt demjenigen ob, dem das Eigentum an dem Grundstück vor dem die Steuerpflicht begründenden Rechtsvorgange zustand. Mehrere Steuerpflichtige haften als Gesamtschuldner.

Kann die Steuer von dem Veräußerer nicht beigetrieben werden, so haftet der Erwerber für die Steuer bis zum Betrage von 2 vom 100 des Veräußerungspreises. Diese Bestimmung findet keine Anwendung beim Erwerb im Wege der Zwangsversteigerung.

Die Haftung fällt fort, sobald der Veräußerer einen entsprechenden Betrag gezahlt oder sichergestellt hat.

§ 30. Von der Steuerpflicht (§ 29 Abs. 1) befreit sind:

1. der Landesfürst und die Landesfürstin;
2. das Reich;
3. die Bundesstaaten und Gemeinden (Gemeindeverbände), in deren Bereich das Grundstück sich befindet;
4. Vereinigungen aller Art, welche, ohne Erwerbszwecken zu dienen, satzungsgemäß sich mit innerer Kolonisation, Arbeiteransiedelung, Grundentschuldung oder Errichtung von Wohnungen für die minderbemittelten Klassen befassen, falls sie den zur Verteilung gelangenden Reingewinn auf eine höchstens 4prozentige Verzinsung der Kapitaleinlagen beschränken, den Mitgliedern, Geschäftsführern oder sonstigen Beteiligten auch nicht in anderer Form besondere Vorteile gewähren, bei Auslosung, Austritt eines Mitglieds oder für den Fall der Auflösung nicht mehr als den Nennwert ihrer Anteile zusichern und bei der Auflösung den etwaigen Rest ihres Vermögens für die vorbezeichneten Zwecke bestimmen. Ob diese Voraussetzungen zutreffen, entscheidet der Bundesrat. Er ist auch ermächtigt, solchen Vereinigungen der vorbezeichneten Art Steuerfreiheit zuzubilligen, die eine höchstens 5prozentige Verzinsung der Kapitaleinlagen gewähren.

§ 31. Durch die Landesgesetzgebung können Ausnahmen von der Bestimmung der Ziffer 1 des § 30 zugunsten der Gemeinden (Gemeindeverbände) gemacht werden. Wo solche landesgesetzlichen Bestimmungen bereits bestehen, behält es dabei sein Bewenden.

§ 32. Gehen dem Eintritt der Steuerpflicht mehrere aufeinanderfolgende Rechtsgeschäfte der im § 5 bezeichneten Art voraus (§ 27), so haften die an einem dieser Rechtsvorgänge als Veräußerer Beteiligten für die Steuer neben dem Steuerpflichtigen als Gesamtschuldner. Im Verhältnis der Beteiligten zueinander haftet jeder Veräußerer für die Steuer nur in der Höhe, in der er haften würde, wenn der Übergang auf Grund des von ihm geschlossenen Veräußerungsgeschäfts erfolgt wäre.

Ist die Vornahme des steuerpflichtigen Rechtsvorganges unter Mitwirkung eines Bevollmächtigten oder durch die Tätigkeit eines Vermittlers mit der Maßgabe erfolgt, daß diesen der einen gewissen Betrag übersteigende Teil des Preises verbleibt, so haftet für den auf den Mehrerlös entfallenden Teil der Steuer neben dem Veräußerer als Gesamtschuldner derjenige, dem der Mehrerlös zukommt.

Liegt der die Haftung begründende Rechtsvorgang vor dem Inkrafttreten dieses Gesetzes, so finden die Vorschriften der Abs. 1, 2 keine Anwendung.

§ 33. Jeder, der nach den Vorschriften des § 32 Abs. 1 für die Entrichtung der Abgabe haftet, ist berechtigt, innerhalb eines Monats nach Vornahme des die Haftpflicht begründenden Rechtsvorganges die Festsetzung und Erhebung der Abgabe von dem Wertzuwachse zu beantragen, der bis zu dem die Haftpflicht begründenden Rechtsvorgang entstanden ist.

Bei der nächsten Versteuerung bemißt sich die Abgabe nach dem Steuersatze, der bei Einrechnung dieses Wertzuwachses anzuwenden wäre.

§ 34. Ist im Falle des § 5 das steuerpflichtige Rechtsgeschäft nichtig oder aufgehoben, so ist nach näherer Bestimmung des Bundesrats die Abgabe auf Antrag zu erlassen. Dasselbe gilt, wenn wegen Nichterfüllung der Vertragsbedingungen das Rechtsgeschäft rückgängig gemacht oder das Eigentum zurückübertragen wird. Ferner ist in den Fällen der Preisminderung nach §§ 459, 460 des Bürgerlichen Gesetzbuchs der Veräußerungspreis entsprechend zu ermäßigen und die Steuer entsprechend zurückzuzahlen.

Wird das Grundstück auf den bisherigen Eigentümer wieder übertragen, so kann nach näherer Bestimmung des Bundesrats die Abgabe erlassen werden. Die Abgabe muß erlassen werden, wenn die Rückübertragung innerhalb 2 Jahre seit der Veräußerung erfolgt.

Wird die Steuer erlassen, so gilt die Veräußerung im Sinne dieses Gesetzes als nicht erfolgt.

§ 35. Für die Verwaltung und Erhebung der Zuwachssteuer ist der Bundesstaat zuständig, in welchem sich das Grundstück befindet.

Die Verwaltung der Zuwachssteuer erfolgt durch die von der Landesregierung hierzu bestimmten Stellen.

§ 36. Die Rechtsbevollmächtigten für Zölle und Steuern üben in Ansehung der Ausführung dieses Gesetzes dieselben Rechte und Pflichten aus, die ihnen bezüglich der Zölle und Verbrauchssteuern beigelegt sind.

In Staaten, in denen die Geschäfte der Oberbehörde für die Zuwachssteuer anderen Behörden als den Zolldirektivbehörden übertragen sind, werden der Umfang und die Art der Tätigkeit der Reichsbevollmächtigten vom Reichskanzler im Einvernehmen mit der beteiligten Bundesregierung geregelt.

Unter Zustimmung des Bundesrats kann der Reichskanzler die Wahrnehmung der Geschäfte der Reichsbevollmächtigten, soweit die Ausführung dieses Gesetzes in Betracht kommt, anderen Beamten übertragen.

§ 37. Jeder steuerpflichtige Rechtsvorgang und, sofern eine Preiserhöhung eintritt, jedes Rechtsgeschäft der im § 5 bezeichneten Art ist binnen einer Frist von einem Monat der zuständigen Steuerbehörde (§ 35 Abs. 2) anzumelden. Die Verpflichtung hierzu trifft den Veräußerer und den Erwerber. Sind mehrere Veräußerer oder Erwerber vorhanden, so trifft die Verpflichtung jeden von ihnen. Sie gilt in gleicher Weise für die gesetzlichen Vertreter.

Die Frist beginnt mit dem Zeitpunkt, in welchem der Verpflichtete von dem steuerpflichtigen Rechtsvorgang oder von dem Rechtsgeschäfte Kenntnis erhält.

Einer Anmeldung bedarf es nicht, wenn vor Ablauf der Frist die Auflassung oder Eintragung stattgefunden hat.

Sind mehrere Personen zur Erstattung der Anmeldung verpflichtet, so wird durch die von einem Verpflichteten bewirkte Anmeldung der Anzeigepflicht der übrigen genügt.

§ 38. Den Steuerbehörden haben nach näherer Bestimmung des Bundesrats Mitteilung zu machen

1. die Grundbuchämter
   von den Eintragungen des Eigentumsüberganges von Grundstücken in das Grundbuch;
2. die Registergerichte und -behörden
   von Eintragungen in das Handels- und Genossenschaftsregister und von Einreichungen zum Handelsregister, soweit sie in Verfolg eines steuerpflichtigen Rechtsvorganges vorgenommen werden;
3. allgemein die Behörden und Beamten des Reichs, Staates und der Gemeinde sowie die Notare
   a) von allen von ihnen beurkundeten Rechtsvorgängen, die den Übergang des Eigentums an inländischen Grundstücken zum Gegenstande haben oder zu den im § 5 bezeichneten Rechtsgeschäften gehören;
   b) von allen Fällen der Erhebung der Abgabe auf Grund der Tarifnummer 11 des Reichsstempelgesetzes.

Die Landesregierungen sind ermächtigt, im Einverständnisse mit dem Reichskanzler die Mitteilungspflicht anderen als den in Ziffer 1 und 2 genannten Stellen zu übertragen.

§ 39. Auf Verlangen der Steuerbehörde und innerhalb einer von ihr zu bestimmenden angemessenen Frist hat der gemäß § 37 zur Anmeldung verpflichtete Veräußerer dem Amte eine Zuwachssteuererklärung einzureichen, welche die für die Steuerpflicht und die Steuerbemessung in Betracht kommenden Umstände ersehen läßt.

Die Steuererklärung ist unter der Versicherung zu erstatten, daß die Angaben nach bestem Wissen und Gewissen gemacht sind.

§ 40. Trägt die Steuerbehörde Bedenken, die Angaben in der Steuererklärung als richtig anzunehmen, so teilt sie dem Steuerpflichtigen die beanstandeten Punkte unter Bestimmung einer angemessenen Frist zur Gegenerklärung mit. Erfolgt innerhalb der gesetzten Frist keine Gegenerklärung oder führen die Verhandlungen nicht zu einer Einigung, so ist die Steuerbehörde befugt, nach näherer Bestimmung der Landesregierung die erforderlichen Ermittelungen selbständig vorzunehmen und danach die Steuer zu erheben.

Die Kosten der Ermittelungen fallen dem Steuerpflichtigen zur Last, wenn sie zu einer endgültigen Steuerfestsetzung führen, die den nach den Angaben des Steuerpflichtigen veranlagten Abgabebetrag um mehr als $^1/_3$ übersteigt.

§ 41. Die Behörden, Beamten und Notare haben den Steuerbehörden jede zur Ermittelung der Abgabe dienliche Hilfe zu leisten und insbesondere auf Verlangen die Einsicht in die Verhandlungen zu gestatten, die sich auf die für die Steuerbemessung maßgebenden Vorgänge beziehen.

§ 42. Personen, die als Veräußerer oder Erwerber oder als Vertreter eines von diesen an dem steuerpflichtigen Rechtsvorgange teilhaben, sind verpflichtet, auf Verlangen der Steuerbehörde über die Tatsachen, die für die Veranlagung der Abgabe von Bedeutung sind, Auskunft zu geben und die hierüber in ihrem Besitze befindlichen Urkunden vorzulegen.

Das Gleiche gilt von den an früheren steuerpflichtigen Vorgängen beteiligten Personen.

§ 43. Ist die Zuwachssteuer berechnet, so erteilt die Steuerbehörde einen Steuerbescheid, der die Person des Steuerpflichtigen, den Betrag der Zuwachssteuer, deren Berechnungsgrundlagen und die von der Steuererklärung abweichenden Punkte, ferner die zulässigen Rechtsmittel, die für diese festgesetzten Fristen sowie die Behörden, bei denen sie anzubringen sind, angibt und zugleich die Anweisung zur Entrichtung der Steuer innerhalb einer zu bestimmenden Frist enthält. Die Frist muß mindestens einen Monat betragen.

§ 44. Gegen den Steuerbescheid sind als Rechtsmittel zulässig:

1. die Beschwerde, soweit sie nicht landesrechtlich ausgeschlossen wird;
2. das Verwaltungsstreitverfahren oder ein durch die Landesgesetzgebung geordnetes anderweites Verfahren vor den Verwaltungsgerichten, und wenn ein verwaltungsgerichtliches Verfahren nicht besteht oder landesrechtlich ausgeschlossen wird, der Rechtsweg.

Ob durch die Erhebung der Beschwerde seitens des Steuerpflichtigen das Verwaltungsstreitverfahren oder der Rechtsweg für ihn ausgeschlossen wird, oder ob das Verwaltungsstreitverfahren oder das anderweite Verfahren vor den Verwaltungsgerichten oder der Rechtsweg erst nach der Erledigung der Beschwerde und der weiteren Beschwerde zulässig ist, richtet sich nach den landesrechtlichen Vorschriften.

§ 45. Die Beschwerde ist binnen einer Frist von einem Monat seit der Zustellung des Bescheids bei der Steuerbehörde anzubringen.

Verspätete Beschwerden sind zuzulassen, wenn die Steuerbehörde zu der Annahme gelangt, daß der Beschwerdeführer ohne sein Verschulden verhindert war, die Frist einzuhalten.

Der Beschwerdebescheid hat anzugeben, bei welcher Behörde und innerhalb welcher Frist die weitere Beschwerde einzulegen ist.

Die Beschwerde und die weitere Beschwerde haben keine aufschiebende Wirkung.

Das Beschwerdeverfahren regelt der Bundesrat.

§ 46. Für die Fristen des verwaltungsgerichtlichen Verfahrens sowie für die Frist, in der die gerichtliche Klage zu erheben ist, sind die landesrechtlichen Vorschriften maßgebend. Sind für die Frist zur Erhebung der gerichtlichen Klage landesrechtliche Vorschriften nicht getroffen, so muß die Klage binnen einer Frist von einem Monat erhoben werden; die Frist beginnt mit der Zahlung oder Stundung der Steuer.

Über die Frage, ob Stundung gemäß § 48 eintreten soll, entscheidet endgültig die Steuerbehörde.

Auf den Lauf der im Abs. 1 bezeichneten Fristen finden die für die Verjährung geltenden Vorschriften der §§ 203, 206, 207 des Bürgerlichen Gesetzbuchs entsprechende Anwendung.

Für die gerichtliche Klage sind ohne Rücksicht auf den Wert des Streitgegenstandes ausschließlich die Landgerichte zuständig. Für die Verhandlung und Entscheidung letzter Instanz ist das Reichsgericht zuständig.

§ 47. Dem Grundstückseigentümer ist auf Antrag für sein Grundstück oder für Grundstücksteile von der Steuerbehörde ein Bescheid über die bis dahin feststellbaren Berechnungsgrundlagen zu erteilen. Der Bescheid unterliegt den gegen den Steuerbescheid gegebenen Rechtsmitteln. Die in dem Bescheide getroffenen Festsetzungen sind für die spätere Veranlagung maßgebend.

Für die Erteilung des Bescheids ist eine Gebühr von $^1/_2$ vom 1000 des Erwerbspreises, mindestens aber von 20 M. zu entrichten; außerdem fallen dem Antragsteller die Kosten des Rechtsmittelverfahrens zur Last.

§ 48. In Fällen, in denen die sofortige Einziehung der Steuer mit erheblichen Härten verbunden sein würde, ist die Steuer nach näherer Bestimmung des Bundesrats, nötigenfalls gegen Sicherheitsleistung, zu stunden, auch die Entrichtung in Teilbeträgen zu gestatten. Die Bewilligung kann zurückgenommen werden, insoweit deren Voraussetzungen wegfallen.

§ 49. Ist der Steuerpflichtige ein Deutscher, so ist zum Zwecke der Einziehung der Zuwachssteuer die Zwangsversteigerung eines Grundstücks ohne seine Zustimmung nicht zulässig.

§ 50. Die Nichterfüllung der gesetzlichen Pflicht zur Einreichung der Zuwachssteueranmeldung oder -erklärung (§§ 37, 39) unterliegt einer Geldstrafe bis zum vierfachen Betrage der Zuwachssteuer.

Die gleiche Strafe trifft denjenigen, der wissentlich unrichtige Angaben macht, die geeignet sind, zu einer Verkürzung der Steuer zu führen.

Eine Bestrafung findet jedoch nicht statt, wenn der Verpflichtete vor erfolgter Strafanzeige oder bevor eine Untersuchung gegen ihn eingeleitet worden ist, aus freien Stücken die Erfüllung der im Abs. 1 erwähnten Verpflichtungen nachholt oder seine Angaben berichtigt.

§ 51. Ist nach den obwaltenden Umständen anzunehmen, daß die rechtzeitige Erfüllung der Verpflichtung nicht in der Absicht unterlassen worden ist, die Zuwachssteuer zu hinterziehen, oder daß die unrichtigen Angaben nicht in dieser Absicht gemacht worden sind, so tritt an die Stelle der im § 50 vorgesehenen Strafe eine Ordnungsstrafe bis zu 600 M.

Für andere als die im § 50 und im Abs. 1 bezeichneten Zuwiderhandlungen gegen die Vorschriften dieses Gesetzes oder die zu seiner Ausführung erlassenen Bestimmungen tritt eine Ordnungsstrafe bis zu 150 M. ein.

§ 52. Die Einziehung der Zuwachssteuer erfolgt unabhängig von der Bestrafung.

§ 53. Die Strafe trifft jeden, der eine in den §§ 50, 51 vorgesehenen Zuwiderhandlungen begeht.

Die Strafe ist bei offenen Handelsgesellschaften, Kommanditgesellschaften und Kommanditgesellschaften auf Aktien gegen die zur Vertretung berechtigten Gesellschafter, bei Gesellschaften mit beschränkter Haftung gegen die Geschäftsführer, bei Genossenschaften, Aktiengesellschaften und sonstigen rechtsfähigen Vereinen gegen die Vorstandsmitglieder nur im einmaligen Betrage, jedoch unter Haftung jedes einzelnen als Gesamtschuldner festzusetzen. Ebenso ist in anderen Fällen zu verfahren, in denen mehrere Personen gemeinschaftlich oder als Vertretre eines Beteiligten sich strafbar gemacht haben.

Die Vorschrift des Abs. 2 Satz 1 findet entsprechende Anwendung im Verhältnis des Vollmachtgebers zum Bevollmächtigten, der innerhalb der ihm zustehenden Vertretungsmacht im Namen des Vollmachtgebers eine Handlung vornimmt, die eine strafbare Zuwiderhandlung enthält.

§ 54. Hinsichtlich des Verwaltungsstrafverfahrens, der Strafmilderung und des Erlasses der Strafe im Gnadenwege sowie hinsichtlich der Strafvollstreckung und der Verjährung der Strafverfolgung kommen, auch für die Gebietsteile außerhalb der Zollgrenze, die sich auf die Zollstrafen beziehenden Vorschriften zur Anwendung. Die Landesregierung ist ermächtigt, zu bestimmen, daß an die Stelle der Hauptzollämter und Zoll-Direktivbehörden andere Staatsbehörden treten. Die Steuerbehörden haben in den Fällen der §§ 50, 51 den für die Strafverfolgung zuständigen Behörden Mitteilung zu machen.

Die festgesetzten Geldstrafen fallen der Staatskasse des Bundesstaats zu, von dessen Behörden die Strafentscheidung getroffen ist.

§ 55. Die Umwandlung einer nicht beizutreibenden Geldstrafe in eine Freiheitsstrafe findet nicht statt. Auch ist, wenn der Verurteilte ein Deutscher ist, die Zwangsversteigerung eines Grundstücks ohne seine Zustimmung nicht zulässig.

§ 56. Das Verwaltungsverfahren in Zuwachssteuerangelegenheiten ist — abgesehen von dem Rechtsmittel- und Strafverfahren — kosten-, gebühren- und stempelfrei, soweit nicht in den §§ 40 Abs. 2, 47 Abs. 2 etwas Abweichendes bestimmt ist.

§ 57. Der Anspruch auf die Zuwachssteuer verjährt in 10 Jahren. Die Frist beginnt mit dem Schlusse des Jahres, in welchem der Anspruch auf die Steuer entstanden ist; im Falle der Sicherheitsleistung (§ 48) nicht vor Ablauf des Jahres, in welchem die Sicherheit erlischt.

§ 58. Von dem Ertrage der Zuwachssteuer erhält das Reich 50 vom 100. Weitere 10 vom 100 erhalten, sofern nicht die Landesgesetzgebung eine andere Bestimmung trifft, die Bundesstaaten als Entschädigung für die Verwaltung und Erhebung der Steuer. 40 vom 100 fließen den Gemeinden oder Gemeindeverbänden zu, in deren Bereiche das Grundstück sich befindet. Die Regelung zwischen Gemeinden und Gemeindeverbänden, soweit diesen nach den Bestimmungen der Landsgesetzgebung ein Besteuerungsrecht zusteht, sowie in Ansehung von Grundstücken, die keiner Gemeinde angehören, erfolgt durch die Landesgesetzgebung. Bis zum Erlasse des Landesgesetzes fließen die 40 vom 100 den Gemeinden zu, in deren Bereiche das Grundstück sich befindet; in Ansehung von Grundstücken, die keiner Gemeinde angehören und in den Fällen, in denen bisher ein Gemeindeverband Zuwachssteuer erhoben hat, erfolgt bis dahin die Regelung durch die Landesregierung.

§ 59. Die Gemeinden (Gemeindeverbände) sind berechtigt, mit Genehmigung der Landesregierung durch Satzung zu bestimmen, daß zu dem Anteil, der ihnen nach § 58 von dem Ertrage der Steuer zufließt, für ihre Rechnung Zuschläge erhoben werden.

Die Zuschläge sind nach Hundertteilen zu berechnen; sie dürfen im einzelnen Falle 100 vom 100 des der Gemeinde (Gemeindeverbände) zufließenden Betrags nicht übersteigen. Die Zuschläge dürfen für die verschiedenen Grundstücksarten und nach der Dauer des für die Steuererhebung maßgebenden Zeitraums verschieden festgesetzt werden.

Reichssteuer und Zuschlag dürfen zusammen 30 vom 100 der Wertsteigerung nicht übersteigen.

§ 60. Erreicht in Gemeinden (Gemeindeverbänden), in denen eine Zuwachssteuer vor dem 1. April 1909 beschlossen und vor dem 1. Jan. 1911 in Kraft getreten war, deren Anteil am Ertrage der Zuwachssteuer gemäß § 58 nicht den auf Grund der vor dem 1. April 1909 beschlossenen Satzung erzielten jährlichen Durchschnittsertrag, so ist ihnen bis 1. April 1915 der Unterschied aus dem auf das Reich entfallenden Anteil an dem in der Gemeinde (dem Gemeindeverband) aufkommenden Ertrage zuzuweisen; von dem überschießenden Betrage fallen dem Reiche $^5/_6$, dem Bundesstaat $^1/_6$ zu. Das Gleiche gilt für Gemeinden (Gemeindeverbände), in denen die Satzung vor dem 1. Jan. 1911 mit Wirkung über den 1. April 1909 zurück in Kraft getreten ist.

Statt der Zuweisung des Unterschieds kann den Gemeinden (Gemeindeverbänden) auf Antrag nach Bestimmung des Reichskanzlers für die Dauer des bezeichneten Zeitraums an Stelle der Vorschriften dieses Gesetzes die bisherige Satzung weiterhin mit der Maßnahme belassen werden, daß der Ertrag den Gemeinden (Gemeindeverbänden) in Höhe des vor dem 1. April 1911 erzielten Durchschnittsertrags zufließt und der überschießende Betrag an das Reich abzuführen ist.

Die Festsetzung des Durchschnittsertrags erfolgt durch den Bundesrat.

§ 61. Für diejenigen Gebietsteile eines Bundesstaats, in denen eine besondere Gemeindeverfassung nicht vorhanden ist, finden die in den §§ 58 bis 60 für Gemeinden getroffenen Vorschriften auf den Bundesstaat Anwendung.

Die Vorschriften des § 60 erstrecken sich auch auf die Bundesstaaten mit der Maßgabe, daß überall an die Stelle der Satzung das Landesgesetz tritt.

§ 62. Die Steuerpflicht nach Maßgabe dieses Gesetzes erstreckt sich auch auf Rechtsvorgänge, die nach dem 31. Dez. 1910 bis zum Inkrafttreten dieses Gesetzes stattgefunden haben. Die Vorschriften des § 29 Abs. 2, 3 finden keine Anwendung.

Als Zeitpunkt des Eintritts der Steuerpflicht und als Beginn der Anmeldepflicht (§ 37) gilt der Tag des Inkrafttretens dieses Gesetzes.

Ist auf Grund der im § 72 Abs. 2 mit Wirkung vom 1. Jan. 1911 aufgehobenen Vorschriften eine Zuwachssteuer bereits entrichtet, so wird sie dem Steuerpflichtigen erstattet oder, soweit für denselben Rechtsvorgang Zuwachssteuer nach diesem Gesetze zu erheben ist, auf deren Betrag angerechnet.

§ 63. Die Besteuerung unterbleibt, wenn die Urkunde über das Veräußerungsgeschäft, das zu dem Eigentumsübergange führte, vor dem 1. Jan. 1911 in öffentlich beglaubigter Form errichtet oder bei einer Behörde eingereicht war.

§ 64. Betrifft ein steuerpflichtiger Rechtsvorgang Grundstücke, die von Aktiengesellschaften, Kommanditgesellschaften auf Aktien oder Gesellschaften und Vereinigungen der im § 3 bezeichneten Art nach dem 31. März 1905 erworben sind, so tritt bei Erwerbsvorgängen, die vor dem 1. Jan. 1911 erfolgt sind, an die Stelle des Erwerbspreises der Wert, sofern dieser um mehr als 25 vom 100 hinter dem angegebenen Erwerbspreis zurückbleibt und sich nicht aus den Umständen ergibt, daß die höhere Bemessung des Erwerbspreises keine Steuerersparung bezweckt.

§ 65. Hat vor dem 1. Jan. 1911 eine Auseinandersetzung gemäß § 7 Ziffer 3 stattgefunden, so bleibt die Steuerpflicht für die Zeit vor der Auseinandersetzung auf den Anteil des Erwerbers beschränkt. Diese Vorschrift findet entsprechende Anwendung, wenn die Zuweisung an einen Erben unter Anrechnung auf den Erbteil auf letztwilliger Verfügung von Todes wegen beruht und der Erbfall vor dem 1. Jan. 1911 eingetreten ist.

Hat einer von mehreren Abkömmlingen gemäß § 7 Ziffer 4 von seinen Eltern, Großeltern oder Voreltern vor dem 1. Jan. 1911 gegen Entgelt ein Grundstück erworben, so bleibt für die Zeit vor dem Erwerbe die Steuerpflicht auf den Anteil beschränkt, der dem Erwerber als gesetzliches Erbteil ohnehin angefallen sein würde.

Ist von dem Anteil des Erwerbers für die Zeit vor dem 1. Jan. 1911 eine Zuwachssteuer bereits entrichtet, so wird diese Steuer auf die nach diesem Gesetze zu entrichtende Abgabe angerechnet.

§ 66. Der Bundesrat erläßt die zur Ausführung dieses Gesetzes erforderlichen Bestimmungen und ist berechtigt, die nach diesem Gesetze fällige Abgabe auch über den Anteil des Reichs hinaus aus Billigkeitsgründen zu erlassen.

Er ist auch ermächtigt:

1. Rechtsvorgänge für steuerpflichtig zu erklären, die es — ohne unter §§ 1, 5 zu fallen — einem anderen ermöglichen, über das Grundstück wie der Eigentümer zu verfügen;
2. für solche Fälle über die Berechnung des Wertzuwachses Bestimmungen zu treffen, die von den §§ 8 bis 27 abweichen.

Die vom Bundesrate gemäß Abs. 2 getroffenen Anordnungen sind dem Reichstag, wenn er versammelt ist, sofort, andernfalls bei seinem nächsten Zusammentreten vorzulegen. Sie sind mit Wirkung von ihrem Inkrafttreten ab außer Kraft zu setzen, soweit der Reichstag dies verlangt.

§ 67. Abs. 3 des **§ 85 des Reichsstempelgesetzes** erhält folgende Fassung:

Die Entgegennahme der Auflassung oder, wenn diese nicht vor dem Grundbuchrichter erfolgt, die Eintragung des neuen Eigentümers im Grundbuch kann nach dem Ermessen des Gerichts von einer vorgängigen Sicherheitsleistung für den Abgabenbetrag abhängig gemacht werden. Über Erinnerungen gegen die Anordnung der Sicherheitsleistung wird im Aufsichtsweg entschieden.

§ 68. Der **§ 89 des Reichsstempelgesetzes** vom 15. Juli 1909 (Reichs-Gesetzbl. 833) erhält mit Wirkung vom 1. Okt. 1909 ab folgende Fassung:

Von Grundstücken, die auf Grund von Vorschriften gebunden sind, die nach den Artikeln 57, 58, 59 des Einf.-Ges. z. BGB. von den Vorschriften des BGB. unberührt bleiben, ist an Stelle der Abgabe nach Tarifnummer 11 eine jährliche Abgabe von $^1/_{20}$ vom 100 des Wertes zu entrichten.

Die Ermittelung des Wertes findet nach den Bestimmungen des § 16 des Erbschaftssteuergesetzes vom 3. Juni 1906 (RGBl. 620) in dreißigjährigen Zeitabschnitten statt.

Der erste dreißigjährige Abschnitt beginnt mit dem Zeitpunkt, in welchem das Grundstück der Bindung unterworfen wird, und sofern dieser vor dem Inkrafttreten dieses Gesetzes liegt, mit dem 1. Okt. 1909.

Für die Zeit vom 1. Okt. 1909 bis zum 30. Juni 1914 wird zu der im Abs. 1 vorgesehenen Abgabe ein Zuschlag von 1/10 vom 100 des ermittelten Wertes jährlich erhoben.

Die Abgabe ruht auf dem Grundstück und gilt als öffentliche Last im Sinne des § 10 Ziffer 3 des Gesetzes über die Zwangsversteigerung und Zwangsverwaltung.

Grundstücke, zu deren rechtsgültiger Veräußerung weder eine landesherrliche oder sonstige Genehmigung noch die Zustimmung von Familienmitgliedern oder Dritten erforderlich ist und deren Veräußerungserlös nach den gesetzlichen oder hausverfassungsmäßigen oder stiftungsmäßigen Bestimmungen der freien Verwendung des Veräußerers unterliegt, gelten nicht als gebunden im Sinne der Vorschriften dieses Paragraphen.

Von der Abgabe befreit sind der Landesfürst und die Landesfürstin.

§ 69. An die Stelle des **§ 90 des Reichsstempelgesetzes** treten folgende Vorschriften:

Bei Veräußerungen, die in die Zeit bis zum 30. Juni 1914 fallen, wird zu der in Tarifnummer 11 vorgesehenen Abgabe von 1/2 vom 100 des Kaufpreises ein Zuschlag von 100 vom 100 erhoben.

Nach dem 30. Juni 1914 wird der Steuersatz in Tarifnummer 11 von 3 zu 3 Jahren durch den Bundesrat einer Nachprüfung unterzogen. Übersteigt innerhalb des dreijährigen Zeitraums der durchschnittliche Jahresanteil des Reichs am Ertrage der Zuwachssteuer den Betrag von 25 Millionen Mark, so ist der Steuersatz in Tarifnummer 11 mit Wirkung vom Beginne des der Feststellung folgenden Rechnungsjahrs für die folgenden 3 Jahre nach näherer Bestimmung des Bundesrats entsprechend herabzusetzen.

Die Vorschriften des Abs. 2 finden auf die Abgabe nach § 89 Anwendung. Insoweit die Abgabe für eine Zeit bezahlt ist, für welche die Herabsetzung eintritt, ist vom Reiche entsprechender Rückersatz zu leisten.

§ 70. Die Befreiungsvorschrift am Schlusse der **Tarifnummer 11 des Reichsstempelgesetzes** wird dahin abgeändert:

Befreit sind auf Antrag:

1. Grundstücksübertragungen der in a und d dieser Tarifnummer bezeichneten Art, wenn der stempelpflichtige Betrag bei bebauten Grundstücken 20 000 Mark, bei unbebauten Grundstücken 5000 Mark nicht überschreitet. Erwirbt dieselbe Person von demselben Veräußerer durch verschiedene Rechtsvorgänge mehrere Grundstücke oder Grundstücksteile, so sind die Übertragungen steuerpflichtig, wenn der Wert zusammen die angegebenen Beträge übersteigt, und die Umstände ergeben, daß der Erwerb zum Zwecke der Ersparung der Steuer in mehrere Rechtsvorgänge zerlegt worden ist. Was im Sinne dieser Vorschrift als bebautes und unbebautes

Grundstück anzusehen ist, bestimmt sich nach dem § 1 des Zuwachssteuergesetzes.

Die Steuerfreiheit tritt nur ein, wenn weder der Erwerber und sein Ehegatte im letzten Jahre ein Einkommen von mehr als 2000 Mark gehabt haben, noch einer von ihnen den Grundstückshandel gewerbsmäßig betreibt. Wird festgestellt, daß der Erwerb für Rechnung eines Dritten erfolgt, so ist die Steuerfreiheit nur zu gewähren, wenn die Voraussetzungen für die Befreiung auch in der Person des Dritten vorliegen.

Beurkundungen von Übertragungen der Rechte eines befreiten Erwerbers werden in betreff der Stempelpflichtigkeit auch dann wie Beurkundungen von Veräußerungen behandelt (a Abs. 2 Satz 1 dieser Tarifnummer), wenn der erste Erwerber das Veräußerungsgeschäft erweislich auf Grund eines Vollmachtsauftrags oder einer Geschäftsführung ohne Auftrag für einen Dritten abgeschlossen hat und die Übertragung der Rechte dieses ersten Erwerbers an den Dritten erfolgt.

2. Eigentumsveränderungen, denen sich die Beteiligten aus Gründen des öffentlichen Wohles zu unterwerfen gesetzlich verpflichtet sind.

§ 71. Die Anmerkung zu Tarifnummer 11 des Reichsstempelgesetzes erhält in Abs. 1 folgende Fassung:

Stempelabgaben unter 50 Pfennig werden nicht erhoben. Höhere Beträge, welche nicht ohne Bruch durch 10 teilbar sind, werden auf den nächst höheren durch 10 teilbaren Betrag abgerundet; Stempelbeträge über 5 Mark, welche nicht ohne Bruch durch 50 teilbar sind, werden auf den nächst höheren durch 50 teilbaren Betrag abgerundet.

§ 72. Dieses Gesetz tritt mit dem 1. April 1911 in Kraft. Die Vorschriften der Landesgesetze und die Satzungen der Gemeinden und Gemeindeverbände, welche die Besteuerung des Zuwachses bei der Veräußerung von Grundstücken betreffen, treten mit Wirkung vom 1. Jan. 1911 außer Kraft, soweit sie nicht gemäß § 60 aufrecht erhalten werden. Die vor dem 1. Jan. 1911 eingetretenen Rechtsvorgänge und die im § 63 bezeichneten Fälle des Eigentumsüberganges unterliegen auch dann nach diesen Gesetzen und Satzungen der Zuwachssteuer, wenn das Verfahren zur Feststellung der Steuer erst nach dem Inkrafttreten dieses Gesetzes zum Abschluß kommt.

II. Gesetz mit Anmerkungen.

Zuwachssteuergesetz
vom 14. Februar 1911 (RGBl. S. 33).

§ 1.

Beim Übergange des Eigentums[1]) an inländischen Grundstücken[2]) wird von dem Wertzuwachse, der ohne Zutun des Eigentümers entstanden ist[3]), gemäß den Vorschriften dieses Gesetzes eine Abgabe (Zuwachssteuer)[4]) erhoben.

Beträgt der Veräußerungspreis[5]), und im Falle einer Teilveräußerung[6]) der Wert[7]) des Gesamtgrundstücks[6]), bei bebauten[8]) Grundstücken nicht mehr als 20 000 M., bei unbebauten Grundstücken nicht mehr als 5000 M., so bleibt der Eigentumsübergang von der Steuer frei[8]). Als unbebaut gelten auch solche Grundstücke, auf denen sich Gartenhäuser, Schuppen, Lagerstätten und ähnliche zu vorübergehenden Zwecken dienende Baulichkeiten befinden[9]). Die Steuerfreiheit tritt nur ein, wenn weder der Veräußerer und sein Ehegatte im letzten Jahre ein Einkommen von mehr als 2000 M. gehabt haben, noch einer von ihnen den Grundstückshandel gewerbsmäßig betreibt[10]). Wird festgestellt, daß die Veräußerung für Rechnung eines Dritten erfolgt, so ist die Steuerfreiheit nur zu gewähren, wenn die Voraussetzungen für die Befreiung auch in der Person des Dritten vorliegen[11]).

1) Die Zuwachssteuer ist eine indirekte Steuer, sie wird nicht in regelmäßig wiederkehrenden Perioden von dem durch Abschätzung des Grundstückswerts ermittelten Wertzuwachs erhoben (s. Einl.), sondern bei dem Eigentumswechsel des Grundstücks von dem seit dem letzten Eigentumsübergang entstandenen Wertzuwachs. — Hierunter fällt auch Übertragung des ideellen Miteigentumsanteils auf Dritte. Bei Übertragung an Mitberechtigte oder Mitgesellschafter vgl. § 25. Übertragung eines realen Grundstücksanteils s. § 20.

Der Rechtsgrund der Veräußerung ist gleichgültig, insbesondere ob freiwillig (z. B. Kauf, Tausch) oder unfreiwillig (z. B. Zwangsversteigerung, Enteignung). Subsidiär wird auch an das obligatorische Rechtsgeschäft an Stelle des Eigentumsübergangs die Steuerpflicht geknüpft (§ 5). Ferner hat das dem Eigentumsübergang zugrunde liegende Rechtsgeschäft für die Frage, ob steuerpflichtiger Rechtsvorgang vorliegt, Bedeutung wegen § 7 und § 63 (wonach Eigentumsübergang steuerfrei, wenn die Urkunde vor dem 1. Jan. 1911 errichtet) und ist maßgebend für die Berechnung des Wertzuwachses (§§ 8—13, insbes. auch § 27). Im übrigen s. § 4. Über rückwirkende Kraft des Ges. bis 1. Jan. 1911 s. §§ 62, 63.

2) Maßgebend ist der Begriff „Grundstück" im Sinne des Bürgerlichen Rechts. Danach ist einheitliches Grundstück:

a) wo das Grundbuch angelegt ist, jedes Grundstück, welches seine besondere Stelle im Grundbuch hat. Maßgebend ist hierbei nicht das besondere Grundbuchblatt (es kann auch über mehrere Grundstücke desselben Eigentümers ein gemeinschaftliches Grundbuchblatt geführt werden, ohne daß diese ihre Selbständigkeit verlieren, vgl. § 4 GBO.), sondern die Tatsache, daß das Grundstück auf einem Blatt als ein selbständiges gebucht ist. Zu beachten ist jedoch, daß im Fall der Vereinigung mehrerer bisher selbständiger Grundstücke zwar jedes Grundstück seine bisherige Selbständigkeit verliert (§ 890 Abs. 1 BGB.), im Gegensatz zur Zuschreibung eines Grundstücks als Bestandteil zu einem Hauptgrundstück aber die Hypotheken des einen Grundstücks sich nicht auf das andere erstrecken.

b) Wo das Grundstück nicht im Grundbuch eingetragen, wird sich seine Selbständigkeit nach dem Willen des Eigentümers, seiner wirtschaftlichen Bestimmung und der geschichtlichen Entwicklung bestimmen; im Zweifel wird jedes nicht gebuchte Grundstück als eine Einheit gelten, das im Flurbuch eine besondere Nummer führt (vgl. Fuchs, Grundbuchrecht, Bd. 1, S. 142).

Die Unterscheidung ist wichtig u. a. für die Frage der Anrechnungen nach §§ 14, 15, 16, 22, für die Teilveräußerung (vgl. §§ 20, 21). Daneben kennt aber das Gesetz einen wirtschaftlichen Grundstücksbegriff im Sinne des „örtlich und wirtschaftlich zusammenhängenden Grundbesitzes" und zwar in § 1 Abs. 2 und in § 20 Abs. 3 (s. dort).

Die Art der Grundstücke, bebaut oder unbebaut, kommt mangels ausdrücklicher Bestimmung nicht in Betracht. Ausnahmen: Anm. 8. Auch Privatseen gehören hierher, Moorland, Sumpfland, Heideland (für letztere s. § 15), für Grundstücke in Festungsrayon vgl. § 18.

Inländische Grundstücke sind die im Reichsgebiet liegenden. Der Umfang des Deutschen Reichs wird bestimmt: 1. durch RV. Art. 1: 2. durch G. v. 9. Juni 1871 betr. Vereinigung von Elsaß-Lothringen mit dem Deutschen Reich; 3. durch G. v. 5. Dez. 1890 betr. die Vereinigung von Helgoland mit dem Deutschen Reich.

Schutzgebiete bilden keinen Bestandteil des Reichsgebiets im Sinne der RV. und der Reichsgesetze. Die dortigen Grundstücke

(Deutsch-Südwestafrika, Kamerun und Togogebiet, Besitzungen der Neu-Guinea-Company, nämlich Kaiser-Wilhelmsland auf Neu-Guinea, die Inseln im Bismarck-Archipel und einzelne Inseln der Salomon-Gruppe — die Marschall-, Brown- und Providence-Inseln, Kiautschou, das Inselgebiet der Karolinen, Paulinen und Marianen, die Samoa-Inseln) sind somit nicht inländische im Sinne dieses Gesetzes. Kiautschou hat schon seit 1898 eine Wertzuwachssteuer (vgl. Anm. 1 zu § 28).

3) Begriff des Wertzuwachses s. § 8. Nur der „unverdiente Wertzuwachs" soll gemäß § 90 RStempG. getroffen werden. Der betreffende Passus enthält lediglich das Prinzip des Gesetzes, das in Zweifelsfragen zur Auslegung heranzuziehen ist. Keineswegs ist es im übrigen dem behördlichen oder richterlichen Ermessen überlassen, zu bestimmen, ob der Wertzuwachs unverdient ist. Vielmehr ist jeder Wertzuwachs steuerpflichtig, insoweit nicht die gesetzlich zugelassenen An- und Abrechnungen in Betracht kommen. Diese Abzüge sollen gerade die Freilassung des unverdienten Wertzuwachses erschöpfen. Dies folgt aus §§ 8, 14—26, 22 des Gesetzes in Verbindung mit KommB. II, S. 3 u. 9. Die nachfolgenden Worte „gemäß den Vorschriften dieses Gesetzes" sollen denselben Gedanken bestätigen.

4) Höhe und Berechnung der Abgabe s. § 28.

5) Veräußerungspreis, als technischer Ausdruck vom Gesetz gebraucht, ist der nach §§ 8—13 ermittelte Preis. Die für die Berechnung des steuerpflichtigen Wertzuwachses zulässigen Abzüge und Hinzurechnungen nach §§ 22—24 kommen für die Feststellung des Begriffs „Veräußerungspreis" nicht in Berücksichtigung (KommB. III, S. 14; vgl. Anm. 3 zu § 8).

6) Teilveräußerung betrifft nur reellen Grundstücksteil (vgl. Anm. 2). Unter „Gesamtgrundstück" ist nicht die grundbuchlich eingetragene Parzelle, sondern der örtlich und wirtschaftlich zusammenhängende Grundbesitz zu verstehen. Es ist dies ausdrücklich im Plenum des RT. als übereinstimmende Ansicht festgestellt und auf Grund dessen von Aufnahme einer erläuternden Bestimmung Abstand genommen worden. Die Berücksichtigung des ganzen (zusammenhängenden) Immobiliarbesitzes findet sich noch einmal und zwar zugunsten des Veräußerers in § 20 Abs 3 bei der Frage der Verlustanrechnung.

7) Maßgebend ist der gemeine Wert (vgl. § 12) und zwar in dem für den Steuerfall maßgebenden Zeitpunkt (§ 4 u. § 5).

8) Diese Steuerfreiheit geringwertiger Grundstücke entspricht der Befreiungsbestimmung des RStempG. Tarif Nr. 11 a. E. Objektive Voraussetzung (s. Anm. 10) ist, daß das Grundstück, wenn es bebaut ist, den Wert von 20 000 M., wenn es unbebaut, den Wert von 5000 M. nicht übersteigt.

9) Als bebaut gelten zunächst alle Grundstücke mit Gebäuden, gleichgültig welcher Art und mit welcher Zweckbestimmung, sofern die Gebäude Bestandteile des Grundstücks und somit begriffsnotwendig mit dem Grund und Boden Gegenstand der Veräußerung sind (vgl. Anm. 2 zu § 13). Als bebautes Grundstück gilt daher ins-

besondere auch der Bauernhof in seiner wirtschaftlichen Einheit, ebenso Gärten und Hofräume, die zu einem Hausgrundstück gehören, so daß nicht etwa z. B. hinsichtlich der Anrechnungen nach § 16 bei einheitlicher Veräußerung des Ganzen eine differentielle Behandlung eintritt. Hierbei kann die Zweckbestimmung des zu dem Hausgrundstück gehörenden unbebauten Terrains keine Bedeutung haben, so daß selbst dann die zum Hausgrundstück gehörenden und mitveräußerten Teile als bebaute Grundstücke zu behandeln sind, wenn sie nach den örtlichen Verhältnissen nur als Bauplätze für den Erwerber in Betracht kommen (anders KommB. II, S. 43). Selbstredend verlieren die Teile diese Eigenschaft als bebaute Grundstücke, wenn sie ohne das Hausgrundstück veräußert werden oder umgekehrt.

Als unbebaut gilt hiernach jedes Grundstück, welches nach obigen Grundsätzen nicht als bebautes gilt, d. h. nicht bloß dann, wenn kein Gebäude darauf steht, sondern auch, wenn dieses nach allgemeinen Grundsätzen nicht Bestandteil des Grundstücks ist. Das Gesetz führt erläuternd zum Fall des § 95 S. 1 BGB. solche Grundstücke an, auf denen sich Gartenhäuser, Schuppen, Lagerstätte und ähnliche zu vorübergehenden Zwecken dienende Baulichkeiten befinden. Es ist aber damit nur eine Klarstellung, keineswegs eine Einschränkung des aus allgemeinen Grundsätzen sich ergebenden Begriffs gegeben (vgl. Anm. 2 zu § 13).

Die Unterscheidung zwischen bebauten und unbebauten Grundstücken ist nur (vgl. Anm. 2) in den ausdrücklich vom Gesetz hervorgehobenen Fällen bedeutsam und zwar: § 1 Abs. 2, § 16 Nr. 2 und § 16 Abs. 3 (speziell für Bauten).

10) Neben den objektiven Voraussetzungen der Steuerfreiheit kommen also als subjektive in Betracht:

a) Einkommen von nicht mehr als 2000 M. auf seiten des Veräußerers gemeinschaftlich mit seinem Ehegatten. Gleichgültig ist der Güterstand. Als „das letzte Jahr" dürfte zweckmäßig das vor dem Eigentumsübergang abgelaufene Einkommensteuerjahr zu gelten haben.

b) Nur physische Personen sind befreit. Dies folgt aus dem ausgesprochenen Willen des Gesetzgebers, der nur die „kleinen Leute" von den Belästigungen der Steuern befreien wollte (KommB. II, S. 6 u. 10). Die entgegengesetzte Auslegung der gleichlautenden Tarifstelle 11 des RStempG. ist in der Kommission ausdrücklich als unrichtig bekämpft.

c) Gewerbsmäßiger Grundstückshandel ist nicht befreit. Gewerbsmäßigkeit setzt die Absicht voraus, durch wiederholten An- und Verkauf von Grundstücken sich Einnahmen zu verschaffen. Bei Feststellung dieser Absicht genügt einmaliger Ankauf. Bei Erwerb ohne diese Absicht wird spätere Parzellierung in Verbindung mit Verkauf nicht zum gewerbsmäßigen Grundstückhandel.

11) Auch in der Person des Dritten; hat also z. B. ein Terrainspekulant eine Parzelle von nicht mehr als 20 000 M. Wert an einen kleinen Bauern veräußert und verkauft dieser für Rechnung, auch bei

vorwiegender Gewinnbeteiligung(?), des Spekulanten die Parzelle weiter, so greift die Vergünstigung nicht Platz, obgleich in der Person des Veräußerers die Voraussetzungen vorlagen.

§ 2.

Die Vorschriften dieses Gesetzes über Grundstücke finden Anwendung auf Berechtigungen, für welche die sich auf Grundstücke beziehenden Vorschriften des bürgerlichen Rechtes gelten[1]); ausgenommen sind unbewegliche Bergwerksanteile[2]).

1) Zum Beispiel Erbbaurecht (§ 1012 BGB.) sowie die landesrechtlich gleichgestellten Berechtigungen. Erbpachtrecht mit Büdner- und Häuslerrecht (Art. 63 EG. zu BGB.), die durch staatliche Verleihung begründeten Berechtigungen zum Betriebe eines Bergwerks (Pr.Allg. BergG. v. 24. Juni 1865), sog. Bergwerkseigentum (dagegen nicht Kuxe [Anm. 2; vgl. KommB. III, S. 11] und zwar selbst dann, wenn ein Gewerke Eigentümer sämtlicher Kuxe, somit tatsächlich alleiniger Eigentümer des Bergwerks ist und sämtliche Rechte am Bergwerk überträgt [s. dagegen RG. 32 333], anders bei Gewerkschaft des § 3); die selbständigen Kohlenabbaugerechtigkeiten in den vormals königlich sächsischen Landesteilen § 5 des G. v. 22. Febr. 1869 (vgl. Art. 38 AG. z. BGB., Art. 68 EG. z. BGB.); die vor dem Gewerbesteueredikt vom 2. Nov. 1810 verliehenen Apothekerprivilegien (JMR. v. 19. März 1840, JMBl. S. 113; Art. 74 EG. z. BGB.), Schiffsmühlengerechtigkeiten und Fährgerechtigkeiten (§§ 51, 229, 230 ALR. II, 15); die Fischereigerechtigkeiten (Art. 69 EG. z. BGB.; § 170 ALR. I, 9) z. B. die sog. Berliner Fischerstellen; die Salzabbaugerechtigkeiten in der Provinz Hannover (G. v. 4. Aug. 1904). Schließlich noch die Bahneinheit (nach dem PrG. über die Bahneinheiten v. 9. Aug. 1895, in der Fassung der Bekanntgabe v. 8. Juli 1902, vgl. §§ 4, 8, 9, 16 in Verbindung mit Art. 12 EG. z. BGB.). Vgl. auch noch das Bayr.GewG. v. 31. Jan. 1868, Art. 7.

Zu beachten ist, daß die Begründung der Berechtigung nicht als Teilveräußerung des Grundstücks gelten kann, also keinen die Steuerpflicht begründenden Akt darstellt. Dagegen fällt die Veräußerung der bereits begründeten Berechtigungen unter § 2 und finden auf eine solche Veräußerung alle Bestimmungen des Gesetzes so Anwendung, wie wenn die Berechtigung ein Grundstück wäre. Dies gilt nur, „soweit die Natur der Dinge es zuläßt" (KommB. III, S. 11); z. B. findet die Befreiung § 1 Abs. 2 keine Anwendung.

Über deren ev. Anrechnungen zum Wert des Grundstücks s § 11 Abs. 2.

2) Gemeint sind die einzelnen Gewerken gehörenden Kuxe der in den rechtsrheinischen Landteilen bestehenden Gewerkschaften alter Fassung, für die nach § 231 des PrBergG. (in der Fassung des

Art. 37 Ziff. XIII AG. z. BGB.) die sich auf Grundstücke beziehenden Vorschriften gelten. Es lag kein Grund vor, diese alten Kuxe schlechter zu stellen als die nicht immobilen Bergwerksanteile neuer Fassung (KommB. III, S. 11).

§ 3.

Dem Übergange des Eigentums an Grundstücken steht gleich[1]) der Übergang[2]) von Rechten an dem Vermögen einer Gesellschaft mit beschränkter Haftung[3]), einer Kommanditgesellschaft[4]), Gewerkschaft[5]), eingetragenen Genossenschaft[6]), eines eingetragenen Vereins[7]) oder einer offenen Handelsgesellschaft[8]), soweit das Vermögen der Vereinigung aus Grundstücken besteht[9]), wenn entweder zum Gegenstande des Unternehmens die Verwertung von Grundstücken gehört[10]), oder wenn die Vereinigung geschaffen ist, um die Zuwachssteuer zu ersparen[11]).

AB. §§ 3, 5—7.

Dieser Paragraph gehört zu den besonders auslegungsbedürftigen Bestimmungen des Gesetzes, zumal er sich, wie Boldt, Reichswertzuwachssteuer-Gesetz S. 89 bemerkt, „über die hergebrachten juristischen Begriffe hinwegsetzt". Ursprünglich sollte die Bestimmung eine im Grundstückshandel häufige Steuerumgehung treffen: Der Käufer erwirbt nicht selbst, sondern durch eine von ihm gegründete Gesellschaft das Grundstück und veräußert dann nicht mehr das Grundstück, sondern nur die Gesellschaftsanteile. Der Paragraph geht aber über diese Tendenz, der die allerdings erst später hinzugekommenen §§ 6, 66 vielleicht genügt hätten, weit hinaus, indem er die Veräußerung auch eines einzelnen Anteiles trifft und indem er unter Umständen zu einer Doppelbesteuerung führt (KommB. II, S. 12; III, S. 13), dann nämlich, wenn der Anteilserwerber sich auch noch das Grundstück auflassen läßt (vgl. aber § 66 Abs. 1).

1) Steht gleich: Im Grunde steht nicht nur der Übergang des Eigentums dem Übergang von Rechten am Vermögen der Vereinigung, soweit dieses aus Grundstücken besteht, gleich, sondern das Grundstückseigentum selbst steht dem vorbezeichneten Anteil gleich. Ein derartiger Anteil wird also ebenso behandelt wie die Berechtigung des § 2. Das Anteilsrecht ist „Objekt der Steuerpflicht" D. S. 35; KommB. III, S. 13; vgl. § 51 Abs. 1 der RegVorl. Auf diese Anteilsrechte finden also ebenso wie bei Berechtigungen die für Grundstücke gegebenen Vorschriften Anwendung, „soweit die Natur der Dinge es zuläßt", KommB. III, S. 11. Die schwierige Frage, inwieweit dies im einzelnen zutrifft, hat der Gesetzgeber nicht gelöst, vielmehr die diesbezügliche Prüfung der Gesetzesanwendung überlassen.

Prüft man nun die einzelnen gesetzlichen Bestimmungen in ihrer Anwendbarkeit auf die Anteilsrechte, so ist folgendes zu bemerken:

a) Die Befreiungsvorschrift des § 1 Abs. 2 findet keine Anwendung, KommB. III, S. 13.

b) § 2 anlangend, so findet § 3 auch auf solche Gesellschaften Anwendung, deren Zweck die Verwertung einer grundstücksgleichen Berechtigung des § 2 ist.

c) Aus § 4 folgt, daß der Übergang des Rechts die Steuerpflicht begründet. Wann und wie das Recht übergeht s. Anm. 3—8.

d) Gemäß § 5 ist auch das obligatorische Geschäft (Verpflichtung zur Übertragung des Anteils am Vermögen der Vereinigung) steuerpflichtig; auch werden § 5 Ziff. 1—3, 5 Anwendung finden können, Ziff. 4 dagegen wohl nur bei Versteigerung immobiler Kuxe, soweit sie unter § 3 fallen.

e) Aus § 7 werden Ziff. 7 u. 8 nicht anwendbar sein, weil sie nur für Grundstücke Sinn haben.

f) Wegen der Bestimmungen über die Preisberechnung und Anwendung der §§ 8—16, 18—24, s. Anm. 9 d.

g) Anwendung finden entsprechend §§ 17, 25—29, der § 29 sinngemäß dahin, daß derjenige, dem das veräußerte Recht zustand, nicht etwa der Grundstückseigentümer („Vereinigung“) steuerpflichtig ist.

h) § 30 wird mit der Maßgabe anzuwenden sein, daß es in Ziff. 1 u. 3 auf die Lage des Grundstücks der Vereinigung ankommt, nicht darauf, in welchem Bundesstaat oder in welcher Gemeinde die Vereinigung ihren Sitz hat. Besitzt die Vereinigung in verschiedenen Bundesstaaten oder Gemeinden Grundstücke, so wird die Anm. 9 a—d gegebene Berechnung getrennt für den Grundbesitz in jedem der in Betracht kommenden Staaten oder Gemeindeverbände aufzustellen sein. Liegt also im Beispiel zu Anm. 9 a Grundbesitz im Werte von 200 000 M. in Gemeinde A und von 100 000 M. in Gemeinde B, so verteilt sich der ermittelte Erwerbspreis von 12 000 M. mit $^2/_3$ = 8000 M. nach A und mit $^1/_3$ = 4000 M. nach B. Beträgt ein nach Anm. 9 b zu ermittelnder Veräußerungspreis, soweit er auf Grundbesitz entfällt, 21 000 M., so fallen 14 000 M. auf A, 7000 M. auf B, mithin vom ganzen Wertzuwachs von 9000 M. auf A 6000 M., auf B 3000 M. Deshalb hat die Gemeinde A bloß 3000 M. Wertzuwachs zu versteuern, wenn sie ihren Anteil veräußert.

§ 30 Ziff. 4 hat doppelte Bedeutung. Einmal ist der Übergang von Anteilen am Vermögen der hier genannten Vereinigungen steuerfrei, obwohl diese Vereinigungen an sich die Verwertung von Grundstücken bezwecken. Ferner aber genießen diese Vereinigungen auch Steuerfreiheit, wenn sie unter § 3 fallende Anteile an anderen Unternehmungen, z. B. Kuxe, besitzen und diese veräußern.

i) §§ 32—34 greifen Platz. Zu § 34 ist darauf hinzuweisen, daß die zu Anm. 3—8 besprochenen Veräußerungsgeschäfte, wie dort erwähnt, mitunter formell und materiell erschwert sind. Die Rückübertragung der Anteile unterliegt denselben Formen wie die Übertragung. Eine Preisminderung gemäß § 34 Abs. 1 Satz 3 ist im Sinne der §§ 459, 460 BGB. nicht möglich, da die letztgenannten Vorschriften sich nicht auf Rechte beziehen; doch wird man eine Preisminderung (die aus allgemeinen Grundsätzen der Schadenersatzpflicht möglich ist, § 823 BGB) analog behandeln müssen.

k) Von § 35 wird dasselbe, wie zu Anm. h von § 30 gesagt, zu gelten haben.

l) Aus § 37 ergibt sich, daß eine Anmeldung der steuerpflichtigen Anteilsübertragung stets stattzufinden hat. Es sei denn, daß der Fall des Abs. 3 vorliegt (Auflassung oder Eintragung). Eine Auflassung von Anteilsrechten ist wohl nur bei unbeweglichen Kuxen denkbar. Die Eintragung aber wird nicht nur auf die Eintragung ins Grundbuch zu beziehen sein, sondern auf alle Fälle, in welchen eine registerliche Eintragung erfolgt (vgl. § 38 Ziff. 2). Es ist hierbei gleichgültig, ob diese Eintragung zum Übergang des Rechts erforderlich ist, s. Anm. 6, oder nicht, s. Anm. 3, 8.

Die Anmeldepflicht trifft den Veräußerer und Erwerber des Anteils. Freilich ist zu bemerken, daß in zahlreichen Fällen die Parteien kein Mittel haben werden, festzustellen, ob die Vereinigung steuerpflichtige Grundstücke besitzt und noch viel weniger ein Mittel, die Steuererklärung gemäß § 39 aufzustellen. Nicht nur, daß Geschäftsführer der G. m. b. H. oder Vorstand der Genossenschaft usw. eine Auskunftspflicht gegenüber dem einzelnen Anteilseigner meist außerhalb der Generalversammlung nicht haben, RG. 49 149, so ist auch anders wie in verschiedenen gemeindlichen Zuwachssteuerordnungen (vgl. Berlin, 4. März 1910, § 12 Abs. 3) eine Verpflichtung der Vorstandsmitglieder zur Auskunftserteilung auch gegenüber der Steuerbehörde nicht statuiert (abgesehen von den Fällen, wo die Vereinigung selbst Erwerber oder Veräußerer ist bzw. war, § 49).

Ein unerwünschtes Ergebnis ist auch, daß zwecks Ermittelung des auf den Anteil entfallenden steuerpflichtigen Wertzuwachses nicht nur der Grundbesitz zur Zeit des Erwerbs und der Veräußerung des Anteils zu schätzen ist, sondern wegen einer vielleicht geringfügigen Steuer die komplizierten Berechnungen des § 14 ff. angestellt werden müssen. Wenn auch § 47 analog anzuwenden und demgemäß der Veräußerer des Anteils vorher den Wertzuwachs feststellen lassen kann (und zwar gegen $^1/_2$ von 1000 des Erwerbspreises des Anteils, soweit er auf Grundbesitz entfällt), so wird gegen eine Willkür der Steuerbehörde ein Rechtsmittel nicht so leicht gewagt werden können, weil die den Antragsteller treffenden Kosten des Rechtsmittelverfahrens, das in der Regel mit Sachverständigentaxen, Prüfung von Büchern und Belägen verbunden sein wird, im Verhältnis zum Werte des einzelnen Anteils häufig zu hoch sein werden.

m) Wegen § 38 und 39 s. Anm. l). § 38 findet auch, wie schon Ziff. 2 ergiebt, auf Anteilsübertragung Anwendung, deshalb auch Ziff. 3 a. Allerdings werden die Urkundsbeamten häufig keine Mittel haben, festzustellen, ob die Vereinigung, deren Anteil übertragen wird, unter § 3 fällt oder steuerpflichtigen Grundbesitz hat. Die Anzeigepflicht dieser Beamten ist daher bei dem häufigsten Fall, der G. m. b. H., auf jeden Fall der Beurkundung einer Anteilsübertragung ausgedehnt, ohne Rücksicht darauf, ob die Gesellschaft Grundbesitz hat oder unter § 3 fällt, es sei denn, daß das Gegenteil offenkundig ist (AB. § 3 Ziff. C 3 und § 7 Abs. 1, s. unten § 38 Anm. 4).

n) §§ 40—66 finden gleichfalls entsprechende Anwendung. Wegen § 47 s. Anm. m). §§ 49 und 55 sind danach dahin auszudehnen, daß wegen der Steuer oder der Strafe die Versteigerung des Anteilsrechts nicht zulässig ist. Betreffs der Zuständigkeit s. AB. § 2 Abs. 3, § 41.

2) Der Übergang umfaßt sowohl die vertragsmäßige Übertragung des Anteils als die ipso jure Anwachsung desselben an einen Dritten oder Mitgesellschafter, dagegen gehört die Begründung des Anteilsrechtes oder das Einbringen von Grundstücken in die Vereinigung nicht hierher (vgl. § 7 Anm. 11).

3) G. betr. die Gesellschaft mit beschränkter Haftung vom 20. April 1892 knüpft die Abtretung derartiger Anteile an gerichtliche oder notarielle Form, desgl. die Verpflichtung zu einer solchen Abtretung. § 15 ebenda. Hierher gehören auch die Rechtsveränderungen infolge Erhöhung des Stammkapitals (§ 55 ebenda), sofern nicht der neuübernommene Betrag im gleichen Verhältnis der bisherigen Gesellschaftsbeteiligung von sämtlichen Gesellschaftern übernommen wird; als Veräußerer käme hier die G. m. b. H. selbst in Betracht. Ferner die Rechtsveränderung infolge Herabsetzung des Stammkapitals (§ 58 ebenda), sofern dadurch nur einzelne Gesellschafter betroffen werden; Veräußerer ist hier der durch die Herabsetzung befreite oder daraufhin Rückzahlung empfangende Gesellschafter, Erwerber sind die übrigen Gesellschafter. Theoretisch gehört auch die Kaduzierung hierher (§ 21 ebenda), obwohl in diesem Falle schwerlich ein realisierbarer Wertzuwachs für den ausgeschlossenen Gesellschafter denkbar sein wird; letzterer hat als Veräußerer zu gelten, als Erwerberin die Gesellschaft.

4) HGB. § 161 ff., also Erwerb des Anteils des Kommanditisten genügt. Anders beim stillen Gesellschafter, der nicht Miteigentümer des Geschäftes wird (vgl. noch Anm. 8).

5) Das Bergrecht richtet sich nach Landesrecht Art. 67 EG. zum BGB., vgl. für Preußen Allg. BergG. v. 24. Juni 1865. Gleichgültig ist, ob die Bergwerksanteile beweglich oder unbeweglich sind. Das ist kein Widerspruch zu § 2 Satz 2, weil für § 3 noch die dort am Ende erwähnten beiden Bedingungen hinzukommen müssen, s. Anm. 10.

6) RG. betr. Erwerbs- und Wirtschaftsgenossenschaften v. 1. Mai 1889 (Fassung v. 14. Juni 1898). Die Übertragung des Geschäfts-

guthabens bedarf der Schriftform und der Eintragung in das Genossenschaftsregister § 76 ebenda, § 138. Es kann dahingestellt bleiben, ob die Übertragung des Geschäftsguthabens einen Anteil am Vermögen der Genossenschaft überträgt oder bloß einen Anspruch gegen die Genossenschaft auf Auszahlung des Guthabens begründet. Im Sinne des § 3 wird jedenfalls die Zession des Guthabens als Übertragung des Anteils am Vermögen zu betrachten sein.

7) Eingetragene Vereine § 55 ff. BGB. Mitgliedschaft ist nur übertragbar, wenn dies statutarisch bestimmt ist (§§ 38, 40 BGB.). Der Vorstand hat dem Amtsgericht jederzeit das Mitgliedsverzeichnis einzureichen (§ 72 BGB.).

8) HGB § 105 ff. Hierher gehört also nicht nur die Übertragung des Gesellschaftsanteils, die formlos ist, sondern auch der Übergang von Gesellschaftseigentum auf den verbleibenden Gesellschafter infolge Ausscheidens eines Gesellschafters (s. § 25 Ges.) oder der Übergang auf einen dritten neueintretenden Gesellschafter, ferner Veränderung in der Beteiligung am Gesellschaftsvermögen infolge der Abänderung des bisherigen Gesellschaftsvertrages.

9) „Aus Grundstücken besteht" d. h. aus steuerpflichtigen, vor allem also inländischen Grundstücken besteht. Besteht das Vermögen der Gesellschaft, was nach Anm. 10 die Regel sein wird, nur aus Grundstücken, so ist ohne weiteres der Preis des Anteils maßgebend. Anders, wenn die Vereinigung zur Zeit des Erwerbs oder der Veräußerung noch andere Vermögenswerte besitzt. In diesem Falle bedarf es sowohl für den Erwerb wie für die Veräußerung einer Feststellung, in welchem Verhältnis das steuerpflichtige Grundvermögen zum übrigen Vermögen der Vereinigung stand oder steht. Die Berechnung folgt hierbei den Regeln der §§ 8 ff., insbesondere auch 11, 12, 13 (vgl. Anm. das.). Es bleiben also Maschinen und Erzeugnisse nach dem Prinzip des § 10 außer Betracht (s. § 12 Anm. 2). Es treten weiter zum Erwerbswerte diejenigen Posten hinzu, welche in den §§ 14 Ziff. 2—4, 15, 16, 18, 19 vorgesehen sind und zum Veräußerungswerte die in § 23 erwähnten Beträge, während vom Veräußerungswerte die Abzüge des § 22 zu machen sind. Durch diese Berechnung des Wertes des Grundstücksvermögens wird naturgemäß die Berechnung des Preises des Anteils entsprechend beeinflußt.

Beispiel: G. b. m. H. mit 200 000 M. Kapital, 1 Anteil von 10 000 M. wurde für 16 000 M. erworben und wird für 18 000 M. veräußert.

a) Zunächst ist zu ermitteln, in welchem Verhältnis der Wert des Grundbesitzes der Vereinigung zur Zeit des Erwerbes des Rechtes zum Werte des übrigen Vermögens stand und welcher Teil des für das Recht gezahlten Preises danach auf die Beteiligung am Grundbesitz entfiel. Hatte die G. m. b. H. zur Zeit des Erwerbes also steuerpflichtigen Grundbesitz im Werte von 300 000 M. und sonstiges Vermögen im Werte von 100 000 M., so entfielen vom Erwerbspreis des Anteils (16 000 M.) $^3/_4$ = 12 000 M. auf die Grundbesitzbeteiligung.

b) Dasselbe Exempel ist für die Veräußerung des Anteils aufzumachen, wobei allerdings der Wert des Grundbesitzes und des sonstigen Vermögens der Vereinigung neu zu schätzen ist. Hat sich das Verhältnis zu a) nicht geändert, so entfällt vom Veräußerungspreise 18 000 M. $^3/_4$ = 13 500 M. auf die Grundbesitzbeteiligung. Die Differenz zwischen a) und b), vorliegend also 13 500 — 12 000 = 1500 M. ist der Wertzuwachs.

c) Nach den zu a) und b) aufgestellten Grundsätzen kann ein Immobiliarwertzuwachs vorliegen, selbst wenn der für den ganzen Anteil erzielte Veräußerungspreis hinter dem ganzen seinerzeit gezahlten Erwerbspreis zurückbleibt, dann nämlich, wenn eine entsprechende Verschiebung des Verhältnisses des Grundbesitzes der Vereinigung zum übrigen Vermögen stattgefunden hat. Beispiel: Besteht im Fall b) zur Zeit der Veräußerung das Vermögen der Vereinigung nur noch aus Grundstücken, und ist der Veräußerungspreis des Anteils im ganzen 15 000 M., mithin 1000 M. weniger, als der Veräußerer selbst dafür gezahlt hat, so ist doch ein Immobiliarwertzuwachs vorhanden, weil die ganzen 15 000 M. Veräußerungspreis im Sinne des § 3 sind. Die Berechnung bleibt ganz dieselbe, auch wenn der Grundbesitz im Werte erheblich heruntergegangen ist, sofern er nur das einzige Vermögen der Vereinigung bildet. Denn auch in diesem Falle ist der ganze erzielte Preis nur für den Anteil am Grundbesitz bezahlt (vgl. ähnlich liegende Fälle im § 13). Es läge also zwar auf dem ganzen Anteil ein **Verlust** von (16 000 — 15 000 =) 1000 M., dagegen auf der Grundbesitzbeteiligung ein **Wertzuwachs** von (15 000 — 12 000 =) **3000** M.

d) Auf die Preisberechnung finden die Regeln der §§ 8 ff. analoge Anwendung. Aus § 10 können naturgemäß nur die vom Veräußerer übernommenen Lasten in Betracht kommen. Die Anrechnung der auf den Grundstücken der Vereinigung vorhandenen Maschinen und Erzeugnisse wird schon gemäß Anm. 9 am Anfang berücksichtigt. Aus § 14 kann nur Ziff. 1 in Betracht kommen; es handelt sich also nur um die Kosten des Erwerbs des **Anteils**.

§ 14 Ziff. 4, §§ 15, 16, 18, 19, 22, 23 können nur bei Aufstellung der Verhältnisberechnungen (s. oben Anm. 9 am Anfang vor a) Berücksichtigung finden, § 20 Ziff. 1 findet analoge Anwendung, da Veräußerung von Teilen eines Anteils stattfinden kann (vgl. G. m. b. H. Ges., § 17). §§ 20 Abs. 2 u. 3 und 21 sind nicht anwendbar, wohl aber § 24.

10) Es muß also eine der beiden am Schluß des § 3 genannten Voraussetzungen zutreffen. Entweder: Verwertungszweck, oder Umgehungszweck. „Verwertung" liegt auch vor, wenn das Unternehmen Vorgänge zum Gegenstande hat, die in ihrer wirtschaftlichen Bedeutung der Veräußerung gleichkommen. D. S. 34. Also unter Umständen Bebauung und Vermietung (KommB. II, S. 10). Es kommt aber stets auf den Zweck des Unternehmens an, der Verwertungszweck braucht nicht der einzige zu sein. Bekannt ist der

Erwerb des Grundstücks durch eine ad hoc gegründete G. m. b. H., deren Anteile vorher an eine gleichfalls ad hoc gegründete Finanzierungsgesellschaft abgetreten werden. Die Veräußerung der Anteile der Finanzierungsgesellschaft fällt unter § 3, weil dieselbe tatsächlich die „Verwertung" des Grundstücks zum Gegenstand hat (KommB. III, S. 12). Andererseits kommt eine Verwertung, die nicht auf „Nutzbarmachung des Mehrwerts" abzielt, nicht in Betracht, nicht also Bergwerksunternehmen, auch wenn dieses genötigt ist, zur Vermeidung des Ersatzes von Bergschäden Grundstücke anzukaufen und wieder zu verkaufen (KommB. III, S. 13).

Ebensowenig gehört hierher eine Gesellschaft, die etwa gelegentlich der Geschäftsverlegung ihren Besitz mit Gewinn veräußert (D. S. 34).

11) Die Umgehung der Zuwachssteuer muß beabsichtigt sein, vgl. § 7 Ziff. 1, § 11 Abs. 2. Dieses kann natürlich bereits auch vor Erlaß des damals bereits drohenden Gesetzes beabsichtigt gewesen sein.

Nachbemerkung: Aus der Nichtaufführung der Aktiengesellschaften folgt, daß Übertragung von Aktien steuerfrei ist. Diesbezügliche Gesetzesvorschläge wurden ausdrücklich zurückgenommen (KommB. II, S. 11). Daraus ergibt sich aber, daß auch nach §§ 6, 66 Aktienübertragungen nicht getroffen werden können. Eine Umgehung erscheint indessen mit Rücksicht auf den geringen Mindestbetrag der Aktiengesellschaft und auf die Erleichterung des § 207 Abs. 5 HGB. hinsichtlich der Terraingesellschaften nicht ganz ausgeschlossen.

Bei Kommanditgesellschaften auf Aktien ist sowohl die Übertragung von Aktien als auch die der Anteile der Komplementäre steuerfrei.

§ 4.

Die Steuerpflicht wird begründet durch die Eintragung der Rechtsänderung in das Grundbuch[1]) oder, wenn es einer solchen zum Übergange des Eigentums nicht bedarf, durch den Vorgang, der die Rechtsänderung bewirkt[2]).

Sofern das Grundbuch noch nicht als angelegt anzusehen ist, tritt an die Stelle der Eintragung die Umschreibung in öffentlichen Büchern[3]) [4]).

1) Die Steuer wird nur erhoben, wenn eine eingetretene Wertsteigerung durch Veräußerung realisiert wird, wenn also der Eigentümer bei Veräußerung des Grundstücks einen höheren Preis erzielt, als er als Erwerbspreis gezahlt hat. Die Steuerpflicht wird also nicht an das Veräußerungsgeschäft, sondern an die Übertragung des Eigentums an dem Grundstück geknüpft (s. Anm. 1 zu § 1), es muß also Auflassung und Eintragung ins Grundbuch stattgefunden haben (§ 873 BGB.). Der Rechtsgrund der Veräußerung ist gleichgültig (§ 1 Anm. 1); auch ein Einbringen in eine Gesellschaft ist Veräußerung (OVG. v. 10. Nov. 1897, PrVerwBl. 98, S. 167 ff.), jedoch ist hierbei

zu beachten, daß die Auflassung und Eintragung ins Grundbuch erst nach der Eintragung der Gesellschaft ins Handelsregister erfolgen kann (RG. v. 22. März 1902, JW. S. 259), es kann daher vor Eintragung der Gesellschaft im Handelsregister wegen objektiver Unmöglichkeit der Eigentumsübertragung auch § 5 auf den Einbringungsvertrag keine Anwendung finden.

2) Bei Zwangsversteigerungen überträgt die Verkündung des Zuschlagsbeschlusses oder, falls er vom Beschwerdegericht erteilt wird, die Zustellung an den Ersteher auch ohne Eintragung Eigentum (§ 90 ZVG.); bei Enteignungen (Art. 109 EG. zu BGB. nach PrR.) die Zustellung des die Enteignung aussprechenden Beschlusses (§ 44 PrEnteigG. v. 11. Juni 1874); ebenso bei agrarrechtlichen Auseinandersetzungen nach PrR. (Art. 113 EG. zum BGB.) die Bestätigung des Rezesses der Generalkommission. Weitere Fälle: Fusion zweier Aktiengesellschaften im Falle des § 306 HGB., Übergang des Vermögens einer Aktiengesellschaft als Ganzes auf das Reich, einen Bundesstaat (im Falle des Zustandekommens des neuen Verfassungsgesetzes für Elsaß-Lothringen auch dieses) oder einen inländischen Kommunalverband (§ 304 HGB), jedoch gilt hier § 30 Nr. 2 u. 3.

3) Vgl. hierzu Anm. 2 zu § 1.

4) Überall da, wo das Gesetz von „Übergang des Eigentums" bzw. „Übergang des Eigentums an Grundstücken" spricht, steht dem der Übergang der Berechtigungen gleich, auch wenn es nicht ausdrücklich erwähnt ist (§ 2).

Über Rückzahlung der Steuer im Falle der Nichtigkeit des der Auflassung zugrunde liegenden Veräußerungsgeschäfts bzw. Rückübertragung des Eigentums vgl. § 34.

Über Eintritt der Steuerpflicht bei Veräußerungsgeschäft s. § 5, bei Rechtsgeschäften zur Verdeckung der Eigentumsübertragung § 6.

§ 5.

Erfolgt der Übergang des Eigentums nicht innerhalb eines Jahres[1]) nach Abschluß des zur Übertragung des Eigentums verpflichtenden Veräußerungsgeschäfts[2]), so gelangt die Zuwachssteuer aus Anlaß dieses Rechtsgeschäfts[3]) und, falls innerhalb des einjährigen Zeitraums mehrere Rechtsgeschäfte dieser Art abgeschlossen worden sind, aus Anlaß des letzten Rechtsgeschäfts[3]) zur Hebung.

Die Steuerpflicht tritt im Falle des Abs. 1 mit Ablauf eines Jahres nach Abschluß des Veräußerungsgeschäfts[2]) ein; für die Veranlagung ist der Zeitpunkt maßgebend, in welchem das Rechtsgeschäft oder bei mehreren Rechtsgeschäften das letzte Rechtsgeschäft[4]) abgeschlossen ist[5]).

Als Rechtsgeschäfte im Sinne des Abs. 1[2]) sind auch anzusehen[6]):

1. die Übertragung[7]) der Rechte der Erwerber aus Veräußerungsgeschäften[8]);
2. die Übertragung[7]) von Rechten aus Anträgen zur Schließung eines Veräußerungsgeschäfts, die den Veräußerer binden, sowie aus Verträgen, durch die nur der Veräußerer zur Schließung eines Veräußerungsgeschäfts verpflichtet wird[9]);
3. nachträgliche Erklärungen des aus einem Veräußerungsgeschäfte berechtigten Erwerbers, die Rechte für einen Dritten erworben oder die Pflichten für einen Dritten übernommen zu haben[9]) [10]);
4. die Abtretung der Rechte aus dem Meistgebot und die Erklärung des Meistbietenden, daß er für einen anderen geboten habe[11]);
5. Rechtsgeschäfte, durch die jemand ermächtigt wird, ein Grundstück ganz oder teilweise auf eigene Rechnung zu veräußern[12]).

1) Die Entstehung der Steuerpflicht ist grundsätzlich nicht an das obligatorische Rechtsgeschäft, sondern an den dinglichen Rechtsvorgang der Übereignungen geknüpft (vgl. § 1 Anm. 1 und § 4 Anm. 1). Um jedoch eine Umgehung durch Abschluß lediglich obligatorischer Verträge und ein ungerechtfertigtes Hinausschieben der Auflassung zu verhindern, ist der obligatorische Veräußerungsvorgang dem Übergang des Eigentums insoweit gleichgestellt, als ihm nicht innerhalb eines Jahres der letztere folgt. Berechnung der einjährigen Frist nach §§ 187 Abs. 1 und 188 Abs. 2 BGB.

Über den Zeitpunkt, welcher in diesen Fällen für die Veranlagung maßgebend ist, s. Anm. 5. Beginn der Steuerpflicht § 62.

2) Hierunter sind alle entgeltlichen obligatorischen Rechtsgeschäfte zu verstehen, die unmittelbar oder mittelbar als Grundlage für den Übergang des Eigentums (oder der Berechtigung) zu dienen geeignet und in rechtswirksamer Form abgeschlossen sind (Denkschr. S. 33). Kauf, Tausch, Hingabe an Erfüllungsstatt, auch Wiederkauf (nach § 497 BGB.; die Ausübung dieses Vorbehalts unterliegt also der besonderen Besteuerung), nicht aber die Abmachung des Vorbehalts des Wiederkaufs selbst, auch nicht die Verkaufsofferte des Grundstückseigentümers (s. § 2 Abs. 3 Nr. 2).

Bei bedingten Rechtsgeschäften ist zu unterscheiden:

a) Ist das Geschäft aufschiebend bedingt, so liegt ein zur Veräußerung verpflichtendes Rechtsgeschäft noch nicht vor (§ 158 Abs. 1 BGB.). Die Folge ist — anders wie nach § 3 Abs. 2

PrStempG. — daß eine Steuerpflicht vor Eintritt der Bedingung nicht vorhanden sein kann und erst vom Eintritt der Bedingung die einjährige Frist läuft.

b) Das auflösend bedingte Geschäft ist zunächst wirksam und fällt zunächst ohne weiteres unter § 2. Tritt nach Einziehung der Steuer die Bedingung ein, so wird es unwirksam (§ 158 Abs. 2 BGB.) und erfolgt Rückzahlung der Steuer nach § 34.

c) Schwierigkeiten entstehen, wenn mehrere Grundstücke wahlweise gekauft werden. Hierüber enthält das Gesetz nichts. § 8 Abs. 3 bezieht sich nur auf alternative Gegenleistungen. Es kann dahingestellt bleiben, ob hier das Geschäft ein suspensiv bedingtes ist, bei dem die Bedingung mit Vollziehung der Wahl eintritt (so z. B. RG.ZB. S. 19ff., 23). Jedenfalls sind die Konsequenzen dieselben wie bei a). Solange die Alternativverpflichtung besteht, ist das steuerpflichtige Grundstück nicht mit Bestimmtheit zu ermitteln und gewinnt das Rechtsgeschäft steuerpflichtige Wirksamkeit erst mit der Möglichkeit der Bestimmung des Grundstücks, d. h. mit Vollziehung der Wahl.

Die hier zu a) bis c) entwickelten Grundsätze finden desgleichen Anwendung, wenn die in Abs. 3 aufgeführten Geschäfte bedingt oder alternativ geschlossen werden. Dagegen ist es, wenn sie ohne solche Einschränkungen geschlossen werden, belanglos, ob das Veräußerungsgeschäft, aus welchem gemäß Abs. 3 Ziff. 1 Rechte des Erwerbers übertragen werden, bedingt oder alternativ ist.

Verträge, durch die sich der eine Teil zur Eigentumsübertragung an Grundstücken verpflichtet, bedürfen regelmäßig (nicht z. B. die Erklärung des das Wiederkaufsrecht Ausübenden) notarieller oder gerichtlicher Beurkundung (§ 313 BGB.). Dasselbe gilt vom Erbbaurecht (§ 1017 BGB.). Ein privatschriftlicher Grundstücksveräußerungsvertrag ist unwirksam, erfolgt jedoch später auf Grund desselben die Eintragung, so erlangt der Vertrag seinem ganzen Inhalte nach Gültigkeit. Der formaljuristischen Konstruktion nach müßte, wenn die Auflassung später als ein Jahr nach Abschluß des privatschriftlichen Vertrages erfolgt ist, infolge des Wirksamwerdens des Vertrages die Veranlagung auf den Zeitpunkt des Vertragsschlusses zurückbezogen werden. Dies würde aber dem Sinn des § 2 widersprechen, welcher nur das Hinausschieben der Eigentumsübertragung auf Grund rechtswirksam verpflichtender Veräußerungsverträge verhindern will. Es ist auch in diesem Fall die Eigentumsübertragung maßgebend.

Aus dem Begriff des Wertzuwachses nach § 8 folgt, daß der Veräußerer bei dem Veräußerungsgeschäft bereits Eigentümer des Grundstücks bzw. verfügungsfähig über dasselbe sein muß, da sonst ein Erwerbspreis nicht zu ermitteln wäre; vgl. Anm. zu § 29. Es erscheint als richtig, in solchen Fällen den Lauf der Frist nicht vom Abschluß des Veräußerungsgeschäfts, sondern (und zwar auch dann, wenn der Veräußerer, welcher sich zur Übertragung des Eigentums an einem bestimmten Grundstück verpflichtet hat, die Verfügungsfähigkeit über dasselbe innerhalb eines Jahres nach Abschluß des

Veräußerungsgeschäfts erlangt hat) erst von dem Zeitpunkt der Verfügungsfähigkeit an einsetzen zu lassen.

3) Das Rechtsgeschäft bzw. das letzte Rechtsgeschäft wird so behandelt, als ob ein Eigentumsübergang vorliegt, indessen wird bereits durch das erste Rechtsgeschäft ein suspensiv bedingter Steueranspruch des Staats begründet — bedingt durch den Fristablauf, ohne daß das Grundstück übereignet ist, außerdem seiner Höhe nach beeinflußt durch einen ev. weiteren Abschluß solchen Rechtsgeschäfts innerhalb der Frist. Daß es sich um keinen betagten, sondern bedingten Anspruch handelt, ergibt sich ohne weiteres aus dem Satzbau des § 2 in Verbindung mit § 32; dies ist besonders wichtig im Konkurs des ersten Veräußerers: es greift nicht § 61 Nr. 3, sondern § 61 Nr. 6 und 67 KO. Platz! Andererseits gelangt, wenn mehrere Rechtsgeschäfte aufeinander folgen, der Steueranspruch (als bedingter) bereits mit dem ersten Rechtsgeschäft zur Entstehung, nicht aber mit dem letzten. Das Letzte könnte allerdings durch den Ausdruck „Aus Anlaß des letzten Rechtsgeschäfts" in Verbindung mit § 32 Abs. 1 Satz 2 (Arg. e contrario, da hiernach das erste Rechtsgeschäft nur für die Verteilung im Innenverhältnis der Mitverpflichteten in Berücksichtigung kommt) als maßgeblich erscheinen. Dann aber ginge der Staat durch ein nach Konkurseröffnung über das Vermögen des ersten Veräußerers vorgenommenes weiteres Veräußerungsgeschäft seines Konkursanspruchs gegen den ersten Veräußerer verloren und behielte nur den außerkonkursrechtlichen persönlichen Anspruch gegen den Veräußerer. Weiter steht dem entgegen, daß der Lauf der Frist nach dem ersten Rechtsgeschäft zu berechnen ist, der Eintritt der Bedingung sich also nach dem ersten Rechtsgeschäft bestimmt. Hieraus folgt aber ohne weiteres, daß der bedingte Anspruch bereits damals entstanden und als solcher auch weiter Geltung behalten solle.

Zu beachten ist, daß nur die innerhalb der einjährigen Frist, nicht auch die noch nach Ablauf derselben abgeschlossenen Rechtsgeschäfte für die Veranlagung in Berücksichtigung kommen; das nach Ablauf der Frist geschlossene Rechtsgeschäft begründet selbständige Steuerpflicht, sofern die Voraussetzung der Steuerpflicht vorliegt. Erwerbspreis dann gemäß § 27 Abs. 1 S. 2.

4) Maßgebend ist also der für das letzte Rechtsgeschäft ermittelte Wertzuwachs (Berechnung nach § 27), und zwar auch hinsichtlich der Mithaftung der an einem der vorangehenden Rechtsgeschäfte als Veräußerer Beteiligten für Entrichtung der Steuer (§ 32 Abs. 1; s. auch Anm. 2 und 3). Dies kann für den ersten Veräußerer von großer Bedeutung sein, wenn der Erwerber inzwischen mit größerem Gewinn weiter veräußert und ohne Entrichtung der Steuer verschwindet oder in Konkurs gerät; es ist also nicht zu verkennen, daß infolge der Haftung des früheren Veräußerers über den eigenen verdienten Wertzuwachs hinaus auch für den von dem Erwerber erzielten weiteren Gewinn jede Verzögerung der Auflassung nach Abschluß des notariellen Kaufvertrages bzw. der nach Abs. 3 gleichgestellten Rechtsgeschäfte ein erhebliches Risiko bedeutet. Zur Be-

grenzung dieses Risikos dient § 33, durch den der Veräußerer in die Lage kommt, seine weitere Haftung auszuschließen, wenn er die für ihn zu berechnende Steuer gleich zahlt; dies wird ihm häufig nicht möglich sein, da der Kaufpreis regelmäßig erst bei Auflassung gezahlt wird. Deshalb könnte sich die Aufnahme einer Klausel in den notariellen Kaufvertrag dahin empfehlen, daß die Weiterveräußerung der Rechte des Erwerbers überhaupt ausgeschlossen oder nur dann wirksam sein soll, wenn von dem Erwerber (als späteren Zedenten) die etwa auf ihn entfallende Wertzuwachssteuer entrichtet worden ist. Bei Grundstücksverkaufsofferten steht der Eigentümer günstiger (s. Anm. 4 zu § 27).

5) Die Bestimmung ist von erheblicher Tragweite. Maßgebend ist also nicht der Zeitpunkt nach Ablauf der einjährigen Frist, sondern der des Abschlusses des obligatorischen Vertrages, indem bereits in diesem Zeitpunkt der Eigentumsübergang fingiert wird. Durch Auflassung innerhalb der einjährigen Frist haben es also die Parteien in der Hand, einen späteren Zeitpunkt für die Berechnung der Steuer zugrunde zu legen, als bei Hinausschieben der Auflassung über die einjährige Frist hinaus. Die Bedeutung dieser Fiktion zeigt sich insbesondere für die Frage der Besitzdauer (Zinsanrechnung nach § 16), Berechnung der dreijährigen Frist nach § 20 Abs. 3, ferner für die Frage der Anrechnungen nach § 14 Abs. 3 und 4, insoweit diese von dem Veräußerer und grundbuchlich eingetragenen Eigentümer nach Abschluß des obligatorischen Rechtsgeschäfts gemacht worden sind. Der klare Wortlaut des § 5 führt zu dem Ergebnis, daß sich der Veräußerer nur bis zu diesem Zeitpunkt Zinsen, Aufwendungen usw. anrechnen darf. Andererseits kommt aber dies dem Erwerber zugute. Für diesen ist als Erwerbspreis das Entgelt bestimmend, das bei der früheren Versteuerung als Veräußerungspreis zugrunde gelegt worden ist (§ 27 Anm. 3). Die Fiktion des Eigentumsübergangs greift also nicht nur für diese Veranlagung, sondern auch zugunsten des Erwerbers Platz; dieser kann von diesem Zeitpunkt an sämtliche Anrechnungen nach §§ 14—16 sich berechnen, und zwar selbst dann, wenn sie noch von dem als Eigentümer eingetragenen letzten Veräußerer, jedoch nach dem kritischen Zeitpunkt gemacht waren.

6) Die Vorschrift des Abs. 3 bezweckt, Umgehungen der Steuerpflicht entgegenzutreten und enthält im wesentlichen die Rechtsvorgänge, die aus dem gleichen Anlaß in Tarif Nr. 11a des RStempG. aufgenommen sind, und zwar Nr. 4 unseres § in Abs. 1 der Tarif-Nr. 11a und die Nr. 1, 3, 2 in dieser Reihenfolge in Abs. 2 der genannten Tarifnummer. Es handelt sich hier um Zession obligatorischer Ansprüche auf Übertragung des Eigentums an Grundstücken. Selbstredend finden auch hier die in § 7 vorgesehenen Ausnahmevorschriften entsprechende Anwendung, so daß die schenkungsweise Abtretung (z. B. auch an den Schwiegersohn als Mitgift für die Tochter) steuerfrei bleibt. Nicht gleichgestellt ist der Antrag zur Schließung eines Veräußerungsgeschäfts, auch wenn durch entsprechende Abmachungen (vgl. Anm. 1) wirtschaftlich ein Erfolg

ähnlich der Veräußerung tatsächlich erzielt wird. Häufig finden sich die Abmachungen: A. offeriert sein Grundstück notariell auf einige Jahre an B.; dieser erhält sofort Nießbrauch und unwiderrufliche Verfügungsvollmacht gegen eine Anzahlung, welche bei Nichtannahme der Offerte verfällt. B. sichert sich sein Kaufrecht durch Vormerkung und dadurch, daß er für den Fall der Annahme der Offerte unwiderrufliche Auflassungsvollmacht an sich selbst erhält. Derartige Verträge sind der Veräußerung nicht gleichgestellt, und der dem Veräußerer aus Nichtannahme der Offerte zufließende Gewinn bleibt steuerfrei. Im übrigen siehe Anm. 7, aber auch § 6.

Die Gleichstellung der Rechtsvorgänge mit dem Veräußerungsgeschäft hat nicht nur Bedeutung für den Fall des § 5, wenn dieses der Eigentumsübertragung gleichsteht, sondern auch für die Berechnung des Wertzuwachses bei einer Mehrheit aufeinanderfolgender Rechtsgeschäfte vor dem Eigentumsübergang überhaupt (§ 27).

7) Dieselbe ist ein Vertrag und bedarf keiner Form, auch nicht beurkundete Übertragung der Rechte aus Grundstückskäufen oder Verkaufsofferten begründet die Steuerpflicht. Wie die Übertragung der Rechte erfolgt, z. B. auch durch Einbringung in eine Gesellschaft, ist gleichgültig.

Dagegen sind nach dem klaren Wortlaut der Bestimmungen zwei weitere, auch mitunter vorkommende Umgehungsgeschäfte nicht getroffen:

a) Der Erwerber der Offerte bedingt sich das Recht aus, den Abschluß eines formellen Kaufvertrags mit einem von ihm zu bezeichnenden Dritten zu verlangen. Hier liegt keine Übertragung vor, denn auf den Dritten gehen keine Rechte des Ersterwerbers über; vielmehr erwirbt er unmittelbar durch Vertragsschluß mit dem Veräußerer (ev. schon durch die „Bezeichnung“ gemäß § 328 BGB.) das Recht. Der Mittelsmann bezahlt also keine Wertzuwachssteuer. Ob aber der Letzterwerber bei späterer Veräußerung den an den Mittelsmann für die „Bezeichnung“ gegebenen Betrag als „Kosten des Erwerbes“ sich anrechnen darf, darüber s. Anm. 2 zu § 14.

b) Der Erwerber der Offerte überträgt die Rechte aus derselben nicht, d. h. er schließt keinen Übertragungsvertrag, sondern offeriert denselben nur mit erheblicher Bindungszeit. Dann liegt auch noch keine Übertragung vor, erst durch die Annahme des Antrags kommt solche zustande. Bei Zession der Rechte aus dem Antrag greift Nr. 2 Platz.

Vgl. auch § 6.

8) Gemeint ist das Recht auf Verschaffung des Eigentums. Nicht Erfordernis ist, daß alle sonstigen Rechte des Erwerbers übertragen werden.

Die Übertragung der Rechte des Veräußerers ist nicht steuerpflichtig.

9) Das Entgelt für die Abtretung der Rechte bzw. für die Erklärung des Berechtigten, die Rechte für den Dritten erworben zu haben (Nr. 3), ist also dem Veräußerungspreis hinzuzurechnen (vgl. Anm. 4).

10) Die Aufnahme dieser Bestimmung erschien notwendig, da nach früherer Rechtsprechung zum Pr. StempSteuerG. (vgl. Heinitz, 3. Aufl., S. 484/85) der Vertrag zwischen dem Erwerber (der das Veräußerungsgeschäft zwar im eigenen Namen, aber ganz oder zu gewissem Anteil auf Grund rechtsgeschäftlicher oder gesetzlicher Vollmacht für fremde Rechnung geschlossen) und einem Dritten, in welchem der Erwerber die Erklärung, für ihn die Rechte erworben und die Pflichten übernommen zu haben, abgibt und der Dritte dieselbe annimmt, nicht als entgeltliches Veräußerungsgeschäft anzusehen war. Dadurch bestand aber die Gefahr der Umgehung, indem die Übertragung der Rechte aus einem Veräußerungsgeschäft in die Form des Eintritts eines Vollmachtgebers in die vom Vertreter für ihn erworbenen Rechte gekleidet wird. Das ist nun verhindert.

11) Die hier gedachten Fälle betreffen die Abtretung des Rechts aus dem Meistgebot bzw. die Erklärung des Meistbietenden, für einen anderen geboten zu haben, vor Erteilung des Zuschlags. Nach § 81 Abs. 2 und 3 ZVG. ist, wenn die diesbezüglichen Erklärungen im Versteigerungstermin (zu Protokoll des Versteigerungsgerichts) abgegeben oder nachträglich durch öffentlich beglaubigte Urkunden nachgewiesen werden, der Zuschlag nicht dem Meistbietenden, sondern dem andern zu erteilen. Wird der Zuschlag erteilt, so haften der Meistbietende und der Ersteher als Gesamtschuldner (Abs. 4 a. a. O.). Freilich ist in der regelmäßig nur kurzen Frist zwischen dem Schluß des Versteigerungstermins und Verkündung des Beschlusses, durch welchen der Zuschlag erteilt wird (längstens 1 Woche gemäß § 87 Abs. 2 ZVG.), der Möglichkeit der Weiterveräußerung schon von vornherein nur geringer Spielraum gelassen.

Nicht hierher gehört die Übertragung der Rechte aus dem Beschluß, durch welchen der Zuschlag erteilt ist. Da der Ersteher durch diesen bereits Eigentümer des Grundstücks wird (vgl. Anm. 2 zu § 4), bedeutet die Übertragung dieser Rechte bereits Veräußerung des Grundstücks selbst (vgl. OTr.E. 73 S. 94). Vielmehr stellt dies ein neues erstes Veräußerungsgeschäft gemäß Anm. 2 dar.

12) Auch wenn die Veräußerung im Namen des eingetragenen Eigentümers erfolgt, so ist doch schon die Ermächtigung zur Veräußerung steuerpflichtiges Rechtsgeschäft, sofern der Ermächtigte auf eigene Rechnung handeln soll. Damit sollen offenbar die bei Parzellierungen häufigen Fälle getroffen werden.

§ 6.

Die Besteuerung wird nicht dadurch ausgeschlossen, daß ein nach diesem Gesetze steuerpflichtiges Rechtsgeschäft durch ein anderes Rechtsgeschäft verdeckt wird, insbesondere an die Stelle des Überganges des Eigentums ein Rechtsvorgang tritt, der es ohne Übertragung des Eigentums einem anderen ermöglicht, über das Grundstück wie ein Eigentümer zu verfügen [1].

1) Diese erst im Plenum des Reichstags aufgenommene und schon dort von verschiedenen Seiten stark bekämpfte Bestimmung ist leider nur geeignet, die sonst klaren Grundsätze über den Eintritt der Steuerpflicht zu verwirren. Sie soll gewissermaßen eine Generalklausel gegen alle Umgehungsversuche des Gesetzes bilden, die aber bei den eingehenden Spezialbestimmungen gegen Umgehung des Gesetzes als überflüssig und schädlich angesehen werden muß. Solche Bestimmungen zur Verhütung einer Steuerhinterziehung finden sich:

a) In § 1 Abs. 2 Satz 3, betreffend die Steuerfreiheit der kleinen Besitzer, indem bei Veräußerung für Rechnung eines Dritten das Vorschieben eines Strohmanns dadurch wirkungslos gemacht ist, daß die subjektiven Voraussetzungen auch in der Person des Dritten vorliegen müssen.

b) In § 3 die Gleichstellung des Überganges von Anteilsrechten an Vereinigungen, wenn Zweck des Unternehmens die Verwertung von Grundstücken, oder die Vereinigung zum Zwecke der Steuerersparung geschaffen war.

c) In § 5 die Gleichstellung des obligatorischen Rechtsgeschäfts in dem Fall, daß der Eigentumsübergang nicht innerhalb eines Jahres nach Abschluß desselben erfolgt, Erfassung der Zwischengeschäfte (vgl. auch § 27) und der in Abs. 3 Ziff. 1—5 bestimmten Rechtsgeschäfte zu entsprechend steuerpflichtigen Rechtsvorgängen.

d) In § 7 Nr. 1 Halbsatz 2 und § 7 Nr. 5 Satz 2 und Nr. 6 Satz 2 (Aufhebung der Steuerfreiheit durch Beitritt eines Fremden), sowie § 7 Nr. 7 (Beschränkungen auf die seitens einer Behörde anerkannten Maßnahmen) und § 7 Nr. 8.

e) In § 62 Rückwirkung der Steuerpflicht auf alle Rechtsvorgänge vor Inkrafttreten des Gesetzes, insoweit sie nach dem 31. Dez. 1910 geschehen.

f) Vor allem aber in § 66 durch die dortselbst dem Bundesrat gegebene Befugnis, die Steuerpflicht auch auf andere als die in § 1 und § 5 genannten Vorgänge auszudehnen.

Diese Bestimmung einer dem Bundesrat als eine Art von Notverordnungsrecht gegebenen Befugnis, das Gesetz etwa neu auf dem Grundstücksmarkt sich bildenden und vom Gesetz nicht getroffenen Verkehrsformen anzupassen und diese Rechtsvorgänge für steuerpflichtig zu erklären, gibt die erforderliche und ausreichende Handhabe, um solche Rechtsvorgänge steuerrechtlich zu treffen, an welche an sich die Steuerpflicht nicht geknüpft ist. Diese Handhabe ist aber für diese Fälle auch die einzig vorhandene. Prinzipiell gilt der vom RG. Gruchot 47 688 anerkannte Grundsatz, daß es den Parteien unbenommen ist, zur Erreichung ihres wirtschaftlichen Zweckes diejenige Rechtsform zu wählen, die es ihnen ermöglicht, die geringsten Kosten und Stempel aufzuwenden.

Es folgt also hieraus mit Rechtsnotwendigkeit, daß durch § 6 nicht etwa eine allgemeine Erweiterung der §§ 1—5 statuiert ist, die Steuerpflicht nicht etwa auf Grund des § 6 an neue Rechtsvorgänge geknüpft werden kann, sondern nur der selbstverständliche Gedanke ausgesprochen wird, daß ein wirklich vorhandenes steuerpflichtiges Geschäft nicht dadurch steuerfrei wird, daß es durch ein simuliertes steuerfreies Geschäft verdeckt wird. Vor allem kann keine Rede davon sein, daß nunmehr alle Geschäfte steuerpflichtig sein sollen, die es „ohne Übertragung des Eigentums einem anderen ermöglichen, über das Grundstück wie ein Eigentümer zu verfügen". Letztere können eben nur gemäß § 66 getroffen werden. Dies ergibt auch die Entstehung des §. Dieser ist als § 3a auf Grund eines Antrags Potthoff-Cuno entstanden, und zwar in der offenbaren Absicht, ihn an die Stelle des § 55 (jetzt 66) zu setzen; in diesem Falle hätte allerdings § 6 eine erheblich weitere Bedeutung gehabt. Der Antrag Potthoff, den § 66 zu streichen, wurde aber abgelehnt (Reichst.-Ber. 119. Sitzg. S. 4334ff A). Unwidersprochen geblieben ist der tags zuvor von Dr. Ahrendt (118. Sitzg. S. 4302 D) getane Hinweis, daß § 3 a (jetzt 6) etwas Selbstverständliches besage. Seine Kritik, die Bestimmung sei überflüssig, unlogisch und in der gesamten Gesetzgebung des Reichs werde sich keine finden, die so unpräzise und so wenig juristisch durchdacht sei, erscheint zwar sehr scharf, aber im Kern nicht ganz unberechtigt.

Nach dem Gesagten kann es keinem Zweifel unterliegen, daß z. B. nicht etwa auch andere Rechtsvorgänge als die in § 5 Abs. 3 genannten den Veräußerungsgeschäften des Abs. 1 gleichgestellt werden können. So kann z. B. nicht der den Veräußerer bindende Antrag zur Schließung eines Veräußerungsgeschäfts (vgl. § 5 Anm. 6), auch nicht der Antrag des Erwerbers (vgl. Anm. 5 § 7) zur Abtretung der Rechte aus dem Veräußerungsgeschäft aus dem Gesichtspunkt des § 6, daß ein steuerpflichtiges Rechtsgeschäft dadurch verdeckt wird, zur Besteuerung herangezogen werden. Dieses muß selbst dann gelten, wenn an sich derselbe wirtschaftliche Erfolg wie durch die steuerpflichtige Abtretung der Rechte erzielt wird. Wollte man dies nicht gelten lassen, so wäre die ganze Gleichstellung des § 5 Abs. 3 mit seinen scharfen Unterscheidungen nicht minder überflüssig als die Bestimmung des § 66, die ausdrücklich obige Grundsätze auch für § 5 festlegt.

Ebensowenig kann über die Bestimmung des § 3 hinaus die Abtretung von Aktien einer Aktiengesellschaft, auch wenn sie gerade zum Zweck der Steuerersparung gebildet, aus § 6 mit der Steuer belegt werden, auch wenn an sich z. B. bei Vereinigung sämtlicher Aktien in eine Hand wirtschaftlich für den Besitzer der Erfolg des Eigentums erzielt wird. Vielmehr greift § 6 nur Platz, wenn ein steuerpflichtiger Rechtsvorgang verdeckt werden soll; d. h. wenn tatsächlich von den Parteien ein steuerpflichtiges Rechtsgeschäft abgeschlossen ist, nach außen hin aber zum Zweck der Steuerersparung die Abmachung in ein nichtsteuerpflichtiges Rechtsgeschäft gekleidet und durch solches Scheingeschäft das andere verdeckt wird. Die Bestimmung ist an sich überflüssig und ergibt sich bereits aus allgemeinen Grundsätzen (§ 117 BGB.), wonach die für das verdeckte Rechtsgeschäft geltenden Vorschriften Anwendung finden. Wenn das Gesetz aber erläuternd fortfährt: „insbesondere wenn an Stelle des Übergangs des Eigentums ein Rechtsvorgang tritt, der es ohne Übertragung des Eigentums einem anderen ermöglicht, über das Grundstück wie ein Eigentümer zu verfügen" — so kann dies nur als eine Anweisung an die Behörden usw. betrachtet werden, einen derartigen Vorgang daraufhin zu untersuchen, ob er ein steuerpflichtiges Geschäft verdeckt.

Es ist demgemäß aber auch zu beachten, daß unbedingt das verdeckte Rechtsgeschäft nach den für dieses geltenden Grundsätzen gültig sein muß.

Danach wird z. B. der Fall getroffen, daß das an eine Gesellschaft aufzulassende Grundstück zwecks Ersparung der Steuer statt an diese an deren Geschäftsführer, der gleichzeitig ein Abkömmling des Veräußerers (§ 7 Nr. 3) zu treuen Händen aufgelassen wird. Oder, wenn ein formgültiger Kaufvertrag zwischen den Parteien abgeschlossen und danach ein weiterer Vertrag geschlossen wird, welcher zwar die Aufhebung des ersteren zum Gegenstand hat, gleichzeitig aber durch anderweitige Abmachungen die Rechtsbeständigkeit desselben gesichert wird. Zweifelhaft ist, ob folgender Fall hierunter fällt: Parteien vereinbaren 3 Jahre nach Auflassung einen Rückkauf; zum Zweck der Steuerersparung schließen sie einen Vertrag, inhaltsdessen anerkannt wird, daß der Vertrag mit Recht angefochten ist, und bewilligen die Grundbuchberichtigung, welche erfolgt. Hier wird ein mündlicher, also ungültiger Grundstückskaufvertrag durch eine Scheinanfechtung verdeckt. Eine den Formmangel des Kaufvertrags heilende Auflassung findet nicht statt. Indessen ist zu betonen, daß auch der Eigentumsübergang verdeckt wird.

Ferner ist folgender Fall denkbar: A. will dem zahlungsunfähigen B. das Grundstück abkaufen, ihn schreckt indessen die Haftung von 2% gemäß § 29 Abs. 2 S. 1; deshalb vereinbart er mit A. Eintragung einer Scheinhypothek, auf Grund deren er das Grundstück in der Subhastation erwirbt. Er ist dann von der Mithaftung für die Wertzuwachssteuer befreit (§ 29 Abs. 2 S. 2). Hier liegt der Fall des § 6 überhaupt nicht vor, da an sich nicht die Besteuerung, sondern nur die Mithaftung des Erwerbers ausgeschlossen wird. Deshalb kann auch der Bundesrat gemäß § 66 Ziff. 1 nicht eingreifen.

Dagegen gehören hierhin die Fälle, wo wie beim mecklenburgischen Erbpachtrecht die dingliche Übertragung nicht seitens des bisherigen Erbpächters an den Erwerber erfolgen kann, sondern das Nutzeigentum erst dem Obereigentümer (der Grundherrschaft) durch Auflassung zurückgegeben und von diesem in Art der Belehnung durch Erteilung eines Grundbriefs an den Erwerber zu Erbpacht übertragen wird. Die Steuerpflicht tritt hier mit Erteilung des Grundbriefs, spätestens nach Ablauf eines Jahres seit Abschluß des Veräußerungsvertrags zwischen dem bisherigen Erbpächter und Erwerber, ein.

§ 7.

Die Zuwachssteuer wird nicht erhoben[1]):

1. beim Erwerbe von Todes wegen im Sinne der §§ 1—4 des Erbschaftssteuergesetzes[2]) sowie beim Er-

werb auf Grund einer Schenkung unter Lebenden im Sinne des § 55 des Erbschaftssteuergesetzes[3]), sofern nicht die Form der Schenkung lediglich gewählt ist, um die Zuwachssteuer zu ersparen[4]);

2. bei der Begründung, Änderung, Fortsetzung und Aufhebung der ehelichen Gütergemeinschaft[5]);
3. beim Erwerb auf Grund von Verträgen, die zwischen Miterben[6]) oder Teilnehmern an einer ehelichen oder fortgesetzten Gütergemeinschaft zum Zwecke der Teilung der zum Nachlaß oder zum Gesamtgut gehörenden Gegenstände[7]) abgeschlossen werden, sowie beim Erwerb auf Grund eines Zuschlags, der in den vorgenannten Fällen bei Teilung im Wege der Versteigerung einem Miterben oder Teilnehmer erteilt wird[8]);
4. beim Erwerbe der Abkömmlinge[9]) von den Eltern, Großeltern und entfernteren Voreltern[10]);
5. beim Einbringen[11]) in eine ausschließlich[12]) aus dem Veräußerer und dessen Abkömmlingen oder aus diesen allein bestehende[12]) Gesellschaft des Bürgerlichen Gesetzbuchs oder Vereinigung der im § 3 bezeichneten Art[14]). Die Steuerpflicht tritt ein, soweit nachträglich ein Gesellschafter aufgenommen wird, der nicht zu den Abkömmlingen des Veräußerers gehört[12]);
6. beim Einbringen[11]) von Nachlaßgegenständen[7]) in eine ausschließlich[12]) von Miterben[15]) gebildete Gesellschaft des Bürgerlichen Gesetzbuchs oder Vereinigung der im § 3 bezeichneten Art[14]). Die Vorschrift der Ziff. 5 Satz 2 findet entsprechende Anwendung[12]);
7. beim Austausch im Inlande gelegener Grundstücke zum Zwecke der Zusammenlegung (Flurbereinigung)[16]), der Grenzregelung[17]) oder der besseren Gestaltung von Bauflächen (Umlegung)[18]) sowie bei Ablösung von Rechten an Forsten[19]), wenn diese Maßnahmen auf der Anordnung einer Behörde beruhen oder von einer solchen als zweckdienlich anerkannt werden[20]);

8. beim Austausch von Feldesteilen zwischen angrenzenden Bergwerken und bei der Vereinigung zweier oder mehrerer Bergwerke zum Zwecke der besseren bergbaulichen Ausnutzung, sofern sie nicht zum Zwecke der Steuerersparung erfolgen[21]).

Zu den Miterben im Sinne der Ziffern 3, 6 wird der überlebende Ehegatte gerechnet, der mit den Erben des verstorbenen Ehegatten gütergemeinschaftliches Vermögen zu teilen hat.

1) Die hier vorgesehenen Ausnahmen von der Steuerpflicht stellen klar, und bestimmen damit aber auch erschöpfend, an welche Eigentumsübergänge die Steuerpflicht nicht geknüpft ist, so daß sämtliche nicht unter die in § 7 als steuerfrei aufgeführten Rechtsvorgänge der §§ 1—5 die Steuerpflicht nach Maßgabe dieses Gesetzes begründen (s. jedoch auch § 25 Anm. 1). Nach dem Wesen der ganzen Steuer sind, wie bereits oben in § 5 ausgeführt, entgeltliche und dem Veräußerer gewinnbringende Veräußerungsgeschäfte die notwendige Voraussetzung für die Entstehung des staatlichen Steueranspruchs; daher betreffen die hier festgesetzten Ausnahmen die Fälle, wo entweder nach der Natur des zugrunde liegenden obligatorischen Geschäfts keine Gewinnverwirklichung vorliegt (s. auch Anm. 3) oder, wie die Begründung S. 35 sagt, ein naher Zusammenhang mit Vorgängen besteht, bei denen eine Verwirklichung des Zuwachses nicht vorhanden ist. Hierdurch wird jedoch die spätere steuerliche Erfassung des bisherigen Zuwachses nicht ausgeschlossen, vielmehr ist beim nächsten Steuerfall für die Festsetzung des Erwerbspreises auf den letzten steuerpflichtigen Vorgang vor Eintritt des steuerfreien Aktes zurückzugehen (§ 17 Abs. 1; betreffs der Anrechnungen siehe insbesondere Anm. 2 zu § 10). Es liegt also im Gesetz das Prinzip: ein steuerfreier Rechtsvorgang wird steuerrechtlich ignoriert und zwar nicht nur hinsichtlich der Steuerpflicht, sondern zugunsten des Erwerbers auch hinsichtlich der Besitzzeit, Anrechnungen usw. des Vorbesitzers. Andererseits vgl. Anm. 2 zu § 14, § 14 Abs. 4, § 22 Ziff. 2.

2) Die betreffenden Paragraphen lauten:

§ 1. Gegenstand der Erbschaftssteuer ist der Erwerb von Todes wegen. Als Erwerb von Todes wegen gilt, außer demjenigen, was durch Erbfolge, durch Vermächtnis oder als Pflichtteil erworben wird:

1) ein Erwerb, auf welchen die für Vermächtnisse geltenden Vorschriften des bürgerlichen Rechtes Anwendung finden, sowie dasjenige, was durch eine nach den Vorschriften des bürgerlichen Rechtes als Verfügung von Todes wegen zu beurteilende Schenkung erworben wird;

2) ein Erwerb, welcher infolge der Vollziehung einer durch Verfügung von Todes wegen angeordneten Auflage oder infolge

der Bewirkung einer Leistung, von welcher der Erblasser einen Erwerb von Todes wegen abhängig gemacht hat, oder, sofern der Erwerb der Genehmigung einer Behörde bedarf, infolge der Vollziehung einer Anordnung dieser Behörde erlangt wird.

§ 2. Als Erwerb von Todes wegen ist außerdem anzusehen:

1) was durch Rechtsgeschäft unter Lebenden mit der Bestimmung zugewendet wird, daß es auf den Pflichtteil angerechnet werden soll;

2) was als Abfindung für einen Erbverzicht (§§ 2346, 2352 BGB.) oder für die Ausschlagung einer Erbschaft oder eines Vermächtnisses gewährt wird.

§ 3. Als Erwerb von Todes wegen sind ferner anzusehen:

1) was durch den Eintritt eines Lehens oder Fideikommißfalls erworben wird;

2) Bezüge aus Familienstiftungen, sofern sie infolge Todesfalls an den stiftungsmäßig oder gesetzlich dazu Berufenen gelangen, sowie der Erwerb des Vermögens einer solchen Stiftung, sofern das Vermögen infolge Erlöschens der Stiftung an den stiftungsmäßig oder gesetzlich dazu Berufenen gelangt;

3) Vermögensvorteile, die auf Grund eines von dem Erblasser geschlossenen Vertrags unter Lebenden von einem Dritten mit dem Tode des Erblassers unmittelbar erworben werden;

4) was als Abfindung für den Verzicht auf einen Erwerb der unter Nr. 1, 2 bezeichneten Art gewährt wird.

§ 4. Für die Steuerpflicht an Kindesstatt angenommener Personen und ihrer Abkömmlinge, soweit sich auf diese die Wirkungen der Annahme an Kindesstatt erstrecken, gelten außerdem folgende besondere Vorschriften:

Als Erwerb von Todes wegen ist auch anzusehen:

1) ein Erwerb, auf welchen die für den Pflichtteilsanspruch des bürgerlichen Rechtcs Anwendung finden;

2) was durch eine Zuwendung unter Lebenden erworben wird, sofern die Zuwendung von dem Erwerber bei einer Erbauseinandersetzung mit anderen Abkömmlingen des Zuwendenden nach gesetzlicher Vorschrift oder auf Grund einer bei der Zuwendung getroffenen Anordnung des letzteren zur Ausgleichung zu bringen sein würde.

Im Falle der Fortsetzung der ehelichen Gütergemeinschaft (§§ 1483 ff. BGB.) ist nach der Beendigung der fortgesetzten Gütergemeinschaft der einem anteilsberechtigten Abkömmling an dem Gesamtgute der fortgesetzten Gütergemeinschaft zustehende Anteil Gegenstand der Erbschaftssteuer in gleicher Weise, wie wenn der erstverstorbene Ehegatte zur Zeit der Beendigung der Gütergemeinschaft gestorben und der Anteil an dem Gesamtgute der gesetzliche Erbteil des Abkömmlings wäre. Als Erwerb von Todes wegen ist auch eine Zuwendung anzusehen, die einem anteilsberechtigten Abkömmling unter Lebenden gemacht wird, soweit die Zuwendung bei der Auseinandersetzung zur Ausgleichung kommen würde, sowie eine Abfindung, die einem Abkömmlinge dafür gewährt wird, daß er vor oder nach dem Eintritte der fortgesetzten Gütergemeinschaft auf seinen Anteil am Gesamtgute verzichtet.

Die §§ 1—4 bestimmen den Gegenstand der Erbschaftssteuer und legen erschöpfend den Begriff fest, was als erbrechtlicher Erwerb, als Vorausempfang darauf, als Ersatz dafür anzusehen ist. Die hiernach nicht als erbrechtlicher Erwerb qualifizierten Vorgänge sind also, insoweit sie nicht unter die anderen Bestimmungen dieses Paragraphen fallen, steuerpflichtig. Hinsichtlich der Erbfolge kommt Gesamtnachfolge (§§ 1922ff., 2087ff. BGB.), gesetzliche (§ 1924 ff. BGB.), testamentarische (§ 1937 BGB.) oder auf Erbvertrag beruhende (§ 1941 BGB.) Erbfolge in Betracht, ferner als Erwerb von Todes wegen Erwerb durch Vermächtnis (§§ 1939, 1941, 2147ff. BGB.), durch Auflage (§§ 1940, 2192ff. BGB.), Schenkung von Todes wegen (§ 2301 BGB.); über Pflichtteil (§ 1941 BGB.) s. unten. Nicht hierunter fällt der Erwerb des Erbschaftskäufers gemäß § 2371ff. BGB.

Vergleiche über die Wirksamkeit oder Auslegung einer Verfügung von Todes wegen oder über die Erbberechtigung sind nach allgemeiner Rechtsprechung ebenso wie Urteile über das Recht auf einen Erwerb von Todes wegen Grundlage der erbschaftssteuerlichen Berechnung; daher sind auch die hierauf gegründeten Erwerbe für die Zuwachssteuer frei, z. B. Vergleich des Pflichtteilsberechtigten, der für den Pflichtteil ein Nachlaßgrundstück annimmt. Bei dieser Gelegenheit sei darauf hingewiesen, daß der Pflichtteilsberechtigte seinen Pflichtteil vom Wert des Nachlasses, also auch der Grundstücke zur Zeit des Erbfalls verlangen kann (§ 2311 BGB.). Es fragt sich, ob der Erbe diejenige Wertzuwachssteuer, die zu zahlen wäre, wenn das Nachlaßgrundstück zu dem angesetzten Werte verkauft würde, dem Pflichtteilsberechtigten in Anrechnung bringen darf. Die Frage ist zu verneinen. Auch wenn es sich (Ansicht des Reichsschatzsekretärs KommB. II S. 14) um eine bedingte Steuerlast handelte, die der Erbe übernommen hat, so hat dies auf die Pflichtteilsberechnung keinen Einfluß (§ 2313 Abs. 1 S. 1 BGB.).

Zu Nr. 3 des § 3 Erbschaftssteuergesetz (s. oben den Gesetzestext) ist zu beachten, daß nur unentgeltliche Verträge unter Lebenden hierunter fallen, bei gemischten Geschäften, z. B. weil die Leistung teilweise zur Zahlung einer Forderung des Versprechensempfängers dient, ist nur der Mehrwert der Leistung gegenüber der Schuld als Bereicherung erbschaftssteuerpflichtig, also auch nur dieser für die Zuwachssteuer als steuerfreier Vorgang anzusehen.

Im übrigen siehe die Kommentare des Erbschaftssteuergesetzes.

3) § 55 des Erbschaftssteuergesetzes lautet:

Schenkungen unter Lebenden unterliegen der gleichen Steuer wie der Erwerb von Todes wegen mit der Maßgabe, daß an Stelle der Verhältnisse des Erblassers und des Erwerbers die Verhältnisse des Schenkers und des Beschenkten berücksichtigt werden.

Als ein Erwerb durch Schenkung gilt auch ein Erwerb, der infolge der Vollziehung der einer Schenkung beigefügten Auflage oder infolge der Bewirkung einer Leistung, von welcher der Schenker eine Schenkung abhängig gemacht hat, oder, sofern die Schenkung der Genehmigung einer Behörde unterliegt, infolge der Vollziehung einer Anordnung dieser Behörde erlangt wird.

Einer Schenkung unter Lebenden steht gleich das in einem Stiftungsgeschäfte unter Lebenden von dem Stifter zugesicherte und auf die Stiftung übergegangene Vermögen.

Merkmal der Schenkung ist die Einigung beider Vertragsparteien, daß die Zuwendung unentgeltlich erfolgt. Bei gemischten Geschäften ist die Einigung über den Wert der Gegenleistung dafür maßgebend, inwieweit Schenkung oder entgeltliches Geschäft vorliegt. Das Entgelt braucht nicht notwendig in barem Geld bestehen, sondern kann auch in jeglichen anderen Vorteilen liegen. Streitig ist, ob nachträgliche Vergütung unentgeltlich geleisteter Dienste — durch die Übereignung eines Grundstücks — das Geschäft zu einem entgeltlichen macht, wenn nicht der Ausdruck des Dankes, sondern eine Bezahlung gewollt ist. Mit RG. 72 188, JW. 10 13,[19] dürfte dies zu bejahen sein, so daß insoweit die Steuerpflicht begründet ist. Vergleichsweise Aufgabe von Ansprüchen (z. B. wenn ein Gläubiger gegen Übertragung des Eigentums an dem Grundstück auf seine den Wert desselben überschreitende Forderungen verzichtet), ist keine Schenkung; über Abzugsmöglichkeit vom Erwerbspreis bei späterer Veräußerung seitens des Erwerbers s. Anm. 2 zu § 14.

Ausstattungen und Aussteuern sind zwar keine Schenkung (vgl. §§ 1620 und 1624 BGB.), aber unentgeltliche Zuwendungen; fallen im übrigen unter Nr. 4.

Das Moment der Entgeltlichkeit ist für alle Eigentumsübergänge und die ihnen gleichgestellten Rechtsvorgänge notwendige Voraussetzung der Steuerpflicht; insbesondere wird also auch nur die entgeltliche (nicht schenkungsweise) Übertragung der Rechte der Erwerber aus Veräußerungsgeschäften oder Verkaufsofferten getroffen, wobei anderseits gleichgültig ist, ob der Erwerber seinerseits diese Rechte entgeltlich oder unentgeltlich erworben bzw. die Offerte angestellt erhalten hat. Das gleiche gilt für die nachträglichen Erklärungen, die Rechte für einen Dritten erworben zu haben usw., für die Abtretung der Rechte aus dem Meistgebot, sowie die nach § 5 Nr. 5 steuerpflichtigen Ermächtigungen. Hat also z. B. A. sein für 90 000 M. erworbenes Grundstück, belastet mit 90 000 M. Hypothek, dem B. schenkweise versprochen (§ 518 BGB.) und B. die Rechte hieraus an C. für 10 000 M. abgetreten, so tritt nach Ablauf eines Jahres Steuerpflicht ein (§ 5) und zwar hinsichtlich des vollen Wertzuwachses von 10 000 M. (§ 17). Über die hieraus sich ergebenden Folgen für den noch als Eigentümer eingetragenen Schenker s. § 29 Anm. 1

4) Hierdurch wird keine Vermutung aufgestellt (anders hinsichtlich der Zurechnung ausgefallener Hypothekenforderungen nach § 14 Ziff. 2), vielmehr liegt die formale Beweislast für Vorliegen einer Hintergehungsabsicht der Behörde ob.

5) Die allgemeine Gütergemeinschaft (§§ 1437 ff. BGB.) wird durch Ehevertrag zwischen Verlobten oder Ehegatten begründet bzw. geändert (z. B. hinsichtlich des Vorbehaltsguts beider Ehegatten); die fortgesetzte Gütergemeinschaft tritt bei beerbter Ehe ein (§ 1483 BGB.), es sei denn, daß der überlebende Ehegatte die Fortsetzung der Gütergemeinschaft ablehnt (§ 1484 BGB.), daß sie durch Ehevertrag oder letztwillige Verfügung ausgeschlossen ist (§§ 1508/1509 BGB.) oder, daß die vorhandenen Abkömmlinge ihrer Rechte für unwürdig erklärt sind (§ 1506 BGB.), auf die Rechte bei Lebzeiten der Ehegatten verzichtet haben (§ 1517 BGB.), oder von der fortgesetzten Gütergemeinschaft ausgeschlossen sind (§ 1511 BGB.). Die allgemeine Gütergemeinschaft endigt durch Vertrag oder Urteil (§ 1468 ff. BGB.), die fortgesetzte Gütergemeinschaft durch eine den Willen zur Aufhebung enthaltende öffentlich beglaubigte Erklärung, Wiederverheiratung und Tod des überlebenden Ehegatten (§§ 1492 bis 1494 BGB.), sowie durch Vertrag und Urteil (§ 1495 BGB).

Die Errungenschaftsgemeinschaft (§ 1519 BGB.) wird begründet durch Ehevertrag, sie endigt durch Vertrag, Urteil (§ 1542 BGB.), Konkurs des Mannes (§ 1543 BGB.), Tod oder Todeserklärung eines der Ehegatten; eine Fortsetzung ist begrifflich ausgeschlossen.

Für die Fahrnisgemeinschaft (§ 1549 ff. BGB. Gemeinschaft des beweglichen Vermögens und der Errungenschaft, also auch der während derselben von einem der Ehegatten entgeltlich erworbenen Grundstücke) gilt hinsichtlich Begründung, Änderung und Beendigung dasselbe wie bei der allgemeinen Gütergemeinschaft. Fortgesetzte Gütergemeinschaft tritt jedoch nur ein, wenn sie durch Ehevertrag vereinbart ist.

Wenn also Grundstücke hiernach aus dem Vermögen des einen Ehegatten Gesamtgut (gemeinschaftliches Vermögen beider Ehegatten) werden oder umgekehrt aus dem Gesamtgut ausscheiden und Vorbehaltsgut werden bzw. bei Beendigung der Gemeinschaft in das getrennte Vermögen des einen Ehegatten übergehen, so werden diese Rechtsvorgänge steuerrechtlich nicht getroffen.

Zu beachten ist, daß zur Übereignung eines Gesamtgutgrundstücks an einen der Ehegatten Auflassung erforderlich ist, während bei Begründung der Gütergemeinschaft das Eigentum ipso jure übergeht.

6) Hierzu gehören auch diejenigen Personen, auf welche ein Miterbe (gemäß §§ 2033 ff. BGB.) seinen Anteil an dem Nachlasse übertragen hat, da der Erwerber solchen Erbanteils an die Stelle des Miterben in die Erbengemeinschaft eintritt. Keine Miterben sind Pflichtteilsberechtigte oder Vermächtnisnehmer. Kraft ausdrücklicher Bestimmung (§ 7 letzter Abs.) wird jedoch der überlebende Ehegatte hinsichtlich der Teilung des gütergemeinschaftlichen Vermögens (Gesamtgut) mit den Erben des verstorbenen Ehegatten zu den Teilnehmern an der Erbschaft gerechnet.

Nur Verträge zwischen Miterben sind steuerfrei, nicht auch zwischen Miterben und dritten Personen; wenn also z. B. zum Zweck der Teilung des baren Erlöses ein Nachlaßgrundstück von den Miterben an einen Dritten veräußert wird, so wird die Wertzuwachssteuer erhoben. Selbst wenn mehrere Miterben für die offene Handelsgesellschaft, deren Gesellschafter sie sind, ein zum Nachlaß gehöriges Grundstück von den übrigen Miterben käuflich erwerben, findet diese Befreiungsvorschrift keine Anwendung, weil die Gesellschafter nicht Miteigentümer der zum Gesellschaftsvermögen gehörigen einzelnen Gegenstände sind, Subjekt des Gesellschaftsvermögens vielmehr die nicht zu den Teilnehmern an der Erbschaft gehörende Handelsgesellschaft ist (KGJ. 2 185, s. aber § 25). Hat auf Grund des maßgebenden märkischen Provinzialrechts der überlebende Ehemann sein Wahlrecht dahin ausgeübt, daß er nur sein eigenes Vermögen zurücknehmen will, und erwirbt er dann den von seinem eigenen Vermögen getrennten Nachlaß der Frau von deren Erben, so greift § 7 nicht Platz.

Zu einer bedeutsamen Konsequenz führt auch die Bestimmung des Gesetzes, betr. das Höferecht in der Provinz Hannover v. 2. Juni 1874 (GS. 186): Danach fällt, wenn der Eigentümer des Hofes von mehreren Personen beerbt wird, der Hof nebst Zubehör als Teil der Erbschaft kraft Gesetzes einem der Erben, dem Anerben, allein zu, und bei der Erbteilung tritt an die Stelle des dem Anerben zufallenden Hofes nebst Zubehör dessen Wert. Der Erbe steht also in Ansehung des Hofes nicht in Erbengemeinschaft mit den übrigen Erben; vielmehr erstreckt sich die Erbengemeinschaft nur auf den Nachlaß ohne den Hof und dessen Zubehör. Die Erbteilung kann also den Hof seinem Gegenstand nach gar nicht berühren. Überläßt der Anerbe den Hof vertragsmäßig einem anderen Erben, so liegt kein Erbteilungsvertrag vor und der Rechtsvorgang wird von der Zuwachssteuer betroffen.

7) Es kann sich also nur um die Teilung von Nachlaß- oder Gesamtgutsgrundstücken handeln; dagegen unterliegt eine Veräußerung, die andere Grundstücke betrifft, mag sie auch unter Miterben geschlossen sein, der Steuer. Hierbei ist jedoch das Surrogationsprinzip des § 2041 BGB. zu beachten. Sobald Nachlaßgrundstücke nicht mehr zum gemeinschaftlichen Vermögen der Erben im Sinne der §§ 2032 ff. BGB. gehören, sondern z. B. mehreren Miterben durch Auflassung übereignet sind, so haben sie ihre Eigenschaft als Nachlaßgegenstände verloren und die nunmehr auf Teilung unter den Miteigentümern gerichteten Veräußerungen sind steuerpflichtige Rechtsvorgänge (s. aber § 25).

8) Es ist hiernach gleichgültig, ob die Veräußerung freihändig oder im Wege öffentlicher Versteigerung (unter Mitbieten fremder Personen) erfolgt, sofern nur einer der Miterben oder Teilnehmer das zum Verkauf gestellte Grundstück erwirbt. Nicht gleichgestellt ist die Veräußerung im Wege der Zwangsvollstreckung, auch wenn sie von den Miterben zum Zwecke der Aufhebung der Gemeinschaft herbeigeführt ist und ein Miterbe als Meistbietender das Nachlaßgrundstück erwirbt (vgl. KGJ. 9, S. 123).

9) Das heißt die ehelichen Abkömmlinge (§§ 1591, 1719, 1723 BGB.); bei Wiederverheiratung eines Elternteils sind die Kinder

erster Ehe (Stiefkinder) nicht mit dem neuen Ehegatten verwandt, beim Erwerb von diesem ist die Steuer also zu erheben. Das gleiche gilt zwischen dem unehelichen Kinde und dessen Erzeuger, da sie nicht als miteinander verwandt gelten (§ 1589 BGB.). Dagegen hat das uneheliche Kind im Verhältnis zur Mutter und deren Verwandten die Stellung eines ehelichen.

Den ehelichen Abkömmlingen sind durch § 1757 BGB. die an Kindesstatt angenommenen Personen und deren Abkömmlinge gleichgestellt, indem diese die rechtliche Stellung eines ehelichen Kindes des Annehmenden erlangen. Dies war in dem Kommissionsentwurf ausdrücklich bestimmt, jedoch ist der diesbezügliche Satz im Plenum des Reichstags als selbstverständlich gestrichen. Jedenfalls kann die für das Preußische Recht für die Stempelsteuerbefreiung nach Tarif 32 Abs. 11 Nr. 2 StempelsteuerGes. bestrittene Frage, ob diese privatrechtliche Vorschrift des BGB. auf das dem öffentlichen Recht angehörige Stempelgesetz Anwendung findet, hier nicht aufgeworfen werden, da das Gesetz von den allgemeinen Begriffen des BGB. ausgeht.

Zu beachten ist, daß ein verwandtschaftliches Verhältnis nur zwischen dem Kind und dem Annehmenden, nicht auch mit dessen Verwandten oder dem Ehegatten des Annehmenden besteht (§ 1763 BGB.), so daß auch jeder Erwerb unter Lebenden von solchen Personen steuerpflichtig ist.

10) Also nur der Erwerb eines Deszendenten von den in gerader Linie verwandten Personen und zwar nur von den Voreltern (väterlicher oder mütterlicher Seite), nicht auch der Erwerb der Eltern usw. von den Abkömmlingen ist steuerfrei. Ebenso ist steuerpflichtig die Veräußerung an den Schwiegersohn oder die Schwiegertochter, auch wenn zwischen dem Abkömmlinge und seinem Ehegatten allgemeine Gütergemeinschaft besteht. Bei Veräußerung des Grundstücks an den Sohn und dessen Ehefrau zusammen ist der Erwerb nur hinsichtlich des auf den Sohn entfallenden Anteils steuerfrei, insoweit er die Schwiegertochter betrifft dagegen der Steuer unterworfen. Wird hiernach vom Vater ein Grundstück, das dieser für 600 000 M. früher erworben, zum heutigen Wert von 800 000 M. an Sohn und Schwiegertochter gemeinsam (bzw. bei bestehender Gütergemeinschaft dieser beiden an einen von ihnen) verkauft, so ist von der Schwiegertochter der Erwerb hinsichtlich des Wertzuwachses von 100 000 M. zu versteuern. Verkauft ferner ein in Gütergemeinschaft lebender Ehegatte ein zum Gesamtgut gehöriges Grundstück an den Sohn eines der beiden Ehegatten und dessen gütergemeinschaftliche Ehefrau für den Preis von 800 000 M., so hat nicht nur die Schwiegertochter den auf sie entfallenden Anteil von 400 000 M., sondern auch der Sohn die Hälfte seines Anteils (200 000 M.) zu besteuern. Auffallend ist allerdings das Ergebnis, daß Steuerfreiheit erzielt wird, wenn der Sohn die Gütergemeinschaft mit seiner Frau erst vereinbart, nachdem ihm das Grundstück aufgelassen ist.

Die Veräußerung eines Grundstücks durch den Konkursverwalter an einen Abkömmling des Gemeinschuldners steht dem direkten Erwerb von dem Aszendenten gleich, da die Konkurseröffnung dem Gemeinschuldner nicht das Eigentum, sondern nur die Verfügung über die zur Konkursmasse gehörigen Gegenstände entzieht und letztere dem Konkursverwalter für den Kridar überträgt, ist also steuerfrei.

Da nur schlechthin von „Erwerb von Eltern usw." die Rede ist, dürfte auch der Erwerb eines Grundstücks seitens eines Abkömmlings in der über das elterliche Grundstück angeordneten Zwangsversteigerung hierunter fallen.

11) Einbringen in eine Gesellschaft bedeutet allgemein die Veräußerung an diese (vgl. Anm. 1 zu § 4) in der Weise, daß das Entgelt durch Gewährung eines Anteils am Gesellschaftsvermögen gezahlt wird. Es liegt hierbei auch bei den nicht mit juristischer Persönlichkeit begabten Gesellschaften eine Veräußerung vor, da stets ein von dem Privatvermögen ihrer Mitglieder gesondertes Gesellschaftsvermögen vorhanden ist, welches, wie bei der Gesellschaft des bürgerlichen Rechts zwar nicht der Gesellschaft als einem neben den Gesellschaftern bestehenden Rechtssubjekt, aber den Gesellschaftern zur gesamten Hand gehört, so daß dem Gesellschafter nicht ein bruchteilmäßiges Anteilsrecht an dem Gesellschaftsvermögen oder an den einzelnen Gegenständen zusteht, sondern nur ein erst bei Auflösung der Gesellschaft oder beim Ausscheiden des Gesellschafters zu bestimmender und in Geld zu entrichtender Anteilsbetrag auszuzahlen ist. Insoweit daher nicht die Ausnahmen dieser Bestimmung Platz greifen, ist die Einbringung eines Grundstücks in eine Gesellschaft ein steuerpflichtiger Rechtsvorgang.

Wird übrigens bei Einbringen eines Grundstücks das Entgelt nicht voll in Anteilen, sondern zum Teil anderweitig z. B. durch Barzahlung entrichtet, so liegt nicht etwa ein gemischtes Geschäft vor, bei welchem die Steuerfreiheit nur hinsichtlich des in Anteilen entrichteten Preises Platz greift, sondern es liegt nur ein einheitliches Geschäft, ein Einbringen im vollen Wert des Grundstücks vor nud ist dies dementsprechend steuerrechtlich zu behandeln (vgl. RG. 51 386: 58 319).

12) Außer den hier zugelassenen Personen dürfen somit keine anderen Gesellschafter sein. Wird nachträglich ein anderer aufgenommen, so tritt damit insoweit die Steuerpflicht hinsichtlich des eingebrachten Grundstücks ein; für den Umfang der Abgabepflicht ist das Beteiligungsverhältnis des fremden Gesellschafters maßgebend, steuerpflichtiger Veräußerer ist die Gesellschaft (Satz 2). Lebt ein Gesellschafter mit seinem Ehegatten in Gütergemeinschaft, und gehören die Geschäftsanteile zum Gesamtgut, so ändert dies selbstredend nichts an der Anwendung der Steuerfreiheit, da der andere Ehegatte dadurch noch nicht Gesellschafter wird.

13) Die Gesellschaft muß also bei Einbringung des Grundstücks gebildet sein aus dem Veräußerer und dessen Abkömmlingen oder aus den Abkömmlingen allein. Der Einbringende kann immer nur der Aszendent sein. Bringt ein Abkömmling ein Grundstück in eine

von seinem Vater und Bruder gebildete Gesellschaft ein, so findet eine Steuerbefreiung nicht statt, anderseits spielt es keine Rolle, ob das Grundstück bei Gründung der Gesellschaft eingebracht wird oder die Gesellschaft schon vorher bestand; im letzteren Falle ist allerdings für Gesellschaften mit beschränkter Haftung zu beachten, daß die Einbringung nur zulässig ist, wenn sie im Gesellschaftsvertrage mit einem Gesellschafter gemäß § 5 Abs. 4 bzw. gemäß § 56 des G. betr. G. m. b. H. vereinbart sind, daß die Leistung und Annahme als Erfüllungssurrogat auf die Stammeinlage unzulässig ist, also ev. Änderung des Gesellschaftsvertrages sowie Eintragung in das Handelsregister und Veröffentlichung erforderlich ist (RG. 38 108). Anders für Kommanditgesellschaften, da der Kommanditist den Gläubigern der Gesellschaft gegenüber nur dafür haftet, daß in der Tat ein der vereinbarten Kommanditeinlage entsprechender Betrag in bar oder in sonstigen Werten (auch Grundstücke, vgl. RG. 2 306) der Gesellschaft zugeflossen ist. Es genügt also die formlose Vereinbarung zwischen dem persönlich haftenden Gesellschafter und dem Kommanditisten, daß die Einbringung des Grundstücks auf die Kommanditeinlage angerechnet werden soll. Bei eingetragenen Genossenschaften sind Sacheinlagen ausgeschlossen.

14) Gesellschaft des BGB. vgl. §§ 705 ff. BGB.; im übrigen s. Anm. zu § 3. Nicht steuerfrei ist also die Einbringung in eine, wenn auch ausschließlich aus dem Veräußerer und dessen Abkömmlingen oder aus diesen allein bestehende Aktiengesellschaft (§§ 178 ff. HGB.), Kommanditgesellschaft auf Aktien (§§ 320 ff. HGB.). Einbringung eines Grundstücks in eine stille Gesellschaft (§§ 335 ff. BGB.) ist rechtlich nichts weiter als Übertragung zu Eigentum in das Vermögen des Inhabers des Handelsgeschäfts mit der Maßgabe, daß der Einbringende in Höhe des Wertes des Eingebrachten im Innenverhältnis zwischen ihm und dem Geschäftsinhaber am Gewinn (und regelmäßig auch Verlust) des Handelsgeschäfts beteiligt ist. Es handelt sich um eine entgeltliche Veräußerung, wobei sich der Wert nach der Höhe des als Äquivalent vereinbarten Anteils bemißt, und liegt somit an sich ein steuerpflichtiger Rechtsvorgang vor. Ist der Geschäftsinhaber ein Abkömmling, so tritt Steuerfreiheit gemäß Nr. 4 dieses Paragraphen ein, gleichgültig, ob und welche stillen Gesellschafter bereits vorhanden. Handelt es sich dagegen um eine aus mehreren — wenn auch nur aus Abkömmlingen — bestehende Gesellschaft, in welche der Veräußerer als stiller Gesellschafter das Grundstück einbringt, so ist die Steuerpflicht gemäß Anm. 11 begründet.

15) Vgl. hierzu Anm. 6 und die entsprechenden Ausführungen in Anm. 11.

Die Gesellschaft darf erst nach dem Erbfall gegründet sein, weil vorher keine „Miterben" vorhanden sind (vgl. KG. v. 14. April 1902 I Y. 367, 1902). Nicht alle Miterben brauchen Gesellschafter zu sein, aber alle Gesellschafter müssen Miterben sein. Wenn nur einzelne Miterben die Gesellschaft bilden, die das Nachlaßgrundstück erwerben, sollen, so liegt eine gewisse Schwierigkeit darin, daß dann notwendig das einzubringende Grundstück seine Eigenschaft als Nachlaßgrundstück verlieren muß, indem es für diejenigen Teilnehmer, welche die Gesellschaft bilden, aus dem Nachlaß ausgesondert werden muß. Es müssen aber im Einklang mit der Rechtsprechung für das Preußische Stempelsteuergesetz (JW. 01 43, 666 Heinitz 3. Aufl. 404f.) diejenigen Fälle, wo gerade im Interesse der Teilung des Nachlasses von einzelnen Miterben eine Gesellschaft gegründet und hierbei in diese das für die Gesellschafter aus dem Nachlaß ausgesonderte Grundstück eingebracht wird, als steuerfreie anerkannt werden, da dies im wirtschaftlichen Sinne ebensowenig eine Eigentumsänderung bedeutet, als Einbringung in eine von sämtlichen Miterben zwecks ungeteilter Verwaltung des nachgelassenen Grundstücks gegründete Gesellschaft, was durch § 25 ausdrücklich bestimmt ist.

16) Art. 113 EG. zu BGB., in Preußen: Gemeinheitsteilungsordnung v. 7. Juni 1821 und ErgänzungsG. v. 2. März 1850, wobei mit der Gemeinheitsteilung auch ein Umtausch der im Alleineigentum der Teilnehmer stehenden Grundstücke verbunden werden konnte, falls das Einverständnis der Besitzer von mindestens einem Viertel der umzutauschenden Grundstücke vorlag (Gem.Teil.Ordn. §§ 4ff.; G. v. 28. Juli 1838, GS. 429); die zwangsweise Zusammenlegung (Verkoppelung) vermengt liegender Grundstücke (vielfach eine Folge der Aufhebung einer Gemeinschaft) wie überhaupt die Gem.Teil.Ordn. ist ausgedehnt auch auf die Zusammenlegung von Grundstücken, welche einer gemeinschaftlichen Benutzung nicht unterliegen, durch G. v. 2. April 1872 (GS. 329). Erforderlich ist der Antrag der Eigentümer von mehr als der Hälfte der Fläche der umzulegenden Grundstücke, welche zugleich mehr als die Hälfte des Katastralreinertrags repräsentieren, und der Beschluß der Kreisversammlung des Kreises, in welchem die beteiligten Grundstücke liegen. Die Entschädigung erfolgt regelmäßig in Land, nur zur Ausgleichung geringer Wertunterschiede können ohne Zustimmung der Beteiligten Renten- und Kapitalentschädigung gewährt werden. Über die Grundsätze der Zusammenlegung in den nicht der Gem.Teil.-Ordn. unterliegenden preuß. Gebieten insbes. auch Konsolidationsverfahren im früheren Herzogtum Nassau s. Turnau GBO. 2 498 Anm. Über Eigentumserwerb (G. v. 26. Juni 1875) s. § 4 Anm. 1. Steuerfrei bleibt sowohl der Eigentumsübergang des in die Zusammenlegung gegebenen wie des empfangenen Grundstücks. Über Erwerbspreis und Anrechnung von Ausgleichszahlungen s. § 19.

17) S. Anm. 16; betr. Grenzverwirrung vgl. § 920 BGB.

18) S. Anm. 16; die Umlegung dient insbes. zur Durchführung planmäßiger Baufluchtlinien.

19) Ablösung von Rechten an Forsten, nicht auch anderer Reallasten (Pr. G. v. 2. März 1850 betr. die Ablösung der Reallasten usw. und G. v. 7. Januar 1881); gedacht ist an den Fall, wenn an Stelle oder neben der Kapitalabfindung dem Berechtigten ein Grundstück zur Ablösung gegeben wird, dann soll die Übertragung steuerfrei bleiben. Die Begründung oder Aufhebung der Reallast selbst ist kein steuerpflichtiger Vorgang (vgl. § 2).

20) Die zuständigen Behörden sind in Preußen die Generalkommissionen bzw. die Regierungen und Provinzial-Schulkollegien; es steht jedoch den Beteiligten frei, ohne Dazwischenkunft einer öffentlichen Behörde sich auseinanderzusetzen, wobei allerdings regelmäßig die über solche Privatabkommen geschlossenen Rezesse der Generalkommission (Regierung) zur Bestätigung eingereicht werden müssen. Um aber Steuerumgehungen zu vermeiden, wird in allen Fällen die Steuerbefreiung dadurch bedingt, daß die Maßnahmen auf der Anordnung einer Behörde beruhen oder durch Verfügung einer Behörde eine solche Flurbereinigung, Umlegung usw. für vollzugsreif erklärt wird. Anordnung der hierfür zuständigen Behörde ist nicht erforderlich, als genügend erscheint z. B. eine entsprechende Verfügung des Grundbuchrichters.

21) Nur der Austausch zwischen angrenzenden Bergwerken, nicht auch der Ankauf angrenzender Feldesteile seitens eines benachbarten Bergwerks schafft die Steuerfreiheit. Über Vereinigung zweier oder mehrer Bergwerke zu einem einheitlichen Ganzen (Konsolidation von Bergwerkseigentum) vgl. für Preußen den 5. Abschn. des Allg. BergG. v. 24. Juni 1865. Einer behördlichen Anerkennung der Zweckdienlichkeit (wie für die Maßnahmen in Nr. 7) bedarf es nicht; andererseits genügt auch behördliche Bestätigung (in Preußen unterliegt die Konsolidation der Bestätigung des Oberbergamts, §§ 41, 49 des G.) nicht, vielmehr müssen folgende 2 Voraussetzungen erfüllt sein: a) die Vereinigung muß erfolgen zum Zweck der besseren bergbaulichen Ausnutzung, nicht z. B. um die Konkurrenz auszuschalten; b) die Form der Vereinigung — an Stelle des Ankaufs — darf nicht zum Zweck der Steuerersparung gewählt sein.

§ 8.

Als steuerpflichtiger Wertzuwachs[1]) gilt der Unterschied zwischen dem Erwerbspreis[2]) und dem Veräußerungspreise[3]).

Der Preis[4]) bestimmt sich nach dem Gesamtbetrage der Gegenleistung[5]) einschließlich der vom Erwerber übernommenen oder ihm sonst infolge der Veräußerung obliegenden Leistungen[6]) und der vorbehaltenen oder auf dem Grundstück lastenden Nutzungen[7]) und bei Verträgen über Leistung an Erfüllungsstatt nach dem Werte, zu dem die Gegenstände an Erfüllungsstatt angenommen werden[8]).

Ist einem der Vertragschließenden ein Wahlrecht oder die Befugnis eingeräumt, innerhalb gewisser Grenzen den Umfang der Gegenleistung zu bestimmen, so ist für die Bemessung der Abgabe der höchste mögliche Betrag der Gegenleistung maßgebend[9]).

1) Die §§ 8—13 und 17—20, 23, 24, 25—27 legen den Begriff des steuerpflichtigen Wertzuwachses fest. Es ist damit als Prinzip ausgedrückt, daß der volle sich aus dem Unterschied zwischen dem von dem jetzigen Veräußerer seinerzeit beim Erwerb des Grundstücks gezahlten Erwerbspreis und dem nunmehrigen Veräußerungspreis ergebende Wertzuwachs steuerpflichtig ist. Es soll aber gemäß § 1 Abs. 1 nur der Konjunkturgewinn betroffen werden, der Zuwachs, „der ohne Zutun des Eigentümers entstanden ist". Es ist deshalb der auf die Tätigkeit des Eigentümers, sei es Kapitalzuführung, Meliorationen usw., zurückzuführende Wertzuwachs im Rahmen der präzisen Bestimmungen der §§ 14—16, 21, 22 von obigem Wertzuwachs abzuziehen, und zwar von Amts wegen, insoweit diese Tatsachen bekannt sind, im übrigen auf Grund des Nachweises des Steuerpflichtigen (vgl. Anm. 1 zu § 14). Es gilt somit jeder Wertzuwachs, d. h. der volle Unterschied zwischen dem Erwerbspreis und dem Veräußerungspreis als ohne Zutun des Eigentümers entstanden und steuerpflichtig, der nicht ausdrücklich nach den §§ 14—16, 21, 22 als abzugsfähig anerkannt ist. Nicht zu verwechseln hiermit sind die in den §§ 8—13 enthaltenen Regeln über die Bestimmung des Preises, welche sowohl für den Erwerbs- wie den Veräußerungspreis gelten. Hier handelt es sich um die begriffliche Festlegung dessen, was unter „Preis" zu verstehen bzw. wie er zu ermitteln ist, dort um die Bestimmung des verdienten Wertzuwachses, also der in letzterer Eigenschaft abzugsfähigen Beträge von dem auf Grund der genannten Paragraphen ermittelten Wertzuwachs. In diesem Sinne ist auch der Sprachgebrauch des Gesetzes: überall da, wo das Gesetz von „Erwerbspreis" spricht, ist der nach den Regeln der §§ 8—13, 17—20 (auch § 18!) ermittelte Bruttoerwerbspreis zu verstehen und unter „Veräußerungspreis" der desgleichen nach den Grundsätzen der §§ 8—13 ermittelte Bruttoveräußerungspreis (vgl. § 28 und §§ 23, 24).

2) Es handelt sich hier um den effektiven Preis, zu welchem der jetzige Veräußerer das Grundstück seinerseits erworben hat. Ist das Eigentum durch Erbgang oder auf Grund sonstigen nach § 7 steuerfreien Rechtsvorganges auf ihn übergegangen, so ist der von seinem Rechtsvorgänger gezahlte Erwerbspreis zugrunde zu legen bzw. von dem Preise zur Zeit des letzten steuerpflichtigen Rechtsvorganges auszugehen (vgl. § 17).

Über die zeitlichen Grenzen und die sich daraus ergebende Folge, daß an Stelle des Erwerbspreises der Wert des Grundstücks in dem maßgebenden Zeitpunkt tritt, s. § 17 (auch § 11), über Hinzurechnungen zum Erwerbspreis s. die §§ 14, 15, 16, 18, 19; über Berechnung bei Teilveräußerung (insbesondere auch Verlustberücksichtigung) §§ 20, 21.

Zweifelhaft könnte erscheinen, ob der vom nunmehrigen Veräußerer tatsächlich gezahlte Erwerbspreis, wie er unter Berücksichtigung der allgemeinen Regeln ermittelt ist, oder derjenige Preis als Erwerbspreis zugrunde zu legen ist, welcher bei der letzten Besteuerung als Veräußerungspreis maßgebend gewesen ist; d. h. ob die bei dem letzten Steuerfall in Anwendung der §§ 22,23 und 24 gemachten

Abzüge vom bzw. Hinzurechnungen zum damaligen Veräußerungspreis für die jetzige Berechnung des Erwerbspreises von Einfluß sind. Die Frage ist von erheblicher Bedeutung, da jede Änderung des Veräußerungspreises später als solche des Erwerbspreises im umgekehrten Sinne zur Wirkung kommt.

Aus dem Wortlaut des § 8 Abs. 1, der nur von „Erwerbspreis", nicht von dem „letzten Veräußerungspreis" spricht, sowie aus Arg. e contrario aus § 10 (wo besonders bestimmt wird, daß die vom Veräußerer übernommenen Lasten abzurechnen sind, während sich dies für den Erwerbspreis bei gegenteiliger Ansicht bereits aus § 22 ergeben würde), sowie aus § 27 Abs. 1 Satz 2 (welcher für einen Ausnahmefall die Bestimmung enthält, daß der Erwerbspreis mit dem letzten versteuerten Veräußerungspreis gleichgestellt wird) ergibt sich ohne weiteres, daß es für den „Erwerbspreis" völlig gleichgültig ist, wie der Kaufpreis des letzten steuerpflichtigen Rechtsgeschäfts infolge Berücksichtigung der Abzüge bzw. Hinzurechnungen nach §§ 22—24 bei der Veranlagung als Veräußerungspreis zugrunde gelegt war.

Zu beachten ist, daß der jetzige Veräußerer die s. Zt. übernommenen Kosten doch gemäß § 14 Nr. 1 dem Erwerbspreis hinzurechnen kann, so daß auch im Fall des § 24 keine Schlechterstellung eintritt.

Über den gesetzestechnischen Ausdruck „Erwerbspreis" s. Anm. 1.

3) Hierunter ist der bei dem derzeitigen steuerpflichtigen Rechtsvorgang vereinbarte tatsächliche Preis für das Grundstück zu verstehen, gleichgültig, wann derselbe vom Veräußerer zu entrichten, ob in bar, ratenweise oder in sonstigem Entgelt. Maßgebend sind hierbei die Bestimmungen der §§ 8—12. Über Berechnung des Preises bei gleichzeitiger Veräußerung anderer Gegenstände oder mehrerer Grundstücke zu einem Gesamtpreis s. § 13. Über die zulässigen Abzüge von dem so ermittelten Veräußerungspreis s. § 22, die gesetzlichen Hinzurechnungen s. §§ 23, 24.

Über den gesetzestechnischen Ausdruck „Veräußerungspreis" s. Anm. 1.

4) Die nachfolgenden Bestimmungen (§ 8 Abs. 2 und 3, §§ 9 bis 13) über den „Preis" betreffen sowohl den Erwerbs- als Veräußerungspreis. Über ihre Bedeutung gegenüber den §§ 14 ff. s. Anm. 1. Die hiernach für den Veräußerungspreis zugrunde gelegte Berechnung gilt beim nächsten Steuerfall für den Erwerbspreis, jede Minderung des Veräußerungspreises verringert also zwar den diesmaligen Wertzuwachs, erhöht aber denselben bei der nächsten steuerpflichtigen Übereignung und umgekehrt; auch wenn der Erwerber die Entrichtung der Zuwachssteuer nicht übernommen hat, hat er daher mit Rücksicht auf seine spätere Stellung als Veräußerer ein großes Interesse an der richtigen Bemessung des Veräußerungspreises gemäß den Regeln der §§ 9—13. (Gleichgültig ist, wie sich der Veräußerungspreis infolge der Abzüge nach §§ 22 ff. gestaltet hat; vgl. Anm. 2.)

5) Der Wert der Gegenleistung ist die Grundlage für die Berechnung der Steuer. Besteht das der Auflassung zugrunde liegende Ge-

schäft aus einer Mehrheit verschiedener Geschäfte, so muß die ganze Kette der Geschäfte für den Wert der Gegenleistung in Betracht gezogen werden (§ 27). Im Falle der Abtretung der Rechte aus einem Kaufvertrage an einen Dritten erfüllt der Eigentümer mit der Auflassung an den Dritten die ihm durch den Kaufvertrag in Verbindung mit der Übertragung erwachsene Verpflichtung, und der Dritte, der die Auflassung entgegennimmt, übt dem Eigentümer gegenüber das auf ihn übergegangene Recht aus dem Kaufvertrage aus (RG. 4, 254, 84). Über den Fall eines steuerfreien Zwischengeschäfts s. Anm. 3 zu § 7.

Maßgebend ist der Wert der Gegenleistung, wie er unter den Beteiligten vereinbart ist. Deckt sich daher der Inhalt der von den Parteien vorgelegten Urkunde über das Veräußerungsgeschäft nicht mit dem Inhalt der tatsächlichen Abmachungen, so kann nicht die Urkunde, sondern nur die tatsächliche Abmachung der Berechnung zugrunde gelegt werden (RG. 21, 100; Bolze 8, Nr. 953 u. a.). Es greift ev. § 11 Abs. 2 oder § 13 Platz (über Strafbestimmungen s. §§ 50ff.). Anderseits findet der wahre Wert des Grundstücks bei Vorliegen tatsächlicher Vertragsabmachungen keine Berücksichtigung. Wenn also z. B. der Kaufpreis auf 90 000 M. angegeben und das Grundstück außerdem mit einer für den Erwerber eingetragenen Hypothek von 10 000 M. belastet ist, die abredegemäß durch den Erwerb des Grundstücks als getilgt gelten soll, so müssen die 10 000 M. dem Kaufpreis hinzugerechnet werden, auch wenn sie im Werte des Grundstücks Deckung nicht finden. Dabei ist gleichgültig, ob jene Abmachung in der Vertragsurkunde erwähnt ist oder nicht (vgl. RG. v. 29. Dez 1898 I. Y. 657, 98). Wenn andererseits das zugrunde liegende obligatorische Rechtsgeschäft den tatsächlichen Verhältnissen entsprechend angegeben ist, so gilt dies für die Berechnung, auch wenn der Kaufpreis hinter dem gemeinen Werte des Grundstücks zurückbleibt, und die Beteiligten sich dessen bei Abschluß des Vertrages bewußt waren.

Es verdient Erwähnung, daß das RG. einen notariellen Kaufvertrag, der den Kaufpreis — auch nur aus Gründen der Kostenersparnis — niedriger als vereinbart angibt, für unwirksam hält (RG. Warneyer 1910 zu § 313 BGB., Note 3); Heilung tritt erst durch Auflassung ein; mangels einer solchen entbehrt ein solcher Vertrag auch der steuerrechtlichen Wirksamkeit aus § 5. Zur richtigen Angabe des Preises d. h. des Gesamtbetrages der Gegenleistungen müssen auch sämtliche Nebenleistungen (vgl. Anm. 6) mitangeführt sein.

Im Konkurs des Käufers ist zu unterscheiden:

a) Ist der Vertrag zur Zeit der Konkurseröffnung noch von keinem der beiden Teile ganz erfüllt (also weder der Kaufpreis gezahlt, noch das Grundstück vom Verkäufer aufgelassen), so hat der Konkursverwalter nach § 17 KO. das Wahlrecht, ob er den Vertrag an Stelle des Gemeinschuldners erfüllen und die Auflassung verlangen will, oder nicht. Im ersteren Fall hat er den Kaufpreis als Masseschuld voll zu entrichten und es gilt nichts anderes, als wenn ein Konkurs nicht eröffnet wäre. Entscheidet sich der Konkursverwalter für Nichterfüllung, so ist die Erfüllung ein für allemal ausgeschlossen (RG. Bolze 2 Nr. 1999). Dadurch wird aber das Rechtsgeschäft als solches nicht aus der Welt geschafft, vielmehr steht dem Veräußerer das Recht zu, Schadenersatz wegen Nichterfüllung zu verlangen oder von dem Vertrage zurückzutreten (§ 326 BGB.). Tut er das letztere, so wird der Vertrag dadurch nach materiellem Recht nicht aufgehoben, sondern nur ein obligatorisches Schuldverhältnis zwischen den Parteien auf Wiederherstellung des Zustands, wie er vor dem Abschluß des Vertrags gewesen, begründet (§ 346 BGB.); letzteres erfährt aber wiederum zugunsten der Konkursmasse durch § 26 KO. eine wesentliche Einschränkung, indem der Verkäufer nicht berechtigt ist, die Rückgabe seiner bereits in das Eigentum des Gemeinschuldners übergegangenen Leistung (z. B. wenn die Verwaltung bereits dem Käufer übertragen und dieser Mieten eingezogen hatte) aus der Konkursmasse zu verlangen, sondern nur eine Forderung wegen Nichterfüllung geltend machen kann. Für die Wertzuwachssteuer gilt indessen Rücktritt als Aufhebung des die Steuerpflicht begründenden Rechtsvorganges und die Steuer muß gemäß § 34 auf Antrag erlassen werden.

Die Schadenersatzforderung wegen Nichterfüllung dagegen kann der Veräußerer nur als Konkursgläubiger geltend machen. Da in diesem Fall aber überhaupt der Vertrag nicht aufgehoben wird, d. h. nicht einmal eine obligatorische Ausgleichspflicht besteht und der Fall des § 34 nicht vorliegt, so ist die Zuwachssteuer nach § 5 zu entrichten. Für die Berechnung ist selbstredend nicht die Höhe der Schadenersatzforderung, sondern der im Vertrag vereinbarte Preis maßgebend, dieser aber auch in vollem Umfang, gleichgültig welche Dividende im Konkurs zur Ausschüttung gelangt. Wird der Konkurs durch einen Zwangsvergleich beendigt, so ist auch hier die volle vertragsmäßige Gegenleistung der Steuerberechnung zugrunde zu legen, obgleich der Veräußerer nur eine Quote des Kaufpreises erhält und jedes weiteren Anspruchs gegen den Erwerber verlustig geht; die Zahlung der Dividende im Zwangsvergleich stellt eben die konkursmäßige volle Befriedigung des Gläubigers dar (vgl. u. a. RG. **14**, 172; **42**, 35).

Der Verkäufer muß sich also wohl überlegen, welches von beiden Rechten er wählt, insbesondere, ob er Schadenersatz wegen Nichterfüllung wählen und damit angesichts einer unsicheren Konkursquote die Steuerpflicht behalten will.

b) Ist zur Zeit der Konkurseröffnung das Grundstück vom Veräußerer bereits aufgelassen, so bleibt das Geschäft wahllos wirksam und der Verkäufer ist nur berechtigt seine Kaufgeldsforderung bzw. seine Forderung wegen Nichterfüllung der dem Gemeinschuldner obliegenden Verbindlichkeit als Konkursgläubiger geltend zu machen (§ 26 KO.). Aus dem Umstand, daß infolge der Konkurseröffnung nicht erfüllt wurde, kann er einen Anspruch auf Auflösung des Vertrages und Rückgabe der Leistung selbst oder ihres Wertes nicht herleiten (RG. 49, 92). Hatte sich allerdings der Veräußerer z. B. für den Fall der Nichtzahlung den Anspruch auf Rückauflassung des Grundstücks durch eine Vormerkung (§ 883 BGB.) gesichert, so kann gemäß § 24 KO. dieser Anspruch geltend gemacht werden (a. M. Jäger, § 26, Anm. 5, 8) und es tritt Steuerbefreiung nach § 34 ein. Im übrigen wird also die Rechtslage durch den Konkurs in keiner Weise geändert, es ist daher der volle Wertzuwachs so, wie wenn kein Konkurs ausgebrochen wäre, zu berechnen und zu besteuern, gleichgültig, welche Dividende im Konkurs zu erwarten ist und wie der Konkurs (durch Realisierung und Ausschüttung der Masse oder durch Zwangsvergleich) beendigt wird. Es gilt hier entsprechend das zu a (a. E.) Gesagte. Besondere Härten solcher Fälle können nur durch Stundung bzw. Bewilligung von Ratenzahlungen gemildert werden (§ 48), ev. Erlaß durch den Bundesrat gemäß § 66 Abs. 1.

6) Es sind also zunächst auch die etwa neben dem Geldpreis vereinbarten anderweitigen Leistungen zu berücksichtigen, so z. B., wenn mit dem Verkäufer des Grundstücks ein Leibgedings-Vertrag geschlossen, gehören die Leistungen, die auf Grund solchen Vertrags (nach Maßgabe der besonderen Vereinbarungen oder nach landesgesetzlicher Vorschrift Art. 96 EGBGB. und Art. 15 Pr. AGBGB.) der Verkäufer zu fordern berechtigt ist, zu den vom Erwerber übernommenen Leistungen. Ebenso wenn eine Brauerei (etwa einen Saalbau) veräußert mit der Verpflichtung des Eigentümers des verkauften Grundstücks, ausschließlich den Verschank des Bieres dieser Brauerei zu führen (RG. Seuff. Arch. 65, 177), oder, wenn der Käufer verpflichtet wird, neben dem sofort zahlbaren Kaufgeld an den Veräußerer oder einen von diesem benannten Dritten lebenslänglich in regelmäßig wiederkehrenden Terminen eine Geldsumme zu zahlen, so bildet diese Rente, welche der Verkäufer nach dem Inhalt des Kaufvertrages fordert, einen Bestandteil des Kaufpreises.

Weiterhin sind überhaupt sämtliche Leistungen hinzuzurechnen, die der Erwerber über das Maß der ihm an sich nach der gesetzlichen Regelung des Erwerbsgeschäfts obliegenden Verpflichtungen hinaus vertraglich übernommen hat, insbesondere also die Übernahme von Hypotheken, Grundschulden und Rentenschulden, von Rückständen öffentlicher Abgaben, welche anderenfalls nach § 446 BGB. in Verbindung mit § 103 BGB. der Verkäufer zu tragen hätte, ebenso die Übernahme rückständiger Leistungen bei Reallasten (gemäß § 1107 in Verbindung mit § 439 Abs. 2 BGB.). Im übrigen gilt entsprechend das zu § 10 Anm. 2 Gesagte.

Zu beachten ist, daß hiernach alle diejenigen Lasten, die bereits auf dem Grundstück ruhten (im Gegensatz zu den zugunsten des Veräußerers im Kaufvertrag vereinbarten) und für welche der Verkäufer gemäß § 439 Abs. 1 BGB. bei Kenntnis des Käufers keine Gewähr zu leisten hat, nicht zu den „übernommenen" Leistungen gehören, also deren Wert nicht dem Preis hinzuzurechnen ist. Sie gehören auch nicht zu den „infolge der Veräußerung" dem Käufer obliegenden Leistungen, da ihr Rechtsgrund nicht in der Veräußerung, sondern in der Belastung des Grundstücks liegt, welches eben mit diesen Lasten Gegenstand des Veräußerungsgeschäfts ist. Soweit der Erwerber die Kosten der Eigentumsveränderung trägt, sind diese nicht etwa dem Veräußerungspreise hinzuzurechnen (s. § 14 Ziff. 1, KommBer. III, 17); den Fall der Übernahme der Wertzuwachssteuer seitens des Käufers regelt § 24 besonders.

Wenn der Verkäufer eines verpachteten Grundstücks im Falle der Veräußerung befugt ist, das Pachtverhältnis gegen ein Abstandsgeld zu lösen und sich in dem Kaufvertrage zur Kündigung des Pachtverhältnisses verpflichtet, während der Käufer die Zahlung des Abstandsgeldes an den Pächter übernimmt, so kommt die Verpflichtung zur Zahlung des Abstandsgeldes bei Bemessung des Preises nicht in Betracht; die für den preußischen Kaufstempel entgegengesetzte Entscheidung des RG. vom 14. Mai 1900 I. Y. 271, 1900 trifft hier nicht zu. Das RG. hat sie damit begründet, daß durch die Kündigung vor Eintritt des Käufers in den Pachtvertrag für den Verkäufer die Verpflichtung entsteht, den Pächter in der vorgeschriebenen Weise schadlos zu halten, ohne daß der Käufer mit diesen Schuldverhältnissen etwas zu tun hätte. Für die Wertzuwachssteuer aber folgt gerade aus jener entgegen der gesetzlichen Bestimmung des § 439 BGB. übernommenen Verpflichtung des Verkäufers zu kündigen, daß es sich für ihn um eine „übernommene Last" (vgl. § 10 Anm. 2) handelt, deren Betrag er abziehen darf d. h. mit der hierfür gewährten Entschädigung kompensieren darf; das gleiche gilt aus demselben Grunde auch hinsichtlich der Entscheidung des RG. v. 13. Juni 1904, I. Y. 60, 1904, welche den Fall betrifft, daß es im Kaufvertrag heißt, daß das Pachtverhältnis im Einverständnis mit dem Pächter gegen eine bestimmte Entschädigung gelöst werde und der Verkäufer dafür, daß er das Grundstück frei von den Rechten des Pächters übergeben, eine gewisse Summe vom Käufer erhalte. Ebenso wenn der Käufer (z. B. ein Warenhaus) ein Haus mit der Maßgabe kauft, daß es ihm frei von Mietern zu übergeben ist und er dafür, daß der Verkäufer im Vergleichswege mit den Mietern sämtliche Mietskontrakte zur sofortigen Lösung bringt, eine bestimmte Summe an den Veräußerer zu entrichten hat. In allen diesen Fällen steht der vom Käufer gewährten Entschädigung eine gleichwertige vom Verkäufer übernommene Last gegenüber. Erfolgt die Abfindung, wie dies zum Zwecke eines Neubaues die Regel bildet, so folgt das vorliegende Ergebnis für die Berechnung des Erwerbspreises auch noch aus § 14 Ziff. 3.

Hat der Käufer die Zahlung des für die Vermittlung des Kaufgeschäfts vom Veräußerer versprochenen Mäklerlohns übernommen, so ist dies Kaufpreisteil (JW. 92, 344[28]), ist also sowohl für die Berechnung des Veräußerungspreises als des Erwerbspreises hinzuzuaddieren, indessen hat nach § 22 der Veräußerer das Recht bei der Versteuerung die auf Grund jener Abmachungen gezahlte Vermittlungsprovision, soweit ortsüblich, abzuziehen. Nicht in Einklang zu bringen hiermit ist die Bestimmung des § 14 Nr. 1, wonach der

Veräußerer bei Berechnung seines Erwerbspreises befugt sein soll, die von ihm beim Erwerb übernommene Vermittelungsgebühr hinzuzurechnen, aber nur in Höhe des ortsüblichen Betrages, während begrifflich die volle von ihm übernommene Vermittelungsgebühr zum Kaufpreis gehört. Dies scheint vom Gesetzgeber übersehen zu sein oder kann offenbar nur dadurch erklärt werden, daß eine Einschränkung der sonst zulässigen Anrechnung beabsichtigt ist, um eine Umgehung des Gesetzes zu vermeiden.

Weiter gehört, wenn der Erbschaftskäufer die Erbschaftssteuer und die durch Anordnung der Nachlaßpflegschaft entstandenen Kosten übernimmt, der auf die Nachlaßgrundstücke entfallende Teil dieser Beträge zum Kaufpreis (RG. v. 24. Okt. 1904, I. Y. 1042, 1904).

7) Diese Bestimmung dient nur zur größeren Klarstellung, ergibt sich aber an sich schon aus dem zu Anm. 5 Gesagten und aus § 10. Nutzungen sind nach § 100 BGB. die Früchte einer Sache oder eines Rechts, sowie die Vorteile, welche der Gebrauch der Sache oder des Rechts gewährt. Als vorbehaltene Nutzungen können nur diejenigen gelten, welche auf die Zeit nach der Auflassung bzw. Übergabe (§ 446 BGB.) fallen, also an sich dem Käufer gebühren würden, aber dem Verkäufer vorbehalten werden. Hinsichtlich der Bodenerzeugnisse (Vorbehalt der erst nach der Übergabe kommenden Saat) hat die Bestimmung die Bedeutung durch § 10 verloren, indem der Vorbehalt der Bodenerzeugnisse zugunsten des Veräußerers einen besonderen Vertrag über steuerfreie Gegenstände bedeutet und der Wert dieses Vorbehalts gemäß § 13 von dem Kaufpreis des Grundstücks zu trennen ist. Es handelt sich hier vor allem um Miets- und Pachtzinsen, die für die Zeit nach der Auflassung dem Veräußerer vorbehalten sind. Hinsichtlich der „auf dem Grundstück lastenden Nutzungen" kann es sich nur um zugunsten des Verkäufers eingeräumte Vorteile, welche der Gebrauch der Sache gewährt, handeln.

8) Vgl. §§ 364, 365 BGB. Die Leistung, die an Erfüllungs Statt (d. h. an Stelle der Geldleistung) zu geben ist, kann jeglicher Art sein: Herstellung eines Werks, z. B. Errichtung eines Baues auf einem anderen Grundstück des Veräußerers, Übergabe von Wertpapieren (etwa nicht an der Börse notierter Aktien und Anteile), eines Wechsels ohne Girierung des Käufers, Übertragung einer für den Käufer eingetragenen Hypothek auf einem anderen Grundstück. Ferner Übernahme einer neuen Verbindlichkeit zum Zwecke der Befriedigung des Gläubigers bei ausdrücklicher Abrede, daß hierdurch die alte Verbindlichkeit getilgt sein soll (§ 364 Abs. 2 BGB.), z. B. die Girierung eines Wechsels; nicht hierunter fällt Eintragung einer Restkaufgeldhypothek, da hier keine neue Verbindlichkeit, sondern nur Sicherung der alten Kaufgeldforderung geschaffen wird; dagegen kann Eintragung einer Grundschuld oder Rentenschuld Leistung an Erfüllungs Statt sein.

Maßgebend ist der Wert, zu dem die Gegenstände an Erfüllungs Statt angenommen werden, nicht z. B. der abweichende tatsächliche Wert oder bei Effekten der Nominalbetrag (vgl. hierzu Anm. 5). Wegen des Unterschieds vom Tausch s. § 26 Anm.

9) Es ist festzuhalten, daß hier nur eine alternative Gegenleistung geregelt wird; über Wahl der Parteien unter mehreren Grundstücken vgl. Anm. 2 zu § 5. Die Alternativobligationen regeln §§ 262ff., 315ff. BGB. Hierher gehört z. B., daß der Verkäufer den Kaufpreis in bar oder nach Wahl in bestimmten Effekten verlangen kann.

Da der höchste mögliche Betrag versteuert wird, so kann der Fall eintreten, daß die Steuer von einem höheren Betrage berechnet wird, als nach Ausübung des Wahlrechts geleistet wird. In diesem Fall dürfte ein Anspruch auf Rückerstattung der Steuer gemäß § 34 gerechtfertigt sein.

§ 9.

Beim Übergang im Wege der Zwangsversteigerung[1]) gilt als Preis der Betrag des Meistgebots, zu dem der Zuschlag erteilt wird, unter Hinzurechnung der vom Ersteher übernommenen Leistungen[2]). Im Falle der Abtretung der Rechte aus dem Meistgebot und der Erklärung des Meistbietenden, daß er für einen anderen geboten habe, tritt an die Stelle des Meistgebots der Wert der Gegenleistung, wenn sie höher ist als das Meistgebot[3]).

1) Nicht auch freiwillige Versteigerung. Anwendungsfälle der gerichtlichen Zwangsversteigerung vgl. §§ 172, 175, 180 ZVG. Übergang des Eigentums s. § 4 Anm. 2. Über Anrechnung ausgefallener Hypotheken auf den Erwerbspreis s. § 14 Nr. 2.

2) Maßgebend für die Höhe des Meistgebots ist der Beschluß, durch welchen der Zuschlag, sei es dem Meistbietenden selbst, oder einem anderen (§ 81 Abs. 2 und 3 ZVG.; vgl. auch Anm. 11 § 5) erteilt wird. Wird der Beschluß im Beschwerdewege aufgehoben, so liegt Nichtigkeit des Eigentumsübertragungsvorganges vor, die Steuer ist daher nicht zu entrichten, etwa bereits gezahlte zurückzuerstatten. Dasselbe gilt bei der Zwangsversteigerung einer Bahneinheit (§ 46 d. G. v. 19. Aug. 1895) im Falle der Verweigerung der staatlichen Genehmigung für die Person des Erstehers, da hier der Zuschlag nur unter der Bedingung zu erteilen ist, daß die Genehmigung beigebracht wird.

Ist der Eigentümer selbst der Ersteher (Zulässigkeit § 68 Abs. 3 ZVG.), so liegt kein Eigentumsübergang vor, es ist daher auch keine Steuer zu entrichten. Über Regelung des Falles, daß der Eigentümer nur als Strohmann für Rechnung eines anderen bietet, und ihm der Zuschlag erteilt wird, s. § 6.

Ist ein Miteigentümer Ersteher des Grundstücks in der Zwangsversteigerung, so muß entsprechend derjenige Teil des Meistgebots bei Berechnung der Steuer außer Betracht bleiben, welcher auf den dem Ersteher bereits zustehenden ideellen Anteil (§ 1008 BGB.) fällt (vgl. § 25).

Maßgebend ist für die Berechnung das Bargebot, für das der Zuschlag erteilt wird, zuzüglich der nach den Versteigerungsbedingungen oder nach den gesetzlichen Vorschriften bestehen bleibenden Rechte. In welchem Verhältnis dieses Meistgebot zum tatsächlichen Wert des Grundstücks steht, ist gleichgültig. Die im ersten Entwurf enthaltene Bestimmung, wonach — wie nach Tarif Nr. 11a Spalte 4 Ziff. 4 des RStempG. für die Grundwechselabgabe — als Preis der Wert des Grundstücks anzusehen ist, wenn das Meistgebot hinter ihm zurückbleibt, wurde in der Kommission gestrichen.

Ein häufiger Fall zur Ersparung von Landesstempel und Umsatzsteuer war früher folgender: Zwischen Kauflustigen und Hypothekengläubigern wird ein Abkommen getroffen, nach denen die letzteren auf das Herausbieten ihrer Hypotheken verzichten, der Käufer sich verpflichtete, das Grundstück unter Ausbietung der Vorhypotheken zu erstehen und die ausgefallenen Hypotheken nach der Zuschlagserteilung wieder eintragen zu lassen, die ihm dann auf längere Zeit fest belassen wurden. Dieser Fall wird jetzt nicht mehr vorkommen, da der Erwerber ein Interesse daran hat, eine möglichst hohe Berechnung des Kaufpreises zu erzielen, der als späterer Erwerbspreis bei Veräußerung des Grundstücks zugrunde zu legen ist, ferner andererseits der Erwerber für den dem Subhastaten zur Last fallenden Zuwachssteuerbetrag nicht haftet (§ 29 Abs. 2 Satz 2). Auch die Bestimmung der neuen Steuergesetze bei Zwangsversteigerungen, für die Steuer des Erstehers meist den Wert des Grundstücks zugrunde zu legen (PrStempG. Tarifstelle 32, RStempG. Tarifstelle 11, Ziff. 4) wirkt nach derselben Richtung. Übrigens kann es keinem Zweifel unterliegen, daß in derartigen Fällen die vom Ersteher den Hypothekengläubigern gegenüber übernommene Verpflichtung zur Wiedereintragung der Hypotheken unter Übernahme der persönlichen Schuld unter die „Leistungen“ des Erstehers fällt, und daher dem Betrage des Meistgebots zuzurechnen ist (vgl. hierzu Anm. 5 zu § 8). Nach KommB. III, 17, 18 ist für den vorliegenden Fall auf die Anwendung des § 11 Abs. 2 verwiesen, indem die Leistung des Erstehers als verschleierte „Nebenleistung“ angesehen wird. In diesem Sinne wäre der Wert der „Nebenleistung“ durch Schätzung zu ermitteln. Da aber über ihre Höhe schwerlich ein Zweifel obwalten kann, dürfte das praktische Ergebnis bei Anwendung von § 11 Abs. 2 kein anderes sein, als bei § 9. Danach ist der Subhastat mit der Steuer nach Höhe des Meistgebots unter Zurechnung der auf Grund jener Vereinbarung vom Erwerber neu eingetragenen Hypotheken zu belasten (er wird übrigens von seiner Haftung für die durch die Hypothek gesichert gewesene persönliche Schuld frei, was allerdings nicht zweifellos, s. aber §§ 414, 812, 826 BGB., DJZ. 15 929); andererseits kann der Erwerber die durch den Erwerb des Grundstücks übernommene frühere Hypothek zum Meistgebot zurechnen und damit seinen Erwerbspreis belegen.

3) Die Erteilung des Zuschlags an einen Dritten erfolgt zu den von dem Meistbietenden übernommenen Bedingungen ohne

Berücksichtigung der zwischen diesem und dem Dritten getroffenen Abmachungen. Entsprechend der in § 5 Nr. 4 (s. Anm. 11) erfolgten Gleichstellung mit dem Veräußerungsgeschäft tritt an die Stelle des Meistgebots der Wert der Gegenleistung, wenn diese höher ist als das nach Satz 1 dieses Paragraphen berechnete Meistgebot. Da die Bestimmung in gleicher Weise für Veräußerung uud Erwerbspreis gilt, kommt dem Ersteher diese Berechnung bei der nächsten steuerpflichtigen Veräußerung zugute.

§ 10.

Von dem Preise[1]) kommt in Abzug der Wert der vom Veräußerer übernommenen Lasten[2]), der Maschinen, auch soweit sie zu den wesentlichen Bestandteilen des Grundstücks gehören[3]) und der Erzeugnisse des Grundstücks, solange sie mit dem Boden zusammenhängen[4]).

1) Vgl. Anm. 4 zu § 8.

2) Abzugsfähig sind nur diejenigen Lasten, die der Verkäufer übernommen hat, die ihm also nicht schon nach der gesetzlichen Regelung des Rechtsgeschäfts obliegen. Nicht hierher gehören also die Lasten, welche der Verkäufer bereits nach § 439 Abs. 2 BGB. zu beseitigen hat, auch wenn der Käufer die Belastung kennt: das sind Hypothek-, Grundschuld, Rentenschuld sowie Vormerkung zur Sicherung der Ansprüche auf Bestellung eines dieser Rechte. Wohl aber alle anderen dinglichen Lasten, da es nach § 439 Abs. 1 BGB., wenn der Käufer dieselben bei Abschluß des Kaufes kennt, besonderer vertraglicher Abmachungen bedarf, wenn der Verkäufer zur Beseitigung dieser Lasten verpflichtet sein soll. Hierzu gehören: Erbbaurecht (§§ 2012 ff. BGB.), Grunddienstbarkeiten (§§ 1018 ff. BGB.), Nießbrauch (§§ 1030 ff. BGB.), beschränkte persönliche Dienstbarkeiten (§§ 1090 ff. BGB.), Vorkaufsrechte (§§ 1094 BGB.), Reallasten (§§ 1105 ff. BGB.), sowie die landesrechtlich in Geltung gebliebenen Leibgedinge, Leibzucht, Altenteil, Auszug oder Ausgedinge (§ 50 RGBO.); ferner die auf Grund des PrG. v. 2. März 1850 (GS. 112) festgesetzten und die auf dem G. v. 7. Juli 1891 (GS. 279) beruhenden Rentenbankrenten, Erbzins- und Pachtkanon und die an Stelle eines solchen getretene Amortisationsrente.

Weiterhin sind nicht abzugsfähig die etwa dem Erbschaftsverkäufer nach § 2376 obliegenden Lasten, da er insoweit dem Käufer gewährleistungspflichtig ist.

Für die Frage, wer die Lasten des Grundstücks zu tragen hat, gilt im allgemeinen der Grundsatz commodum ejus esse debet, cujus periculum est (§ 446 BGB.): bis zum Übergange der Gefahr (des zufälligen Unterganges und einer zufälligen Verschlechterung, also regelmäßig bis zur Übergabe des Grundstücks bzw. der Auflassung) trägt der Käufer die auf dem Grundstück ruhenden Lasten. Insbesondere auch die öffentlichen Abgaben und Lasten, nach preußischem Recht auch die gemeinen Lasten (vgl. Dernburg, Sachenrecht § 200), wie die Beiträge zu den Kosten der Freilegung, ersten Einrichtung, Entwässerungs- und Beleuchtungsvorrichtung einer neuanzulegenden Straße (vgl. § 15 des G. betr. die Anlegung und Veränderung von Straßen und Plätzen v. 2. Juli 1875, GS. 563, wonach diese Kosten durch Ortsstatut den angrenzenden Eigentümern auferlegt werden können) OVG. 12 126; 17 163. Maßgebend ist hierbei der Zeitpunkt der Entstehung der Verbindlichkeit (nach dem Gesetz: mit der Errichtung eines Gebäudes an der neuen Straße), nicht die Fälligkeit (diese tritt erst ein, wenn sie zur Hebung gestellt ist, was möglicherweise erst nach der Auflassung eintreten könnte), vgl. OVG. 17 181; RG. 56 396; 30 334.

Nicht hierher gehören die etwa vom Verkäufer zu zahlenden Kosten der Auflassung usw. (vgl. hierzu KGJ. 19 186, KG. v. 24. Okt. 04 I. Y. 1042, 04); diese sind aber nach § 22 vom Veräußerungspreis in Abzug zu bringen.

Über die Abstandsgelder usw. s. § 13.

3) Damit kommt sogar auch den in ein Fabrikgebäude (z. B. Elektrizitätswerk) eingefügten Maschinen, insoweit sie nach geltender Rechtsprechung (vgl. RG. 26 363, JW. 08 738, 09 59, 10 182, Gruch. 53 897) als wesentliche Bestandteile anzusehen sind, die Vorschrift des § 13 zugute (s. die dortigen Anm.).

4) Sämtliche Erzeugnisse, landwirtschaftliche, forstwirtschaftliche, gärtnerische, welcher Art sie auch sind, ferner auch Mineralien und Fossilien, wenn sie eine Ausbeute darstellen, welche aus der Sache ihrer Bestimmung gemäß gewonnen wird (§ 99 BGB.). Es soll eben nur der Wertzuwachs am Grund und Boden als solcher, nicht auch die Hervorbringung von Erzeugnissen desselben getroffen werden. Was für die noch nicht getrennten Erzeugnisse gilt, muß um so mehr von den bereits gezogenen Früchten gelten, selbst wenn sie als Zubehör mit dem Gut mit veräußert werden (s. hierüber § 13).

§ 11.

Ist ein Preis nicht vereinbart oder nicht zu ermitteln, so tritt an dessen Stelle der Wert des Grundstücks[1]).

Das Gleiche gilt, wenn auf dem Grundstück eine der im § 2 bezeichneten Berechtigungen oder ein Nießbrauchsrecht lastet, zu deren Beseitigung der Veräußerer nicht verpflichtet ist, und der Wert des Grundstücks den Betrag der Gegenleistung übersteigt[2]). Wenn die Beteiligten zum Zwecke der Steuerersparung einen Teil des Entgelts in die Form einer Vermittelungsgebühr, einer den üblichen Zinssatz erheblich übersteigenden Verzinsung des gestundeten Preises oder einer sonstigen Nebenleistung kleiden, so ist der als Teil des Entgelts anzusetzende Betrag durch Schätzung zu ermitteln[3]).

1) Nur als Surrogat ist der Wert des Grundstücks der Berechnung zugrunde zu legen und tritt an die Stelle des Preises. Sache der Parteien ist es, dies zu verhüten, denn in ihrem Interesse liegt es, daß der Preis für die Berechnung maßgebend ist. Dies ist insbesondere für die Möglichkeit der Anrechnungen nach § 14 Nr. 1 und § 22 Nr. 1 wichtig.

Während § 12 die Art und Weise der Wertermittelung behandelt, gibt § 7 die allgemeinen Anwendungsfälle an, wann der Wert an die Stelle des Preises tritt. Danach ist der Wert des Grundstücks maßgebend:

a) wenn ein Preis nicht vereinbart; dies trifft insbesondere zu, bei der Vertauschung (§ 26), auch wenn der Preis für den einzelnen Tauschgegenstand im Vertrage festgelegt ist (s. Anm. zu § 26).

b) wenn der Preis nicht zu ermitteln ist, z. B. wenn der frühere Kaufvertrag nicht beurkundet und dem jetzigen Veräußerer, der durch Erbgang das Grundstück erworben, die damaligen Abmachungen unbekannt sind. Da an sich nach § 8 Anm. 4 der tatsächlich zwischen den Parteien als Entgelt für die Eigentumsübertragung vereinbarte Preis maßgebend sein soll, so frägt es sich, ob auch dann der Wert an die Stelle des Preises zu treten hat, wenn die Beteiligten den Preis nicht so angegeben, wie er unter ihnen vereinbart ist, der wahre Preis aber zu ermitteln ist. Dies ist aber zu verneinen. Die im ersten Entwurf enthaltene Bestimmung des Abs. 2, wonach der Wert an die Stelle des Preises treten soll, wenn die Beteiligten den Preis zum Zwecke der Steuerersparung nicht so angeben, wie er unter ihnen vereinbart ist, wurde ausdrücklich in der Kommission mit der Begründung gestrichen, daß hierfür kein Bedürfnis vorliege; denn erweist sich der Wert als niedriger, so werde der Fiskus geschädigt, sei er dagegen höher, so bedeute ein Zurückgehen auf ihn beim Veräußerungspreis eine Bestrafung der Parteien, zu der neben den Strafbestimmungen des Gesetzes kein Anlaß vorhanden sei. Ist es nicht möglich, den zwischen den Parteien vereinbarten wahren Preis zu ermitteln, so findet allerdings Abs. 1 Anwendung.

c) wenn der Erwerb vor dem 1. Jan. 1885 oder 40 Jahre vor der Veräußerung liegt (§ 17 Abs. 3 und 4).

d) in den besonderen, hauptsächlich der Vermeidung von Umgehungsversuchen dienenden Fällen des Abs. 2.

e) bei Gesellschaften, sofern es sich um Grundstücke handelt, die nach dem 31. März 1905 und vor dem 1. Januar 1911 erworben sind, und deren Wert um mehr als 25% hinter dem angegebenen Erwerbspreis zurückbleibt (§ 64).

2) Diese Bestimmung ist überaus kasuistisch gefaßt, indem sie einerseits gleichliegende Fälle völlig außer acht läßt, andererseits

weit über den Rahmen des eigentlichen Zwecks hinausschießt. Getroffen werden sollte nach der Begründung (S. 36) der Fall der Steuerumgehung, daß der Eigentümer eines Grundstücks dem künftigen Erwerber zunächst z. B. ein Nießbrauchsrecht oder Erbbaurecht (nur dessen Übertragung, nicht auch Begründung ist steuerpflichtig, vgl. Anm. 1 zu § 2) gegen Entgelt einräumt und alsdann das nackte Eigentum (nuda proprietas) auf ihn zu einem entsprechend geringeren Preise überträgt. Die Bestimmung macht aber keinen Unterschied zwischen dem Fall, daß die den Grundstücken gleichgestellte Berechtigung oder der Nießbrauch schon bei dem entgeltlichen Erwerb vorhanden war oder erst später eingetragen ist. Gemäß § 10 Anm. 2 werden an sich die aus solchen Berechtigungen für den Erwerber sich ergebenden Leistungen nicht zum Preis hinzugerechnet. Trotzdem wird aber bei Vorliegen der zwei Bedingungen: a) daß der Veräußerer zu deren Beseitigung nicht verpflichtet ist (das Gegenteilige müßte nach § 439 Abs. 1 ausdrücklich abgemacht sein), b) daß der Wert des Grundstücks den Betrag der Gegenleistung übersteigt, kraft dieser ausdrücklichen Bestimmungen der zwischen den Parteien vereinbarte Preis als Grundlage der Besteuerung ausgeschaltet und an dessen Stelle tritt der nach § 12 zu ermittelnde Wert des Grundstücks. Beispiel: A. vermacht sein 100 000 Mark wertes Grundstück mit einem zugunsten der überlebenden Ehefrau eingetragenen Nießbrauch seinem Sohn B.; B. verkauft nun das Grundstück — mit Rücksicht auf das einem Kapitalwert von 50 000 Mark entsprechende Nießbrauchrecht — für 70 000 Mark an C. Beträgt nun der Wert des Grundstücks 120 000 Mark, so ist dieser Betrag, da er die Gegenleistung übersteigt, der Steuer zugrunde zu legen. Diese Folge ist noch nicht unbillig. Sie entspricht dem § 17 und dem dort (Anm. 1) besprochenen Fall, daß der Erblasser eine Hypothek aufgenommen und der veräußernde Erbe, dessen Käufer die Hypothek übernimmt, diese als Wertzuwachs versteuern muß; auch ist es angemessen, da die Höhe des für den Nießbrauch gewährten Entgelts nicht aus dem Grundbuch hervorgeht, hier eine Schätzung auf den Grundstückswert eintreten zu lassen. Wenn nun aber Käufer C. das belastete Grundstück weiter veräußert, und zwar gleichfalls für 70 000 Mark, wobei der Käufer einen Nießbrauch übernimmt, so müßte er nach dem buchstäblichen Wortlaut des Gesetzes von 50 000 Mark Wertzuwachssteuer zahlen, denn ob er den Nießbrauch aufgenommen hat oder sein Vorgänger, unterscheidet das Gesetz nicht. Dies muß weniger beim Nießbrauch, der ja mit dem Tode des Berechtigten spätestens endigt (§ 1061 BGB.), als wesentlicher noch beim Erbbaurecht zu erheblichen Härten führen. C. kann im vorliegenden Falle noch nicht einmal unter Berufung auf § 14 Nr. 1 die Übernahme des Nießbrauchs bei seinem Erwerb als Kosten desselben berechnen, da diese Abzüge nicht zulässig, wenn der Wert des Erwerbspreises maßgebend ist!

Andererseits sind aber die ebenfalls mangels ausdrücklicher Bestimmung vom Veräußerer nicht zu beseitigenden Grundschulden, Reallasten, beschränkte persönliche Dienstbarkeiten, die auch nicht dem Preis hinzuzurechnen sind (vgl. Anm. 4 zu § 8) den obigen Berechtigungen nicht gleich behandelt, so daß hier der Preis zugrunde gelegt wird. Wenn also der Veräußerer vorher dem künftigen Erwerber für dessen anderweitiges Gut eine Grunddienstbarkeit oder für ihn persönlich eine Reallast auf dem zum Verkauf stehenden Grundstück bestellt hat, so mindert sich der Kaufpreis um den Wert dieser Belastung, ohne daß eine Berechnung, wie bei Bestellung eines Nießbrauchs, eintritt.

3) Die Vorschrift richtet sich gegen Versuche der Parteien, den Preis dadurch zu verkleinern, daß ein Teil des Entgelts in irgendwelche meist der Höhe nach unbestimmte Nebenleistungen gekleidet wird, die an sich nicht unter die nach § 8 Abs. 2 dem Preis hinzuzurechnenden Leistungen gehören.

Voraussetzung ist, daß dies von den Beteiligten zum Zwecke der Steuerersparung geschieht; ist dies nicht erwiesen, entsprach insbesondere die Abrede — z. B. über die Vermittlungsgebühr, wenn jemand bei Vermittlung des Verkaufs des Grundstücks das Obligo für einen Verkaufsabschluß übernimmt und deshalb sofort einen Kaufvertrag abschließt mit der Maßgabe, daß Auflassung an ihn oder den von ihm bezeichneten Dritten erfolgen soll — den tatsächlichen Abmachungen, so greift § 11 Abs. 2 nicht Platz. Wird dagegen insbesondere bei den Zwischengeschäften nach § 5 das Entgelt z. B. für die Abtretung der Rechte aus dem Veräußerungsgeschäfte in eine Vermittlungsgebühr für den Erwerber und Zwischenveräußerer gekleidet, so gilt die Bestimmung. Die gekennzeichnete Absicht muß auch erwiesen sein, wenn der Zinsfuß für das Restkaufgeld den üblichen Zinsfuß erheblich übersteigt. Allein auf Grund dieser Tatsache könnte eine Hinzurechnung zum Preise nicht erfolgen, es ist auch nicht etwa eine gesetzliche Vermutung begründet, daß die Abrede solchen Zinsfußes ein verschleiertes Entgelt bedeutet, vielmehr müssen, wie ausdrücklich in der Kommission vom Reichsschatzsekretär betont wurde, die Vereinbarungen der Parteien in der erwiesenen Absicht getroffen sein, die Zahlung des Entgelts zum Zwecke der Steuerersparung in einer der in § 11 Abs. 2 genannten Formen zu vereinbaren.

Als weiteres Beispiel: Wenn bei Mitverkauf steuerfreier Gegenstände (vgl. § 13) das Entgelt für diese über den Wert derselben hinaus in der Absicht vereinbart wird, zum Zwecke der Steuerersparung einen Teil des Kaufpreises für das Grundstück in diese Nebenleistung zu kleiden. Über den Fall, daß der Ansteigerer in der Zwangsversteigerung die Hypothekengläubiger zur vorläufigen Löschung ihrer Hypotheken bestimmt, um so das Gebot und die Kosten herabzusetzen und nach der Versteigerung dieselben wieder eintragen läßt, vgl. Anm. 2 zu § 9.

Selbstredend ist Voraussetzung, daß auch wirklich ein Veräußerungsvertrag bzw. eine Übereignung vorliegt. Andere Fälle der Umgehung durch Vermeidung dieser steuerpflichtigen Rechtsvorgänge (wie z. B. Abschluß eines dauernden Mietsvertrags an Stelle eines Kaufvertrags, wobei dem Mieter alle Rechte des Eigentümers gegeben, die Miete die Verzinsung und ev. Amortisation des Kaufgeldes darstellt, dem Mieter ein Ankaufsrecht nebst Vormerkung eingeräumt und die etwa sonst nötigen Abmachungen durch Sicherungshypotheken sichergestellt werden), fallen nicht hierunter (vgl. hierzu § 6 und § 55 Abs. 2 Nr. 1).

Der Betrag des Entgelts, der in diese Form einer Nebenleistung gekleidet ist, ist entsprechend der Bestimmung des § 13 Abs. 1 Satz 2 durch Schätzung festzusetzen.

§ 12.

Die Wertermittelung ist in den Fällen, in denen für die Berechnung der Abgabe ein Wert in Betracht zu kommen hat[1]), auf den gemeinen Wert des Grundstücks zu richten[2]). Die Vorschrift des § 8 Abs. 3 findet entsprechende Anwendung[3]).

Der Wert wiederkehrender Leistungen oder Nutzungen bestimmt sich nach den Vorschriften des Erbschaftssteuergesetzes[4]).

AB. § 22.

1) Das heißt, nicht nur in den zu Anm. 1 § 11 aufgeführten Fällen, in welchen der Wert des Grundstücks an die Stelle des Preises tritt, sondern überall, wo überhaupt für die Berechnung der Abgabe ein Wert in Betracht kommt, so z. B. in § 1 Abs. 2 Satz 1 § 8 Abs. 2, § 9 Satz 2, § 10, § 13, § 18, § 19, § 20, § 21 usw. Der „gemeine Wert“ des Grundstücks umfaßt nach dem Prinzip des Gesetzes, wie es in § 10 zum Ausdruck kommt, und nach der Tendenz, nur den Grund und Bodeu zu treffen, nicht Maschinen und Erzeugnisse, selbst wenn sie wesentliche Bestandteile sind.

2) Über den „gemeinen Wert“ enthält das BGB. keine allgemeinen Bestimmungen; er dürfte aber zusammenfallen mit dem im BGB. an einzelnen Stellen (z. B. § 501) als Schätzungswert bezeichneten. Es ist somit der Verkehrswert (vera rei aestimatio) darunter zu verstehen, das ist nach dem Sprachgebrauch des PrALR. § 12 I, 2 derjenige Nutzen, welchen ein Gegenstand jedem Besitzer gewähren kann, im Gegensatz zum außerordentlichen Wert (§ 114 a. a. O.) und zum Wert der besonderen Vorliebe (§ 115 a. a. O.). Es ist der Wert, der einem Grundstück im gewöhnlichen Geschäftsverkehr nach der objektiven Beschaffenheit, insbesondere Lage desselben, ohne Rücksicht auf ungewöhnliche oder lediglich persönliche Verhältnisse als Verkaufspreis beigelegt wird, wobei der Ertragswert (über dessen Berücksichtigung s. § 22 Abs. 2) höchstens für dessen Feststellung heranzuziehen ist (vgl. RG. Gruch. 24 409; JW. 01 665[12] RG. v. 28. Sept. 1903 I. Y. 1009. 03).

Mit vorstehender Definition deckt sich diejenige der AB. § 22 Abs. 1.

Es ist zu beachten, daß der objektive wahre Wert maßgebend ist, die Steuerbehörde daher befugt ist, die Richtigkeit der von den

Parteien gemachten Wertangabe zu beanstanden und auf Grund der angestellten Ermittelungen den Wert anderweit festzusetzen. Soll z. B. an Stelle des Erwerbspreises der Wert eines Grundstücks in einer Verkehrsstraße zur Zeit des Erwerbs vor 20 Jahren ermittelt werden, so käme der Kaufwert in Betracht, welchen das Grundstück damals nach den durch den Verkehr in gleichartigen benachbarten Grundstücken gegebenen Erfahrungen für jeden Besitzer hatte (vgl. OVG. im PrVBl. 19 274). Die für besondere Zwecke vorgeschriebenen Abschätzungsgrundsätze, insbesondere auch diejenigen der ritterschaftlichen Kreditanstalten, kommen für die Ermittelung des gemeinen Werts nicht in Betracht. Ebensowenig ist die in der Bilanz der auflassenden Aktiengesellschaft enthaltende Bewertung maßgebend; denn es besteht keine Gewähr dafür, daß die in der Bilanz angesetzten Preise den gemeinen Werten der betreffenden Gegenstände entsprechen (RG. v. 20. März 99 I. Y. 124/125 99).

Vgl. AB. § 22 Abs. 2, 3.

3) Zum Beispiel, wenn eine Nebenleistung nach § 11 Abs. 2 in ein Wahlrecht gekleidet ist.

4) §§ 17—20 des Erbschaftssteuergesetzes lauten:

§ 17. Bei Nutzungen oder Leistungen, die entweder ausdrücklich oder durch anderweitige die Dauer begrenzende Umstände auf bestimmte Zeit beschränkt sind, ist der Gesamtwert unter Abrechnung der Zwischenzinsen durch Zusammenzählung der einzelnen Jahreswerte zu berechnen. Der Gesamtwert darf den zum gesetzlichen Zinssatze kapitalisierten Jahreswert nicht übersteigen. Bei immerwährenden Nutzungen wird das 25fache des einjährigen Betrags, bei Nutzungen von unbestimmter Dauer, sofern nicht die Vorschriften der §§ 18, 19 Anwendung finden, das Zwölfundeinhalbfache des einjährigen Betrags als Wert angenommen.

§ 18. Der Wert von Leibrenten oder anderen auf die Lebenszeit einer Person beschränkten Nutzungen, einschl. des im § 3 Nr. 1 bezeichneten Erwerbes, wird nach dem Lebensalter der Person, mit deren Tode das Bezugsrecht erlischt, berechnet, und zwar wird als Wert bei einem Alter

1.		bis zu	25	Jahren	das	20	fache,
2.	von mehr als 25	„ „	35	„	„	18	„
3.	„ „ „ 35	„ „	45	„	„	16	„
4.	„ „ „ 45	„ „	55	„	„	14	„
5.	„ „ „ 55	„ „	65	„	„	12	„
6.	„ „ „ 65	„ „	70	„	„	10	„
7.	„ „ „ 70	„ „	75	„	„	8	„
8.	„ „ „ 75	„ „	80	„	„	6	„

9. „ „ „ 80 Jahren das 4fache des Wertes der einjährigen Nutzung angenommen.

Ist jedoch die Nutzung oder Leistung

im Falle des Abs. 1 Nr. 1 schon innerhalb eines Zeitraums von 10 Jahren,

im Falle des Abs. 1 Nr. 2 schon innerhalb eines Zeitraums von 9 Jahren,
im Falle des Abs. 1 Nr. 3 schon innerhalb eines Zeitraums von 8 Jahren,
im Falle des Abs. 1 Nr. 4 schon innerhalb eines Zeitraums von 7 Jahren,
im Falle des Abs. 1 Nr. 5 schon innerhalb eines Zeitraums von 6 Jahren,
im Falle des Abs. 1 Nr. 6 schon innerhalb eines Zeitraums von 5 Jahren,
in den Fällen des Abs. 1 Nr. 7 bis 9 schon innerhalb eines Zeitraums von 4 Jahren

nach dem Anfall erloschen, so wird ihr Wert nach Maßgabe der wirklichen Dauer bestimmt und die gezahlte Steuer bis auf den diesem Werte entsprechenden Betrag erstattet. In gleicher Weise wird, wenn die steuerpflichtige Masse um den nach Abs. 1 berechneten Wert einer Nutzung oder Leistung geringer veranlagt war, im Falle des früheren Erlöschens der Nutzung oder Leistung ein entsprechender Steuerbetrag nacherhoben.

§ 19. Hängt die Dauer der Nutzungen von der Lebenszeit mehrerer Personen ab, so ist, wenn das Bezugsrecht mit dem Tode der zuerst versterbenden Person erlischt, das Lebensalter der ältesten Person, wenn das Bezugsrecht mit dem Tode der letztversterbenden Person erlischt, das Lebensalter der jüngsten Person maßgebend.

§ 20. Der einjährige Betrag der Nutzung eines Geldbetrags ist, wenn er nicht anderweit feststeht, zu vier vom Hundert anzunehmen.

Diese Paragraphen regeln die Schätzung künftiger Leistungen oder Nutzungen für den gegenwärtigen Zeitpunkt des Steuerfalles. In Betracht kommen Nießbrauch, Leibrente, Altenteil, Ausbeute einer Bergwerksberechtigung. Die einzelnen Bezüge müssen sich als Ausfluß *eines* Rechts darstellen; wenn es sich um eine Mehrheit selbständiger Ansprüche handelt, die — bedingt oder betagt — jedes für sich erworben werden, liegt der Fall also nicht vor.

Wenn nach § 17 der Gesamtwert einer Kapitalnutzung auf ein vielfaches des Jahreswerts bestimmt werden soll, so ist der Jahreswert nach § 20, bei Abrede eines anderweitigen Zinssatzes unter dessen Zugrundelegung, festzusetzen (vgl. JW. **94** 445[30]). Die Leistungen brauchen nicht jährlich, auch nicht regelmäßig oder in gleichen Beträgen wiederkehren, nur muß ein einjähriger Durchschnittswert ermittelt werden können (RG. v. JW. **94** 248[31, 32]). Wichtig ist, daß das Vielfache des einjährigen Werts der Nutzungen oder Leistungen den Wert des belasteten Grundstücks nicht übersteigen darf.

Für die Besteuerung etwa in Frage kommende Rückstände von Leistungen oder Nutzungen für die Zeit vor dem Steuerfall sind zusammenzurechnen und neben dem Wert der künftigen Bezüge zu berücksichtigen (RG. **19** 416).

Im übrigen siehe die Kommentare zum Erbschaftssteuergesetz.

§ 13.

Betrifft der steuerpflichtige Rechtsvorgang[1]) steuerpflichtige und steuerfreie Gegenstände[2]), ohne daß Einzelpreise oder -werte angegeben werden[3]), so bestimmt die Steuerbehörde den auf die steuerpflichtigen Gegenstände entfallenden Teil der Gesamtsumme, wenn nicht der Steuerpflichtige auf Erfordern innerhalb der ihm bestimmten Frist die Trennung der Preise oder Werte nachholt[4]). Sind zum Zwecke der Steuerersparung unrichtige Angaben gemacht worden, so ist der Betrag durch Schätzung zu ermitteln[5]).

Das Gleiche gilt für die Verteilung des Gesamtbetrags auf mehrere steuerpflichtige Gegenstände[6])[7]).

1) §§ 1—5.

2) Steuerpflichtige Gegenstände sind nur Grundstücke gemäß § 1 und die diesen gleichgestellten Berechtigungen (§ 2) und Anteilsrechte nach § 3. Alle übrigen Gegenstände — Sachen (§ 90 BGB.), Rechte (vgl. §§ 581, 752, 753 BGB.), insbesondere auch Forderungen — sind steuerfreie Gegenstände im Sinne dieses Gesetzes. Trotz dieser scheinbar so klaren Unterscheidung ergeben sich doch für die Beurteilung des einzelnen Falls nach zweierlei Richtung erhebliche Schwierigkeiten, indem es zweifelhaft sein kann, ob die mitverkauften Gegenstände nicht etwa Bestandteile des Grundstücks, welche deren rechtliche Stellung teilen, oder die neben der Grundstücksübertragung vom Veräußerer gewährten Vorteile nicht lediglich Eigenschaften des Grundstücks sind, so daß überhaupt nur ein Rechtsgeschäft über einen steuerpflichtigen Gegenstand, kein gemischtes Geschäft vorliegt.

a) Für Erzeugnisse des Grundstücks und Maschinen ist zunächst die Frage ihrer Eigenschaft als wesentliche Bestandteile unerheblich geworden, da sie stets zu den steuerfreien Gegenständen zu rechnen sind (§ 10). Anders bei Gebäuden: solange diese mit dem Boden fest zusammenhängen, gehören sie zu den wesentlichen Bestandteilen (§ 94 BGB.), jedoch mit zwei Ausnahmen (§ 95 BGB.):

1. wenn sie nur zu vorübergehendem Zweck mit dem Grund und Boden verbunden sind, z. B. Mitverkauf einer nur bis zur baulichen Verwertung des Grundstücks auf demselben errichteten Sommerbühne oder Rollschuhbahn, auch wenn die Veräußerung nicht zum Zwecke des alsbaldigen Abbruchs seitens des Erwerbers erfolgt (vgl. KG. Rechtspr. 5 76; RG. Gruch. 35 951; RG. 55 284, 59 19). Diese Gegenstände gelten als bewegliche, somit steuerfreie Sachen;

2. wenn sie in Ausübung eines Rechtes an einem fremden Grundstück von dem Berechtigten mit dem Grundstück verbunden worden sind (auch wenn also die Anlage auf die Dauer berechnet ist). Wenn A. z. B. auf seinem Grundstück dem B. ein Erbbaurecht einräumt, B. in Ausübung dieses Rechtes ein Haus auf demselben erbaut und später A. das Grundstück an B. veräußert, so kommt nur das Grundstück ohne das Haus als steuerpflichtiger Gegenstand in Betracht, und zwar gleichgültig, ob der Preis oder etwa nach § 11 Abs. 2 Satz 1 der Wert des Grundstücks der Besteuerung zugrunde zu legen ist. Die Bedeutung des Unterschieds zeigt sich insbesondere für die Zinsanrechnungen des § 16 und die Berechnung der Wertsteigerung nach § 28, da die Anrechnungen nach § 14 Nr. 3 nur wegen solcher Bauten erfolgen kann, welche wesentliche Bestandteile sind und somit die Höhe des Kaufpreises mitbestimmen.

Das gleiche gilt nach § 95 Satz 2 BGB. für andere Werke, z. B. Leitungsmasten eines Elektrizitätswerkes; auch wenn diese über Land auf fremdem Grund und Boden aufgestellt sind, gehören sie zu den wesentlichen Bestandteilen des Elektrizitätswerksgrundstücks, da ein durch die Zweckbestimmung des Leitungsnetzes gebotener fester räumlicher Zusammenhang mit seinem Ausgangspunkt gegeben ist (RG. 39 204, 48 267; KG. v. 23. April 00, I. Y. 195, 00 und v. 5. Jan. 83 I. Y. 1488 02). Bei Veräußerung des Elektrizitätswerks (das gleiche gilt z. B. bei Gasanstalten) ist also das Leitungsnetz für die Steuerberechnung einzuziehen, indem es als Bestandteil des Grundstücks dessen Eigenschaft als steuerpflichtigen Gegenstand teilt, während die im Gebäude eingebauten Maschinen kraft ausdrücklicher Bestimmung als steuerfreie Gegenstände gelten und der auf sie sich beziehende Teil des Entgelts begrifflich nicht zum Preis gehört.

Die Eigenschaft des Gebäudes als unbewegliche Sache erstreckt sich auch auf die zur Herstellung des Gebäudes eingefügten Sachen, mit Ausnahme derjenigen, die nur zum vorübergehenden Zweck eingefügt sind (§§ 97 Abs. 2 und 98 Abs. 2 BGB.). Was als zur Herstellung des Gebäudes bestimmt anzusehen ist, kann streitig sein und ist nach der örtlichen Verkehrsanschauung zu beurteilen. Öfen und Kochmaschinen werden im Rheinland meist vom Mieter mitgebracht und behalten daher nach dortiger Auffassung auch nach dem Setzen ihre äußere selbständige Existenz (so JW. 01 844[27]). In Norddeutschland, wo sie vom Eigentümer beim Bau gesetzt werden, sind sie ebenso wie wohl allgemein die Zentralheizungs- und Warmwasseranlage, Gas- und Wasserleitungsanlage, elektrische Beleuchtungs- (auch automatische Treppenbeleuchtungs-), Fahrstuhl-, Müllschlucker- und Vacuumanlage, eingebaute Schränke (Eisschränke, Tresors) usw. als zur Herstellung des Gebäudes eingefügt und daher als dessen Bestandteile anzusehen. Bei Kraftübertragungsanlagen dürfte zu unterscheiden sein, ob maschineller Antrieb oder solcher durch Wasserkraft, z. B. bei kleineren Mühlen, oder durch Göpel mit menschlicher oder tierischer Kraft vorliegt. Nur im ersteren Falle sind die Maschinen und die mit diesen zusammenhängenden Anlagen ohne weiteres vom Preis in Abrechnung zu bringen, während in den anderen Fällen die Frage von Bedeutung wird, ob die Anlage als Bestandteil anzusehen (die Anlage also dem Gebäude eingefügt und für die bestimmungsgemäße Benutzung der Baulichkeiten erforderlich ist) oder als Zubehör zu betrachten ist (§ 98 BGB.).

Zubehör sind bewegliche Sachen (§§ 97, 98 BGB.), also steuerfreie Gegenstände, unabhängig davon, daß bei Mitverkauf des Zubehörs der Erwerber mit dem Eigentum an dem Grundstück auch das Eigentum an den zur Zeit des Erwerbes vorhandenen Zubehörstücken, soweit sie dem Veräußerer gehören, erlangt, im Zweifel sogar anzunehmen ist, daß sich die Veräußerung auf das Zubehör erstrecken soll. Dies kann ihm nicht in steuerrechtlicher Beziehung die Eigenschaft unbeweglicher Sachen verleihen (RG. 12 267; JW. 97 357[51]; RG. 50 241). Zu beachten ist, daß der Begriff des Zubehörs als bewegliche Sache durch § 16 des Pr. Ges. betreffend das Anerbenrecht bei Renten und Ansiedlungsgütern vom 8. Juni 1896 (G.S. 124), nach welchem im Sinne dieses Gesetzes auch die auf dem Anerbengut vorhandenen Gebäude, Anlagen, Holzungen und Bäume zum Zubehör des Gutes gehören, keine Erweiterung erfahren sollte; diese Gegenstände, insoweit sie nach § 94 BGB. Bestandteile des Grundstücks sind, gelten deshalb für das Anerbengut nicht etwa als bewegliche Sachen, vielmehr will genannte Bestimmung nur eine Auslegungsregel für die sich auf das Anerbengut nebst Zubehör beziehenden Rechtssätze geben.

b) Bei Bemessung des Werts eines Grundstücks spielen häufig imaginäre Vorteile, welche dem Erwerber zugute kommen bzw. Nachteile, die den Veräußerer treffen, eine große Rolle und es fragt sich, wie diese materiell und steuerrechtlich zu beurteilen sind.

Ein Grundstück liegt an einer öffentlichen Straße, die eine direkte Verbindung zur Stadt gewährt — es liegt an einer dem Veräußerer zu Eigentum verbleibenden Privatstraße, deren Mitbenutzung letzterer dem Erwerber einräumt. Oder: Das Fabrikgrundstück, z. B. Brauerei oder Elektrizitätswerk, wird mit dem Recht auf Anschlußgleis zur Eisenbahn — mit dem Bahnmaterial veräußert.

Überall werden dem Erwerber gewisse besondere Vorteile geboten, jedoch ist ein wesentliches Unterscheidungsmerkmal ersichtlich: In einem Fall handelt es sich um Eigenschaften des Grundstücks, welche dessen Kaufwert erhöhen, im anderen Fall kommen besondere Leistungen (Handlungen oder Unterlassungen bzw. Duldungen) des Veräußerers in Frage, für welche auch ein Sonderentgelt zu entrichten ist. Weitere Beispiele erster Art: Beim Kauf der Nachbargrundstücke seitens eines Warenhauses zur Erweiterung des Baues und Auszug des bisherigen Eigentümers aus seiner darin vielleicht seit seiner Kindheit innegehabten Wohnung: Einfluß des durch die Nachbarschaft für das Geschäft begründeten Mehrwerts und des erst zu überwindenden Widerwillens des Veräußerers überhaupt zu verkaufen, auf die Festsetzung des Preises. Bei Verkauf eines Trennstücks (z. B. Teil eines zu einer Villa gehörigen Gartens zu Bebauungszwecken, wodurch zwar der Erwerber die Annehmlichkeit der Aussicht in den Nachbargarten genießt, das restierende Grundstück des Veräußerers aber durch die gesperrte Aussicht geringwertiger geworden ist): Bemessung des Preises nach dem Wert des veräußerten Grundstücks unter Zurechnung des dem übrigen Grundbesitz durch den Verkauf entstehenden Minderwerts (RG. v. 10. Okt. 05 I. V. 1055 05). In all diesen Fällen handelt es sich um eine werterhöhende Eigenschaft des Grundstücks selbst, all die, wenn auch gesondert, von den Parteien aufgeführten Posten bilden zusammen den vereinbarten Kaufpreis, auch wenn im Vertrag (ohne Umgehungsabsicht) nur der eine Posten als Kaufpreis, der andere als Entgelt für den Minderwert des Restgrundstücks usw. bezeichnet ist.

Anders liegt aber der Fall, wenn, wie in den entgegengestellten Beispielen der Verkäufer nicht nur zur Verschaffung des Eigentums an dem Grundstück bzw. der Berechtigung verpflichtet ist, sondern daneben noch besondere Leistungen verspricht, um deren Wert sich die Gegenleistung des Käufers entsprechend erhöht. Hier bildet also diese besondere Vergütung keinen Teil des Kaufpreises, vielmehr handelt es sich um ein nur äußerlich im Zusammenhang, wohl auch in Veranlassung der Grundstücksübertragung geschlossenes Veräußerungsgeschäft über steuerfreie Gegenstände — mag sie Verpflichtung des Verkäufers zu einer Unterlassung bzw. Duldung, Verzichtleistung oder zu Handlungen betreffen, oder gleichzeitige Verschaffung des Eigentums an einem ausländischen Grundstück, an beweglichen Sachen, die nicht als Bestandteile des Grundstücks dessen rechtliche Bedeutung teilen (s. unter a). Dies ist auch steuerrechtlich abzusondern.

Wird z. B. nicht nur das Fabrikgrundstück als solches, sondern das ganze Fabrikgeschäft mit oder ohne Firma veräußert und hierfür ein Gesamtpreis vereinbart, so bezieht sich ein Teil des Entgelts, auch wenn an sich das Handelsvermögen des Inhabers nur aus dem Werk selbst bestehen sollte, auf den Inbegriff aller Rechtsverhältnisse und tatsächlichen Beziehungen, die mit dem Betriebe des Handelsgewerbes zusammenhängen und nun dem neuen Geschäftsinhaber zugute kommen (lehrreich in dieser Hinsicht das französische Gesetz vom 17. März 1909 über Verkauf und Verpfändung von Handelsgeschäften „loi relative à la vente et au nantissement des fonds de commerce"). Dieser oft den Wert des Grundstücks (namentlich nach Abzug der Maschinen usw.) weit übersteigende Betrag des Veräußerungspreises kommt also für die Steuer nicht in Anrechnung. Das gleiche gilt hinsichtlich des insbesondere bei Elektrizitätswerken und Gasanstalten erforderlichen gleichzeitigen Übertragungen der Rechte aus dem mit der Gemeinde bzw. der Regierung abgeschlossenen Konzessionsverträgen, die im wesentlichen die Erlaubnis zur Benutzung der öffentlichen Straßen in dem für die Veranstaltung notwendigen Rahmen zum Gegenstand haben und regelmäßig für den Übergang der Rechte auf den Erwerber nur den Nachweis der Kapitalkraft erfordern. Aber auch da, wo es, wie in Pr. bei Verkauf eines Apothekengrundstücks mit der entsprechenden Berechtigung, zur Ausübung der letzteren seitens des Erwerbers einer besonderen staatlichen Verleihung der Konzession oder Approbation bedarf, stellt die Übertragung der Apothekerkonzession im Sinne einer Verzichtleistung seitens des Veräußerers doch eine selbständige Leistung des letzteren dar und der für diese vereinbarte Entgelt ist von dem Grundstückspreis für die Steuerberechnung in Abzug zu bringen, gleichgültig, ob die Apothekenberechnung auf einem vor dem Gewerbesteueredikt v. 2. Nov. 1810 verliehenen Apothekerprivileg beruht oder auf der Errichtung gemäß der Verordnung wegen Anlegung neuer Apotheken v. 24. Okt. 1811 (GS. 359) oder sogar auch auf einer gemäß Kabinettsorder v. 30. Juni 1894 verliehenen unveräußerlichen Personalkonzession (vgl. RG. JMBl. 96 43; RG. v. 3. Aug. 97 I. Y. 365, 97; RG. v. 31. März 1898 in der Pharmaz. Zeitung 98 Nr. 40, S. 353).

3) Wenn also trotz Mehrheit der Leistungen des Verkäufers nur ein Gesamtpreis angegeben, so daß der für das Grundstück gedachte Preis nicht klar ersichtlich ist. Es genügt die Angabe der Einzelwerte bei der Spezialisierung. Sind die Einzelpreise angegeben, so sind diese, wenn nicht Abs. 1 Satz 2 zutrifft, ohne weiteres maßgebend; zweifelhaft könnte bei Angabe der Werte sein, ob die richtige Angabe des nach § 12 maßgebenden gemeinen Werts erforderlich ist, so daß eine Spezialisierung z. B. nach dem Ertragswert oder gar objektiv unrichtigen Werten nicht genügend wäre, da dies ein wesentlich anderes Bild ergebe. Trotzdem dürfte auch die objektiv unrichtige Angabe der Einzelwerte nicht zu beanstanden und als ausreichende Spezialisierung der Besteuerung zugrunde zu legen sein, da in erster Linie die Parteivereinbarungen maßgebend sind und der Fall der beabsichtigten Steuerhinterziehung in Satz 2 gesondert behandelt ist.

4) Es kommt also nicht etwa wie nach preußischen Recht (§ 10 Pr. StempG.) der höchste Steuersatz zur Anwendung, vielmehr hat die Steuerbehörde nach dem objektiven Wert des Grundstücks und dem Wertverhältnis der veräußerten Gegenstände zum Gesamtpreis den auf das Grundstück fallenden Betrag festzusetzen und auch erst dann, wenn die Parteien trotz Aufforderung innerhalb der festgesetzten Frist von ihrem Recht zur Spezialisierung nach dem Parteiwillen keinen Gebrauch gemacht haben.

5) Nur die zum Zwecke der Steuerhinterziehung gemachte falsche Angabe, nicht auch die den Parteivereinbarungen entsprechende, wenn auch die angegebenen Einzelwerte im Widerspruch mit dem wahren Wert des Grundstücks stehen (s. Anm. 3 des § 11 Abs. 2).

6) Wenn also z. B. 3 Grundstücke zu einem Gesamtpreis von 800 000 M. veräußert werden, so muß der für jedes einzelne Grundstück in Betracht kommende Wertzuwachs besonders berechnet und versteuert werden. Der auf jedes Grundstück entfallende Teil der Gesamtsumme ist daher, wie bei gleichzeitiger Veräußerung eines Grundstücks mit steuerfreien Gegenständen, gesondert anzugeben (s. Anm. 3), ev. von der Steuerbehörde zu bestimmen (s. Anm. 4 u. 5).

7) Auf den Fall der Veräußerung eines Anteils aus § 3 findet § 13 keine Anwendung, denn letzterer setzt einen Vorgang voraus, der mehrere Gegenstände betrifft. Der in § 3 erwähnte Anteil ist

aber nur ein Gegenstand; daran ändert nichts, daß er nur zu einem Teil steuerpflichtig ist, soweit nämlich das Vermögen der Vereinigung aus Grundstücken besteht.

§ 14.

Dem Erwerbspreis sind hinzuzurechnen[1]):

1. als Kosten des Erwerbes, sofern nicht an Stelle des Erwerbspreises der Wert maßgebend ist, vier vom Hundert des Erwerbspreises und, falls der Veräußerer nachweislich einschließlich der ortsüblichen Vermittelungsgebühr einen höheren Betrag aufgewendet hat, dieser[2]);
2. falls der Erwerb im Wege der Zwangsversteigerung erfolgt ist und der Veräußerer zur Zeit der Einleitung der Zwangsversteigerung Hypotheken- oder Grundschuldgläubiger war, der nachweisliche Betrag seiner ausgefallenen Forderungen, bis zu dem Werte, den das Grundstück zur Zeit der Zwangsversteigerung oder, wenn der Wert zur Zeit der Eintragung der Forderung höher war, zu diesem Zeitpunkt hatte[3]). Die Forderungen kommen, wenn sie durch entgeltliches Rechtsgeschäft erworben sind, nur in Höhe des geleisteten Entgelts in Anrechnung[3b]). Beruht ihr Erwerb auf einer Schenkung, oder ist ihre Eintragung innerhalb kürzerer Zeit als sechs Monate vor der Einleitung der Zwangsversteigerung erfolgt, so werden die Forderungen nur berücksichtigt, wenn nach den Umständen Schenkung oder Eintragung keine Steuerersparung bezwecken[4]);
3. die Aufwendungen für Bauten, Umbauten und für sonstige dauernde besondere Verbesserungen, auch solche land- oder forstwirtschaftlicher Art, sowie für bergmännische Versuchs- und Ausrichtungsarbeiten, die innerhalb des für die Steuerberechnung maßgebenden Zeitraums gemacht sind und weder die nach § 10 abzugsfähigen Gegenstände betreffen, noch der laufenden Unterhaltung von Baulichkeiten oder der laufenden Bewirtschaftung von Grundstücken dienen, soweit die Bauten und Verbesserungen

noch vorhanden sind[5]). Außerdem sind fünf vom Hundert, oder wenn der Veräußerer Baugewerbetreibender oder Bauhandwerker und selbst der Bauunternehmer ist, fünfzehn vom Hundert des anrechnungsfähigen Wertes den Aufwendungen hinzuzurechnen. Diese Bestimmung findet jedoch keine Anwendung, wenn der Unternehmer eine Gesellschaft im Sinne des Handelsgesetzbuchs oder eine Genossenschaft ist, die nicht ausschließlich aus Baugewerbetreibenden oder Bauhandwerkern bestehen[6]). Als Aufwendungen im Sinne dieser Vorschrift gelten Beträge, die aus Versicherungen gedeckt sind, nicht, wenn sie zur Wiederherstellung von Baulichkeiten verwendet sind, die vor dem für die Steuerberechnung maßgebenden Zeitraum errichtet waren[7]);

4. die Aufwendungen, Leistungen und Beiträge für Straßenbauten, andere Verkehrsanlagen einschließlich der Kanalisierung, sowie ohne entsprechende Gegenleistung und Verzinsung geleistete Beiträge für sonstige öffentliche Einrichtungen, soweit die Aufwendungen, Leistungen und Beiträge innerhalb des für die Steuerberechnung maßgebenden Zeitraums gemacht[8]) sind[9]). Für jedes volle Jahr dieses Zeitraums nach Schluß des Kalenderjahrs, in welchem die Aufwendungen gemacht oder die Leistungen oder Beiträge verausgabt sind, längstens jedoch für fünfzehn Jahre, sind ihnen vier vom Hundert ihres Betrags hinzuzurechnen[10]). Auf Antrag des Veräußerers tritt an die Stelle dieser Zinsanrechnung die Hinzurechnung gemäß § 16, und zwar gemäß Abs. 1 Ziff. 1 von demjenigen Betrage, welcher den dort bezeichneten Höchstbetrag bei Berücksichtigung auch der Aufwendungen nach Ziff. 4 nicht übersteigt, gemäß Abs. 1 Ziff. 2 von dem Mehrbetrage[11]).

1) Durch die §§ 14—16, 21, 22 wird das im § 8 zum Ausdruck gebrachte Prinzip, wonach die unverkürzte Differenz zwischen Erwerbs- und Veräußerungspreis Gegenstand der Besteuerung sein soll, in Einklang gebracht mit dem Grundsatz des § 1, daß nur von dem Wertzuwachs, der ohne Zutun des Eigentümers entstanden ist, dem unverdienten Wertzuwachs, die Abgabe erhoben wird. Das Ge-

setz geht davon aus, daß diejenigen Werterhöhungen, die durch besondere dauernde Verbesserungen begründet sind und zurzeit noch bestehen, vom Wertzuwachs abzurechnen sind, und daß nur solche Aufwendungen hierfür in Abzug kommen, die bar oder in Geldeswert gemacht worden sind. Hierbei gibt es aber in den genannten Paragraphen bestimmte Normen, welche Beträge abzuziehen sind, so daß alle nicht unter diese Grundsätze fallenden Aufwendungen, Kosten usw., die an sich vielleicht von dem Veräußerer als werterhöhend gebucht und für seinen Veräußerungspreis bestimmend sind, zu dem unverdienten Wertzuwachs rechnen und der Besteuerung unterliegen.

Überaus wichtig ist die Art und Weise der Anrechnungen. Entgegen der Regierungsvorlage geschieht die Anrechnung aller Aufwendungen auf Grund der in der Kommission beschlossenen Änderung nicht durch Abzug vom Veräußerungspreis, sondern durch Hinzurechnung aller Aufwendungen zum Erwerbspreis. Das Gesetz folgt damit dem in sämtlichen bekannten deutschen Steuerordnungen (anders England) vertretenen Grundsatz, dem durch das Zutun des Eigentümers entstandenen Wertzuwachs eine möglichst weitgehende Wirkung auf die Höhe der Steuer einzuräumen und somit dem Eigentümer, durch dessen Tätigkeit und Aufwendungen der Wert des Grundstücks erhöht ist, besser zu stellen, als denjenigen, zu dessen Gunsten ohne sein Zutun Wertzuwachs entstanden, bei dem nur Veräußerungs- und Erwerbspreis einander gegenüberstehen, so daß es sich regelmäßig in weit höherem Maße um reinen Spekulationsgewinn handelt. Gegenüber diesem obersten Grundsatz des Gesetzes mußte der an sich logische Gedanke, daß der Wertzuwachs immer nur auf der Wertsteigerung des Grund und Bodens — nicht einer solchen der Gebäude, die umgekehrt mit der Zeit im Wert sich mindern — beruhe und deshalb von diesem Gewinn auszugehen sei, zurücktreten. Wenn daher beispielsweise jemand einen Bauplatz für 25 000 M. gekauft, im ersten Jahr auf dem Grundstück ein Haus für insgesamt 225 000 M. erbaut hat und nun nach 10 Jahren das Grundstück mit Haus für 350 000 M. verkauft, so gilt der Gesamtbetrag der Aufwendungen mit 250 000 M. zuzüglich als Kosten des Erwerbs 4% von 25 000 M. = 1000 M. sowie 2½% Zinsen für 10 Jahre von 250 000 M. = 62 500 M., also der Betrag von 313 500 M., als Erwerbspreis, der einem Veräußerungspreis von 350 000 M. (ohne Berücksichtigung der Abzüge des § 22) gegenübersteht und somit einen Wertzuwachs von 36 500 M., d. h. ca. 10½% des so ermittelten Erwerbspreises ergibt, was einem Steuerbetrag von 11% = 4015 M. entspricht. Nach der abgelehnten Regierungsvorlage dagegen wäre der Erwerbspreis 25 000 M. zuzüglich 4% Kosten = 1000 M. und 2½% Zinsen für 10 Jahre = 6250 M., also insgesamt 32 250 M., dem ein Veräußerungspreis von 350 000 M. abzüglich 225 000 M. Baukosten, also von 125 000 M. gegenüberstünde, was einem Wertzuwachs von 92 750 M., d. h. von mehr als 290% des Erwerbspreises und einem Steuersatz von 30%, somit 27 825 M. Zuwachssteuer entsprochen hätte.

Es ist nicht zu verkennen, daß infolge dieser Berechnungsweise die Grundstücksbesitzer und Terraingesellschaften eine erhebliche Steuerersparnis erzielen können, indem sie, anstatt die Baustellen an Bauunternehmer zu verkaufen, selbst als Bauherren auftreten und erst nach erfolgter Bebauung ihre Grundstücke veräußern.

Bezüglich der Anrechnungen unterscheidet das Gesetz zwischen denjenigen, welche von Amts wegen zu berücksichtigen und solchen, welche nur auf besondere Geltendmachung des Veräußerers hin in Abzug kommen. Im letzteren Fall spricht das Gesetz von „nachweislichen" Beträgen, so daß die Beweislast dem Veräußerer obliegt und mangels genügenden Nachweises ein Abzug von dem steuerpflichtigen Wertzuwachs nicht stattfindet. Es muß deshalb darauf hingewiesen werden, daß es im Interesse späterer Geltendmachung der Aufwendungen bei Verkauf des Grundstücks im dringenden Interesse des Eigentümers liegt, mehr als bisher — auch über den Zeitpunkt der Verjährung hinaus — sämtliche Belege für jegliche Aufwendungen aufzubewahren, wobei nicht genug beachtet werden kann, daß der Erbfall steuerrechtlich ignoriert wird und der Erbe bei späterer Veräußerung denjenigen Wertzuwachs zu besteuern hat, der sich nach dem Erwerbspreis des Erblassers ergibt (§ 17). Demgemäß ist selbstredend auch der Erbe oder jeder andere, der auf Grund eines nach § 7 steuerfreien Rechtsvorgangs das Grundstück erworben hat, befugt, die von dem Rechtsvorgänger bzw. den Vorbesitzern bis zum letzten steuerpflichtigen Rechtsvorgang zurück gemachten Aufwendungen gemäß den Vorschriften dieses Gesetzes in Abzug zu bringen.

Über die Abzüge vom Veräußerungspreis s. § 22.

2) Es handelt sich hier nur um die dem jetzigen Veräußerer früher entstandenen Kosten des Erwerbes; über die ihn treffenden Kosten der jetzigen Veräußerung s. § 22 Nr. 1. Voraussetzung ist, daß der Preis, nicht der an dessen Stelle tretende Wert des Grundstücks für die Berechnung maßgebend ist, also keiner der in Anm. 1 des § 11 aufgeführten Fälle vorliegt. Es ist zu beachten, daß die Unterscheidung nur für die Hinzurechnung dieser Nummer 1, nicht auch der übrigen Nummern dieses Paragraphen und insbesondere auch nicht hinsichtlich der Hinzurechnung der §§ 15—16 gemacht wird, so daß die dortigen Hinzurechnungen auch bei Zugrundelegung des Werts zu erfolgen haben.

Abzurechnen vom Wertzuwachs sind ohne weiteres als Kosten des Erwerbes ein Pauschalbetrag von 4% des Erwerbspreises. Maßgebend ist als Erwerbspreis der nach §§ 8—13, 17, 19—20 ermittelte Betrag, selbstredend ohne Berücksichtigung der für den jetzigen Steuerfall zurechnungsfähigen Beträge (vgl. Anm. 2 zu § 8). Auch wenn bekanntermaßen die Erwerbskosten geringer gewesen wären, sind hiernach die 4% vom Wertzuwachs abzurechnen. Andererseits ist aber dem Steuerpflichtigen der Nachweis höherer Kosten gestattet, so daß dann die hiernach berechneten Aufwendungen dem Erwerbspreis hinzuzurechnen sind.

Als Kosten des Erwerbs sind abzugsfähig: Die vom Veräußerer früher übernommenen Kosten der notariellen Vertragsurkunden und der Auflassung, des landesrechtlichen (z. B. Pr.StempG. Tarifstelle 8), Auflassungsstempel, der Reichsstempelabgabe, Umsatzsteuer, Wertzuwachssteuer (vgl. § 24) usw.; ferner die Vermittelungsgebühr, jedoch nur insoweit sie ortsüblich ist, und zwar selbst dann, wenn an sich mit Rücksicht auf die besonderen Umstände die höhere Gebühr angemessen war (vgl. Anm. 6 zu § 8). Zweifelhaft könnte sein, ob nur der für die Vermittelung des Verkaufs oder des Ankaufs des Grundstücks versprochene Mäklerlohn abzuziehen ist oder der Abzug auch dann möglich ist, wenn z. B. jemand eine Gebühr für den Verkauf seiner Hypothek oder von Wertpapieren verspricht und nur infolge der Tätigkeit des Vermittlers ein Grundstück kauft, wobei er seine Hypothek usw. mit in Zahlung geben kann. An sich wird die Vermittlungsgebühr wegen Unterbringung der Hypothek fällig, da aber das Kaufgeschäft nur als ein einheitliches anzusehen ist und auch hier die Gebühr infolge des Grundstückskaufs fällig wird, kann der Umstand, daß der Mäklerlohn auch bei anderweitigem Verkauf der Hypothek fällig geworden wäre, hieran nichts ändern; daher ist auch diese Gebühr insoweit ortsüblich, als Kosten des Erwerbs abzugsfähig.

Hierher gehören nicht nur die bei der Auflassung oder dem sonstigen Übereignungsvorgang entstandenen Kosten, sondern auch diejenigen, welche auf Grund mehrerer aufeinanderfolgender Rechtsgeschäfte nach § 5 erwachsen und dem Veräußerer bei seinem Erwerb zur Last gefallen sind. Hat z. B. A. mit B. einen Veräußerungsvertrag abgeschlossen, B. die Rechte aus diesem an C. durch notariellen Vertrag, dessen Kosten C. tragen muß, abgetreten, und C. das Grundstück mit der Verpflichtung zur Zahlung der Kosten von A. aufgelassen erhalten, so kann C. die Kosten der Abtretung an B. und die der Auflassung als Erwerbskosten berechnen. Dies folgt durch Arg. e contrario aus § 27, in dem die Gesamtheit der zum Erwerb führenden Rechtsgeschäfte der Zuwachsberechnung zugrunde zu legen ist.

Zweifehaft kann es erscheinen, ob der Erbe, der ein Grundstück von Todes wegen erworben, auch die Erbschaftssteuer abzuziehen berechtigt ist, ob die vom Beschenkten bei der Schenkung erhobene Abgabe, überhaupt alle diejenigen Kosten, die beim Erwerb auf Grund eines steuerfreien Rechtsgangs (nach § 7) dem Veräußerer entstanden sind, unter § 14 Nr. 1 fallen, obgleich im übrigen diese Rechtsvorgänge steuerrechtlich ignoriert und auf den letzten steuerpflichtigen Rechtsvorgang zurückgegriffen wird. Berücksichtigt man jedoch, daß gerade der Gedanke, nur den unverdienten, realisierten, Wertzuwachs treffen zu wollen, für die Steuerfreiheit der Rechtsvorgänge bestimmend war, so muß man unbedingt die Frage bejahen und auch diejenigen Beträge abziehen, die zurück bis zum letzten steuerpflichtigen Rechtsvorgang infolge des Erwerbs zu zahlen waren.

Hat z. B. A. ein von dem Erblasser vor 10 Jahren für 300 000 M. erworbenes Hausgrundstück im Wert von 500 000 M. vor 2 Jahren geerbt und nach § 10 III des RErbschafts-SteuerG. 8% = 40 000 M. Erbschaftssteuer gezahlt, so stellt sich für ihn die Berechnung der Zuwachssteuer wie folgt:

Erwerbspreis	300 000 M.
zuzüglich Erbschaftssteuer	40 000 „
zuzüglich Kosten des früheren Erwerbs (4%)	12 000 „
zuzüglich $2^1/_2$% Zinsen gemäß § 16 von 312 000 M. auf 10 Jahre	78 000 „
von 40 000 M. auf 2 Jahre	2 000 „
	432 000 M.
Veräußerungspreis	530 000 M.
abzüglich der Unkosten (§ 22 Nr. 1)	10 000 „
ergibt einen Wertzuwachs von	88 000 M.

d. h. zwischen 10—30% des Erwerbspreises zuzüglich der Anrechnungen = 11% Steuer = 9680 M., abzüglich 968 M. (§ 28 Abs. 2) = 8712 M. Zuwachssteuer

Wollte man dies nicht anerkennen, so setzte man dem Veräußerer z. B. eines Gutes zugunsten seiner späteren Erben noch darauf eine Prämie, daß er ihnen nicht das Gut, sondern das bare Geld gelassen hat. Denn in diesem Fall war die Zuwachssteuer zwar bereits bezahlt, der Erbe brauchte aber die Erbschaftssteuer nur von dem nach Abzug der Zuwachssteuer auf ihn gekommenen Betrag zu entrichten, während der Erbe eines Nachlaßgrundstückes nach der hier bekämpften Auslegung die Erbschaftssteuer von dem vollen Wert entrichten und trotzdem ohne Berücksichtigung dieser Erwerbsunkosten die volle Wertzuwachssteuer zahlen müßte.

Die Richtigkeit unserer Auslegung läßt sich auch aus dem Wortlaut des Gesetzes selbst vertreten, welches nur allgemein von den Kosten des „Erwerbes" spricht, ohne Bezugnahme auf den Erwerb lediglich bei dem letzten steuerpflichtigen Rechtsvorgang, ferner auch aus § 17, wo nur für die Preisbestimmung im Sinne des gesetzlichen Begriffs nach § 8—13, nicht auch hinsichtlich der Anrechnungen auf den letzten steuerpflichtigen Rechtsvorgang verwiesen wird Über die Verzinsung der Kosten s. § 16.

3) Die Vorschrift schafft den notwendigen Ausgleich zwischen dem Grundsatz des § 9, wonach bei Erwerb im Wege der Zwangsversteigerung das Meistgebot als Erwerbspreis zugrunde gelegt wird, und dem Fall, daß ein Hypotheken- oder Grundschuldgläubiger das Grundstück zu erstehen gezwungen ist, also selbst meist erhebliche Ausfälle erleidet, die er nun noch gar besteuern müßte.

Voraussetzung ist:

1. daß die Hypothekenforderung oder die Grundschuld zur Zeit der Einleitung der Zwangsversteigerung, d. h. bei Erlaß des die Zwangsversteigerung anordnenden Beschlusses (§§ 15, 16 ZVG.) im Grundbuch eingetragen, oder mindestens eine Vormerkung zur Sicherung des Anspruchs auf Eintragung einer solchen (§ 183 BGB.) bereits grundbuchlich bestand.;
2. daß der Hypothekengläubiger Ersteher des Grundstücks geworden. Ist also zwar von den Hypothekengläubiger das Meistgebot abgegeben, der Zuschlag aber nicht ihm, sondern einem Dritten erteilt worden (§ 81 Abs. 2, 3 ZVG., vgl. auch § 5

Abs. 3) oder ein von den eingetragenen Gläubigern verschiedenes Rechtssubjekt (z. B. die von zwei als Gläubigern einer Hypothek eingetragenen Brüdern gebildete G. m. b. H. (auch Off. HG. ? vgl. § 25) oder eine von einem Gläubiger zum Zweck des Ankaufs unter formaler Beteiligung von Dritten gegründete G. m. b. H. oder Aktiengesellschaft) Ersteher, so greift die Vergünstigung nicht Platz.

3. daß der Hypothekengläubiger ganz oder teilweise mit seiner Forderung ausgefallen ist.

Liegt dies vor, so ist der nachweisliche Betrag, der für den Ersteher eingetragenen (nicht etwa noch nach ihm) ausgefallenen Forderung dem nach § 9 ermittelten Preis hinzuzurechnen. Hierunter fallen aber nicht nur die Kapitalforderungen, sondern auch die Zinsansprüche und die Kosten, für welche das Grundstück nach §§ 1118, 1192 BGB. haftet. Nach zwei Richtungen finden jedoch Einschränkungen statt:

a) insoweit der Ersteigerungspreis zuzüglich der ausgefallenen Forderungen den Wert des Grundstücks übersteigt, ist die Anrechnung ausgeschlossen; zu denken ist nicht nur an den Fall der Überlastung, sondern auch des Minderwerts durch Abwirtschaftung oder Vernachlässigung des Grundstücks, wie sie vor Zwangsversteigerungen häufig ist. Maßgebend ist der gemeine Wert (§ 12) zur Zeit der Zwangsversteigerung, wenn jedoch der Wert des Grundstücks zur Zeit der Eintragung der Forderungen höher war, der Wert zu diesem Zeitpunkt.

b) Die Anrechnung findet nur in Höhe des tatsächlich geleisteten Entgelts statt. Dieses bedeutet für den Geldverkehr ein großes Hemmnis. Es ist die Regel, daß der Eigentümer an sich schon für zweite oder gar drittstellige Hypotheken nicht unerhebliches Damno zahlen muß, welches mit Rücksicht auf das für den Geldgeber oft beträchtliche Risiko — Notwendigkeit des Ersteigerns, Ablösung der durch nicht rechtzeitige Zahlung der Hypothekenzinsen fällig werdenden Vorhypotheken usw. — auch nicht ungerechtfertigt ist. Da nun der Hypothekengläubiger dieses Damno nicht mit hinzurechnen darf, so wird sein Risiko durch Erhöhung der späteren Zuwachssteuer erhöht und eine größere Zurückhaltung des Geldmarkts für zweite Hypotheken die nicht ungerechtfertigte Folge sein. Selbstredend greift die Bestimmung nur bei entgeltlichem Erwerb Platz, so daß nicht etwa (wie irrtümlich von einem Regierungsvertreter in der Kommission Ber. II, S. 31 behauptet) geschenkte Forderungen überhaupt nicht zur Anrechnung gelangen, sondern gerade umgekehrt im Rahmen der Einschränkung unter a) voll dem Erwerbspreis zuzurechnen sind, sofern nicht Anm. 4 vorliegt.

4) Die Vorschrift soll Umgehungen des Gesetzes verhüten. Ist die Hypothek durch Schenkung (nicht allgemein „unentgeltlich", z. B. Erwerb von Todes wegen, Auseinandersetzung bei Gütergemeinschaft usw.) erworben oder die Eintragung der Forderung innerhalb kürzerer Zeit als 6 Monate vor Einleitung der Zwangs-

versteigerung (s. Anm. 1) erfolgt, so spricht eine gesetzliche Vermutung gegen die Reellität des Erwerbs und dem Veräußerer wird die Beweispflicht auferlegt, daß Schenkung oder Eintragung keine Steuerersparung bezweckten. Zu beachten ist, daß nur die zur Entstehung der Hypothek erforderliche Eintragung der Hypothek bzw. Grundschuld gemeint ist, nicht auch der Erwerb derselben seitens des Ersteigerers (der übrigens nur bei der Buchschuld eine Eintragung erfordert) vor diesem Zeitpunkt liegen muß; hat also z. B. der Eigentümer 7 Monate vorher eine Eigentümergrundschuld bestellt, und diese einen Monat vor der Zwangsversteigerung an C. veräußert, so ist C., wenn der Zuschlag an ihn erfolgt, ohne weiteres berechtigt, den erlittenen Ausfall bei späterer Veräußerung dem Erwerbspreis hinzuzurechnen. Der Eintragung der Hypothek muß die Eintragung einer Vormerkung gleichgestellt werden.

Bezüglich der Beweispflicht bemerkte ein Regierungsvertreter in der Kommission (Ber. II, S. 31), daß im allgemeinen der Umstand, daß es sich um eine seitens eines Bauhandwerkers durch Leistung für den Bau erworbene Forderung handele, ausreichen würde, um die Anrechnung solcher Forderungen sicher zu stellen.

5) Nr. 3 des § 14 ist die wichtigste Bestimmung für Ermittelung des unverdienten Wertzuwachses, indem sie alle Aufwendungen umfaßt, welche unmittelbar zum Zwecke der Verbesserung des Grundstücks gemacht worden sind. Im allgemeinen ist vorauszuschicken, daß der Begriff der anrechnungsfähigen Aufwendungen in weitem Sinn zu fassen ist, insbesondere darf keineswegs aus den Spezialbestimmungen für Bergwerke usw. ein Rückschluß auf einschränkende Auslegung für andere Fälle gemacht werden, vielmehr sind dies nur zur Klarstellung beigefügte Erläuterungen, die sich an sich bei richtiger Auslegung des § 14, wie ausdrücklich bei der dritten Lesung in der Kommission (Ber. II, S. 22) seitens eines Vertreters des Reichsschatzamtes betont wurde, bereits von selbst ergeben. Auch an anderer Stelle wurde wegen dieser Befürchtung vor einer zu weitgehenden Kasuistik gewarnt (vgl. KommB. II, S. 51).

Folgende Voraussetzungen müssen im einzelnen vorliegen:

1. Die Aufwendungen müssen für Verbesserungen des steuerpflichtigen Grundstücks gemacht sein. Nicht anrechnungsfähig sind also

a) die für Maschinen und sonstige nach § 10 an sich schon begrifflich für den Wertzuwachs nicht zu berücksichtigende Gegenstände gemachten Aufwendungen;

b) solche, die der Erzielung des laufenden Ertrages dienen, d. h. die zur Instandhaltung und Verwaltung bzw. Bewirtschaftung des Grundstücks erforderlichen Ausgaben, z. B. gewöhnliche Ausbesserungen, wie sie dem Pächter nach § 582 BGB. obliegen;

c) die Aufwendungen für Zubehör, z. B. beim Gut, Erhöhung des Viehbestandes oder bei einem städtischen Grundstück, Verbesserungen der Ausstattung mit eleganten Treppenläufern, kurz, alle diejenigen Gegenstände, welche zwar im wirtschaftlichen Sinn als zum Grundstück gehörig mit verkauft und vielleicht auch indirekt die Ertragsfähigkeit oder den Verkaufswert zu erhöhen geeignet sind, aber nicht zu den Bestandteilen des Grundstücks, vielmehr zu den steuerfreien Gegenständen gehören. Im Sinne des § 13 (s. dort Anm. 2) ist deren Verkaufspreis bzw. -wert vom Grundstückspreis bereits in Abzug zu bringen, kann also auch nicht bei den Aufwendungen nochmals in Berücksichtigung kommen. Der Unterschied ist steuerrechtlich erheblich: sie mindern den Veräußerungspreis, während die Aufwendungen für das Grundstück dem Erwerbspreis hinzuzurechnen sind (vgl. Anm. 1).

Anrechnungsfähig sind hiernach vor allem die gesamten, für die Ausführung der Bauten oder sonstigen Verbesserungen notwendigen Auslagen, und zwar nicht nur die bar gezahlten Beträge, sondern auch der Wert der aus eigener Wirtschaft (Steinbruch, Forst, Ziegelei usw.) entnommenen Erzeugnisse, wie Steine, Bauholz, Dachziegel, Klinkersteine, Naturallöhne für die verwendeten Arbeiter usw. Hierher gehören sowohl die eingefügten Materialwerte als die erforderlich gewesenen Löhne, das Architektenhonorar sowie die an dritte Personen für Bauleitung und Aufsicht gezahlten Vergütungen, nicht dagegen die Entschädigung für die eigene Tätigkeit des Besitzers, da diese nach Satz 2 (vgl. Anm. 6) pauschalisiert sind. Zu denken ist nicht nur an einen Neubau, sondern auch an Umbauten, z. B. Umwandlung eines alten Wohnhauses in einer Verkehrsstraße in ein Geschäftshaus, Ausbau von Läden, Anbau von Balkons sowie überhaupt alle Verbesserungen, die Bestandteile des Grundstücks werden (wie z. B. elektrische Lichtanlage, Doppelfenster usw., vgl. Anm. 2 zu § 13).

Zu beachten ist, daß die aufgewendeten Kosten voll abzugsfähig sind, nicht nur in derjenigen Höhe, wie sie nach kaufmännischen Grundsätzen insbesondere mit Rücksicht auf eine der Abnutzung der Gebäude entsprechende jährliche Amortisation bei der Veräußerung des Grundstücks im Buche stehen; dem ist vielmehr durch § 16 Nr. 2 Rechnung getragen, indem die dort vorgeschriebenen Anrechnungen für die bebauten Grundstücke niedriger bemessen sind (vgl. KommB. III, S. 22).

Zu den besonders hervorgehobenen Verbesserungen land- und forstwirtschaftlicher Art gehören außer den äußerlich sichtbaren bautenähnlichen Anlagen, wie Drainagen usw., z. B. auch künstliche Düngung, die über den Umfang der laufenden Bewirtschaftung zu dem Zwecke geschieht, den Ertrag des Gutes auf Jahre hinaus zu erhöhen, tiefes Rigolen des Bodens, Aufbringen von Humusboden oder die Kosten, mit welchen der Besitzer die Gräben eines Grundstücks über den Umfang der laufenden Unterhaltungs- und Räumungspflicht hinaus in Ordnung gebracht hat (KommB. II, S. 53 und III, S. 24), vor allem aber Änderungen in der wirtschaftlichen Bestimmung des Grundstücks, z. B. Anlage einer Rübenkultur mit Rücksicht auf eine in der Nähe erbaute Zuckerrübenfabrik (vgl. hierzu § 15).

Aufwendungen für bergmännische Versuchs- und Ausrichtungsarbeiten sind auch solche zur Einleitung und Vorbereitung des Bergbaus, z. B. Schürfungen, Bohrarbeiten, Versuchsschächte oder Versuchsstollen, Versuchsstrecken und ähnliches, überhaupt alle zur Erschließung der Lagerstätte nötigen Ausgaben.

So wie hier kommen aber auch sonst alle Kosten für die notwendigen Vorbereitungsarbeiten zur Durchführung der Bauten usw. mit in Berücksichtigung. Insbesondere bei Fabrikbauten, Elektrizitätswerken usw., die für den Bau oft sehr erheblichen Vorarbeiten, wie Prüfung des Baugrundes usw. Nicht dagegen gehören die sonstigen für das Zustandekommen des Fabrikunternehmens gemachten Vorarbeiten hierher, wie z. B. bei Überlandzentralen Abschluß der Konzessionsverträge mit den Gemeinden, die ingenieurtechnischen Vorarbeiten und ähnliches. Zu erwähnen ist aber, daß diese Aufwendungen zum Geschäft gehören und bei Mitverkauf des Geschäfts, wie es bei Fabriken, Gasanstalten, Elektrizitätswerken usw. die Regel ist, also nach § 13 bereits aus dem Begriff des Preises fallen (s. dort Anm. 2).

Ein wichtiger Faktor sind schließlich noch die Kosten der Kapitalbeschaffung zum Zwecke der Neu- oder Umbauten oder sonstigen Verbesserungen, sowie die Verzinsung des Baukapitals während des Baues. Das Gesetz enthält in dieser Beziehung keinerlei Einschränkung. Es sind also die Aufwendungen für die Beschaffung des Baukapitals, insbesondere Hypotheken in voller Höhe, einschließlich des gezahlten Damno sowie der Vermittlungsgebühren (unabhängig von der ortsüblichen Höhe derselben) in Anrechnung zu bringen; dasselbe gilt für die Bauzinsen, d. h. die für das aufgewendete Baukapital bis zum Zeitpunkt der gebrauchsfertigen Herstellung bzw. Abnahme zu zahlenden Zinsen, gleichgültig, ob diese an Hypothekengläubiger oder Gesellschafter einer zur Beschaffung des Baugeldes gegründeten Gesellschaft zu zahlen sind; das gleiche muß aber auch zugunsten des Eigentümers selbst gelten, der eigenes Kapital zu dem Neubau verwendet, so daß auch er sich Bauzinsen berechnen darf. Doch können im letzteren Fall nach allgemeinen Grundsätzen nur die ortsüblichen Bauzinsen in Anrechnung kommen, während sonst die tatsächlich ausbedungenen maßgebend sind.

2. Die Aufwendungen müssen innerhalb des für die Steuerberechnung maßgebenden Zeitraums (§ 17 Anm. 5) gemacht sein, also nicht etwa auch die vom Vorbesitzer gemachten bzw. bei der letzten Besteuerung bereits berücksichtigten Aufwendungen. Über Anrechnung der Aufwendungen des Vorbesitzers bei Erwerb auf Grund steuerfreien Rechtsvorganges s. Anm. 1 am Ende; über die zeitlichen Schranken § 17 Abs. 3 u. 4.

3. Die Bauten und Verbesserungen müssen zur Zeit des Steuerfalls noch vorhanden sein. Ein ursächlicher Zusammenhang zwischen den Bauten oder sonst geschaffenen Verbesserungen und der Höhe des Veräußerungspreises ist im Gegensatz zum Regierungsentwurf nicht nachzuweisen, vielmehr genügt das „Vorhandensein", und dies ist begrifflich in weitestem

Sinne anzusehen. Entgegen der in der Kommission (KommB. II S. 34, 35 und III S. 22, 23) geäußerten Ansicht muß es als ausreichend angesehen werden, wenn die Anlage überhaupt nur noch besteht, auch wenn sie nicht mehr benutzt wird, und wie etwa ein Bergwerksschacht oder Gebäude nur äußerlich noch notdürftig unterhalten wird, um den äußersten polizeilichen Vorschriften zu genügen; dies kommt in Großstädten nicht selten vor, wenn der Eigentümer das alte, nicht mehr vermietete Wohnhaus in einer Geschäftsstraße nicht selbst umbauen oder abreißen und neu bauen will. Die gegenteilige Ansicht steht im Widerspruch mit dem Wortlaut des Gesetzes und dem unter 1. ausgeführten Grundsatz, wonach auch sonst Amortisationsquoten von den Aufwendungen nicht abzuziehen sind, andererseits die verminderte Anrechnung nach § 16 Nr. 2 Platz greift. Dagegen muß selbredend der Bau überhaupt noch mit dem Grundstück Gegenstand der Veräußerung sein können. Wenn also z. B. jemand in einer Stadt Wohnungen zu Läden, diese alsdann zu Restaurationsräumen und schließlich wieder zu Wohnungen umbaut, so kann er nicht etwa die gesamten Kosten dieser verschiedenen Umbauten in Anrechnung bringen. Das gleiche gilt, wenn jemand ein bebautes Grundstück aufläßt, das Gebäude aber bereits vorher anderweitig zum Abbruch verkauft hat (zulässig nach KgRspr. **5** 76; Strieth. **84** 88; JW. **90** 383[35]; RG. Gruch. **35** 951; JW. **03** Beilage 119[263]; RG. **55** 284; **59** 19; RG. in Holdheim Monatsschr. **05** 150); hierdurch hat das Gebäude seine Eigenschaft als Bestandteil (vgl. Anm. 2 zu § 13) verloren, es ist nicht mehr Gegenstand der Veräußerung und der Veräußerer kann daher auch nicht die auf dasselbe gemachten Aufwendungen in Anrechnung bringen.

6) Die Vorschrift dient zwei Zwecken: 1. Ergänzung der nachgewiesenen Aufwendungen mit Rücksicht darauf, daß es häufig infolge der Länge der Zeit oder mangels ausreichender Buchführung (namentlich bei Landwirten) schwer fallen dürfte, alle Aufwendungen nachzuweisen. 2. Berücksichtigung der eigenen Arbeit und des Unternehmergewinns der Bauhandwerker, und zwar durch Hinzurechnung eines Pauschquantums von 5%. Hervorzuheben ist, daß der Zuschlag nach Prozentsätzen von den baren Aufwendungen berechnet wird, also in denjenigen Fällen keine Wirkung hat, wo die Verbesserungen ohne oder nur mit sehr geringen baren Aufwendungen, vorwiegend durch die eigene Arbeit herbeigeführt ist; die allgemeine Hauptberücksichtigung der eigenen Arbeit schafft § 16.

Hier soll eine Befreiung zugunsten derjenigen Veräußerer stattfinden, die als Baugewerbetreibende, Bauhandwerker eigene Arbeit geleistet und als Bauunternehmer selbst den Bau geleitet haben; während 5% ohne weiteres den nachgewiesenen Aufwendungen zuzuschlagen sind, bedarf es für den Zuschlag von 15% (also weiteren 10%) dieses besonderen Nachweises. Eine berufliche Ausbildung dürfte nicht erforderlich sein, vielmehr ist als ausreichend zu erachten, wenn der Eigentümer tatsächlich selbst diese Arbeit geleistet hat. Die Anrechnung des höheren Prozentsatzes ist hierbei nicht auf physische Personen beschränkt, setzt aber bei Handelsgesellschaften (offene Handelsgesellschaft, Kommanditgesellschaft, Aktiengesellschaft, Kommanditgesellschaft auf Aktien, Gesellschaft mit beschränkter Haftung) und Genossenschaften als weitere Bedingung voraus, daß sämtliche Gesellschafter Baugewerbetreibende oder Bauhandwerker sind.

7) Surrogationsprinzip. Die durch Zahlungen von Feuerversicherungsgesellschaften usw. gedeckten Kosten des Neubaues finden also dieselbe Berücksichtigung, wie die Aufwendung für den alten Bau: War dieser vor Erwerb des Veräußerers bzw. vor dem für die Steuerberechnung maßgebenden Zeitpunkt (§ 17) errichtet, so sind die Kosten nicht abzugsfähig. Sind die Baulichkeiten aber erst von dem jetzigen Veräußerer bzw. im Fall des steuerfreien Erwerbs (§ 7) nach dem letzten steuerpflichtigen Rechtsvorgange errichtet, so können auch die durch Versicherung gedeckten Aufwendungen für den Neubau zum Erwerbspreis hinzugerechnet werden. Eine doppelte Anrechnung ist schon durch die Einschränkung zu Satz 1 (soweit die Bauten und Verbesserungen noch vorhanden sind) ausgeschlossen.

8) „Gemacht" ist die Aufwendung schon, wenn eine Verpflichtung zur Zahlung begründet ist (vgl. § 257 BGB.); vgl. Ziff. 4 S. 2 den Unterschied zwischen „Aufwendungen gemacht" und „Leistungen oder Beiträge verausgabt".

9) Es ist zu unterscheiden zwischen:

a) Verkehrsanlagen, das sind insbesondere Straßenbauten; als solche kommen nicht nur die Neuanlage einer Straße, sondern auch die Pflasterung oder die Chaussierung eines bestehenden Weges in Betracht. Ferner Straßenbahnen, Omnibuslinien, Wasserkanäle;

b) sonstigen öffentlichen Einrichtungen: Wasserleitungen, Beleuchtungen, Schulen, Kirchen, Kirchhöfe, öffentlichen Plätzen, öffentlichen Gärten, Krankenhäusern und ähnlichem.

Für beides ist gleichbedeutend hinsichtlich der Steuerbefreiung, ob ein öffentlich rechtlicher Verband oder sonst ein Dritter Anlagen der hier bezeichneten Art errichtet und der Steuerpflichtige Zuschüsse dazu gegeben hat, oder der Veräußerer selbst derartige Einrichtungen getroffen hat. Es sind also z. B. auch die Aufwendungen zu sog. Unternehmerstraßen steuerfrei.

Dagegen wird ein Unterschied gemacht hinsichtlich des Umstands, ob die Leistung entgeltlich oder unentgeltlich geschehen. Sind die Aufwendungen, Leistungen oder Beiträge für Verkehrsanlagen gemacht, z. B. Übernahme einer Zinsgarantie für eine Bahnlinie, so sind sie selbst dann abzugsfähig, wenn eine Gegenleistung, z. B. freie Benutzung der Bahn gewährt wird. Dasselbe muß aber auch für die Anlagekosten von Verkehrsunternehmungen, die der Besitzer selbst errichtet, gelten und zwar auch dann, wenn es sich um Unternehmungen handelt, für deren Benutzung ein Entgelt (z. B ein Straßen-, Brückensold) erhoben wird.

Handelt es sich dagegen um Beiträge zu sonstigen öffentlichen Einrichtungen, z. B. bei großen Elektrizitätswerken Garantie einer Mindestabnahme elektrischer Energie (pro ha der Besitzung gerechnet, wie z. B. bei der Überlandzentrale der Kreise Birnbaum—Meseritz—Schwerin), so kommt es darauf an, ob eine entsprechende (d. h. nicht bloß in den allgemeinen Vorteilen, die das Vorhandensein der Einrichtung begründet, bestehende) Gegenleistung und Verzinsung gewährt wird.

Schwierigkeit bietet die Frage, inwieweit ein räumlicher Zusammenhang zwischen den Verkehrsanlagen bzw. Einrichtungen und dem Grundstück gefordert werden muß. Aus dem Zweck der Bestimmung, alle der Erschließung einer Gegend dienlichen Aufwendungen von der Steuer zu befreien, muß eine solche zwar nicht räumliche, aber tatsächliche Beziehung zwischen der Einrichtung und dem Grundstück als erforderlich, aber auch ausreichend angesehen werden, daß die Einrichtung objektiv geeignet ist, überhaupt eine Wertsteigerung des Grundstücks herbeizuführen. Der Nachweis des Kausalzusammenhangs zwischen der Aufwendung und dem Wertzuwachs ist allerdings nicht erforderlich.

Für die Voraussetzung, daß die Beiträge von dem Veräußerer selbst geleistet sein müssen, gilt das zu Anm. 5 Nr. 2 Gesagte.

10) Es handelt sich hier — im Gegensatz zu der einmaligen Hinzurechnung zu den Aufwendungen in Nr. 3 (Anm. 6) — um Zubilligung von Zinsen für die Kosten der Anlage von Straßen oder sonstigen öffentlichen Einrichtungen, und zwar 4% jährlich, längstens jedoch für 15 Jahre. Demgegenüber sind aber auch die Zinsanrechnungen des § 16 für diese Ausgaben und Aufwendungen fortgefallen und nur auf die Kosten bzw. Aufwendungen des § 14 Nr. 1—3 beschränkt. Durch die zeitliche Beschränkung der Zinsenanrechnung für diese Ausgaben auf 15 Jahre sollte ein Anreiz geschaffen werden, das durch die Straßenbauten usw. erschlossene Baugelände früher zu veräußern (KommB. III S. 24).

11) Es wird eine Ausnahme von Satz 2 (Anm. 10) geschaffen zugunsten derer, die für das Grundstück einschl. der Aufwendungen nach Ziff. 3 keinen höheren Erwerbspreis als 100 Mark, bei Weinbergen 300 Mark gezahlt haben, wobei in erster Linie an landwirtschaftliche Besitzungen gedacht war, die nicht zum Verkauf, sondern zur dauernden Benutzung bestimmt.

Dem Veräußerer wird ein Wahlrecht zugestanden, die Hinzurechnung nach § 14 Ziff. 4 Satz 2 oder nach § 16 zu bewirken, und zwar in der Weise, daß

a) zur Begründung des Antrags genügend ist, wenn die Preisgrenze von 100 und 200 Mark pro Ar erst durch Hinzurechnung der in § 14 Ziff. 4 bezeichneten Aufwendungen überschritten wird,

b) die Hinzurechnung gemäß § 16 in Höhe von 2½% erfolgt, insoweit der Erwerbspreis einschl. der Aufwendungen sowohl nach § 14 Ziff. 3 als nach § 14 Ziff. 4 die obengenannte Preisgrenze nicht übersteigt, dagegen nur in Höhe von 2 oder 1% von dem durch die Hinzurechnung der Aufwendungen sich ergebenden Mehrbetrage.

Der Wert dieses Wahlrechts zeigt sich bei langer Besitzdauer, weil Ziff. 4 nur eine Anrechnung auf 15 Jahre, § 16 aber auf den vollen für die Steuerberechnung maßgebenden Zeitraum vorsieht.

§ 15.

Soweit es sich um die Verbesserung von Flächen handelt, die aus Moorland, Sumpfland, Öd- oder Heideland bestehen, ist auf Antrag des Veräußerers an Stelle der in § 14 Ziff. 3 bezeichneten Aufwendungen dem Erwerbspreis die Erhöhung des Ertragswerts hinzuzurechnen[1]).

1) Es handelt sich um die Fälle besonders wirksamer landwirtschaftlicher Melioration, wesentlicher Umänderung der ganzen Beschaffenheit des Grundstücks. Liegt soche Schaffung von Neuland vor, so braucht es sich nicht notwendig um Moorland oder eine der bezeichneten anderen Arten zu handeln; vielmehr sind diese Bezeichnungen, wie ausdrücklich in der Kommission (KommB. III S. 26) betont, nur beispielsweise gegeben, so daß es insbesondere nicht erforderlich, daß das Grundstück unter einer dieser Bezeichnungen in den amtlichen Grundsteuerlisten eingetragen steht.

Die Bestimmung wurde in der Kommission dadurch begründet, daß die hier bezeichneten Verbesserungen in wenigen Jahren eine Wertsteigerung auf das Mehrfache des ursprünglichen Werts bewirkten und dies lediglich infolge der Erhöhung der Ertragsfähigkeit ohne jede Einwirkung der Konjunktur geschehe. Vor allem verursachten diese Meliorationen aber weniger bare Auslagen als Arbeit des Besitzers, so daß dem besonders Rechnung zu tragen sei (KommB. III S. 25, 26).

Die Fassung „soweit es sich . . . handelt" ergibt, daß bei Bestimmung der Erhöhung des Ertragswerts lediglich auf die durch die Meliorationsarbeiten unmittelbar betroffene Fläche Rücksicht zu nehmen ist, und hinsichtlich der übrigen Flächen die allgemeine Regel des § 14 Platz greift, so daß unter Umständen eine verschiedenartige Berechnung stattfindet. An Stelle der für das Moorland, Sumpfland usw. gemachten Aufwendungen ist auf Antrag des Veräußerers der sich aus dem Unterschied zwischen dem früheren und jetzigen Ertragswert ergebende Wert der Verbesserung dem Erwerbspreis hinzuzurechnen.

§ 16.

Dem Erwerbspreis werden für jedes Jahr des für die Steuerberechnung maßgebenden Zeitraums hinzugerechnet[1]):

1. von dem Betrage des Erwerbspreises und der Anrechnungen nach § 14 Ziff. 1—3, § 15, der zusammen einhundert Mark, bei Weinbergen dreihundert Mark für das Ar nicht übersteigt, zweieinhalb vom Hundert;
2. von dem Mehrbetrage bei unbebauten Grundstücken zwei, bei bebauten Grundstücken eineinhalb vom Hundert[2]).

Beträgt der für die Steuerberechnung maßgebende Zeitraum nicht mehr als fünf Jahre, so ermäßigen sich die Hinzurechnungen bei unbebaut gebliebenen Grundstücken auf die Hälfte[3]).

Die Hinzurechnung erfolgt für jedes volle Kalenderjahr nach Schluß des Jahres, in dem der für die Steuerberechnung maßgebende Zeitraum beginnt, oder die Aufwendung gemacht, oder in dem bei Bauten und Umbauten die behördliche Gebrauchsabnahme und soweit eine solche nicht besteht, die gebrauchsfertige Herstellung erfolgt ist[4]).

1) Die Abzüge des § 16 bezwecken einen Schutz des langfristigen Besitzers — insbesondere zugunsten der Urbesitzer, bei denen es sich, wie in der Kommission betont, um ererbte oder sonst lange Zeit hindurch besessene Grundstücke und in den seltensten Fällen um eigentlich spekulative Absichten handele — sowie Schutz der eigenen Arbeit, indem davon ausgegangen wird, daß bei bebauten oder unbebauten Grundstücken, bei denen der Ar mehr als 100 M., der Morgen (preuß. Morgen = 25,532 a) also mehr als 2550 M. kostet, im allgemeinen Durchschnitte die Höhe des Preises schon durch das städtische Wohnungsbedürfnis beeinflußt sei. Es ist deshalb der die Preisgrenze nicht übersteigende als Arbeitsinstrument benutzte Boden in höherem Maße berücksichtigt, als das Baugelände, welches für die städtische Bebauung reif ist. Weiterhin erschien es auch angemessen, einen gewissen Zuwachs steuerfrei zu lassen.

Die Bestimmung enthält die einzige, allen Grundstücken zugute kommende Anrechnung von Zinsen. Die Vorteile der nach § 14 Nr. 3 u. 4 zuzuschlagenden Zinsen kommen nur als Ergänzung der Aufwendungen und in deren Verhältnis, die im § 22 Nr. 2 erwähnten Zinsen nur als Ersatz des nachweislich hinter dem Satz von 3% zurückgebliebenen Ertrages zur Anrechnung.

2) Die Anrechnungen geschehen für die ganze Besitzdauer des derzeitigen Veräußerers, d. h. für den vollen für die Steuerberechnung nach § 17 Abs. 5 maßgebenden Zeitraum. Zu beachten ist die dortige Einschränkung durch Abs. 3 u. 4, indem eine weitere Berücksichtigung

des Wertzuwachses als für die letzten 40 Jahre bzw. bis zum 1. Jan. 1885 zurück nicht stattfindet und demgemäß auch die Anrechnungen, wie durch § 17 Abs. 5 ausdrücklich klargestellt ist, selbst dann nicht für die frühere Zeit stattfinden, wenn der Veräußerer einen tatsächlich gezahlten höheren Erwerbspreis nachweist und an sich damit auf den früheren Rechtsvorgang zurückgreift.

Es kommen jährlich durch Hinzurechnung zum Erwerbspreis vom Wertzuwachs in Abzug:

1. in allen Fällen, bei bebauten wie unbebauten Grundstücken, zunächst 2½% von demjenigen Betrage, welcher bei Hinzurechnung der Anrechnungen nach § 14 Ziff. 1—3 zum Erwerbspreis innerhalb der Preisgrenze von 100 M. pro Ar, bei Weinbergen 300 M. pro Ar liegt;
2. in denjenigen Fällen, wo der nach 1 berechnete Betrag die Preisgrenze übersteigt, von dem Mehrbetrage dieser Summe 2% bei unbebauten Grundstücken und 1½% bei bebauten Grundstücken (über den Begriff „bebautes" und „unbebautes" Grundstück s. Anm. 9 zu § 1).

Hat also z. B. jemand in Baden ein Gut seit 20 Jahren im Besitz, Größe des Gutes 300 Morgen (1 badischer Morgen = 0,360 ha = 36 a) = 10 800 a, Erwerbspreis 1 000 000 M., hat er im ersten Jahr an Aufwendungen für Bau des Herrenhauses, einer Zuckerfabrik usw. 400 000 M. verausgabt, und verkauft er dieses Gut für 1 600 000 M., so ergibt sich folgende Berechnung:

Erwerbspreis		1 000 000 M.
zuzüglich an Aufwendungen		400 000 „
zuzüglich Zinsen nach § 16 (pro Jahr 2½%) von 1 080 000 M. (nämlich 100 × 10 800) . .	= 27 000 M.	
und 2% von 320 000 M.	= 6 400 „	
pro Jahr	33 400 M.	
für 20 Jahre		668 000 „
		2 068 000 M.
Veräußerungspreis		1 600 000 „

Es schließt also regelmäßig längere Besitzdauer die Berechnung eines Wertzuwachses und damit Erhebung einer Steuer aus.

3) Verschärfung der Steuer in den Fällen des kurzfristigen Gewinnes bei unbebaut gebliebenen Grundstücken, da es sich bei solch raschen Veräußerungen in der Regel um reinen Spekulationsgewinn handelt und deshalb nur in geringerem Maße die Freilassung einer Quote des Wertzuwachses gerechtfertigt erscheint.

Beträgt also der nach § 17 Abs. 5 für die Steuerberechnung maßgebende Zeitraum nicht mehr als 5 Jahre, so tritt eine Ermäßigung der Zinshinzurechnung auf die Hälfte ein. Im übrigen erfolgt die Berechnung wie zu Anm. 2. Es kommt darauf an, ob das Grundstück zur Zeit der Veräußerung noch unbebaut ist. Ist es in diesem Moment bebaut, dann volle Zinsanrechnung auch für die Zeit der Bebauung.

4) Der Zeitpunkt, von welchem ab die Hinzurechnungen erfolgen, ist hiernach der Schluß des Jahres:

a) hinsichtlich des Erwerbspreises: in welchem der letzte steuerpflichtige Rechtsvorgang oder gemäß § 17 der an dessen Stelle tretende Zeitpunkt liegt;

b) hinsichtlich der Aufwendungen: in welchem diese gemacht sind, oder bei Bauten und Umbauten (dies gilt auch bez. der Kosten für die Baugeldbeschaffung) die behördliche Gebrauchsabnahme ev die gebrauchsfertige Herstellung erfolgt ist. Bei mehr als 40jährigem Besitz finden die länger als 40 Jahre bzw. vor dem 1. Jan. 1885 zurückliegenden Aufwendungen überhaupt keine Berücksichtigung (vgl. § 17).

Der Begriff Aufwendung gemacht umfaßt hier auch „Aufwendung der Kosten“ § 14 Ziff. 1 (arg. § 21), s. Beisp. § 14 Anm. 2.

§ 17.

Beruht der Erwerb des Grundstücks auf einem steuerfreien Rechtsvorgange (§ 7), so ist für die Bemessung des Wertzuwachses von dem Preise zur Zeit des letzten steuerpflichtigen Rechtsvorganges auszugehen[1]).

Ob im Sinne dieser Vorschrift Rechtsvorgänge steuerfrei oder steuerpflichtig sind, ist auch für die Zeit vor dem Inkrafttreten dieses Gesetzes nach ihm zu bestimmen. Rechtsgeschäfte der im § 5 bezeichneten Art stehen einem steuerfreien Erwerbsvorgange gleich, sofern sie vor dem 1. Januar 1911 abgeschlossen worden sind[2]).

Wenn der letzte steuerpflichtige Rechtsvorgang mehr als vierzig Jahre vor dem Eintritt der Steuerpflicht liegt, so ist als Erwerbspreis der Wert anzusehen, den das Grundstück vierzig Jahre vor dem Eintritt der Steuerpflicht hatte, sofern der Steuerpflichtige nicht nachweist, daß er oder sein Rechtsvorgänger vor jener Zeit bei einem steuerfreien oder steuerpflichtigen Erwerb einen höheren Erwerbspreis gezahlt hat[3]).

Liegt der für die Bemessung des Wertzuwachses maßgebende Erwerbsvorgang vor dem 1. Januar 1885, so tritt an die Stelle des Preises der Wert, den das Grundstück an diesem Tage gehabt hat, wenn der Steuerpflichtige nicht nachweist, daß er oder sein Rechtsvorgänger vor jener Zeit bei einem steuerfreien oder steuerpflichtigen Erwerb einen höheren Erwerbspreis gezahlt hat[4]).

Als für die Steuerberechnung maßgebender Zeitraum gilt im Falle des Abs. 3 der vierzigjährige Zeitraum, im Falle des Abs. 4 die Zeit seit dem 1. Januar 1885[5]).

1) Bei Vorliegen eines nach § 7 steuerfreien Rechtsvorganges wird also nicht etwa die steuerliche Erfassung des bis dahin eingetretenen Wertzuwachses ein für alle Male ausgeschlossen, vielmehr tritt sie bei der nächsten steuerpflichtigen Veräußerung ein, indem der steuerfreie Rechtsvorgang für Erhebung der Abgabe ignoriert wird.

Die Bestimmung ist von eminenter Bedeutung. Hat also z. B. jemand ein Grundstück geerbt, so wird bei der nächsten Versteuerung nicht etwa der Wert zugrunde gelegt, zu welchem der Erbe das Grundstück übernommen, z. B. auch die Erbschaftssteuer bezahlt hat, sondern der frühere Erwerbspreis des Erblassers. Hinzuweisen ist darauf, daß die Höhe der Hypothekenbelastung, welche auf dem Nachlaßgrundstück ruhte, für die Steuerberechnung ohne Belang ist; hatte daher der Erblasser das Grundstück billig erstanden, danach hohe Hypotheken aufgenommen und wirtschaftlich hierdurch den Wertzuwachs für sich bereits realisiert, so kann es sich leicht ereignen, daß die von den Erben des so belasteten Grundstücks bei späterer Veräußerung zu entrichtende Wertzuwachssteuer den Betrag des auf ihn überkommenen Grundstückwerts erschöpft, wenn nicht übersteigt. Es ist daher bereits beim Erbfall für die Frage der Ausschlagung der Erbschaft die Zuwachssteuer in Berücksichtigung zu ziehen. Ebenso ist dies bei Erbauseinandersetzungen und ähnlichem von großer praktischer Bedeutung. Der Übernehmer des Grundstücks haftet allein für die volle Wertzuwachssteuer, insbesondere also auch für denjenigen Teil des Wertes des Grundstücks, für den er die Miterben bereits abgefunden hat. Hinsichtlich der vor Inkrafttreten des Gesetzes liegenden Erbauseinandersetzungen ist durch § 65 die Haftung des Übernehmers auf seinen eigenen ererbten Anteil am Wertzuwachs beschränkt. Für die Zukunft aber ist der Betrag der von dem Übernehmer im Fall der Veräußerung zu entrichtenden Zuwachssteuer bereits bei Berechnung seines Erbanteils in Berücksichtigung zu ziehen. Übrigens ist zu beachten, daß der Rückgriff auf den Erwerbspreis des Rechtsvorgängers dem Eigentümer auf der anderen Seite die Vorteile des längeren Besitzes verschafft, so daß namentlich für den langjährigen Familienbesitz in zahlreichen Fällen durch den Rückgriff in Verbindung mit den Hinzurechnungen nach § 16 ein geringerer Wertzuwachs zu besteuern ist, als wenn der Übernahmewert zugrunde gelegt wäre. Bedauerlicherweise ist eine dem § 33 entsprechende Möglichkeit, den bisher entstandenen Wertzuwachs berechnen und versteuern zu lassen, nicht gegeben. Eine diesbezügliche Regelung war bei der Miterbenauseinandersetzung von der Regierungsvorlage vorgesehen (vgl. Denkschr. S. 33), ist aber in Wegfall gekommen. Im übrigen s. § 33.

Über die Bedeutung des steuerfreien Rechtsvorganges für den

Erwerbspreis wegen Anrechnung der Kosten des hierauf beruhenden Erwerbs s. Anm. 2 zu § 14. Weiter findet der letztere Berücksichtigung in Abs. 4, sowie im § 22 Nr. 2 Satz 2.

2) Für den Erwerbspreis ist also derjenige letzte Rechtsvorgang zugrunde zu legen, an welchen sich nach diesem Gesetz die Steuerpflicht knüpfte, wenn der Vorgang nach Inkrafttreten des Gesetzes sich ereignet hätte. Ausgenommen hiervon sind die Rechtsgeschäfte des § 5, sofern sie vor dem 1. Jan. 1911 abgeschlossen worden sind. Diese werden wie ein steuerfreier Rechtsvorgang behandelt, d. h. es wird auf den letzten Eigentumsübergang zurückgegriffen und der damals gezahlte Erwerbspreis zugrunde gelegt. Im übrigen wird auch dieser Rechtsvorgang nur hinsichtlich der Berechnung des Erwerbspreises steuerrechtlich ignoriert, während er im übrigen die obenerwähnten Berücksichtigungen wie ein steuerfreier Rechtsvorgang nach § 7 erfährt.

3) Die Beschränkung des zu besteuernden Wertzuwachses auf den der Veräußerung vorangehenden Zeitraum von 40 Jahren erschien notwendig, da die spätere genaue Feststellung des Preises oder Wertes sehr schwer, insbesondere auch für den Steuerpflichtigen in der Regel der Nachweis früherer Aufwendungen kaum mehr möglich sein werde. Liegt also der letzte steuerpflichtige Rechtsvorgang länger als 40 Jahre vor dem Eintritt der Steuerpflicht zurück, so gilt der Wert (§ 12), den das Grundstück zu jener Zeit hatte, als Erwerbspreis. Diese zeitliche Grenze wird unbedingt gezogen, so daß die Berücksichtigung früheren Zuwachses sowie überhaupt der früheren Vorgänge unter allen Umständen ausgeschlossen ist. Eine Ausnahme findet nur insoweit statt, als dem Steuerpflichtigen der Nachweis zugelassen wird, daß er oder sein Rechtsvorgänger vor dem kritischen Zeitpunkt bei einem steuerfreien (z. B. Erbauseinandersetzung) oder steuerpflichtigen Erwerb einen höheren Erwerbspreis bezahlt hat. Dieser höhere Erwerbspreis tritt an die Stelle des Werts zu dem bezeichneten Zeitpunkt. Die in Halbsatz 2 geschaffene Ausnahme ändert also nicht die ein für allemal als steuerrechtlich längste festgesetzte Besitzdauer und demgemäß ist auch hinsichtlich der Hinzurechnungen nach §§ 14—16 ausschließlich von dem ermittelten kritischen Zeitpunkt auszugehen; die etwa vorher gemachten Aufwendungen können daher nicht mehr berücksichtigt werden (vgl. Abs. 5), selbst wenn sie nach dem tatsächlichen Erwerbe liegen. Über die Bedeutung für die Hinzurechnungen, wenn der Wert an Stelle des Erwerbspreises maßgebend ist vgl. § 14 Nr. 1 und § 22 Nr. 1.

4) Die Erfassung des vor dem Inkrafttreten des Gesetzes entstandenen Wertzuwachses war eine für die Ertragsfähigkeit der Steuer absolute Notwendigkeit. Dem an sich naheliegenden Gedanken, auch für diese Zeit bis zu 40 Jahren zurückzugehen, standen jedoch Bedenken tatsächlicher Natur entgegen, indem die Feststellungen hinsichtlich des Werts auf so lange Zeit zurück kaum mehr zu treffen und die Nachweise nicht mehr beizubringen seien. „Nach

Inkrafttreten des Gesetzes werden die Behörden und die Steuerpflichtigen sich für die Zukunft die nötigen Nachweise sichern können; für die Vergangenheit sei dies aber nicht geschehen und deshalb würde ein Rückgriff auf einen zu frühen Zeitpunkt den Behörden das Verfahren und dem Steuerpflichtigen die Beibringung der nötigen Nachweise zu sehr erschweren" (KommB. II, S. 58). Aus diesem Grunde wurde für den äußersten Zeitpunkt des Rückgriffs der 1. Januar 1885 festgesetzt, der vordem eingetretene Wertzuwachs wird also nicht berücksichtigt, andererseits sind aber auch vordem gemachte Aufwendungen nicht abzugsfähig (vgl. im übrigen Anm. 3 und Abs. 5).

5) Durch diese Bestimmung wird unzweifelhaft festgelegt, welcher Zeitraum als für die Berechnung der Steuer maßgebend anzusehen ist. Insbesondere ist damit die in der 1. und 2. Lesung der Kommission zweifelhaft gewesene Frage, ob in den Fällen des Abs. 3 u. 4 eine absolute, auch die Besitzdauer regelnde Grenze gezogen sein sollte, dahin gelöst, daß auch die Anrechnungen des § 14 in allen Fällen nur für die bis zu dem in Abs. 3 u. 4 bezeichneten Stichjahre zurück, also nicht bis zu dem Zeitpunkt, in dem früher ein höherer Preis gezahlt ist, zulässig sein sollen.

Das Gesetz verwendet in häufigen Fällen als technischen Ausdruck für die steuerrechtlich erhebliche Besitzdauer den Ausdruck: „innerhalb des für die Steuerberechnung maßgebenden Zeitraums". So in § 14 Abs. 3 u. 4 hinsichtlich der Aufwendungen, in § 16 hinsichtlich der Zinsanrechnungen, in § 22 Nr. 2 bei Berücksichtigung des Ertragwertes, § 23 betreffs der Entschädigungen, die der Besitzer für Wertminderung des Grundstücks erhalten, in § 28 Abs. 2 indem auf die nur innerhalb dieses Zeitraums liegenden Jahre eine Steuerermäßigung eintritt. In all diesen Fällen ist der hier festgelegte Begriff maßgebend.

Es ist hiernach zu unterscheiden:

a) bei Erwerb auf Grund steuerpflichtigen Eigentumsüberganges (§ 1) ist dieser sowohl für die Berechnung des Erwerbspreises als die Besitzdauer maßgebend, es sei denn, daß entweder dieser Erwerb über 40 Jahre vor dem jetzigen Steuerfall zurückliegt oder vor dem 1. Jan. 1885 stattgefunden hat (dann ist ausschließlich dieser Zeitpunkt maßgebend, vgl. Anm. 3 u. 4).

b) bei Erwerb auf Grund steuerpflichtigen Rechtsvorganges nach § 5 gilt dasselbe wie zu a), es sei denn, daß das nach § 5 die Steuerpflicht begründende Veräußerungsgeschäft vor dem 1. Jan. 1911 abgeschlossen ist, dann wird dies steuerrechtlich wie ein steuerfreier Erwerb (c) behandelt. Es ergibt sich allerdings aus der Natur der Sache ein wichtiger Unterschied, daß der auf Grund des nicht berücksichtigten, vor dem 1. Jan. 1911 geschlossenen Veräußerungsgeschäfts jetzt nachträglich erfolgende Eigentumsübergang ohne weiteres besteuert wird.

c) Bei Erwerb auf Grund steuerfreien Rechtsvorganges (§ 7) ist sowohl für den Erwerbspreis als die gesamten Anrechnungen und die Besitzdauer der letzte steuerpflichtige Rechtsvorgang maßgebend, insbesondere greift also Abs. 3 u. 4 auch dann Platz, wenn der steuerfreie Rechtsvorgang innerhalb dieses Zeitraumes, der steuerpflichtige aber vor mehr als 40 Jahren bzw. vor dem 1. Jan. 1885 eingetreten ist.

§ 18.

Bei Grundstücken in Festungsrayons, die vor dem Erlasse des Rayongesetzes vom 21. Dezember 1871 erworben sind und für die eine Rayonentschädigung nicht gewährt worden ist, ist dem für den 1. Januar 1885 ermittelten Werte der Betrag hinzuzurechnen, um den das Grundstück durch Einführung der Rayonbeschränkung an Wert gemindert worden ist[1]).

1) Diese erst im Plenum des Reichstags beschlossene Sonderbestimmung betrifft die Beseitigung von Ungerechtigkeiten, welche dadurch hervorgerufen werden, daß die Rayonbestimmungen in ganz verschiedenartiger Weise auf die einzelnen Grundstücke einwirken. Voraussetzung ist, daß das Grundstück vor Erlaß des RayonG. v. 21. Dez. 1871 erworben und eine Rayonentschädigung nicht gewährt worden ist. Der Besitzer hat also unter Umständen ohne jede Entschädigung den Schaden tragen müssen, der durch die Wertminderung des Grundstücks infolge der Rayonbeschränkungen entstanden ist und der nach Fortfall der Beschränkung entstandene Mehrwert erscheint nur als Ersatz des früher erlittenen Verlustes, soll daher auch nicht besteuert werden.

Der Betrag, um den das Grundstück durch Einführung der Rayonbeschränkung an Wert gemindert worden ist, ist in der Weise zu ermitteln, daß zunächst der Wert des Grundstücks vor der Einführung der Rayonbeschränkung (gemäß § 12) festgestellt und dann der nach diesem Zeitpunkt ermittelte Wert gegenübergestellt wird. Dieser Betrag findet dann, aber auch nur dann Berücksichtigung, wenn der Wert des Grundstücks für den 1. Januar 1885 gemäß § 17 Abs. 4 für die Berechnung maßgebend ist, nicht also, wenn der tatsächlich vom Veräußerer gezahlte Preis zugrunde gelegt ist.

Die Beweislast für die Höhe der durch die Rayonbeschränkung seinerzeit eingetretenen Wertminderung trifft den Steuerpflichtigen.

§ 19.

Bei einem aus Anlaß einer Flurbereinigung, Grenzregelung oder Umlegung (§ 7 Ziff. 7) empfangenen Grundstück ist als Erwerbspreis das Entgelt anzusehen, das der Eigentümer oder sein Rechtsvorgänger für das in die Flurbereinigung, Grenzregelung oder Umlegung gegebene

Grundstück gezahlt hat[1]). Ausgleichszahlungen, die bei der Flurbereinigung, Grenzregelung oder Umlegung stattgefunden haben, sind entsprechend anzurechnen[2]).

Hat der Eigentümer oder sein Rechtsvorgänger bei der Flurbereinigung, Grenzregelung oder Umlegung mehrere Grundstücke empfangen, so werden deren Erwerbspreise aus dem im Abs. 1 bezeichneten Entgelt nach dem Verhältnis berechnet, in welchem die Werte der empfangenen Grundstücke im Zeitpunkt der Flurbereinigung, Grenzregelung oder Umlegung zueinander gestanden haben[3]).

Der Eigentumsübergang bei Flurbereinigung, Grenzregelung oder Umlegung ist nach § 7 Ziff. 3 steuerfrei. Über das Wesen dieser Vorgänge s. § 7 Anm. 16—18. Vorliegend in § 19 werden nur Bestimmungen für eine nach der Flurbereinigung usw. liegende steuerpflichtige Veräußerung gegeben.

1) Für alle Zusammenlegungen usw. gilt der Grundsatz, daß die Entschädigung, welche jeder Teilnehmer durch die Auseinandersetzung erhält, ein Surrogat der dafür abgetretenen Grundstücke ist; die durch die Auseinandersetzung empfangenen Grundstücke treten daher — ebenso wie in Rücksicht der Lehns- und Fideikommißverbindungen und Hypothekenschuld — auch hinsichtlich der Steuer an die Stelle der abgetretenen Grundstücke. Als Erwerbspreis gilt daher bei späterer Veräußerung auch für das empfangene Grundstück der Preis, den der Eigentümer (oder sein Rechtsvorgänger, § 17) für das seinerseits hingegebene Grundstück beim Erwerb gezahlt hat.

2) Ausgleichszahlungen, die hierbei etwa stattgefunden, sind entsprechend auf den zu 1 ermittelten Erwerbspreis anzurechnen; auch wenn also der Eigentümer ein geringwertigeres Grundstück als das hingegebene empfangen und deshalb eine entsprechende Barentschädigung erhalten hat, wird diese nicht nach § 23 dem Veräußerungspreis hinzugerechnet, sondern von dem Erwerbspreis abgezogen.

3) Es muß hiernach der Wert (§ 12) jedes einzelnen Grundstücks zur Zeit des Empfangs, und zwar zweckmäßig nach den bei der Zusammenlegung zugrunde gelegten Vermessungs- und Bonitierungsregistern und Ausgleichsgrundsätzen berechnet und der jeweilige Erwerbspreis nach dem zu 1 bezeichneten Entgelt durch das Verhältnis der berechneten Werte zueinander gefunden werden.

§ 20[1]).

Beschränkt sich der steuerpflichtige Rechtsvorgang auf einen Teil eines Grundstücks, so wird der Erwerbspreis dieses Teiles nach dem Verhältnis seines Wertes zum Werte des Gesamtgrundstücks berechnet[2]).

Unentgeltliche dauernde Überlassung von Grundstücken für Verkehrszwecke, für öffentliche oder gemeinnützige Zwecke wird in der Weise berücksichtigt, daß der Gesamterwerbspreis nicht auf die ursprüngliche, sondern auf die nach der Abtretung verbleibende Fläche verteilt wird. Hierzu ist nicht erforderlich, daß eine Eigentumsübertragung erfolgt ist[3]).

Werden Teile eines örtlich und wirtschaftlich zusammenhängenden Grundbesitzes durch verschiedene Rechtsvorgänge von demselben Veräußerer oder von dessen Erben innerhalb dreier Jahre übertragen, so ist der Steuerpflichtige berechtigt, von dem Wertzuwachse des einen Teiles des Grundstücks einen bei der Veräußerung anderer Teile eingetretenen Verlust abzuziehen. Die Zuwachssteuer wird bei den einzelnen Rechtsvorgängen fällig; etwa zuviel gezahlte Steuer wird nach dem letzten Rechtsvorgang erstattet[4]).

1) Die §§ 20 u. 21 regeln den Fall der Veräußerung eines reellen Teils eines Grundstücks sowie der Parzellenveräußerung bei Teilung einer Grundstücksgesamtheit, die zu einem Einheitspreis erworben ist, und zwar betrifft § 20 Festsetzung des Erwerbspreises und § 21 Behandlung der Aufwendungen.

2) Es ist somit der Erwerbspreis für den verkauften Teil von dem für das ganze Grundstück gezahlten Preis zu scheiden, und zwar in der Weise, daß nicht der Maßstab der Flächen, sondern das Verhältnis des Wertes der Parzelle zum Wert des ganzen Grundstücks zugrunde zu legen ist. Selbstverständlich ist hierbei das Verhältnis der Werte zur Zeit des Erwerbes (nicht der Veräußerung) maßgebend, da zu ermitteln ist, wieviel die verkaufte Parzelle seinerzeit gekostet hat. Die Schwierigkeit dieser Feststellung für frühere Zeiten ist nicht zu verkennen; für die Zukunft empfiehlt sich jedenfalls für jeden Erwerber eines Grundstücks, sofort beim Erwerb im Hinblick auf eine mögliche spätere Teilveräußerung den Wert besonders wertvoller Parzellen gesondert zu berechnen.

Ist z. B. eine Grundstücksgesamtheit von 2000 qm für 300 000 M. erworben und wird demnächst eine Parzelle von 500 qm für 200 000 M. veräußert, so würde bei Zugrundelegung des Durchschnittserwerbspreises (150 M. pro Quadratmeter) und falls Anrechnungen nicht in Betracht kommen, ein Wertzuwachs von 125 000 M. oder zwischen 150—170% des Erwerbspreises (§ 20) zu versteuern sein. Der

Steuerpflichtige würde durch diese Berechnungsart geschädigt werden, wenn die verkaufte Parzelle ein besonders wertvolles Eckgrundstück oder einen Acker von besonders hoher Kulturart darstellt, während der ihm verbleibende Rest aus minderwertigem Grund und Boden besteht. Diese Umstände sollen deshalb bei der Verteilung des Gesamterwerbspreises auf die verkauften und zurückbleibenden Grundstücksteile und bei Bemessung des Zuwachses der ersteren Berücksichtigung finden, so daß, wenn im vorliegenden Fall von den veräußerten 500 qm beim Erwerbe jeder Quadratmeter doppelt so viel wert gewesen sein würde wie bei den übrigen 1500 qm, der Erwerbspreis des Teilgrundstücks auf 120 000 M. zu veranschlagen und bei einem Veräußerungspreis von 200 000 M. nur ein Wertzuwachs von 80 000 M. oder $66^2/_3$% des Erwerbspreises für die Besteuerung in Betracht kommt.

3) Hierunter fällt jede zu öffentlichen Zwecken (für die Kirche, Schulen, politische Gemeinde, Entwässerung oder sonstige Meliorationen, wie sie häufig sowohl bei ländlichen Kolonisationsunternehmungen wie bei der Aufschließung städtischen Baugeländes vorkommen) erfolgte Überlassung von Grundstücken. Es genügt Abtretung im wirtschaftlichen Sinne, also auch ohne Eigentumsübertragung, z. B. wenn eine Industrie-Terraingesellschaft zur Aufschließung ihres Baugeländes den Grund und Boden für Eisenbahngleise ohne Eigentumsübertragung hergibt.

Ist also z. B. eine Grundstücksgesamtheit von 2000 qm für 300 000 M. (150 M. pro Quadratmeter) erworben und werden demnächst 500 qm für Straßenland unentgeltlich abgetreten, so kommt nicht etwa der Wert dieses abgetretenen Teiles von dem Erwerbspreis in Abzug, vielmehr verteilt sich der Gesamterwerbspreis von 300 000 M. nunmehr auf 1500 qm, so daß der Erwerbspreis für jedes Quadratmeter 200 M. beträgt.

Selbstverständlich können diese Abtretungen nicht etwa daneben noch als anrechnungsfähige Aufwendungen (§ 14 Ziff. 4) angesehen werden.

4) Die Vorschrift will zugunsten größerer Parzellierungsgeschäfte, die einheitlich vorgenommen werden, die Verlustgeschäfte neben den gewinnbringenden Verkäufen berücksichtigen. Abs. 3 enthält den einzigen Fall der Berücksichtigung des W e r t v e r l u s t e s; auch hier sind Veräußerungspreis und Erwerbspreis nach den gesetzlichen Bestimmungen anzusetzen. Ein Verlust ist vorhanden, wenn der gesetzlich berechnete Veräußerungspreis geringer ist als der steuerrechtlich maßgebliche Erwerbspreis.

V o r a u s s e t z u n g ist

1. ein „örtlich und wirtschaftlich zusammenhängender Grundbesitz". Der sonst maßgebliche Begriff des Grundstücks (§ 1 Anm. 2) deckt sich also nicht mit dem Begriff des Grundbesitzes im Sinne des vorliegenden Paragraphen. Die grundbuchliche Eintragung nichtzusammenhängender Grundstücke auf einem Grundbuchblatt ist nicht genügend, andererseits aber auch nicht Bedingung.

daß der ganze Grundstückskomplex auf einem Grundbuchblatt eingetragen steht;

2. die Veräußerung muß durch verschiedene selbständige Rechtsvorgänge erfolgen, jedoch gleichgültig, ob an verschiedene oder ein und dieselbe Person und letzteres selbst dann, wenn die Auflassung der Parzellen zwar auf Grund verschiedener Rechtsgeschäfte erfolgt, aber einheitlich vorgenommen ist;

3. die steuerpflichtigen Rechtsvorgänge müssen innerhalb eines dreijährigen Zwischenraums erfolgt sein, wobei gleichgültig, ob die Steuerpflicht an den Eigentumsübergang oder das obligatorische Rechtsgeschäft nach § 5 geknüpft wird. Ist z. B. die Parzelle a am 1. April 1908 aufgelassen, so greift Abs. 3 nur Platz, wenn die Auflassung der Parzelle b bis spätestens 1. April 1911 erfolgt; insoweit nach § 5 das Veräußerungsgeschäft bei der Parzelle b maßgebend ist, muß es als genügend angesehen werden, wenn dieses innerhalb dieses Zeitraums liegt, so daß allerdings der Veräußerer durch ein Hinausschieben der Auflassung bis zum Ablauf eines weiteren Jahres günstiger gestellt ist. Andererseits beginnt der Lauf der dreijährigen Frist bereits bei Abschluß des Veräußerungsgeschäfts, wenn dieses nach § 5 für die Steuerpflicht maßgebend ist. Wenn das Verlustgeschäft zwischen mehreren Gewinngeschäften liegt, s. unten.

Die Berechnung des Wertzuwachses und Verlustes für jede Parzelle erfolgt nach Maßgabe des Abs. 1 Satz 1 und 2 (Anm. 1 u. 2), der Verlust — auch wenn es sich z. B. für die eine Parzelle nur infolge der Berechnung nach Abs. 2 ergibt — ist dann von dem Wertzuwachs der anderen Parzelle abzuziehen. Es handelt sich also nicht um eine Hinzurechnung zum Erwerbspreis oder Abrechnung vom Veräußerungspreis, sondern um eine im Gesetz sonst nicht vorgesehene Abrechnung vom Wertzuwachs. Vgl. noch AB. § 23 Abs. 2.

Die Fälligkeit der Steuer wird naturgemäß hierdurch nicht gehemmt; ging das Verlustgeschäft voran, so ist der Verlustbetrag bei der nächsten Veräußerung sofort abzuziehen, war das gewinnbringende Geschäft zuerst geschlossen, wird die zuviel gezahlte Steuer zurückgezahlt. Dies auch dann, wenn der Rest des Grundbesitzes noch nicht veräußert ist und die Möglichkeit besteht, durch die künftigen Veräußerungen den Verlust wieder auszugleichen. Während aber die mit Gewinn veräußerte Parzelle sofort bzw. gemäß § 5 steuerpflichtig ist, kann Rückerstattung auf Grund eines demnächstigen Verlustgeschäftes erst verlangt werden, wenn drei Jahre seit der ersten steuerpflichtigen Teilveräußerung verflossen sind oder vorher der Rest des ganzen Grundbesitzes veräußert ist. Der Veräußerer ist berechtigt, den dreijährigen Zeitraum des § 20 Abs. 3 zu bestimmen, ähnlich wie nach § 22 Ziff. 2. Er wird indessen unter Umständen mit dem Erstattungsanspruch nicht hervortreten, und den dreijährigen Zeitraum mit der verlustbringenden Teilveräußerung beginnen lassen. Beispiel: Parzelle a versteuerte 20 000 M. Wertzuwachs am 1. April 1912; Parzelle b hatte 30 000 M. Verlust am 1. Oktober 1913.

Der Veräußerer erwartet von Parzelle c einen Gewinn von 40 000 M. Bestimmte er den dreijährigen Zeitraum ab 1. April 1912, so kann er zwar am 1. April 1915 die gezahlte Wertzuwachssteuer von 20 000 M. zurückfordern, fällt aber mit 10 000 M. Verlust aus. Wird am 1. Mai 1916 das Restgrundstück c wirklich mit 30 000 M. Gewinn veräußert, so kann der Eigentümer nichts mehr abziehen.

Hätte er indessen diese Veräußerung abgewartet, so würde er den ganzen Verlust von 30 000 M. auf den zuletzt erzielten Gewinn haben anrechnen können.

Zu beachten ist, daß ein Verlustgeschäft des früheren Eigentümers nur zugunsten des Erben Berücksichtigung findet, nicht auch von demjenigen geltend gemacht werden kann, der seinen Erwerb auf einen sonstigen steuerfreien Rechtsvorgang (Erwerb unter Lebenden von den Eltern, Vermächtnis usw., § 7) stützt.

§ 21.

Bei Teilveräußerungen sind nur diejenigen Aufwendungen (§ 14 Ziff. 3, 4) anzurechnen, welche diesen Teil ausschließlich oder gemeinschaftlich mit anderen Teilen betreffen. Im letzteren Falle erfolgt die Anrechnung nach dem Verhältnis des Wertes, den die Grundstücksteile zur Zeit der Veräußerung haben[1]).

1) Es wird hier die Berücksichtigung der Aufwendungen bei Teilveräußerungen geregelt (vgl. 1 zu § 20).

Bedingung ist, daß die Voraussetzungen des § 20 vorliegen; selbstredend müssen die Aufwendungen von dem Veräußerer selbst oder seinem Rechtsvorgänger im Falle steuerfreien Erwerbs (§§ 7, 17) gemacht sein, jedoch auch im Falle des Abs. 3 nicht etwa notwendigerweise innerhalb der dreijährigen Frist.

An sich kommen alle Anrechnungen in Betracht (vgl. § 20 Anm. 1), bloß für die Anrechnungen des § 14 Ziff. 3 u. 4 gilt der besondere Maßstab des § 21. Und zwar wird unterschieden:

a) betreffen die Aufwendungen die verkaufte Parzelle ausschließlich, so erfolgt die Anrechnung voll, aber auch nur auf diesen Teil, können also nicht noch einmal bei Veräußerung des Restgrundstücks abgezogen werden;

b) betreffen sie den verkauften Teil gemeinschaftlich mit anderen Teilen, so erfolgt die Anrechnung nach dem Verhältnis der Werte der Grundstücksteile zueinander (s. dort Anm. 3), jedoch anders als in § 20 nach dem Wert zur Zeit der Veräußerung.

Wenn also in dem in Anm. 3 zu § 20 gegebenen Beispiel die verkauften 500 qm einen heutigen Wert von 200 000 M., die restlichen 1500 qm aber zusammen einen solchen von nur 300 000 M. haben, und insgesamt auf das ganze Grundstück vom Veräußerer

Aufwendungen im Werte von 50 000 M. gemacht worden sind, so sind bei der Teilveräußerung der 500 qm die Aufwendungen in Höhe von 20 000 M. dem Erwerbspreis dieser Parzelle hinzuzurechnen.

§ 22.

Von dem Veräußerungspreise sind in Abzug zu bringen[1]):

1. die dem bisherigen Eigentümer nachweislich zur Last fallenden Kosten der Veräußerung und Übertragung einschließlich der für die Vermittelung gezahlten ortsüblichen Gebühr, sofern nicht an Stelle des Veräußerungspreises der Wert maßgebend ist[2]);
2. auf Antrag des Veräußerers der Betrag, um den nachweislich während des für die Steuerberechnung maßgebenden Zeitraums, jedoch nicht länger als für fünfzehn zusammenhängende Jahre, der aus dem Grundstück erzielte Jahresertrag hinter drei vom Hundert des Erwerbspreises zuzüglich der nach § 14 Ziff. 1—3 zulässigen Anrechnungen zurückbleibt[3]). Ist statt des Erwerbspreises der Wert zu einer späteren Zeit als der des Erwerbes maßgebend (§ 17 Abs. 3 und 4), so sind die drei vom Hundert nicht von diesem Werte, sondern von dem Erwerbspreis zu berechnen, den der Steuerpflichtige oder sein Rechtsvorgänger vor jener Zeit bei einem steuerfreien oder steuerpflichtigen Erwerbe gezahlt hat[4]).

1) Über die Bedeutung der Berechnung des unverdienten Wertzuwachses durch Hinzurechnung zum Erwerbspreis oder Abzug vom Veräußerungspreis s. Anm. 1 zu § 14.

2) Im Gegensatz zu § 14 Nr. 1 (s. dort Anm. 2) handelt es sich hier nur um die den jetzigen Veräußerer der Vereinbarung gemäß treffenden Kosten der Veräußerung und Übertragung. Wie dort, ist aber auch hier Voraussetzung der Abzugsmöglichkeit, daß der Preis, nicht der an dessen Stelle tretende Wert, maßgebend ist.

Im allgemeinen gilt hinsichtlich der vom Veräußerer zu tragenden Kosten dasselbe, wie für die lt. Vertrag den Erwerber treffenden, jedoch mit einem wichtigen Unterschied: die letzteren umfassen begrifflich alle dem Erwerber infolge des Erwerbs zufallenden Kosten einschließlich der Zuwachssteuer, gleichgültig, ob er die Zuwachssteuer kraft Vertrages übernommen oder kraft gesetzlicher

Haftung entrichtet hat. Der Veräußerer dagegen kann die infolge dieser Veräußerung zur Erhebung gelangende Zuwachssteuer nicht in Abzug bringen (vgl. § 24).

Über Vermittlungsgebühr s. desgl. Anm. 2 zu § 14.

3) Abzugsfähig ist der Betrag, um den der Jahresertrag hinter 3% des Erwerbspreises zuzüglich der Aufwendungen für Kosten, Hypothekenausfall und Bauten usw. zurückgeblieben ist; in Betracht kommt jedoch nicht der ganze für die Steuerberechnung maßgebende Zeitraum (§ 17 Anm. 5), sondern innerhalb dieses nur 15 zusammenhängende Jahre, deren Beginn aber der Veräußerer im übrigen nach seinem Belieben bestimmen darf. Selbstredend ist nicht erforderlich, daß auch die Jahre des verminderten Ertrages zusammenhängen, um die Anrechnung zu ermöglichen, vielmehr müssen sie nur innerhalb des gewählten Zeitraums liegen. Durch das Wahlrecht soll den verschiedenen Interessen der Eigentümer Rechnung getragen werden: Für den einen Besitzer, der ein devastiertes Gut übernommen, wird es meist günstiger sein, wenn er sich die Zinsen für die ersten 15 Jahre nach dem Tage des Erwerbes anrechnen kann, da seine Verluste hauptsächlich in der ersten Zeit liegen werden, während für den Besitzer von Baugelände meist die letzten 15 Jahre vom Tage der Veräußerung zurück die maßgebenden sein werden, da erst in dieser Zeit die laufende Nutzung des Baugeländes aufhören werde (KommB. II, S. 65). Die Bestimmung gilt sowohl für bebaute als unbebaute Grundstücke.

Beispiel:

Erwerbspreis im Jahre 1890		500 000 M.	
Kosten des Erwerbes (4% gemäß § 14 Ziff. 1)		20 000 „	
Aufwendungen für Bauten		135 000 „	655 000 M.
Normaler Mietsertrag			35 000 „
Infolge Umbaues	im Jahre 1892 nur	13 000 M.	
	im Jahre 1893 nur	16 000 „	
	im Jahre 1902 nur	28 000 „	
	im Jahre 1909 nur	12 000 „	
Steuerrechtlich in Betracht kommender Ertragswert: 3% von 655 000 M.			19 650 „
Steuerrechtlich erheblicher Minderertrag:			
	im Jahre 1892 . .	6 650 M.	
	im Jahre 1893 . .	3 650 „	
	im Jahre 1902 . .	. . . . . .	
	im Jahre 1909 . .	7 650 „	

Die Mindereinnahme des Jahres 1902 kommt nicht in Betracht, weil sie nicht unter 3% des Erwerbspreises heruntergeht. Da ferner die Verlustjahre mehr als 15 Jahre auseinander liegen, besteht nur die Möglichkeit, entweder die Jahre 1892 und 1893 oder das Jahr 1909 allein zu berücksichtigen, weshalb der Veräußerer wegen des höheren Ergebnisses das erstere wählen wird.

4) Auch wenn also an sich nach § 17 Abs. 3 u. 4, weil das letzte steuerpflichtige Rechtsgeschäft länger als 40 Jahre bzw. vor dem 1. Jan. 1885 zurückliegt, der Wert des Grundstücks zu dieser Zeit an Stelle des Erwerbspreises für die Berechnung der Steuer maßgebend ist, werden die 3% nicht von diesem Wert berechnet, sondern von dem vor diesem Zeitpunkt tatsächlich gezahlten letzten Erwerbspreis. Beruhte der Erwerb auf einem steuerfreien Rechtsvorgang, so bleibt dieser unberücksichtigt, wenn er nach jenem Zeitpunkt stattgefunden, dagegen wird der bei einem steuerfreien Vorgang gezahlte Erwerbspreis für die Berechnung des Ertragswerts zugrunde gelegt, wenn der steuerfreie Rechtsvorgang desgleichen vor jenem Zeitpunkt liegt. Gleichgültig ist, ob der von dem Veräußerer genannte höhere Erwerbspreis an Stelle des Werts berücksichtigt wird (§ 17 Abs. Halbsatz 2) oder der Wert maßgebend ist, indem der ermittelte frühere Erwerbspreis diesen nicht übersteigt. Nur muß natürlich überhaupt der Erwerbspreis, wie ihn der Steuerpflichtige oder sein Rechtsvorgänger tatsächlich vor jener Zeit gezahlt hat, ermittelt werden können, andernfalls müssen die 3% von dem maßgebenden Wert berechnet werden, da ein ausdrücklicher Ausschluß der Berücksichtigung für diesen Fall wie im § 22 Nr. 1 nicht vorliegt.

Zu beachten ist, daß durch diese Bestimmungen nicht an dem für die Steuerberechnung maßgebenden Zeitraum (§ 15 Anm. 5) und auch nichts daran geändert wird, daß innerhalb dieses die zu berücksichtigenden 15 Jahre liegen müssen.

Die Vergünstigung der Ziffer 2 tritt nur auf Antrag des Veräußerers ein; der Antrag wird zweckmäßig schon in der Anmeldung oder in der Zuwachssteuererklärung gestellt werden.

§ 23.

Dem Veräußerungspreise sind hinzuzurechnen Entschädigungen für eine Wertminderung des Grundstücks[1]), soweit der Anspruch während des für die Steuerberechnung maßgebenden Zeitraums nach dem 1. Januar 1911 entstanden und der Betrag nicht nachweislich zur Beseitigung des Schadens verwendet worden ist[2]).

1) § 23 ist eine im Plenum des Reichstags aufgenommene Erweiterung des § 10 b des Komm.Entwurfs, welcher auf Enteignungsentschädigungen und Entschädigungen für Bergschäden beschränkt war. Entschädigungen für Wertminderungen des Grundstücks sind für den Eigentümer vorweg realisierte Grundstückswerte; sie sollen deshalb der Besteuerung nicht entzogen werden und sind dem Veräußerungspreis hinzuzurechnen (vgl. Anm. 1 zu § 14). Hierunter fallen die privaten Entschädigungen für die Gestattung einer störenden Fabrikanlage auf dem Grundstück, die Entschädigung für Verlegung einer Bahnlinie über das Gutsgebiet usw.;

nicht aber z. B. die einem Landwirt aus Hagelversicherung gezahlte Entschädigung, da diese nicht die Wertminderung des Grundstücks, sondern die Saat betrifft und daher ebensowenig wie diese (§ 10) für die Besteuerung Berücksichtigung finden kann; aus dem gleichen Grunde nicht Maschinenversicherung (häufig bei Akkumulatorenbatterien), ferner nicht die aus Versicherungen für Beschädigung von Gebäuden (Feuerversicherung, auch nur einzelne Bestandteile des Gebäudes betreffende Versicherung, z. B. Glasversicherung, vgl. Anm. 2 zu § 13) gezahlten Beträge, da dies durch § 14 Nr. 3 geregelt ist. Weiterhin gehören nicht hierher insbesondere Schwammschäden, wie überhaupt alle Entschädigungen auf Grund von Gewährleistungsansprüchen gegen die Verkäufer; hier ist der Anspruch schon mit dem Vertrage entstanden, spätestens aber mit der Auflassung, also in dem Augenblick, wo der für die Steuerberechnung maßgebende Zeitpunkt beginnt. Außerdem meint das Gesetz offenbar, daß die Wertminderung während des fraglichen Zeitraums entstanden sein müsse. Beim Gewährleistungsanspruch dagegen entsteht überhaupt keine Wertminderung, sondern wird Ersatz für eine bereits vorhandene Wertminderung verlangt. Deshalb ist für den Erwerber, der einen Teil seines Kaufpreises gemäß §§ 459, 460 BGB. zurückerhält, dies eine Änderung des Erwerbspreises und demgemäß bei Bemessung des Erwerbspreises (§ 8) zu berücksichtigen. Verwendet er die Minderungssumme zur Verbesserung des Grundstücks, so liegt es nicht anders wie in anderen Fällen des § 14 Ziff. 3. Der Veräußerer, der auf diese Weise zuviel Steuer gezahlt, hat den Rechtsbehelf aus § 34 Abs. 1 Satz 3.

2) Die Hinzurechnung erfolgt nur soweit

a) der Anspruch auf die Entschädigung während des für die Steuerberechnung maßgebenden Zeitraums (§ 17, Anm. 5) nach dem 1. Jan. 1911 entstanden (nicht also z. B. für zwar während der Besitzzeit des Veräußerers, aber vor diesem Zeitpunkt getroffene Entschädigungsabmachung). Maßgebend ist, daß und wann der obligatorische Anspruch entstanden ist; die Frage der Fälligkeit und Zahlung der Entschädigung bleibt unberücksichtigt;

und außerdem

b) der Betrag nicht nachweislich zur Beseitigung des Schadens verwendet ist. Hat also z. B. jemand eine Grundstücksparzelle im Enteignungswege abgeben müssen, und dann den Entschädigungsbetrag, der sich neben dem Wert des abgetretenen Grundstücksteils insbesondere auf die Wertminderung des Restgrundstücks bezog, zum Ankauf entsprechender Nachbarparzellen verwendet, so kommt die Hinzurechnung in Wegfall. Der Nachweis, daß der Anspruch auf die Entschädigung entstanden ist, während des für die Steuerberechnung maßgebenden Zeitraums und nach dem 1. Jan. 1911, ist von der Steuerbehörde zu erbringen. Dagegen ist der Nachweis, daß der empfangene Betrag von dem Steuerpflichtigen zur Beseitigung des Schadens verwendet ist, von diesem zu führen.

§ 24.

Wird die Zahlung der Zuwachssteuer nach dem Vertrage von dem Erwerber übernommen, so ist ein nach den sonstigen Vorschriften dieses Gesetzes berechneter Steuerbetrag dem Veräußerungspreise hinzuzuzählen und hiernach die Steuer festzusetzen[1]).

1) Die Frage: wer bei einem Kaufvertrage für die Wertzuwachssteuer haftet, richtet sich, soweit das Verhältnis der Parteien zueinander in Betracht kommt, lediglich nach dem Vertrage. Enthält der Vertrag nichts, so hat der Veräußerer wegen der bezahlten Wertzuwachssteuer keinen Erstattungsanspruch. Die Erklärung im Kaufvertrage, daß Käufer sämtliche Kosten und auch die Umsatzsteuer übernehme, verpflichtet ihn dem Verkäufer gegenüber nicht zur Tragung der Wertzuwachssteuer. (RG. JW. 10 28.)

Für das Steuerrecht des Reiches indessen sind die Abmachungen der Parteien irrelevant. Ihr Verhältnis zur Steuerbehörde richtet sich ausschließlich nach § 29ff.

Der Zweck der vorstehenden Bestimmung, welche dem Gedanken des § 8 Abs. 2 entspricht, ist der, eine Herabminderung der Steuer dadurch zu verhindern, daß dieselbe vom Erwerber übernommen und ein dementsprechend niedrigerer Veräußerungspreis festgesetzt wird. Z. B.: A. hat das Grundstück für 70 000 M. gekauft, er will es an B. für 100 000 M. verkaufen; die Steuer beträgt 3600 M. Parteien vereinbaren nun, daß B. die Steuer tragen soll und setzen den Kaufpreis auf 96 400 M. fest. Nach § 24 ist in diesem Falle zunächst von dem Wertzuwachs von nominell 26 400 M. die Steuer zu berechnen = 3168 M. Die definitive Steuer berechnet sich nach 26 400 M. plus 3168 = 29 568 M.

a) Dies beweist, daß im Falle des § 24 ein vollständiger Ausgleich zugunsten des Fiskus nicht stattfindet. Natürlich ist derjenige Steuerbetrag, der gemäß § 24 dem Veräußerungspreis hinzugezählt wird, geringer als derjenige Betrag, den der Erwerber in der Tat zu bezahlen hat, da des letzteren Zahlungspflicht sich nach der durch den hinzugerechneten Betrag vergrößerten Steuersumme berechnet.

Diese Vergrößerung kann (§ 28) dazu führen, daß die wirklich zu zahlende Steuer nach einem höheren Prozentsatz berechnet wird, als dies ohne den hinzugezählten Steuerbetrag der Fall war.

b) Der Steuerbehörde gegenüber haftet auch im Fall des § 24 direkt nur der Veräußerer (§ 29), der Erwerber aber nur bis 2% des Veräußerungspreises; für die Berechnung dieses Veräußerungspreises bleibt die in § 24 vorgeschriebene Hinzuzählung außer Betracht (s. Anm. zu § 29 Abs. 2). Die Steuerbehörde wird sich aber, soweit sie vom Erwerber gemäß § 29 nicht gedeckt wird, den Anspruch des Veräußerers auf Zahlung des Restes der Steuer pfänden und überweisen lassen können.

c) Daß der Erwerber bei einer späteren Veräußerung seinerseits seine gesamte Steuerzahlung als Kosten des Erwerbs nach § 14 Ziff. 1 hinzurechnen kann, darüber vgl. § 14 Anm. 2.

§ 25.

Im Falle der steuerpflichtigen Überlassung eines gemeinschaftlichen Grundstücks an einen Mitberechtigten oder Gesellschafter bleibt für die Bemessung des Wertzuwachses der Anteil des Erwerbers außer Betracht[1]). Beim Eintritt des nächsten Steuerfalls ist der Wertzuwachs, der für den Anteil des Erwerbers seit dem letzten vor der Auseinandersetzung gelegenen steuerpflichtigen Rechtsvorgang entstanden ist, und der für die Anteile der früheren Mitberechtigten oder Gesellschafter seit der Auseinandersetzung eingetretene Wertzuwachs gesondert zu versteuern[2]) [3]).

1) § 25 regelt den Fall Überlassung des gemeinschaftlichen Grundstücks an Mitberechtigte.

Wo die Übertragung eines ideellen Grundstücksanteils stattfindet, ist natürlich nur dieser Gegenstand der Besteuerung, s. § 1 Anm. 1, s. auch § 3. (Wegen reeller Anteile s. § 20.)

Bei einer derartigen Veräußerung eines ideellen Anteils ist es gleichgültig, ob die Veräußerung an einen Mitberechtigten oder an einen Fremden stattfindet.

In verschiedenen Fällen bedarf es jedoch juristisch des Eigentumsüberganges am ganzen Grundstück an einen bisher Mitberechtigten, während in Höhe des Anteils des letzteren wirtschaftlich eine Eigentumsveränderung nicht eintritt.

Dies gilt besonders in folgenden Fällen:

a) Wenn eine offene Handelsgesellschaft oder Kommanditgesellschaft ihr Grundstück sei es bei der Auseinandersetzung oder auch während der Dauer des Vertrages einem Mitgesellschafter zum Alleineigentum überläßt; hier bedarf es der Auflassung des ganzen Grundstücks, da das zum Vermögen der Gesellschaft gehörige Grundstück auch nicht zu einem Bruchteil Eigentum des einzelnen Gesellschafters war. RG. **32** 253, KGJ. **9**, 142, **11** 124, **18** 229, **17** 44, **22** 203, **24** a 16, 109.

b) Wenn eine aus zwei Personen bestehende OHG. sich in eine Kommanditgesellschaft umwandelt, bei welcher der eine persönlich haftende Gesellschafter mit einem dritten Kommanditist wird. RG. 17. April 1899 (I. Y. 150—1899).

c) Wenn ein Grundstück von den bisherigen Miteigentümern in eine ausschließlich von ihnen gebildete Gesellschaft eingebracht wird. Entgegen der früheren Rechtsprechung jetzt RG. 56 96, KGJ. 17 44, OVG. 37 96.

Dasselbe ist angenommen, wenn das einer offenen Handelsgesellschaft oder Kommanditgesellschaft gehörige Grundstück auf die Gesellschafter als Miteigentümer zu gleichen Bruchteilen übertragen wird. RG. 23. April 1900, I. Y. 190/1900.

In allen diesen Fällen nimmt die Judikatur die Notwendigkeit einer Auflassung des ganzen Grundstückes an, indem davon ausgegangen wird, daß die Gesellschaft, in welcher den Gesellschaftern ein Miteigentum zur gesamten Hand zusteht, eine andere Persönlichkeit ist, als die Gesellschafter selber. Für die vorliegenden Fälle also trifft der § 25 eine andere Regelung, als sie beispielsweise für den preußischen Umsatzstempel getroffen ist. Nicht das ganze Grundstück, obwohl es ganz aufgelassen wird, soll Objekt der Steuerpflicht sein, sondern nur derjenige Teil, welcher der Beteiligung der ihren Anteil aufgebenden Gesellschafter entspricht. Es hat also in den vorgenannten Fällen die Ermittelung des Wertzuwachses des ganzen Grundstücks zunächst stattzufinden; d. h. es ist zunächst der Erwerbspreis des ganzen Grundstückes zu ermitteln und dann im Verhältnis der Beteiligung des Erwerbers herabzusetzen. Veräußerungspreis ist dasjenige, was der Erwerber den andern Berechtigten zahlt. Aus vorstehendem ergibt sich übrigens, daß in den zu c) genannten Fällen, in denen also die einzelnen Gesellschafter identisch sind mit den einzelnen Miteigentümern, eine Steuer überhaupt nicht erhoben wird, obwohl eine Auflassung stattfindet. Dieser Fall wird also ebenso behandelt wie ein Fall des § 7. Vgl. insbes. § 7 Ziff. 6.

Die zu c) erwähnte Streitfrage also, sowie die Frage, ob die Gesellschafter einer offenen Handelsgesellschaft, welche sich bezüglich des Gesellschaftsgrundstückes dahin auseinandersetzen, daß sie sich als Gesamteigentümer eintragen lassen, eine Eigentumsveränderung vornehmen (so RG. v. 21. Dez. 03 EntschFG. 4 124; dagegen OVG. DJZ. 04 870) kann für die Wertzuwachssteuer auf sich beruhen.

Desgleichen die Entscheidung der nachfolgenden Fälle, in welchen schon bisher angenommen wurde, daß eine Eigentumsveränderung nicht vorläge:

d) Wenn mehrere Personen als Miteigentümer eingetragen sind und demnächst die Bruchteile im Grundbuch vermerken lassen KGJ. 25 a 134.

e) Wenn das Grundstück einer offenen Handelsgesellschaft an eine andere offene Handelsgesellschaft übergeht, beide Firmen aber dieselben Gesellschafter haben. (JW. 99 320 Nr. 48.)

f) Wenn bei Umwandlung einer Gesellschaft in eine andere gesetzlich die Identität der beiden festgestellt ist, z. B. Umwandlung einer Kommanditgesellschaft in eine offene Handelsgesellschaft. (RG. 55 126, § 139 Abs. 1, § 162 Abs. 3 HGB.) In allen Fällen c—f liegt kein steuerpflichtiges Geschäft vor, in den Fällen a und b und ähnlichen greift § 25 ein.

2) Nicht nur „für die Bemessung des Wertzuwachses" muß der Anteil des Erwerbes außer Betracht bleiben, sondern auch für die Versteuerung selbst. Wenn auch als Veräußerer rechtlich die Gemeinschaft oder die Gesellschaft erscheint, so ist doch nicht diese (und damit teilweise der Erwerber selbst) der Steuerpflichtige gemäß § 29 Abs. 1, vielmehr muß nach dem Sinn der Bestimmung und dem Prinzip des § 1 angenommen werden, daß bloß die Überlasser steuerpflichtig sind. Denn sie allein realisieren ihren Wertzuwachs.

3) Wenn also der gemäß Satz 1 in das Eigentum des ganzen Grundstückes gelangte Erwerber dasselbe veräußert, ist eine doppelte Steuerberechnung aufzumachen.

a) Soweit sein eigener Anteil in Betracht kommt, ist sein Erwerbspreis zu ermitteln nach dem Verhältnis seiner Beteiligung am Gesamtgrundstücke zu der Zeit als dieses von der Gesellschaft oder Gemeinschaft erworben wurde. Ebenso ist von dem jetzigen Gesamtveräußerungspreis der entsprechende Anteil des Erwerbers festzustellen. Die Differenz ist derjenige Wertzuwachs, der zunächst versteuert wird.

b) Dem Reste des Veräußerungspreises ist als Erwerbspreis gegenüberzustellen derjenige Preis, der bei der Auseinandersetzung, also im Falle des § 25 S. 1 als Veräußerungspreis der Gemeinschaft ermittelt worden ist und nach welchem die letztere ihre Wertzuwachssteuer zu entrichten hatte.

Die Denkschrift gibt für § 25 S. 1 folgendes Beispiel:

1. Preis zur Zeit des Erwerbes seitens der zu gleichen Anteilen berechtigten Gemeinschaft A. + B. + C.	60 000 M. = 20 000 + 20 000 + 20 000 M.
2. Preis, den C. für die Überlassung des Grundstückes seitens der Gemeinschaft an ihn den Mitgesellschaftern (s. Anm. 2) A. und B. zu zahlen hat, ...	60 000 M. = 30 000 + 30 000 M.
3. Wertzuwachs . .	10 000 + 10 000 = 20 000 M.

oder 50 v. H. des Erwerbspreises. (Denkschr. S. 40. Der weitere Teil des dortigen Beispiels ist nicht mehr zutreffend; daher irreführend Abdruck des weiteren Beispiels bei Jünger, RZuwachsStG. S. 51).

4. Veräußert C. das Grundstück an X. für 120 000 M., so ist zu versteuern:

a) Anteil C.	Erwerbspreis .	20 000 M.
	Veräußerungspreis $\frac{1}{3}$ von 120 000 =	40 000 „
	Wertzuwachs	20 000 M.

oder 100% des Erwerbspreises.

b) Rest:	Erwerbspreis . .	60 000 M.
	Veräußerungspreis	80 000 „
	Wertzuwachs	20 000 M.

oder $33\frac{1}{3}$% des Erwerbspreises.

Eine weitere Erleichterung zugunsten des Übernehmers schafft für den Miterben § 65, s. Anm. 4 und Beispiel ebenda.

§ 26.

Bei der Vertauschung ist die Zuwachssteuer für jeden Tauschgegenstand gesondert zu berechnen und zu erheben.[1])

1) Auch dieser Paragraph soll eine steuerrechtliche Streitfrage klarstellen.

Die Abgrenzung des Tauschvertrages vom doppelten Kaufvertrage unterliegt erheblichen Schwierigkeiten (s. RG. JW. **05** 326 Nr. 15, Zeitschr. d. NotarV. **10** Heft 5, PGJ. **30** 340 und zahlreiche andere Entscheidungen).

Diese Entscheidungen sind für diejenigen Steuergesetze von Erheblichkeit, die den Tauschvertrag anders verstempeln als den doppelten Kaufvertrag (vgl. Tarifstelle 11 RstempG. und 32 PrStG.), dagegen sind sie für die Zuwachssteuer nach der klaren Bestimmung des § 26 nicht mehr von Interesse.

Zweifelhaft kann aber die Frage sein, welche Bedeutung die Angabe von *Tauschpreisen* im Vertrage hat. Wenn es richtig ist, daß im Tauschvertrage die Parteien durch die ausgedrückten Preise lediglich ein Verhältnis von Leistung und Gegenleistung zueinander angeben wollen (Heinitz PStG. Tarifst. 32 unter 7 a), so würde diese Angabe als *Preisangabe* nicht gelten können und deshalb gemäß § 11 Abs. 1 bei den Tauschgrundstücken die *Wertsermittelung* einzutreten haben.

Man kann zweifeln, ob dies zutrifft. Denn das Gesetz enthält im Gegensatz zu den obigen Gesetzen, insbes. TSt. 11 RstempG., keine ausdrückliche Anweisung der *Wertberechnung*. Die Denkschrift S. 30 geht auch davon aus, daß der Erwerber schon aus eigenem Interesse wegen seiner späteren Zuwachssteuer, sich auf eine zu niedrige Angabe des Veräußerungspreises nicht einlassen werde. § 8 Abs. 2 schreibt sogar bei der Hingabe an Zahlungsstatt ausdrücklich Ansetzung des *Wertes* vor, zu dem der Gegenstand *angenommen* werde.

Trotzdem ist auch für die Zuwachssteuer daran festzuhalten, daß die Preisangaben in Tauschverträgen nicht Preise im Sinne des Gesetzes darstellen, deshalb Wertsermittelung einzutreten hat. Denn in der Tat sind in Tauschverträgen die Tauschpreise nur Tauschwerte (s. oben). § 8 Abs. 2 spricht nicht dagegen, denn wenn die Hingabe an Zahlungsstatt gleich im Grundstücksveräußerungsvertrage vereinbart wird, so liegt in Wahrheit Tauschvertrag vor (RG. **54** 376), so daß Wertsermittelung eintritt. Wenn aber eine bereits bestehende Schuld durch Hingabe eines Grundstücks getilgt wird, so liegt kein Tauschvertrag vor, in solchen Fällen ist den Parteien aber auch die Höhe des als Tilgungspreis angenommenen Wertes nicht gleichgültig, sondern dieser ist in der Tat ein wirklicher Preis.

Aus dem Gesagten folgt, daß auch bei Tauschverträgen vor dem 1. Januar 1911 als Erwerbspreis der Wert zugrunde zu legen ist, ferner daß bei einer Vertauschung die Anrechnungen bzw. Abrechnungen der § 14 Z. 1, 22 Z. 1 (Kosten des Erwerbs und der Veräußerung) nicht in Betracht kommen.

§ 27.

Erfolgt der Erwerb auf Grund mehrerer aufeinanderfolgender Rechtsgeschäfte[4]) von dem bisherigen Berechtigten an den letzten Erwerber[1]), so gilt der von dem ersteren gezahlte Preis als Erwerbspreis und die Gesamtheit der Beträge, um die sich der Preis des Grundstücks zwischen je zwei Rechtsgeschäften erhöht hat, als Wertzuwachs[2]). Das Gleiche gilt, falls vor dem Übergang an den letzten Erwerber die Steuerpflicht gemäß § 5 eingetreten ist, mit der Maßgabe, daß für den Übergang an den letzten Erwerber als Erwerbspreis das Entgelt bestimmend ist, das bei der früheren Versteuerung als Veräußerungspreis zugrunde gelegt worden ist[3]) [4]).

Als Rechtsgeschäfte im Sinne des Abs. 1 sind auch Vorgänge der im § 5 Abs. 3 bezeichneten Art anzusehen[1]).

§ 27 regelt die Steuerberechnung bei einer Mehrheit von obligatorischen Rechtsgeschäften, welche den Erwerb vom derzeitigen Eigentümer begründen. Zu denken ist sowohl an den Fall, daß die Auflassung auf Grund der mehreren obligatorischen Rechtsgeschäfte innerhalb Jahresfrist nach dem ersten obligatorischen Rechtsgeschäft erfolgt, und deshalb diese Auflassung gemäß § 4 der steuerrechtlich maßgebende Zeitpunkt ist, oder daß die Auflassung innerhalb des Jahres ausbleibt und deshalb gemäß § 5 Abs. 1 das erste Veräußerungsgeschäft den maßgebenden Zeitpunkt hergibt. Hierbei ist zu beachten, daß die in § 5 Abs. 3 bezüglich der Abtretung der Rechte aus dem Veräußerungsgeschäft und der weiteren aufgeführten Rechtsgeschäfte erfolgte Gleichstellung mit dem rechtsverbindlichen Veräußerungsgeschäft des Abs. 1 allgemein Platz greift, also für die Berechnung des Wertzuwachses auch bei erfolgter Auflassung innerhalb der Jahresfrist diese Art Zwischengeschäfte mit in Berücksichtigung kommen (vgl. Abs. 2, § 5 Anm. 6—12; über Veräußerungsgeschäft § 5 Anm. 2).

1) „Letzter Erwerber" ist hier wie in Satz 2 derjenige, welcher im Augenblick des Eintritts der Steuerpflicht der Erwerber des Grundstücks oder der Rechte aus § 5 ist.

2) D. h. als steuerpflichtiger Wertzuwachs. Als Erwerbspreis kommt nicht der von dem letzten Zwischenveräußerer gezahlte Preis in Betracht, sondern der von dem bisherigen Berechtigtem gezahlte Erwerbspreis, welcher nach allgemeinen Grundsätzen zu ermitteln ist. Bisheriger Berechtigter ist der erste Veräußerer, mit dem die Kette der nach § 5 steuerpflichtigen Rechtsgeschäfte beginnt. Nicht also etwa offerierender Eigentümer.

Welches dagegen der Veräußerungspreis, ist aus der Formulierung des Gesetzes nicht zu entnehmen. Legt man das Wort „Preis" als Erwerbspreis aus, so ist die Differenz, die beim letzten Rechtsgeschäft zwischen Erwerbspreis und Veräußerungspreis liegt, nicht getroffen, da nur die Preiserhöhung zwischen je zwei Rechtsgeschäften, nicht aber innerhalb eines Rechtsgeschäfts in Betracht kommen soll. Legt man das Wort „Preis" als Veräußerungspreis aus, so ist der Wertzuwachs des ersten Veräußerungsgeschäfts nicht getroffen. Die Materialien enthalten zu diesem Punkte nichts; der Paragraph ist debattelos aus der Regierungsvorlage ins Gesetz gelangt. Wir legen die Bestimmung dahin aus, daß die Summe der einzelnen steuerpflichtigen Wertzuwachsbeträge den steuerpflichtigen Gesamtwertzuwachs bilden soll. Demnach wird für jedes einzelne Rechtsgeschäft der Wertzuwachs zu berechnen, d. h. Erwerbspreis und Veräußerungspreis aufzumachen, die gesetzlichen Zu- und Abrechnungen werden vorzunehmen sein und darnach sind die ermittelten Zuwachsbeträge zu addieren. Das Verhältnis dieser Gesamtsummen zu dem obenermittelten Erwerbspreis ist unter den Tarif des § 28 zu bringen. Von Wichtigkeit ist die Ermittelung des Veräußerungspreises besonders bei dem letzten in Betracht kommenden Rechtsgeschäft (s. Satz 2). Hat also A. sein für 300 000 M. erworbenes Grundstück durch notariellen Vertrag zum Preise von 350 000 M. an B. veräußert, B. die Rechte aus diesem Vertrag für 20 000 M. an C. abgetreten und veranlaßt C. dann die Auflassung des Grundstücks seitens A. an den von ihm benannten D., wofür ihm D. 10 000 M. Provision bezahlt hat, und zwar in der Form des Rechtsgeschäfts des § 5 Nr. 3 (s. aber § 5 Anm. 6a), so beträgt der steuerpflichtige Wertzuwachs 50 000 + 20 000 + 10 000 = 80 000 M. (Anrechnungen sind der Einfachheit halber außer Betracht gelassen; vgl. hierzu § 14 Anm. 2).

Nur die Beträge, um welche sich der Wert des Grundstücks erhöht hat, finden Beachtung. Hat also im vorliegenden Beispiel A.

mit B. einen Kaufvertrag abgeschlossen, in welchem sich B. zum Ankauf des Grundstücks für 350 000 M. verpflichtet hat, und tritt nun B., weil er die Verpflichtung zur Zahlung dieses Kaufpreises nicht erfüllen kann, seine Rechte aus dem Veräußerungsgeschäft unter Entrichtung eines Damnobetrages von 5000 M. an C. ab, so ist doch der volle Betrag des dem A. zufallenden Wertzuwachses mit 50 000 M. zu besteuern. Der auf einem Geschäft ruhende Wertverlust (s. § 20 Anm. 4) wird also mit Null eingesetzt. Dies entspricht auch durchaus dem gesetzgeberischen Gedanken, daß der Fiskus durch jene Zwischengeschäfte keinen Nachteil aber auch keinen Vorteil haben solle. Er kann also dadurch nicht besser gestellt werden, als wenn nach jedem Zwischengeschäft die entsprechende Auflassung erfolgt. Veräußert in unserem Beispiel C. seine Rechte für 360 000 M., so beträgt dieser Teil des Wertzuwachses 15 000 M., also der Gesamtwertzuwachs 65 000 M.

Aus der obigen Definition des Gesamtwertzuwachses ergibt sich, daß soweit ein einzelner Wertzuwachsbetrag nicht steuerpflichtig ist, derselbe gleichfalls mit Null einzusetzen ist. Z. B. wenn der Veräußerer bei dem betreffenden Kettenglied Steuerfreiheit genießt (§ 30). Ebenso wird ein Rechtsgeschäft, das unter § 7 fällt, auch hier steuerrechtlich ignoriert; die „zwei" Rechtsgeschäfte sind im Fall des § 7 das vor diesem und das nach diesem steuerfreien Rechtsvorgang liegende.

3) Satz 2 enthält in dem Fall, daß die Steuerpflicht gemäß § 5, also ein Jahr nach dem Veräußerungsgeschäft, eingetreten ist, eine Änderung der Erwerbspreisberechnung des Abs. 1, soweit es sich darum handelt, bei dem letzten Erwerber den Erwerbspreis zu bestimmen.

Die Berechnung des Wertzuwachses sowie die dazu erforderliche Berechnung der einzelnen Veräußerungspreise geschieht wie in Abs. 1. Die vordem eingetretene Besteuerung nach § 5 bedingt aber eine Ausnahme von dem Grundsatz, daß der von dem letzten dinglich Berechtigten gezahlte Preis als Erwerbspreis zugrunde zu legen ist. Ein nach § 5 eingetretener Steuerfall wird daher steuerrechtlich ebenso behandelt, wie wenn Eigentumsübergang erfolgt wäre, jedoch mit der Maßgabe, daß bei Veräußerung des Grundstücks an den letzten Erwerber als Erwerbspreis das Entgelt bestimmend ist, das bei der früheren Versteuerung als Veräußerungspreis zugrunde gelegt worden ist. Es wird also hier ausnahmsweise die frühere Berechnung des Veräußerungspreises für den Erwerbspreis als maßgebend erklärt, so daß dem Veräußerer auch die früheren Hinzurechnungen aus § 23 zugute kommen. Aber auch hier ist keineswegs der Veräußerungspreis durch die besondere Berechnung des Wertzuwachses etwa verändert, vielmehr gilt hier dasselbe wie in Anm. 2.

Selbstredend rechnet auch die Besitzdauer des Veräußerers von dieser letzten Besteuerung ab und ebenso können auch sämtliche Aufwendungen, die nach dem Steuerfall auf das Grundstück gemacht sind, von ihm in Anrechnung gebracht werden und zwar selbst dann, wenn die Beträge noch von dem als Eigentümer eingetragenen und wirtschaftenden Veräußerer verausgabt sind.

4) Rechtsgeschäfte im Sinne dieses Paragraphen sind identisch mit den Rechtsgeschäften des § 5. Daraus folgt, daß der notarielle Vertragsantrag kein diesbezügliches „Rechtsgeschäft" ist (vgl. § 5 Anm. 6). Beispiel: Hat A. für 300 000 M. erworben und B. für 350 000 M. offeriert, zediert B. weiter an C. für 360 000 M., dieser an D. für 380 000 M. und nimmt D. die Offerte an, so liegt der Fall des § 27 nur insoweit vor, als es sich um die Kette von B. bis D. handelt; denn nur insoweit liegen aufeinanderfolgende Rechtsgeschäfte im Sinne des § 5 vor, auf Grund deren der Erwerb erfolgt. Es haften also B., C. für 30 000 M. Wertzuwachs und zwar gesamtschuldnerisch (§ 32). A. haftet, solange keine Annahme der Offerte erfolgt ist, überhaupt nicht; sobald sie erfolgt, nur auf Grund des von ihm geschlossenen durch die Annahme perfekt gewordenen Veräußerungsgeschäfts, also in Höhe von 50 000 M. Für die Steuerkette B. C. D. ist, solange eine Annahme nicht erfolgt war, B. der erste Berechtigte, denn er ist der Veräußerer im Sinne des ersten „Rechtsgeschäftes". Zugrunde zu legen ist also als Erwerbspreis derjenige des B. Hat D. die Offerte angenommen, so ist für das vorliegende Veräußerungsgeschäft A. bis D. A. der bisherige Berechtigte, sein Erwerbspreis von 300 000 M. also zugrunde zu legen. D. haftet als Erwerber doppelt in Höhe des § 29 Abs. 2, einmal für die Zuwachssteuer von B. nach D. (30 000 M. Wertzuwachs), zweitens für diejenige von A. nach D. (50 000 M. Wertzuwachs).

Aus dem Gesagten ergibt sich, daß der offerierende Eigentümer auch nicht gemäß § 32 für die Steuerpflichten von B. und C. mithaftet. Er bedarf daher auch nicht des Notbehelfes aus § 33 (anders Cuno Anm. 4 zu § 33). Das gewonnene Ergebnis ist durchaus billig. Es entspricht dem Prinzip des Gesetzes, nur den realisierten Gewinn zu besteuern.

Ist die Offerte angenommen, so liegt jetzt ein steuerpflichtiges Veräußerungsgeschäft vor. Wenn also D. die Rechte aus dem Veräußerungsgeschäft weiter abtritt, so ist gemäß § 27 der von A. gezahlte Erwerbspreis (300 000 M.) zugrunde zu legen. Der Wertzuwachs beträgt 50 000 M. (A. von D.) plus den nach der Zession des D. erscheinenden Wertzuwachsbeträgen.

§ 28.

Die Steuer beträgt[1])

10 v. H. bei einer Wertsteigerung von nicht mehr als 10 v. H. des Betrags, der sich aus dem Erwerbspreis und den Zu- und Abrechnungen (§§ 14—16, 21) zusammensetzt,

11 v. H. bei einer Wertsteigerung von mehr als 10 v. H. bis einschließlich 30 v. H. dieses Betrags,

12 v. H. bei einer Wertsteigerung von mehr als 30 v. H. bis einschließlich 50 v. H. dieses Betrags,
13 v. H. bei einer Wertsteigerung von mehr als 50 v. H. bis einschließlich 70 v. H. dieses Betrags,
14 v. H. bei einer Wertsteigerung von mehr als 70 v. H. bis einschließlich 90 v. H. dieses Betrags,
15 v. H. bei einer Wertsteigerung von mehr als 90 v. H. bis einschließlich 110 v. H. dieses Betrags,
16 v. H. bei einer Wertsteigerung von mehr als 110 v. H. bis einschließlich 130 v. H. dieses Betrags,
17 v. H. bei einer Wertsteigerung von mehr als 130 v. H. bis einschließlich 150 v. H. dieses Betrags,
18 v. H. bei einer Wertsteigerung von mehr als 150 v. H. bis einschließlich 170 v. H. dieses Betrags,
19 v. H. bei einer Wertsteigerung von mehr als 170 v. H. bis einschließlich 190 v. H. dieses Betrags,
20 v. H. bei einer Wertsteigerung von mehr als 190 v. H. bis einschließlich 200 v. H. dieses Betrags,
21 v. H. bei einer Wertsteigerung von mehr als 200 v. H. bis einschließlich 210 v. H. dieses Betrags,
22 v. H. bei einer Wertsteigerung von mehr als 210 v. H. bis einschließlich 220 v. H. dieses Betrags,
23 v. H. bei einer Wertsteigerung von mehr als 220 v. H. bis einschließlich 230 v. H. dieses Betrags,
24 v. H. bei einer Wertsteigerung von mehr als 230 v. H. bis einschließlich 240 v. H. dieses Betrags,
25 v. H. bei einer Wertsteigerung von mehr als 240 v. H. bis einschließlich 250 v. H. dieses Betrags,
26 v. H. bei einer Wertsteigerung von mehr als 250 v. H. bis einschließlich 260 v. H. dieses Betrags,
27 v. H. bei einer Wertsteigerung von mehr als 260 v. H. bis einschließlich 270 v. H. dieses Betrags,
28 v. H. bei einer Wertsteigerung von mehr als 270 v. H. bis einschließlich 280 v. H. dieses Betrags,
29 v. H. bei einer Wertsteigerung von mehr als 280 v. H. bis einschließlich 290 v. H. dieses Betrags,
30 v. H. bei einer Wertsteigerung von mehr als 290 v. H. dieses Betrags.

Die Steuer ermäßigt sich für jedes vollendete Jahr des für die Steuerberechnung maßgebenden Zeitraums um 1 vom 100 ihres Betrags[2]). Ist das Grundstück vor dem 1. Januar 1900 erworben, so beträgt die Ermäßigung für die Zeit bis zum 1. Januar 1911 $1^1/_2$ vom 100 jährlich[3]).

Steuerbeträge, die im ganzen unter 20 M. bleiben, werden nicht erhoben[4]).

1) Im Einklang mit den meisten deutschen Steuerordnungen (anders nur die erste Steuerordnung auf deutschem Gebiet: die von Kiautschou, 1898, die jeden Wertzuwachs ohne Rücksicht auf die Höhe der Wertsteigerung mit dem gleichen Prozentsatz von $33^1/_3$% besteuert) ist der Grundsatz durchgeführt, daß der Prozentsatz der Wertzuwachssteuer mit der prozentualen Höhe des Wertzuwachses steigt. Hierbei ist die Regelung in der Weise geschaffen, daß der höhere Prozentsatz der Steuer von der ganzen Wertsteigerung erhoben wird, sobald der Wertzuwachs einen bestimmten Prozentsatz des Erwerbspreises einschließlich der Anrechnungen übersteigt. (Anders der Bremer Entwurf einer Wertzuwachssteuerordnung, dem verschiedene Gemeidesteuerordnungen, z. B. Hanau, Liegnitz, gefolgt waren und dessen Progressionssystem eine feste Prinzipalsteuer von der ganzen Wertsteigerung erhob und zu diesem Steuersatz von dem einen bestimmten Prozentsatz des Erwerbspreises übersteigenden Wertzuwachse einen entsprechend der Wertsteigerung prozentual steigenden Steuerzuschlag vornahm..)

Die Steuer wird erhoben von dem Wertzuwachs, wie er als ohne Zutun des Eigentümers entstanden nach den Grundsätzen des Gesetzes ermittelt ist. Die Höhe des Steuerbetrages richtet sich nach dem Verhältnis des Wertzuwachses zu demjenigen Betrage, der sich aus dem Erwerbspreis, d. h. dem nach den Regeln der §§ 8—13, 17—20, 25 ermittelten Preis, und den den unverdienten Wertzuwachs berücksichtigenden Zu- und Abrechnungen der §§ 14—16, 21 zusammensetzt.

Der niedrigste Steuersatz ist 10% und zwar — ohne Freilassung einer Wertzuwachsquote (vgl. jedoch Anm. 1 zu § 16) — bei einem Wertzuwachs bis einschließlich 10% des Erwerbspreises zuzüglich der Anrechnungen. Alsdann steigt der Steuersatz mit jeder 20% betragenden weiteren Wertsteigerung je um 1%, so daß der Steuersatz 19% bei einer Wertsteigerung von mehr als 170% bis einschließlich 190% beträgt. Von hier ab, also für die Fälle eines Wertzuwachses von mehr als 190% des genannten Betrages tritt eine Verschärfung des Tarifs ein, in dem der Steuersatz bereits bei jeder mehr als 10% höheren Wertsteigerung um 1% steigt; die Steuer beträgt demgemäß bereits bei einer Wertsteigerung von mehr als 190 bis einschließlich 200% des ermittelten Erwerbspreises 20%. Die Steigerung geschieht in dieser Weise bis zu einem Wertzuwachs von 290% des genannten Betrages; alsdann wird als höchster Steuersatz gleichmäßig 30% des Wertzuwachses erhoben. Dieser Höchstsatz tritt hiernach erst bei einer Wertsteigerung von mehr als 290% ein. Gemeindezuschläge sind in diesem Falle ausgeschlossen (s. § 59 Anm. 2).

2) Hiernach findet ohne Unterschied zwischen bebauten und unbebauten Grundstücken eine Berücksichtigung der längeren Eigentumsdauer statt und zwar in der Weise, daß die ermittelte Steuer um 1% ihres Betrages (nicht etwa um 1% des steuerpflichtigen Wertzuwachses) ermäßigt wird. Die Ermäßigung tritt ein für jedes vollendete Jahr des für die Steuerberechnung maßgebenden Zeitraums (§ 17 Anm. 5), wobei eine zeitliche Grenze — abgesehen von der allgemeinen des § 17 — im Gegensatz zum Kommissionsentwurf nicht gegeben ist.

Zu beachten ist, daß der Prozentsatz für jedes Jahr von dem vollen Steuerbetrag in Abrechnung kommt, so daß der Abzug des Vorjahres hierbei nicht in Betracht kommt. Ist also z. B. der Wertzuwachs nach 10jährigem Besitz 25% des Erwerbspreises und beträgt er 300 000 M., die Steuer also 11% = 33 000 M., so ermäßigt sich die Steuer um 10 × 1 = 10% von 33 000 = 3300 M. Für die Berechnung der Jahresfrist vgl. § 187 Abs. 1 und § 188 Abs. 2 BGB.

3) Eine weitere Ermäßigung tritt somit für diejenigen Fälle ein, wo das Grundstück vor dem 1. Januar 1911 erworben, d. h. vor diesem Zeitpunkt an den jetzigen Veräußerer zu Eigentum übertragen war. Abschluß obligatorischen Vertrages vor dem 1. Januar 1911 genügt nicht. Dagegen greift selbstredend der Grundsatz des § 17 Platz, d. h. wenn der Erwerb auf einem steuerfreien Rechtsvorgang beruht, ist der Erwerb des Vorbesitzers maßgebend.

In diesen Fällen ermäßigt sich die Steuer gemäß Anm. 2 für die Besitzzeit bis zum 1. Januar 1911 um 1½% ihres Betrages, von dann ab jährlich um 1%. Beim Erwerb von Berechtigungen (§ 2) oder Anteilen (§ 3) gilt dieselbe Vergünstigung, wenn diese Rechte vor 1911 erworben sind.

4) Nicht erhoben werden also wegen ihrer Geringfügigkeit Steuerbeträge, die nach der gesetzmäßigen Berechnung im ganzen unter 20 M. bleiben, gleichgültig, wie groß die tatsächliche ohne die Abzüge aus § 16 sich ergebende Wertsteigerung des Grund und Bodens ist.

§ 29.

Die Entrichtung der Zuwachssteuer[1]) liegt demjenigen ob, dem das Eigentum an dem Grundstück vor dem die Steuerpflicht begründenden Rechtsvorgange zustand[2]). Mehrere Steuerpflichtige haften als Gesamtschuldner[3]).

Kann die Steuer von dem Veräußerer nicht beigetrieben werden, so haftet der Erwerber für die Steuer bis zum Betrage von zwei vom Hundert des Veräußerungspreises[4]). Diese Bestimmung findet keine Anwendung beim Erwerb im Wege der Zwangsversteigerung[5]).

Die Haftung fällt fort, sobald der Veräußerer einen entsprechenden Betrag gezahlt oder sichergestellt hat[6]).

1) Die §§ 29—33 regeln die Passivlegitimation des Steuerschuldners („Trägers der Steuerpflicht" Denkschr. S. 24). Die Verpflichtung zur Zahlung der Steuer stellt ein auf dem Gesetz beruhendes Schuldverhältnis dar, das dem öffentlichen Recht angehört. Die Bestimmungen beziehen sich nur auf die der Steuerbehörde gegenüber bestehende Verpflichtung, nicht auf das Verhältnis der Beteiligten (z. B. Veräußerer und Erwerber) zueinander. Das Gesetz unterscheidet aber zwischen dem „Steuerpflichtigen" (s. § 29 S. 2, § 32 S. 1) und den „für die Entrichtung der Abgabe haftbaren Personen" (s. § 33) und zwar betreffen die §§ 29 Abs. 1, 30 und 31 den erstgenannten, die §§ 29 Abs. 2 und 3, 32, 33 den letztgenannten Personenkreis. Der Steuerbehörde gegenüber haben beide Verpflichtungen, von der Begrenzung im § 29 Abs. 2 abzusehen, den gleichen Inhalt; insbesondere besteht zwischen den für die Steuer haftbaren Personen und dem Steuerfiskus gleichfalls ein Schuldverhältnis, kraft dessen letzterer befugt ist, von dem ersteren die Erfüllung der Steuerpflicht zu fordern. Dies ist von Wichtigkeit für die persönlichen Steuerbefreiungen des § 30 (wenn z. B. der Landesfürst ein Grundstück erwirbt oder ein erworbenes Grundstück weiter veräußert [§ 5]): im Rahmen der dortigen Bestimmungen sind die genannten Personen nicht nur von der „Steuerpflicht", sondern auch von jeglicher Haftbarkeit für die Stempelsteuer befreit. Die Bedeutung der gesetzlichen Unterscheidung liegt lich darin, daß in § 29 Abs. 1 mit dem „Steuerpflichtigen" der eigentaber Verpflichtete bezeichnet wird und im Innenverhältnis den „haftbaren Personen", wenn sie die Steuer entrichten, ein Rückgriffsrecht gegen den „Steuerpflichtigen" nach allgemeinen Grundsätzen zusteht. Die „Haftbarkeit" für die Steuer ist also nichts weiter als ein besonderer Fall der Steuerpflicht, nämlich die beim Vorhandensein der gesetzlichen Voraussetzungen bestehende Verpflichtung, unter Vorbehalt des Rückgriffs gegen die eigentlich Verpflichteten, die Zuwachssteuer zu entrichten. Hierbei wird jedoch unter den „haftbaren Personen" zugunsten des Erwerbers (neben der beschränkten Haftung) eine wichtige Ausnahme gemacht, indem diesem ein der Einrede der Vorausklage des Bürgen (§ 771 BGB.) entsprechender Rechtsbehelf gegeben ist (Anm. 4). Es frägt sich nun hierbei, wie juristisch diese gemeinsame Haftung aufzufassen ist: stehen sich die beiden Personenkreise wie Hauptschuldner und Bürgen gegenüber, so setzt die Haftbarkeit eine bestehende Verbindlichkeit zur Zahlung der Stempelsteuer voraus, und an dieser Voraussetzung fehlt es bei Vorliegen einer sachlichen Steuerbefreiung (§ 1 Abs. 2, § 7) ebenso wie bei persönlicher Befreiung (§ 30) derjenigen Personen, welche

an sich nach § 29 Abs. 1 zur Zahlung der Steuer verpflichtet sein würden; handelt es sich dagegen um selbständige, unabhängig voneinander begründete Schuldverpflichtungen, so kann die Steuerbefreiung des einen dem anderen nichts nützen.

Nach dem Grundgedanken des Gesetzes, den dem Veräußerer zugefallenen unverdienten Gewinn mit einer Steuer zu belasten, sind zwei Gruppen der haftbaren Personen scharf zu unterscheiden:

a) nach § 29 Abs. 2 Haftung des Erwerbers: hier handelt es sich um eine bürgschaftsähnliche Haftung mit gewissen Beschränkungen (vgl. Anm. 4), daher fällt auch die Haftung des Erwerbers weg, wenn der Rechtsvorgang als solcher steuerfrei (§ 7) oder sonstwie in der Person des steuerpflichtigen Eigentümers ein Befreiungsgrund (§ 30) vorliegt;

b) nach § 32 Abs. 1 bei einer Mehrheit von dem Eigentumsübergang vorangehenden Rechtsgeschäften Haftung der an einem desselben als Veräußerer Beteiligten: hier beruht die Verpflichtung auf einem selbständigen Verpflichtungsgrund, der Weiterveräußerung (s. § 5). Dies gilt allerdings nur mit der Maßgabe, daß jeder Veräußerer innerhalb der Kette von Rechtsgeschäften, die in ihrer Gesamtheit steuerrechtlich ergriffen wird, für den vollen Wertzuwachs (vom Erwerb des bisherigen Eigentümers bis zu dem nunmehr Berechtigten) haftet, also selbst dann die ganze Steuer von ihm erfordert werden kann, wenn er selbst bei der Veräußerung nur geringen oder gar keinen Gewinn erzielt hat. Die Haftung dieser Personen ist also unabhängig von der Verpflichtung des Eigentümers zur Zahlung der Steuer, die Steuer kann also auch dann von ihnen erfordert werden, wenn zugunsten des letzteren § 7 oder § 30 Platz greift. Hat also z. B. A. sein Grundstück dem B. durch notariellen Vertrag schenkweise versprochen und B. die Rechte hieraus an C. entgeltlich abgetreten, so hat B. mit der Auflassung an C. oder nach Ablauf eines Jahres seit der Abtretung den vollen Wertzuwachs, wie er sich aus dem Unterschied zwischen dem Erwerbspreis des A. und der Werterhöhung bis zum Erwerb des C. ergibt, zu besteuern. Fernerhin hat aber auch B., der ein Grundstück vom Fiskus durch notariellen Vertrag käuflich erworben, jedoch noch nicht aufgelassen erhalten hat und nun die Rechte aus dem Vertrag an C. zediert, Zuwachssteuer zu entrichten, obgleich der Fiskus nach § 30 seinerseits von der Steuer befreit ist und die Auflassung auf Grund des vom Fiskus geschlossenen Veräußerungsgeschäfts erfolgt. Natürlich kann aber hier nicht etwa von dem früheren Erwerbspreis des Fiskus ausgegangen werden, vielmehr scheidet der Wertzuwachs des Fiskus bei der Zusammenrechnung des Gesamtwertzuwachses aus (s. § 27 Anm. 2), ebenso wenn der Fiskus Zwischenveräußerer ist.

2) Das Gesetz bestimmt, daß der Eigentümer, und zwar derjenige, dem das Eigentum an dem Grundstück vor dem die Steuerpflicht begründenden Rechtsvorgang zustand, steuerpflichtig ist.

Aus Absatz 2 folgt indessen, daß lediglich derjenige Eigentümer, welcher gleichzeitig Veräußerer ist, der prinzipale Steuerpflichtige ist. Dies ergibt sich ferner aus Denkschr. S. 24, welche nur von dem „Veräußerer" als Steuerpflichtigen spricht, sowie aus dem Prinzip des Gesetzes, den realisierten Wertzuwachs zu besteuern. Vorausgesetzt ist allerdings ein Veräußerer im Sinne des Gesetzes, also im Sinne der §§ 4 und 5. Liegt somit kein Kaufvertrag sondern eine Offerte des Eigentümers vor, so ist ein Veräußerungsgeschäft oder ein diesem gleichgestelltes Geschäft nicht vorhanden und deshalb der Eigentümer nicht steuerpflichtig — sofern nicht die Offerte angenommen wird oder die Auflassung erfolgt. Dagegen ist der veräußernde Eigentümer speziell in den Fällen des § 5 besonders scharf steuerpflichtig. Beispiel: a) A., der ein Grundstück für 100 000 M. erworben, verkauft es am 1. April 1912 für 110 000 M. an B., ohne daß Auflassung erfolgt; ein Jahr nach Kaufabschluß tritt die Steuerpflicht des § 5 ein. A. muß 10% von 10 000 M. Wertzuwachs = 1000 M. zahlen. (Würde innerhalb des Jahres, also bis 1. April 1913 B. seine Rechte an C. mit 5000 M. Gewinn verkauft haben, so hätte A. für die Steuer von einem Wertzuwachs von 10 000 + 5000 = 15 000 M. [11% = 1650 M.] zu haften, unbeschadet seines Ausgleichsrechts gegen B. gemäß § 32 S. 2.) b) B. verkauft nach Ablauf des Jahres, also beispielsweise am 15. Mai 1913, seine Rechte aus dem Veräußerungsgeschäft an C. mit 5000 M. Gewinn. 1 Jahr später, am 15. Mai 1914, tritt die Steuerpflicht nach § 5 ein. Gemäß § 27 Abs. 2 ist die Steuer nach einem Erwerbspreis von 110 000 M. und einem Wertzuwachs von 5000 M., also 10% von 5000 = 500 M., zu berechnen. Es haftet hierfür A. als früher veräußernder Eigentümer neben B.

Wegen der Haftung des Eigentümers für den vollen Wertzuwachs aus mehreren obligatorischen Geschäften des § 5 s. § 32 und Anm. 1 daselbst; ebendort s. auch über die Haftung der Zwischenveräußerer.

Bei Veräußerung einer Berechtigung (§ 2) oder eines Anteils (§ 3) haftet der bisherige Berechtigte (vgl. Anm. 1g zu § 3). Wegen der Veräußerung fremden Eigentums s. Anm. 2 zu § 5.

3) Gedacht ist hier an den Fall, daß das Grundstück mehreren Personen zu Eigentum gehört, also mehrere „Steuerpflichtige" (Anm. 1) da sind; den Fall der gleichzeitigen Haftung anderer regelt Abs. 2 und § 32: Gesamtschuldnerische Haftung (vgl. § 421 BGB.) bedeutet, daß die Steuer nach Belieben der Behörde von jedem voll eingezogen werden kann, im ganzen natürlich nur einmal. Geregelt wird hier nur das dem öffentlichen Recht angehörende Schuldverhältnis gegenüber dem Steuerfiskus. Über den Rückgriffsanspruch gegen mehrere Steuerpflichtige vgl. § 32.

4) Die Haftung des Erwerbers für die Zuwachssteuer soll der Sicherung des Steuerfiskus dienen, da es sonst (wie vom Reichsschatzsekretär in der Kommission betont, Ber. II S. 84) leicht möglich sei, daß der Veräußerer mit dem Kaufpreis verschwinde, oder sich sonst der Erhebung der Steuer entziehe. Die ursprüngliche Bestimmung, wonach die Auflassung von dem Grundbuchamt erst entgegengenom-

men werden dürfe, wenn eine Bescheinigung der Steuerbehörde vorgelegt, daß die Steuer nicht geschuldet oder für die Steuer Sicherheit geleistet sei, wurde in dritter Lesung der Kommission mit Rücksicht auf die hierdurch verursachte bedeutende Erschwerung des Grundstücksverkehrs gestrichen; da jedoch, wie von der Mehrzahl der Kommissionsmitglieder betont wurde, gerade auf dem Grundstücksmarkt das Unwesen der Strohmänner eine besonders große Rolle spiele (KommB. III S. 40), erschien es angebracht, trotz der nicht zu verkennenden Abweichung vom Prinzip des Gesetzes, das nur den Veräußerergewinn treffen will, den Erwerber für die Steuer mithaften zu lassen. Es ist danach der Grundbuchverkehr von jeder Art der Sicherstellung der Steuer vollständig unabhängig (anders für den Reichsumsatzstempel § 67); dagegen wird dem Erwerber eine Haftung durch das Gesetz auferlegt. Diese Haftung ist jedoch — anders als die sonstige Mithaftung (vgl. Anm. 1) — nach zwei Richtungen beschränkt: a) die Haftung ist auch dem Steuerfiskus gegenüber nur eine subsidiäre, indem dem Erwerber die Einrede der Beitreibbarkeit zusteht; die Steuer kann erst dann vom Erwerber erfordert werden, wenn sie vom Veräußerer nicht beigetrieben werden kann, wobei jedoch auch hier § 49 (zu ungunsten des Erwerbers) Platz greift; b) die Haftung ist ihrer Höhe nach begrenzt auf einen bestimmten Betrag, nämlich 2% des Veräußerungspreises, damit die Parteien von vornherein mit einer bestimmten Maximalhöhe der Haftung rechnen können (s. auch Anm. 6). Die Zu- und Abrechnungen der §§ 22ff. spielen für diese 2% keine Rolle (vgl. § 24 Anm. 1b).

5) Beim Erwerb im Wege der Zwangsversteigerung haftet somit nur derjenige, dem im Zeitpunkt der Zwangsversteigerung das Eigentum zustand. Die Ausnahme greift nur im Fall der Zwangsversteigerung, nicht auch zugunsten des Ersteigerers bei freiwilliger Versteigerung Platz. Über den Fall simulierter Zwangsversteigerung s. Anm. zu § 6.

6) Die Haftung des Erwerbers ist also nicht eine Schadlosbürgschaft in dem Sinne, daß sie zwar ihrer Höhe nach begrenzt ist, jedoch erst dann erlischt, wenn die Steuerschuld voll getilgt ist, sondern sie ist nur eine Mindestgarantie, eine teilweise Sicherstellung des Fiskus derart, daß der Erwerber, sobald der Veräußerer die Steuer in Höhe von 2% gezahlt oder sichergestellt hat, auch für den diesen Betrag übersteigenden Teil der Steuer nicht mehr haftet, also von jeder Haftung befreit ist. Da es zweifelhaft sein kann, ob dem Erwerber wegen dieser Steuerhaftung ein Zurückbehaltungsrecht zivilrechtlich zusteht, empfiehlt es sich, in den Kaufverträgen ausdrücklich zu bestimmen, daß der Erwerber berechtigt sein soll, bis zur Zahlung oder Sicherstellung der Steuer in Höhe der Haftung die Zahlung des Kaufpreises zu verweigern. Wird über das Vermögen des Verkäufers nach Abschluß des notariellen Vertrags der Konkurs eröffnet und ist entweder die Auflassung bzw. Zahlung des Kaufpreises bereits erfolgt oder hat sich der Konkursverwalter für Erfüllung des Vertrags entschieden, so ist die Steuerforderung des Fiskus zwar eine bevorrechtigte Konkursforderung (nach § 61 Nr. 2 KO.), indes muß in analoger

Anwendung der Bestimmung des § 773 BGB. angenommen werden, daß mit der Konkurseröffnung über das Vermögen des Eigentümers der Steuerfiskus sich ohne weiteres an den Erwerber halten kann. Zahlt dieser die Steuer, so erlangt aber nicht etwa der Regreßanspruch den Vorrang der fiskalischen Steuerforderung, da ein Übergang der Steuerforderung auf ihn nicht stattfindet; solange die Steuer von ihm nicht erfordert ist, kann er den eventuellen Regreßanspruch als bedingte (nicht bevorrechtigte) Konkursforderung nach § 67 KO. geltend machen. Ein Zwangsvergleich kann die Steuerforderung des Fiskus hier nie treffen, da sie als bevorrechtigte vorweg voll befriedigt sein muß. Anders liegt der Fall nur, wenn Steuerpflicht nach § 5 eintritt und der Konkurs vor Ablauf des Jahres, also vor Fälligkeit eröffnet ist und die Forderung des Fiskus demgemäß noch ungewiß ist (vgl. Anm. 3 zu § 5); hier ist die Forderung des Fiskus keine bevorrechtigte, sondern nur als suspensiv bedingte nach § 67 im Konkurs zuzulassen. Demgemäß ändert sich auch die Stellung des Erwerbers hinsichtlich seiner Regreßforderung; sie ist zwar auch ihrerseits als bedingte anzumelden, jedoch nimmt die fiskalische Steuerforderung am Zwangsvergleich teil und die Regreßforderung verliert ihre Eigenschaft als Konkursforderung mit der konkursmäßigen Befriedigung des Fiskus im Zwangsvergleich; die Regreßforderung wird dann nicht mehr im Konkurs berücksichtigt, dagegen kann der Fiskus den Verlustbetrag vom Erwerber trotzdem erfordern. Zu beachten ist aber, daß der Erwerber seine Regreßforderung, insoweit sie von der Teilnahme am Konkurs ausgeschlossen, seinerseits — auch nach der konkursmäßigen Befriedigung des Fiskus — voll gegen den früheren Eigentümer außerhalb des Konkurses geltend machen kann (vgl. Henneberg, Rechtsstellung des Bürgen im Konkurs in Leipz. Zeitschr. 11, Heft 4, S. 260).

§ 30.

Von der Steuerpflicht (§ 29 Abs. 1) befreit sind[1]):

1. der Landesfürst und die Landesfürstin[2]);
2. das Reich[3]);
3. die Bundesstaaten und Gemeinden (Gemeindeverbände), in deren Bereich das Grundstück sich befindet[4]);
4. Vereinigungen aller Art, welche, ohne Erwerbszwecken zu dienen, satzungsgemäß sich mit innerer Kolonisation, Arbeiteransiedelung, Grundentschuldung oder Errichtung von Wohnungen für die minderbemittelten Klassen befassen, falls sie den zur Verteilung gelangenden Reingewinn auf eine höchstens 4prozentige Verzinsung der Kapital-

einlagen beschränken, den Mitgliedern, Geschäftsführern oder sonstigen Beteiligten auch nicht in anderer Form besondere Vorteile gewähren, bei Auslosung, Austritt eines Mitglieds oder für den Fall der Auflösung nicht mehr als den Nennwert ihrer Anteile zusichern und bei der Auflösung den etwaigen Rest ihres Vermögens für die vorbezeichneten Zwecke bestimmen. Ob diese Voraussetzungen zutreffen, entscheidet der Bundesrat[5]). Er ist auch ermächtigt, solchen Vereinigungen der vorbezeichneten Art Steuerfreiheit zuzubilligen, die eine höchstens 5prozentige Verzinsung der Kapitaleinlagen gewähren[6]).

1) Im Gegensatz zu den sachlichen Zuwachssteuerbefreiungen des § 1 Abs. 2, deren Inhalt dahin geht, daß der Eigentumsübergang solcher Grundstücke überhaupt nicht der Steuer unterliegt, behandelt § 30 die persönlichen Steuerbefreiungen, auf Grund deren die hier bezeichneten natürlichen und juristischen Personen, sofern sie nach den allgemeinen Grundsätzen dieses Gesetzes zur Zahlung der Zuwachssteuer verpflichtet sein würden, von dieser Verbindlichkeit dauernd befreit sind. Diese Befreiung ist keineswegs beschränkt auf die Fälle der „Steuerpflicht", wie vielleicht aus dem Wortlaut und dem Hinweis auf § 29 Abs. 1 geschlossen werden könnte, so daß die von der Steuer befreiten Personen etwa als Erwerber (nach § 29 Abs. 2) oder Zwischenveräußerer nach § 32 für die Zuwachssteuer haftbar gemacht werden könnten, vielmehr sind diese Personen auch von der „Haftbarkeit" für die Steuer als befreit zu erachten, da die Haftbarkeit dem Steuerfiskus gegenüber inhaltlich dieselbe Verpflichtung enthält wie die Steuerpflicht, und nur den Vorbehalt des Rückgriffs gegen die eigentlich Verpflichteten klarstellt (vgl. Anm. 1 zu § 29).

Über den Einfluß der Befreiung auf die Verpflichtung der mithaftenden Personen s. Anm. 1 zu § 29.

2) Diese Befreiung des Landesfürsten und der Landesfürstin rief, wie übrigens der ganze § 30 in den Kommissionslesungen und zuletzt noch im Reichstag die lebhaftesten Debatten hervor. Es wurde dagegen angeführt, daß diese Befreiung der Verfassung widerspräche, auch der Landesfürst, wenn er auf privatrechtlichem Gebiet sich betätigt, nur wie jeder andere zu behandeln wäre, zumal nur der „unverdiente Wertzuwachs" getroffen werde und auch ein Landesfürst Grundstücksspekulation treiben könne. Insbesondere werde der Ertrag der Steuer grundlos geschmälert, in manchen Bundesstaaten sogar in erheblichem Maße, da mitunter ein unverhältnismäßiger Teil der ganzen Fläche (bis zu 20%) im landesfürstlichen Besitz stehe. Demgegenüber wurde von seiten des Reichsschatzsekretärs und

den Vertretern der Regierungen, insbesondere von Preußen und Bayern, die Aufrechterhaltung der Befreiung als eine unbedingte Voraussetzung für das Zustandekommen des Gesetzes gefordert. Gemäß dem bundesstaatlichen Charakter der Reichsverfassung seien die Landesfürsten souverän; sie seien deshalb Subjekt der Steuerhoheit und könnten daher nicht der Besteuerung unterworfen werden. Auch um deswillen hätten sie Anspruch auf Freiheit von der Zuwachssteuer, weil diese nach § 90 RStempG. nur als Ersatz für die Grundwechselabgabe der Tarifnummer 11 festgesetzt werde, von der aber der Landesfürst und die Landesfürstin nach § 84 RStempG. frei seien, folglich sie auch nicht von der Zuwachssteuer erfaßt werden dürften. Im Einklang mit sämtlichen bestehenden Steuerordnungen wurde demgemäß schließlich die Befreiung, wie sie in der Regierungsvorlage vorgesehen, beschlossen.

Landesfürsten sind nur die Souveräne der Bundesstaaten (auch der Fürst von Waldeck und Pyrmont, da dieser seine Souveränität nicht eingebüßt; vgl. Anm. 4). Der deutsche Kaiser ist als solcher nicht Landesfürst, sondern nur Bundesoberhaupt (primus inter pares gegenüber den bundesstaatlichen Souveränen). Ferner nicht der Regent (z. B. Prinzregent von Bayern), der also hinsichtlich der ihm persönlich gehörenden Güter nicht von der Steuer befreit ist; selbstredend aber ändert der Umstand, daß die an sich steuerpflichtigen Rechtsvorgänge von dem Stellvertreter der steuerbefreiten Persönlichkeit vorgenommen werden, nichts an dem Eintritt der Steuerbefreiung für den Vertretenen. Weiterhin sind nicht Landesfürst das Oberhaupt von Staaten republikanischer Verfassung (z. B. Erster Bürgermeister von Hamburg).

Nur der regierende Landesfürst (gleichgültig, ob er selbst die Regierung ausübt) und die Landesfürstin sind befreit, nicht also derjenige, der zugunsten eines anderen dem Thron entsagt hat, da er durch solche Verzichtleistung der landesherrlichen Rechte verlustig gegangen ist, ebensowenig die Witwe des verstorbenen Landesfürsten (anders nach PrStempG. § 5, wo die unbeschränkte Stempelfreiheit ausdrücklich auch auf die königlichen Witwen ausgedehnt ist). Die durch landesgesetzliche Bestimmungen anderen Personen, insbesondere sonstigen Mitgliedern des regierenden Hauses gewährte Steuerfreiheit (vgl. Abs. 4 des § 5 PrStempG. in Verbindung mit der KabO. v. 7. III. 1845 und dem Allerh. Erlaß v. 14. VIII. 1852 GS. 771) kommen für die Zuwachssteuer nicht in Anwendung. Landesgesetzliche Sonderbestimmungen können nur im Sinne einer Verschärfung der Steuerpflicht, also der Aufhebung der Steuerfreiheit des Landesfürsten und der Landesfürstin zugunsten der Gemeinden getroffen werden (s. hierüber § 31).

Aus dem Begriff „Landesfürst" folgt, daß Steuerfreiheit nur für die im eigenen Lande belegenen Grundstücke gewährt wird. Die diesbezügliche Anfrage wurde in der Kommission von einem Vertreter des Reichsschatzamts ausdrücklich unter Hinweis darauf bejaht, daß die gleiche Fassung im Erbschaftssteuergesetz ebenso aufgefaßt worden sei. Der König von Preußen genießt also keine

Befreiung hinsichtlich eines z. B. in Bayern gelegenen Besitzes, da das Eigentum an dem Grundbesitz nichts mit der staatsrechtlichen Gebietshoheit zu tun hat, wohl aber genießt er Steuerfreiheit bei seinem in der preußischen Enklave Hohenzollern oder auf Helgoland gelegenen Grundbesitz, da er dortselbst Landesfürst ist.

Zweifelhaft ist in verschiedenen Bundesstaaten, ob gewisse Besitzungen Staatsgut oder Besitzung des Fürsten oder schließlich Familiengut sind, von dem der Fürst zwar die Früchte bezieht, das aber nicht ohne Genehmigung der Stände veräußert werden darf. In dieser Hinsicht wurde in der Kommission (Ber. II S. 87) der Antrag gestellt, durch einen Zusatz die Befreiung nur für persönliches Eigentum des Fürsten eintreten zu lassen, dieser Antrag aber abgelehnt. Wie nach der Rechtsprechung für das preußische Recht (PGJ. 19 170) steht daher dem Landesfürsten unbeschränkte Steuerfreiheit auch insoweit zu, als er nutzbarer Eigentümer des Privatguts der Familie (Kronfideikommiß, Familienfideikommiß und Hausfideikommißgüter) ist, vorausgesetzt, daß diese Güter nicht gebunden sind (§ 68 Anm. 7), andernfalls ist die Steuer sowieso ausgeschlossen.

3) Befreit ist das Deutsche Reich als solches hinsichtlich des im Reichsgebiet liegenden Grundbesitzes, d. h. also bezüglich sämtlicher Grundstücke, auf welche überhaupt dieses Gesetz Anwendung findet (vgl. Anm. 2 zu § 1). Elsaß-Lothringen ist (vorläufig) Reichsland (G. v. 25. Juni 1873), Veräußerer dortigen Staatsgebiets ist das Reich für das Reich. Sowohl als Veräußerer wie als Erwerber ist also Haftung immer ausgeschlossen. Wird z. B. für eine elsässische Behörde ein in der bayrischen Pfalz belegenes Grundstück angekauft, so tritt, da Elsaß-Lothringen kein Bundesstaat, deshalb das Reich Erwerber ist, auch keine Haftung als Erwerber nach § 29 Abs. 2 ein. Anders wenn z. B. der bayrische Staat ein im Elsaß liegendes Grundstück von einem dortigen Privatmann erwirbt (vgl. Anm. 4).

4) Bundesstaaten sind nach Art. 1 Reichs-Verf.: 1. Preußen (mit Lauenburg), 2. Bayern, 3. Sachsen, 4. Württemberg, 5. Baden, 6. Hessen, 7. Mecklenburg-Schwerin, 8. Sachsen-Weimar, 9. Mecklenburg-Strelitz, 10. Oldenburg, 11. Braunschweig, 12. Sachsen-Meiningen, 13. Sachsen-Altenburg, 14. Sachsen-Koburg-Gotha, 15. Anhalt, 16. Schwarzburg-Rudolstadt, 17. Schwarburg-Sondershausen, 18. Waldeck, 19. Reuß ältere Linie, 20. Reuß jüngere Linie, 21. Schaumburg-Lippe, 22. Lippe, 23. Lübeck, 24. Bremen, 25. Hamburg.

Durch Personalunion (Vereinigung mehrerer selbständiger Einzelstaaten unter demselben Fürsten infolge zufälliger Übereinstimmung der Thronfolgeordnungen) wird die selbständige Bundesstaatsqualität jedes Staates nicht geändert, ebensowenig wie auch die Fürstentümer Waldeck und Pyrmont durch die Übernahme der Verwaltung seitens Preußens (G. v. 17. VI. 1867) ihre staatsrechtliche Selbständigkeit eingebüßt haben.

Gemeinde ist jede politisch selbständige Gemeinde; sind mehrere Gemeinden für bestimmte Gemeindezwecke zu einem Gemeindeverbande vereinigt, so ist der so gebildete Gemeindeverband (gleichgültig ob er auf freiwilligem Übereinkommen oder zwangsweiser

Vereinigung beruht) kraft ausdrücklicher Bestimmung hinsichtlich der Steuerbefreiung als eine Gemeinde anzusehen. Keinen Einfluß auf den Umfang des Gemeindebezirks hat es dagegen, wenn z. B. ein von den Grenzen eines sächsischen Landgemeindebezirks eingeschlossenes Grundstück, welches seither auf Grund der Bestimmungen in § 15 der Sächs. LGO. v. 7. XI. 1838 zu einer anderen Gemeinde gehört hat, bei letzterer verblieben und nur in bezug auf die Polizeiverwaltung mit der Landgemeinde, in deren Bezirk es liegt, gemäß § 6 der rev. LGO. für das Königr. Sachsen v. 24. IV. 1873 verbunden ist; politisch gehört also solches Grundstück zu der anderen Gemeinde und ist demgemäß steuerrechtlich zu behandeln.

Als Gemeinde gilt politisch auch der selbständige Gutsbezirk; in steuerrechtlichem Sinn des § 30 umfaßt jedoch der Gemeindebegriff nicht auch den selbständigen Gutsbezirk, „der Gutsbesitzer eines solchen ist nicht eine Gemeinde im Sinne des § 22 (jetzt 30)“, so wurde ausdrücklich von einem Regierungskommissar (KommB. II S. 88) betont.

Voraussetzung für die Befreiung ist, daß die Grundstücke in dem Bereich (Gebiet) des Bundesstaats und der Gemeinden im obigen Sinne liegen, gleichgültig ob die Befreiung von der Steuerpflicht oder Steuerhaftung (Anm. 1 zu § 29) in Frage steht. Es ist daher zu unterscheiden:

a) veräußert die Gemeinde A. ein in ihrem Bereich belegenes Grundstück, so wird eine Steuer nicht erhoben, der bis dahin entstandene Wertzuwachs bleibt unberücksichtigt; der Erwerber ist desgleichen von jeder Steuerhaftung befreit.

b) erwirbt die Gemeinde B. ein in ihrem Bereich gelegenes Grundstück von dem Eigentümer X., so hat X. eine nach allgemeinen Grundsätzen fällige Zuwachssteuer zu entrichten, die Gemeinde ist jedoch von der Haftung als Erwerberin (nach § 29 Abs. 2) befreit. Tritt die Gemeinde B. die Rechte aus dem Veräußerungsgeschäft an einen Dritten ab, so fällt desgleichen ihre Haftung aus § 32 Abs. 1 weg. Es muß aber auch weiterhin nach den in Anm. 1 entwickelten Grundsätzen die durch diese Zession realisierte Werterhöhung überhaupt unberücksichtigt bleiben; daher hat auch der Eigentümer für den Betrag, um welchen sich der Preis des Grundstücks zwischen dem Erwerb und der Zession seitens der Gemeinde erhöht hat, keine Steuer zu entrichten (s. § 27);

c) veräußert die Gemeinde A. ein ihr gehöriges aber in der Gemeinde B. liegendes Grundstück, so tritt Steuerpflicht für A. nach allgemeinen Grundsätzen ein, und zwar gleichgültig, wer Erwerber ist. Erwirbt die Gemeinde B. das Grundstück, so liegt der Fall b) vor;

d) erwirbt die Gemeinde B. ein in der Gemeinde A. gelegenes Grundstück von dem Eigentümer X., so greift eine Steuerbefreiung auch hinsichtlich der Haftung der Gemeinde nicht Platz, es ist daher auch im Fall einer Mehrheit von Rechtsgeschäften (§ 27) der volle Wertzuwachs zu besteuern.

Im Fall der Vertauschung (§ 26) kommt es für die Befreiung von der Steuerpflicht (als Eigentümer) oder der Haftung (nach § 29 Abs. 2 oder § 32 Abs. 1) auf die jeweilige Lage des zur Vertauschung gegebenen oder empfangenen Grundstücks zu dem Bereich der die Befreiung beanspruchenden Gemeinde an. Dieselben Grundsätze gelten für die Bundesstaaten. Erwirbt also z. B. Bayern ein im Elsaß gelegenes Grundstück von dem Eigentümer X., so haftet Bayern als Erwerber für die Steuer (für den umgekehrten Fall s. Anm. 3).

5) Nr. 4 bezweckt den Schutz und die Förderung solcher Unternehmungen, welche sozialen Zwecken dienen. Die Vereinigung darf also ausschließlich gemeinnütziger Natur sein, jeder Erwerbs- und Gewinnzweck muß wegfallen. Gegenstand muß satzungsgemäß sein: die innere Kolonisation (d. h. solche Maßnahmen, durch die anbaufähiges, aber nicht genügend besiedeltes Land mit bäuerlichen Wirten besetzt oder bei übermäßigem Vorherrschen des Großgrundbesitzes dieser zwecks Herstellung einer günstigeren Besitzverteilung zerschlagen und in kleinere und mittlere bäuerliche Besitzungen zerlegt wird (vgl. die entsprechenden Bestrebungen des PrG. v. 7. Juli 1881 betr. die Rentengüter), Arbeiteransiedlung (so schon in Mecklenburg die seit 1846 auf Domanialland begonnene Begründung von Händlerstellen [bis 1899 gegen 9000], die sich sehr bewährt und einen Stamm wohlhabender Arbeiter hat entstehen lassen), Grundentschuldung (Ablösung von Reallasten und Dienstbarkeiten, vgl. Anm. 19 zu § 7), Errichtung von Wohnungen für die minderbegüterten Volksklassen, d. h. wie ausdrücklich in der Kommission (Ber. III S. 45) betont wurde, nicht nur für die ganz unbemittelte und Arbeiter-Bevölkerung, sondern überhaupt für die kleinen Leute, kleinen Gewerbebetreibenden und auch gering besoldeten Beamten; durch diesen Zusatz sollten insbesondere auch den städtischen Gesellschaften die gleichen Vergünstigungen wie den ländlichen gesichert werden.

Aus der Begründung des Antrags auf Befreiung solcher gemeinnütziger Siedlungsgesellschaften sei folgendes hervorgehoben: „Dieselben werden in verschiedenen Einzelstaaten durch Verwendung von Mitteln des Staates, der Gemeinden und sonstigen öffentlichen Korporationen und durch Beteiligung öffentlicher Beamten und Behörden lebhaft gefördert. Durch die Zuwachssteuer würde diese Entwicklung gehindert werden, weil dadurch unter Umständen derjenige Gewinn betroffen werde, der erzielt werden müsse, um die Verwaltungskosten des technisch häufig recht schwierigen Geschäfts und eine mäßige Verzinsung zu decken. Letztere sei erforderlich, um das nötige öffentliche und private Kapital heranzuziehen“ (KommB. III S. 44). Das Wort „gemeinnützig“ wurde gestrichen, da durch die Bestimmung über die Zwecke, die von der Gesellschaft verfolgt werden müssen, und über die Einschränkung der Verzinsung und Gewinnverteilung genügend zum Ausdruck gebracht sei, was gemeint, dagegen anderenfalls zu befürchten sei, daß der gemeinnützige Charakter von vornherein Veranstaltungen bestimmter politischer Schattierungen insbesondere auch polnischen Siedelungsgesellschaften abgesprochen werden könne."

Folgende Voraussetzungen müssen bei den oben bezeichneten Gesellschaften erfüllt sein:

a) der zu verteilende Reingewinn darf statutengemäß eine 4%ige Verzinsung der Kapitalseinlagen nicht übersteigen;

b) keinem der Beteiligten, auch nicht Geschäftsführern dürfen in irgendwelcher anderer Form besondere Vorteile gewährt werden; unzulässig somit Tantieme, dagegen aber zulässig Entschädigung für geleistete Arbeit, insbes. Gehalt, da nur der Gewinnzweck, d. h. eine verschleierte Gewinnverteilung verhindert werden sollte;

c) für den Fall der Auflösung der Gesellschaft oder sonstigem Grund zur Auszahlung eines Geschäftsanteils darf nicht mehr als der Nennwert der Anteile zugesichert werden und der Rest des Vermögens bei der Auflösung nur für die den Gegenstand des Unternehmens bildenden Zwecke bestimmt sein;

d) es muß eine Bestätigung des Bundesrats erbracht werden, daß die Voraussetzungen unter a—c und die obengenannten Zwecke vorliegen. Die Entscheidung über Anwendung dieser Befreiungsvorschrift wurde dem Bundesrat übertragen, um dadurch besser die Rechtseinheit gewahrt zu sehen. Vgl. AB. §§ 15—17. Es ist also ein Antrag bei der Oberbehörde erforderlich. Die Steuerfreiheit enthält keine Befreiung von der Anmeldepflicht.

6) Während die bundesratliche Entscheidung über die Anwendbarkeit der Befreiungsvorschrift (Anm. 5 unter d) lediglich rechtsbestätigender Natur ist, wird hier dem Bundesrat eine rechtschaffende Befugnis eingeräumt: er ist ermächtigt, nach seinem Ermessen Vereinigungen der in Anm. 5 bezeichneten Art auch dann Steuerfreiheit zuzubilligen, wenn eine (höchstens) 5%ige Verzinsung der Kapitalseinlagen gewährt wird.

§ 31.

Durch die Landesgesetzgebung können Ausnahmen von der Bestimmung der Ziff. 1 des § 30 zugunsten der Gemeinden (Gemeindeverbände) gemacht werden. Wo solche landesgesetzlichen Bestimmungen bereits bestehen, behält es dabei sein Bewenden[1]).

1) Es wird somit der Landesgesetzgebung vorbehalten, die in § 30 Ziff. 1 vorgesehene Steuerbefreiung des Landesfürsten und der Landesfürstin einzuschränken. Eine Erweiterung der Befreiungsvorschrift zugunsten anderer Personen ist ausgeschlossen (vgl. Anm. 2 zu § 30). Die erst im Plenum des Reichstags eingefügte Bestimmung wurde mit Rücksicht darauf aufgenommen, daß in einem Einzelstaat nach dem Landesgesetz das Domanium zur Zuwachssteuer der Gemeinden herangezogen werden könne, dieses etwa 20%

der Gesamtfläche des Landes betrage und man deshalb bei einem so hohen Objekt nicht in wohlerworbene Rechte eingreifen dürfe. Demgemäß sollen auch bereits bestehende landesgesetzliche Bestimmungen ihre Gültigkeit behalten dürfen.

Immer können aber die Ausnahmen von Ziff. 1 des § 30 nur zugunsten der Gemeinden (Gemeindeverbände, vgl. Anm. 4 zu § 30) geschaffen werden, nicht also auch zugunsten des Bundesstaats, so daß die aus der Besteuerung von Grundstücken eines Landesfürsten erzielten Beträge nur der zuständigen Gemeinde zugute kommen dürfen.

§ 32.

Gehen dem Eintritt der Steuerpflicht mehrere aufeinanderfolgende Rechtsgeschäfte der im § 5 bezeichneten Art voraus (§ 27), so haften die an einem dieser Rechtsvorgänge als Veräußerer Beteiligten für die Steuer neben dem Steuerpflichtigen als Gesamtschuldner[1]). Im Verhältnis der Beteiligten zueinander haftet jeder Veräußerer für die Steuer nur in der Höhe, in der er haften würde, wenn der Übergang auf Grund des von ihm geschlossenen Veräußerungsgeschäfts erfolgt wäre[2]).

Ist die Vornahme des steuerpflichtigen Rechtsvorganges unter Mitwirkung eines Bevollmächtigten oder durch die Tätigkeit eines Vermittlers mit der Maßgabe erfolgt, daß diesem der einen gewissen Betrag übersteigende Teil des Preises verbleibt, so haftet für den auf den Mehrerlös entfallenden Teil der Steuer neben dem Veräußerer als Gesamtschuldner derjenige, dem der Mehrerlös zukommt[3]).

Liegt der die Haftung begründende Rechtsvorgang vor dem Inkrafttreten dieses Gesetzes, so finden die Vorschriften der Abs. 1, 2 keine Anwendung[4]) [5]).

1) Durch § 32 wird neben der „Steuerpflicht" des § 29 Abs. 1 eine „Haftung" für die Zuwachssteuer begründet und zwar seitens derjenigen Personen, welche bei einer Mehrheit von Veräußerungsgeschäften (und den diesen nach § 5 Abs. 3 gleichgestellten Rechtsgeschäften) als Veräußerer beteiligt sind. Die Bestimmung ist eine notwendige Konsequenz des Grundsatzes von § 27, wonach in den Fällen, wo der Erwerb auf Grund mehrerer aufeinanderfolgender Rechtsgeschäfte von dem bisherigen Berechtigten an den letzten Erwerber erfolgt, die Gesamtheit der Beträge, um die sich der Preis des Grundstücks zwischen je zwei Rechtsgeschäften erhöht hat, als Wertzuwachs zu besteuern ist. Die Bestimmung geht aber ebenso

wie § 29 bezüglich der Haftung des Eigentümers über den Rahmen des allgemeinen Gesetzesgrundsatzes, den vom Veräußerer realisierten Gewinn zu besteuern, hinaus:

Jeder der an einem dieser Rechtsgeschäfte als Veräußerer Beteiligten haftet neben dem Eigentümer für die volle Steuer, er hat also nicht nur den Gewinn zu besteuern, den er z. B. bei der Abtretung der Rechte aus dem Veräußerungsgeschäft erzielt hat, sondern er haftet auch für denjenigen Steuerbetrag, der sich infolge des vollen bis zum (steuerpflichtigen) Erwerb realisierten nach § 27 berechneten Wertzuwachses insgesamt ergibt. Gleichgültig für den Eintritt dieser Haftung ist, ob die Steuerpflicht infolge des Eigentumsübergangs oder gemäß § 5 Abs. 1 begründet ist. Vielmehr tritt stets bei Mehrheit von Veräußerungsgeschäften die Haftung der als Veräußerer Beteiligten neben dem Eigentümer ein. Diese Haftung ist hierbei nicht bloß eine subsidiäre, wie die des Erwerbers, sondern sämtliche Veräußerer einschließlich des Eigentümers haften dem Fiskus als Gesamtschuldner, d. h. die Steuer kann zwar nur einmal erhoben, aber von jedem ganz erfordert werden. Die Haftung tritt also auch dann ein, wenn der Eigentümer nicht haftet. Die Frage, wer nach den Vereinbarungen der Parteien verpflichtet ist, die Steuer zu tragen, ist für die Steuerverbindlichkeit dem Fiskus gegenüber belanglos; dieser kann sich beliebig an jeden der Verpflichteten halten (vgl. hierzu Anm. 1 zu § 29). Im Fall des Vorliegens einer Grundstücksverkaufsofferte ist der Eigentümer nicht steuerpflichtig; er wird es auch nicht dadurch, daß die Rechte zediert werden. Sein Wertzuwachs scheidet auch bei der Haftung der Zedenten vollständig aus (vgl. § 27 Anm. 4).

Die Haftung auf den ganzen Steuerbetrag ist vorgeschrieben, „weil solche Zwischengeschäfte der Regel nach dazu dienen, Steuerumgehungen Vorschub zu leisten, und, auch wo das nicht der Fall ist, nach außenhin oft so wenig als Einzelgeschäfte erkennbar sind, daß eine Haftung nach Maßgabe der Beteiligung der Veranlagung und Einziehung besondere Schwierigkeiten bereiten würde." (Denkschr. S. 44).

2) Dies ist eine von den wenigen zivilrechtlichen Bestimmungen des Gesetzes, die also im Streitfall vor die ordentlichen Gerichte gehört. Die Bedeutung der Haftung gegenüber der Steuerpflicht liegt, wie in Anm. 1 zu § 29 ausgeführt, in der gesetzlichen Befugnis, im Fall der Inanspruchnahme aus dieser Haftung Rückgriff gegen den Steuerpflichtigen (§ 29 Abs. 1) zu nehmen. Maßgebend für das Rückgriffsrecht sind selbstredend in erster Linie die besonderen Parteiabmachungen des einzelnen Falles. Hat also z. B. der Erwerber B. die Entrichtung der vom Eigentümer A. geschuldeten Zuwachssteuer übernommen, B. die Rechte aus dem Veräußerungsgeschäft an C. mit der Maßgabe abgetreten, daß C. die volle Steuer zu bezahlen habe, so ist C. zur Entrichtung der ganzen Steuer (§ 27) verpflichtet; ist nun die Steuer von A. erfordert, so hat dieser einen Rückgriffsanspruch in voller Höhe der gezahlten Steuer gegen B. und B. gegen C.

Hier wird aber der Fall geregelt, daß unter den Parteien keine Vereinbarungen über die Steuerzahlung getroffen sind. Darnach haftet jeder Veräußerer für die Steuer nur in der Höhe, in der er haften würde, wenn der Übergang auf Grund des von ihm geschlossenen Veräußerungsgeschäfts erfolgt wäre, d. h. er soll im Verhältnis der Beteiligten zueinander nur für den zu seinen Gunsten realisierten Gewinn haften. Hat also A. sein für 200 000 M. erworbenes Grundstück mit einem steuerpflichtigen Gewinn von 50 000 M. an B. veräußert, B. die Rechte aus dem Veräußerungsgeschäft an C. für 20 000 M. abgetreten, C. diese wiederum an D. mit einem Gewinn von 30 000 M. zediert, so ist insgesamt ein Wertzuwachs von 100 000 M. d. i. 50% des Erwerbspreises zu besteuern, also ein Betrag von 12% des Wertzuwachses = 12 000 M. zu entrichten; hiervon entfallen auf A. 6000 M., auf B. 2400 M. und auf C. 3600 M. Ist daher von A. die ganze Steuer von 12 000 M. erfordert worden, so steht diesem gegen B. ein Regreß in Höhe von 6000 M. und dem B. gegen C. ein solcher von 3600 M. zu; falls die Steuer von B. bezahlt worden ist, steht ihm in Höhe von 6000 M. gegen A. und in Höhe von 3600 M. gegen C. ein Rückgriff zu.

Stand das Grundstück m Miteigentum mehrerer Personen, so haften diese dem Steuerfiskus gegenüber nach § 29 Abs. 1 S. 2 zwar als Gesamtschuldner für Entrichtung der Steuer; jene Bestimmung gilt aber nur für dieses öffentlich-rechtliche Schuldverhältnis, während für das Verhältnis der Beteiligten untereinander die allgemeinen Grundsätze des bürgerlichen Rechts gelten. Besteht darnach aber ein Rückgriffsrecht gegen mehrere Steuerpflichtige, so ist nach § 420 BGB. mangels anderweitiger Abmachung jeder der Verpflichteten dem Regreßberechtigten gegenüber nur zu einem gleichen Anteil verpflichtet. Anders dann, wenn der Erwerber auf Grund eines mit den Steuerpflichtigen getroffenen Abkommens für diese — darlehnsweise — die Steuer entrichtet hat: hier haften diese auf Grund der Auslegungsregel des § 427 BGB. als Gesamtschuldner.

3) Abs. 2 regelt einen zweiten Fall der Nebenhaftung. Der Bevollmächtigte oder Vermittler, dem der erzielte Mehrgewinn zugute gekommen ist, wird in Höhe des ihm zugefallenen Betrages dem haftenden Veräußerer an die Seite gestellt.

Der Fall setzt nicht etwa ein Kettengeschäft voraus im Sinn des Abs. 1. Beispiel: A. hat mit 80 000 M. erworben, veräußert mit 120 000 M., der Vermittler B. erhält davon den 110 000 M. übersteigenden Betrag des Kaufpreises = 10 000 M. Dann muß A. zwar als Veräußerungspreis 120 000 M. einsetzen, kann indessen eine ortsübliche Vermittelungsgebühr (sowie sonstige Veräußerungskosten § 22 Ziff. 1) davon abziehen. In Höhe des vierten Teils der Steuer haftet der Vermittler B. neben dem A. als Gesamtschuldner. Da über die Ausgleichung zwischen beiden nichts bestimmt ist, wird mangels einer vertraglichen Abmachung die Ausgleichung zur Hälfte zu erfolgen haben (§ 426 BGB.). Zu beachten ist, daß bei Mitwirkung mehrerer

Bevollmächtigten oder Vermittler nur derjenige haftet, dem der Mehrerlös zukommt. Andererseits kann es keine Rolle spielen, wenn der vom Eigentümer so beauftragte Vermittler — um das Geschäft zustande zu bringen — seinerseits sich einer weiteren Mittelsperson bedient und diesem einen Teil des in Aussicht stehenden Gewinns zugesagt hat; dadurch wird der Dritte nicht mitverhaftet und der beauftragte Vermittler nicht etwa insoweit befreit, da einerseits ihm rechtlich auch so der volle Mehrerlös zugekommen, andererseits der Dritte kein Bevollmächtigter oder beauftragter Vermittler des Steuerpflichtigen ist, was als eine notwendige Voraussetzung für die Entstehung dieser Haftpflicht feststeht.

4) Hinsichtlich der vor dem Inkrafttreten des Gesetzes (1. April 1911, § 72) stattgefundenen steuerpflichtigen Rechtsvorgänge (§ 62) wird hiernach eine strenge Unterscheidung zwischen Begründung der Steuerpflicht und der Haftpflicht gemacht. Während die Steuerpflicht (§ 29 Abs. 1) sich auch auf Rechtsvorgänge erstreckt, die nach dem 31. Dezember 1910 bis zum 1. April 1911 stattgefunden haben, und bei Inkrafttreten des Gesetzes ohne weiteres eintritt (§ 62 Abs. 1 und 2), findet die Haftung für diese Steuer, und zwar weder die des Erwerbers (nach § 29 Abs. 2) noch des Zwischenveräußerers (§ 32 Abs. 1 und 2), nicht statt.

5) Es verdient Erwähnung, daß die im Regierungsentwurf vorgesehen gewesene Haftung der Miterben und Anteilsberechtigten der Gütergemeinschaft (für den bis zur Auseinandersetzung eingetretenen Wertzuwachs nach Maßgabe ihres Anteils) mit Rücksicht auf die Schwierigkeit für die Auseinandersetzung aufgehoben ist. „Denn diese Miterben sollten sich gegenseitig für eine Steuerpflicht und Haftung abfinden und entschädigen, während noch gar nicht feststehe, ob die Steuerpflicht überhaupt eintreten werde, und noch viel weniger, welche Höhe sie haben werde" (KommB. II S. 90). Zweifelsohne ist hierdurch eine wesentliche Vereinfachung geschaffen und für die Fälle, wo einem Miterben das Grundstück unter günstigen Bedingungen zu dem Zweck übertragen wird, daß es in der Familie bleiben solle, eine nicht ungerechte Regelung geschaffen. Da aber mit dieser Regierung der Haftung dem Staat gegenüber indirekt im Zweifel auch eine Ausgleichsmöglichkeit des Erben, der bei der Auseinandersetzung das Nachlaßgrundstück empfangen hat, den Miterben gegenüber für den Fall des Eintritts der Steuerpflicht ausgeschlossen wird, so kann dies zu bedenklichem Ergebnis für den Grundstücksempfänger insbesondere dann führen, wenn es sich um ein seiner Bestimmung gemäß der Veräußerung dienendes Grundstück handelt. Hatte hier z. B. der Erblasser (durch Hypothekenaufnahme) den Wertzuwachs schon realisiert, so kann die Steuer den ganzen Erbteil ausmachen! Es empfiehlt sich daher jedenfalls in solchen Fällen, bei der Erbauseinandersetzung entweder von vornherein einen bestimmten Betrag als Zuwachssteuer in Ansetzung zu bringen oder zugunsten des Grundstücksempfängers einen Ausgleichsanspruch gegen jeden Miterben im Verhältnis

zu dessen Erbanteil vorzubehalten; natürlich müßte gerechterweise dieser Rückgriffsanspruch auf den Betrag der Steuer von demjenigen Wertzuwachs, welcher bis zur Erbauseinandersetzung entstanden, beschränkt werden.

Mit Wegfall der Bestimmung über die Haftung der Miterben usw. ist auch das für diesen Fall desgleichen vorgesehen gewesene Recht, die Festsetzung und Erhebung der Abgabe gemäß § 33 zu beantragen, gestrichen worden. Dem Übernehmer, welcher Klarheit über die Höhe der beim Übernahmepreise einzukalkulierenden Zuwachssteuer gewinnen will, bleibt nur der Weg des § 47 übrig.

Für die vor dem 1. Januar (nicht etwa erst vor dem 1. April!) 1911 stattgefundenen Erbauseinandersetzungen kommen obige Ausführungen nicht in Betracht, da gemäß § 65 für den vor der Auseinandersetzung entstandenen Wertzuwachs in Höhe des Anteils der Miterben eine Steuerpflicht nicht in Frage kommt.

§ 33 [1]).

Jeder, der nach den Vorschriften des § 32 Abs. 1 für die Entrichtung der Abgabe haftet, ist berechtigt, innerhalb eines Monats nach Vornahme des die Haftpflicht begründenden Rechtsvorganges die Festsetzung und Erhebung der Abgabe von dem Wertzuwachse zu beantragen, der bis zu dem die Haftpflicht begründenden Rechtsvorgang entstanden ist [2]).

Bei der nächsten Versteuerung bemißt sich die Abgabe nach dem Steuersatze, der bei Einrechnung dieses Wertzuwachses anzuwenden wäre [3]).

1) Diese Bestimmung dient dazu, die Härten abzuschwächen, die durch die in § 32 geschaffene Haftung der Veräußerer für die ganze Steuer entstehen können. Es soll einerseits den Parteien die Möglichkeit geboten werden, schon jetzt durch Festsetzung und Erhebung der Steuer klare Verhältnisse zwischen sich zu schaffen, andererseits auch dem Haftpflichtigen ein Mittel an die Hand gegeben werden, sich endgültig von der Haftpflicht zu befreien. Die Bestimmung ist also dahin aufzufassen, daß der Haftpflichtige durch Beantragung der Erhebung und Festsetzung der Steuer gemäß § 33, also vor dem Zeitpunkt der gesetzlichen Fälligkeit von seiner — sonst eventuell weitergehenden — Haftung in vollem Umfang frei wird, und zwar selbst dann, wenn etwa die weitere bis zum nächsten Steuerfall eintretende Werterhöhung auch von dem nun bereits besteuerten Wertzuwachs einen höheren Steuersatz rechtfertigen würde. Die Materialien enthalten hierüber keine Aufklärung, der in der Denkschr. S. 44 für die Mithaft der Erben entsprechend anerkannte Grundsatz galt dort aus dem besonderen Grund, weil deren

Haftung sich nur auf die Abgabe erstreckte, die zu zahlen gewesen wäre, wenn der bis zur Auseinandersetzung für ihre Anteile in der Gesamtheit eingetretene Zuwachs den Gegenstand der Steuerpflicht bildete. Die Richtigkeit der hier vertretenen Auffassung ergibt sich aus Abs. 2, der für den darnach eintretenden Steuerfall ausdrücklich festlegt, wie der Steuersatz zu berechnen ist (s. Anm. 3). Dies wäre überflüssig und müßte sich schon von selbst verstehen, wenn die auf Grund des Abs. 1 eingetretene Besteuerung die Berechnung des Wertzuwachses und damit die Höhe der Steuer unbeeinflußt ließe: es folgt aber gerade als arg. a contrario, daß der bis dahin entstandene Wertzuwachs entgültig als besteuert zu gelten und nicht noch einmal hinsichtlich der Frage, ob etwa bei Hinzurechnung des später entstandenen Wertzuwachses ein höherer Prozentsatz maßgeblich wäre, einer erneuten Nachprüfung und einer Nachbesteuerung zu unterziehen ist. Dies kommt auch dem Eigentümer zugute (Anm. 3). Ist aber schon insoweit eine erhebliche Veränderung in der Höhe der Haftung eingetreten, so ergibt sich notwendig die weitere Folge, daß der Haftpflichtige erst recht auch von einer Abgabenhaftung für den später (nach der erfolgten Besteuerung) eingetretenen Wertzuwachs frei sein muß. Bei einer gegenteiligen, lediglich den Wortlaut des § 33 zugrunde legenden Auffassung wäre § 33 zwecklos.

2) Antragsberechtigt ist jeder, aber auch nur derjenige, der nach den Vorschriften des § 32 Abs. 1 für die Entrichtung der Abgabe haftet. Die Vorschrift greift also nicht Platz zugunsten des Erwerbers (§ 29 Abs. 2), der schon vor Ablauf der einjährigen Frist (§ 5) Klarheit über die Höhe der von ihm übernommenen Abgabe haben will, vielmehr sind ausschließlich „neben dem Steuerpflichtigen" diejenigen Personen berechtigt, welche bei einem Erwerb auf Grund mehrerer aufeinanderfolgender Rechtsgeschäfte (§ 27) an einem dieser Rechtsgeschäfte als Veräußerer beteiligt sind und deshalb nach § 32 Abs 1 für die Steuer haften. Mithin kann jedenfalls der steuerpflichtige Eigentümer den Antrag stellen; nicht aber der nichtsteuerpflichtige Eigentümer, nicht also derjenige, welcher eine Grundstücksverkaufsofferte abgegeben hat. Er bedarf auch dieses Antrages nicht (s. § 27 Anm. 4).

Der Antrag muß gestellt werden innerhalb einer Ausschlußfrist von einem Monat, gerechnet von dem auf den Tag des die Haftpflicht begründenden Rechtsvorganges folgenden Tages (§§ 187 Abs. 1 und 188 Abs. 2).

Für die Festsetzung und Erhebung der Abgabe ist die Zeit zwischen dem letzten steuerpflichtigen Rechtsvorgang (event. § 17 Abs. 3 und 4) und dem derzeitigen die Haftpflicht des Antragstellers begründenden Rechtsvorgang sowie der bis dahin eingetretene Wertzuwachs maßgebend. Beispiel: A. hat sein für 100 000 M. erworbenes Grundstück am 1. Januar 1912 an B. für 120 000 M. durch notariellen Vertrag veräußert, B. am 1. April 1912 die Rechte hieraus an C. für 10 000 M. abgetreten und C. am 15. April 1912 seinerseits diese Rechte an D. für 35 000 M. weiterzediert; will nun B. die sofortige Festsetzung und Erhebung der Abgabe haben, so muß er den entsprechenden Antrag in der Zeit zwischen dem 2. April und 2. Mai stellen; in Berücksichtigung kommt — sowohl hinsichtlich der Verhältnisrechnung für die Höhe des Steuerbetrages (§ 28) als für den Wertzuwachs und die aus dem Prozentsatz von diesem sich ergebende Höhe der Steuer — nur der bis auf B. realisierte Wertzuwachs von insgesamt (20 000 + 10 000) 30 000 M., während der nachher entstandene Wertzuwachs bei Eintritt der nächsten Besteuerung, d. h. gemäß § 5 spätestens nach Ablauf eines Jahres seit Abschluß des ersten Rechtsgeschäfts, also am 1. Januar 1913, nach Maßgabe des Abs. 2 zu besteuern ist. Eine Verschiebung in der Zeitberechnung des § 5 findet durch die Versteuerung nach § 33 nicht statt; diese tritt also nicht ohne weiteres an Stelle des aus allgemeinen Grundsätzen sich ergebenden Steuervorgangs, so daß nun etwa für die nachfolgenden Rechtsvorgänge (Abtretung von C. an D. am 15. April) eine neue einjährige Frist läuft und Berechnung nach § 27 Abs. 1 Satz 2 erfolgt, vielmehr ist auch weiterhin die durch das erste Rechtsgeschäft (zwischen A. und B.) in Lauf gesetzte Frist maßgebend. Dies ergibt sich aus Abs. 2, der auch weiterhin die Gesamtheit der innerhalb dieser einjährigen Frist entstandenen Werterhöhungen in die Berechnung zieht.

3) Die Wirkung des Antrags aus Abs. 1 geht weiter als der Wortlaut des Abs. 2; sie hat nämlich zum Ziele eine definitive Befreiung des Antragstellers von einer infolge späterer Rechtsvorgänge eintretenden Erhöhung der Steuer, und zwar tritt die Wirkung schon mit dem Antrage ein. Ist eine Besteuerung nach Abs. 1 eingetreten, so soll Gegenstand der nächsten Versteuerung nur noch diejenige Werterhöhung sein, die seit jener entstanden ist. Trotzdem kommt aber die nach § 27 maßgebliche Gesamtheit der aufeinanderfolgenden Rechtsgeschäfte insofern auch bei der späteren nach dem Antrag aus § 33 Abs. 1 liegenden Versteuerung in Berücksichtigung, als der gesamte von dem Erwerbspreis des Eigentümers bis zu dem jetzt steuerpflichtigen letzten Rechtsvorgang entstandene Wertzuwachs für das Wertverhältnis zugrunde zu legen ist, nach welchem sich gemäß § 28 die Höhe des Steuerbetrages richtet. Aus diesem Grundsatz ergibt sich

a) für den Antragsteller und die Mithaftenden ist die Versteuerung nach Abs. 1 hinsichtlich des bis dahin entstandenen Wertzuwachses eine endgültige, und zwar auch dann, wenn infolge des inzwischen entstandenen weiteren Wertzuwachses bei einheitlicher Versteuerung ein höherer Steuerprozentsatz sich ergeben hätte. Dies gilt absolut, also nicht nur hinsichtlich des „Haftenden", sondern auch des „Steuerpflichtigen" (vgl. Anm. 1);

b) für die späteren Steuerpflichtigen ändert die Versteuerung nach Abs. 1 nichts an dem nach § 5 in Verbindung mit § 27 maßgebenden Zeitraum. Der Zeitpunkt des

Eintritts der Steuerpflicht betreffs derjenigen Rechtsgeschäfte, die nach dem die Haftpflicht des Antragstellers (zu Abs. 1) begründenden Rechtsvorgange stattgefunden, richtet sich nach der durch das erste Geschäft der Kette aus § 5 in Lauf gesetzten einjährigen Frist (Anm. 2). Die Berechnung des Erwerbs- und Veräußerungspreises ist eine verschiedene, je nachdem es sich um die Berechnung des Wertzuwachses oder um die Feststellung des Prozentsatzes nach § 28 handelt:

1a) für die Berechnung der Höhe des steuerpflichtigen Wertzuwachses (§ 8) gilt als Erwerbspreis derjenige Preis, den der vom Antragsteller Erwerbende bezahlt hat und als Veräußerungspreis derjenige des letzten maßgebenden Rechtsgeschäfts nach § 27 Anm. 2;

1b) für die Ermittelung der Steuerstufe nach § 28 wird als Erwerbspreis der von dem Eigentümer gezahlte Preis und als Wertzuwachs die Gesamtheit der Beträge, um die sich der Preis des Grundstücks zwischen je zwei Rechtsgeschäften erhöht hat (§ 27), zugrunde gelegt, also so, wie wenn überhaupt keine Versteuerung in der Zwischenzeit eingetreten wäre.

Beispiel: A. hat am 1. Januar 1912 sein für 100 000 M. erworbenes Grundstück für 120 000 M. an B. (ohne Auflassung) veräußert, B. am 1. April 1912 die Rechte aus dem Veräußerungsgeschäft für 10 000 M. an C. abgetreten, C. diese Rechte am 15. April 1912 für 25 000 M. an D. und D. am 1. Dezember 1912 für 5000 M. an E. weiterzediert. Hat nun B. am 25. April 1912 die Festsetzung und Erhebung der Abgabe gemäß § 33 beantragt, so gilt das zu Anm. 2 Gesagte; es wird also der bis zu dem Geschäft zwischen B. und C. realisierte Gewinn versteuert, d. h. ein Wertzuwachs von (20 000 + 10 000) = 30 000 = 30% des Erwerbspreises, somit ein Steuersatz von 11% = 3300 M. Zuwachssteuer erhoben. Am 1. Januar 1913 tritt aber die Steuerpflicht nach § 5 hinsichtlich der noch nicht besteuerten Rechtsvorgänge ein, und zwar ist als Wertzuwachs die Werterhöhung von C. bis E. (25 000 + 5000) = 30 000 M. zu versteuern. Für den Steuerbetrag ist aber die Wertsteigerung von A. bis E., also (20 000 + 10 000 + 25 000 + 5000) = 60 000 M. zugrunde zu legen, d. h. eine solche von mehr als 50% bis einschließlich 70% des Erwerbspreises; die Steuer beträgt somit 13%, d. h. von 30 000 M. Wertzuwachs = 3900 M.

Hätte eine Versteuerung nach § 33 Abs. 1 nicht stattgefunden, so wäre von dem vollen Wertzuwachs von insgesamt 60 000 M. eine Steuer von 13% = 7800 M. erhoben worden! — So aber bleibt der infolge des späteren Zuwachses sich ergebende höhere Prozentsatz für den bereits versteuerten Zuwachs außer Betracht.

§ 34[1]).

Ist im Falle des § 5 das steuerpflichtige Rechtsgeschäft nichtig oder aufgehoben, so ist nach näherer Bestimmung des Bundesrats die Abgabe auf Antrag zu erlassen[2]). Dasselbe gilt, wenn wegen Nichterfüllung der Vertragsbedingungen das Rechtsgeschäft rückgängig gemacht oder das Eigentum zurückübertragen wird[3]). Ferner ist in den Fällen der Preisminderung nach §§ 459, 460 BGB. der Veräußerungspreis entsprechend zu ermäßigen und die Steuer entsprechend zurückzuzahlen[4]).

Wird das Grundstück auf den bisherigen Eigentümer wieder übertragen, so kann nach näherer Bestimmung des Bundesrats die Abgabe erlassen werden. Die Abgabe muß erlassen werden, wenn die Rückübertragung innerhalb zweier Jahre seit der Veräußerung erfolgt[5]).

Wird die Steuer erlassen, so gilt die Veräußerung im Sinne dieses Gesetzes als nicht erfolgt[6]).

AB. §§ 29—31.

1) Diese Bestimmung entspricht dem § 79 RStempG. und § 127 m der hierzu ergangenen Ausf.-Best. des BR. (vgl. auch § 25 PrStempStG. v. 30. Juni 1909). Während aber dort die Frage der Erstattung ausschließlich der bundesrätlichen Regelung überlassen war, ist hier zu unterscheiden:

a) in Abs. 1 und Abs. 2 Satz 2 wird dem Verpflichteten ohne weiteres ein nur vom Bundesrat näher zu bestimmender Rückerstattungsanspruch gegeben, auf Grund dessen die Steuer erstattet werden muß;

b) im Fall des Abs. 2 Satz 1 wird es dagegen in das Ermessen des Bundesrats gestellt zu bestimmen, ob und in wieweit bei Vorliegen gewisser Voraussetzungen oder aus besonderen Billigkeitsgründen (vgl. den Pr. FinMinErl. v. 13. April III 7281) die Abgabe erlassen werden kann. Ein Anspruch besteht also hier auch bei Vorliegen der vom Bundesrat bestimmten Voraussetzungen nicht.

Voraussetzung für sämtliche Fälle der Erstattung ist ein Antrag. Ausnahme s. § 29 Abs. 2 AB. Eine Frist, innerhalb welcher der Antrag gestellt werden muß, ist — ähnlich wie in § 79 RStempG. und in § 25 PrStempStG. — dahin gesetzt, daß sie ein Jahr vom Zeitpunkt der Zahlung oder Beitreibung läuft und, soweit der Antrag erst auf Tatsachen nach Zahlung oder Beitreibung gestützt wird, erst mit dem Tage beginnt, an dem der Antragsteller die Tatsachen erfährt (§ 31 Abs. 1 AB.).

Antragsberechtigt ist jeder, welcher die Abgabe entrichtet hat sowie dessen Erbe. Wegen Zuständigkeit für den Antrag s. § 29 Abs. 2 AB.

Wird der Antrag auf Erstattung der Steuer abgelehnt, so ist die Klage zulässig. Dies folgt aus allgemeinen Rechtsnormen, da der Rechtsweg für den fraglichen Anspruch nicht ausdrücklich ausgeschlossen ist (RG. **22** 281). Die Erhebung der Klage unterliegt aber nicht den Vorschriften der §§ 44 und 46; denn dort wird nur der Klaganspruch gegen den Steuerbescheid, also in Beziehung auf die Verpflichtung zur Entrichtung der Zuwachssteuer geregelt. Hier dagegen betrifft der Anspruch nicht die Verpflichtung, sondern die Erstattung eines zur Zeit des Steuerbescheides zwar zu Recht erhobenen, jetzt aber infolge nachträglich festgestellter Umstände nicht mehr gerechtfertigten Steuerbetrages. Es wird also gerade eine vorhanden gewesene Steuerpflicht vorausgesetzt und hieran kann auch der Umstand nichts ändern, daß nach juristischer Konstruktion der Vertrag mit Wirkung ex tunc aufgehoben wird; im steuerrechtlichen Sinne war eine formale Steuerpflicht gegeben, deren Folgen nun allerdings § 34 beseitigen soll. Es wäre auch nicht gerechtfertigt, dem auf die Nichtigkeit (wegen Anfechtung) des Rechtsgeschäfts gestützten Klaganspruch die zeitlichen Fesseln nach § 46 aufzuerlegen und somit den Regressanten auf einen klaglosen Anspruch zu beschränken, die Klage auf Erstattung wegen Wandelung aber unbeschränkt zuzulassen!

2) Geregelt wird hier der Fall der Nichtigkeit oder Aufhebung des Rechtsgeschäfts, wenn bereits Versteuerung des obligatorischen Veräußerungsgeschäfts nach § 5 eingetreten ist.

Die Unterscheidung zwischen „Nichtigkeit" und „Aufhebung" ist von besonderer Bedeutung, wenn in Erfüllung des geschlossenen Vertrages Eigentumsübertragung inzwischen gefolgt war. Liegt ein gemäß §§ 119, 120 BGB. nichtiges Veräußerungsgeschäft vor, so ergreift die Nichtigkeit auch die Auflassung und es bedarf nur einer Grundbuchberichtigung. Wird dagegen das an sich gültig geschlossene Rechtsgeschäft — mit nur obligatorischer Wirkung zwischen den Parteien, den früheren Rechtszustand wieder herzustellen — aufgehoben, so bedarf es einer Grundstücksübertragung und insoweit greift nicht Abs. 1, sonder Abs. 2 Platz.

a) Nichtigkeit liegt vor nach BGB. bei Geschäftsunfähigkeit usw. (§ 105), wenn der Erklärende sich mit Wissen der anderen Partei vorbehält, das Erklärte nicht zu wollen (§ 116 S. 2), oder die Erklärung nur zum Schein abzugeben ist (§ 117), bei Mangel der Ernstlichkeit (§ 118), Mangel der vorgeschriebenen Form (§§ 125, 313), Verstoß gegen ein gesetzliches Verbot (§§ 134, 309), gegen die guten Sitten (§ 138), Vertrag auf unmögliche Leistung (§ 307) u. a. Weiterhin liegt aber Nichtigkeit auch vor, wenn ein anfechtbares Rechtsgeschäft mit Erfolg angefochten ist, da nach § 142 Abs. 1 BGB. durch die Anfechtungserklärung das anfechtbare Rechtsgeschäft in ein nichtiges, nämlich in ein Geschäft verwandelt wird, das als von Anfang an nichtig anzusehen ist. Anfechtbarkeit ist begründet nach BGB.: wegen Irrtums (§ 119), im Fall einer unrichtigen Übermittelung der Willenserklärung (§ 120), wegen arglistiger Täuschung oder Drohung (§ 123).

Anfechtung im Konkurse von seiten des Konkursverwalters (§ 29 ff. KO.) bewirkt nicht Nichtigkeit des Rechtsgeschäfts, sondern nur Unwirksamkeit den Konkursgläubigern gegenüber im Sinne des § 135 BGB.; das Rechtsgeschäft als solches bleibt dadurch unberührt, insbesondere kann von dem Gemeinschuldner außerhalb des Konkurses Erfüllung verlangt werden, daher findet auch § 34 Abs. 1 S. 1 keine Anwendung. Das gleiche gilt, wenn ein Rechtsgeschäft nach Maßgabe des AnfechtungsG. v. 21. Juli 1879/20. Mai 1898 angefochten worden ist oder ein sonstiger Fall der §§ 135, 136 BGB. vorliegt. Zur Begründung des Erstattungsanspruchs genügt, wenn es sich um ein von vornherein der Gültigkeit entbehrendes Geschäft handelt, der Nachweis eines der die Nichtigkeit begründenden Tatbestandsmomente, wenn es sich dagegen um ein anfechtbares Geschäft handelt, der Nachweis der Anfechtbarkeit und der Anfechtungserklärung (§ 143 BGB.).

Weder bei ohne weiteres nichtigen noch bei angefochtenen Rechtsgeschäften bedarf es zur Begründung des Erstattungsanspruchs der Feststellung der Nichtigkeit durch gerichtliches Urteil.

b) Ein Erstattungsanspruch wird aber weiterhin auch dann gewährt, wenn das Veräußerungsgeschäft zwar nicht nichtig, aber wieder aufgehoben wird.

Zu denken ist zunächst an den Fall des Eintritts einer auflösenden Bedingung, unter welcher das Geschäft abgeschlossen ist. Die Resolutivbedingung bewirkt nicht Nichtigkeit des Rechtsgeschäfts, vielmehr ist dieses als von Anfang an gültig entstanden anzusehen und die bis zum Eintritt der Bedingung gezogenen Nutzungen behält der Zwischenberechtigte. Dagegen hat die Resolutivbedingung dingliche Wirkung, mit Erfüllung der auflösenden Bedingung tritt der frühere Rechtszustand von selbst wieder ein (§ 158 BGB.). War das Grundstück schon übereignet, so muß Rückauflassung gemäß § 812 BGB. stattfinden, da die Auflassung ja nicht bedingt sein konnte (§ 829 Abs. 2 BGB.). Es greift daher Abs. 2 Platz.

Formelle Aufhebung mit obligatorischer Wirkung ist genügend, aber auch erforderlich. Eine Erstattung der Steuer, wenn das Geschäft zwar formell nicht aufgehoben, aber nicht zur Ausführung gelangt, kann selbstredend nicht stattfinden, da dies den Bestimmungen des § 5 widersprechen würde, der gerade an die Nichtausführung der obligatorischen Rechtsgeschäfte die Steuerpflicht knüpft.

In Betracht kommt z. B. der Fall, daß der Kaufvertrag vor Auflassung des Grundstücks durch Übereinkunft der Parteien oder infolge Rücktritts vom Vertrag bei entsprechendem

Vorbehalt rückgängig gemacht wird. War aber das Grundstück bereits aufgelassen, so haben die Parteien infolge der Aufhebung die empfangenen Leistungen einander zurückzugewähren, es bedarf einer Grundstücksübertragung und es findet nicht Abs. 1, sondern Abs. 2 Anwendung.

3) Im Gegensatz zur Aufhebung in Satz 1 (Anm. 1 b) ist der Rückgängigmachung des Vertrages wegen Nichterfüllung der Vertragsbedingungen eine weitergehende Wirkung beigemessen. Hat z. B. der Verkäufer das Grundstück aufgelassen und macht er nun wegen Nichterfüllung der Verpflichtungen seitens des Käufers (gemäß §§ 325 Abs. 2, 326 in Verbindung mit § 454 BGB.) das Rücktrittsrecht geltend, so greift auch hier der Erstattungsanspruch gemäß Satz 1 Platz. Das gleiche gilt in allen anderen Fällen, wo eine Partei wegen Nichterfüllung der Vertragsbedingungen zurücktritt, insbesondere auch bei Wandelung des Käufers wegen Mängel der Sache (§ 462 BGB.), — gleichgültig ob diese dadurch vollzogen wird, daß der Verkäufer auf Verlangen des Käufers sich mit ihr einverstanden erklärt (§ 495 BGB.), ob der Verkäufer sich zur Wandelung erbietet und auf die Aufforderung des Verkäufers zur Erklärung der Käufer die Wandelung verlangt (§ 466 BGB.) oder ob die Wandelung durch gerichtliches Urteil ausgesprochen wird — dies, obgleich eine Eigentumsübertragung erforderlich wird. Zweifelhaft könnte erscheinen, ob der Grundsatz beschränkt ist auf den Fall des § 5; aus dem Sinn der Vorschrift ist jedoch zu entnehmen, daß die Worte „dasselbe gilt" nur auf den zweiten Halbsatz des Satz 1 zu beziehen sind, der Erstattungsanspruch also auch dann nach Satz 1 gegeben ist, wenn die Steuerpflicht an den Eigentumsübergang geknüpft war. Hat also der Käufer, der die Entrichtung der Zuwachssteuer übernommen, z. B., weil der Verkäufer einen Fehler, Schwamm im Haus, arglistig verschwiegen hat und er, der Käufer, somit zur Abgabe seiner Willenserklärung durch arglistige Täuschung bestimmt worden ist, die Wahl zwischen Anfechtung der abgegebenen Willenserklärung nach §§ 123ff. BGB. oder der Wandelung, so steht er sich möglicherweise wegen der Zuwachssteuer besser, wenn er Wandelung wählt; hier muß ihm immer die gezahlte Steuer erstattet werden, während er bei Anfechtung nach erfolgter Auflassung des Grundstücks gegen den Steuerfiskus keinen unbedingten Anspruch auf Erstattung hat, sofern nicht Abs. 2 Satz 2 Platz greift. Selbstredend ist ihm ein Regreßanspruch gegen den Verkäufer gegeben, der jedoch möglicherweise bei Mittellosigkeit des Verkäufers illusorisch sein kann. In Betracht zu ziehen ist allerdings, daß die Umsatz-Stempelabgabe sowohl nach Reichsrecht als nach preußischem Recht (s. oben) gerade umgekehrt bei Anfechtung auf Antrag zu erstatten ist, bei Wandelung dagegen die Erstattung nur aus Billigkeitsgründen zulässig ist.

4) Anders als nach den für die Erstattung der Stempelabgabe geltenden Grundsätzen findet also eine Berücksichtigung der Preisminderung wegen Mängel des Grundstücks (z. B. Schwamm, § 462 GB.) statt und der Käufer kann die Erstattung desjenigen

Steuerbetrages fordern, welcher der Minderung entspricht. Auch hier ist der Erstattungsanspruch keineswegs auf den Fall, daß es bei dem obligatorischen Verhältnis verblieben ist, beschränkt, vielmehr greift er unbedingt in allen Fällen der Minderung Platz. Die Berechnung des zuviel gezahlten Betrages findet in der Weise statt, daß der Betrag, um welchen sich der Kaufpreis mindert, von dem Veräußerungspreis (§ 8) abzuziehen, darnach der Wertzuwachs und der sich hieraus ergebende Steuerbetrag zu ermitteln ist; die Differenz zwischen diesem und dem früher berechneten und gezahlten Steuerbetrag ist zurückzuerstatten.

An sich finden die §§ 459, 460 nur auf Sachen, nicht auch auf Rechte Anwendung, jedoch dürften für die Anteilsrechte des § 3 diese Grundsätze analog anzuwenden sein, vgl. § 3 Anm. 1 i, s. ferner auch § 8 Anm. 9 und über den Einfluß des Steuerbescheides auf die Erstattungspflicht vgl. § 43.

5) Abs. 2 umfaßt alle Fälle, wo eine Eigentumsverschiebung stattgefunden und nun eine Rückübertragung des Grundstücks stattfinden soll. Die Vorschrift betrifft sowohl die Rückübertragung in Verbindung mit einer nicht durch Abs. 1 getroffenen Aufhebung des obligatorischen Veräußerungsgeschäfts, als auch den Abschluß eines vollständig neuen Veräußerungsgeschäfts, welches die Übertragung des Grundstücks an den früheren Eigentümer zum Gegenstand hat.

Der wesentliche Unterschied zu Abs. 1 besteht aber, wie bereits in der Vorbemerkung hervorgehoben, darin, daß hier kein Anspruch auf Erstattung der Steuer gewährt wird, sondern der Erlaß der Abgabe nur aus Billigkeitsgründen stattfindet.

Eine Ausnahme hiervon besteht jedoch dann, wenn die Rückübertragung innerhalb zweier Jahre seit der Veräußerung erfolgt. Die zweijährige Frist ist zu berechnen seit dem Tag der Vornahme des die Steuerpflicht begründenden Rechtsvorgangs, also bei Eintritt der Steuerpflicht nach § 5 seit Abschluß des Veräußerungsgeschäfts, sonst seit der Auflassung. Liegt diese Voraussetzung vor, so muß die Abgabe erlassen werden. Handelt es sich um Rückübertragung auf Grund eines selbständigen Veräußerungsgeschäfts, so ist der Fall denkbar, daß der Rückerwerber einen Teil des Kaufpreises im Vergleichswege behält. Nach der klaren Vorschrift des Abs. 2 kann dies auf die Rückerstattung der vollen Steuer keinen Einfluß haben. Vor Schaden schützt den Fiskus Abs. 3. Soweit nur aus Billigkeitsgründen Erlaß möglich ist, entscheidet der Bundesrat (AB. § 30 Abs. 3).

6) Bei Erlaß der Steuer nach § 34 wird hiernach der steuerpflichtige Rechtsvorgang steuerrechtlich ignoriert. Die Veräußerung gilt als nicht erfolgt und zwar weitergehend als bei den steuerfreien Rechtsvorgängen des § 7 nicht nur hinsichtlich der Erhebung der Abgabe und Berücksichtigung des bisherigen Wertzuwachses, der Anrechnungen usw. bei dem nächsten Steuerfall, sondern auch insofern, als eine Anrechnung der Kosten der Hin- und Rückveräußerung nach § 14 Nr. 1 nicht stattfinden kann.

Vorbem. zu §§ 35 ff.

Die §§ 35—57 behandeln Erhebung und Verwaltung der Steuer sowie das Rechtsmittel- und Strafverfahren. Sie schließen sich zum Teil dem für die Erbschaftssteuer geltenden Rechte an (Denkschr. S. 44, 29).

§ 35.

Für die Verwaltung und Erhebung der Zuwachssteuer ist der Bundesstaat zuständig, in welchem sich das Grundstück befindet[1]).

Die Verwaltung der Zuwachssteuer erfolgt durch die von der Landesregierung hierzu bestimmten Stellen[2]) [3]).

AB. §§ 1, 2, wegen Erhebung §§ 26—31.

1) Die Verwaltung und Erhebung der Steuer, sowie die Bestimmung der Steuerstellen (Abs. 2) ist dem Bundesstaat, in dessen Gebiet das Grundstück sich befindet, überlassen; als Ausgleich für ihre Verwaltungskosten sind den Bundesstaaten 10% des in ihrem Gebiet aufkommenden Ertrags zugewiesen (§ 58). Von einer einheitlichen Ordnung der Verwaltungsorganisation ist abgesehen worden, weil „für die Veranlagung außer staatlichen Behörden auch die Gemeinden und Gemeindeverbände in Betracht kommen dürften und bei der Mannigfaltigkeit der Gemeindeorganisation sowie bei der verschiedenen Stellung der staatlichen Behörden zu ihnen dem Ermessen der Landesregierung überlassen werden muß, zu beurteilen, in welcher Weise in allen Fällen die sachgemäße Behandlung und Einheitlichkeit der Verhandlung in der unteren Instanz und der Einfluß der Oberbehörden auf diese im notwendigen Maße gewährleistet wird" (Begr. S. 29).

Insbesondere ist damit die Art und Weise der Verteilung der Kosten des Verfahrens den Bundesstaaten nach freiem Ermessen überlassen. Ein Antrag auf Einfügung einer Bestimmung, wonach die Verwaltung der Steuer den Gemeinden nur „auf Kosten des Bundesstaats" übertragen werden dürfe, wurde abgelehnt.

Über Mitwirkung des Reichs s. §§ 36, 45 Abs. 5, 54.

Die Befugnis zur Vertretung des Staats im Rechtsstreit wird durch den Bundesrat bestimmt.

Über weitere Bestimmungsrechte der Landesregierungen vgl. §§ 38 Abs. 2, 40 Abs. 1 S. 2, 54.

2) Die Regelung ist der Landesregierung, nicht der Landesgesetzgebung überlassen und damit der von der Kommission in 3. Lesung geänderte Regierungsentwurf wieder hergestellt. Abgesehen von dem formalen Bedenken, daß die Landesgesetze bis zur Einführung der Steuer nicht mehr zustandekommen könnten, war bestimmend, daß es sich hier um eine reine Verwaltungssache handle und ein Eingriff in die Kompetenz der Landesgesetzgebung hier nicht am Platz schien. Selbstverständlich bleibt es dem Ermessen des Bundesstaats über-

lassen, eventuell den Weg der Gesetzgebung zu wählen (so Preußen s. AusfG.).

3) Die Verwaltungsstellen heißen Zuwachssteuerämter (AB. § 1). Welches Amt zuständig ist, ergibt § 2 AB. (Lage des Grundstücks entscheidet). In Preußen ist nach dem Entwurf zum AG. Veranlagungsbehörde

a) im allgemeinen der Gemeindevorstand,
b) in Landgemeinden von nicht mehr als 3000 Einwohnern und in Gutsbezirken der Kreisausschuß,
c) in Landgemeinden der Rheinprovinz und Westfalens der Landbürgermeister bzw. der Amtmann.

Erhebungsstelle ist im Falle b die Kreiskommunalkasse, sonst die Gemeindekasse.

§ 36.

Die Reichsbevollmächtigten für Zölle und Steuern üben in Ansehung der Ausführung dieses Gesetzes dieselben Rechte und Pflichten aus, die ihnen bezüglich der Zölle und Verbrauchssteuern beigelegt sind[1]).

In Staaten, in denen die Geschäfte der Oberbehörde für die Zuwachssteuer anderen Behörden als den Zolldirektivbehörden übertragen sind, werden der Umfang und die Art der Tätigkeit der Reichsbevollmächtigten vom Reichskanzler im Einvernehmen mit der beteiligten Bundesregierung geregelt.

Unter Zustimmung des Bundesrats kann der Reichskanzler die Wahrnehmung der Geschäfte der Reichsbevollmächtigten, soweit die Ausführung dieses Gesetzes in Betracht kommt, anderen Beamten übertragen[2]).

1) Vgl. Art. 36 Rverf. (RGBl. 71 63).
2) RZBl. 07 538; 10 215.

§ 37.

Jeder steuerpflichtige Rechtsvorgang und, sofern eine Preiserhöhung eintritt, jedes Rechtsgeschäft der im § 5 bezeichneten Art ist binnen einer Frist von einem Monat der zuständigen Steuerbehörde (§ 35 Abs. 2) anzumelden[1]). Die Verpflichtung hierzu trifft den Veräußerer und den Erwerber. Sind mehrere Veräußerer oder Erwerber vorhanden, so trifft die Verpflichtung jeden von ihnen. Sie gilt in gleicher Weise für die gesetzlichen Vertreter[2]).

Die Frist beginnt mit dem Zeitpunkt, in welchem der Verpflichtete von dem steuerpflichtigen Rechtsvorgang oder von dem Rechtsgeschäfte Kenntnis erhält[3]).

Einer Anmeldung bedarf es nicht, wenn vor Ablauf der Frist die Auflassung oder Eintragung stattgefunden hat.

Sind mehrere Personen zur Erstattung der Anmeldung verpflichtet, so wird durch die von einem Verpflichteten bewirkte Anmeldung der Anzeigepflicht der übrigen genügt[4]).

AB. §§ 8—11.

1) Die Anmeldung soll eine vorläufige Mitteilung über den Erwerb sein; sie ist unabhängig von der Zuwachssteuererklärung nach § 39, welch letztere erst die Unterlage für die Steuerberechnung bieten soll, und von der Auskunftspflicht nach § 42. Sie ist selbstredend nicht erforderlich, wenn alsbald die Zuwachssteuererklärung abgegeben wird, andererseits gilt sie zugleich als solche, wenn sie bereits die Unterlagen für die Steuerberechnung nach Maßgabe des § 39 enthält.

Die Anmeldepflicht des § 37 sollte nach der Absicht des Gesetzgebers eine unbedingte sein, der Verpflichtete sich nicht etwa darauf berufen können, daß von dem Rechtsvorgang nach § 38 durch die Behörden oder Urkundspersonen entsprechende Mitteilung gemacht werde, so daß sich seine Anzeige erübrige. Vielmehr sollte gerade hierdurch eine doppelte Mitteilungspflicht statuiert werden, um eine größere Sicherheit für den Steuerfiskus zu gewährleisten. Denn bei der vielfachen Überlastung der Gerichtsschreibereien könnten z. B. die Grundbuchbehörden die alleinige Verantwortung für die Benachrichtigung der Steuerbehörde von allen steuerpflichtigen Vorgängen nicht übernehmen. Außerdem erschiene trotz der nicht zu verkennenden Belästigung des Publikums die Anzeigepflicht notwendig, da z. B. in § 5 auch solche Geschäfte für steuerpflichtig erklärt seien, bei denen es einer Mitwirkung der in § 30 genannten Behörden nicht bedürfe (KommB. II S. 92/93). Die Ausführungsbestimmungen haben aber die Anmeldepflicht des Publikums erheblich eingeschränkt, indem sie sie im Fall einer Auflassung als auch dann, wenn das Veräußerungsgeschäft von den in § 38 genannten Behörden beurkundet wird, von einer vorgängigen befristeten Aufforderung seitens der Steuerbehörde abhängig machen (AB. § 3 Ziff. D nnd § 10 Abs. 1).

Selbstverständlich kann der Anzeigepflichtige den beurkundenden Notar mit der Anzeige beauftragen, nur muß dann der letztere die Mitteilung gleichzeitig auch im Namen des Auftraggebers machen.

Die Anmeldung hat zu erfolgen binnen einer Frist von einem Monat, für welche nach Maßgabe des Abs. 2 (Anm. 3) die Vornahme des Rechtsgeschäfts (nicht etwa erst der Ablauf der einjährigen Frist des § 5) maßgebend ist; dies folgt aus Abs. 3, wonach eine Anzeige des obligatorischen Geschäfts sich erübrigt, wenn die Auflassung innerhalb des Monats erfolgt. Anmeldepflichtig sind

a) unbedingt und gleichgültig, ob ein steuerpflichtiger Wertzuwachs realisiert ist, jeder steuerpflichtige Rechtsvorgang nach §§ 1—4 (7), sowie das erste Veräußerungsgeschäft nach § 5 Abs. 1 (nicht also Kaufofferte, wohl aber Abtretung nach § 3);

b) dagegen nur, wenn eine Preiserhöhung eintritt, die Weitergabe von Anstellungen und Kaufangeboten sowie die übrigen Rechtsgeschäfte der im § 5 bezeichneten Art. Diese Erleichterung der Anzeigepflicht erschien angemessen, da es sich hier keinesfalls um Umgehungsversuche handle, sondern um Formen des Geschäftsverkehrs, zu denen ein praktisches Bedürfnis vorliege.

2) Persönlich verpflichtet zur Anmeldung ist der Veräußerer und der Erwerber, im Fall des Todes geht die Pflicht auf den Erben über (s. aber § 39 Anm. 3 a. E.). Unter Veräußerer ist nicht nur der veräußernde Eigentümer, sondern auch jeder bei einem Zwischengeschäft als Veräußerer Beteiligte zu verstehen, ebenso ist unter Erwerber auch jeder bei einem Kettengeschäft als Erwerber in Betracht Kommende einbegriffen. Bei einer Mehrheit von Veräußerern oder Erwerbern ist jeder anmeldepflichtig, jedoch kommt nach Abs. 4 die Anmeldung seitens eines zur Anmeldung Verpflichteten den anderen zugute; ebenso die Anmeldung seitens des Beauftragten oder Geschäftsführers ohne Auftrag, nicht aber die Mitteilung nach § 38 (vgl. Anm. 1).

Die Verpflichtung der gesetzlichen Vertreter ergibt sich schon aus allgemeinen Grundsätzen; gesetzliche Vertreter sind in Verbindung mit einer Rechtsstellung kraft Gesetzes mit Vertretungsmacht versehene Personen: Vater oder Mutter für ein eheliches Kind (§§ 1630, 1686 BGB.), die Adoptiveltern (§§ 1757, 1765), der Vormund (§§ 1793, 1897), Pfleger (§§ 1909, 1915), der Beistand, wenn er die Rechte und Pflichten eines Pflegers hat (§ 1693), die zur Vertretung einer juristischen Person berufenen Personen. Ferner der Konkursverwalter für den Gemeinschuldner, insoweit die Veräußerung oder die Steuerpflicht die Konkursmasse betrifft; dies muß trotz RG. (**29** 29; **55** 265; **66** 113) gelten, da sonst dem Gemeinschuldner eine oft gar nicht erfüllbare Verpflichtung auferlegt und der Steuerfiskus bei der die Strafvorschrift des § 50 zwecklos machenden Mittellosigkeit des Gemeinschuldners nicht genügend gesichert erschiene. Das gleiche muß auch (trotz RG. **65** 287) hinsichtlich des Nachlaßverwalters gelten, da auch der Erbe mit der Anordnung der Nachlaßverwaltung die Verfügungsbefugnis über den Nachlaß verliert und diese auf den Verwalter übergeht (§§ 1984 ff. BGB.). Dagegen sind nicht gesetzliche Vertreter: der Gegenvormund für den Mündel (§ 1799), der Ehemann für die Frau.

3) Die Frist beginnt mit der Kenntnis des Anmeldungsverpflichteten (Anm. 2) von dem Tatbestand, der die Steuerpflicht begründet bzw. unter den weiteren Voraussetzungen des § 5 begründen kann. Der Beginn der Frist wird also dadurch nicht gehemmt, daß noch nicht feststeht, ob an das obligatorische Rechtsgeschäft die

Steuerpflicht nach § 5 geknüpft wird oder überhaupt nach Berechnung des Wertzuwachses ein steuerpflichtiger Zuwachs sich ergibt (Anm. 1).

Die Partei, welche die Anzeige unterlassen oder verzögert, macht sich nach § 50 strafbar; s. aber oben Anm. 1 u. **AB.** § 10 Abs. 1.

4) Die Anmeldung eines Verpflichteten befreit die anderen (vgl. **AB.** § 8 Abs. 2).

§ 38.

Den Steuerbehörden haben nach näherer Bestimmung des Bundesrats Mitteilung zu machen[1])

1. die Grundbuchämter
   von den Eintragungen des Eigentumsüberganges von Grundstücken in das Grundbuch[2]);
2. die Registergerichte und -behörden
   von Eintragungen in das Handels- und Genossenschaftsregister und von Einreichungen zum Handelsregister, soweit sie in Verfolg eines steuerpflichtigen Rechtsvorganges vorgenommen werden[3]);
3. allgemein die Behörden und Beamten des Reichs, Staates und der Gemeinde sowie die Notare[4])
   a) von allen von ihnen beurkundeten Rechtsvorgängen, die den Übergang des Eigentums an inländischen Grundstücken zum Gegenstande haben oder zu den im § 5 bezeichneten Rechtsgeschäften gehören;
   b) von allen Fällen der Erhebung der Abgabe auf Grund der Tarifnummer 11 des Reichsstempelgesetzes.

Die Landesregierungen sind ermächtigt, im Einverständnisse mit dem Reichskanzler die Mitteilungspflicht anderen als den in Ziff. 1 und 2 genannten Stellen zu übertragen[5]).

AB. §§ 3—7, 10, 11.

1) Die hier vorgesehene Rechtshilfe ist auch den Steuerbehörden eines anderen Bundesstaates zu leisten. Den Behörden usw. anderer Bundesstaaten werden entsprechend § 9 G. v. 9. Juni 1895, RGBl. 256, die baren Auslagen mit Ausnahme des Portos für den Verkehr zwischen den Behörden (BGBl. **70** 514; PrZBl. **74** 9f.; PrMBl. **06** 155) zu erstatten sein. Soweit das Porto, wie bei Gemeindebehörden, Notaren, nicht der Staatskasse zur Last fällt, wird es desgleichen zu erstatten sein. Gegenüber Behörden des Staates der Steuerbehörde regelt das Landesrecht die Ersatzpflicht.

2) Grundbuchämter sind in Preußen die Amtsgerichte für die in ihrem Bezirke belegenen Grundstücke (Art. 1 AGGBO.; in Baden die Notare). Die Mitteilungspflicht erstreckt sich auf alle Eintragungen des Eigentumsüberganges, gleichgültig ob der letztere steuerpflichtig ist oder nicht. Es muß andererseits ein Eigentumsübergang stattgefunden haben. Grundbuchberichtigungen (vgl. Anm. 1 zu § 34) gehören nicht hierher. Das Nähere s. AB. § 4.

3) Die Führung des Handelsregisters, Genossenschaftsregisters, Güterrechtsregisters geschieht durch die Amtsgerichte.

Die Anmeldepflicht beschränkt sich hier auf diejenigen Einreichungen, welche und insoweit sie in Verfolg eines steuerpflichtigen Rechtsvorganges vorgenommen werden. Sache der Registerbehörde ist es daher, zu prüfen, ob ein steuerpflichtiger Rechtsvorgang vorliegt und somit eine Anzeigepflicht besteht. Selbstredend handelt es sich nur um die Frage, ob objektiv der Rechtsvorgang ein steuerpflichtiger ist, während der Umstand, ob ein steuerpflichtiger Wertzuwachs realisiert und somit überhaupt in concreto eine Steuer zu entrichten ist, für diese Anzeigepflicht belanglos ist. Wegen Vereinigung aller Anteile einer unter § 3 fallenden Vereinigung in einer Hand s. AB. § 5.

4) Die Mitteilungspflicht trifft alle Behörden des Reichs, Bundesstaats oder einer Gemeinde, zu a) hinsichtlich der von ihnen beurkundeten Rechtsvorgänge, zu b) betreffs der von ihnen geschehenen Erhebung der Reichsgrundwechselabgabe.

Notare sind auch die Konsuln (§ 16 G. betr. die Bundeskonsulate usw. v. 8. November 1867 BGBl. 137; Art. 38 EG. z. BGB.) und die vom Reichskanzler in den Schutzgebieten ernannten Notare

Hier gilt die Anzeigepflicht desgleichen (Anm. 1) hinsichtlich sämtlicher Eigentumsübergänge und Rechtsvorgänge des § 5, ohne Nachprüfung, ob ein steuerpflichtiger Rechtsvorgang vorliegt, vorausgesetzt jedoch, daß Gegenstand der Veräußerung ein inländisches Grundstück (§ 1 Anm. 2) ist und somit überhaupt dieses Gesetz Anwendung findet. Bezüglich der Anteile des § 3 ist eigentlich Erfordernis, daß Grundstücke der Gesellschaft im Inland liegen (vgl. § 3 Anm. 1 h); die Ausführungsbestimmungen haben diese Pflicht aber, soweit es sich um G. m. b. H. handelt, auf Beurkundung von Übertragung von G. m. b. H.-Anteilen schlechthin erstreckt (AB. § 3 Ziff. C 3 und § 7 Abs. 1). Über Prüfungspflicht der Beamten s. § 3 Anm. 1 m.

5) An Stelle der in Nr. 1 und 2 genannten Stellen kann landesrechtlich anderen die Mitteilungspflicht übertragen werden, jedoch bedarf es hierzu der Genehmigung des Reichskanzlers. Unbenommen ist es selbstredend den Bundesstaaten, selbständig neben den genannten Stellen auch andere, also noch weitere Behörden und Personen ihres Bereichs mit solcher Mitteilungspflicht zu belegen.

§ 39.

Auf Verlangen der Steuerbehörde[1]) und innerhalb einer von ihr zu bestimmenden angemessenen Frist[2]) hat der gemäß § 37 zur Anmeldung verpflichtete Veräußerer[3]) dem Amte eine Zuwachssteuererklärung einzureichen, welche die für die Steuerpflicht und die Steuerbemessung in Betracht kommenden Umstände ersehen läßt[4]).

Die Steuererklärung ist unter der Versicherung zu erstatten, daß die Angaben nach bestem Wissen und Gewissen gemacht sind[5]).

AB. §§ 12—17, 18—20.

Die Ausführungsbestimmungen haben vor der Steuererklärung ein Vorverfahren eingeschoben, in welchem zunächst geprüft wird, ob überhaupt eine Steuer oder eine solche von mindestens 20 M. voraussichtlich zu zahlen sein wird. Für diesen Zweck ist auch ohne formelle Steuererklärung eine mündliche oder schriftliche Verhandlung mit den Steuerpflichtigen zugelassen (AB. §§ 12, 13).

§ 39 ist dem § 37 EStG. nachgebildet.

1) § 35 Abs. 2 Anm. 2 und 3: Halten sich mehrere Steuerämter für zuständig, so genügt die Abgabe der Steuererklärung an ein Amt. Die anderen können darauf verwiesen werden. Auch Eingang bei einem vollständig unzuständigen Steueramt wahrt die Frist (AB. § 2 Abs. 4).

2) Das Verlangen kann vor der Anmeldung, auch schon vor Beginn der Anmeldefrist gestellt werden (AB. § 18 Abs. 3). Sinngemäß wird die Frist aber nicht vor Ablauf der Anmeldefrist enden dürfen.

War es dem Steuerpflichtigen innerhalb der Frist unmöglich, der Erklärung nachzukommen, so kann Bestrafung nicht erfolgen. Verlängerung der Frist ist zulässig (AB. § 18 Abs. 4). Im übrigen gelten §§ 187, 188 BGB. Die Ausführungsbestimmungen schreiben eine Frist von 2 Wochen vor (AB. § 18 Abs. 1).

3) Lediglich der Veräußerer, nicht auch der zur Anmeldung verpflichtete Erwerber (§ 37) hat die Verpflichtung zur Einreichung der Erklärung. Über den Begriff des „Veräußerers" s. § 37 Anm. 2.

Wer sich zur Einreichung der Erklärung nicht für verpflichtet hält, hat die Beschwerde im Verwaltungswege; er kann es auch auf das Strafverfahren aus § 50 ankommen lassen. Auch wird ihm eine negative Feststellungsklage hinsichtlich der Nichtverpflichtung zur Steuerzahlung zuzuerkennen sein (s. § 34 Anm. 1).

Stirbt der Verpflichtete, so müssen seine Rechtsnachfolger von neuem aufgefordert werden. Wegen der Verpflichtung der gesetzlichen Vertreter s. § 37 Anm. 2.

4) Mehrere Verpflichtete gelten als Gesamtverpflichtete. Die Verpflichtung durch einen befreit also die andern Mitverpflichteten (s. § 37 Anm. 5), jedoch kann die Steuerbehörde verlangen, daß alle Verpflichteten die Erklärung des Absatzes II abgeben und zu diesem Zweck die Steuererklärung prüfen bzw. berichtigen (AB. § 19).

„Umstände" sind nur Tatsachen (vgl. § 42) also nicht Schätzungen des Wertes, wohl aber die tatsächlichen Grundlagen, welche die Schätzung ermöglichen.

5) Verletzungen der Bestimmung sind strafbar nach § 50, insbesondere auch dann, wenn unrichtige Angaben gemacht sind; dagegen bei Mangel einer Hinterziehungsabsicht nur Ordnungsstrafe nach § 51.

§ 40.

Trägt die Steuerbehörde Bedenken, die Angaben in der Steuererklärung als richtig anzunehmen, so teilt sie dem Steuerpflichtigen[1]) die beanstandeten Punkte unter Bestimmung einer angemessenen Frist[2]) zur Gegenerklärung mit. Erfolgt innerhalb der gesetzten Frist keine Gegenerklärung oder führen die Verhandlungen nicht zu einer Einigung[3]), so ist die Steuerbehörde befugt, nach näherer Bestimmung der Landesregierung die erforderlichen Ermittelungen selbständig vorzunehmen und danach die Steuer zu erheben.

Die Kosten der Ermittelungen fallen dem Steuerpflichtigen zur Last, wenn sie zu einer endgültigen Steuerfestsetzung führen, die den nach den Angaben des Steuerpflichtigen veranlagten Abgabebetrag um mehr als $^1/_3$ übersteigt[4]).

AB. § 28.

Dieser Paragraph ist dem § 43 EStG. nachgebildet.

1) Über den „Steuerpflichtigen" im Sinne des § 40 s. § 39 Anm. 3.

2) s. § 39 Anm. 2 Abs. 2.

3) Die Einigung ist ein Vertrag, durch welchen nach Art eines Vergleichs zwischen Steuerbehörde und Steuerpflichtigen die Wertzuwachssteuer derart festgestellt wird, daß im Wege gegenseitigen Nachgebens (§ 779 BGB.) beide Teile gebunden sind und Nachforderungen und Erstattungen ausgeschlossen sind (RG. JW. 95 78 Nr. 32—34, Bolze 19 734). Irrtum hierbei ist stets einflußlos, sofern nicht der Fall des § 779 BGB. vorliegt, d. h. der beiderseits angenommene Sachverhalt den Tatsachen nicht entsprach.

Die Einigung braucht nicht alle Punkte der Veranlagung zu umfassen. Es können auch einzelne Punkte, z. B. Berechnung des Erwerbspreises, oder gewisse Anrechnungen davon getroffen werden. Die Einigung wird zwischen dem Steuerpflichtigen und der Steuerbehörde geschlossen. Auch die Aufsichtsbehörden sind dazu befugt.

Eine Einigung liegt nur vor, wenn zuvor eine Beanstandung erfolgte (RG. JW. 92 493 Nr. 45).

Sie liegt also nicht vor, wenn die Steuerbehörde die angegebenen Preise nach erfolgter Prüfung der Steuerberechnung zugrunde legt oder sie gemäß § 40 selbst ermittelt und danach die Steuer erhebt, ohne die Zustimmung des Steuerpflichtigen zu fordern (RG. JW. ebenda).

Als Vertrag unterliegt die Einigung den Vertragsvorschriften nach §§ 145 ff. BGB., es ist also auch stillschweigender Abschluß (§ 151 BGB.) nicht ausgeschlossen, wenn z. B. die Steuerbehörde ihre Beanstandung aufgibt und sich durch Aufstellung des Steuerbescheides der Ansicht des Steuerpflichtigen anschließt (RG. JW. 95 78 Nr. 32—34). AB. § 23 lassen eine besondere Art des Vergleiches für diejenigen Berechnungsgrundlagen zu, welche nicht oder nicht ohne unverhältnismäßige Schwierigkeiten festzustellen sind. Dieser Vergleich ist wirksam nur bei Schriftform.

4) Im Falle unterlassener Wertangabe wird diese Bestimmung keine Anwendung finden können, weil eine Verpflichtung zur Angabe des Wertes nicht besteht (§ 39 Anm. 4). Im übrigen wird, wenn die Steuererklärung nicht eingereicht worden ist, die Kostenpflicht aber eintreten müssen.

Wegen der Kosten finden die Bestimmungen der §§ 49, 55 Satz 2 (Ausschluß der Zwangsversteigerung des Grundstücks eines Deutschen) keine Anwendung.

Bei mehreren Steuerpflichtigen wird die Kostenpflicht entsprechend zu teilen sein (§ 420 BGB.).

§ 41.

Die Behörden, Beamten und Notare haben den Steuerbehörden jede zur Ermittelung der Abgabe dienliche Hilfe zu leisten und insbesondere auf Verlangen die Einsicht in die Verhandlungen zu gestatten, die sich auf die für die Steuerbemessung maßgebenden Vorgänge beziehen[1]).

Vgl. AB. § 10.

Dieser Paragraph ist dem § 41 EStG. nachgebildet.

1) Die Auskunftspflicht erstreckt sich nicht bloß auf den Inhalt der Urkunden, sondern auch auf die sonstigen damit in Verbindung stehenden Tatsachen. Nötigenfalls sind also Urkunden zu übersenden und auf Verlangen Abschriften zu erteilen. Den Notaren sind die Schreibgebühren zu erstatten.

Wegen Strafen s. § 51 Anm. 2.

§ 42.

Personen, die als Veräußerer oder Erwerber oder als Vertreter[1]) eines von diesen an dem steuerpflichtigen[2]) Rechtsvorgange teilhaben, sind verpflichtet[3]), auf Verlangen der Steuerbehörde[4]) über die Tatsachen[5]), die für die Veranlagung der Abgabe von Bedeutung sind[6]), Auskunft zu geben und die hierüber in ihrem Besitze befindlichen Urkunden vorzulegen[7]).

Das Gleiche gilt von den an früheren steuerpflichtigen Vorgängen beteiligten Personen[8]) [9]).

Dieser Paragraph ist dem § 42 EStG. nachgebildet.

1) Ob es sich um gesetzliche Vertreter oder Bevollmächtigte handelt, ist gleichgültig. Auch Testamentsvollstrecker, Nachlaßpfleger gehören hierher, sobald sie das Amt angenommen haben, ebenso Konkursverwalter und die andern unter § 37 Anm. 2 aufgeführten Personen.

2) Über steuerfreie Rechtsvorgänge braucht Auskunft nicht erteilt zu werden.

3) Von mehreren Verpflichteten kann die Behörde jeden zur Auskunft anhalten. Die Pflicht besteht solange, als die Zuwachssteuer noch nicht verjährt ist (§ 57). Sie wird auch auf den Rechtsnachfolger übergehen müssen.

4) Wer zur Auskunft sich nicht für verpflichtet hält, hat schon gegen das Verlangen der Behörde die Beschwerde im Verwaltungswege (s. § 39 Anm.). Auch den höheren Behörden wird man kraft ihres Aufsichtsrechtes dieses Recht, besonders zwecks Durchführung des Beschwerdeverfahrens zuerkennen müssen.

5) Zu den Tatsachen gehören nicht Urteile (Wertangabe) oder Rechtsfragen (s. § 39 Anm. 4).

6) Also nicht hierher gehört etwa die Frage aus § 48 des G. (Notwendigkeit der Sicherheitsleistung).

7) Die Erfüllung der Pflicht kann gefordert werden, ohne daß eine Anmeldung oder Steuererklärung eingereicht worden ist. Es ist also eine selbständige, neben § 39 stehende Pflicht.

8) Gesetzliche Vertreter verlieren ihre Auskunftspflicht nicht dadurch, daß sie aus dem Amte scheiden. Natürlich muß die Auskunftspflicht auch denjenigen gesetzlichen Vertreter treffen, der im Augenblick des steuerpflichtigen Rechtsvorganges noch nicht Vertreter war, es aber jetzt zur Zeit der Veranlagung ist, denn er repräsentiert den auskunftspflichtigen Veräußerer oder Erwerber.

9) Die Verletzung der Pflicht des § 42 unterliegt einer Ordnungsstrafe bis 150 M. (§ 51 Abs. 2).

Die Ordnungsstrafen fallen dem Bundesstaate zu (s. § 54 Abs. 2), wie überhaupt die Geldstrafen.

§ 43.

Ist die Zuwachssteuer berechnet, so erteilt die Steuerbehörde einen Steuerbescheid[1]), der die Person des Steuerpflichtigen, den Betrag der Zuwachssteuer, deren Berechnungsgrundlagen[2]) und die von der Steuererklärung abweichenden Punkte, ferner die zulässigen

Rechtsmittel, die für diese festgesetzten Fristen sowie die Behörden, bei denen sie anzubringen sind, angibt und zugleich die Anweisung zur Entrichtung der Steuer innerhalb einer zu bestimmenden Frist enthält[3]). Die Frist muß mindestens einen Monat betragen.[4])

AB. §§ 25.

Dieser Paragraph ist dem § 45 EStG. nachgebildet und behandelt den Steuerbescheid.

1) Der Steuerbescheid stellt den Betrag der Steuer fest und bildet die Grundlage für die Besteuerung. Er begründet für den Schuldner die Pflicht zur Zahlung innerhalb eines Monats, indessen begründet er nicht etwa erst den Steueranspruch. Dieser ist vielmehr bereits gemäß §§ 1, 5 erwachsen.

Danach wird die Steuerbehörde durch den Steuerbescheid nicht gehindert, Steuern nachzufordern oder eine irrtümlich fallen gelassene Steuer wieder aufzunehmen, ja auch eine irrtümlich erstattete Steuer (§ 34 Abs. 1 S. 3, § 20 Abs. 3 S. 2) wieder zurückzufordern (RG. JW. 92 492 Nr. 45, PrJMBl. 82 377).

Der Veranlagte kann aus dem gleichen Grunde eine zu Unrecht gezahlte Steuer im Verwaltungswege zurückfordern, auch wenn er die Rechtsmittelfrist versäumt hat (s. § 34 Anm. 1, 3).

Lediglich im Falle der Einigung (§ 40 Anm. 3) sind beide Parteien unter den dort angegebenen Voraussetzungen gebunden.

2) Zu den „Berechnungsgrundlagen" gehört Feststellung des Erwerbspreises, Veräußerungspreises, der An- und Abrechnungen, des für die Steuerberechnung maßgebenden Zeitraumes, der Zinshöhe (§ 16) usw.

3) Zur Stundung der Steuer ist bloß die Steuerbehörde befugt (§ 48), nicht das Gericht oder Verwaltungsgericht; Teilzahlungen braucht die Steuerbehörde nicht anzunehmen. Im übrigen s. § 48 Anm. 1—4.

4) Der Steuerbescheid ist zuzustellen. Bei mehreren Veräußerern jedem von ihnen; die Kassenstelle ist darin zu bezeichnen.

§ 44.

Gegen den Steuerbescheid sind als Rechtsmittel zulässig[1]):

1. die Beschwerde, soweit sie nicht landesrechtlich ausgeschlossen wird;
2. das Verwaltungsstreitverfahren oder ein durch die Landesgesetzgebung geordnetes anderweites Verfahren vor den Verwaltungsgerichten, und wenn ein verwaltungsgerichtliches Verfahren nicht besteht oder landesrechtlich ausgeschlossen wird, der Rechtsweg.

Ob durch die Erhebung der Beschwerde seitens des Steuerpflichtigen das Verwaltungsstreitverfahren oder der Rechtsweg für ihn ausgeschlossen wird, oder ob das Verwaltungsstreitverfahren oder das anderweite Verfahren vor den Verwaltungsgerichten oder der Rechtsweg erst nach Erledigung der Beschwerde und der weiteren Beschwerde zulässig ist, richtet sich nach den landesrechtlichen Vorschriften[2]).

1) Die §§ 44—46 regeln die Rechtsmittel gegen den Steuerbescheid. Die Bestrebungen, das Verfahren einheitlich zu gestalten oder wenigstens die Einheitlichkeit der Rechtsprechung durch Übertragung der Endentscheidung an das Reichsgericht zu wahren, sind gescheitert (s. RTBer. 11 4017—4071, 4325—4326). Neben den Rechtsmitteln gegen den Steuerbescheid stehen noch die Klage aus allgemeinen Rechtsgrundsätzen (vgl. § 34 Anm. 1), ferner die Beschwerde im Verwaltungswege (vgl. § 39 Anm. 1, § 42 Anm. 4, § 48 Anm. 1).

Das Gesetz läßt wahlweise oder nebeneinander a) Beschwerde, b) gerichtliches Verfahren zu und bei letzterem wiederum wahlweise: Verwaltungsstreitverfahren oder anderes verwaltungsgerichtliches Verfahren oder Rechtsweg. Während § 44 die Rechtsmittel allgemein regelt, trifft § 45 Bestimmungen über die Beschwerde, § 46 solche über das gerichtliche Verfahren. Der Entwurf zum PrAG. hat im § 2 die Beschwerde ausgeschlossen und sich auf ein verwaltungsgerichtliches Verfahren mit vorangehendem „Einspruch" beschränkt. Es finden in denjenigen Fällen, in denen der Kreisausschuß Veranlagungsstelle ist (s. § 35 Anm. 3), die Bestimmungen des Kreis- und ProvinzialabgabenG. v. 23. April 1906 (GS. 159), in den anderen Fällen die Vorschriften der §§ 69, 70, 75 des KommunalabgabenG. v. 14. Juli 1893 (GS. 152) Anwendung. Danach ist der Einspruch binnen 4 Wochen seit Zustellung des Steuerbescheides einzulegen. Über den Einspruch beschließt der Gemeindevorstand, gegen den Beschluß ist die Klage beim Kreisausschuß bzw. beim Bezirksausschuß zulässig und gegen deren Entscheidung die Revision an das OVG. Das letztere kann mündliche Verhandlung anordnen. Die Sitzung ist nicht öffentlich.

2) Die Versäumung der Rechtsmittelfrist schließt nach der Natur des Steuerbescheides die Rückforderung der zu Unrecht erhobenen Steuer im Verwaltungswege nicht aus (s. § 43 Anm 1, § 66 Abs. 1).

§ 45.

Die Beschwerde ist binnen einer Frist von einem Monat seit der Zustellung des Bescheids bei der Steuerbehörde anzubringen[1]).

Verspätete Beschwerden sind zuzulassen, wenn die

Steuerbehörde zu der Annahme gelangt, daß der Beschwerdeführer ohne sein Verschulden verhindert war, die Frist einzuhalten[2]).

Der Beschwerdebescheid hat anzugeben, bei welcher Behörde und innerhalb welcher Frist die weitere Beschwerde einzulegen ist.

Die Beschwerde und die weitere Beschwerde haben keine aufschiebende Wirkung[3]).

Das Beschwerdeverfahren regelt der Bundesrat[4]).

AB. §§ 34—37.

1) Das Gesetz unterscheidet Beschwerde (1. Instanz) und „weitere Beschwerde" (2. Instanz. Abs. 3 und 4). Über die Beschwerde entscheidet die Oberbehörde, über die weitere Beschwerde entscheidet die Landeszentralbehörde. Erstere wird beim Zuwachssteueramte, letztere bei der Oberbehörde eingelegt (AB. §§ 34, 35 Abs. 1).

Die Beschwerde kann landesrechtlich ausgeschlossen werden, wie in Preußen vorgesehen (§ 44 Anm. 1). Berechtigt zur Beschwerde ist jeder, der ein rechtliches Interesse hat. Bei der Entscheidung ist die Beschwerdeinstanz nicht an die Anträge gebunden. Der Steuerbescheid kann also auch zuungunsten des Beschwerdeführers geändert werden. Es kann auch Zurückverweisung an die erste Instanz erfolgen. Auch die Steuerbehörde selbst kann von Amts wegen den Steuerbescheid ändern. Eine zurückgewiesene Beschwerde kann mit neuen Tatsachen oder Rechtsgründen erneuert werden. Die Zustellung des Steuerbescheides gegen einen Steuerpflichtigen kann die Frist nur gegen diesen selbst in Lauf setzen.

2) Ohne diese Annahme ist die Steuerbehörde zur Zulassung verspäteter Beschwerden nicht berechtigt (arg. AB. § 35 Abs. 3).

3) Der Steuerbetrag muß jedenfalls binnen der Frist des § 43 entrichtet werden. Wegen Stundung s. § 48, ferner § 46, Anm. 2 Wegen der Frage der Verzinsung im Falle der Zurückerstattung s. § 48 Anm. 1.

4) Über Kosten des Beschwerdeverfahrens s. AB. § 37.

§ 46.

Für die Fristen des verwaltungsgerichtlichen Verfahrens sowie für die Frist, in der die gerichtliche Klage zu erheben ist, sind die landesrechtlichen Vorschriften maßgebend. Sind für die Frist zur Erhebung der gerichtlichen Klage landesrechtliche Vorschriften nicht getroffen, so muß die Klage binnen einer Frist von einem Monat erhoben werden; die Frist beginnt mit der Zahlung oder Stundung der Steuer[1]).

Über die Frage, ob Stundung gemäß § 48 eintreten soll, entscheidet endgültig die Steuerbehörde[2]).

Auf den Lauf der im Abs. 1 bezeichneten Fristen finden die für die Verjährung geltenden Vorschriften der §§ 203, 206, 207 BGB. entsprechende Anwendung[3]).

Für die gerichtliche Klage sind ohne Rücksicht auf den Wert des Streitgegenstandes ausschließlich die Landgerichte zuständig. Für die Verhandlung und Entscheidung letzter Instanz ist das Reichsgericht zuständig.

1) Wegen des verwaltungsgerichtlichen Verfahrens s. § 44 Anm. 1 Für das gerichtliche Verfahren wird in Abs. 1 eine mangels entgegengesetzter landesrechtlicher Vorschriften maßgebende Bestimmung getroffen, dahin, daß die Frist 1 Monat seit Zahlung oder Stundung beträgt. Bei Teilzahlung § 48 wird die Frist demgemäß nur bezüglich des gezahlten Teiles zu gelten haben.

2) An sich hat keines von allen Rechtsmitteln Suspensiveffekt, doch kann die Steuerbehörde bis zur Herbeiführung der Entscheidung Stundung bewilligen. Den Gerichten oder Verwaltungsgerichten ist eine derartige Bewilligung nicht gestattet. Liegt der Fall des § 48 vor, so besteht ein Anspruch auf Stundung, der im Wege der Verwaltungsbeschwerde verfolgt werden kann. Der Fall des § 48 wird stets als vorliegend zu erachten sein, wenn die Forderung besonders zweifelhaft ist oder ähnlich liegt wie ein bereits in Streit befangener Steueranspruch, so daß die Einziehung den Beteiligten nur unnütze Kosten und Weiterungen machen oder den Steuerpflichtigen in ein erhebliches Zinsrisiko bringen würde. Das letztere ist in der Kommission und im Reichstag ausdrücklich festgestellt worden (RTS. v. 20. Januar 1911 S. 4078). § 27 Abs. 1 AB. gewährt die Stundung auf Antrag, wenn die zur Anfechtung des Steuerbescheides vorgebrachten Tatsachen erheblich erscheinen.

3) Die betreffenden Bestimmungen des BGB. lauten:

§ 203. Die Verjährung ist gehemmt, solange der Berechtigte durch Stillstand der Rechtspflege innerhalb der letzten 6 Monate der Verjährungsfrist an der Rechtsverfolgung verhindert ist.

Das Gleiche gilt, wenn eine solche Verhinderung in anderer Weise durch höhere Gewalt herbeigeführt wird.

§ 206. Ist eine geschäftsunfähige oder in der Geschäftsfähigkeit beschränkte Person ohne gesetzlichen Vertreter, so wird die gegen sie laufende Verjährung nicht vor dem Ablaufe von 6 Monaten nach dem Zeitpunkte vollendet, in welchem die Person unbeschränkt geschäftsfähig wird oder der Mangel der Vertretung aufhört. Ist die Verjährungsfrist kürzer als 6 Monate, so tritt der für die Verjährung bestimmte Zeitraum an die Stelle der 6 Monate.

Diese Vorschriften finden keine Anwendung, soweit eine in der Geschäftsfähigkeit beschränkte Person prozeßfähig ist.

§ 207. Die Verjährung eines Anspruchs, der zu einem Nachlasse gehört oder sich gegen einen Nachlaß richtet, wird nicht vor dem Ablaufe von 6 Monaten nach dem Zeitpunkte vollendet, in welchem die Erbschaft von dem Erben angenommen oder der Konkurs über den Nachlaß eröffnet wird oder von welchem an der Anspruch von einem Vertreter oder gegen einen Vertreter geltend gemacht werden kann. Ist die Verjährungsfrist kürzer als 6 Monate, so tritt der für die Verjährung bestimmte Zeitraum an die Stelle der 6 Monate.

§ 47.

Dem Grundstückseigentümer[1]) ist auf Antrag für sein Grundstück oder für Grundstücksteile von der Steuerbehörde ein Bescheid über die bis dahin feststellbaren Berechnungsgrundlagen zu erteilen[2]). Der Bescheid unterliegt den gegen den Steuerbescheid gegebenen Rechtsmitteln[3]). Die in dem Bescheide getroffenen Festsetzungen sind für die spätere Veranlagung maßgebend[4]).

Für die Erteilung des Bescheids ist eine Gebühr von $^1/_2$ vom Tausend des Erwerbspreises, mindestens aber von zwanzig Mark zu entrichten; außerdem fallen dem Antragsteller die Kosten des Rechtsmittelverfahrens zur Last[5]).

AB. § 33.

Der Paragraph betrifft den sogenannten „Steuervorbescheid". Bei Aufnahme dieser Bestimmung ging der Gesetzgeber mit Recht davon aus, daß eine Hauptschwierigkeit des Gesetzes darin erblickt werde, daß die Grundstücksinteressenten vor Veräußerungsgeschäften meist auch nicht annähernd in der Lage wären, die Höhe der Steuer zu berechnen. Diese Höhe sei aber für den Entschluß der Parteien zu kaufen oder zu verkaufen, sowie für die Ausgestaltung des Vertrages von maßgebender Bedeutung (KommB. II S. 48).

Es muß aber bezweifelt werden, ob der Gesetzgeber seine Absicht, dem Grundstücksverkehr die aus dem Gesagten sich ergebende Unsicherheit zu nehmen, erreicht hat (s. unten Anm. 3, 4 und 5).

1) Gemäß § 2 und § 3 kann auch der Eigentümer einer Berechtigung oder eines Anteilsrechtes diesen Antrag stellen, desgleichen auch der Miteigentümer, der Miterbe auch bezüglich des ganzen Grundstücks.

2) Über „Berechnungsgrundlagen" s. § 43 Anm. 2. Im vorliegenden Falle werden diese sich naturgemäß, solange ein Veräußerungsgeschäft nicht vorliegt, nur auf den Erwerbspreis sowie auf die Anrechnungen und die Verzinsungen beziehen können.

3) S. § 44 Anm. 1.

4) Diese Vorschrift wird sich nicht immer durchführen lassen, denn die tatsächlichen Verhältnisse können sich, wie schon in der Kommission

hervorgehoben ist, nach dem Steuervorbescheid ändern: neue Aufwendungen treten auf, frühere Gebäude können nicht mehr „als vorhanden" im Sinne des § 14 Anm. 5 angesehen werden usw. Bei langjährigem Besitz (§ 17 Abs. 3) verändert sich übrigens täglich der maßgebende Erwerbszeitpunkt, da dieser vom Veräußerungszeitpunkt 40 Jahre zurückgerechnet wird und letzterer natürlich noch nicht bestimmt werden kann (KommB. II S. 48, 49).

Der Steuerpflichtige kann den Antrag zurücknehmen, solange der Bescheid ihm nicht zugestellt ist, später nur mit Einwilligung der Steuerbehörde (RTB. v. 1. Februar 1911 S. 4327 C.). An den rechtskräftigen Vorbescheid bleibt nicht nur die Steuerbehörde sondern auch der Steuerpflichtige gebunden (ebenda). Mit Rücksicht auf die Höhe der für ihn berechneten Steuer wird er mitunter vielleicht von einer Veräußerung absehen und die in Abs. 2 erwähnten Kosten unnütz aufgewendet haben.

5) Die Kosten der für den Steuervorbescheid erforderlichen Ermittelungen hat der Antragsteller nicht zu tragen; nur die Kosten des Rechtsmittelverfahrens. Diese aber auch dann, wenn der Antragsteller durchdringt. Eine nicht gerechtfertigte Bestimmung. Denn danach hat die Steuerbehörde es in der Hand, durch Festsetzung eines möglichst hohen Zuwachses die Kosten der Ermittelung, Gutachten usw. auf den Antragsteller abzuwälzen, indem sie durch die Höhe der Festsetzung ihn zu einem Rechtsmittelverfahren nötigt.

Im Fall des § 3 dürften häufig die Kosten der Ermittlung in keinem Verhältnis zum Wert des Anteils, genauer zum Wert des Erwerbspreises, wie er nach § 3 in Betracht kommt, stehen (s. § 3 Anm. 11).

Nach AB. § 33 kann das Zuwachssteueramt diese Kosten vorschußweise einfordern, die bezeichnete Gebühr bildet eine eigene Einnahme der Verwaltungsbehörde.

§ 48.

In Fällen, in denen die sofortige Einziehung der Steuer mit erheblichen Härten verbunden sein würde, ist[1]) die Steuer nach näherer Bestimmung des Bundesrats, nötigenfalls gegen Sicherheitsleistung[2]), zu stunden, auch die Entrichtung in Teilbeträgen zu gestatten[3]). Die Bewilligung kann zurückgenommen werden, insoweit deren Voraussetzungen wegfallen[4]).

AB. § 27.

§ 48 entspricht dem § 47 Abs. 1, 2 Satz 2 ErbschStG.

1) Die Steuerbehörde ist also, wenn die Voraussetzung vorliegt, zur Stundung oder Gewährung der Teilzahlung verpflichtet. Gegen ihren Bescheid ist somit Beschwerde im Verwaltungswege zulässig (s. § 44 Anm. 1).

Daß der Fall des § 48 häufig bei Streit über die Steuerpflicht gegeben sein wird, darüber s. § 46 Anm. 2. Die Härte ist deshalb in derartigen Fällen erheblich, weil eine Verzinsung zurückzuerstattender Steuern nicht stattfindet (RTB. 1911 S. 4078). Deshalb bestimmt AB. § 27 Abs. 1, daß die Stundung auf Antrag gewährt werden muß, wenn die Anfechtungstatsachen erheblich erscheinen. Darüber, daß die Stundung nicht vom Gericht oder Verwaltungsgericht bewilligt werden kann s. § 46 Anm. 2.

2) Die Sicherheit ist nach dem Gesetz nur „nötigenfalls“, d. h. dann zu verlangen, wenn sie sich unter besonderen Umständen als erforderlich erweist. AB. § 27 Abs. 2 erklärt aber das Verlangen für die Regel. An die Vorschriften der §§ 230ff. BGB. bezüglich der Sicherheitsleistung ist die Steuerbehörde nicht gebunden. Es sind die für die Steuerstelle geltenden landesrechtlichen Bestimmungen maßgebend (a. a. O.).

3) Die Gewährung von Teilzahlung ist an die Verfallklausel bezüglich des Rechtes bei Ausbleiben einer Rate zu knüpfen (AB. § 27 Abs. 3). Der Beschluß über die Stundungsbewilligung oder Gestattung der Teilzahlungen wird zuzustellen sein, schon weil von dort die Fristen des § 46 Abs. 1 laufen und weil Beschwerde gegen den Beschluß zulässig ist.

Der Beschluß wirkt nicht zugunsten der anderen Steuerpflichtigen und Mithaftenden § 29, 32) (s. §§ 425 Abs. 1 BGB). Diesen gegenüber ist aber auch die Verjährung der Steuer nicht gehemmt; anders dem Steuerpflichtigen selbst gegenüber (§ 202 BGB., insbes. Abs. 2).

4) Nach dem Wortlaut kann die Bewilligung also aufrecht erhalten bleiben, wenn auch die Voraussetzungen fortfallen. Sinngemäß wird aber anzunehmen sein, daß die Steuerbehörde in diesen Fällen zur Aufhebung der Bewilligung verpflichtet ist.

§ 49.

Ist der Steuerpflichtige[1]) ein Deutscher[2]), so ist zum Zwecke der Einziehung der Zuwachssteuer[3]) die Zwangsversteigerung eines Grundstücks[4]) ohne seine Zustimmung[5]) nicht zulässig[6]).

Diese Bestimmung entspricht dem § 48 ErbschStG.

1) Im Sinne dieser Bestimmung sind auch die Mithaftenden aus § 29 und § 32 hierunter gemeint.

2) „Vereinigungen“ gemäß § 3 oder sonstige juristische Personen müssen in Deutschland ihren Sitz haben.

3) Wohl aber zum Zwecke der Einziehung von Kosten, s. § 47 Abs. 2. Anders bei Strafen § 55 Anm. 2.

4) Die Zwangsverwaltung und Eintragung einer Sicherungshypothek oder Mietspfändung sind zulässig, desgleichen Offenbarungseidverfahren. Aus der Sicherungshypothek kann aber eine Zwangs-

versteigerung nicht erfolgen. Anders liegt es, wenn eine **Vertragshypothek** für die Steuerbehörde eingetragen wird. Diese setzt die **Bewilligung** des Schuldners voraus. Liegt sie vor, so kann der Vollstreckungsrichter die Versteigerung nicht mit Rücksicht auf § 49 ablehnen.

5) Die Zustimmung kann durch Eintragungsbewilligung gemäß Anm. 4 am Ende erteilt sein oder auch anderweitig. Eine bestimmte Form ist nicht vorgeschrieben; dem Vollstreckungsgericht muß sie aber nachgewiesen werden. Die Zustimmung kann nicht zur Voraussetzung für die Stundung gemäß § 48 gemacht werden.

6) Die Befreiung bezieht sich also auf **alle** dem Steuerschuldner gehörigen Grundstücke, Grundstücksanteile und Berechtigungen (§ 2). Nach dem Prinzip des § 3 Anm. 1 müssen auch die dort bezeichneten Anteile hierher gerechnet werden, obwohl diese Anteile nicht **vollständig** Grundstücken gleichstehen, sondern nur soweit, als das Vermögen der betreffenden Gesellschaft aus Grundstücken besteht. Der Anteil muß aber einheitlich behandelt werden, da eine verschiedenartige Behandlung je nach dem Verhältnis zum Grundvermögen oder nach dem Verhältnis zum sonstigen Vermögen der Vereinigung nicht denkbar ist.

Es müssen also alle Anteile an den Vereinigungen des § 3 ausscheiden, dagegen nicht Aktien oder Anteile an solchen Vereinigungen, bei welchen die Bedingungen des § 3 nicht zutreffen.

Das Ergebnis ist nicht unbillig. Der Paragraph soll den Grundbesitz schützen; es ist nur konsequent, wenn das Gesetz diejenigen Werte, welche sie im Pflichtenpunkte den Grundstücken gleichstellt, auch im Rechtenpunkte ebenmäßig behandelt.

Deshalb dürfte auch eine Überweisung der Anteile unzulässig sein, weil diese im Effekt einer Versteigerung gleichsteht, wohl aber die Pfändung.

§ 50[1]).

Die Nichterfüllung der gesetzlichen Pflicht[2]) zur Einreichung der Zuwachssteueranmeldung oder -erklärung (§§ 37, 39)[3]) unterliegt einer Geldstrafe bis zum vierfachen Betrage der Zuwachssteuer[4]).

Die gleiche Strafe trifft denjenigen, der wissentlich unrichtige Angaben macht, die geeignet sind, zu einer Verkürzung der Steuer zu führen[5]).

Eine Bestrafung findet jedoch nicht statt, wenn der Verpflichtete vor erfolgter Strafanzeige oder bevor eine Untersuchung gegen ihn eingeleitet worden ist, aus freien Stücken die Erfüllung der im Abs. 1 erwähnten Verpflichtungen nachholt oder seine Angaben berichtigt[6]).

1) Die §§ 50—55 regeln das Strafverfahren. Es ist hierzu zu bemerken:

a) die allgemeinen Bestimmungen des Strafgesetzbuches (1. Teil) kommen zur Anwendung, soweit nicht Abweichungen im Gesetze bestehen (s. §§ 53, 55). RGSt. 7 368, 22 28. Was aber das Delikt als solches anlangt, so schließen die Spezialvorschriften des Gesetzes die Anwendung der Strafbestimmungen des allgemeinen Strafrechts, z. B. des Betrugs (§ 263 StGB.), aus (RGSt. 2 405, 22 121, 26 48, 34 498 Nr. 6).

Geht die Handlung indessen über den Rahmen der vorliegenden steuerrechtlichen Strafvorschriften hinaus und enthält sie darin gleichzeitig eine Verletzung des gemeinen Strafrechts, so kommt nach § 73 StGB. das schwerere Strafgesetz in Anwendung. Beispielsweise: Urkundenfälschung zwecks Steuerersparung.

b) Die Geldstrafen fallen ebenso wie die Ordnungsstrafen dem Bundesstaate zu, nicht dem Reiche oder den Gemeinden, § 54 Abs. 2 (KommB. II S. 96);

c) das Gesetz unterscheidet Geldstrafen (§ 50) und Ordnungsstrafen (§ 51). Die Strafen sind (auch die Ordnungsstrafen) nicht zur Erzwingung der Handlung oder Unterlassung bestimmt (§ 887 ZPO.), sondern haben wirklichen Strafzweck. Eine wiederholte Bestrafung wegen derselben Handlung oder Unterlassung ist daher unzulässig, weil res judicata vorliegt;

d) nach § 1 StGB. ist die Handlung eine Übertretung, wenn sie mit Geldstrafe bis zu 150 M. bestraft wird, sonst ein Vergehen. Danach liegt im Fall des § 51 Abs. 2 stets eine Übertretung vor. Im übrigen ist stets erst das Höchstmaß der Strafe (§ 50 Abs. 1) und deshalb die Höhe der entzogenen Zuwachssteuer festzustellen. Das Vielfache (§ 50 Abs. 1) bezieht sich nur auf die Steuer, nicht auf die gleichfalls hinterzogenen Zuschläge (§§ 59, 60). Im Fall des § 50 Abs. 1 ist der Mindestbetrag der entzogenen Steuer 20 M. (§ 28 Abs. 3). Bei einer Steuer von 42,50 M. liegt also noch Übertretung vor, darüber hinaus Vergehen.

Die Feststellung, ob Übertretung oder Vergehen, ist erheblich wegen des Mindestbetrags der Strafe, welche bei Übertretung 1 M. und bei Vergehen 3 M. beträgt. Ferner auch wegen Strafbarkeit der Beihilfe (s. zu e).

e) Als Täter können für § 50 Abs. 1 nur die steuerpflichtigen Veräußerer (§ 37 Anm., § 39 Anm. 3) in Betracht kommen, sowie für die Anmeldung (§ 37) auch der Erwerber, für § 50 Abs. 2 aber auch, wenn sie wissentlich handeln, die §§ 41 und 42 bezeichneten Personen.

Der Versuch ist mangels einer entsprechenden Vorschrift straflos.

Beihilfe ist im Fall einer Übertretung nicht strafbar. Wegen der Haftung mehrerer Täter s. § 53.

Wenn ein Wechsel in der Person des Verpflichteten eintritt (s. § 37 Anm., § 39, Anm.), so folgt aus der selbständigen Verpflichtung des Nachfolgers auch seine selbständige Strafbarkeit, auch dann, wenn sein Vorgänger bereits bestraft sein sollte.

Auch die im § 41 bezeichneten Beamten sind strafbar, abgesehen von den gegen sie bestehenden Disziplinarbefugnissen. Ein besonderes Verschulden (Vorsatz oder Fahrlässigkeit) wird nicht erfordert, es genügt das Bewußtsein der Unterlassung oder der Tat, ohne Rücksicht auf die Kenntnis der Steuerpflicht. Dies entspricht der Judikatur in Steuersachen RGSt. 7 240, 10 110, 14 149, 21 259, 30 363, 31 341. Es wird aber § 59 StG. anzuwenden sein, wenn der Täter die für die Steuerpflicht erheblichen Tatsachen nicht kennt (anders RG. 7 240), dagegen nicht, wenn er die Tatsachen, nicht aber die daraus erwachsende Steuerpflicht kennt, bes. in § 3 leicht denkbar.

f) Ort der Tat ist bei Unterlassungen stets das Inland, weil die Pflichten der §§ 37, 39 im Inland zu erfüllen sind (Ohlshausen StGB. § 3 Anm. 4c, s. auch § 50 Anm. 3). Über Begehung der Tat durch Brief vom Ausland s. Anm. 5a E.

2) Während hier eine Unterlassung bestraft wird, hat der Abs. 2 die Bestrafung einer Handlung im Auge. Zur Erfüllung des Tatbestandes gehört nicht die Absicht, die Zuwachssteuer zu hinterziehen (§ 51 Abs. 1). Die Absicht des § 51 Abs. 1 braucht also nicht erst festgestellt zu werden, sondern es ist Sache des Beschuldigten, den Gegenbeweis zu führen. Deshalb kann auch die Möglichkeit mangelnder Absicht nicht genügen (RGSt. 32 191, PGJ. 26 C 167, RG. v. 29. Mai 1899, ZBl. d. Abgaben-Gesetzg. in Pr. S. 297).

Eine Nichterfüllung der Pflicht ist auch die verspätete Erfüllung. In diesen Fällen wird aber meist § 51 vorliegen.

3) Wer also zunächst die Anmeldung und später trotz Aufforderung die Steuererklärung unterläßt, begeht zwei Straftaten. Bei mehreren Straftaten sind die Geldstrafen zusammenzuzählen (§ 78 Abs. 1 RStGB.), es ist aber auch Annahme einer fortgesetzten Handlung möglich (RGSt. 30 285, RG. im JMBl. 38 368).

4) Über den Mindestbetrag der Geldstrafe s. oben. Der Höchstbetrag ist unbegrenzt.

5) Daß die Angaben wissentlich unrichtig sind genügt, es braucht keine Hinterziehungsabsicht festgestellt zu werden (s. Anm. 2). Ferner reicht es aus, wenn die unrichtigen Angaben nur geeignet sind, die Steuer zu verkürzen. Nicht ist es notwendig, daß wirklich eine Verkürzung eingetreten ist. Sinngemäß wird aber als Höchstmaß der Strafe nicht das Vierfache der gesamten Zuwachssteuer, sondern nur das Vierfache derjenigen Summe in Betracht kommen können, um welche das Reich hätte verkürzt werden können.

Unrichtige Angaben sind stets nur Tatsachen (s. § 39 Anm. 4). Eine Wertangabe fällt nicht hierunter, aber wohl wissentlich unrichtige Angabe der für die Wertbemessung erheblichen Tatsache.

Ein positives Handeln ist erforderlich. Unterlassung, etwa Nichtangabe der erhaltenen Entschädigungssummen (§ 23) würde nicht genügen, kann aber unter Abs. 1 fallen. Im Formular der Zuwachssteuererklärung wird eine diesbezügliche Frage ausdrücklich gestellt. Die unrichtigen Angaben müssen zwecks Veranlagung gemacht sein, es genügen nicht etwa solche im Prozeß. Wird die Tat durch einen vom Ausland aus geschriebenen Brief begangen, so ist sie straflos.

6) Die sogenannte „tätige Reue" setzt also voraus, daß eine Strafanzeige oder eine Untersuchung noch nicht vorliegt. Es genügt aber, wenn der Täter von der Strafanzeige oder Untersuchung zur Zeit der Berichtigung nichts weiß. Untersuchung ist jedes Ermittlungsverfahren, welches auf Grund eines Verdachts einer strafbaren Handlung eingeleitet wird. Wenn ein Mitverpflichteter die Berichtigung vornimmt, so erfüllt dies zwar nicht den Tatbestand der Bestimmung, muß ihr aber gleichgestellt werden, weil damit die Pflicht des Beschuldigten erfüllt ist (s. § 39 Anm. 3) und ihm daher die Nachholung unmöglich gemacht ist.

§ 51.

Ist nach den obwaltenden Umständen anzunehmen, daß die rechtzeitige Erfüllung der Verpflichtung nicht in der Absicht unterlassen worden ist, die Zuwachssteuer zu hinterziehen, oder daß die unrichtigen Angaben nicht in dieser Absicht gemacht worden sind, so tritt an die Stelle der im § 50 vorgesehenen Strafe eine Ordnungsstrafe bis zu sechshundert Mark[1]).

Für andere als die im § 50 und im Abs. 1 bezeichneten Zuwiderhandlungen[2]) gegen die Vorschriften dieses Gesetzes oder die zu seiner Ausführung erlassenen Bestimmungen tritt eine Ordnungsstrafe bis zu einhundertfünfzig Mark ein[3]).

1) Wenn die Absicht der Steuerhinterziehung mangelt, so treten geringere Strafen, sog. „Ordnungsstrafen", ein und zwar bei Unterlassung der Steueranmeldung oder Erklärung sowie bei wissentlich unrichtigen Angaben, die zur Verkürzung der Steuer geeignet sind, Ordnungsstrafe bis zu 600 M., sonst bis zu 150 M. Es folgt aber aus dem Verhältnis von § 51 zu § 50, daß der Betrag der Ordnungsstrafe geringer sein muß als das Vierfache der hinterzogenen Steuer.

Die Ordnungsstrafen sind vollständig fakultativ. Die Steuerbehörde kann also im Gegensatz zu dem in § 50 geltenden Legalitätsprinzip, auch wenn die Voraussetzungen der Ordnungsstrafe vorliegen, von einer solchen absehen (KommB. III S. 51). Über Mindestbetrag s. Anm. 3.

Unabhängig von der Strafverpflichtung des § 51 und § 50 ist die Kostenlast des § 40 Abs. 2.

Die Ordnungsstrafen unterliegen im übrigen denselben Grundsätzen wie die ordentlichen Strafen. § 51 Abs. 1 enthält also Vergehen (s. § 50 Anm. 1d).

2) Hierher gehören Verletzung der Hilfeleistungspflicht (§ 41) und der Auskunftspflicht (§ 42).

3) Der Mindestbetrag der Ordnungsstrafe ist 3 M., in Abs. 2 1 M. Daß das Höchstmaß dasjenige von § 50 nicht übersteigen darf, darüber s. Anm. 1.

§ 52.

Die Einziehung der Zuwachssteuer erfolgt unabhängig von der Bestrafung[1]).

1) Liegt kein steuerpflichtiger Erwerb vor oder beträgt die Zuwachssteuer weniger als 20 M., so ist eine Bestrafung ausgeschlossen. (Nicht aber Ordnungsstrafe aus §§ 41, 42, § 51 Abs. 2.) Soweit Zuwachssteuer zu entrichten ist, wird die Einziehung durch das Strafverfahren nicht aufgehalten, abgesehen davon, daß die Einziehung der Steuer für das Reich, der Strafen für den Bundesstaat erfolgt.

§ 53.

Die Strafe trifft jeden, der eine der in den §§ 50, 51 vorgesehenen Zuwiderhandlungen begeht[1]).

Die Strafe ist bei offenen Handelsgesellschaften, Kommanditgesellschaften und Kommanditgesellschaften auf Aktien gegen die zur Vertretung berechtigten Gesellschafter, bei Gesellschaften mit beschränkter Haftung gegen die Geschäftsführer, bei Genossenschaften, Aktiengesellschaften und sonstigen rechtsfähigen Vereinen gegen die Vorstandsmitglieder nur im einmaligen Betrage, jedoch unter Haftung jedes einzelnen als Gesamtschuldner festzusetzen. Ebenso ist in anderen Fällen zu verfahren, in denen mehrere Personen gemeinschaftlich oder als Vertreter eines Beteiligten sich strafbar gemacht haben[2]).

Die Vorschrift des Abs. 2 Satz 1 findet entsprechende Anwendung im Verhältnis des Vollmachtgebers zum Bevollmächtigten, der innerhalb der ihm zustehenden Vertretungsmacht im Namen des Vollmachtgebers eine Handlung vornimmt, die eine strafbare Zuwiderhandlung enthält[3]).

1) Mittäter haften danach ein jeder für die volle Strafe besonders und in vollem Umfange (§ 47 StGB.).

Eine Ausnahme von dieser Regel s. Abs. 2 Anm. 2.

2) Eine Ausnahme von der Regel des Abs. 1 greift Platz, wenn mehrere Personen gemeinschaftlich oder als Vertreter eines Beteiligten sich strafbar machen. Auch dann (S. 1), wenn sie als gesetzliche Vertreter der genannten juristischen Personen sich strafbar machen. Hier wird gegen alle nur eine Strafe festgesetzt, für die gesamtschuldnerisch gehaftet wird. Die Strafe wird diejenigen gesetzlichen Vertreter treffen müssen, welche nicht im Augenblick der Festsetzung der Strafe, sondern im Augenblick der Tat die gesetzlichen Vertreter waren (s. § 37 Abs. 1 Satz 4, § 39, § 42 Anm. 1).

Bei den Unterlassungsdelikten des § 50 Abs. 1, § 51 wird der Zeitpunkt des Fristablaufs § 37, § 39, § 42 maßgebend sein (s. § 54 Anm. 4).

Gemeinschaftlich machen sich mehrere Personen strafbar, wenn sie z. B. sämtlich als Veräußerer (sei es als Eigentümer nach Bruchteilen oder zur gesamten Hand) gehandelt haben. Wenn indessen bei einer Veräußerung sowohl der Veräußerer als der Erwerber die Anmeldepflicht (§ 37) verletzen, so liegt der Fall der gemeinschaftlichen Täterschaft nicht vor, obwohl die Erfüllung der Anmeldepflicht durch einen von beiden den anderen befreit (§ 37 Abs. 4).

3) Abs. 3 betrifft lediglich eine strafbare Handlung, nicht ein strafbares Unterlassen. Für die Zuwachssteuer haftet lediglich der Vollmachtgeber; der Bevollmächtigte ist Mithaftender für die Steuer lediglich im Falle des § 32 Abs. 2, in welchem er faktisch ja auch selbst beteiligt ist. Das ändert aber nichts an der Straffälligkeit des Bevollmächtigten, welcher etwa in der Steuererklärung wissentlich unrichtige Angaben macht (§ 50 Abs. 2).

Neben dem Bevollmächtigten haftet der Vollmachtgeber als Gesamtschuldner gemäß Anm. 2. „Die entsprechende Anwendung“, welche in Abs. 3 vorgeschrieben ist, gibt also in Wahrheit ein schiefes Bild, denn bei den juristischen Personen haften für die Strafe nur die gesetzlichen Vertreter, niemals die juristische Person, die nach strafrechtlichen Grundsätzen überhaupt nicht Subjekt einer strafbaren Handlung sein kann (JW. 96 524 Nr. 37). Der Bevollmächtigte bleibt straffrei, wenn er nach Weisung des Vollmachtgebers unbewußt unrichtige Angaben gemacht hat. In diesem Fall wird nur der Vollmachtgeber strafbar sein. Umgekehrt wird bei selbständigem Handeln eines Bevollmächtigten der Vollmachtgeber, der davon nichts weiß, nicht zu bestrafen sein.

§ 54.

Hinsichtlich des Verwaltungsstrafverfahrens[1]), der Strafmilderung und des Erlasses der Strafe im Gnadenwege[2]) sowie hinsichtlich der Strafvollstreckung[3]) und der Verjährung der Strafverfolgung[4]) kommen, auch für die

Gebietsteile außerhalb der Zollgrenze, die sich auf die Zollstrafen beziehenden Vorschriften zur Anwendung. Die Landesregierung ist ermächtigt, zu bestimmen, daß an die Stelle der Hauptzollämter und Zoll-Direktivbehörden andere Staatsbehörden treten. Die Steuerbehörden haben in den Fällen der §§ 50, 51 den für die Strafverfolgung zuständigen Behörden Mitteilung zu machen[5]).

Die festgesetzten Geldstrafen fallen der Staatskasse des Bundesstaats zu, von dessen Behörden die Strafentscheidung getroffen ist[6]).

1) Die Bestimmung ist dem § 51 RErbschStG. nachgebildet. Für das Verwaltungsstrafverfahren kommen mithin die §§ 459 bis 462 StPO. zur Anwendung, ferner die landesges. Bestimmungen (VereinszollG. v. 1. Juli 1869, BGBl. 317 § 165, EG. z. StPO. § 6 Abs. 2 Nr. 3).

Das Verwaltungsstrafverfahren ist auch gegen Militärpersonen zulässig (MilStGO. § 2).

2) Das Begnadigungsrecht steht dem Bundesstaate zu (Art. 40 RVerf., Art. 18 ZollVerVert. v. 8. Juli 1897).

3) Zur Durchführung der Vollstreckung sowie des Verfahrens haben sich die Behörden verschiedener Bundesstaaten Beistand zu leisten (G. v. 9. Juli 1895, RGBl. 256).

4) Der Anspruch auf die Zuwachssteuer verjährt erst in 10 Jahren (§ 57). Über Verjährung der Strafvollstreckung s. §§ 70, 72 StrfGB. Die Strafverfolgung selbst verjährt in 3 Jahren (§ 164 VereinszollG.).

Die Verjährung beginnt mit dem Ablauf des Tages der Handlung. Dies ist bei Handlungen (§ 50 Abs. 2) der Tag des Eingangs bei der Steuerbehörde, bei Unterlassungen der Tag des Fristablaufs. Unterbrechung der Verjährung im Verwaltungsstrafverfahren tritt mit dem Erlaß des Strafbescheides ein ohne Rücksicht auf die Zustellung (StGB. §§ 68, 69, StPO. § 459 Abs. 3, RGJ. 15 272, dasselbe im ZBl. der AbgabenGGeb. 94 375).

5) Das Recht der Steuerbehörden im Fall des Vorliegens eines Ordnungsstrafbestandes von der Verfolgung abzusehen, bleibt unberührt (s. § 51 Anm. 1).

6) Dies gilt sowohl von ordentlichen Geldstrafen als von Ordnungsstrafen. Zahlt der Schuldner Strafe, Kosten und Zuwachssteuer gleichzeitig, so ist in erster Linie seine Bestimmung für die Anrechnung maßgebend (§ 366 BGB.). Mangels einer Bestimmung ist die Leistung zunächst auf die fälligen, nicht gestundeten Schulden (s. § 48) zu verrechnen. Unter mehreren gleichfälligen auf diejenigen mit der geringsten Sicherheit, also nicht auf die Steuer, wenn für diese die Mithaft (§ 29 Abs. 2, § 32) besteht.

§ 55.

Die Umwandlung einer nicht beizutreibenden Geldstrafe in eine Freiheitsstrafe findet nicht statt[1]). Auch ist, wenn der Verurteilte ein Deutscher ist, die Zwangsversteigerung eines Grundstücks ohne seine Zustimmung nicht zulässig[2]).

1) Dies ist eine Ausnahme von § 28 StGB. Gleiche Bestimmungen finden sich in § 47 ErbschStG., § 47 RStempG.

2) S. Bemerkungen zu § 49, die auch hier Platz greifen. Auf die Kosten des Strafverfahrens bezieht sich die Vorschrift nicht.

§ 56.

Das Verwaltungsverfahren in Zuwachssteuerangelegenheiten ist — abgesehen von dem Rechtsmittel- und Strafverfahren — kosten-, gebühren- und stempelfrei, soweit nicht in den §§ 40 Abs. 2, 47 Abs. 2 etwas Abweichendes bestimmt ist[1]).

AB. § 32.

1) Die Kostenfreiheit des Verwaltungsverfahrens ist allgemein, und zwar nicht nur hinsichtlich der Erhebung der Steuer, sondern auch für die Verhandlungen in Zuwachssteuerangelegenheiten, gleichgültig, ob diese seitens der Steuerbehörde mit dem Steuerpflichtigen oder mit anderen Behörden oder Dritten (z. B. auch den Auskunftspflichtigen nach § 42) stattfinden. Auch das Erstattungsverfahren fällt hierunter (AB. § 32 Abs. 1).

Es können also nicht etwa die Kosten der Verwaltung usw. seitens der Gemeinde durch Aufschläge auf die Steuerpflichtigen abgewälzt werden. Ferner sind auch die Steuerpflichtigen — anders als nach § 29 PrStempStG. — nicht zur Tragung des durch die Verhandlungen mit ihnen erwachsenden Portos verbunden. Die Portis ihrer eigenen Schreiben haben sie selbst zu tragen (AB. § 32 Abs. 2). Die Stempelfreiheit bewirkt, daß auch landesrechtliche Stempel nicht erhoben werden können.

§ 57.

Der Anspruch auf die Zuwachssteuer verjährt in zehn Jahren[1]). Die Frist beginnt mit dem Schlusse des Jahres, in welchem der Anspruch auf die Steuer entstanden ist; im Falle der Sicherheitsleistung (§ 48) nicht vor Ablauf des Jahres, in welchem die Sicherheit erlischt[2]) [3]).

1) Der Anspruch auf die Zuwachssteuer unterliegt, ebenso wie der Anspruch auf Zahlung der Stempelabgabe (§ 93 RStG.) der Verjährung; die Verjährungsfrist beträgt aber hier 10 Jahre. Im übrigen finden die Vorschriften des bürgerlichen Rechts entsprechende Anwendung.

Insbesondere gilt hinsichtlich der Wirkung der Verjährung § 222 Abs. 1 BGB., wonach der Verpflichtete berechtigt ist, die Leistung zu verweigern, die Geltendmachung des verjährten Anspruchs also ausgeschlossen ist. Die Verjährung des Anspruchs gegen den Steuerpflichtigen hat nicht auch die Verjährung des Anspruchs gegen die nach § 32 für die Steuer haftbaren Personen zur Folge, da zwar auch bei Vorliegen mehrerer Kettengeschäfte der Anspruch gegen alle als Gesamtschuldner für die Steuer verpflichteten Personen einheitlich entsteht (vgl. Anm. 2), indessen infolge Unterbrechung der Verjährung des Anspruchs gegen den einen (z. B. Stundung gegenüber einem Verpflichteten) die Fristen verschieden ablaufen; denn diese Tatsachen wirken nur für und gegen den Gesamtschuldner, in dessen Person sie eintreten (§ 425 BGB.). Etwas anderes gilt hinsichtlich der Haftung des Erwerbers nach § 29 Abs. 2. Dieser haftet nicht als Gesamtschuldner, sondern nur subsidiär; ist daher der Anspruch gegen den Steuerpflichtigen verjährt, so kann eine Forderung nicht mehr gegen den Erwerber geltend gemacht werden.

Hat ein zur Entrichtung der Steuer Verpflichteter in Unkenntnis der Verjährung die Steuerpflicht erfüllt, so kann er trotzdem (nach § 222 Abs. 2 BGB.) den gezahlten Betrag nicht zurückfordern und der verjährte Anspruch des Steuerfiskus kann zur Aufrechnung verwendet werden, wenn er zu der Zeit, in welcher er gegen die Rückforderung aufgerechnet werden konnte, noch nicht verjährt war (§ 390 Abs. 2 BGB.).

Wegen Unterbrechung der Verjährung (mit Wirkung, daß die bis zur Unterbrechung verstrichene Zeit nicht in Betracht kommt (§ 217 BGB.) vgl. §§ 208—217; weiterhin gilt aber auch § 93 Abs. 5 RStG.: darnach wird die Verjährung auch unterbrochen durch eine an den Zahlungspflichtigen erlassene Aufforderung zur Zahlung oder durch die Bewilligung einer von ihm nachgesuchten Stundung. Wird die Verjährung unterbrochen, so beginnt eine neue Verjährung nicht vor dem Schluß des Jahres, in welchem der für die Beendigung der Unterbrechung maßgebende Zeitpunkt eintritt, und im Falle der Bewilligung einer Stundung nicht vor dem Schluß des Jahres, in welchem die bewilligte Frist abläuft.

2) „Anspruch auf die Steuer entstanden" bedeutet den Anspruch als unbedingten und unbefristeten entstanden. Insbesondere beginnt somit die Verjährungsfrist im Fall des Eintritts der Steuerpflicht nach § 5 erst mit Schluß des Jahres, in welchem die einjährige Frist abgelaufen ist.

Die, für den Fall der Sicherheitsleistung (§ 48) gegebene Bestimmung geht über den Grundsatz des § 223 Abs. 1 BGB. hinaus. Es wird also im Fall der Sicherheitsleistung nicht nur die Geltendmachung des Anspruchs ermöglicht, solange das Pfand besteht, sondern die Verjährung wird für die Dauer der Sicherheitsleistung unterbrochen (Anm. 1); daher beginnt die Frist nicht vor Ablauf des Jahres, in welchem die Sicherheit erlischt.

3) Über Verjährung der Strafverfolgung s. § 54.

§ 58[1]).

Von dem Ertrage der Zuwachssteuer erhält das Reich fünfzig vom Hundert. Weitere zehn vom Hundert erhalten, sofern nicht die Landesgesetzgebung eine andere Bestimmung trifft, die Bundesstaaten als Entschädigung für die Verwaltung und Erhebung der Steuer. Vierzig vom Hundert fließen den Gemeinden oder Gemeindeverbänden zu, in deren Bereiche das Grundstück sich befindet[2]). Die Regelung zwischen Gemeinden und Gemeindeverbänden, soweit diesen nach den Bestimmungen der Landesgesetzgebung ein Besteuerungsrecht zusteht, sowie in Ansehung von Grundstücken, die keiner Gemeinde angehören, erfolgt durch die Landesgesetzgebung. Bis zum Erlasse des Landesgesetzes fließen die vierzig vom Hundert den Gemeinden zu, in deren Bereiche das Grundstück sich befindet; in Ansehung von Grundstücken, die keiner Gemeinde angehören und in den Fällen, in denen bisher ein Gemeindeverband Zuwachssteuer erhoben hat, erfolgt bis dahin die Regelung durch die Landesregierung[3]) [4]).

1) Die §§ 58—61 regeln die Art der Beteiligung des Reichs, der Bundesstaaten und Gemeinden am Ertrage der Steuer; und zwar betrifft § 58 das Maß der Beteiligung, § 59 das Recht der Gemeinden, Zuschläge zu dem reichsrechtlichen Steuersatz zu erheben, § 60 die Garantie des nach der bisherigen Steuerordnung erzielten jährlichen Stenerertrages und § 61 den Spezialfall beim Fehlen einer Gemeindeverfassung. Über die staatsrechtliche und finanzpolitische Bedeutung dieser Regelung vgl. Begr. S. 25ff., KommB. II S. 97ff., III S. 52ff.

2) Von dem Ertrage der Zuwachssteuer fallen also zu:

a) dem Reich 50%;
b) dem Bundesstaat, in dessen Gebiet das veräußerte Grundstück liegt, 10%;
c) der Gemeide oder dem Gemeindeverbande, in deren Bereich das Grundstück sich befindet, 40%.

Diese Verteilung ist reichsrechtlich geregelt, insoweit also hiernach der Landesgesetzgebung nicht ausdrücklich Spielraum gelassen ist,

ist diese nicht befugt, an dem Verteilungsverhältnis etwas zu ändern. Insbesondere ist es der Landesgesetzgebung oder Landesregierung nicht gestattet, von den für die Gemeinden vorgesehenen 40% einen Teil dem Staat zu überweisen. Dagegen steht es den Bundesstaaten frei, über die ihnen als Entschädigung für die Verwaltung und Erhebung der Steuer zufallenden 10% anderweitige Dispositionen zu treffen, z. B. dieselben desgleichen den Gemeinden zuzuweisen. Im übrigen erhalten die Bundesstaaten die 10% voll nicht nur dann, wenn sie selbst, sondern z. B. die Gemeinden, die Verwaltung und Erhebung der Steuer besorgen, also nicht etwa hiervon bloß einen ihrer Beteiligung an den Kosten der Verwaltung und Erhebung entsprechenden Anteil.

Bezüglich der Gemeinden findet eine Unterscheidung rücksichtlich der Art derselben (städtische oder ländliche usw.) nicht statt. Eine zugunsten der durch die Rayonbeschränkungen geschädigten Festungsgemeinden geforderte größere Anteilsbeteiligung wurde abgelehnt (vgl. die Berücksichtigung der so gelegenen Grundstücke in § 18).

Zu den Gemeinden im Sinne dieses Gesetzes gehören nicht die selbständigen Gutsbezirke. Diese sind (nach preuß. R.) nicht Steuergläubiger, können daher auch keine Zuwachssteuer erheben. Hieraus in Verbindung mit dem in Satz 3 aufgestellten Erfordernis, wonach nur solchen Gemeinden (und Gemeindeverbänden) ein Ertrag an der Zuwachssteuer zugewiesen werden kann, welchen „nach den Bestimmungen der Landesgesetzgebung ein Steuerrecht zusteht", ergibt sich ohne weiteres, daß die Gutsbezirke keinen Anspruch auf die den Gemeinden zugesprochenen 40% erheben können (vgl. hierzu auch KommB. III, S. 53).

Über die den Bundesstaaten überlassene Regelung zwischen Gemeinden und Gemeindeverbänden s. Anm. 3; s. auch § 30 Anm. 4.

3) Hinsichtlich der den Gemeinden gebührenden 40% ist der Landesgesetzgebung nur insoweit ein Einfluß vorbehalten, als die Regelung zwischen Gemeindeverbänden und Gemeinden der Landesgesetzgebung (nicht Landesregierung) überlassen ist. Da schon jetzt vielfach der Kreis und die Gemeinden im Kreise gleichzeitig Wertzuwachssteuer erhoben, war die Verteilung des kommunalen Steueranteils zwischen Kreis (Gemeindeverband) und Gemeinde den Bundesstaaten und zwar wegen der Wichtigkeit der Frage der Landesgesetzgebung zu übertragen.

Bezüglich des Anteilsrechts der Gemeinden und Gemeindeverbände gilt das zu Anm. 2 Gesagte: es kommen nur solche in Frage, denen ein Steuerrecht nach Landesgesetz zusteht.

Einer besonderen Bestimmung bedurfte es noch hinsichtlich solcher Grundstücke, welche, wie sie in einzelnen Bundesstaaten, z. B. Baden, Bayern, Sachsen-Weimar sich finden, zu keiner Gemeinde gehören. Auch hier erfolgt die Regelung der Frage, wem der Kommunalanteil von 40% der Steuer zukommt, durch die Landesgesetzgebung.

Satz 4 schafft eine interimistische Regelung für die Zeit vom Inkrafttreten des Gesetzes bis zum Erlaß des die Verteilung ordnenden Landesgesetzes. Danach ist zu scheiden zwischen denjenigen Kreisen

(Gemeindeverbänden), wo bereits eine Zuwachssteuer erhoben und solchen, die von ihrem Steuerrecht in bezug auf eine Zuwachssteuer noch keinen Gebrauch gemacht haben. Im letzteren Fall scheiden die Gemeindeverbände bis zur landesgesetzlichen Regelung ohne weiteres aus und die 40% fallen den zuständigen Gemeinden zu; war dagegen von dem Kreis bereits Zuwachssteuer erhoben (gleichgültig, ob in den Gemeinden eine solche bestand), so geschieht die interimistische Zuweisung durch die Landesregierung (im Verwaltungswege) nach deren Ermessen. Das letztere gilt desgleichen bis zum Erlaß des entsprechenden Landesgesetzes für die keiner Gemeinde angehörenden Grundstücke.

4) In Preußen sollen die 40% zwischen Gemeinden und dem Kreise wie folgt geteilt werden. Entw. zu AG. § 4:

a) aus Gemeinden, in denen der Kreisausschuß Veranlagungsstelle ist, erhält der Kreis ein Viertel, die Gemeinde drei Viertel des Anteils,
b) aus Gutsbezirken der Kreis den vollen Anteil,
c) in den anderen Fällen der Kreis ein Achtel, die Gemeinde sieben Achtel.

§ 59.

Die Gemeinden (Gemeindeverbände) sind berechtigt, mit Genehmigung der Landesregierung durch Satzung zu bestimmen, daß zu dem Anteil, der ihnen nach § 58 von dem Ertrage der Steuer zufließt, für ihre Rechnung Zuschläge erhoben werden[1]).

Die Zuschläge sind nach Hundertteilen zu berechnen; sie dürfen im einzelnen Falle einhundert vom Hundert des der Gemeinde (Gemeindeverbande) zufließenden Betrags nicht übersteigen. Die Zuschläge dürfen für die verschiedenen Grundstücksarten und nach Dauer des für die Steuererhebung maßgebenden Zeitraums verschieden festgesetzt werden[2]).

Reichssteuer und Zuschlag dürfen zusammen dreißig vom Hundert der Wertsteigerung nicht übersteigen.

1) Über Gemeinde (Gemeindeverband) s. Anm. 2 und 3 zu § 58. Nur für sich selbst, zur Erhöhung des durch Zuweisung der 40% auf sie entfallenden Steuerertrages sind die Gemeinden (nicht auch die Bundesstaaten) befugt, Zuschläge nach Maßgabe der Abs. 2 und 3 zu erheben. Die Gemeinden können nicht mehr selbständige Gemeindezuwachssteuern einführen und die bestehenden Satzungen, welche die Besteuerung des Zuwachses betreffen, treten (nach § 72 Abs. 2) mit Wirkung vom 1. Januar 1911 (Ausn. § 60) außer Kraft; statt dessen fällt nun den Gemeinden der Steuerertrag

in Höhe von 40% zu und außerdem ist durch § 59 die Möglichkeit geschaffen, weitere Abgaben für die Gemeinden durch Zuschläge zu der Reichszuwachssteuer (ähnlich der preußischen Gemeindeeinkommensteuer, welche desgleichen nur als eine besondere Form für die Zuschläge zur staatlichen Einkommensteuer erscheint) aufzubringen. Wie für die Feststellung des Maßstabes betreffs Aufbringung der Gemeindesteuern die Regel, bedarf auch hier der Beschluß der Gemeinden über Erhebung von Zuschlägen zu dem Anteil, der ihnen nach § 58 an dem Ertrage der Zuwachssteuer zufließt, der Genehmigung der Aufsichtsbehörde (Landesregierung).

2) Die Gemeinden haben hiernach die Möglichkeit, nach den örtlichen Verhältnissen und Bedürfnissen mehr oder weniger hohe Zuschläge zu beschließen. Diese Zuschläge werden in Prozentsätzen berechnet, sind also solche zu den Steuersätzen der einzelnen Steuerstufen. In dieser Beziehung ist ihnen weite Selbständigkeit überlassen, die mit Rücksicht auf die Verschiedenartigkeit der örtlichen Verhältnisse notwendig erschien. Während z. B. die meisten Gemeindesteuerordnungen die Besitzdauer wie in § 28 degressiv behandelten, gab es einige Städte, welche die Länge der Besitzdauer progressiv in der Skala behandelten und ihren Bauplatzverhältnissen entsprechend behandeln mußten. Demgemäß ist auch hier den Gemeinden Freiheit gelassen, die verschiedenen Grundstücksarten verschieden zu besteuern, die einzelnen Steuerstufen mit verschieden hohen Zuschlägen zu belasten, sowie entgegen den Grundsätzen des Gesetzes die Zuschläge nach der Dauer des für die Steuererhebung maßgebenden Zeitraumes (nicht also auch etwa Besteuerung eines nach diesem Gesetz nicht mehr getroffenen, weiter als 40 Jahre zurückliegenden Wertzuwachses, § 17) verschieden festzusetzen; die Gemeinden können also ihrerseits dadurch z. B. die Urbesitzer schärfer zur Steuer heranziehen.

Nach zwei Richtungen sind jedoch den Gemeinden Grenzen gezogen:

a) die Zuschläge dürfen im einzelnen Fall 100% des der Gemeinde (Gemeindeverbande) zufließenden Betrages nicht übersteigen; Beispiel: steuerpflichtiger Wertzuwachs 30 000 M. Steuerbetrag 10% = 3000 M., entfallen auf das Reich 1500 M., auf den Bundesstaat 300 M., auf die Gemeinde 1200 M. Höchstbetrag des zulässigen Zuschlags 1200 M.

b) Reichssteuer und Zuschlag dürfen zusammen den Höchstsatz des Steuerbetrags (§ 28), 30% der Wertsteigerung, nicht übersteigen. Beträgt in obigem Beispiel zu a der Steuersatz 25% = 7500 M., so entfällt auf die Gemeinde 3000 M.; der höchste zulässige Zuschlag ist hier jedoch nur 1500 M., da 30% der Wertsteigerung 9000 M. ausmachen, somit nur die Differenz (1500) als Zuschlag erhoben werden kann.

Es verdient Erwähnung, daß die Berechnung der Steuer stets nach den allgemeinen Grundsätzen dieses Gesetzes erfolgt, in den Zu- und Abrechnungen also durch die Gemeinde nichts geändert werden kann (vgl. die diesbezüglichen Anträge KommB. II, S. 105). Überhaupt finden die Vorschriften dieses Gesetzes auch auf den kommunalen Zuschlag (insbesondere auch hinsichtlich Haftung, Rechtsmittelverfahren — letzteres insoweit nicht landesgesetzlich Vorschriften getroffen sind, s. § 44 —) entsprechende Anwendung.

Naturgemäß kann, soweit nach § 58, S. 4 die 40% zwischen Gemeinden und Gemeindeverbänden verteilt sind, der von letzterem erhobene Zuschlag nicht größer als ihr Anteil an den 40% sein.

Eine Einschränkung des Steuerrechts der Gemeinden ist übrigens nur in bezug auf die Zuwachssteuer geschaffen; dagegen sind die Gemeinden nach wie vor unbeschränkt zur Erhebung von Umsatzsteuern und sonstigen Grundbesitzwechselabgaben befugt.

Wie schon erwähnt, tritt, wenn der steuerpflichtige Teil des Wertzuwachses nicht imstande ist, Steuern und Zuschlag zu decken, keine verhältnismäßige Reduzierung ein, sondern nur Kürzung des Zuschlags. Bei einer Wertsteigerung von 210—220 % (22 % Steuersatz) fangen also die Zuschlagssätze an, zugunsten des Reichssteuersatzes sich zu mindern.

§ 60.

Erreicht in Gemeinden (Gemeindeverbänden), in denen eine Zuwachssteuer vor dem 1. April 1909 beschlossen und vor dem 1. Januar 1911 in Kraft getreten war, deren Anteil am Ertrage der Zuwachssteuer gemäß § 58 nicht den auf Grund der vor dem 1. April 1909 beschlossenen Satzung erzielten jährlichen Durchschnittsertrag, so ist ihnen bis zum 1. April 1915 der Unterschied aus dem auf das Reich entfallenden Anteil an dem in der Gemeinde (dem Gemeindeverband) aufkommenden Ertrage zuzuweisen; von dem überschießenden Betrage fallen dem Reiche fünf Sechstel, dem Bundesstaat ein Sechstel zu. Das Gleiche gilt für Gemeinden (Gemeindeverbände), in denen die Satzung vor dem 1. Januar 1911 mit Wirkung über den 1. April 1909 zurück in Kraft getreten ist[1]).

Statt der Zuweisung des Unterschieds kann den Gemeinden (Gemeindeverbänden) auf Antrag nach Bestimmung des Reichskanzlers für die Dauer des bezeichneten Zeitraums an Stelle der Vorschriften dieses Gesetzes die bisherige Satzung weiterhin mit der Maßgabe belassen werden, daß der Ertrag den Gemeinden (Gemeindeverbänden) in Höhe des vor dem 1. April 1911 erzielten

Durchschnittsertrags zufließt und der überschießende Betrag an das Reich abzuführen ist[2]).

Die Festsetzung des Durchschnittsertrags erfolgt durch den Bundesrat.

1) Diese Bestimmung hat ihren Ausgangspunkt in § 90 Abs. 2 RStempG., nach welchem diejenigen Gemeinden und Gemeindeverbände, in denen eine Zuwachssteuer am 1. April 1909 in Geltung war, der bis zu diesem Zeitpunkt erreichte jährliche Durchschnittsertrag dieser Abgabe für einen Zeitraum von mindestens 5 Jahren nach dem Inkrafttreten der Reichsabgabe belassen werden muß. § 60 geht aber in verschiedenen Richtungen über diese Anweisung hinaus. Es werden nämlich

a) auch solche Gemeinden und Gemeindeverbände betroffen, in welchen zu diesem Zeitpunkt zwar noch keine Zuwachssteuer in Geltung, aber bereits von der Gemeindebehörde beschlossen war, auch wenn die Genehmigung der Aufsichtsbehörde erst nach dem 1. April 1909 erteilt worden ist,

b) auch solche Fälle berücksichtigt, in denen die Steuer zwar später, wenn nur **vor** dem 1. Januar 1911 beschlossen und eingeführt, aber mit Wirkung über den 1. April 1909 zurück in Kraft getreten ist.

Der Zweck der Bestimmung ist, den Gemeinden, deren Zuwachssteuerordnungen nun durch dieses Gesetz (§ 72) außer Kraft gesetzt wurden, für eine Übergangszeit den früheren Steuerertrag zu garantieren und damit die etwaige Differenz bis zur allgemeinen Entwicklung der Steuer auszugleichen. Maßgebend ist der **jährliche Durchschnittsertrag**, dessen Festsetzung und zwar nicht nur in den Fällen, in welchen die Zuwachssteuer am 1. April 1909 noch kein volles Jahr in Geltung war, sondern allgemein **durch den Bundesrat** erfolgt (Abs. 3). Die Entschädigungsfrist läuft **bis zum 1. April 1915**.

Erreicht innerhalb dieses Zeitraums der den Gemeinden gebührende Anteil (von 40%) an der Zuwachssteuer ohne Berücksichtigung der zulässigen Gemeindezuschläge (dies ergibt der Hinweis gemäß § 58) **nicht** den bisher erzielten jährlichen Durchschnittsertrag, so ist ihnen der Ausfall aus dem auf das Reich entfallenden Anteil an dem in der betreffenden Gemeinde (dem Gemeindeverbande) aufkommenden Ertrage zu ersetzen. Betrug z. B. der Durchschnittsertrag der Wertzuwachssteuer in der Gemeinde 150 000 M. und wird auf Grund des Gesetzes in der Gemeinde ein Zuwachssteuerbetrag von 250 000 M. erzielt, und beträgt danach der durch die Zuweisung der 40% der Gemeinde zukommende Betrag nur 100 000 M., so sind von den dem Reich zufallenden 50% = 125 000 M. der Gemeinde 50 000 M. zuzuweisen.

Mit Rücksicht auf den Ausfall des Reiches tritt eine besondere die Behandlung des nach Zuweisung des Ausfallsbetrages an die Gemeinde verbleibenden Restes der dem Reich gebührenden 50%

sowie der 10% des Bundesstaates ein: von dem „überschießenden Betrage“ der gesamten Steuer, nicht nur des Reichsanteils, fallen dem Reiche fünf Sechstel, dem Bundesstaat ein Sechstel zu, so daß in obigem Beispiel das Reich insgesamt 83 333⅓ M., der Bundesstaat 16 666⅔ M. erhält. Im übrigen erfolgt eine Entschädigung der Gemeinden nur aus dem Anteil des Reichs, nicht aber darüber hinaus; vgl. aber auch Anm. 2.

Die getroffene Regelung begünstigt in erheblichem Maße die in Abs. 1 bezeichneten Gemeinden und Kreise gegenüber dem Reich. Nicht nur daß ihnen ihr bisheriges Steuereinkommen auf Kosten des Reichs garantiert wird, sind sie in der Lage, dasselbe durch die Zuschläge des § 59 außerdem zu erhöhen. Die Zuschläge dürfen aber nur nach dem ihnen gemäß § 58 zukommenden Betrag von 40%, nicht auch von dem Ergänzungsbetrag des § 60 erhoben werden.

2) Die hiermit geschaffene Alternativregelung gegenüber der des Abs. 1 ist in doppelter Beziehung bedeutungsvoll:

a) im Interesse der Gemeinden (Gemeindeverbände) für diejenigen Fälle, wo die Summe des der Gemeinde gemäß § 58 zukommenden Ertrages und des auf das Reich entfallenden Anteils doch noch nicht dem nach der Gemeindesteuerordnung erzielten jährlichen Durchschnittsertrage gleichkommt.

b) für das Reich, wenn die nach der Gemeindesatzung sich ergebende Steuer höher ist als die nach Abzug der auf den Bundesstaat entfallenden Beträge (Anm. 1) verbleibende Reichszuwachssteuer und der nun sich ergebende Jahresertrag den bisher erzielten Durchschnittsertrag übersteigt.

Die Bestimmung greift Platz auf Antrag der Gemeinde nach Bestimmung des Reichskanzlers. Die Wirkung ist, daß für diese Zeit das Reichsgesetz in der betreffenden Gemeinden suspendiert wird und den Gemeinden noch für die Übergangszeit ihre alte Steuerordnung belassen wird. Es fällt damit eine Beteiligung des Bundesstaats überhaupt weg, dagegen ist der Steuerertrag, insoweit er den vor dem 1. April 1911 erzielten Durchschnittsertrag übersteigt, an das Reich abzuführen.

§ 61.

Für diejenigen Gebietsteile eines Bundesstaats, in denen eine besondere Gemeindeverfassung nicht vorhanden ist, finden die in den §§ 58—60 für Gemeinden getroffenen Vorschriften auf den Bundesstaat Anwendung[1]).

Die Vorschriften des § 60 erstrecken sich auch auf die Bundesstaaten mit der Maßgabe, daß überall an die Stelle der Satzung das Landesgesetz tritt[2]).

1) Von dem Ertrage der Zuwachssteuer erhält das Reich 50%, die übrigen 50% sollen den Einzelstaaten und deren Gemeinden zugute kommen. In denjenigen Gebietsteilen eines Bundesstaats, in welchen eine besondere Gemeindeverfassung nicht vorhanden, insbesondere also ein Steuerrecht der Gemeinden oder Gemeindeverbände und damit die Voraussetzung für die Zuweisung der 40% an diese (§ 58 Anm. 2) nicht besteht, finden die in den §§ 58—60 für die Gemeinden gegebenen Vorschriften auf den Bundesstaat Anwendung. Daraus folgt, daß die Rechte der Gemeinden dem Bundesstaat zustehen, also neben seinen 10% nicht nur die 40% der Gemeinden, sondern auch das Recht von diesen 40% (nicht etwa von den gesamten 50%) gemäß § 59 Zuschläge zu erheben, ferner, insoweit eine Zuwachssteuer als staatliche Steuer nach § 60 erhoben wurde, desgleichen aus dem Anteil des Reichs die Garantiesumme zu fordern.

2) Abs. 2 regelt den Fall, daß eine staatliche Zuwachssteuer vorhanden war. Hier ist zu unterscheiden, ob daneben Gemeindezuwachssteuer bestand oder nicht.

Im letzteren Falle bekommen die Gemeinden ihre 40% aus § 58; der Bundesstaat erhält, soweit seine 10% den früheren Durchschnittsertrag nicht decken, ihn aus den 50% des Reiches ergänzt. Den Überschuß der Steuer erhält der Bundesstaat noch zu einem Sechstel.

Im ersteren Falle haben sowohl die Gemeinden als der Bundesstaat selbständige Ansprüche gemäß § 60 auf Ergänzung aus den 50% des Reichs. Reichen die 50% aus, um sämtliche Ansprüche zu befriedigen, so wird ein eventueller Überschuß gemäß § 60 Abs. 1 S. 1 zwischen Bundesstaat und Reich geteilt. Reichen sie nicht dazu aus, so wird die Verteilung nach Verhältnis des Ausfalls geregelt.

§ 62.

Die Steuerpflicht nach Maßgabe dieses Gesetzes erstreckt sich auch auf Rechtsvorgänge, die nach dem 31. Dezember 1910 bis zum Inkrafttreten dieses Gesetzes stattgefunden haben[1]). Die Vorschriften des § 29 Abs. 2, 3 finden keine Anwendung[2]).

Als Zeitpunkt des Eintritts der Steuerpflicht und als Beginn der Anmeldepflicht (§ 37) gilt der Tag des Inkrafttretens dieses Gesetzes[3]).

Ist auf Grund der im § 72 Abs. 2 mit Wirkung vom 1. Januar 1911 aufgehobenen Vorschriften eine Zuwachssteuer bereits entrichtet, so wird sie dem Steuerpflichtigen erstattet oder, soweit für denselben Rechtsvorgang Zuwachssteuer nach diesem Gesetze zu erheben ist, auf deren Betrag angerechnet[4]).

1) Rückwirkende Kraft des Gesetzes — nicht zu verwechseln mit der Frage, bis zu welchem Zeitpunkt zurück der entstandene Wertzuwachs berechnet werden soll (§ 17). Hier handelt es sich darum, ob und welche vor dem Inkrafttreten des Gesetzes liegenden Rechtsvorgänge der Versteuerung unterworfen werden sollen. Im Regierungsentwurf war die Rückwirkung unter Ausschließung der Fälle des § 5 bis zum 1. April 1910, in der zweiten Kommissionsberatung bis zum 12. April 1910 ausgedehnt, indem unterstellt wurde, daß der Entwurf von da ab dem Publikum allgemein bekannt sei; in der zweiten Beratung des Reichstags wurde sie beschränkt auf die Zeit bis zurück zum 1. Januar 1911 (vgl. KommB. I, S. 109, RTSitzg. S. 414—4125).

Getroffen werden alle nach den Grundsätzen der §§ 1—7 steuerpflichtigen Rechtsvorgänge. Insbesondere also außer den nach dem 31. Dezember 1910 erfolgten Auflassungen und sonstigen Eigentumsübergängen, der Übergang von Berechtigungen des § 2 und Anteilsrechten nach § 3, und auch die Veräußerungsgeschäfte des § 5, welche in der Zeit zwischen dem 1. Januar und Inkrafttreten des Gesetzes geschlossen sind. Da aber die vor dem 1. Januar 1911 liegenden Veräußerungsgeschäfte — maßgebend ist der Zeitpunkt des Vertragsabschlusses, nicht die einjährige Frist nach § 5 — keine Besteuerung erfahren, wäre es unbillig, die Rückwirkung auf solche Fälle zu erstrecken, in denen die Auflassung und Eintragung zwar erst nach Inkrafttreten des Gesetzes erfolgt ist, die Verträge aber schon vorher rechtswirksam abgeschlossen seien. Andererseits erschien es bedenklich, die rückwirkende Kraft auch bei Vorliegen lediglich privatschriftlicher Abmachungen — gleichgültig, ob diese durch die nachfolgende Auflassung ihre Rechtswirksamkeit erlangen oder auch ohne öffentliche Form (z. B. §§ 3, 5 Abs. 3) solche besitzen — eintreten zu lassen, da durch Rückdatierungen der privatschriftlichen Urkunden und Abmachungen die Steuer umgangen werden könne (KommB. II, S. 109).

Ist daher das obligatorische Veräußerungsgeschäft vor dem 1. Januar 1911 abgeschlossen, so unterbleibt die Besteuerung, jedoch nur, wenn eine der nachfolgenden Voraussetzungen vorliegt, nämlich: entweder

a) die Urkunde über das Veräußerungsgeschäft vor dem 1. Januar 1911 in öffentlich beglaubigter Form errichtet war, oder

b) die privatschriftliche Urkunde vor dem 1. Januar 1911 bei einer Behörde eingereicht war, z. B. also bei dem Grundbuchamt unter Stellung des Antrags auf Bestimmung eines Auflassungstermins, oder auch nur bei einem Notar zwecks Nachholung der öffentlichen Form. Auch bei den Veräußerungsgeschäften über Anteilsrechte des § 3, insoweit bloße Schriftform bereits genügt, genügt nicht der rechtswirksame Abschluß, sondern muß die Voraussetzung zu a oder b vorliegen (z. B. Einreichung der Urkunde über die Übertragung des Geschäftsguthabens eines Genossenschafters an einen Dritten seitens des Vorstandes bei Gericht zwecks Eintragung des Dritten in die Liste der Genossen).

Nicht genügen kann das Vorliegen einer notariellen Offerte, die erst nach dem 1. Januar 1911 angenommen wird.

Auf die hiernach steuerpflichtigen Rechtsvorgänge, welche zwischen dem 1. Januar und 1. April 1911 stattgefunden, finden die Vorschriften dieses Gesetzes Anwendung, jedoch mit den besonderen Maßgaben in Anm. 2—4.

2) An sich wird auch hier nicht nur Steuerpflicht, sondern auch Steuerhaftung (§ 29 Anm. 1) begründet, insbesondere tritt auch die Mithaft der Kettenveräußerer nach § 32 ein. Nur zugunsten des Erwerbers wird eine Ausnahme gemacht und zwar wird dieser unbedingt von seiner Haftung für die Steuer (§ 29 Abs. 2 und 3) befreit.

3) Die gemäß Anm. 1 steuerpflichtigen Rechtsvorgänge sind somit sofort nach Inkrafttreten des Gesetzes (1. April 1911) gemäß § 37 bei der zuständigen Steuerbehörde (§ 35) anzumelden; die einmonatliche Anmeldefrist läuft vom 1. April bis 1. Mai 1911. Auch die Steuerpflicht tritt erst mit dem 1. April 1911 ein. Dies ist insbesondere von Bedeutung im Konkurs des Veräußerers. Ist über dessen Vermögen nach der Veräußerung aber vor dem 1. April 1911 der Konkurs eröffnet, so kann die Steuerforderung des Fiskus, insoweit sie auf diesem Gesetz beruht, nicht als Konkursforderung geltend gemacht werden (s. auch Anm. 4).

4) Die bestehenden Landesgesetze und Satzungen der Gemeinden (Gemeindeverbände) sind an sich bis 1. April 1911 in Gültigkeit, werden aber mit Inkrafttreten des Reichsgesetzes mit Wirkung vom 1. Januar 1911 nach Maßgabe des § 72 Abs. 2 außer Kraft gesetzt.

An sich kann also bis 1. April auf Grund der bisherigen Vorschriften eine Besteuerung eintreten. Infolge Aufhebung derselben mit Wirkung vom 1. Januar 1911 entbehrt aber die geschehene Besteuerung ihres Rechtsgrunds und es muß aus allgemeinen Grundsätzen die Rückerstattung der gezahlten Beträge erfolgen. Da aber eine Besteuerung auf Grund dieses Gesetzes ab 1. Januar 1911 stattfindet, schafft Abs. 3 eine vereinfachte Abrechnung. An sich ist die Gemeinde nur in Höhe von 40% Gläubigerin der Reichszuwachssteuer und könnte daher nur insoweit gegen den Erstattungsanspruch auf eine von ihr erhobene Kommunalsteuer aufrechnen. § 62 Abs. 3 geht aber darüber hinaus und bestimmt, daß die Anrechnung in voller Höhe erfolgen soll. Zunächst braucht also der Steuerpflichtige nur den etwaigen Mehrbetrag der Reichssteuer entrichten. Weiterhin braucht aber seitens der Gemeinde eine Erstattung der Steuer, auch wenn der Steuerpflichtige den Erstattungsanspruch abgetreten hat, nur in Höhe des zugunsten des Steuerpflichtigen verbleibenden Unterschiedes zwischen dem Kommunal- und Reichszuwachssteuerbetrage erfolgen, indem der Erstattungsanspruch kraft ausdrücklicher Bestimmung mit Rückwirkung ipso iure als um diesen Betrag gekürzt angesehen ist. Die Bedeutung zeigt sich insbesondere auch im Konkurs des Veräußerers, der nach der steuerpflichtigen Veräußerung und vor dem 1. April 1911 eingetreten ist; obgleich die fiskalische Forderung auf die Reichszuwachssteuer in diesem Konkurse nicht geltend gemacht werden kann (vgl. Anm. 3), findet sie — anders als nach § 55 Nr. 2 KO. — gegenüber dem Anspruch der Konkursmasse auf Rückerstattung der kommunalen Zuwachssteuer Berücksichtigung und auch der Konkursmasse ist nur die Differenz zu erstatten.

Übrigens treten nach § 72 Abs. 2 die Landesgesetze und die kommunalen Zuwachssteuerordnungen nur für diejenigen vor dem 1. April 1911 liegenden Rechtsvorgänge außer Kraft, welche von diesem Gesetz getroffen werden. Sie bleiben daher bestehen

a) für die vor dem 1. Januar 1911 eingetretenen Rechtsvorgänge,

b) auch für die nachher eingetretenen Rechtsvorgänge, sofern das betreffende Veräußerungsgeschäft im Sinne der Anm. 1 vor dem 1. Januar 1911 in öffentlich beglaubigter Form errichtet oder bei einer Behörde eingereicht war,

und zwar zu a und b auch dann, wenn das Verfahren zur Feststellung der Steuer erst nach dem Inkrafttreten dieses Gesetzes zum Abschluß kommt. Insoweit greift selbstredend auch kein Erstattungsanspruch Platz.

§ 63.

Die Besteuerung unterbleibt, wenn die Urkunde über das Veräußerungsgeschäft, das zu dem Eigentumsübergange führte, vor dem 1. Januar 1911 in öffentlich beglaubigter Form errichtet oder bei einer Behörde eingereicht war[1]).

1) Vgl. Anm. 1 und 4 zu § 62.

§ 64.

Betrifft ein steuerpflichtiger Rechtsvorgang Grundstücke, die von Aktiengesellschaften, Kommanditgesellschaften auf Aktien oder Gesellschaften und Vereinigungen der im § 3 bezeichneten Art nach dem 31. März 1905 erworben sind, so tritt bei Erwerbsvorgängen, die vor dem 1. Januar 1911 erfolgt sind, an die Stelle des Erwerbspreises der Wert, sofern dieser um mehr als fünfundzwanzig vom Hundert hinter dem angegebenen Erwerbspreis zurückbleibt und sich nicht aus den Umständen ergibt, daß die höhere Bemessung des Erwerbspreises keine Steuerersparung bezweckt[1]).

1) Die Bestimmung enthält eine Ergänzung der Vorschrift des § 3. Diese letztere erschien, wie die Begr. S. 32 ausführt, „insofern nicht ausreichend, als sie nur für künftige Steuerfälle Vorsorge trifft, dagegen die Gesellschaften im Besitze der Vorteile beläßt, die sie sich

durch die vorgedachten Maßnahmen — insbesondere durch Erwerb und Austausch von Grundstücken zu überhohen Preisen — der Reichsabgabe gegenüber gesichert haben. Soweit die Veräußerungen in der Zeit nach dem 1. Januar 1911 stattfinden, werden sie allerdings durch die allgemeine Rückwirkung des Gesetzes getroffen. Indessen schon in früheren Jahren hat die Besorgnis vor der Einführung von Gemeindesteuerordnungen zu den vorbezeichneten Maßnahmen in weitem Umfang Anlaß gegeben. Dadurch wird eine Minderung des Ertrags der Zuwachssteuer in doppelter Hinsicht herbeigeführt. Es wird verhindert, auf einen weiter zurückliegenden Erwerbspreis zurückzugreifen, und in der überhohen Bemessung des letzten Preises außerdem der Teil der Wertsteigerung der steuerlichen Erfassung entzogen, der ihr bei zutreffender Wertfestsetzung auch dann unterworfen sein würde, wenn nur bis zu der letzten Veräußerung zurückgegangen würde. Nach beiden Richtungen hin soll die nachteilige Wirkung durch § 52 (jetzt § 64) ausgeschaltet werden. Die Vorbeugungsversuche reichen bis nahezu an die Einführung der Zuwachssteuer in Frankfurt (1904) etwa bis zum 1. April 1905 zurück. Daß die Veräußerung lediglich zur Entziehung künftigen Zuwachses vorgenommen ist, wird unbedenklich angenommen werden können, wenn der verabredete Preis den Wert um mehr als 25% übersteigt."

Während aber nach der Regierungsvorlage eine praesumptio juris et de jure geschaffen war, daß nach Absicht der Beteiligten durch die Gesellschaftsbildung ein Rückgriff auf weiter zurückliegende Erwerbspreise verhindert werden sollte und deshalb bedingungslos der Wert an die Stelle des Erwerbspreises treten sollte, ist nach der nunmehrigen Regelung der Nachweis zugelassen, daß der Erwerbspreis nicht zum Zweck der Steuerersparung höher angesetzt ist. Insbesondere kann hiernach nicht ohne weiteres aus dem Umstand, daß die Grundstücke von den Gesellschaftern selbst eingebracht und auch seitdem in Gestalt der Geschäftsanteile in ihren Händen verblieben sind, auf eine Steuerumgehung geschlossen werden.

Voraussetzung ist außer dem Zweck der Steuerersparung:

a) die Grundstücke müssen nach dem 31. März 1905 und vor dem 1. Januar 1911 erworben sein,
b) der angegebene Erwerbspreis muß den Wert (§ 12) des Grundstücks zur Zeit des Erwerbes um mehr als 25% übersteigen.

Treffen alle drei Voraussetzungen zu, so tritt dieser Wert (zu b) an die Stelle des Erwerbspreises; die Bestimmung enthält eine gewisse Härte, da nach § 14 Nr. 1 infolgedessen die Kosten des Erwerbs nicht abgezogen werden können, obgleich entsprechend höhere Kosten (insbesondere höherer Umsatzstempel!) gezahlt worden sind.

§ 65.

Hat vor dem 1. Januar 1911 eine Auseinandersetzung gemäß § 7 Ziffer 3 stattgefunden, so bleibt die Steuerpflicht für die Zeit vor der Auseinandersetzung auf den

Anteil des Erwerbers beschränkt. Diese Vorschrift findet entsprechende Anwendung, wenn die Zuweisung an einen Erben unter Anrechnung auf den Erbteil auf letztwilliger Verfügung von Todes wegen beruht und der Erbfall vor dem 1. Januar 1911 eingetreten ist[1]).

Hat einer von mehreren Abkömmlingen gemäß § 7 Ziff. 4 von seinen Eltern, Großeltern oder Voreltern vor dem 1. Januar 1911 gegen Entgelt ein Grundstück erworben, so bleibt für die Zeit vor dem Erwerbe die Steuerpflicht auf den Anteil beschränkt, der dem Erwerber als gesetzliches Erbteil ohnehin angefallen sein würde[2]).

Ist von dem Anteil des Erwerbers für die Zeit vor dem 1. Januar 1911 eine Zuwachssteuer bereits entrichtet, so wird diese Steuer auf die nach diesem Gesetze zu entrichtende Abgabe angerechnet[3]).

1) Die hier zugunsten der Erben und anderen Berechtigten zugelassene Berechnungsweise entspricht der des § 25, d. h. es findet eine gesonderte Berechnung der beiden in Betracht kommenden Wertzuwachsbeträge statt. Während aber in § 25 für den ersten Wertzuwachsbetrag der Anteil des Übernehmers ausscheidet, scheiden hier die Anteile der Übertragenden aus. Voraussetzung ist entweder

a) Erwerb des Grundstücks auf Grund einer Auseinandersetzung, die vor dem 1. Januar 1911 zwischen Miterben oder Teilnehmern an einer ehelichen oder fortgesetzten Gütergemeinschaft nach Maßgabe des § 7 Nr. 3 stattgefunden hat, oder

b) Erwerb auf Grund testamentarischer Zuweisung an einen von mehreren Miterben, sofern die Zuweisung unter Anrechnung auf den Erbteil erfolgt und der Erbfall vor dem 1. Januar 1911 eingetreten ist.

Trifft dies zu, so wird der auf die Anteile der Miterben usw. entfallende Teil des bis zur Auseinandersetzung oder bis zum Eintritt des Erbfalls eingetretenen Wertzuwachses von der Steuer nicht getroffen. Es ist somit der bis zu der Erbauseinandersetzung und nach dieser entstandene Wertzuwachs verschieden zu berechnen und da ein verschiedener Erwerbspreis zugrunde zu legen ist, möglicherweise nach verschiedenen Prozentsätzen zu besteuern.

Im einzelnen s. Beispiel unten.

2) Abs. 2 ist in der zweiten Kommissionslesung (S. 115 KommB. II) aufgenommen worden. Es erschien unrichtig, bei der Erleichterungsvorschrift des Paragraphen nur an die Fälle im § 7 Ziff. 3 und nicht an diejenigen in Ziff. 4 zu denken. „Wenn beispielsweise die Witwe das Grundstück geerbt habe, sich aber nicht als Eigentümerin habe eintragen lassen, sondern nur, wie dies vor Inkraft-

treten des BGB. möglich gewesen, die Eintragung einer Berechtigung in Abt. 2 bewirkt habe, und wenn sie dann das Grundstück einem Sohn im Wege des Überlassungsvertrages gegen Abfindung der anderen Geschwister übergebe, so sei es eine Härte, alsdann dem Sohn nicht den Vorteil des § 54 (jetzt § 65) zukommen lassen zu wollen." Das Prinzip des § 54 würde darnach auf jeden Erwerb von den Voreltern nach Ziff. 4 des § 7 ausgedehnt, da es sich dabei stets um eine vorweggenommene Erbauseinandersetzung handle.

Die Berechnung findet wie zu Anm. 1 statt: also getrennte Berechnung des vor und nach dem Erwerb entstandenen Wertzuwachses und demgemäß verschiedene Besteuerung, insoweit das Grundstück **vor** dem 1. Januar 1911 entgeltlich von Eltern, Großeltern oder Voreltern erworben und dem Erben ohnehin ein Anteil als **gesetzliches Erbteil** angefallen sein würde.

3) **Beispiel:**

1. Preis für den Erwerb eines Grundstücks seitens des Erblassers am 1. April 1895 . . 60 000 M.
2. Betrag, den B. für Überlassung des Grundstücks seitens der Miterben A. und B. am 1. Juli 1909 gezahlt hat. . . . . 60 000 „
3. Veräußerungspreis des C. an X. am 1. Juli 1915. . . . . 120 000 „
4. C. versteuert also
   a) Anteil C. Erwerbspreis . . . 20 000 M.
   Veräußerungspreis 40 000 „
   Wertzuwachs . . . 20 000 M. für 1895—1915,
   b) ferner für die übernommenen Anteile Erwerbspreis. . . . 60 000 M.
   Veräußerungspreis 80 000 „
   Wertzuwachs . . . 20 000 M. für 1909—1915.

§ 66.

Der Bundesrat erläßt die zur Ausführung dieses Gesetzes erforderlichen Bestimmungen und ist berechtigt, die nach diesem Gesetze fällige Abgabe auch über den Anteil des Reichs hinaus aus Billigkeitsgründen zu erlassen[1]).

Er ist auch ermächtigt[2]):

1. Rechtsvorgänge für steuerpflichtig zu erklären, die es — ohne unter §§ 1, 5 zu fallen — einem anderen ermöglichen, über das Grundstück wie der Eigentümer zu verfügen;
2. für solche Fälle über die Berechnung des Wertzuwachses Bestimmungen zu treffen, die von den §§ 8—27 abweichen.

Die vom Bundesrate gemäß Abs. 2 getroffenen Anordnungen sind dem Reichstag, wenn er versammelt ist, sofort, andernfalls bei seinem nächsten Zusammentreten vorzulegen. Sie sind mit Wirkung von ihrem Inkrafttreten ab außer Kraft zu setzen, soweit der Reichstag dies verlangt[3]).

1) Diese Bestimmung entspricht der dem Bundesrat durch Art. 7 Nr. 2 der RVerf. gegebenen Befugnis, über die zur Ausführung der Reichsgesetze erforderlichen allgemeinen Verwaltungsvorschriften und -einrichtungen zu beschließen, stellt aber außer Zweifel, daß die Ermächtigung des Bundesrats zum Erlaß der Steuer aus Billigkeitsgründen sich auch auf den den Bundesstaaten und Gemeinden (Gemeindeverbänden) zufließenden Anteil am Ertrag erstreckt. Eine weitergehende Befugnis — abgesehen von Abs. 2 —, auch für die Auslegung des Gesetzes verbindliche Bestimmungen zu treffen, wie es ursprünglich vorgesehen, ist dem Bundesrat nicht eingeräumt. Die noch im zweiten Kommissionsentwurf dem Bundesrat gegebene Möglichkeit, in Einzelfragen authentische Interpretationen zu erlassen, wie sie sonst nur die gesetzgebenden Körperschaften gemeinsam haben, ist durch Streichung der Worte „und Anwendung" zweifelsfrei beseitigt. Die bundesratlichen Ausführungsbestimmungen haben daher für die Gerichte keine bindende Kraft, sondern nur die Bedeutung wie z. B. die AusfBest. des PrFMin. zum Eink.- und ErgStG.

2) Mit der Ermächtigung des Abs. 2 geht das Gesetz weit über die dem Bundesrat nach Anm. 1 verfassungsmäßig zustehende Befugnis hinaus. Der Bundesrat soll ermächtigt sein, — vorbehaltlich der nachträglichen Gutheißung durch den Reichstag (Anm. 3) — auch nicht unter das Gesetz fallende Rechtsvorgänge für steuerpflichtig zu erklären und ihre Besteuerung (durch abweichende Bestimmung über die Berechnung des Wertzuwachses §§ 8—27) gesondert zu ordnen, wenn sie einem anderen ermöglichen, über das Grundstück wie der Eigentümer zu verfügen.

Die Vorschrift will die Umgehungsversuche treffen, wie sie von seiten der gewandten Terrainspekulanten in immer neuen Formen gegenüber den kommunalen Wertzuwachssteuerordnungen gemacht worden sind und wie sie bei der das Maß aller anderen Steuern weit übersteigenden Abgabe dieses Gesetzes begreiflicherweise erst recht zu erwarten stehen. Die kautschukartige Bestimmung muß aber als überaus unglücklich bezeichnet werden, da sie die Grenzen der bundesratlichen Ermächtigung nichts weniger als klar zieht und daher zu vielen Zweifeln Anlaß geben wird. Die „als eine Art von Notverordnungsrecht" (KommB. III S. 64) dem Bundesrat zuerkannte Befugnis, das Gesetz auf neue Fälle auszudehnen, findet ihre Schranken darin, daß die Rechtsvorgänge „es einem anderen ermöglichen müssen, über das Grundstück wie der Eigentümer zu verfügen." Dies ist die notwendige Voraussetzung für die Gültigkeit einer solchen vom Bundesrat erlassenen Anordnung; es ergibt sich daher, daß der Bundesrat seinerseits nicht etwa auch ermächtigt ist, allgemein den Begriff „wie ein Eigentümer über das Grundstück zu verfügen" authentisch zu interpretieren und damit seinen Vorschriften unbedingte Gültigkeit zu verschaffen, vielmehr haben **die Gerichte** bei Anwendung der vom Bundesrat nach Abs. 2 erlassenen Bestimmung **nachzuprüfen, ob** der nun für steuerpflichtig erklärte Rechtsvorgang es einem anderen ermöglicht, über das Grundstück „wie der Eigentümer" zu verfügen und somit überhaupt die **Anordnung rechtsgültig besteht.**

Es ist nicht zu verkennen, daß die Dehnbarkeit dieses Begriffsmerkmals eine Quelle großer Schwierigkeiten sein wird. Schließlich verfügt auch der Pächter und der Superfiziar ähnlich wie ein Eigentümer über das Grundstück und zweifelsohne darf keine Besteuerung auf die Begründung dieser Rechte aus § 66 hergeleitet werden! Ganz wie ein Eigentümer verfügt nur der Eigentümer; nur er hat die Möglichkeit, dinglich den Eingriff jedes Dritten auszuschließen. Die Rechte des Eigentümers lassen sich ganz nur durch Übertragung des Eigentums übertragen, sonst nur teilweise. Wo die Grenze gezogen werden soll, ist zu bestimmen fast unmöglich. Für die Beurteilung muß der Zweck der Vorschrift maßgebend bleiben, die Terrainspekulation an Umgehungen zu hindern; daher können insbesondere alle diejenigen Fälle, die bewußtermaßen vom Gesetz steuerfrei gelassen sind, wie z. B. die Übertragung der Aktien von in Form einer Aktiengesellschaft oder Kommanditgesellschaft auf Aktien gegründeten Vereinigungen der in § 3 bestimmten Art, nicht aus § 66 zur Besteuerung herangezogen werden.

Ist durch Bundesratverordnung ein neuer Fall steuerpflichtig gemacht, so können für diesen durch gleichzeitig oder später erlassene Bestimmung besondere von diesem Gesetz abweichende Veranlagungsgrundsätze aufgestellt werden. Hierdurch soll für solche Fälle Vorsorge getroffen werden, in denen die Umgehungen Formen annehmen, durch welche die unveränderte Anwendung der Vorschriften in §§ 8—27 unmöglich gemacht ist (vgl. die ähnlichen Ermächtigungen des Bundesrats für die Tabak-, Zucker-, Stempelsteuer [Kraftfahrzeuge] oder im Nahrungsmittelgesetz). Auch diese Anordnungen unterliegen der nachträglichen Zustimmung des Reichstags.

3) Nur die gemäß Abs. 2 getroffenen Anordnungen, nicht auch die Ausführungsbestimmungen und der Erlaß der Steuer (Abs. 1) bedürfen der Genehmigung des Reichstags. Das Recht zu selbständigen Anordnungen nach Abs. 2 steht dem Bundesrat auch während der Tagung des Reichstags zu; nur sind dieselben dem Reichstag, wenn er versammelt, sofort vorzulegen, anderenfalls bei seinem nächsten Zusammentreten. Der Beschluß des Reichstags auf Außerkraftsetzung der Bundesratsverordnung hat rückwirkende Kraft. Ist auf Grund derselben bereits eine Besteuerung erfolgt, so ist der gezahlte Betrag zurückzuerstatten. Und zwar wird die Klage aus allgemeinen Grundsätzen hier zulässig sein. Eine Verzinsung zu Unrecht erhobener und deshalb zurückzuerstattender Beträge findet — ebensowenig wie sonst bei Erstattung von Steuerbeträgen — nicht statt.

§ 67.

Abs. 3 des § 85 des Reichsstempelgesetzes erhält folgende Fassung:

Die Entgegennahme der Auflassung oder, wenn diese nicht vor dem Grundbuchrichter erfolgt, die Eintragung des neuen Eigentümers im Grundbuch kann nach dem Ermessen des Gerichts von einer vorgängigen Sicherheitsleistung für den Abgabenbetrag abhängig gemacht werden. Über Erinnerungen gegen die Anordnung der Sicherheitsleistung wird im Aufsichtsweg entschieden[1]).

1) Nach dem bisherigen Abs. 3 des § 85 RStG. war das Verlangen einer Sicherheitsleistung obligatorisch und nur ausnahmsweise konnte davon Abstand genommen werden, wenn nämlich nach dem Ermessen des Grundbuchamts einem der Beteiligten aus der Ablehnung der Eintragung ein schwer zu ersetzender Nachteil erwachsen würde. Weiterhin war nicht die Entgegennahme der Auflassung sondern nur die Eintragung der Eigentumsänderung von der Sicherheitsleistung abhängig gemacht. Diese Regelung hat in der Praxis zu großen Schwierigkeiten geführt.

Es erschien deshalb zweckmäßig, das Verfahren hinsichtlich der Sicherheitsleistung für den Reichsumsatzstempel ebenso zu gestalten, wie in Preußen und die dabei vorkommende Beschwerde dem umständlicheren und formellen Beschwerdeverfahren zu entziehen und auf den einfacheren Weg der Aufsichtsbeschwerde zu verweisen (vgl. § 58 Ziff. 6 PrGKG.).

Der Richter ist also von jetzt ab nicht mehr angewiesen, die Sicherheitsleistung zu verlangen, sondern es ist seinem freien Ermessen überlassen, überhaupt eine solche zu fordern; ferner ist, wenn überhaupt eine Sicherheitsleistung nötig erscheint, bereits die Entgegennahme der Auflassung von derselben abhängig zu machen, die Eintragung des neuen Eigentümers nur in den Fällen, wo die Auflassung — wie im früheren Geltungsbereiche des rheinischen Rechts — vor einem anderen Amtsgericht oder vor einem Notar, also nicht vor dem Grundbuchrichter erfolgt.

§ 68.

Der § 89 des Reichsstempelgesetzes vom 15. Juli 1909 (RGBl. S. 833) erhält mit Wirkung vom 1. Oktober 1909 ab folgende Fassung[1]):

Von Grundstücken, die auf Grund von Vorschriften gebunden sind, die nach den Artikeln 57, 58, 59 des Einführungsgesetzes zum Bürgerlichen Gesetzbuch von den Vorschriften des Bürgerlichen Gesetzbuchs unberührt bleiben[2]), ist an Stelle der Abgabe nach Tarifnummer 11 eine jährliche Abgabe von $^1/_{90}$ vom Hundert des Wertes zu entrichten[3]).

Die Ermittelung des Wertes findet nach den Bestimmungen des § 16 des Erbschaftssteuergesetzes vom 3. Juni 1906 (RGBl. S. 620) in dreißigjährigen Zeitabschnitten statt[4]).

Der erste dreißigjährige Abschnitt beginnt mit dem Zeitpunkt, in welchem das Grundstück der Bindung unterworfen wird, und sofern dieser vor dem Inkrafttreten dieses Gesetzes liegt, mit dem 1. Oktober 1909.

Für die Zeit vom 1. Oktober 1909 bis zum 30. Juni 1914 wird zu der im Abs. 1 vorgesehenen Abgabe ein Zuschlag von $^1/_{90}$ vom Hundert des ermittelten Wertes jährlich erhoben[5]).

Die Abgabe ruht auf dem Grundstück und gilt als öffentliche Last im Sinne des § 10 Ziff. 3 des Gesetzes über die Zwangsversteigerung und Zwangsverwaltung[6]).

Grundstücke, zu deren rechtsgültiger Veräußerung weder eine landesherrliche oder sonstige Genehmigung noch die Zustimmung von Familienmitgliedern oder Dritten erforderlich ist und deren Veräußerungserlös nach den gesetzlichen oder hausverfassungsmäßigen oder stiftungsmäßigen Bestimmungen der freien Verwendung des Veräußerers unterliegt, gelten nicht als gebunden im Sinne der Vorschriften dieses Paragraphen[7]).

Von der Abgabe befreit sind der Landesfürst und die Landesfürstin.

1) Die hier geschaffenen Änderungen des § 89 RStG. beruhen im wesentlichen darin, daß

a) der gebundene Besitz nunmehr einer solchen Abgabe unterliegt nicht nur in bezug auf Familienfideikommisse, Lehn- und Stammgüter aus Art. 59, sondern auch in bezug auf die übrigen in Art. 57 und 58 EG. zum BGB. aufgeführten Grundstücke mit Ausnahme des dem Landesfürsten und der Landesfürstin gehörigen gebundenen Besitzes;

b) die Abgabe früher mit $^1/_3$% jedesmal nach Ablauf von 30 Jahren, jetzt mit $^1/_{90}$% alljährlich erhoben wird;

c) der Zuschlag zu dieser Abgabe nicht mit dem Inkrafttreten dieses Gesetzes fortfällt, sondern fortbesteht für die Zeit vom 1. Oktober 1909 bis zum 30. Juni 1914;

d) der frühere Abs. 3 (wonach bei Veräußerung des Grundstücks vor Ablauf des 30jährigen Zeitabschnitts ein entsprechender Teil der Abgabe zu erstatten war) und der frühere Abs. 5 (der dem Besitzer anheimstellte, die Abgabe während des 30jährigen Zeitraums in jährlichen Geldbeträgen von gleicher Höhe zu entrichten, wobei die Jahresbeträge so bemessen werden sollten, daß die Steuerschuld bei einer Verzinsung von 4% innerhalb des vorbezeichneten Zeitabschnitts getilgt wird) infolge der andersartigen Regelung (gemäß b) sich erübrigten und gestrichen sind;

e) der frühere Abs. 7 in diesem Paragraphen gestrichen und seinem Inhalt nach in einer der Änderung des § 90 entsprechenden Form als Abs. 3 gemäß § 69 in § 90 Abs. 3 aufgenommen ist. Im einzelnen s. nachfolgende Anmerkungen.

2) Die betreffenden Bestimmungen des EG. z. BGB. lauten:

Art. 57. In Ansehung der Landesherren und der Mitglieder der landesherrlichen Familien sowie der Mitglieder der fürstlichen Familie Hohenzollern finden die Vorschriften des BGB. nur insoweit Anwendung, als nicht besondere Vorschriften der Hausverfassungen oder der Landesgesetze abweichende Bestimmungen enthalten.

Das Gleiche gilt in Ansehung der Mitglieder des vormaligen hannoverschen Königshauses, des vormaligen Kurhessischen und des vormaligen Herzoglich Nassauischen Fürstenhauses*).

Art. 58. In Ansehung der Familienverhältnisse und der Güter derjenigen Häuser, welche vormals reichsständisch gewesen und seit 1806 mittelbar geworden sind oder welche diesen Häusern bezüglich der Familienverhältnisse und der Güter durch Beschluß der vormaligen deutschen Bundesversammlung oder vor dem Inkrafttreten des BGB. durch Landesgesetz gleichgestellt worden sind, bleiben die Vorschriften der Landesgesetze und nach Maßgabe der Landesgesetze die Vorschriften der Hausverfassungen unberührt.

Das gleiche gilt zugunsten des vormaligen Reichsadels und derjenigen Familien des landsässigen Adels, welche vor dem Inkrafttreten des BGB. dem vormaligen Reichsadel durch Landesgesetz gleichgestellt worden sind.

Art. 59. Unberührt bleiben die landesgesetzlichen Vorschriften über Familienfideikommisse und Lehen, mit Einschluß der allodifizierten Lehen sowie über Stammgüter.

Nur für die auf Grund dieser Vorschriften gebundenen Grundstücke greift diese Ausnahme Platz. Ihrem Wesen nach handelt es sich im allgemeinen bei „gebundenen Grundstücken" nicht um rechtlich unveräußerlichen, sondern nur um beschränkt veräußerlichen Besitz, so daß an sich auch z. B. der Grundbesitz von Miteigentümern, Gesellschaftern, Mit- und Vorerben, Vereinen, Stiftungen usw. als gebundener Besitz in Betracht gezogen werden könnte. Nach Abs. 6 gilt aber die Bestimmung nur für einen ganz

*) Diese Bestimmung findet lt. RG. vom 25. März 04 auch auf die Mitglieder des Herzoglich Holsteinischen Fürstenhauses Anwendung.

bestimmt gebundenen Besitz, nämlich den auf Grund obiger Vorschriften des FG. gebundenen, so daß im übrigen die allgemeinen Vorschriften gelten.

3) Die Abgabe tritt „an Stelle der Abgabe nach Tarifnummer 11", d. h. des Tarifsatzes des Umsatzstempels, welch letzterer vollständig in Wegfall kommt; und zwar wird eine jährliche Abgabe von $^{1}/_{90}$% des nach Abs. 2 ermittelten Wertes erhoben. Da die Wertzuwachssteuer den Zusatz zum Umsatzstempel (§ 90 Abs. 4 RStG. alter Fassung) ersetzen sollte und dieser bei gebundenem Grundbesitz nicht zur Hebung gelangte, findet dieses Gesetz auch bei Veräußerung gebundener Grundstücke keine Anwendung. Diese sind dadurch sehr erheblich begünstigt. Ursprünglich sollte nach der Regierungsvorlage an Stelle der früheren — in Zeitabschnitten von 30 Jahren im voraus zu entrichtenden — Abgabe von $^{1}/_{3}$% eine solche von $^{2}/_{3}$% treten und dieses zweite Drittel an Stelle der Zuwachssteuer erhoben werden. Um diese Absicht noch schärfer hervortreten zu lassen, wurde in der 3. Lesg. der Komm. das zweite Drittel in einem neuen § 54a gesondert behandelt. Diese gesonderte Behandlung des die Zuwachssteuer ersetzenden $^{1}/_{3}$ vom 100 in § 54a des Entwurfs sollte die Folge haben, daß hierauf die Bestimmungen des Zuwachssteuergesetzes soweit als möglich entsprechende Anwendung zu finden hätten, insbesondere also, daß die Gemeinden oder Gemeindeverbände an diesem einen Drittel den gleichen Anteil erhalten sollten, wie er ihnen nach § 58 Abs. 1 an der Zuwachssteuer selbst zustehe. Demgemäß sollten die Fideikommisse usw. von dieser in § 54a des Entw. vorgesehenen Abgabe überhaupt, also auch dann nicht befreit sein, wenn der Zuschlag zum Umsatzstempel nach dem Jahre 1914 aufgehoben werde, da eben die im § 54a vorgesehene Abgabe an Stelle der Zuwachssteuer selber stehe und daher wie diese dauernd erhoben werden müsse (vgl. KommB. III S. 67, 68).

Diese an sich logische Regelung ist im Plenum des Reichstags völlig umgestoßen worden. § 54a des Entw. ist gestrichen, aber auch das bereits im Entw. vorgesehene und nur in dem Zusatzparagraphen (§ 54a) gesondert gestellte zweite Drittel, welches die Zuwachssteuer ersetzen sollte, nicht wieder in den jetzigen § 68 aufgenommen worden. Vielmehr ist nur für die Zeit vom 1. Oktober 1909 bis zum 30. Juni 1914 nach Abs. 4 zu der im Abs. 1 vorgesehenen Abgabe ein Zuschlag zu erheben, der dem Zuschlag von 100% des § 90 Abs. 1 RStempG. entspricht. An Stelle der in Zeitabschnitten von 30 Jahren zu entrichtenden Abgabe von $^{1}/_{3}$% ist die jährliche Entrichtung von $^{1}/_{90}$% des Wertes bestimmt worden, in der Höhe der Abgabe also nichts geändert worden.

Die oben bestimmten gebundenen Grundstücke sind also sowohl von der Zuwachssteuer als auch von einer an deren Stelle tretenden Jahresabgabe befreit.

Demgemäß finden auch auf die nach diesem Paragraphen zu entrichtenden Abgaben die Bestimmungen dieses Gesetzes keine Anwendung. Dies gilt insbesondere auch hinsichtlich § 58, so daß die Gemeinden an diesen Abgaben keinen Anteil haben.

Weiterhin ergibt sich aus der nunmehrigen Regelung, daß auch die erste Veräußerung, obgleich dann die Grundstücke die Eigenschaft der Gebundenheit verloren haben oder sie damit verlieren, sowohl von Umsatzstempel als Zuwachssteuer frei ist und erst die nachher eintretenden Rechtsvorgänge der Besteuerung unterliegen.

4) Die jährliche Abgabe (Abs. 1) wird erhoben von dem Wert des Grundstücks. Zugrunde gelegt wird aber zur Vereinfachung nicht der Wert zur Zeit der Fälligkeit, sondern ein in 30jährigen Zeitabschnitten zu ermittelnder und für diese Periode allgemein gültiger Wert. Den Beginn der ersten maßgebenden Periode regelt Abs. 3. Die für die Wertermittelung maßgebende Bestimmung des ErbschStG. lautet:

§ 16. Der Ermittelung des Betrags der Masse wird der Wert zur Zeit des Anfalls zugrunde gelegt.

Bei Grundstücken der im § 15 Abs. 1 bezeichneten Art — „d. h. die dauernd land- oder forstwirtschaftlichen Zwecken zu dienen bestimmt sind, einschließlich der dazu gehörenden, denselben Zwecken dienenden Gebäude und des Zubehörs" — wird der Ertragswert zugrunde gelegt. Als Ertragswert gilt das Fünfundzwanzigfache des Reinertrags, den die Grundstücke nach ihrer bisherigen wirtschaftlichen Bestimmung bei ordnungsmäßiger Bewirtschaftung nachhaltig gewähren können.

Hierdurch soll nicht die Anwendung aller für die Bemessung der Erbschaftssteuer maßgebenden Bestimmungen (z. B. § 9 oder § 29 RErbschStG.) zugelassen, sondern der allgemeine Wert (entsprechend § 12 ZuwachsstG.) im allgemeinen und nur bei land- oder forstwirtschaftlich genutzten Grundstücken der Ertragswert für die Bemessung als maßgebend bestimmt werden. Es ergibt sich aus der Bezugnahme auf § 16, daß

a) die gesamten auf dem Grundstück ruhenden Lasten (Hypotheken, auch Apanagen usw.) nicht abzuziehen sind;
b) die zu den Fideikommissen usw. gehörenden Schlösser und Stadthäuser regelmäßig mit dem gemeinen Wert zur Steuer heranzuziehen sind, es sei denn, daß sie mit den landwirtschaftlich genutzten Grundstücken eine wirtschaftliche Einheit bilden.

Sofern gemäß § 127 k Abs. 4 der AusfBest. d. BR. zum ErbschStG. bei Übertragung von unbeweglichen und anderen Gegenständen der Wert der steuerpflichtigen und anderen Gegenstände getrennt angegeben wird, ist bei Feststellung des gemeinen Werts der Wert des Zubehörs oder anderer nicht steuerpflichtiger Gegenstände (auch des Allodvermögens) abzuziehen und bei Berechnung des Ertragswertes der Reinertrag insoweit außer Ansatz zu lassen, als er auf dem Zubehör oder anderen Gegenständen beruht.

5) Diese Bestimmung entspricht dem früheren Abs. 6 und der gemäß § 69 in § 90 Abs. 1 des RStempG. geschaffenen Änderung, wonach entgegen der Vorschrift des früheren § 90 Abs. 4 der Zuschlag von 100% über den Zeitpunkt des Inkrafttretens eines Zuwachssteuergesetzes hinaus bis zum 30. Juni 1914 zu erheben ist. Der hiernach zu entrichtende Zuschlag ist also desgleichen nicht bestimmt,

die Zuwachssteuer zu ersetzen, vielmehr gilt auch hier das zu Anm. 3 Gesagte.

6) Die betreffende Bestimmung des ZVG. lautet:

Ein Recht auf Befriedigung aus dem Grundstücke gewähren nach folgender Rangordnung, bei gleichem Range nach dem Verhältnis ihrer Beträge:

1. . . . .
2. . . . .
3. die Ansprüche auf Entrichtung der öffentlichen Lasten des Grundstücks wegen der laufenden und der aus den letzten zwei Jahren rückständigen Beträge.

7) Es ergibt sich somit, als arg. e contrario, daß beim Vorliegen der übrigen in Abs. 1—6 ausgesprochenen Voraussetzungen überall da, aber auch nur da, die Steuerpflicht gemäß § 68 (89 RStempG.) und somit auch die Befreiung von der Zuwachssteuer eintritt, wo folgende zwei Voraussetzungen vorliegen:

a) die bezeichnete Genehmigung oder Zustimmung zur rechtsgültigen Veräußerung des Grundstücks erforderlich ist; hierbei ist die Bestimmung im engsten Zusammenhang mit Abs. 1 aufzufassen: die Notwendigkeit der Genehmigung muß auf den dortselbst aufrecht erhaltenen Vorschriften beruhen, so daß die Notwendigkeit irgendeiner im gemeinen Recht vorgeschriebenen behördlichen oder sonstigen Genehmigung, z. B. der nach dem BGB. nötigen vormundschaftlichen Genehmigung nicht genügen könnte (vgl. KommB. III S. 74);

b) der Veräußerungserlös muß satzungsgemäß einem bestimmten Zwecke dienen und darf nicht etwa nach dem Inhalt der Hausverfassungs- oder stiftungsmäßigen Bestimmung usw. der freien Verwendung des Veräußerers unterliegen.

Sind diese Bedingungen nicht erfüllt, so gelten die Grundstücke nicht als gebunden im Sinne dieser Vorschriften und es greifen sowohl hinsichtlich der Stempelabgabe als der Zuwachssteuer die allgemeinen Grundsätze Platz.

§ 69.

An die Stelle des § 90 des Reichsstempelgesetzes treten folgende Vorschriften[1]):

Bei Veräußerungen, die in die Zeit bis zum 30. Juni 1914 fallen, wird zu der in Tarifnummer 11 vorgesehenen Abgabe von $^1/_2$ vom Hundert des Kaufpreises ein Zuschlag von einhundert vom Hundert erhoben[2]).

Nach dem 30. Juni 1914 wird der Steuersatz in Tarifnummer 11 von drei zu drei Jahren durch den Bundesrat einer Nachprüfung unterzogen. Übersteigt innerhalb des dreijährigen Zeitraums der durchschnittliche Jahresanteil des Reichs am Ertrage der Zuwachssteuer den Betrag von fünfundzwanzig Millionen Mark, so ist der Steuersatz in Tarifnummer 11 mit Wirkung vom Beginne des der Feststellung folgenden Rechnungsjahrs für die folgenden drei Jahre nach näherer Bestimmung des Bundesrats entsprechend herabzusetzen[3]).

Die Vorschriften des Abs. 2 finden auf die Abgabe nach § 89 Anwendung. Insoweit die Abgabe für eine Zeit bezahlt ist, für welche die Herabsetzung eintritt, ist vom Reiche entsprechender Rückersatz zu leisten[4]).

1) Diese Bestimmung schafft in verschiedenen Beziehungen eine wesentliche Änderung der im früheren § 90 RStempG. getroffenen Bestimmungen:

1. Zunächst sind Abs. 1—3 des § 90, die sich durch die Einführung dieses Gesetzes (Abs. 2 durch § 60 d. G.) erledigten, gestrichen.
2. Nach Abs. 1 des früheren § 90 sollte die Zuwachssteuer so bemessen sein, daß sie einen Jahresertrag von mindestens 20 Millionen Mark erwarten ließe, indem man davon ausging, daß Umsatzstempel und Zuwachssteuer zusammen einen Ertrag von 40 Millionen Mark bringen sollten. Da nun aber nach dem Grundgedanken des Gesetzes die Zuwachssteuer als Ersatz für den Zuschlag zum Umsatzstempel (von 100% nach Abs. 4 S. 1 des früheren § 90) bestimmt war, um alle diejenigen, die ohne Gewinn verkaufen, von einer zu großen Belastung zu befreien, ergab sich bei der nicht zu verkennenden Unsicherheit über die Höhe des aus der Zuwachssteuer zu erzielenden Ertrages eine Schwierigkeit darin, daß dem Reich durch Wegfall der sicheren Einnahme aus dem Zuschlag möglicherweise die erforderlichen Mittel zur Deckung der Ausgaben entzogen würden. Aus diesem Grunde ist über die Vorschrift des § 90 Abs. 4 (alter Fassung) hinaus für eine Übergangszeit, und zwar bis 30. Juni 1914, die Beibehaltung des Zuschlages zum Umsatzstempel neben der Zuwachssteuer vorgesehen werden (Anm. 2). Eine Anrechnung des Zuschlages auf die Zuwachssteuer in dem Sinne, daß nur der bisherige Ertrag zu garantieren ist, findet nicht statt; vielmehr sollte das Reich hierdurch eine Mehreinnahme erhalten, um ein vorübergehendes Bedürfnis zwecks Aufbringung der für die Militärvorlage und die Veteranenbeihilfe erforderlichen Mittel zu decken.

   Andererseits ist nach diesem Zeitpunkt (30. Juni 1914) eine weitere Garantie eines Mindeststeuerertrages, wie sie im Entw. vorgesehen war und auch aus dem Sinn des früheren § 90 entnommen werden konnte, nicht geschaffen; insoweit bleibt also das Gesetz hinter dem zurück, was § 90 gewährt hatte, und das Reich hat nach dem Jahre 1914 den — allerdings nicht wahrscheinlichen — Ausfall zu tragen, um den möglicherweise der Durchschnittsertrag der Zuwachssteuer hinter demjenigen des Zuschlags zum Umsatzstempel zurückbleibt (vgl. Begr. S. 17 und 19 und über die diesbezüglichen eingehenden Verhandlungen KommB. II S. 128ff. und III S. 77ff.).

Im übrigen s. nachfolgende Anmerkung.

2) Der Zuschlag wird somit unabhängig davon, ob eine Zuwachssteuer zu entrichten ist, bei allen in die Zeit bis zum 30. Juni 1914 fallenden Veräußerungen erhoben. Derselbe hat also nichts mit der Zuwachssteuer zu schaffen, insbesondere finden ausschließlich die Grundsätze des Reichsstempelgesetzes Anwendung (vgl. hierzu Anm. 1 und § 68 Anm. 5). Die Bestimmung ist namentlich für den Erwerber von Bedeutung, da der Zuschlag zum Umsatzstempel nicht wie die Zuwachssteuer vom Veräußerer, sondern vom Erwerber zu tragen ist (vgl. § 449 BGB. und KommB. III S. 84, wo der Vertreter des preußischen Justizministeriums dies als die Ansicht der preußischen Verwaltung erklärt).

Tarifnummer 11 s. Anlage B.

3) Abs. 2 entspricht dem früheren § 90 Abs. 4 S. 2 u. 3 RStempG. mit der Maßgabe, daß

a) überall „3 Jahre" anstatt „6 Jahre" eingesetzt wurde;
b) nicht der durchschnittliche Jahresertrag der Zuwachssteuer, sondern der durchschnittliche Jahresanteil des Reichs (§ 58 S. 1) am Ertrage der Zuwachssteuer maßgebend ist;
c) der Abbau des Tarifsatzes des Umsatzstempels erst erfolgen kann, wenn und insoweit die Zuwachssteuer den Ertrag von 25 Millionen (anstatt 20 Millionen) übersteigt.

Mit dem Zuschlag des Abs. 1 hat dies nichts zu tun; insbesondere ist (entgegen der Vorlage) abgelehnt, noch nach dem 30. Juni 1914 eine Auffüllung des Zuwachssteuerertrages durch einen Zuschlag zum Umsatzstempel zu gewähren (vgl. Anm. 1).

4) Abs. 3 entspricht dem früheren § 89 Abs. 7 RStempG. Mit dem im Plenum des Reichstags beschlossenen Wegfall des § 54a des Entw. (vgl. Anm. 1 zu § 68) hat die Fassung dieses Absatzes die bezweckte Bedeutung (vgl. KommB. III S. 74) verloren; Satz 2 ist durch die desgleichen beschlossene Änderung des § 56a Abs. 1 des KommEntw., indem gemäß Anm. 3 des § 68 die Fideikommißabgabe nunmehr jährlich zu erfolgen hat, überflüssig geworden.

§ 70.

Die Befreiungsvorschrift am Schlusse der Tarifnummer 11 des Reichsstempelgesetzes wird dahin abgeändert:

Befreit sind auf Antrag:

1[1]). Grundstücksübertragungen der in a und d dieser Tarifnummer bezeichneten Art, wenn der stempelpflichtige Betrag bei bebauten Grundstücken 20000 M., bei unbebauten Grundstücken 5000 M. nicht überschreitet. Erwirbt dieselbe Person von demselben

Veräußerer durch verschiedene Rechtsvorgänge mehrere Grundstücke oder Grundstücksteile, so sind die Übertragungen steuerpflichtig, wenn der Wert zusammen die angegebenen Beträge übersteigt, und die Umstände ergeben, daß der Erwerb zum Zwecke der Ersparung der Steuer in mehrere Rechtsvorgänge zerlegt worden ist[2]). Was im Sinne dieser Vorschrift als bebautes und unbebautes Grundstück anzusehen ist, bestimmt sich nach dem § 1 des Zuwachssteuergesetzes[3]).

Die Steuerfreiheit tritt nur ein, wenn weder der Erwerber und sein Ehegatte im letzten Jahre ein Einkommen von mehr als 2000 M. gehabt haben, noch einer von ihnen den Grundstückshandel gewerbsmäßig betreibt. Wird festgestellt, daß der Erwerb für Rechnung eines Dritten erfolgt, so ist die Steuerfreiheit nur zu gewähren, wenn die Voraussetzungen für die Befreiung auch in der Person des Dritten vorliegen[4]).

Beurkundungen von Übertragungen der Rechte eines befreiten Erwerbers werden in betreff der Stempelpflichtigkeit auch dann wie Beurkundungen von Veräußerungen behandelt (a Abs. 2 Satz 1 dieser Tarifnummer), wenn der erste Erwerber das Veräußerungsgeschäft erweislich auf Grund eines Vollmachtsauftrags oder einer Geschäftsführung ohne Auftrag für einen Dritten abgeschlossen hat und die Übertragung der Rechte dieses ersten Erwerbers an den Dritten erfolgt[5]).

2. Eigentumsveränderungen, denen sich die Beteiligten aus Gründen des öffentlichen Wohles zu unterwerfen gesetzlich verpflichtet sind[6]).

1) Durch diese Bestimmung ist die im letzten Absatz der Tarifnummer11 (s. Anlage B) enthaltene Befreiungsvorschrift für geringwertige Grundstücke von dem Umsatzstempel entsprechend der gleichem Zwecke für die Zuwachssteuer dienenden Bestimmung des § 1 Abs. 2 umgestaltet. Das Antragserfordernis ist geblieben. Im einzelnen s. die nachfolgenden Anmerkungen.

2) Satz 2 ist neu, weicht aber nach zwei Richtungen von § 1 Abs. 2 S. 1 ab:

a) weitergehend soll auch dann Steuerfreiheit eintreten, wenn bei Teilveräußerungen usw. an denselben Erwerber der Wert zusammen die angegebenen Beträge übersteigt, sofern nur der Erwerb nicht zum Zwecke der Steuerersparung in mehrere Rechtsvorgänge zerlegt ist;

b) da die Befreiung zugunsten des Erwerbers eintritt (vgl. Anm. 2 zu § 69), ist der Erwerb mehrerer Parzellen von demselben Eigentümer, nicht die Zugehörigkeit der Parzelle zu einem Gesamtgrundstück maßgebend, und dadurch möglicherweise insofern eine Einschränkung gegenüber § 1 gegeben, als die Veräußerung ganz getrennt voneinander liegender Grundstücke den Eintritt der Steuerfreiheit ausschließen kann.

3) Vgl. Anm. 9 zu § 1.

4) Neu ist die Bestimmung „und sein Ehegatte" und Satz 2. Im übrigen vgl. Anm. 10 und 11 zu § 1. Gegenüber der bisher bestrittenen Frage verdient Erwähnung, daß auch hier in der Kommission als allgemeine Ansicht festgestellt wurde, daß die hier vorgesehene Befreiungsvorschrift ebenso wie diejenige des § 1 sich nur auf physische Personen, namentlich also nicht auf solche juristischen Personen beziehe, die wie öffentliche Korporationen überhaupt kein Einkommen hätten (KommB. III S. 84).

5) Dieser Absatz entspricht dem früheren Abs. 2 der Befreiungsvorschrift.

6) Diese Befreiungsvorschrift ist neu. Eine ähnlich weitgehende und allgemeine Befreiung findet sich für die Zuwachssteuer nicht. Verwandt sind allerdings die Bestimmungen der §§ 7 Nr. 7 und 8, 14 Nr. 4, 20 Abs. 2, 30 Nr. 4.

Voraussetzung ist, daß die Beteiligten aus Gründen des öffentlichen Wohls, z. B. wegen Baues einer Eisenbahn, zu der Eigentumsänderung gezwungen sind. Dabei ist nicht notwendig, daß dies im Wege der Enteignung geschieht, vielmehr greift Nr. 2 auch Platz, wenn der Eigentumsübergang auf Grund privater Einigung sich vollzieht.

§ 71.

Die Anmerkung zu Tarifnummer 11 des Reichsstempelgesetzes erhält in Abs. 1 folgende Fassung[1]):

Stempelabgaben unter fünfzig Pfennig werden nicht erhoben. Höhere Beträge, welche nicht ohne Bruch durch zehn teilbar sind, werden auf den nächst höheren durch zehn teilbaren Betrag abgerundet; Stempelbeträge über fünf Mark, welche nicht ohne Bruch durch fünfzig teilbar sind, werden auf den nächst höheren durch fünfzig teilbaren Betrag abgerundet.

1) Die bisherige Anmerkung enthielt in Abs. 1 nur die Abrundung der Pfennigbeträge nach oben auf solche, die durch zehn

teilbar sind. Im Interesse der Vereinfachung der Veranlagungsarbeiten ist bestimmt, daß Stempelabgaben unter 50 Pf. (anders als nach PrStempStG. § 11) nicht nach oben abgerundet, sondern überhaupt nicht erhoben werden. Dem gleichen Zweck dient die in Satz 2 geschaffene Abrundung bei den höheren Beträgen; hierdurch erschien auch der durch Satz 1 geschaffene Ausfall an ganz kleinen Beträgen genügend ausgeglichen.

§ 72.

Dieses Gesetz tritt mit dem 1. April 1911 in Kraft[1]).

Die Vorschriften der Landesgesetze und die Satzungen der Gemeinden und Gemeindeverbände, welche die Besteuerung des Zuwachses bei der Veräußerung von Grundstücken betreffen, treten mit Wirkung vom 1. Januar 1911 außer Kraft, soweit sie nicht gemäß § 60 aufrecht erhalten werden. Die vor dem 1. Januar 1911 eingetretenen Rechtsvorgänge und die im § 63 bezeichneten Fälle des Eigentumsüberganges unterliegen auch dann nach diesen Gesetzen und Satzungen der Zuwachssteuer, wenn das Verfahren zur Feststellung der Steuer erst nach dem Inkrafttreten dieses Gesetzes zum Abschluß kommt[2]).

1) Über rückwirkende Kraft des Gesetzes vgl. § 62 Abs. 1 und § 63, Eintritt der Steuerpflicht § 62 Abs. 2.

2) Sämtliche bestehenden die Besteuerung des Wertzuwachses an Grundstücken betreffenden Landesgesetze und Gemeindeordnungen treten somit mit Wirkung vom 1. Januar 1911 außer Kraft, abgesehen von den in § 60 vorgesehenen Ausnahmen. Die Bundesstaaten und Gemeinden können daher auch keine neuen erlassen, im übrigen aber bleibt es ihnen unbenommen, eine sonstige Steuer, „die nicht an den Akt der Veräußerung des Grundstücks geknüpft ist“, zu erheben (Begr. S. 47).

Wird einem Bundesstaat, einer Gemeinde oder einem Gemeindeverband nach § 60 Abs. 2 für die Zeit bis 1. April 1915 an Stelle der Vorschriften dieses Gesetzes das bisherige Landesgesetz oder die bisherige Satzung über die Besteuerung des Wertzuwachses belassen, so tritt die Besteuerung nach diesem Gesetz überhaupt erst mit dem 1. April 1915 und ohne Rückwirkung auf frühere Rechtsvorgänge in Kraft.

Im übrigen vgl. Anm. 4 zu § 62.

Anhang.

A. Die vom Bundesrat unter dem 27. März 1911 erlassenen **Ausführungsbestimmungen zum Zuwachssteuergesetze.**

(Zentralblatt f. d. Deutsche Reich 1911 S. 79.)

Inhaltsübersicht.

Zuwachssteuerämter und Oberbehörden.

§ 1. (1) Die mit der Verwaltung des Zuwachssteuerwesens befaßten, in den nachstehenden Bestimmungen als Zuwachssteuerämter bezeichneten Stellen und die Oberbehörden, denen sie unterstehen, werden von der Landesregierung bestimmt und öffentlich bekannt gemacht. Ein Verzeichnis der Zuwachssteuerämter und Oberbehörden ist unter Angabe ihrer Geschäftsbezirke dem Reichskanzler zur Veröffentlichung im Zentralblatt für das Deutsche Reich mitzuteilen. Das Gleiche hat mit etwaigen späteren Veränderungen zu geschehen. Die Veröffentlichung im Zentralblatt für das Deutsche Reich kann auf das Verzeichnis der Oberbehörden beschränkt werden.

(2) Die Erhebung der Zuwachssteuer kann anderen Stellen als den Zuwachssteuerämtern übertragen werden. Auch können zur Vorbereitung der Veranlagung andere Stellen als Hilfsstellen der Zuwachssteuerämter herangezogen werden. In diesem Falle sind die zur Regelung des Geschäftsverkehrs erforderlichen besonderen Bestimmungen zu treffen.

Zuständigkeit.

§ 2. (1) Zuständig ist das Zuwachssteueramt, in dessen Bezirke das veräußerte Grundstück liegt. Liegt das Grundstück in mehreren Bezirken, so ist das Zuwachssteueramt zuständig, in dessen Bezirke das zuständige Grundbuchamt seinen Sitz hat. Falls das Grundstück aus mehreren in verschiedenen Grundbuchbezirken gelegenen Teilstücken besteht, bestimmt unbeschadet anderweiter landesrechtlicher Bestimmungen die gemeinsame Oberbehörde, falls das Grundstück in den Bezirken verschiedener Oberbehörden gelegen ist, die Landeszentralbehörde und, falls das Grundstück im Bereiche verschiedener Bundesstaaten liegt, der Reichskanzler die Zuständigkeit.

(2) Die Vorschriften des Abs. 1 finden auf Berechtigungen (§ 2 des G.) entsprechende Anwendung.

(3) Im Falle der Steuerpflicht nach § 3 des G. ist, sofern der gesamte Grundbesitz einer Vereinigung im Bezirk eines Zuwachssteueramts liegt, dieses zuständig; andernfalls finden die Bestimmungen des Abs. 1 Satz 2, 3 entsprechende Anwendung.

(4) Wird eine Anmeldung, eine Steuererklärung, ein Antrag oder eine sonstige Mitteilung bei einer unzuständigen Stelle eingereicht, so ist der Tag des Einganges auf dem Schriftstück zu vermerken und dieses an die zuständige Stelle abzugeben. Von der Abgabe ist dem Absender Mitteilung zu machen. Für die Wahrung einer Frist genügt der Eingang bei der unzuständigen Stelle.

Erster Abschnitt. **Anmeldungsverfahren.**

§ 3. Das Zuwachssteueramt erhält nach Maßgabe der Bestimmungen der §§ 4—9 Kenntnis durch Mitteilungs- und Anmeldungspflicht.

A. die Mitteilungen der Grundbuchämter oder, soweit das Grundbuch noch nicht angelegt ist, der von der Landeszentralbehörde zu bestimmenden Behörden
 von den Eintragungen in das Grundbuch, die eine Eigentumsänderung oder den Übergang einer Berechtigung (§ 2 des G.) betreffen, oder von der Umschreibung in öffentlichen Büchern;

B. die Mitteilungen der Registergerichte und -behörden
 von allen Eintragungen in das Handels- und Genossenschaftsregister und von Einreichungen zum Handelsregister, soweit sie in Verfolg eines steuerpflichtigen Rechtsvorganges vorgenommen werden;

C. die Mitteilungen der Behörden und Beamten des Reichs, Staates und der Gemeinde sowie der Notare
 1. von allen Fällen der Erhebung der Abgabe auf Grund der Tarifnummer 11 des Reichsstempelgesetzes mit Ausnahme der Auflassungen,
 2. von allen sonstigen von ihnen beurkundeten Rechtsvorgängen, die der Auflassung und Eintragung nicht bedürfende Fälle des Eigentumsüberganges an inländischen Grundstücken (§§ 1, 4 des G.), den Übergang einer Berechtigung (§ 2 des G.) zum Gegenstande haben oder zu den im § 5 des Gesetzes bezeichneten Rechtsgeschäften gehören,
 3. von der Beurkundung der Übertragung eines Anteils einer Gesellschaft mit beschränkter Haftung;

D. die Anmeldungen des Veräußerers und des Erwerbers oder ihres gesetzlichen Vertreters
 1. wenn der Veräußerungspreis (einschließlich der Nebenleistungen, insbesondere der für Zwischenbeteiligte, Bevollmächtigte usw. vorgesehenen Gebühr, Gewinnbeteiligung usw.) oder der Wert höher ist als der Erwerbspreis, von dem Abschluß eines Rechtsgeschäfts im Sinne des § 5 des G., soweit nicht die Beurkundung durch einen Mitteilungspflichtigen nach A bis C erfolgt ist,
 2. von dem Übergange
  a) des Eigentums an inländischen Grundstücken,
  b) einer Berechtigung (§ 2 des G.),
  c) eines Rechts an dem Vermögen einer Vereinigung (§ 3 des G.),

soweit nicht die Auflassung oder Eintragung in das Grundbuch erfolgt ist.

Mitteilungen der Grundbuchämter.

§ 4. (1) Die Mitteilungen der Grundbuchämter (§ 3 zu A) erfolgen durch Übereignungsanzeigen, die innerhalb einer Frist von 10 Tagen nach Eintragung der Rechtsänderung — für jede Eintragung besonders — dem zuständigen Zuwachssteueramt einzusenden sind.

(2) Die Übereignungsanzeigen sind nach Anleitung des Musters 1 einzurichten.

(3) Soweit die Zuwachssteuerämter anderweit amtliche Mitteilungen erhalten, die sich auf die in der Übereignungsanzeige enthaltenen Angaben beziehen, kann im Einverständnisse mit dem Reichskanzler nach näherer Bestimmung der Landeszentralbehörde die Aufstellung besonderer Übereignungsanzeigen unterbleiben oder auf diejenigen Mitteilungen beschränkt werden, die den Zuwachssteuerämtern nicht schon ohnehin zugehen.

Mitteilungen der Registergerichte und -behörden.

§ 5. (1) Die Registergerichte und -behörden (§ 3 zu B) haben dem Zuwachssteueramte die zu ihrer Kenntnis gelangenden Fälle mitzuteilen, in denen die Anteile einer unter § 3 des G. fallenden Vereinigung in einer Hand sich vereinigen. Im übrigen beschränkt sich die Mitteilungspflicht der Registergerichte und -behörden, soweit nicht die Landeszentralbehörde abweichende Bestimmungen trifft, auf diejenigen einzelnen Rechtsvorgänge, hinsichtlich deren das Zuwachssteueramt um Mitteilungen ersucht.

(2) Zur Feststellung, ob die in das Register neu eingetragenen Vereinigungen unter § 3 des Gesetzes fallen, sind von einem Beamten des Zuwachssteueramts oder nach Bestimmung der Landeszentralbehörde von einem anderen Beamten die Register regelmäßig in Zeiträumen von etwa drei Monaten einzusehen; die zu den Akten gehörigen Vorgänge sind hierbei auf Wunsch zugänglich zu machen.

(3) Das Zuwachssteueramt, in dessen Bezirk ein Grundstückserwerb durch eine der im § 3 des G. bezeichneten Vereinigungen erfolgt, hat dies dem Zuwachssteueramte mitzuteilen, in dessen Bezirke die Vereinigung ihren Sitz hat.

Mitteilungen der beurkundenden Behörden, Beamten und Notare.

§ 6. (1) Die Mitteilungen der Behörden, Beamten und Notare (§ 3 zu C) sind innerhalb einer Frist von 10 Tagen nach der Beurkundung — für jeden Rechtsvorgang besonders — dem für die steuerliche Behandlung zuständigen Zuwachssteueramt einzureichen (Veräußerungsanzeige).

(2) Die Veräußerungsanzeigen sind nach Anleitung des Musters 2 einzurichten. Soweit die darin enthaltenen Mitteilungen aus der Veräußerungsurkunde sich ergeben, genügt die Übersendung einer Abschrift der Urkunde.

(3) Die Bestimmung des § 4 Abs. 3 findet entsprechende Anwendung.

§ 7. (1) Die Mitteilungen der Behörden, Beamten und Notare über die Abtretung eines Geschäftsanteils sind auch bei den nicht unter § 3 des G. fallenden Gesellschaften mit beschränkter Haftung zu machen. Die Mitteilung kann unterbleiben, wenn bei den Behörden, Beamten oder Notaren Tatsachen offenkundig sind, aus denen sich ergibt, daß die Gesellschaft, deren Anteil übertragen wird, keinen Grundbesitz hat oder nicht unter § 3 des Gesetzes fällt.

(2) Das Zuwachssteueramt kann den Behörden, Beamten und Notaren seines Bezirkes diejenigen Gesellschaften namhaft machen, für die eine weitere Mitteilung der Übertragung von Geschäftsanteilen nicht für erforderlich erachtet wird.

(3) Die Landeszentralbehörde kann die Mitteilung auf die Übersendung von Monatslisten beschränken.

Anmeldungen der steuerpflichtigen Personen.

§ 8. (1) Die Anmeldung des Veräußerers und Erwerbers (§ 3 zu D) hat innerhalb eines Monats zu erfolgen, nachdem der Steuerpflichtige von dem anmeldungspflichtigen Rechtsvorgang Kenntnis erhalten hat.

(2) Die Anmeldungspflicht entfällt, soweit innerhalb der Anmeldungsfrist die Anmeldung seitens eines von mehreren Pflichtigen bewirkt ist.

§ 9. (1) Die Anmeldung ist an das für die steuerliche Behandlung des Rechtsvorganges zuständige Zuwachssteueramt zu richten.

(2) Die Anmeldung hat die in dem Muster 3 bezeichneten Angaben zu enthalten und kann zu Protokoll des Zuwachssteueramts erklärt werden. Vordrucke nach diesem Muster sind von den Zuwachssteuerämtern vorrätig zu halten und dem Anmeldungspflichtigen auf Wunsch kostenfrei zu verabfolgen.

(3) Soweit den Zuwachssteuerämtern aus anderem Anlaß vom Veräußerer oder Erwerber über die vorbezeichneten Punkte Mitteilung zu machen ist, findet die Bestimmung des § 4 Abs. 3 entsprechende Anwendung.

Prüfung des Einganges der Mitteilungen und Anmeldungen.

§ 10. (1) Der pünktliche Eingang der Mitteilungen und Anmeldungen ist durch die Zuwachssteuerämter zu überwachen. Bei unterlassener rechtzeitiger Mitteilung sind die etwa bekannten Mitteilungs- und Anmeldungspflichtigen mit kurzer Frist zu mahnen. Mit der Mahnung des Steuerpflichtigen ist der Hinweis auf die Folgen der Nichterfüllung der Anmeldungspflicht zu verbinden. Nach fruchtlosem Ablauf der Frist ist im Falle des § 3 zu A bis C Beschwerde bei der vorgesetzten Aufsichtsbehörde zu führen und im Falle des § 3 zu D erforderlichenfalls das Strafverfahren einzuleiten oder der zur Einleitung des Strafverfahrens zuständigen Behörde Anzeige zu erstatten.

(2) Zum Zwecke der Überwachung wird dem Zuwachssteueramt ein Verzeichnis der in seinem Bezirke befindlichen Grundbuchämter, Registergerichte und -behörden, der von der Landesregierung im Einverständnisse mit dem Reichskanzler bestimmten anderen Stellen, sowie der Notare und sonstigen Urkundsbeamten und -behörden durch Vermittelung der Oberbehörde mitgeteilt und von Veränderungen fortlaufend Kenntnis gegeben. In Übereinstimmung mit dem Reichskanzler kann nach Bestimmung der Landeszentrale von diesen Mitteilungen abgesehen werden.

Weitere Behandlung der Mitteilungen und Anmeldungen.

§ 11. (1) Für jedes Grundstück, für jede Berechtigung (§ 2 des G.) und für jede Vereinigung (§ 3 des G.) ist ein Kartenblatt (Grundstücksblatt) anzulegen, sobald sich eine Veranlassung hierzu ergibt. Im besonderen hat dies zu geschehen

1. nach Eingang einer Anzeige oder Anmeldung für jedes Grundstück, jede Berechtigung und jede Vereinigung, auf die sich ein in der Mitteilung oder Anmeldung enthaltener Rechtsvorgang bezieht;
2. wenn gelegentlich der Festsetzung der Steuer für den veräußerten Teil eines Gesamtbesitzes Berechnungsgrundlagen festgestellt oder gemäß § 23 Abs. 2 vereinbart werden, die auch im Falle einer späteren Übertragung des Restbesitzes für die Steuerberechnung von Bedeutung sein werden, für den Restbesitz;
3. wenn gemäß § 19 Abs. 2 des G. eine Feststellung der Werte der bei einer Flurbereinigung, Grenzregelung oder Umlegung empfangenen Grundstücke erfolgt, für die nichtübertragenen Grundstücke.

Das Grundstücksblatt ist nach Anleitung des Musters 4 einzurichten, das für Berechtigungen oder Vereinigungen entsprechend umzugestalten ist. Die Landeszentralbehörde kann anordnen, daß die Anlegung von Grundstücksblättern unterbleibt.

(2) Soweit sich die Veräußerungsanzeigen und Anmeldungen auf Veräußerungsgeschäfte im Sinne des § 5 des G. beziehen, sind sie zu sammeln und nach Eingang der Übereignungsanzeige mit dieser, andernfalls nach Ablauf eines Jahres, vom Tage des Abschlusses des ersten Veräußerungsgeschäfts an, in steuerliche Behandlung zu nehmen.

Zweiter Abschnitt. Vorverfahren.

Eintragung in die Zuwachssteuerliste und Feststellung der Steuerfreiheit.

§ 12. (1) Die in den Mitteilungen und Anmeldungen enthaltenen Rechtsvorgänge eines Rechnungsjahrs werden, sobald sie zu einer steuerlichen Behandlung Anlaß geben — Veräußerungsgeschäfte lediglich in den Fällen der §§ 5 und 33 des G. — unter fortlaufenden Nummern in die Zuwachssteuerliste übernommen. Die Nummer der Zuwachssteuerliste ist zu den Akten zu vermerken. Die Zuwachssteuerliste ist nach Anleitung des Musters 5 einzurichten.

(2) Das Vorverfahren hat sich auf die Ermittelung derjenigen Tatsachen zu richten, die für die Entscheidung der Frage von Bedeutung sind, ob der mitgeteilte Rechtsvorgang keine Veranlassung zur Veranlagung einer Steuer gibt, weil ein gesetzlicher Befreiungsgrund vorliegt oder ein Fall der Freiveranlagung nach § 28 Abs. 3 des G. oder der Rückübertragung innerhalb zweier Jahre nach § 34 des G. gegeben ist.

(3) Zu diesem Zwecke unterwirft das Zuwachssteueramt die eingegangenen Mitteilungen und Anmeldungen einer Prüfung daraufhin,

1. ob über das dem Eigentumsübergang zugrunde liegende Rechtsgeschäft eine Urkunde vor dem 1. Januar 1911 in öffentlich

beglaubigter Form errichtet oder bei einer Behörde eingereicht war,

2. ob die Voraussetzungen der Befreiungsvorschrift des § 1 Abs. 2 des G. gegeben sind,
3. ob nach dem Inhalt des Vertrags die Voraussetzungen des § 7 des G. vorliegen,
4. ob der Veräußerer zu den im § 30 des G. bezeichneten Personen gehört,
5. ob der Unterschied des Erwerbspreises und des Veräußerungspreises unter Berücksichtigung der im § 16 des G. vorgeschriebenen Hinzurechnungen zum Erwerbspreis und der Steuerermäßigung nach § 28 Abs. 2 des G. so gering ist, daß der Steuerbetrag nach den Umständen voraussichtlich 20 M. nicht erreicht (§ 28 Abs. 3 des G.),
6. ob ein Fall der Rückübertragung nach § 34 des G. vorliegt.

§ 13. (1) Erscheint nach dem Inhalt der Mitteilungen und Anmeldungen dem Zuwachssteueramte die Annahme begründet, daß aus einem der im § 12 Abs. 3 Ziff. 1—6 angeführten Gründe eine Zuwachssteuer nicht zur Hebung gelangen würde, ohne daß dies mit Sicherheit festzustellen ist, so ist, falls sich die Ergänzungen nicht amtlicherseits beschaffen lassen, durch Benehmen mit dem Steuerpflichtigen in mündlicher Verhandlung oder im Schriftweg zu ermitteln, ob jene Voraussetzungen gegeben sind.

(2) Sobald sich im Laufe des Vorverfahrens ergibt, daß die zu entrichtende Steuer nach den Umständen voraussichtlich den Betrag von 20 M. nicht erreicht oder daß auf Grund der Fälle des § 12 Abs. 3 Ziff. 1—4, 6 eine Steuer nicht zu erheben ist, ist das Verfahren einzustellen. Von der Einstellung ist dem Steuerpflichtigen Mitteilung zu machen, falls dieser den Steuerfall angemeldet hatte oder falls mit ihm aus Anlaß des Vorverfahrens in Verhandlung oder Schriftwechsel getreten ist.

(3) Ebenso ist zu verfahren, wenn sich bei der Gegenüberstellung von Erwerbs- und Veräußerungspreis gemäß § 12 Abs. 3 Ziff. 5 zwar ein Steuerbetrag von 20 M. oder mehr ergibt, aus den Umständen und nach eigenem Wissen des Zuwachssteueramts aber die Annahme begründet erscheint, daß bei Anrechnung der Aufwendungen der §§ 14, 15, 21 des G. der Betrag der Zuwachssteuer 20 M. nicht erreichen würde.

§ 14. Die Feststellung der Steuerfreiheit ist aktenkundig zu machen und auf dem Grundstücksblatt sowie in der Zuwachssteuerliste unter Angabe der gesetzlichen Vorschrift, auf der die Steuerfreiheit beruht, zu vermerken. Ist das Verfahren auf Grund des § 13 Abs. 3 eingestellt worden, so ist dies außerdem in der Bemerkungsspalte kenntlich zu machen.

§ 15. (1) Beansprucht einige Vereinigung, welche, ohne Erwerbszwecken zu dienen, satzungsgemäß sich mit innerer Kolonisation, Arbeiteransiedelung, Grundentschuldung oder Errichtung von Wohnungen für die minderbemittelten Klassen befaßt, für die von ihr vorzunehmenden Veräußerungen Steuerbefreiung, so hat sie einen

Steuerfreiheit der Vereinigungen nach § 30 Ziff. 4 des Ges.

hierauf gerichteten Antrag bei der Oberbehörde zu stellen, in deren Bezirke sie ihren Sitz hat, sowie den Nachweis zu erbringen, daß die Voraussetzungen des § 30 Ziff. 4 des G. gegeben sind.

(2) Die Oberbehörde läßt den Antrag mit ihrem Gutachten versehen durch Vermittelung der Landeszentralbehörde an den Bundesrat gelangen.

§ 16. (1) Auf die Mitteilungs- und Anmeldungspflicht bleibt die Gewährung der Steuerfreiheit ohne Einfluß.

(2) Im Falle der Veräußerung hat das Zuwachssteueramt für das Grundstück oder die Berechtigung ein Grundstücksblatt, sofern ein solches noch nicht besteht, anzulegen und auf diesem den Grund der Steuerfreiheit einzutragen.

§ 17. Die Zuwachssteuerämter haben aus Anlaß von Übereignungsfällen zu überwachen, ob die befreiten Vereinigungen sich ihrem Satzungszweck entsprechend verhalten. Von Satzungsänderungen hat das Registergericht dem Zuwachssteueramte des Sitzes der Vereinigung Mitteilung zu machen.

Dritter Abschnitt. Hauptverfahren.

Erster Teil. Veranlagung der Steuer.

Zuwachssteuererklärung.

§ 18. (1) Hat das Vorverfahren nicht ergeben, daß die Voraussetzungen der Steuerbefreiung oder der Freiveranlagung vorliegen (§ 12 Abs. 2, 3), so fordert das Zuwachssteueramt den Steuerpflichtigen auf, innerhalb einer Frist von 2 Wochen eine Zuwachssteuererklärung einzureichen. Der Aufforderung, der geeignetenfalls aufklärende Vorverhandlungen vorausgehen können, ist ein Vordruck zur Zuwachssteuererklärung, ein Auszug aus den Bestimmungen des Gesetzes und eine Mustererklärung beizufügen. In der Steuererklärung können die Fragen, deren Beantwortung dem Amte bekannt ist, ausgefüllt und solche Fragen, die nach der Lage des Falles nicht in Betracht kommen, durchstrichen werden.

(2) Die Zuwachssteuererklärung ist nach Anleitung der Muster 6, 7 zu gestalten. Über den Inhalt des Gesetzesauszugs und der Mustererklärung trifft der Reichskanzler die näheren Bestimmungen.

(3) Die Zustellung der Aufforderung an den Veräußerer kann vor Ablauf der gesetzlichen Anmeldungsfrist erfolgen.

(4) Das Zuwachssteueramt ist befugt, für die Abgabe der Erklärung eine längere Frist als 2 Wochen zu bewilligen.

(5) Der Einreichung der Steuererklärung steht die Abgabe dieser Erklärung zu Protokoll des Zuwachssteueramts gleich.

(6) Die Aufforderung zur Zuwachssteuererklärung kann unterbleiben, wenn es zur Festsetzung der Steuer nur einer Auskunft über bestimmte tatsächliche Verhältnisse bedarf.

§ 19. Sind bei einem Eigentumsübergange mehrere Veräußerer vorhanden, so unterliegt es dem Ermessen des Zuwachssteueramts, welchem von ihnen die Aufforderung übersandt wird. In der Regel wird es denjenigen wählen, von dem angenommen werden kann, daß er mit den in Betracht kommenden Verhältnissen am besten vertraut ist.

§ 20. (1) Ergibt sich aus den Mitteilungen und Anmeldungen oder im Laufe des Verfahrens, daß ein Fall der Veräußerung oder Übereignung vorliegt, für dessen steuerliche Behandlung das Gesetz besondere Vorschriften vorsieht (Zwangsversteigerung, Gemeinschaftsteilung usw.), so hat das Zuwachssteueramt den Steuerpflichtigen zu einer Sondererklärung über diese Punkte zu veranlassen. Sondererklärungen.

(2) Für die Sondererklärungen können von der Landeszentralbehörde im Einverständnisse mit dem Reichskanzler Muster vorgeschrieben werden.

§ 21. (1) Nach Eingang der Zuwachssteuererklärung hat das Zuwachssteueramt die Angaben auf ihre Richtigkeit und Vollständigkeit zu prüfen. Prüfung der Zuwachssteuererklärung.

(2) Sobald sich im Laufe der Ermittelungen herausstellt, daß die Zuwachssteuer voraussichtlich einen Betrag von 20 M. nicht erreichen würde, ist unter Einstellung der Ermittelungen nach § 13 zu verfahren.

§ 22. (1) In Fällen, in denen die Ermittelung des Wertes eines steuerpflichtigen Gegenstandes in Frage kommt, ist der gemeine Wert zugrunde zu legen. Unter dem gemeinen Werte ist der Verkaufs- oder Verkehrswert zu verstehen, der durch den Preis bestimmt wird, welcher im gewöhnlichen Geschäftsverkehre nach der Beschaffenheit des Gegenstandes ohne Rücksicht auf andere ungewöhnliche oder lediglich persönliche Verhältnisse zu erzielen ist. Wertermittelung.

(2) Der Reichskanzler ist ermächtigt, über die Ermittelung des Wertes und des Ertrags im Sinne der §§ 15, 22 Ziff. 2 des G. für einzelne Grundstücksarten Grundsätze aufzustellen.

(3) Die Landeszentralbehörde kann im Einverständnisse mit dem Reichskanzler bestimmen, daß, soweit für den in Betracht kommenden Zeitpunkt nach landesrechtlichen Vorschriften der gemeine Wert des Grundstücks ermittelt ist, diese Wertermittelung der Steuerberechnung zugrunde gelegt wird, sofern nicht der Steuerpflichtige nachweist, daß der Wert ein anderer war.

§ 23. (1) Erweisen sich einzelne der für die Steuerberechnung maßgebenden Unterlagen als nicht oder nicht ohne unverhältnismäßige Schwierigkeiten feststellbar, so ist das Zuwachssteueramt berechtigt, an ihrer Stelle eine im Vergleichsweg mit dem Steuerpflichtigen festzusetzende Summe der Berechnung zugrunde zu legen. Der Vergleich ist von dem Steuerpflichtigen zu unterzeichnen und von dem Vorsteher des Zuwachssteueramts sowie, falls nicht die Landeszentralbehörde ein anderes bestimmt, von zwei Mitgliedern dieses Amtes zu genehmigen. In dem Vergleich ist zu bemerken, daß die Steuerbehörde zurücktreten kann, wenn die Tatsachen, auf denen er beruht, von dem Steuerpflichtigen absichtlich oder fahrlässig zu seinen Gunsten unrichtig angegeben sind. Vergleich.

(2) Ist das veräußerte Grundstück Teil eines größeren Gesamtgrundstücks, welches demnächst ebenfalls in Teilstücken zur Veräußerung

gelangen soll, so sind die Berechnungsgrundlagen durch Verhandlung mit dem Steuerpflichtigen nach Maßgabe des Abs. 1 tunlichst für alle Grundstücke festzulegen. Die Bestimmung des Abs. 1 Satz 3 findet entsprechende Anwendung.

(3) Im Wege des Vergleichs getroffene Feststellungen sind in der Zuwachssteuerliste in die Bemerkungsspalte einzutragen; im Falle des Abs. 2 sind sie in das für den unveräußerten Besitz anzulegende Grundstücksblatt aufzunehmen.

Steuerberechnung. § 24. Nach Abschluß der Ermittelungen ist eine Berechnung der Steuer für die Akten zu fertigen. Die Berechnung ist nach Anleitung der Muster 8, 9 einzurichten, die im Bedarfsfall entsprechend umzugestalten sind. Weichen die Ermittelungsergebnisse von den Angaben des Steuerpflichtigen so erheblich ab, daß die Voraussetzungen des § 40 Abs. 2 des G. gegeben erscheinen, so ist dem Steuerpflichtigen nach der Steuerberechnung Gelegenheit zu einer Äußerung über die Gründe zu geben, die ihn zu seinen Angaben veranlaßt haben.

Zuwachssteuerbescheid. § 25. (1) Nach Berechnung der Zuwachssteuer ist ein Zuwachssteuerbescheid nach den Mustern 10, 11 zu erteilen und dem Steuerpflichtigen zuzustellen. Die Zustellung hat nach den in dem betreffenden Bundesstaate für Zustellungen in Verwaltungssachen maßgebenden Vorschriften zu erfolgen. Sind mehrere Veräußerer beteiligt, so ist jedem von ihnen der Bescheid zuzustellen. Ist von Veräußerern ein Bevollmächtigter bestellt, so genügt die Zustellung an diesen.

(2) Im Zuwachssteuerbescheid ist die zur Empfangnahme der Zahlung zuständige Kassenstelle zu bezeichnen.

Zweiter Teil. Erhebung der Steuer.

Buchführung. § 26. (1) Über die Erhebung der Zuwachssteuer werden zwei Bücher geführt, ein Zuwachssteuer-Sollbuch nebst einem Anhang über die erstatteten (zurückgezahlten) Zuwachssteuerbeträge, soweit nicht bereits das Sollbuch darüber Auskunft gibt, und ein Zuwachssteuer-Einnahmebuch. Beide Bücher umfassen den Zeitraum des Rechnungsjahrs.

(2) Das Sollbuch ist nach Anleitung des Musters 12 zu führen. Durch das Sollbuch ist zugleich der rechtzeitige Eingang der Steuerbeträge zu überwachen.

(3) Das Sollbuch wird spätestens sechs Monate nach Ablauf des Rechnungsjahrs abgeschlossen. Von einem an der Kassenführung nicht beteiligten Beamten ist in dem Sollbuch zu bescheinigen, daß die in den Zuwachssteuerlisten eingetragenen Steuerfälle und die in den Zuwachssteuerakten festgestellten, in Abgang gebrachten, erlassenen, niedergeschlagenen oder erstatteten Steuerbeträge in das Sollbuch oder dessen Anhang richtig und vollständig eingetragen, sowie daß die zur Zeit des Abschlusses rückständig gebliebenen Steuerbeträge in das Sollbuch für das folgende Rechnungsjahr übertragen worden sind.

(4) Das Einnahmebuch ist nach Anleitung des Musters 13 zu führen. Von der Führung des Einnahmebuchs kann nach Bestimmung

der Oberbehörde abgesehen werden, wenn anderweit für eine kassenmäßige Behandlung der Einzahlungen gesorgt ist.

§ 27. (1) Stundung oder Teilzahlungen hat das Zuwachssteueramt auf Antrag zu bewilligen, wenn die sofortige Einziehung der Steuer mit erheblichen Härten verbunden sein würde, oder soweit im Falle der Anfechtung eines Steuerbescheids die von dem Anfechtenden vorgebrachten Tatsachen dem Zuwachssteueramt erheblich erscheinen und zu einer Herabsetzung des Steuerbetrags führen würden. Stundung und Sicherstellung.

(2) Stundung oder Bewilligung von Teilzahlungen ist in der Regel nur gegen Sicherheitsleistung zulässig. In welcher Art für gestundete Zuwachssteuer Sicherheit zu leisten ist, richtet sich nach den für die Steuerstelle geltenden landesrechtlichen Bestimmungen.

(3) Die Gewährung von Teilzahlungen ist an die Bedingung zu knüpfen, daß bei dem Ausbleiben auch nur einer Teilzahlung die sofortige Beitreibung der ganzen noch rückständigen Steuerschuld erfolgen würde. Die Beitreibung hat jedoch erst zu geschehen, wenn eine Mahnung zur Entrichtung der fälligen Teilzahlung erfolglos geblieben ist.

§ 28. (1) Zur Niederschlagung der Zuwachssteuer wegen Uneinbringlichkeit sind die Zuwachssteuerämter befugt, soweit nicht die Landeszentralbehörde andere Bestimmungen trifft. Die Niederschlagung ist in der Zuwachssteuerliste zu vermerken. Niederschlagung.

(2) Für den einem Betrage von 2 vom Hundert des Veräußerungspreises gleichkommenden Teil der Zuwachssteuer ist die Niederschlagung nur zulässig, soweit die Steuer auch von dem Erwerber nicht beigetrieben werden kann.

§ 29. (1) Die Entscheidung über Anträge auf Erstattung zu Unrecht gezahlter Zuwachssteuer steht dem Zuwachssteueramte zu und bedarf der Zustimmung der Oberbehörde oder einer anderen von der Landeszentralbehörde im Einverständnisse mit dem Reichskanzler zu bestimmenden Stelle. Erlaß und Erstattung der Steuer.

(2) Eine Erstattung der Zuwachssteuer kann auch von Amts wegen erfolgen, wenn sich bei Nachprüfung der Akten und Verhandlungen offenbare Unrichtigkeiten ergeben, diese auch nicht auf andere Weise, z. B. durch weitgehende Anrechnung von Aufwendungen, ausgeglichen erscheinen, und es sich bei der Überhebung um einen Betrag von mindestens 20 M. handelt.

§ 30. (1) Die Zuwachssteuer ist außer in den Fällen des § 29 auf Antrag zu erlassen oder zu erstatten,

a) im Falle der Steuerpflicht nach § 5 des G.
   1. bei Nichtigkeit des Rechtsgeschäfts,
   2. bei Aufhebung des Rechtsgeschäfts durch Parteivereinbarung oder infolge Ausübung eines vorbehaltenen Rücktrittsrechts,
   3. bei Rückgängigmachung infolge Nichterfüllung der Vertragsbedingungen,
   4. bei Preisminderung nach §§ 459, 460 des BGB., soweit sie eine Ermäßigung der Steuer zur Folge hat;

b) im Falle der Steuerpflicht nach §§ 1—4 des G.
1. bei Nichtigkeit der Auflassung oder des sonstigen den Eigentumsübergang bewirkenden Rechtsvorganges,
2. bei Rückübertragung des Eigentums infolge Nichterfüllung der Vertragsbedingungen des Veräußerungsgeschäfts,
3. bei Rückübertragung des Eigentums innerhalb 2 Jahre seit der Veräußerung.

(2) Außerdem kann die Abgabe bei einer Rückübertragung nach mehr als 2 Jahren seit der Veräußerung aus besonderen Billigkeitsgründen erlassen oder erstattet werden.

(3) Die Entscheidung über Anträge gemäß Abs. 1 steht dem Zuwachssteueramte zu und bedarf der Zustimmung der Oberbehörde oder einer anderen von der Landeszentralbehörde im Einverständnisse mit dem Reichskanzler zu bestimmenden Stelle; im Falle des Abs. 2 entscheidet der Bundesrat.

§ 31. (1) Dem Antrag auf Erlaß oder Erstattung der Steuer (§§ 29, 30) ist nur zu entsprechen, wenn er innerhalb eines Jahres vom Zeitpunkt der Zahlung oder Beitreibung der Abgabe ab gestellt worden ist. Wird der Antrag auf Tatsachen gestützt, die erst nach der Zahlung oder Beitreibung eingetreten sind, so beginnt die einjährige Frist mit dem Tage, an dem der Antragsteller von diesen Tatsachen Kenntnis erhalten hat.

(2) Der Erlaß oder die Erstattung ist in die Zuwachssteuerliste und in das Sollbuch oder dessen Anhang sowie in das Grundstücksblatt einzutragen. Der Rechtsvorgang, für den die erlassene oder erstattete Abgabe entrichtet war, kommt bei einem späteren Steuerfall als Erwerbsvorgang nicht in Betracht, wenn die Abgabe in vollem Betrag erlassen oder erstattet ist.

(3) Die näheren Bestimmungen über das Verfahren trifft die Landeszentralbehörde.

Dritter Teil. Kosten.

§ 32. (1) Das Verfahren in Zuwachssteuerangelegenheiten ist, soweit nicht hinsichtlich der Kosten im § 40 Abs. 2 und § 47 Abs. 2 des G. ein anderes bestimmt ist, kosten-, gebühren- und stempelfrei. Die Freiheit erstreckt sich auf das gesamte Ermittelungsverfahren, einschließlich des Verfahrens wegen Erstattung der Zuwachssteuer.

(2) Zu den Kosten des Verfahrens ist auch die Postgebühr zu rechnen, welcher die Sendungen der Steuerbehörden an die Steuerpflichtigen unterliegen; sie fällt daher den letzteren nicht zur Last. Dagegen haben die Steuerpflichtigen die Postgebühr für die von ihnen an die Steuerbehörde zu richtenden Sendungen zu tragen.

Vierter Abschnitt. Feststellungsbescheid.

§ 33. (1) Der Grundstückseigentümer, der gemäß § 47 des G. von der Steuerbehörde einen Bescheid über die bis dahin feststellbaren Berechnungsgrundlagen zu erhalten wünscht, hat mit dem Antrag eine Feststellungserklärung nach dem Muster 14 zu verbinden. Der

Eingang des Antrags ist in eine besondere Liste nach dem Muster 15 unter fortlaufender Nummer einzutragen.

(2) Bevor das Zuwachssteueramt in eine Prüfung der Angaben des Antragstellers eintritt, ist von diesem ein Kostenvorschuß von $^1/_2$ vom Tausend des vorläufig geschätzten Erwerbspreises, mindestens aber von 20 M. zu erheben.

(3) Alsdann sind die Ermittelungen über die Berechnungsgrundlagen in gleicher Weise vorzunehmen wie für die Festsetzung der Steuer selbst. Die Berechnungsweise entspricht dem Muster 10. Nach Abschluß der Ermittelung ist dem Antragsteller ein Feststellungsbescheid zuzustellen, für den das Muster 16 dient. Die Gebühr (§ 47 Abs. 2 des G.) bildet eine eigene Einnahme der Verwaltungsbehörde.

(4) Das Ergebnis der Ermittelungen ist in der besonderen Liste und in der Bemerkungsspalte des Grundstücksblatts zu vermerken.

(5) Die Bestimmungen des § 25 Abs. 1 Satz 2—4 finden entsprechende Anwendung.

Fünfter Abschnitt. **Beschwerdeverfahren.**

§ 34. Über die Beschwerde entscheidet die Oberbehörde, über die weitere Beschwerde die Landeszentralbehörde.

§ 35. (1) Die Beschwerde wird bei dem Zuwachssteueramte, die weitere Beschwerde bei der Oberbehörde eingelegt.

(2) Die Einlegung der Beschwerde hat binnen Monatsfrist seit Zustellung des Zuwachssteuer- oder Feststellungsbescheids, der weiteren Beschwerde binnen Monatsfrist seit der Zustellung des Beschwerdebescheids zu erfolgen; sie kann zu Protokoll erklärt werden.

(3) Ob die Beschwerde oder weitere Beschwerde rechtzeitig eingelegt ist und ob eine verspätete Einlegung gemäß § 45 Abs. 2 des G. zuzulassen ist, entscheidet die nach §§ 34, 36 in der Sache selbst zuständige Behörde.

§ 36. Erachtet die Stelle, deren Bescheid angefochten wird, die Beschwerde oder weitere Beschwerde für begründet, so kann sie ihr abhelfen; andernfalls ist innerhalb eines Monats die Beschwerde der Oberbehörde, die weitere Beschwerde der Landeszentralbehörde vorzulegen.

§ 37. Die Kosten des Beschwerdeverfahrens fallen dem Beschwerdeführer zur Last, wenn die Beschwerde als unbegründet zurückgewiesen wird. Hat die Beschwerde teilweise Erfolg, so kann dem Beschwerdeführer ein angemessener Teil der Kosten des Beschwerdeverfahrens auferlegt werden. Die Kosten des Beschwerdeverfahrens treffen den Beschwerdeführer auch dann, wenn es zu einer ihm günstigeren Steuerfestsetzung auf Grund von Umständen führt, die der Beschwerdeführer vor Erlaß des Steuerbescheids geltend machen konnte. Zu den Kosten des Beschwerdeverfahrens gehören auch die landesrechtlichen Gebühren.

Sechster Abschnitt. **Aufsichts- und Prüfungsverfahren.**

§ 38. (1) Die Prüfung der Oberbehörden hat sich auf alle Fälle des § 13 Abs. 3 und auf die Fälle des § 23 Abs. 1 sowie auf Stichproben aller übrigen Veranlagungen zu erstrecken. Außerdem sind die Buchungen im Zuwachssteuer-Sollbuch nebst Anhang und im Zuwachssteuer-Einnahmebuch nachzuprüfen. Zu diesem Zwecke sind die auf Grund des § 13 Abs. 3 und des § 23 Abs. 1 entstandenen Verhandlungen alsbald nach Abschluß der Veranlagung, die Zuwachssteuerliste, das Zuwachssteuer-Sollbuch nebst Anhang und das Zuwachssteuer-Einnahmebuch im Laufe des dritten Kalendervierteljahrs nach Ablauf des Rechnungsjahrs den Oberbehörden zu übersenden. Diese prüfen die Geschäftserledigung an der Hand der Zuwachssteuerliste nach und bezeichnen bei der Rücksendung die Fälle, deren Akten sie einzusehen wünschen. Die Oberbehörde gibt Verhandlungen, die wegen ihrer grundsätzlichen Bedeutung oder aus anderen Umständen, insbesondere weil sie Besonderheiten des Geschäftsverfahrens beim einzelnen Zuwachssteueramt erkennen lassen, zur Nachprüfung durch die Landeszentralbehörde geeignet erscheinen, an diese ab.

(2) Abweichungen von den vorstehenden Bestimmungen können von der Landeszentralbehörde angeordnet werden.

Siebenter Abschnitt. Schlußbestimmungen.

Behandlung der Zuschläge.

§ 39. Die im vorstehenden vorgeschriebene Veranlagung, Erhebung und Buchführung ist auf die nach dem Zuwachssteuergesetze zu erhebende Abgabe unter Ausschluß etwaiger Zuschläge (§ 59 des G.) zu beschränken.

Aufbewahrungsfristen.

§ 40. Die Kassenbücher sind 10 Jahre, die Zuwachssteuerlisten und die Listen über Feststellungsbescheide 41 Jahre, die Zuwachssteuerakten bis zur völligen Erledigung des nächstfolgenden steuerpflichtigen Rechtsvorganges, der das veräußerte Grundstück betrifft, längstens aber 41 Jahre, die Grundstücksblätter dauernd aufzubewahren.

Verteilung des Ertrags auf mehrere Gemeinden (Gemeindeverbände) und Bundesstaaten.

§ 41. Befindet sich der Gegenstand des steuerpflichtigen Rechtsvorganges im Bezirke mehrerer Gemeinden (Gemeindeverbände), so bestimmt die für sie gemeinsam zuständige Oberbehörde, und falls für sie mehrere Oberbehörden zuständig sind, die Landeszentralbehörde die Verteilung des auf die Gemeinden (Gemeindeverbände) entfallenden Betrags. Befindet sich der Gegenstand des steuerpflichtigen Rechtsvorganges in mehreren Bundesstaaten, so steht die Verteilung dem Bundesrate zu.

Ermächtigung des Reichskanzlers.

§ 42. Der Reichskanzler wird ermächtigt, nach Maßgabe der hervortretenden Bedürfnisse die in vorstehenden Bestimmungen vorgesehenen Muster und Anleitungen abzuändern oder zu ergänzen.

Sonderanordnung für die Übergangszeit.

§ 43. Der Landeszentralbehörde bleibt überlassen, für die Mitteilung und Anmeldung der in der Zeit vor dem Inkrafttreten des Gesetzes eingetretenen Rechtsvorgänge im Einverständnisse mit dem Reichskanzler besondere Anordnungen zu treffen.

Fortdauer bisheriger Gesetze und Satzungen.

§ 44. Die vorstehenden Bestimmungen finden keine Anwendung, soweit gemäß § 60 Abs. 2, § 61 Abs. 2 des G. die bisherigen Gesetze oder Satzungen aufrecht erhalten bleiben.

§ 45. (1) Über den Ertrag der Zuwachssteuer ist von den durch die Landesregierungen bestimmten Kassen mit der Reichshauptkasse monatlich nach Maßgabe der „Bestimmungen zur Regelung der Abrechnungen zwischen der Reichshauptkasse und den Landeskassen vom 23. Juni 1910*)“ abzurechnen. Entsprechend den Vorschriften in § 4 dieser Abrechnungsbestimmungen sind ferner besondere monatliche und vierteljährliche Übersichten der Einnahme an Zuwachssteuer aufzustellen, aus denen sich das Gesamtaufkommen (die eingezahlten Beträge) an Zuwachssteuer einschließlich der Nacherhebungen und abzüglich der Erstattungen (Zurückzahlungen), die Anteile der Gemeinden (Gemeindeverbände) an dem Ertrage der Zuwachssteuer, der Anteil des Bundesstaats und der an die Reichskasse abzuführende Betrag ergeben; die Übersichten sind den in den Abrechnungsbestimmungen bezeichneten Behörden oder Dienststellen innerhalb der ebendaselbst angegebenen Fristen einzureichen. Statt dessen können die Angaben in die allgemeinen „Übersichten der Einnahmen an Zöllen und Reichssteuern“ aufgenommen werden. Die Oberbehörden für die Zuwachssteuer (§ 1) gelten im Sinne der Abrechnungsbestimmungen als Direktivbehörden. Abrechnung über die Zuwachssteuer und Aufstellung der Einnahme-Übersichten.

(2) Soweit die Landesregierung nicht ein anderes vorschreibt, können die mit der Erhebung der Steuer befaßten Gemeinden ihren Anteil am Ertrage bei der Ablieferung zurückbehalten.

(3) Für die nach § 60 Abs. 1, § 61 des G. entschädigungsberechtigten Gemeinden (Gemeindeverbände) und Bundesstaaten ist bei den Abrechnungen und in den Einnahmeübersichten statt des Anteils von 40 v. H. der eingezahlten Steuer (§ 58 des G.) der dem Abrechnungszeitraum entsprechende Teil des vom Bundesrate festgesetzten bisherigen Durchschnittsertrags (§ 60 Abs. 3 des G.) in Anrechnung zu bringen. Der Einzelangabe und Zerlegung der als Anteil der Gemeinden (Gemeindeverbände) und Bundesstaaten und Zuschuß zu diesem Anteil in Aufrechnung gebrachten Beträge bedarf es in den Abrechnungen und den Einnahmeübersichten nicht. Bis zur Bestimmung des Durchschnittsbetrags durch den Bundesrat sind 60 v. H. des Ertrags nachzuweisen.

(4) Die Gemeinden (Gemeindeverbände) und Bundesstaaten, denen auf Grund des § 60 Abs. 2, § 61 Abs. 2 des G. an Stelle der Vorschriften dieses G. die bisherige Satzung oder das bisherige Landesgesetz belassen ist, haben die Abrechnung mit der Reichshauptkasse und die Aufstellung von Einnahmeübersichten nur am Schlusse des Rechnungsjahrs vorzunehmen. Die Landeszentralbehörde bestimmt, an welche mit der Reichshauptkasse im Abrechnungsverkehre stehende Landeskasse solche Gemeinden (Gemeindeverbände) am Jahresschlusse den Überschuß an Zuwachssteuer über den vom Bundesrate festgesetzten bisherigen Durchschnittsertrag abzuführen und welcher Oberbehörde sie die aufzustellenden Einnahmeübersichten einzureichen haben.

---

*) Zentralblatt für das Deutsche Reich 1910 S. 352.

Mitwirkung des Reichskanzlers. (5) Den Einnahmeübersichten für das 1. bis 4. Viertel jedes Rechnungsjahrs sowie den schließlichen Einnahmeübersichten sind nach einem vom Reichskanzler vorzuschreibenden Muster besondere Übersichten über die Zuwachssteuer für die in den §§ 60, 61 des G. bezeichneten Gemeinden (Gemeindeverbände) und Bundesstaaten beizufügen.

§ 46. Von allen Fällen, in denen eine Steuerpflicht nach § 6 des G. angenommen wird, von höchstinstanzlichen Entscheidungen der Gerichte, Verwaltungsgerichte und Verwaltungsbehörden, von anderen Entscheidungen grundsätzlicher Art, sowie von sonstigen besonders bedeutsamen Vorgängen auf dem Gebiete des Zuwachssteuerwesens, insbesondere der Einleitung des Hauptverfahrens in den Fällen der Übertragung ausgedehnter Besitzungen und großer Vermögensgesamtheiten (Bergwerke, gewerbliche und industrielle und andere Unternehmungen) haben die Zuwachssteuerämter und die sonstigen beteiligten Behörden der Landeszentralbehörde Kenntnis zu geben; diese teilen dem Reichskanzler (Reichsschatzamt) die Berichte mit. Ihm sind die entstandenen Verhandlungen auf Erfordern zugänglich zu machen.

B. **Die** auf die Reichsstempelabgabe für Grundstücksübertragungen bezüglichen **Vorschriften des Reichsstempelgesetzes** vom 15. Juli 1909 (RGBl. S. 833) **in der durch das Zuwachssteuergesetz** vom 14. Februar 1911 (RGBl. S. 33) **geänderten Fassung.**

IX. Grundstücksübertragungen.
(Tarifnummer 11.)

§ 78. Die Verpflichtung zur Entrichtung der in der Tarifnummer 11 bezeichneten Abgabe tritt ein bei der Zwangsversteigerung mit Erteilung des Zuschlags, bei freiwilliger Veräußerung in den Fällen a, b, c mit der rechtswirksamen Beurkundung des der Übertragung zugrunde liegenden Rechtsgeschäfts und im Falle zu d mit der Eintragung der Rechtsänderung in das Grundbuch oder, wenn das Grundstück im Grundbuche nicht eingetragen ist und nicht eingetragen zu werden braucht, mit der rechtswirksamen Beurkundung.

§ 79. Für die Steuerpflichtigkeit ist die Hinzufügung von Bedingungen, die unterbliebene Ausführung und die Wiederaufhebung des Geschäfts oder Rechtsvorganges sowie die Vernichtung der Urkunde ohne Bedeutung.

Der Bundesrat bestimmt, ob und inwieweit der Abgabenbetrag auf Antrag zu erstatten ist.

§ 80. Die Entrichtung der Abgabe geschieht durch Verwendung von Stempelmarken nach näherer Anordnung des Bundesrats.

Dem Bundesrate steht auch die Bestimmung darüber zu, ob und unter welchen Voraussetzungen die Entrichtung der Abgabe ohne Verwendung von Stempelmarken zu erfolgen hat.

§ 81. Von mehreren über denselben Rechtsvorgang lautenden Urkunden ist nur eine stempelpflichtig.

Die Verwendung des Stempels zu dieser ist auf den übrigen Urkunden zu vermerken.

§ 82. Enthält eine Urkunde mehrere steuerpflichtige Rechtsvorgänge der zu a bis d der Tarifnummer 11 bezeichneten Art, so ist der Betrag des Stempels für einen jeden besonders zu berechnen und die Urkunde mit der Summe dieser Stempelbeträge zu belegen.

§ 83. Die Stempelabgabe ist binnen zwei Wochen nach Eintritt der Steuerpflicht zu entrichten:

a) bei den von Behörden oder Beamten, einschließlich der Notare, vorgenommenen Verhandlungen und Beurkundungen von denjenigen, auf deren Veranlassung die Schriftstücke aufgenommen sind;

b) in den übrigen Fällen von den Teilnehmern am Rechtsgeschäfte.

Mehrere zur Zahlung der Abgabe verpflichtete Personen haften als Gesamtschuldner.

§ 84. Von der Entrichtung der Abgabe befreit sind der Landesfürst und die Landesfürstin.

§ 85. Soweit eine steuerpflichtige Beurkundung von Behörden oder Beamten, einschließlich der Notare, vorgenommen ist, haben diese den Stempel vor Aushändigung der Urkunde, spätestens aber binnen zweier Wochen nach Eintritt der Steuerpflicht zu verwenden.

Ist der Stempel innerhalb dieser Frist von den Verpflichteten nicht beigebracht, so ist die zwangsweise Einziehung des Stempels binnen einer Woche bei der zuständigen Steuerstelle von den vorbezeichneten Behörden und Beamten zu beantragen oder, wenn sie selbst zur zwangsweisen Einziehung von Geldern befugt sind, die zwangsweise Einziehung innerhalb der gleichen Frist anzuordnen. Dieser Bestimmung unterliegen auch diejenigen Urkunden, bei denen ein Notar den Entwurf anfertigt und nach Vollziehung durch die Beteiligten die Unterschriften oder Handzeichen beglaubigt.

(Fassung von 1911.) Die Entgegennahme der Auflassung oder, wenn diese nicht vor dem Grundbuchrichter erfolgt, die Eintragung des neuen Eigentümers im Grundbuch kann nach dem Ermessen des Gerichts von einer vorgängigen Sicherheitsleistung für den Abgabenbetrag abhängig gemacht werden. Über Erinnerungen gegen die Anordnung der Sicherheitsleistung wird im Aufsichtsweg entschieden.

§ 86. Für die Entrichtung der Stempelabgabe haften unter Vorbehalt des Rückgriffs gegen den nach § 83 zur Zahlung der Steuer Verpflichteten:

a) Aktiengesellschaften, Kommanditgesellschaften auf Aktien, eingetragene Genossenschaften, Gewerkschaften und Gesellschaften mit beschränkter Haftung für die Stempelbeträge zu den von ihren Vorständen oder Geschäftsführern in ihrem Auftrag oder Namen errichteten Verhandlungen;

b) jeder Inhaber oder Vorzeiger einer mit dem gesetzlichen Stempel nicht oder nicht ausreichend versehenen Urkunde, welcher ein rechtliches Interesse an dem Gegenstande der Beurkundung hat;

c) Beamte einschließlich der Notare, welche die von ihnen aufgenommenen Urkunden vor erfolgter oder nicht ausreichend erfolgter Stempelverwendung aushändigen oder Ausfertigungen oder Abschriften erteilen oder wegen der Einziehung des Stempels die ihnen nach § 85 obliegenden Pflichten verabsäumen, soweit ihnen ein Verschulden zur Last fällt und die Steuer von dem Steuerpflichtigen nicht zu erlangen ist.

Diese Vorschrift kommt auch dann zur Anwendung, wenn ein Notar den Entwurf einer Urkunde anfertigt und nach Vollziehung durch die Beteiligten die Unterschriften oder Handzeichen beglaubigt.

§ 87. Die Wertermittelung ist in denjenigen Fällen, in denen die Steuer vom Werte zu berechnen ist, auf den gemeinen Wert des Gegenstandes zur Zeit des Eintritts der Steuerpflicht zu richten.

Der Wert dauernder Nutzungen oder Leistungen bestimmt sich nach den Vorschriften des Erbschaftssteuergesetzes.

Ist einem der Vertragschließenden ein Wahlrecht oder die Befugnis eingeräumt, innerhalb gewisser Grenzen den Umfang der Leistung zu bestimmen, so wird die Stempelsteuer nach dem höchsten möglichen Werte des Gegenstandes des Geschäfts berechnet.

Soweit in Landesgesetzen für die Wertermittelung bei Erhebung einer Abgabe von der Übertragung des Eigentums an Grundstücken oder ihnen gleichgeachteter Rechte von den vorstehenden Vorschriften Abweichungen getroffen sind, können diese nach näherer Bestimmung des Bundesrats der Bemessung der Reichsabgabe zugrunde gelegt werden.

§ 88. Die Nichterfüllung der Steuerpflicht seitens des nach § 83 zur Zahlung der Abgabe Verpflichteten wird mit einer Geldstrafe bestraft, welche dem zehnfachen Betrage der vorenthaltenen Abgabe gleichkommt, mindestens aber 20 M. beträgt.

Kann der Betrag der hinterzogenen Steuer nicht ermittelt werden, so tritt eine Geldstrafe bis zu 10 000 M. ein.

Die Strafe trifft besonders und zum vollen Betrage jeden, der die ihm obliegende Verpflichtung zur Entrichtung der Abgabe nicht rechtzeitig erfüllt.

Die gleiche Strafe tritt ein, wenn bei Auflassungserklärungen und Umschreibungsanträgen ein geringerer Wert angegeben wird als der nach den Vorschriften der Spalte 4 der Tarifnummer 11 berechnete Betrag der Gegenleistung oder wenn behufs Erlangung der Steuerfreiheit unrichtige Angaben gemacht werden.

§ 89. (**Fassung von 1911.**) Von Grundstücken, die auf Grund von Vorschriften gebunden sind, die nach den Artikeln 57, 58, 59 des Einführungsgesetzes zum Bürgerlichen Gesetzbuch von den Vorschriften des Bürgerlichen Gesetzbuchs unberührt bleiben, ist an Stelle der Abgabe nach Tarifnummer 11 eine jährliche Abgabe von $^1/_{30}$ vom Hundert des Wertes zu entrichten.

Die Ermittelung des Wertes findet nach den Bestimmungen des § 16 des Erbschaftssteuergesetzes vom 3. Juni 1906 (RGBl. S. 620) in dreißigjährigen Zeitabschnitten statt.

Der erste dreißigjährige Abschnitt beginnt mit dem Zeitpunkt, in welchem das Grundstück der Bindung unterworfen wird, und sofern dieser vor dem Inkrafttreten dieses Gesetzes liegt, mit dem 1. Oktober 1909.

Für die Zeit vom 1. Oktober 1909 bis zum 30. Juni 1914 wird zu der im Abs. 1 vorgesehenen Abgabe ein Zuschlag von $^1/_{30}$ vom Hundert des ermittelten Wertes jährlich erhoben.

Die Abgabe ruht auf dem Grundstück und gilt als öffentliche Last im Sinne des § 10 Ziff. 3 des Gesetzes über die Zwangsversteigerung und Zwangsverwaltung.

Grundstücke, zu deren rechtsgültiger Veräußerung weder eine

landesherrliche oder sonstige Genehmigung noch die Zustimmung von Familienmitgliedern oder Dritten erforderlich ist und deren Veräußerungserlös nach den gesetzlichen oder hausverfassungsmäßigen oder stiftungsmäßigen Bestimmungen der freien Verwendung des Veräußerers unterliegt, gelten nicht als gebunden im Sinne der Vorschriften dieses Paragraphen.

Von der Abgabe befreit sind der Landesfürst und die Landesfürstin.

§ 90. (Fassung von 1911.) Bei Veräußerungen, die in die Zeit bis zum 30. Juni 1914 fallen, wird zu der in Tarifnummer 11 vorgesehenen Abgabe von $^1/_8$ vom Hundert des Kaufpreises ein Zuschlag von einhundert vom Hundert erhoben.

Nach dem 30. Juni 1914 wird der Steuersatz in Tarifnummer 11 von drei zu drei Jahren durch den Bundesrat einer Nachprüfung unterzogen. Übersteigt innerhalb des dreijährigen Zeitraums der durchschnittliche Jahresanteil des Reichs am Ertrage der Zuwachssteuer den Betrag von fünfundzwanzig Millionen Mark, so ist der Steuersatz in Tarifnummer 11 mit Wirkung vom Beginne des der Feststellung folgenden Rechnungsjahrs für die folgenden drei Jahre nach näherer Bestimmung des Bundesrats entsprechend herabzusetzen.

Die Vorschriften des Abs. 2 finden auf die Abgabe nach § 89 Anwendung. Insoweit die Abgabe für eine Zeit bezahlt ist, für welche die Herabsetzung eintritt, ist vom Reiche entsprechender Rückersatz zu leisten.

Tarifnummer 11.

Gegenstand der Besteuerung	Berechnung der Stempelabgabe
Grundstücksübertragungen. Beurkundungen der Übertragung des Eigentums an im Inlande gelegenen Grundstücken und der Übertragung von Berechtigungen, für welche die sich auf Grundstücke beziehenden Vorschriften gelten, soweit sie zum Gegenstande haben: a) Kauf- und Tauschverträge und andere entgeltliche Veräußerungsverträge, einschließlich der gerichtlichen Zwangsversteigerungen sowie der Abtretung der Rechte aus dem Meistgebot und der Erklärung des Meistbietenden, daß er für einen anderen geboten habe . . . . . . Beurkundungen von Übertragungen der Rechte der Er-	1/8 und zwar: 1. bei Kaufverträgen vom Kaufpreis unter Hinzurech-

Gegenstand der Besteuerung

werber aus Veräußerungsgeschäften sowie Beurkundungen nachträglicher Erklärungen der aus einem Veräußerungsgeschäfte berechtigten Erwerber, die Rechte für einen Dritten erworben oder die Pflichten für einen Dritten übernommen zu haben, werden in betreff der Stempelpflichtigkeit wie Beurkundungen der Veräußerungen behandelt, sofern nicht der erste Erwerber das Veräußerungsgeschäft erweislich auf Grund eines Vollmachtsauftrags oder einer Geschäftsführung ohne Auftrag für einen Dritten abgeschlossen hat und die Übertragung der Rechte dieses ersten Erwerbers an den Dritten erfolgt. Dasselbe gilt von Übertragungen der Rechte aus Anträgen zur Schließung eines entgeltlichen Veräußerungsgeschäfts, die den Veräußerer binden, sowie aus Verträgen, durch die nur der Veräußerer zur Schließung eines solchen Veräußerungsgeschäfts verpflichtet wird.

Befreit sind:

1. Kauf- und Tauschverträge und andere entgeltliche Veräußerungsverträge zwischen Teilnehmern an einer Erbschaft zum Zwecke der Teilung der zu letzterer gehörigen Gegenstände.
   Zu den Teilnehmern an einer Erbschaft wird auch der überlebende Ehe-

Berechnung der Stempelabgabe

nung des Wertes der ausbedungenen Leistungen und vorbehaltenen Nutzungen;

2. bei Tauschverträgen vom Werte der von einem der Vertragschließenden in Tausch gegebenen Gegenstände, und zwar derjenigen, welche den höheren Wert haben; beim Tausche inländischer gegen ausländische Grundstücke vom Werte der ersteren;
3. bei anderen Verträgen vom Gesamtwerte der Gegenleistung unter Hinzurechnung des Wertes der vorbehaltenen Nutzungen oder, wenn der Wert der Gegenleistung aus dem Vertrage nicht hervorgeht, von dem Werte des veräußerten Gegenstandes;
4. bei Zwangsversteigerungen vom Betrage des Meistgebots, zu dem der Zuschlag erteilt wird, unter Hinzurechnung der vom Ersteher übernommenen Leistungen, und wenn das Meistgebot den Wert des Gegenstandes nicht erreicht, von diesem. Im Falle der Abtretung der Rechte aus dem Meistgebot und der Erklärung des Meistbietenden, daß er für einen anderen geboten habe, tritt an die Stelle des Meistgebots der Wert der Gegenleistung, sofern eine solche in der Urkunde enthalten ist.

Anmerkungen.

a) Bei Verträgen über Leistung an Erfüllungsstatt berechnet sich die Stempelabgabe nach dem Werte, zu dem die

Gegenstand der Besteuerung	Berechnung der Stempelabgabe
gatte gerechnet, der mit den Erben des verstorbenen Ehegatten gütergemeinschaftliches Vermögen zu teilen hat. 2. Überlassungsverträge zwischen Eltern und Kindern, auch eingekindschafteten, oder deren Abkömmlingen. Auf Beurkundungen von Übertragungen der Rechte des Erwerbers aus Verträgen der bezeichneten Art an andere Personen als an Abkömmlinge des ersten Veräußerers finden die unter a Abs. 2 Satz 1 dieser Tarifnummer vorgesehenen Einschränkungen der Stempelpflicht keine Anwendung. 3. Die Abtretung der Rechte aus dem Meistgebot und die Erklärung, für einen anderen geboten zu haben, sofern die Abtretung oder die Erklärung in dem Versteigerungstermin erfolgt oder sofern ein Gläubiger Meistbietender war, dem eine durch ein geringeres Gebot nicht oder nicht völlig gedeckte Hypothek, Grundschuld oder Rentenschuld zustand;	Gegenstände an Erfüllungsstatt angenommen werden. Wird in einem Kaufvertrage hinsichtlich des Kaufpreises eine Leistung an Erfüllungsstatt vereinbart, so ist der Vertrag wie ein Tauschvertrag zu versteuern. b) Wenn auf dem veräußerten Gegenstand ein Nießbrauchsrecht lastet, zu dessen Beseitigung der Veräußerer nicht verpflichtet ist, so ist der Steuerbemessung der Wert des veräußerten Gegenstandes zugrunde zu legen, sofern dieser Wert den Betrag der Gegenleistung (Ziff. 1 nnd 3 dieser Spalte) übersteigt. c) Wenn der Ersteher zur Zeit der Einleitung der Zwangsversteigerung Hypotheken- oder Grundschuldgläubiger ist, so tritt an die Stelle des Meistgebots, falls dieses hinter dem Gesamtbetrage der Hypotheken- und Grundschuldforderungen des Erstehers und der diesen vorgehenden Forderungen zurückbleibt, dieser Gesamtbetrag, sofern er nicht den Wert des Gegenstandes übersteigt. d) Wird bei einer Versteigerung, welche zum Zwecke der Auseinandersetzung unter Miteigentümern erfolgt, der Zuschlag einem Miteigentümer erteilt, so bleibt bei Berechnung des Stempels derjenige Teil des Meistgebots außer Betracht, welcher auf den dem Ersteher bereits zustehenden Anteil an den versteigerten Gegenständen fällt. Im

Gegenstand der Besteuerung	Berechnung der Stempelabgabe
	Falle der Gemeinschaft unter Miterben gilt im Sinne dieser Vorschrift jeder Miterbe als Miteigentümer nach Verhältnis seines ideellen Anteils am Nachlasse.
b) das Einbringen in eine Aktiengesellschaft, Kommanditgesellschaft auf Aktien oder Gesellschaft mit beschränkter Haftung . . . . Dem Einbringen von unbeweglichen Gegenständen steht gleich das Einbringen des Rechtes auf Auflassung sowie der Rechte aus Veräußerungsgeschäften der unter a Abs. 2 dieser Tarifnummer bezeichneten Art. Befreit ist: das Einbringen von Nachlaßgegenständen in eine ausschließlich von den Teilnehmern an einer Erbschaft gebildete Gesellschaft mit beschränkter Haftung. Zu den Teilnehmern einer Erbschaft wird auch der überlebende Ehegatte gerechnet, welcher mit den Erben des verstorbenen Ehegatten gütergemeinschaftliches Vermögen zu teilen hat;	1/3 des Entgelts einschließlich der auf der Einlage ruhenden, auf die Gesellschaft übergehenden Verbindlichkeiten und des Wertes aller sonstigen ausbedungenen Leistungen und vorbehaltenen Nutzungen oder, wenn das Entgelt aus dem Vertrage nicht hervorgeht, des Wertes des eingebrachten Vermögens.
c) die Überlassung von Gesellschaftsvermögen an einen Gesellschafter oder dessen Erben zum Sondereigentume seitens einer Aktiengesellschaft, Kommanditgesellschaft auf Aktien, Gewerkschaft, Gesellschaft mit beschränkter Haftung, offenen Handelsgesellschaft, Kommanditgesellschaft, Ko-	

Gegenstand der Besteuerung	Berechnung der Stempelabgabe
lonialgesellschaft oder einer dieser gleichgestellten Gesellschaft, seitens einer Gesellschaft oder eines Vereins des bürgerlichen Rechtes sowie seitens einer Genossenschaft	1/8 des Entgelts einschließlich des Wertes der ausbedungenen Leistungen und vorbehaltenen Nutzungen oder, wenn das Entgelt nicht aus dem Vertrage hervorgeht, des Wertes der überlassenen Rechte.
Der Überlassung von Grundstücken steht gleich die Überlassung des Rechtes auf Auflassung sowie der Rechte aus Veräußerungsverträgen der unter a Abs. 2 dieser Tarifnummer bezeichneten Art.	Bei Berechnung des Stempels bleibt derjenige Teil der zum Sondereigentum überlassenen Vermögensgegenstände außer Betracht, der auf den erwerbenden Gesellschafter nach der Kopfzahl der Gesellschafter entfällt.
Befreit ist: die Rückgewähr der von einem Gesellschafter eingebrachten Vermögensgegenstände an diesen Gesellschafter oder dessen Erben oder dessen Ehefrau, welche mit ihm in Gütergemeinschaft gestanden hat.	
d) Auflassungen und Anträge auf Eintragung der Begründung oder Übertragung von Erbbaurechten oder sonstigen Rechten, die ein Grundbuchblatt erhalten können, in Fällen der freiwilligen Veräußerung. . .	1/8 des Wertes des veräußerten Gegenstandes.
Der Antrag auf Umschreibung von Gesellschaftseigentum auf den Namen eines Gesellschafters unterliegt dem Auflassungsstempel auch dann, wenn nach den Vorschriften des Bürgerlichen Rechtes eine Auflassung nicht erforderlich ist. Der Auflassungsstempel ist nicht zu erheben, wenn die das Veräußerungsgeschäft enthaltende, in an sich stem-	Anmerkung zu Tarifnummer 11: **(Fassung von 1911.)** Stempelabgaben unter fünfzig Pfennig werden nicht erhoben. Höhere Beträge, welche nicht ohne Bruch durch zehn teilbar sind, werden auf den nächst höheren durch zehn teilbaren Betrag abgerundet; Stempelbeträge über 5 M., welche nicht ohne Bruch durch fünfzig

Gegenstand der Besteuerung	Berechnung der Stempelabgabe
pelpflichtiger Form ausgestellte Urkunde in Urschrift, Ausfertigung oder beglaubigter Abschrift vorgelegt wird. Eine das Veräußerungsgeschäft enthaltende Urkunde im Sinne dieser Vorschrift gilt als nicht vorhanden, wenn die Urkunde 1. das Rechtsgeschäft nicht so enthält, wie es unter den Beteiligten hinsichtlich des Wertes der Gegenleistung verabredet ist, 2. die Veräußerung eines Grundstücks durch einen Bevollmächtigten enthält, sofern die Veräußerung erweislich für Rechnung des Bevollmächtigten erfolgt ist, 3. die Überlassung der Rechte an dem Vermögen einer Gesellschaft seitens eines Gesellschafters oder dessen Erben an die Gesellschaft, an einen anderen Gesellschafter oder einen Dritten enthält, sofern nicht diese Personen Abkömmlinge des überlassenden Teiles sind, 4. die Überlassung von Vermögensgegenständen seitens der Gesellschaft zum Sondereigentum an einen Gesellschafter oder dessen Erben enthält, soweit nicht der Stempel zu c dieser Tarifnummer in voller Höhe zu entrichten ist oder die Befreiungsvorschrift zu c dieser Tarifnummer Anwendung findet.	teilbar sind, werden auf den nächst höheren durch fünfzig teilbaren Betrag abgerundet. Ausländische Werte sind nach den Vorschriften wegen Erhebung des Wechselstempels umzurechnen.

Gegenstand der Besteuerung	
Wird nach der Zahlung des Auflassungsstempels die Urkunde über das zugrunde liegende Veräußerungsgeschäft errichtet, so ist auf den zu dieser Urkunde nach a bis c dieser Tarifnummer erforderlichen Stempel der gezahlte Auflassungsstempel anzurechnen. Die Vorschriften über den Auflassungsstempel finden entsprechende Anwendung bei Anträgen auf Umschreibungen in öffentlichen Büchern, sofern das Grundbuch noch nicht als angelegt anzusehen ist. Befreit sind auf Antrag: **(Fassung von 1911.)** 1. Grundstücksübertragungen der in a und d dieser Tarifnummer bezeichneten Art, wenn der stempelpflichtige Betrag bei bebauten Grundstücken 20 000 M., bei unbebauten Grundstücken 5000 M. nicht überschreitet. Erwirbt dieselbe Person von demselben Veräußerer durch verschiedene Rechtsvorgänge mehrere Grundstücke oder Grundstücksteile, so sind die Übertragungen steuerpflichtig, wenn der Wert zusammen die angegebenen Beträge übersteigt, und die Umstände ergeben, daß der Erwerb zum Zwecke der Ersparung der Steuer in mehrere Rechtsvorgänge zerlegt worden ist. Was im Sinne dieser Vorschrift als bebautes und unbebautes Grundstück anzusehen ist, bestimmt sich nach dem § 1 des Zuwachssteuergesetzes. Die Steuerfreiheit tritt nur ein, wenn weder der Erwerber und sein Ehegatte im letzten Jahre ein Einkommen von mehr als 2000 M. gehabt haben, noch einer von ihnen den Grundstückshandel gewerbsmäßig betreibt. Wird festgestellt, daß der Erwerb für Rechnung eines Dritten erfolgt, so ist die Steuerfreiheit nur zu gewähren, wenn die Voraussetzungen für die Befreiung auch in der Person des Dritten vorliegen. Beurkundungen von Übertragungen der Rechte eines befreiten Erwerbers werden in betreff der Stempelpflichtigkeit auch dann wie Beurkundungen von Veräußerungen behandelt (a Abs. 2 Satz 1 dieser Tarifnummer), wenn der erste Erwerber das Veräußerungsgeschäft erweislich auf Grund eines Vollmachtsauftrags oder einer Geschäftsführung ohne Auftrag für einen Dritten abgeschlossen hat und die Übertragung der Rechte dieses ersten Erwerbers an den Dritten erfolgt. 2. Eigentumsveränderungen, denen sich die Beteiligten aus Gründen des öffentlichen Wohles zu unterwerfen gesetzlich verpflichtet sind.	Berechnung der Stempelabgabe s. unter d.

C. Entwurf zum Preußischen Ausführungsgesetz
f. Erläuterung zu §§ 35, 44, 58.

Gemeinsame Verfügung des Ministers des Innern und des Finanzministers an die Regierungspräsidenten:

„Am 1. April d. J. tritt das Reichszuwachssteuergesetz vom 14. Februar d. J. mit den aus den §§ 62 ff. sich ergebenden Maßgaben in Kraft. Die Landesregierungen haben gemäß § 35 Abs. 2 die für die Veranlagung und Erhebung der Steuer zuständigen Stellen zu bestimmen. Da die Frage der Veranlagungszuständigkeit eng mit der Regelung des Anteilsverhältnisses zwischen Gemeinde und Kreis verknüpft ist, sollen in dem preußischen Ausführungsgesetze, dessen Entwurf zurzeit dem Landtage vorliegt, auch die für die Veranlagung und Erhebung der Steuer zuständigen Stellen bestimmt werden. Da es zweifelhaft ist, ob der Entwurf noch bis zum 1. April d. J. verabschiedet werden wird, bestimmen wir, daß bis zum Erlasse des Gesetzes für die Veranlagungs- und Erhebungszuständigkeit die §§ 1, 3 und 5 des Gesetzentwurfs maßgebend sein sollen, und zwar auch hinsichtlich der steuerpflichtigen Rechtsvorgänge, die nach dem 31. Dezember 1910 bis zum Inkrafttreten des Reichszuwachssteuergesetzes stattgefunden haben (§ 62 desselben).

Von einer vorläufigen Regelung des Anteilsverhältnisses zwischen Gemeinde und Kreis gemäß § 58 des Reichsgesetzes sehen wir ab, da für die nächste Zeit ein praktisches Bedürfnis kaum hervortreten wird. Wenn in der Zeit bis zum Erlaß des Landesgesetzes Zuwachssteuerbeträge bereits einkommen sollten, so ist der nach Abführung der Reichs- und Staatsanteile (§ 3 Satz 2 des Ausführungsgesetzes) verbleibende Steueranteil von der Kasse der zuständigen Veranlagungsbehörde vorläufig voll zu vereinnahmen, vorbehaltlich einer später erforderlichen Abrechnung auf Grund der Vorschriften des Ausführungsgesetzes mit der Kasse des anteilsberechtigten anderen Kommunalverbandes.

Die Herren Regierungspräsidenten ersuchen wir ergebenst, diesen Erlaß und die Anlage dem Bezirksausschuß, den Landräten und Städten ihres Bezirkes bekanntzugeben."

Sachregister.

Die Zahlen ohne Zusatz weisen auf die §§ des Gesetzes hin.

A.

B.

F.

H.

L.

O.

P.

S.

V.

FSC
www.fsc.org
MIX
Papier | Fördert
gute Waldnutzung
FSC® C083411

Kolibri 360 GmbH
Ferdinand-Jühlke-Straße 7
99095 Erfurt, Deutschland
produktsicherheit@kolibri360.de

Soziologie und Raumplanung

Einführung in ausgewählte Aspekte

Herausgegeben von

Peter Atteslander

Mit Beiträgen von:

Peter Atteslander
Bernd Hamm
Frank Hollihn
Walter Molt
Fritz Nigg
Jörg Oetterli
Walter Zingg
Gisela Zipp

W DE G

1976

Walter de Gruyter · Berlin · New York

SAMMLUNG GÖSCHEN 2110

CIP-Kurztitelaufnahme der Deutschen Bibliothek

Soziologie und Raumplanung: Einf. in ausgew. Aspekte / hrsg. von Peter Atteslander. Mit Beitr. von Peter Atteslander ... – 1. Aufl. – Berlin, New York: de Gruyter 1976.

(Sammlung Göschen; 2110)
ISBN 3-11-004962-7

NE: Atteslander, Peter [Hrsg.]

Inhalt

Vorbemerkung

Der Titel dieses Göschen-Bandes ist mit Bedacht gewählt worden. Es heißt nicht „Soziologie der Raumplanung", sondern „Soziologie und Raumplanung". Damit soll verdeutlicht werden, daß wir über den heutigen Stand soziologischer Erkenntnis und Forschungsergebnisse zu berichten haben. Eine in sich geschlossene, systematische Fachdisziplin „Soziologie der Raumplanung" besteht nicht.

Raumplanung ist, wie im folgenden ausführlich darzustellen ist, gleichzeitig Gesellschaftspolitik. Die Ziele der Raumordnung sind unabhängig von Zielvorstellungen, die in einer Gesellschaft entwickelt werden, nicht denkbar. In dieser Beziehung ist die Darstellung von gesellschaftswissenschaftlichen Fragestellungen Voraussetzung für politische Entscheide und ebenso für gesetzliche und technische Maßnahmen. Die folgenden Seiten stellen deshalb auch einen Beitrag zum Thema der Beratung der Politik durch die Wissenschaft dar.

In der Praxis der Raumplanung, aber auch an Universitäten, Technischen Hochschulen und Akademien ist ein steigender Bedarf an Information über Wechselwirkungen zwischen Raumgestaltung und sozialem Verhalten bemerkbar. Die theoretische Fragestellung und die praktischen Probleme sind interdisziplinärer Natur. Weder nützen dem Praktiker theoretische Höhenflüge, wenn er vor der Aufgabe steht, zu einem bestimmten Zeitpunkt für einen bestimmten Raum bestimmte Maßnahmen vorzuschlagen, noch verbürgt ihm theorieloser Pragmatismus den dringend notwendigen Erfolg seiner Maßnahmen. Nichts ist praktischer als eine gute Theorie.

Vermag die Soziologie, insbesondere jene Soziologie, die sich mit Fragen der Raumordnung befaßt, eine solche Theorie anzubieten? Es fällt dem Soziologen leicht, die Fehler der Planer aufzuzeigen. Es fällt ihm dagegen schwer, dem Planer zu helfen, Fehler zu vermeiden. So verhängnisvoll es ist, daß Planer Entscheidungen treffen, ohne die gesellschaftlichen Wechselwirkungen, Vorbedingungen und Folgen ihres Handelns zu bedenken, so absurd ist es, wenn Soziologen ohne Kenntnis der wirtschaftlichen, politischen und technischen Bedingungen über Raumplanung schreiben.

Aus dieser Sachlage ergaben sich für den Herausgeber die Kriterien der Auswahl sowohl der Mitarbeiter wie auch der Themen. Die einzelnen Beiträge sind sowohl theorieverbunden wie auch praxisbezogen – auch wenn letzteres nicht immer unmittelbar sichtbar wird. Der vorliegende Band ist kein Rezeptbuch für den Raumplaner. Das einzige, möglicherweise aber wesentlichste Rezept, das angeboten wird, ist der Beitrag zur Bestimmung des Standortes, ein Hinweis auf die außerordentlich komplexen Wechselwirkungen und ein Verständnis für Vorbedingungen des Handelns.

So wenig sich der Soziologe der Aufgabe entziehen kann, sich in die technische Fachsprache des Planers und in die Formulierung des Gesetzgebers einzuarbeiten, so wenig kann der Soziologe dem Planungspraktiker eine billige Abkürzung anbieten, die an etablierten Begriffen der Sozialwissenschaft vorbeiführen würde. Interdisziplinarität kann sich nicht nur in der Koordination erschöpfen. Sie ist nicht als Addition von eigenen und fremden Begriffen zu verstehen, sondern bedeutet zunächst gegenseitige Begriffsklärung und deren theoretische Durchdringung.

Aus den dargelegten Gründen ist der vorliegende Göschen-Band kein Lehrbuch im traditionellen Sinn, dennoch aber ein Lehrmittel: Es soll drei Funktionen erfüllen:

(1) Es kann als Lehrmittel dienen für Vorlesungen und Seminare an Universitäten, technischen Hochschulen, Fachhochschulen und Akademien, die in steigendem Maße auch in der Ausbildung Probleme der Raumplanung behandeln.

(2) Es ist Lehrmittel zum Selbststudium für Sozialwissenschaftler, Architekten, Planer, Techniker, Verwaltungsfachleute, die sich über den heutigen Stand im angezeigten Bereiche zu informieren wünschen.

(3) Es dient als Nachschlagwerk für den Planungspraktiker, der sich über spezielle Probleme der Raumplanung, beispielsweise über Freizeit und Verkehr oder soziale Indikatoren, informieren will.

Insgesamt ist der vorliegende Band als Informationsvermittlung und Orientierungshilfe zu verstehen. Die sozialwissenschaftlichen Beiträge zur Raumplanung sind äußerst vielfältig und uneinheitlich. Sie finden sich zerstreut in zum Teil wenig zugänglichen Fachzeitschriften. Aus diesem Grunde ist das einführende Kapitel als mögliche Ordnungsgrundlage zu verstehen. Dem Leser wird nicht eine Lehrmeinung aufgezwungen, sondern vielmehr wird er aufgefordert, sich zu überlegen, wo er selbst steht. Die sich anschließenden Beiträge stellen Übersichten über einzelne Aspekte sozialwissenschaftlicher Ergründung praktischer Raumplanungsaufgaben dar. Damit ist, wie gesagt, das Gegenteil dessen erreicht, was Rezeptsammlungen anzubieten pflegen. Gefordert wird eine Auseinandersetzung mit dem gegenwärtigen Wissen, die Formulierung der ungelösten Fragen, die Einsicht in Rahmenbedingungen, denen die Maßnahmen der Raumplanung in Gegenwart und Zukunft unterliegen.

Diese Zielsetzung versucht das einleitende erste Kapitel zu erfüllen. Die Reihenfolge der weiteren Beiträge richtet sich weitgehend nach dem Allgemeinheitsgrad der Problemstellung.

Der Beitrag von *Gisela Zipp* über „Planungsziele – Planungswirklichkeit" stellt einen Problemaufriß der Zielfindungsprozesse im Bereich der Raumplanung dar. Dabei wird Planung primär als politischer Entscheidungsprozeß über bestimmte Werte, die implizit in die Planung eingehen, verstanden, und nicht mehr als ein Kombinationsproblem von Zielen und Mitteln, wobei die Mittel in der Regel die Ziele bestimmen. Die Absage an Leitbildkonzepte, die wegen ihrer Leerformelhaftigkeit eher verschleiernden als aufklärenden Charakter haben, führt zwangsläufig zu Fragen von Information, Informationsverarbeitungskapazität und Legitimation der am Planungsprozeß Beteiligten.

Bernd Hamm bezeichnet die Siedlungssoziologie als das Studium des Raum-Verhalten-Systems und klärt den Stellenwert des sozialökologischen Theorieansatzes in diesem Konzept ab. Neben der Darstellung der Entwicklung des sozialökologischen Denkens in der Siedlungssoziologie geht es um die theoretische und planerisch-praktische Beurteilung der Sozialökologie und um die Möglichkeiten ihrer Weiterentwicklung in eine allgemeine Theorie der Mensch-Umwelt-Beziehungen.

Die sozialpsychologischen Aspekte des raumbezogenen Sozialverhaltens von *Walter Molt* werden durch die Erörterung der Beziehungen zwischen physikalisch-wirklicher Welt und psychisch-kognitiver Welt eingeleitet. Unter Zugrundelegung der Terminologie von Lewins topologischer Psychologie folgt die Darstellung der psychologischen Raumkategorien: Orte und Bereiche, Grenzen und Wege, Territorium und Orbit. Die Erörterung des Grundproblems der Orientierung in einer physisch und sozial definierten Umwelt leitet über zur Frage der Planung und Feststellung.

Ausgangspunkt der Ausführungen von *Fritz Nigg* über die Verwendung sozialer Indikatoren ist die Feststellung, daß soziale Indikatoren mehr sind als ein Arbeitsinstrument zur zahlenmäßigen Erfassung gesellschaftlicher Sachverhalte. Bei ihrer Verwendung geht es ebenso um die Erfassung der dahinterstehenden sozialen Probleme, wie um die Wirkung der sie betreffenden politischen Maßnahmen. Gleichermaßen vielschichtig sind auch die Definitions-, Gliederungs- und Aggregierungsmöglichkeiten sozialer Indikatoren und ihre grundsätzliche Bedeutung für die Raumordnung.

Walter Zingg erörtert die Frage des Beitrages der soziologischen Mobilitätsforschung zur Erklärung von Wanderungsbewegungen. Soziale Mobilität kann, allerdings in der ganz spezifischen Form der „Chancengleichheit", als das oberste Ziel der Raumordnung verstanden werden. Auf dem Hintergrund eines soziologisch orientierten Wanderungsbegriffes werden Daten über den Zusammenhang zwischen Bewegungen im geografischen und sozialen Raum vorgestellt. Dabei wird auch der Frage nachgegangen, weshalb ein großer Teil der Bevölkerung seßhaft bleibt und keinen sozialen Aufstieg erreicht.

Partizipation ist zu einem Schlagwort der neueren Planungsdiskussion geworden. *Frank Hollihn* analysiert diejenigen Problemstellungen, vor die sich jedes Partizipationsmodell gestellt sieht. Diese Problemstellungen beziehen sich insbesondere auf Repräsentation der Betroffenen, Organisationsform der Vertretung, Legitimation des Vertretungsgremiums, Bedürfnisermittlung, Mobilisierung allgemein, Mobilisierung speziell der sozial benachteiligten Bevölkerungsgruppen und den institutionellen Rahmen der Partizipation.

Eine Beurteilung der Einwirkungsmöglichkeiten der Raumplanung auf die Freizeitgestaltung bedingt zunächst, wie *Jörg Oetterli* darlegt, eine Klärung der gesellschaftlichen Funktion der Freizeit einerseits sowie die Analyse der wesentlichen Einflußfaktoren auf Freizeitverhalten und Freizeitbedürfnisse der verschiedenen sozialen Gruppen andererseits. Der Beitrag der Raumordnung zur Realisierung von Freizeitbedürfnissen wird als indirekt dargestellt. Er besteht in der Schaffung der räumlichen Voraussetzungen und in der Sicherstellung der räumlich-zeitlichen Erreichbarkeit der Aktivitätszentren der Freizeit.

Die verschiedenen Beiträge erheben nicht den Anspruch auf Vollständigkeit. Ziel war, eine möglichst ausgewogene Auswahl zu treffen und einen Überblick über die wichtigsten Aspekte zu geben. Dabei ist zu bedenken, daß die bescheidenen Mittel, die bislang in die Erforschung sozialwissenschaftlicher Aspekte der Raumplanung geflossen sind, als Kriterium für die Beurteilung dargelegter Erkenntnisse zu gelten hat. Andererseits ist die Überheblichkeit von Sozialwissenschaftlern, auch wenn die bisherigen Fehler in der Raumordnung gravierend sind, unberechtigt und vor allem kein Grund dafür, sich nur ex post facto und ideologiekritisch zum Thema der Raumordnung zu äußern.

Augsburg, im Frühjahr 1976

Prof. Dr. *Peter Atteslander*

1. Sozialwissenschaftliche Aspekte von Raumordnung und Raumplanung

von *Peter Atteslander*

1.1 Raum und gesellschaftliche Planung

Raumplanung ist ein sozialer Prozeß. Unter Planung wird im allgemeinen zielgerichtetes Handeln verstanden, somit ist Raumplanung bewußte Veränderung räumlicher Nutzungen. Raumordnung dagegen ist der strukturelle Aspekt räumlicher Verhältnisse, von denen Raumplanung ausgeht, oder die sie zu erwirken sucht.

Die Nutzung des Raumes wird durch eine Reihe von Faktoren bestimmt: wirtschaftliche, juristische, physisch-geologische, psychologische und soziale. Ein bestimmter abgegrenzter Raum steht überdies immer im Gefälle der Nutzungen anschließender Räume. Die Gewichtung einzelner Faktoren kann je nach Art der Nutzung unterschiedlich sein. Dies trifft auch zu für die Definition der Ziele der Raumplanung. Immer werden indes alle Bereiche durch die im Planungsbegriff beschlossenen Handlungen und Entscheidungen beeinflußt. Wenn jemand irgendwo ein Stück Land erwirbt, ein Haus baut und das Land bepflanzt, betreibt er nicht Raumplanung. Wohl sind seine Handlungsmöglichkeiten durch die bestehende Raumordnung begrenzt und seine individuellen Pläne mögen durch raumplanerische Maßnahmen beeinflußt werden: Raumplanung indes bezieht sich üblicherweise auf umfassendere räumliche Gebilde und ihre Wechselwirkungen. Raumplanung ist ein allgemeiner Begriff. Städteplanung, Sanierungsplanung, Planung in ländlichen Räumen, Landesentwicklungspläne sind Teil der Raumplanung insgesamt. Damit wird deutlich, daß Raumplanung abhängt von einer Raumordnungspolitik, diese wiederum von der Gesellschaftspolitik.

Raumplanung ist ohne Frage ein Teil der gesellschaftlichen Planung. Dabei stellt sich heute nicht mehr die Frage, ob gesellschaftliche Planung notwendig oder sinnvoll sei, sondern, was besonders die entwickelten Industriestaaten betrifft, nach welchen Zielen, mit welchen Methoden, in welchem Ausmaße geplant werden muß. Diesen drei Problembereichen soll im folgenden nachgegangen werden. Es sind

(1) Zusammenhänge zwischen Gesellschaftsstruktur und Raumordnung zu erläutern,

(2) Probleme der Zielsetzung in Abhängigkeit von Macht und gesellschaftlichen Normen zu beschreiben,

(3) der Beitrag der Wissenschaft zu erläutern, welche die Rationalität in komplexen Entscheidungs- und Handlungssituationen erhöht, und es ist daher die Notwendigkeit systematischer Planung in den aufgezeigten Bereichen zu erläutern. Dies wird, notgedrungenerweise, aus der Sicht der Soziologie geschehen.

Wenn *Schäfers* schreibt „Planung ist die «Praxis» der Wissenschaft" [1,27, S. 5], weist er auf den Umstand hin, daß die Lebensbedingungen in hoch entwickelten Industriegesellschaften einerseits sich als Folge der wissenschaftlich begründeten technologischen Entwicklungen darstellen, daß andererseits wissenschaftliche Theorie und Methode in steigendem Maße dazu verwendet werden müssen, um unerwünschte Auswirkungen dieser Entwicklung zu vermeiden und wünschbare Verhältnisse zu ermöglichen.

Was ist zu vermeiden? Der in den westlichen Industriestaaten zur Verfügung stehende Raum wird nicht optimaler Nutzung zugeführt. Entleerungsgebieten stehen Ballungsräume gegenüber. Die Vorgänge massiver Abwanderung sind ebenso unerwünscht wie die Massierung der Menschen in Großstädten und ihren Randgebieten. Das Problem besteht keineswegs darin, daß die Bevölkerung ungleichmäßig in einem bestimmten Raum verteilt ist. Diese Ungleichheit bestand und besteht in verschiedenen Gebieten dieser Erde und zu verschiedenen Zeiten zivilisatorischer Entwicklung. Die Frage nach optimaler Verteilung der Bevölkerung und, abgeleitet davon, nach optimaler Nutzung stellt sich im Grunde erst dann, wenn das Überleben ganzer Gesellschaften gefährdet ist.

Die Geschichte lehrt, daß Raubbau an natürlichen Ressourcen unweigerlich den Untergang von Staaten, Kulturen und ganzer Völkerstämme herbeiführt. Das ominöse Wort vom „Lebensraum" beinhaltet den harten Kern, daß wertneutraler Raum nicht existiert, sondern Raum immer als Möglichkeit der Besiedelung und Bewirtschaftung zu betrachten ist. Dabei korrelieren Besiedelungdichte und Bewirtschaftung keineswegs, insbesondere nicht in hoch entwickelten Gesellschaften. Es ist durchaus denkbar, daß immensen Ballungsräumen weite Gebiete gegenüber stehen, die äußerst dünn besiedelt sind, und trotzdem wirtschaftlich genutzt werden können. Die menschliche Muskelkraft ist längst durch industrielles Potential auch im Agrarsektor ersetzt worden. Bekanntlich hat sich der Anteil der Bevölkerung im primären Sektor der Landwirtschaft laufend verringert, bei gleichzeitig erhöhter Produktivität. Es vermindert sich sogar der Anteil der erwerbstätigen Bevölkerung im sekundären Bereich der industriellen Produktion bei gleichzeitigem Anwachsen der Beschäftigten im tertiären Dienstleistungssektor.

Die letztlich wissenschaftlich begründete, naturwissenschaftlich-technologische bewirkte Veränderung gesellschaftlicher Strukturen, hat einerseits bewirkt, daß das einzelne Individuum unabhängiger geworden ist von Grund und Boden, ja zumindest theoretisch mobiler wurde, daß andererseits die Erreichbarkeit zentraler Funktionen zum Problem wurde. Darunter wären zu verstehen: Angebote der Bildung, Gesundheitsversorgung, Berufschancen, Kultur und Freizeitangebot.

Schichtmerkmale moderner Industriegesellschaften können dadurch gekennzeichnet werden, daß sich die Mittelschichten prozentual stark ausweiten, Ober- und Unterschicht, wie immer gekennzeichnet, zu Periphererscheinungen werden. Es kann darüber kein Zweifel bestehen, daß die sogenannten Mittelschichten denselben Prozentsatz erreichen wie die Bauern der vorindustriellen Gesellschaft: ca. 80 % der hochindustrialisierten Gesellschaft sind ihr zuzurechnen. Damit scheint endgültig eine dualistische Klassenstruktur, zumindest im ökonomischen Bereich, durchbrochen. Anstelle der dualistisch-konzipierten Klassengesellschaft, die in eine dünne Schicht der Eigentümer von Produktionsmitteln und eine Arbeiterklasse zerbricht, tritt das Problem der horizontalen Zergliederung, der disparitären Gesellschaftsstruktur. Unter disparitär ist zu verstehen, daß sich das Problem der sozialen und räumlichen Distanzierung einzelner gesellschaftlicher Gruppen, die ökonomisch ungefähr gleich gestellt sind, als wesentlicher ergibt, als jenes der Über- und Unterordnung.

Für das uns interessierende Problem der Raumordnungspolitik stellt sich schließlich die Frage, ob im Zuge einer sich insgesamt vermindernden ökonomischen Ungleichheit die Mehrzahl einer Bevölkerung dagegen der Ungleichheit der räumlichen Belastung gegenüber steht. Das heißt: Bei wachsender sozialer Sicherheit eines überwiegenden Teiles der Bevölkerung stellt sich vermehrt das Problem der räumlichen Erreichbarkeit lebensnotwendiger zentraler Funktionen. Der Begriff Erreichbarkeit, der in der Raumplanung oft verwendet wird, ist nicht lediglich als Funktion räumlicher Distanz zu verstehen. Er beinhaltet wesentlich auch kulturelle Barrieren, die es dem einzelnen auf Grund seiner gesellschaftlichen Position und oft abhängig von räumlichen Verhältnissen und verkehrstechnischen Bedingungen unmöglich machen, die Chancen seiner sozialen Mobilität wahrzunehmen.

Zwar kann ein bestimmter Raum geometrisch ausgemessen werden, gesellschaftlich betrachtet aber ist er immer und entscheidend Kulturraum, verstanden als sekundäre Umwelt des Menschen, von ihm angeeignet, transformiert und mit Symbolen belegt. Raumplanung ist also nicht zu verstehen lediglich als Beeinflussung der primären Gestalt eines Raumes im Sinne rein technischer Veränderungen physischer oder geologischer Gegebenheiten.

1.2 Gesellschaft und Raumordnung

1.2.1 Herrschaftsstrukturen und Raumordnung

Raumordnung hat es gegeben, seit Menschen diese Erde bewohnen und bearbeiten, Raumplanung, seit der Mensch gesellig lebt. So gab es Großstädte mit hoher Dichte und extremer Nutzung des Bodens zu Zeiten Roms. Auch die Stadtstaaten des Mittelalters sind ein Beispiel dafür, daß Raumordnung durch systematische Raumplanung entstand. Die Gestalt der Städte war bestimmt durch ihre geographische Lage, durch Zahl und soziale Struktur ihrer Bewohner, durch das Verhältnis zum Umland, das die Ernährung sicherte, durch die Verkehrssituation, die Handel und Handwerk förderten, und durch die strategische Lage und Distanz zu anderen Machtzentren. Kurz: Raumplanung regelte nicht nur äußere Form und Besitz, sondern war integraler Bestandteil einer das Verhalten der Menschen bis ins einzelne reglementierenden Gesellschaftsordnung. Es war nicht nur vorgeschrieben, wer wann wo und wie bauen durfte, sondern der Bewohner der Gebäude war auch durch Verordnung gehalten, beispielsweise eine bestimmte Kleidung zu tragen. Ein Höchstmaß an sozialer Kontrolle, durch Sanktionen öffentlicher Strafe aufrechterhalten, regelte nicht nur Privilegien, sondern auch das Alltagsverhalten. Die Stadtmauern waren wohl Verteidigung nach außen, aber auch Schranke nach innen, denn die nachts geschlossenen Stadttore ließen weder den Bewohner die Stadt verlassen noch den Fremden sie betreten. Die Planer jener Zeiten waren oft Künstler, Strategen, Handwerker und Kaufleute zugleich. Katasterpläne z. B. des alten Paris waren nicht trockene Vermessungsurkunden, sondern Kunstwerke, Buchhaltung der damaligen Herrschaftsstruktur und peinlich genaue Raumfixierungen zugleich. Zumindest zu diesen Zeiten verschmolz technische Präzision mit der Ästhetik der kalligraphischen Beschriftung und farblichen Ausgestaltung. So wird bei allen historischen Untersuchungen deutlich, daß Bauvorschriften zu allen Zeiten nicht nur menschliches Zusammenleben beeinflußten, sondern Ausdruck und Folge gesellschaftlicher Verhältnisse waren.

Ein wesentlicher Unterschied zwischen Raumordnung und Raumplanung früherer Zeiten und moderner Gesellschaften besteht dagegen hinsichtlich der Struktur und der Dynamik: Die Komplexität moderner Gesellschaften und die Dynamik der Veränderungen werfen qualitativ und quantitativ völlig neue Perspektiven auf. Die relative gesellschaftliche Geschlossenheit und Konsistenz vergangener Epochen wurden durch eine Vielfältigkeit von Faktoren abgelöst, welche die Nutzung des Raumes beeinflussen. So war etwa die vorindustrielle Gesellschaft durch eine relativ homogene Machtstruktur gekennzeichnet; die Macht wurde von den Herrschenden unmittelbar in Boden- und Raumnutzung angewendet. In den entwickelten Industriestaaten dagegen ist grundsätzlich von einer dispersen Machtstruktur zu sprechen. Die Machtausübung ist meist anonym mittelbar und wird trotz politischer Rahmenbedingungen, die sich in Nutzungsvorschriftn niederschlagen, weitgehend vom wirtschaftlichen Nutzen her bestimmt. Wettbewerb ist selbst in Staaten mit Zentralplanung zu verzeichnen: Der Wettbewerb um zentralen Grund und Boden wird anstelle von Banken, Konzernen und Finanzgesellschaften von rivalisierenden Parteiinstanzen getragen. Unterschiede ergeben sich allenfalls im Ausmaß des Verhältnisses von Grund und Boden, der im Besitz des Staates und der Kommunen ist.

Aus diesen wenigen Hinweisen wird deutlich, daß räumliche Ordnung nicht isoliert betrachtet werden kann. Sie ist nicht ein physischer Faktor, der sich in der Wirklichkeit erst nachträglich mit sozialen und kulturellen Faktoren mischt, sondern die räumliche Ordnung ist von vornherein eine Seite der gesellschaftlichen Ordnung, in der Weise, daß Raum und gesellschaftliches System einander bedingen [1,31].

1.2.2 Planungsziele als Funktion sozialer Strukturen und sozialen Wandels

Auf die Abhängigkeit der Raumplanung von der Raumordnungspolitik wurde bereits hingewiesen. Allerdings wird im allgemeinen die Zielsetzung raumplanerischer Maßnahmen äußerst allgemein gehalten. Dabei werden die Begriffe Raumordnung, Raumplanung, Landesplanung und Regionalplanung weder in Praxis noch im Schrifttum und Gesetzgebung einheitlich oder übereinstimmend verwendet [1,20, S. 684]. Ziel und Aufgabe der Raumordnung oder Raumplanung werden meist äußerst vage formuliert, Übereinstimmung besteht höchstens in Tautologien, indem, wie *Nigg* zu Recht feststellt, „die Aufgabe der Raumplanung darin bestehe, die räumliche Ordnung zu regeln“ [1,21, S. 68].

Diese Unbestimmtheit der Zielsetzung ermöglicht in der Praxis die Durchsetzung handfester Interessen einzelner Gruppen. Es ist zwar legitim, daß Partikularinteressen im politischen Kräftespiel vertreten werden. Inakzeptabel dagegen ist der Umstand, daß sie hinter allgemeinen Floskeln verborgen werden können. Die Zielsetzung, das Allgemeinwohl zu fördern, ist nur dann möglich, wenn Planungsabläufe nicht im Widerstreit von Partikularinteressen als Kompromißformel des geringsten gemeinsamen Nenners funktionieren, sondern als Folge umfassender politischer Willensbildung, als flexible und nicht starre Prioritätensetzung tatsächlich dem Wohl der Allgemeinheit zu dienen vermögen. Diesen Umstand hat *Tenbruck* beschrieben, als er von der Notwendigkeit der „Sekundärplanung“ sprach, die den Rahmen festzulegen hätte, in dem die zahlreichen, in sich geschlossenen, in ihrer Zielsetzung aber konfligierenden „Primärplanungen“ einzumünden hätten [1,31].

Die von *Tenbruck* verwendeten Begriffe sind mißverständlich. Unter Sekundärplanung könnte nämlich eine Folgeplanung verstanden werden, was aber keinesfalls gemeint sein kann. Seine Terminologie ist deshalb nur historisch zu verstehen: Die relativ isolierten Planungsziele, die weitgehend unabhängig von anderen, möglicherweise widersprüchlichen Zielsetzungen verfolgt werden, führen zu den angezeigten Konflikten. Im Grunde sollte also eine übergreifende „Sekundärplanung“, die als Folge dieser Konflikte postuliert wurde, „primär“ gesetzt sein.

Dies kann an folgendem Beispiel verdeutlicht werden: Zwei Nachbarstädte erarbeiten gleichzeitig und leider unabhängig voneinander ein Raumplanungskonzept. Jede dieser Städte in vergleichsweise ähnlicher topologischer Situation erstellt Bauleitpläne. Neue Wohnsiedlungen werden in beiden Fällen nach Südwesten gelegt, Industrie und Lärmzonen dagegen in die äußerste Ecke Nordwest. Dies hat zur Folge, daß zumindest eine Stadt mit ihrem neuen „ruhigen“ Wohnquartier direkt an das Industriequartier der anderen stößt. Wer die einförmigen amerikanischen Vorstädte kennt, findet ein weiteres Beispiel solch primärer Mikroplanung: Auf kleine Parzellen werden standardisierte Einfamilienhäuser gestellt. Beinahe mit Gesetzmäßigkeit wird dabei die Doppelgarage mit direktem Eingang in die Küche versehen, der Schlaftrakt jedoch in weitester Entfernung der „Lärmzone“ Garage und Küche. Allerdings wird die Schlafzone direkt an die Lärmzone des Nachbarhauses gelegt, bei dem wiederum eine „vernünftige“ Zielsetzung sich selbst ins Absurde führt, weil nur innerhalb der Parzelle, also isoliert überlegt wurde.

Auch auf die disparitäre Grundstruktur moderner Industriegesellschaften wurde bereits verwiesen. Der oft gebrauchte Begriff der pluralistischen Struktur ist zu vage, um das Phänomen der steigenden Distanz zwischen einzelnen gesellschaftlichen Gruppen einerseits und der steigenden Abhängigkeit von dem durch die technologische Entwicklung verursachten Wandel andererseits zu beschreiben. Gerade in der Raumordnung sind eindeutige Tendenzen der Standardisierung feststellbar. Es seien in diesem Zusammenhang die immensen Schlafstädte der Ballungsräume genannt: Sie sind keinesfalls „pluralistisch“.

Die von *Tenbruck* geforderte Sekundärplanung kann im Grunde gleich gesetzt werden mit einer ausformulierten Raumordnungspolitik. Sie beinhaltet keineswegs zentralistische Planungsbefugnis, noch ist sie als Diktat für raumplanerische Maßnahmen anzusehen. Wenn sie eine Rahmenordnung vorsieht, sind lediglich generelle Richtlinien zu erlassen, die einen weiten Spielraum für alternative Lösungen offenläßt. Eine solche Konzeption widerspricht keineswegs der Annahme, daß in einer „pluralistischen Gesellschaft“ schließlich auch pluralistische Ziele verfolgt werden können.

Die umfangreiche sozialökologische Literatur belegt hinreichend, daß Raumnutzungen weitestgehend von wirtschaftlichen Faktoren abhängen. Damit ist auch gezeigt, daß ökonomische Machtverhältnisse die effektive Raumordnung insbesondere in Städten und Großstädten bestimmen. Möglicherweise könnten verschiedene Zielvorstellungen der Bewohner festgestellt werden. Ihre Wirksamkeit ist jedoch beschränkt. Es kann eine deutliche Entscheidungshierarchie festgestellt werden: Zentrale Orte weisen derartige Bodenpreise auf, daß eine Nutzung meist nur durch die kapitalkräftigsten Gruppen möglich ist. Alternative Zielvorstellungen konnten bislang nicht verhindern, daß viele Stadtzentren nur wochentags während der Geschäftszeit genutzt werden, in der übrigen Zeit aber praktisch veröden. Vorstellungen über eine „erhöhte Lebensqualität" in Städten, über die „Erhaltung der Wohnlichkeit" haben bislang wenig auszurichten vermocht.

Im Grunde herrscht also kein Pluralismus in der Raumordnung, wohl aber eine steigende Segmentierung: Die seinerzeit in der Charta von Athen postulierte Aufgliederung der Bereiche menschlicher Tätigkeit in Wohnen, Arbeiten, Freizeit und Kultur hat praktisch zu deren Aussonderung geführt. Keine Rede davon, daß diese Bereiche in einem funktionalen Zusammenhang raumordnerisch gestaltet werden konnten. Im Grunde widersprachen sie vorherrschenden gesellschaftlichen Normen, gingen wie andere Leitbilder von einem Menschenbild aus, das als utopisch zu bezeichnen war. Ein ähnliches Beispiel finden wir in der Vorstellung der Gartenstadt. Typisch für derartige „architektonische" Vorstellungen ist auch *Le Corbusier,* der die Wohneinheiten auf Grund eines theoretischen Menschen entwarf, dem Modul, nicht aber das Sozialverhalten wirklicher Menschen berücksichtigte.

Die Zusammenhänge zwischen bebauter Umwelt und sozialem Verhalten, zwischen Nutzung und Bevölkerungsdichte wurden an anderer Stelle ausführlich behandelt [1,4]. Hier geht es darum, Zusammenhänge zwischen gesellschaftlichen Strukturen, Normen und Werten und Raumplanungskonflikten darzustellen. Raumordnungspolitik ist einerseits abhängig von Vorstellungen über gesellschaftliche Leitbilder, andererseits konkreten technologischen Infrastrukturen verhaftet. Während gesellschaftliche Leitbilder in den seltensten Fällen explizit formuliert werden, treffen wir in der Praxis auf ein Überwiegen von wirtschaftlichen Zielsetzungen. Es werden Landgebiete erschlossen, d. h. die Nutzung bestimmter Räume wird verändert. Es werden Kanalisationen, Straßen und Gebäudekomplexe projektiert. Die sozialen Auswirkungen indessen, die mittel- und langfristigen Folgen der Veränderung der Landnutzung, werden kaum je erforscht. Unter Infrastruktur verstehen wir ein Gefüge von Handlungsvoraussetzungen, ein höchst differenziertes, vom Bereich des Individuums über Gruppen und Institutionen sich zusammenbauendes System. Dies hat die Aufgabe, der Gesellschaft in ihrer ganzen Vielfalt einen existenz- und entwicklungsbegründenden Unterbau bereitzustellen [1,3]. Bei konkreten Raumplanungen ist meist nur ein Teil der sozialen Auswirkungen systematisch in die Planung einbezogen worden. Oft fehlt es an der Phantasie für alternative Nutzungsvorstellungen, geschweige am Engagement, sie auch durchzusetzen.

Zu oft geht Raumplanung von manifesten Bedürfnissen aus, d. h., es werden nur jene berücksichtigt, die artikuliert sind. Sie entsprechen im Grunde genommen Leitideen, die oft aus der Kritik herrschenden Ungenügens hergeleitet werden. Die dadurch entstehenden Infrastrukturen sind meistens nicht in dem Maße gesellschaftlich zukunftsbezogen, wie es wünschbar wäre.

Oft werden überdies Entscheide erst dann getroffen, wenn politischer Druck sie als unausweichlich erscheinen läßt. Es wird somit nicht aus Einsicht oder sogar Voraussicht geplant, sondern als Folge der Machtausübung bestimmter Gruppen der Bevölkerung, die partikulare Interessen verfechten. Die gegenwärtige Raumplanung ist deshalb vornehmlich reaktiv und kaum prospektiv.

Damit erkennen wir, daß die meisten Zielsetzungen Folgen des sozialen Wandels sind. Darunter verstehen wir die Veränderung gesellschaftlicher Strukturen, die Verlagerung von Werten und Normen. Der soziale Wandel in hochindustrialisierten Gesellschaften ist außerordentlich stark geprägt durch die wissenschaftlich-technologische Entwicklung. Diese dynamisiert einzelne Gruppen der Gesellschaft unterschiedlich. Es entstehen Disparitäten im Entwicklungsstand einzelner gesellschaftlicher Bereiche. Industrie- und Dienstleistungssektor sind beispielsweise stärker dynamisiert als etwa Landwirtschaft, Handwerk, Bildung. In einzelnen Fällen kann diese Disparität auch geographisch lokalisiert werden, indem Gruppen von

Menschen, die in Ballungsräumen leben, durchwegs stärker dynamisiert sind, mehr Ausbildungs- und Berufschancen haben, als etwa Bewohner von sog. Entleerungsgebieten. Erreicht der unterschiedliche Entwicklungsstand ein bestimmtes Maß, sind gesellschaftliche Konflikte unausweichlich. Die Raumplanungspolitik unterliegt der allgemeinen Zielsetzung, vermeidbare und langfristig verheerende Folgen dieser Entwicklung zu mildern und sogar zu vermeiden. Die Disparität der gesellschaftlichen Entwicklung entspricht weitgehend der Disparität der räumlichen Nutzung.

Weiterhin stellen die stärker dynamisierten Gruppen der Gesellschaft auch die wirtschaftlich potenten, politisch mächtigen dar. Sie sind besser in der Lage, Forderungen zu stellen bezüglich der Raumordnung und diese durchzusetzen, als jene, für die raumplanerische Maßnahmen besonders dringlich wären. Nicht wenige Landesentwicklungspläne (so z. B. der bayerische) gehen sogar explizit davon aus, an sich entwicklungsfähige Regionen stärker zu berücksichtigen als entwicklungsschwache. Es soll, so könnte man daraus schließen, nicht gegen den Trend geplant werden, sondern man will ihn höchstens beeinflussen, allenfalls besonders starke Entwicklungstendenzen zugunsten anderer abschwächen. In diesem Sinne haften vielen Raumplanungskonzepten reaktive Züge an.

1.3 Grenzen und Möglichkeiten der Raumplanung

1.3.1 Einstellung der Bevölkerung zur Planung

Die Bedingungen für die Abhängigkeit der Raumplanung von Raumordnungspolitik und damit auch von der Gesellschaftspolitik insgesamt zeigen zugleich ihre Grenzen und Möglichkeiten. Bei fehlender Raumordnungspolitik ist Raumplanung lediglich im Sinne der „Primärplanung“ möglich. Konfliktverminderung einerseits und Beeinflussung der räumlichen Aspekte sozialen Wandels andererseits sind langfristig nicht gewährleistet. *Jochimsen* hatte vor wenigen Jahren die Planungssituation in der Bundesrepublik charakterisiert: „Es besteht eine isolierte Planung der Ziele, eine isolierte Planung der Zuständigkeit und eine isolierte Planung der Mittel“ [1,12,

S. 6]. Damit ist nichts anderes ausgedrückt, als daß Planung selbst disparitär ist. In diesem Strukturmerkmal liegt zweifellos eine äußerst wirksame Begrenzung der Raumplanung und in der Überwindung dieses Zustandes, in der Koordination der Planungsfunktionen, deren Möglichkeiten.

Raumplanung wird weitgehend begrenzt durch das zu einem bestimmten Zeitpunkt politisch Machbare. Oft wird nicht nach Maßgabe der notwendigen Ziele, sondern der verfügbaren Mittel geplant. Über die sog. Sachzwänge des planerischen Alltags ist noch im Zusammenhang mit der Systemanalyse zu sprechen. An dieser Stelle sei erwähnt, daß die Begrenzungen nicht allein pragmatischer Natur sind: Koordination der Planungsaktivitäten kann nur dann erreicht werden, wenn die Wechselwirkungen in einem Planungssystem auch theoretisch geklärt und empirisch erforscht werden können. Die Möglichkeiten gesellschaftlicher Planung und damit auch der Raumplanung werden wesentlich durch die Zuverlässigkeit wissenschaftlicher Analyse und Prognosen bedingt.

Da letztlich Forschung und Planung von politischen Entscheiden abhängen, ist eine weitere, möglicherweise die wesentlichste, Begrenzung durch die Einstellung einer Bevölkerung zu Planungsfragen zu sehen.

Zweifellos hat sich die Einstellung einer breiten Öffentlichkeit zur Planung in den letzten Jahrzehnten gewandelt. Trotzdem sind gleichzeitig Planungsgläubigkeit und grundsätzliche Ablehnung zu verzeichnen. Je stärker die steigende Umweltbelastung ins Bewußtsein dringt, desto williger akzeptiert man die Notwendigkeit verstärkter Planung. Allerdings, Glaube und Sachkenntnis, Wunsch und Wirklichkeit klaffen auseinander, da Sachverstand nur wenige befähigt, die wirklichen Möglichkeiten abzuschätzen. Es wären tendenziell drei Stadien zu bezeichnen: (1) Planungsfurcht, (2) Planungseuphorie und (3) Planungsresignation. Bis zum 2. Weltkrieg wurde Planung – mit Ausnahme der in faschistischen und kommunistischen Staaten – allgemein als Eingriff in die Handlungsfreiheit von gesellschaftlichen Gruppen und Individuen betrachtet. Die Periode der Planungseuphorie beginnt mit der wachsenden Erkenntnis, daß dem freien Spiel der Mächte Einhalt zu bieten sei und insbesondere die Nutzung des Bodens zu regeln sei.

Die sich abzeichnende Überbevölkerung in einzelnen Teilen der Erde, das rapide Anwachsen großstädtischer Agglomerationen, das Ungenügen der Verkehrsinfrastrukturen, ja überhaupt die zahlreichen sich abzeichnenden Sozialkonflikte riefen nach umfassender Planung. Was die tatsächliche Planung insgesamt zu leisten vermochte, wurde oft überschätzt. Die Folge ist wachsende Resignation. Es wird bezweifelt, daß mit Planung die unerwünschten Entwicklungstendenzen überhaupt unter Kontrolle zu bringen seien und ihre Folgen abzuwenden wären.

Allerdings war die Einstellung der Bevölkerung nie einheitlich, ja die Befassung mit politischen Fragen, zu denen auch die Planungsfragen gehören, hat stets nur eine Minderheit intensiv interessiert. Von diesem Interesse aber hängt weitgehend der Grad der Informiertheit über Notwendigkeit und Möglichkeit der Planung in gesellschaftlichen Bereichen ab. Gesellschaftliche Planung war solange nicht möglich, wie sich ihr die herrschenden „politischen" Kräfte widersetzten. Sie ist in Zukunft nicht optimal durchführbar, wenn Politiker, nunmehr zur Einsicht ihrer Notwendigkeit gelangt, nicht auf den breiten Konsensus der Öffentlichkeit bauen können.

Die Einstellung zur Planung ist immer verbunden mit ganz spezifischen Vorstellungen vom Staate. Die bereits angesprochene Komplexität moderner Industriegesellschaften widerspiegelt sich denn insgesamt auch in den Strukturen, in denen geplant werden sollte. So dispers wie die gegenwärtigen Planungsstrukturen sind auch die Vorstellungen über Planungsziele. In demokratischen Staatsverfassungen ist die Entstehung von Prioritäten ein höchst komplexer Vorgang. Solche, die schließlich politische Relevanz erreichen, werden möglicherweise nach kurzer Zeit von der Tagesordnung gestrichen, durch andere ersetzt, wobei sich sowohl das Problem der Instabilität von Präferenzstrukturen ergibt, wie auch jenes der kurzfristigen Behandlung von im Grunde langfristigen Problemen. Zwar meint *Friedrich Tenbruck:* „Es müsse irgendwelche Vorstellung darüber bestehen, wie wichtig ein Zweck im Verhältnis zu anderen Zwecken ist oder wie sich die Befriedigung, welche man aus der Realisierung eines Zweckes ziehen würde, mit der Befriedigung vergleicht, welche man aus der Realisierung eines anderen Zweckes gewinnen könnte" [1,31, S. 111-112]. Es wäre zu fragen, was *Tenbruck* meint, wenn er von der Wichtigkeit eines Zweckes spricht. Wird Wichtigkeit mit partikularen Interessen gleichgesetzt, oder sind nicht vielmehr strukturelle Zusammenhänge gemeint?

Welche widersprüchlichen Vorstellungen über die Nutzung des Bodens in städtischen Agglomerationen, etwa bezüglich des Verhältnisses von öffentlichem und individuellem Verkehr bestehen, braucht kaum dargelegt zu werden.

1.3.2 Planung als Befriedigung von Bedürfnissen

Gesamtgesellschaftlich ist auf Grund der Unübersichtlichkeit der zu regelnden Probleme für den einzelnen der „relative Gratifikationswert" [1,31], also der Nutzen von planerischen Maßnahmen, in den wenigsten Fällen erfaßbar. Der einzelne weiß im Grunde nicht, was er wünschen könnte; meist wünscht er nur, was er als unbefriedigend zu beseitigen sucht. Es sind auch Gruppen- und Interessenverbände an Partikularinteressen orientiert, und sie vermögen nicht langfristige Nebenwirkungen zu ermessen, die im erfolgreichen Verfolg ihrer Ziele entstehen können.

Planungsziele wären indes nicht nur auf Grund von festgestellten oder manifest geäußerten Bedürfnissen zu formulieren, sondern müßten sich nach umfassenden, vorstellbaren zukünftigen Bedürfnissen richten, die sich als Ergebnis systematischer Forschung als wahrscheinlich ergeben. Planung hat nicht nur existente Bedürfnisse zu befriedigen, sondern setzt Schöpfung neuer zukünftiger Bedürfnisse voraus [1,3]. Diese Aussage mag entweder absurd klingen oder Befürchtungen auslösen, als wäre hier in totalitärem Sinne von Planung die Rede, Verplanung des Menschen also, wie sie kürzlich *Schelsky* als unausweichlich darstellte. „Das Zwingende in dieser Entwicklung" (er spricht von einer neuen sozialen Heilsreligion) „beruht darin, daß die moderne Gesellschaft aufgrund technischer und sozialer Strukturveränderungen, die in ihrer Richtung unaufhaltbar sind, neue Funktionen oder Leistungsformen für die «Produktion des Lebens» schafft, die der Macht von Menschen über Menschen im großen Stile und Umfange neue Chancen und Grundlagen geben" [1,28, S. 367].

Macht von Menschen über Menschen ist in unserer Gesellschaft nicht ohne Institutionen denkbar. Diese wiederum sind Herrschaftsgefüge, die im Grunde unabhängig vom einzelnen Menschen funktionieren. Von welcher „Entwicklung" *Schelsky* auch sprechen mag, Planung würde gerade darin bestehen, die einfache Fortschreibung eines Trends zu durchbrechen. Planung hat sich also gegen eine Verplanung des Menschen zu richten. Sonst wäre nicht von Planung im kreativen Sinne die Rede, sondern nur vom Vollzug längst erbrachter Entscheidungen.

Die Vorstellung darüber, welche Bedürfnisse in Zukunft zu befriedigen sind, welche Wünsche der Menschen möglicherweise durch Planung selbst initiiert und gefördert werden können, ist heute weitgehend eine Sache der Imagination.

Dies kann aus soziologischer Sicht am Beispiel des Verhältnisses von Bevölkerungsdichte, Bevölkerungsstruktur und Rollengefüge in bestimmten Räumen und dem Grad der sozialen Kontrolle dargestellt werden: In dünn besiedelten ländlichen Räumen, deren Bevölkerung Merkmale einer relativen Rolleneinfalt aufweist, ist tendenziell die soziale Kontrolle hoch, d. h. menschliches Verhalten, das von geltenden Normen abweicht, wird sanktioniert. In dicht besiedelten städtischen Ballungsräumen, mit komplex strukturierter Bevölkerung und Rollenvielfalt, ist die soziale Kontrolle in der Tendenz gering. Ja sie ist so gering, daß zu Recht von der Erscheinung der Vereinsamung und Isolation vieler Menschen gesprochen werden kann. Diese Isolation, die Kontakt-Armut, kann durch räumliche Bedingungen weitgehend mit verursacht werden. Es ist also vorstellbar, daß sich in den nächsten Jahrzehnten ein gesellschaftliches Bedürfnis nach neuartigen Formen der sozialen Kontrolle entwickelt, die einerseits einen bestimmten freiheitlichen Spielraum lassen, andererseits aber Möglichkeiten des solidarischen Verhaltens bieten.

1.3.3 Begrenzung durch Sachzwänge

Wenn wir an einen bestimmten Grad der Selbstbestimmung des Menschen und an die Möglichkeit glauben, sozialen Wandel steuern zu können, so ist es inakzeptabel, unter dem Diktat vorgegebener Sachzwänge zu planen. Denn diese Sachzwänge, ob sie politischer oder wirtschaftlicher Natur sind, kommen nicht von ungefähr, sind nicht ein für allemal gesetzte Regeln, denen wir schicksalshaft ergeben sind. Sachzwänge, wie sie sehr oft im einzelnen Falle als Rahmenbedingungen für Planungen auferlegt sind, sind nichts anderes, als vom Menschen selbst geschaffene Beschränkungen. Sie können, ja sie müssen verändert werden.

Der Gedanke, Planung in der heutigen Gesellschaft lediglich als Folge von Sachzwängen ansehen zu müssen, ist erschrekkend. Trifft es nicht zu, daß Planungsaufträge oft erst formuliert werden, wenn das Bewußtsein für bestimmte Probleme in der Öffentlichkeit gestiegen ist? Es stellt sich die Frage, wie hoch der „Druck“ der öffentlichen Meinung steigen muß, bis ein Problem von Regierung oder Verwaltung als so vordringlich erkannt wird, daß Maßnahmen erfolgen. Planung wird dergestalt in nicht wenigen Fällen zu willkürlichen Zeitpunkten in Gang gesetzt und nicht dann, wenn sachliche Notwendigkeit dies gebietet. Andererseits stellt sich auch die Frage, ob nicht mangelnde Einsicht der Öffentlichkeit oft einen Sachzwang ergibt, dann, wenn zukunftsbezogene Vorschläge von Regierung und Verwaltung auf unfruchtbaren Boden fallen.

Wir haben grundsätzlich den „Sachzwang“ der isolierten Planung der Ziele zu untersuchen. Darüber hinaus wären Planungstermine aus dem Sachzwang politischer Opportunität zu befreien. Integrierte Planung als gesellschaftspolitische Planung muß unbedingt selbst Ziele und Termine setzen. Menschen, die planen, und Institutionen, die Planung ermöglichen, sollten in Zukunft mehr als bisher die Öffentlichkeit informieren. Sind sie heute dazu imstande? Die vielfältigen Fragen nach der Stellung der wissenschaftlichen Information bleiben bis heute weitgehend ungelöst. Sollen die Probleme des gesellschaftlichen Wandels bewältigt werden, sind weder isolierte Planung der Ziele noch isolierte Ziele für die Planung tolerierbar.

Der Sachzwang der isolierten Planung der Mittel ist ebenfalls zu durchbrechen: Das Planungssystem hat sich aus der Konstellation der Probleme zu ergeben und darf nicht, wie dies heute zu oft geschieht, durch zufällige Beschränkung der Mittel definiert werden. Besondere Aufmerksamkeit ist dabei der Abgrenzung von Planungsgebieten und der Bestimmung von Planungsobjekten zu schenken. Schließlich darf die Problemauswahl nicht auf Grund willkürlich zur Verfügung stehender finanzieller und technischer Mittel getroffen werden. Es sind vielmehr die institutionellen Voraussetzungen für die Planung gemäß den Problemen zur Verfügung zu stellen, um zu verhindern, daß nur jene Probleme überhaupt systematisch erfaßt werden können, für die zufällig und in diesem Sinne willkürlich Institutionen und Planungsgremien zur Verfügung stehen.

Der „Sachzwang" der heute bestehenden politischen und verwaltungstechnischen Zuständigkeiten diktiert weitgehend die Zuordnung der Probleme. Es wäre aber zu fordern, daß die Problemkonstellation allein die jeweilige Zuständigkeit zu diktieren hat. Daraus folgt, daß neuartige politische und wissenschaftliche Institutionen zu schaffen sind. Anders wird der soziale Wandel kaum bewältigt werden können. Starre Institutionen werden ihn eher verhindern als ihn fördern. Ist der soziale Wandel einmal nicht mehr unter Kontrolle, so ist er eine unberechenbare Quelle zukünftiger sozialer Konflikte, für die es weder Lösungen geben wird noch Regelungen gefunden werden können. Dieser Zustand tritt dann ein, wenn ein großer Teil der Bevölkerung der Resignation verfällt. Resignation bedeutet soziale Inaktivität und wird zum größten Hindernis für jegliche Planung überhaupt.

1.3.4 Begrenzung durch fehlende Theorie

Die historisch bedingten Strukturen wissenschaftlicher Institutionen ergaben das Bild, daß zwar eine Unzahl von Teilaspekten der physischen und psychischen Umwelt untersucht wird, daß bislang indessen weder die Koordination einzelner Institutionen noch die Gründung neuartiger Formen wissenschaftlicher Forschung in der Lage waren, mehr als nur erste Schritte im Erfassen wechselwirkender Zusammenhänge vorzulegen. Obwohl die Wissenschaft selbst Ursache ist für gesellschaftliche Innovationen, ist sie selbst sozialen Strukturen verhaftet, die den Wandel ihrer eigenen Institutionen hemmen. Obwohl ihre Ausstattung und die Finanzierung der Forschung von politischen Instanzen abhängen, sind nicht in erster Linie außerwissenschaftliche Faktoren als vielmehr erkenntnistheoretische Probleme maßgeblich dafür verantwortlich, daß es bislang zu einer umfassenden Wissenschaft der menschlichen Umwelt und gesellschaftlichen Systeme nicht gekommen ist. Es ist fraglich, ob eine „Totalität" der Erfassung von Wechselwirkungen je erreichbar ist, noch ob sie gar wünschbar wäre.

Eine Totalität der Erfassung gesellschaftlicher Wechselwirkungen hat bereits in den 30er Jahren *Mannheim* gefordert [1,19]. Die existenzbedrohenden Störungsanfälligkeiten, die die modernen Industriegesellschaften aufweisen, seien durch möglichst umfassende Planung zu verringern. Er sprach von „Gleichzeitigkeiten des Ungleichzeitigen", von einer zeitlichen Koexistenz von nicht miteinander vereinbaren Einzelentwicklungen. Die daraus entstehenden Konflikte gefährden das gesellschaftliche Systeme insgesamt. *Mannheims* „Disproportionalitäten" wurden von uns als strukturelle Disparitäten bereits beschrieben. Planung soll nach *Mannheim* den Widerspruch zwischen der „Entwicklung der technischen Naturbeherrschung" und der „Entwicklung der moralischen Kräfte und des menschlichen Wissens und die Ordnung und Lenkung der Gesellschaft" aufzuheben versuchen.

Eine prononcierte Gegenstellung nahm wenig später *Karl Popper* ein, der umfassende Planung aus erkenntnistheoretischen Gründen für unmöglich hält [1,24]. Auf der theoretischen Betrachtungsebene wirkte nach *Popper* der umfassende Gesellschaftsplan zwar überzeugend. Da aber Zukunft nie eine Angelegenheit des Wissens sei, sieht er in der Realisierung notwendigerweise die Notwendigkeit von „Aktionen, die der holistische Sozialingenieur nicht geplant hat und für die er auch keine theoretische Anleitung besitze". Die umfassende Gesellschaftsplanung denaturiere zur zentralen oder kollektivistischen Planung und die in der Praxis bald ungeplante Planung werde sich in ihre eigene paradoxe Verneinung umwandeln. Aus theoretischen wie praktischen Gründen sieht er überhaupt nur die Möglichkeit der Planung der kleinen Schritte, in seinen Worten, das „piecemeal social engineering".

Die Gegenposition von *Mannheim* und *Popper* sind auch heute noch keineswegs überwunden. Wenn wir an anderer Stelle davon gesprochen haben, daß Planung die „Praxis" der Wissenschaft darstelle, wird deutlich, daß das weitgehende Versagen der Beratung der Planung durch die Wissenschaft an ungelösten theoretischen Fragen zu messen wäre.

Ob Anspruch auf Totalität, ob Planung als Methode der kleinen Schritte, wesentlicher wird sein, ob durch Planung die „richtigen" Schritte ermöglicht werden. Mit dem Hinweis auf „richtig" wird indessen eines deutlich: Die Entscheidung, was richtig ist oder nicht, ist eine Wertentscheidung. Nun setzt Wissenschaft selbst keine Werte, noch ist es an ihr allein, normative Entwürfe der Gesellschaft vorzulegen. Durch die wissenschaftlich-technologische Entwicklung werden grundsätzlich Wertordnungen verändert, der Wert etwa der „Gesundheit" wird durch die biologisch-medizinische Errungenschaften beeinflußt. Werte und Normen sind indes soziale Prozesse, d. h. Gruppen und Menschen belegen die Folgen wissenschaftlicher Erkenntnis mit Werten, sie deuten sie und steuern insgesamt ihre Nutzanwendung.

In ähnlichem Sinne kann wissenschaftliche Erkenntnis normativ wirken, indem sie menschliches Verhalten langfristig beeinflußt. Normen selbst setzt sie nicht. Die technische Möglichkeit, ein Atomkraftwerk zu erstellen, wirkt nicht normativ. Das Verhalten einzelner Menschen und ganzer Gruppen wird durch unterschiedliche Normen geprägt. Ob die technische Realisierung eines Atomkraftwerkes politisch möglich ist, hängt von der Durchsetzung vorherrschender Normen ab. Normative Vorstellungen, wie die Energieversorgung der Zukunft sein sollte, widersprechen in nicht wenigen Fällen normativen Vorstellungen, wie die menschliche Umwelt aussehen sollte.

Vorstellungen über die Gefährdung menschlichen Lebens durch nicht endgültig abgeklärte Folgeerscheinungen bei der Herstellung von Atomenergie können politisch so wirksam werden, daß sie das Ausmaß der Verwirklichung bestimmen, möglicherweise den Bau weiterer Kraftwerke verhindern. Die Auswirkung technologischer Entwicklungen ist nur indirekt und langfristig als ein Faktor unter vielen anderen zu sehen, die normative, d. h. verhaltensbestimmende Formen menschlichen Zusammenlebens prägen.

In diesem Sinne verstehen wir bauliche und räumliche Infrastrukturen als Beeinflussung und Ermöglichung von Verhaltensweisen. Der Bau eines Schulhauses, das an einem ganz bestimmten Ort in einer spezifischen Gemeinde mit einer feststellbaren Bevölkerungsstruktur geplant und gebaut wird, sollte nach der zukünftigen Entwicklung der Bevölkerung konzipiert sein, ist selbst als bauliches Aggregat nichts anderes als Gehäuse für Leistungsdisposition. Die Lehrer können schließlich weder in Privathäusern noch im Freien unterrichten: Sie bedürfen der Infrastruktur „Schulhaus“. Das Gebäude aber ist nur ein Teil der Infrastruktur „Bildungsausstattung“. Die Art, wie das Schulhaus gebaut wird, welche Räumlichkeiten vorgesehen sind, was an ihm „multifunktional“ vorgesehen ist, kann neue Bedürfnisse erwecken: Die althergebrachte Schulbibliothek kann beispielsweise durch ein Informationszentrum ergänzt werden, dessen technische Ausstattung neue Bedürfnisse der Gemeindebewohner erst weckt.

An diesem Beispiel soll deutlich werden, daß allein die geschätzte Zunahme der Bevölkerung, ihre Altersstruktur und ihre soziale Schichtung nicht ausreichen, um später neuen normativen Vorstellungen gerecht zu werden. Das Schulhaus selbst wird dann projektiert und realisiert werden können, wenn es den geltenden und vorherrschenden tatsächlichen Normen im Bereich Bildung entspricht. Rechtliche Bestimmungen sind dafür maßgebend, in welchem Ausmaße und in welcher Art Schulbildung zwanghaft für alle gilt. Die Inhalte der Bildungsvermittlung wiederum sind von alternativen bestehenden, aber auch von zukünftigen normativen Vorstellungen abhängig. In ein und demselben Gebäude können theoretisch unterschiedliche normative Inhalte vermittelt werden, es begrenzt aber zugleich die Alternativen.

Diese Zusammenhänge zeigen auch Beispiele der Hochschulplanung: Noch vor wenigen Jahren wurden einerseits große und modernst eingerichtete Riesenhörsäle gebaut (ETH-Zürich), die ausschließlich Vorlesungsbetrieb ermöglichen. Gruppenarbeit ist in diesen Gebäuden aus räumlichen Gegebenheiten nicht möglich. Andererseits gibt es Universitäten, die praktisch nur über Kleingruppenräume verfügen und einen einzigen erreichbaren Hörsaal aufweisen. Praktisch ist Vorlesung nicht möglich. Normative Vorstellungen über Unterrichtsform haben also bauliche Strukturen zur Folge, die in den beiden genannten Fällen komplementäre Verhaltensweisen nicht erlauben.

Damit sind selbstverständlich Zusammenhänge zwischen Theorie und Prognose angesprochen. Sie sind so wichtig, daß sie später ausführlicher behandelt werden. Jetzt soviel: Ohne Theorie ist eine Überprüfung der Verläßlichkeit von Prognosen nicht möglich. Theoretische Aussagen sind so zu formulieren, daß sie durch Forschung überprüft werden können. Es ist Aufgabe der Wissenschaft festzustellen, inwiefern spezifische Werte spezifisches Handeln der Menschen bedingen. Sie muß erforschen, wie Werte entstehen, in welchen Strukturen sie zu welchen Veränderungen führen. Diese Aufgabe ist in erster Linie theoretischer Natur, in zweiter das Tätigkeitsfeld empirischer Forschung.

Es besteht, wie der ungelöste Konflikt zwischen Totalität der Planung und Planung der kleinen Schritte gezeigt hat, keine umfassende Planungswissenschaft. Wohl ist in den letzten Jahrzehnten eine Reihe theoretischer Entwürfe aufgestellt worden, jedoch entziehen sich diese entweder der empirischen Überprüfung weitgehend, oder es fehlen Mittel, Institutionen, Fachleute und die Bereitschaft von Planungsinstanzen, die eine langfristige Überprüfung gesellschaftlicher Zusammenhänge und Auswirkungen von Planungsmaßnahmen ermöglichen.

Des weiteren ist es illusorisch anzunehmen, daß ausschließlich die Soziologie in der Lage wäre, eine solche Planungstheorie zu entwerfen. Vielmehr umfaßt der theoretische Auftrag mehrere wissenschaftliche Disziplinen, um nur die wichtigsten zu nennen: Politologie, Ökonomie, Sozialökologie, Geschichte, Sozialgeographie, Recht und nicht zuletzt die „technischen" Wissenschaften insgesamt. Die Soziologie ist nur eine Perspektive raumbezogenen gesellschaftlichen Verhaltens, und es kann und soll von ihr nicht erwartet werden, daß sie Anweisungen darüber gibt, wie die Gesellschaft, für die Raumplanung konzipiert wird, aussehen soll.

Die Gestaltung der Zukunft wird zwar von der Wissenschaft beeinflußt, aber nicht bestimmt: Die Forschung, wie es zu Zielvorstellungen kommt, wie sie wirken, ändert nichts an der Tatsache, daß Entscheidungen zwischen möglichen Alternativen politischer Natur sind. Die Bürger eines Staates selbst tragen grundsätzlich die Verantwortung dieser Entscheide. Wissenschaft beeinflußt möglicherweise die Politik, kann und soll sie aber nicht ersetzen.

Daß die Verhältnisse zwischen Politik und Wissenschaft nicht nur weitgehend unerforscht, sondern auch ungelöst sind, zeigt sich gerade in der Planung. Diese Probleme werden vornehmlich in der Politologie behandelt, wobei festgestellt wurde, daß dezisionistische Entscheidungssysteme nicht mehr ausreichen, um die anstehenden Planungsaufgaben zu erfüllen. Weder ist ein Diktat der Politik gegenüber der Wissenschaft denkbar, noch kann Politik lediglich als Vollzugsinstitution wissenschaftlicher Programme gedacht werden.

Der Satz, Planung sei die Praxis der Wissenschaft, bezieht sich sowohl auf die Bedingungen, unter denen die Wissenschaft zur Lösung politischer Probleme herangezogen wird, als auch auf die internen Bedingungen der Wissenschaft selbst. Es gilt abzuklären, welche theoretischen Erkenntnisse sie besitzt, die verläßliche Prognosen gestatten.

Die Planungswirklichkeit kann nicht warten, bis irgendeine endgültige, umfassende einzig wahre Theorie gefunden wird. Theorien von der Gesellschaft sind überdies selbst einem

Wandel unterworfen. Das Ziel wissenschaftlichen Bemühens in diesem Bereich hat sich also nicht an einem fiktiven Maximum, sondern an einem erreichbaren Optimum auszurichten. Wenn *Zetterberg* schreibt: „In einer heute noch utopischen Zukunft, in der wir alle relevanten soziologischen Theorien kennen, werden wir sagen können, warum irgendeine beliebige soziale Gruppe ... sich in ihrem gerade gegebenen Zustand befindet, und wir werden voraussagen können, wie sie unter bestimmten anderen Bedingungen voraussichtlich aussehen wird", spricht er im Grunde nicht nur von einer „utopischen Zukunft", sondern auch von einer utopischen Erwartung, von den Möglichkeiten der Theorienbildung überhaupt. Gerade diese Vorläufigkeit aller Theorie bändigt die Gefahr des theoretischen Totalitarismus [1,36, S. 107].

Die Betonung der theoretischen Bezüge hat folgende Gründe: (1) Es sind nicht die Bedingungen, unter denen wissenschaftlich gearbeitet wird, nicht die fehlenden Mittel und Organisationen allein dafür verantwortlich, daß der Beitrag der Wissenschaft, insbesondere auch der Beitrag der Soziologie, zur Planung noch keineswegs das notwendige Ausmaß erreicht hat. (2) Es sind gleichermaßen die ungelösten theoretischen Probleme der menschlichen Umwelt für den unbefriedigenden Stand der effektiven Planung und der Planungsdiskussion verantwortlich.

Daraus folgt die Forderung, daß sich die Wissenschaft selbst stärker theoretisch bemühen muß, wobei sie allerdings der Umstand weitgehend hindert, daß unter dem alltäglichen Druck der Planungspraxis Ressourcen leichter erhältlich sind für erfolgversprechende direkte Anwendung wissenschaftlicher Methoden als für die theoretische Forschung, für die kein unmittelbar praktischer Erfolg verbürgt werden kann. Diese Sachlage hat dazu geführt, daß technologische Planungsmethodik sehr viel umfangreicher finanziert wurde als die gesellschaftswissenschaftliche, wobei die vornehmlich technologische Planung notwendigerweise selbst immer mehr soziale Planungsaufgaben produziert.

Halten wir zusammenfassend fest: Weder kann eine vernünftige, auf bestehende und zukünftige menschliche Bedürfnisse abgestimmte Raumplanung von der Soziologie allein geprägt werden, noch kann auf Soziologie verzichtet werden. „Raumordnende Maßnahmen greifen ... immer, auch wenn sie nur als kurzfristiger Eingriff geplant sind, langfristig in das gesellschaftliche Lebensgefüge ein. Die sich aus diesen Maßnahmen ergebende gesellschaftliche Umstrukturierung beeinflußt die zukünftige Zuordnung der gesellschaftlichen Funktionen und Gruppen im Raum. Eine einfache «geplante» Raumordnung ohne Kenntnis der gesamtgesellschaftlichen Zusammenhänge, nicht nur der ökonomischen, ist deshalb in sich widerspruchsvoll“ [1,16].

Zwar verändern raumplanerische Maßnahmen gesellschaftliche Bedingungen und damit, wenn auch über viele Vermittlungsinstanzen, die Gesellschaft selbst. Raumplanung setzt gesellschaftliche Ziele voraus, ist selbst gesellschaftspolitisch wirksam. Nur: Raumordnung und Raumplanung sind nicht identisch mit Gesellschaftspolitik. Zwar wird, wie dies *Chombard de Lauwe* es ausdrückte, „das Bild der Gesellschaft auf den Boden geschrieben“ [1,6]. Der Boden selbst ist indes nur Paradigma für gesellschaftliche Strukturen und Aktivitäten. Eine Umgestaltung der Gesellschaft durch Raumplanung allein ist jedoch illusorisch.

Dazu *Ronge:* „Die politologische Planungsforschung hat Grund zur Besinnung: Ihr ist die Planungspraxis davongelaufen. Wurde anfangs die Einführung von Planungsinstitutionen, -instrumenten und -methoden euphorisch begrüßt, so möchte man heute bereits die Planungsfelder begrenzt sehen. Beide Haltungen – Euphorie und Skeptizismus – dokumentieren gleichermaßen das Unvermögen zur Analyse und Erklärung des Phänomens „Planung“ [1,25, S. 137].

Dies trifft im wesentlichen auch für die soziologische Planungsforschung zu. Auch ihr ist praktisch die Planungspraxis davongelaufen. Die Integration soziologischer Kenntnisse in die Planung selbst hat nur in Ausnahmefällen stattgefunden. Einerseits werden in der Planung oft soziologische Argumentationen ex post facto zur Stützung bereits vorgefaßter und systematisch nicht geklärter Aussagen verwendet, während ihrerseits die Soziologen die Planungspraxis im Sinn einer ideologiekritischen Betrachtung ebenfalls ex post facto beurteilten und nicht selten verurteilten. Dazu gesellt sich der insgesamt unsystematische und unvollständige Einsatz der Methoden der empirischen Sozialforschung [1,4, S. 24ff.].

1.4 Systemtheoretische Aspekte der Planungssoziologie

1.4.1 Systemtheorie und Analyse sozialer Systeme

Die Planung als sozialer Prozeß ist grundsätzlich zielbezogenes Tätigkeitsgefüge, das systemtheoretisch nach dem Prinzip der Rationalität strukturiert ist. Es sind deshalb im folgenden Unterschiede zwischen sozialen und technischen Systemen, sowie unterschiedliche Rationalitätsauffassungen darzustellen. Ebenfalls ist das Verhältnis zwischen der allgemeinen Systemtheorie und dem in der Soziologie üblichen Systembegriff zu untersuchen.

Für die Raumplanung sind insbesondere die Problemkreise wichtig:

(1) Systembegrenzung und Systemfunktionen,

(2) Probleme der Planungsrationalität, damit zusammenhängend:

(3) Funktion der Prognosen.

Wenn von spezieller Systemtheorie gesprochen wird, ist es nur sinnvol unter der Annahme, daß die allgemeine Systemtheorie auf speziell bezeichnete Fragestellungen und Gebiete angewendet wird, d. h. daß theoretische Aussagen empirisch überprüft werden. In diesem Sinne ist Planungssoziologie eine spezielle Systemtheorie. Planungssoziologie ist ihrerseits ein Spezialgebiet der allgemeinen Soziologie. Diese hat sich von jeher den Analysen von sozialen Systemen gewidmet. Sie hat sich aber dabei kaum der Methoden der Allgemeinen Systemtheorie bedient. Die soziale Organisation einer Kleingruppe oder der Familie und der Arbeitsgruppe wurde als soziales System verstanden. Die Theorien über soziale Systeme haben die Erklärung von Wechselwirkungen zum Ziele.

Umfassende soziologische Theorien, wie sie beispielhaft etwa *Parsons* entwickelte. beruhten auf dem Prinzip des Gleichgewichts, wobei soziale Konflikte oft nur als Störfaktoren, nicht aber als Konstituanten des Systems gewertet wurden. Die hohe Abstraktionsebene immunisiert derartige Entwürfe weitgehend gegen empirische Befunde. Sozialer Wandel wird dergestalt weder erklärt noch planbar. Im Grunde trifft der Vorwurf gegen *Parsons,* wenn auch anders zu begründen, auch marxistische Systemtheorien, weil sie oft auf monokausalen Erklärungsschemata beruhen.

Daraus folgt, daß die Analyse von sozialen Systemen der Allgemeinen Systemtheorie wenig entspricht. Soziale Systeme sind grundsätzlich offene Systeme. Die Systemanalyse indessen, wie sie vornehmlich in der Technologie Anwendung findet, wurde an Hand geschlossener Systeme entwickelt. Daraus folgt die Frage, ob es überhaupt eine Systemtheorie gibt, die sowohl auf geschlossene, zumindest relativ geschlossene, und offene Systeme gleichermaßen anwendbar wäre. Ich möchte diese Frage grundsätzlich verneinen. Die heute gebräuchliche Methode der Systemanalyse entspricht einer Systemtheorie, die im wesentlichen naturwissenschaftlich ausgerichtet ist. Die etwa in der Betriebswissenschaft verwendete spezielle Systemtheorie und dementsprechende Systemanalyse gehen von Gebilden aus, die einen geschlossenen Feedback voraussetzen. Die relative Offenheit sozialer Systeme bedürfte indes einer entsprechenden Systemtheorie. Eine solche ist indessen erst in Ansätzen erkennbar.

An dieser Stelle sei auf den theoretischen Entwurf von *Ozbekhan* hingewiesen, der versuchte, eine sozialwissenschaftliche Systemtheorie zu entwickeln [1,23], und auf *Stachowiak,* der eine spezielle sozialwissenschaftliche Systemtheorie zu entwikkeln versuchte [1,30].

Es ist relativ einfach, für die Raumplanung theoretisch ein kybernetisches Modell für Wechselwirkungen zwischen System und Umwelt in einem generativen Aktions-Reaktions-Prozeß aufzustellen, der durch Rückkopplung gekennzeichnet ist. Diese Beziehung beschreibt, räumlich gesehen, den Austausch von Materie und Information zwischen den interagierenden Komplexen (Subsystemen). Die Umwelt versorgt das System mit Inputs, die, von diesen in Outputs transformiert, wieder an die Umwelt abgegeben werden. Aktionen und/oder Reaktionen des Systems werden dabei von Informationen über dessen Status, über das Verhalten der agierenden und/oder reagierenden Umwelt beeinflußt, aber auch über die Situation der übrigen Umwelt und Wahrscheinlichkeiten für das Eintreten unvorhergesehener Ereignisse [1,35]. *Ericson* hat folgendes Modell aufgestellt [zitiert nach 1,35, S. 17]:

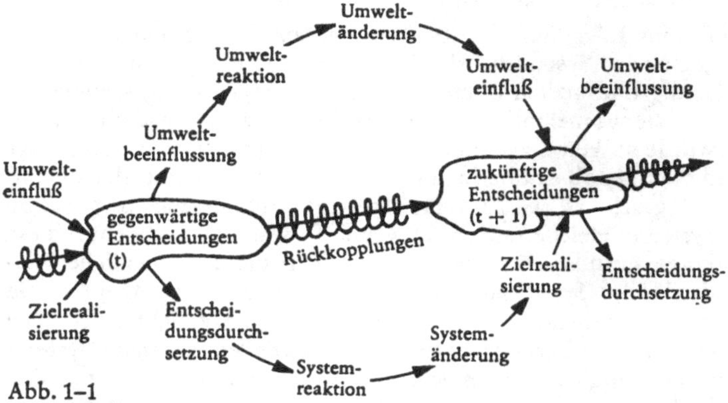

Abb. 1–1

Wesentlich komplizierter wirkt die Anwendung eines solchen Modelles auf spezifische raumplanerische Fragestellungen. Wenn unter „gegenwärtigen" und „zukünftigen Entscheidungen" Planungsmaßnahmen zu verstehen sind, müssen folgende Fragen geklärt werden, bevor ein solches Modell empirisch angewendet werden kann: Wer plant, in welchem Gebiet, auf Grund welchen Auftrages, zu welchem Ziele, mit welchen Mitteln, nach welchen Methoden?

Diese einfach scheinenden Fragen sind keineswegs einfach zu beantworten. Nehmen wir das Beispiel des bayerischen Landesentwicklungsplanes. Wer plant? Das Bayerische Ministerium für Umwelt und Landesentwicklung. Welches Gebiet wird der Planung unterworfen, was verstehen wir unter Regionen, inwiefern sind Zusammenhänge zwischen anderen Bundesländern zu berücksichtigen? Auf Grund welchen Auftrages wird geplant? Sicherlich im Namen des Volkes. Indessen, hat jemand diesen Auftrag formuliert? Die bayerische Staatsregierung?

Zu welchem Ziele?: Bestehen irgendwelche Richtlinien des Bundes oder supranationaler Behörden, oder hat die Bevölkerung Ziele selbst formuliert, etwa in Form von Bürgerinitiativen und Eingaben? Haben Wissenschaftler Ziele formuliert? Wurden diese dem Volk vorgetragen, bestehen Alternativen? Oder haben etwa Fachbeamte und Wissenschaftler im Auftrage dieser Beamten Ziele formuliert oder mögliche Ziele auf Grund des übertragenen politischen Mandates zusammengetragen, analysiert und nach Maßgabe des politisch Möglichen zum Wohle der Allgemeinheit als Planungsziele statuiert?

Mit welchen Mitteln wird geplant?: Sind die finanziellen Mittel, um nur von diesen zu sprechen, nach den festgesetzten Zielen zu erheben, oder sind die Ziele abhängig von den zur Zeit erreichbaren finanziellen Mitteln? Diktiert das im Augenblick Mögliche den Verfolg auch mittel- oder langfristiger Planungsziele?

Wie wird geplant?: Welche Organisation wäre notwendig, welche steht zur Verfügung? Welche Methoden standen zur Auswahl? Ist ein Delegationsprinzip möglich: Land, Regierungsbezirk, Landkreis? Diktiert das Land, oder koordiniert es nur? Ist ein Regierungsbezirk organisatorisch so ausgestattet und sind genügend Fachleute vorhanden, daß sie innerhalb eines Gesamtplanes regionale Eigenentwicklung ermöglichen? Wer plant schließlich die Planer, und wer kontrolliert sie?

Alle diese Fragen beinhalten ein Gebiet möglicher soziologischer Forschung. Wer plant, könnte z. B. die Frage für organisationssoziologische Untersuchung darstellen. Die Frage nach dem Auftrag ist ein Problem der Legitimation und der Partizipation. An dieser Stelle aber interessiert uns vornehmlich das Problem der Systembegrenzung. Anders ausgedrückt, was ist im spezifischen Falle Planungsraum, wie verhalten sich Planungsräume und Zuständigkeiten?

In der Raumplanung kann sich ein Planungsziel nicht auf ein Unbestimmtes beziehen. Wir können die Planungsorganisation als System betrachten, müssen auf alle Fälle aber ein bestimmtes Gebiet abgrenzen, innerhalb dessen Planungsmaßnahmen wirksam werden sollen. Es gibt in der Praxis eine „planerische Dreifaltigkeit“: Ziel – Maßnahme – Wirkung.

Wie immer auch eine Theorie geartet sein mag, im politischen Alltag wird Systemanalyse im Prinzip Abgrenzung bedeuten. Welches aber sind die Abgrenzungskriterien? Organisatorisch wird ein bayerischer Landesentwicklungsplan beispielsweise im Regierungsbezirk Schwaben Auswirkungen zeigen. Dies bedeutet, daß übergeordnete Ziele in einem feststellbaren Raume erwartete Wirkungen haben sollten. Anders wären weder ein Landesentwicklungsplan noch die Planungsorganisation, noch die aufgewendeten Mittel und die angeordneten Maßnahmen sinnvoll.

Bei der Abgrenzung von Regionen ergibt sich die Frage, nach welchen systemanalytischen Ansätzen man vorgeht. Sind sogenannte „natürliche“ Wirtschaftsräume maßgeblich oder historisch gewachsene Regierungsbezirke? Wie immer eine Region definiert wird, ist Grundvoraussetzung für ein regionales System, daß evidente Wechselwirkungen von Subeinheiten einen höheren Grad von Interaktion aufweisen als andere. Es sollen „funktionale“ Zusammenhänge in einem „sinnvollen“ System statuiert werden. Systemtheoretisch läßt sich ein einfaches Modell entwickeln:

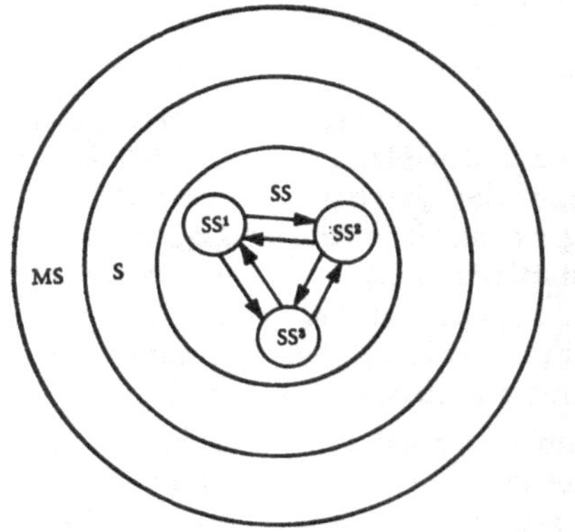

Abb. 1–2

Zur Erläuterung: Wir können theoretisch unterscheiden zwischen dem Untersuchungs- und Geltungsobjekt ‚System' (S), der Umwelt des Systems, hier verstanden als ‚Metasystem' (MS), und „Subsystemen" (SS).

Im Falle der Raumplanung können wir unter System je nach dem eine Stadt, eine Region oder ein Bundesland verstehen.

Unter System kann aber auch ein Gebilde verstanden werden, das als relative Siedlungseinheit politische und historische Grenzen überschneidet, also etwa ein Gebiet, das wirtschaftlich als relativ einheitlich angesehen werden kann, jedoch gebietsmäßig zu verschiedenen Bundesländern gehört.

Unter Subsystem kann wiederum verstanden werden beispielsweise ein privates Planungsvorhaben in einem bestimmten Gebiet (Quartierplanung). Auch das Subsystem kann politische Grenzen überschneiden, wenn wir etwa an eine Entwicklung am Außengebiet eines Ballungsraumes denken, in dem eine Überbauung sowohl auf Gemeindegebiet X wie auch Gemeindegebiet Y liegt. Je nach Betrachtungsweise kann als Subsystem Bildung, Wirtschaft u. a. m. gelten. Subsysteme beinhalten meist, was mit Primärplanung umschrieben wurde. Aber die Wechselwirkungen zwischen Subsystemen, zwischen Subsystemen und System und schließlich zwischen System und Metasystem sind kaum erforscht und insbesondere in der Raumplanung nur unzureichend berücksichtigt. Die mehrmals postulierte Sekundärplanung würde auf einer systematischen Erfassung gerade dieser Wechselwirkungen beruhen. Andererseits könnte das Metasystem gleichgesetzt werden mit der Gesellschaftspolitik, indem wiederum Aspekte etwa der Bildungspolitik, der Sozialpolitik, der Raumordnungspolitik zu subsumieren wären.

Als Hauptproblem ergibt sich das der Abgrenzung. Es ist auf alle Fälle und in jedem spezifischen Untersuchungs- oder Planungsvorhaben Klarheit über den Geltungs- und Objektbereich zu schaffen, wie auch über die Wechselwirkungen einzelner Systemeinheiten. Die von *Jochimsen* erwähnte Isoliertheit der Zuständigkeit, der Mittel und der Ziele ergibt sich dann, wenn die durch schwarze Pfeile symbolisierten Wechselwirkungen sowohl theoretisch wie auch praktisch außer acht gelassen werden.

An dieser Stelle ist zu beachten, daß Abgrenzungskriterien durch die Systemtheorie keineswegs vorgegeben sind. Die Erstellung solcher Kriterien beruht im Grunde auf sozialen Werten und damit auf gesellschaftspolitischen Zielsetzungen. Schließlich sind sogenannte „historische" und „natürliche" Gebiete, wie sie sich als politische Verwaltungseinheiten darstellen, gemäß der Zielsetzung vom Planungsvorhaben zu überprüfen und nicht einfach zu übernehmen. Es kann schließlich nicht nur in Gebieten geplant werden, in denen die Zuständigkeit von vornherein feststeht, sondern es sind möglicherweise neue Zuständigkeiten zu institutionalisieren. Die Anwendung der Systemanalyse setzt also nicht nur eine Systemtheorie, sondern auch die explizite Formulierung von gesellschaftlichen Werten voraus. Die „Praxis der Theorie" fordert also folgende Schritte:

(1) Überprüfen der Zielsetzung,

(2) Festlegen des Systembereiches,

(3) Festlegen oder Schaffen der Zuständigkeiten,

(4) Feststellen des Mittelbedarfes,

(5) Prognose und Kontrolle von Wechselwirkungen innerhalb des Planungssystems und zwischen Planungssystem und Umwelt (Metasystem).

Von einer solchen Anwendung der Systemtheorie in der Planungspraxis sind wir allerdings heute noch weit entfernt. So wie einzelne gesellschaftliche Instanzen und Organe ohne Übereinkunft mit anderen ihre Primärziele verfolgen, wird auch mit unterschiedlicher Rationalität gehandelt. Planung im traditionellen Sinne ruft deshalb oft neue Konflikte hervor, die sie im Grunde mindern und regeln sollte.

Was gegenwärtig im allgemeinen unter Planung verstanden wird, weist viel eher auf aktuelle Planungsinstitutionen als auf Planungsprozesse selbst. Wenn wir aber Planung als einen Prozeß rationalen, schöpferischen Handelns verstehen, muß dieses auf dem Zusammenspiel von mindestens vier Tätigkeiten beruhen: Prognose, Planung, Entscheidung und Durchführung [1,11, S. 39]. Diese Tätigkeiten bedingen sich gegenseitig und müssen so konzipiert sein, daß sie menschliches Handeln nicht nur ermöglichen, sondern ihm auch entsprechen. In diesem Sinne verstanden ist Planung Erstellung von Infrastruktur: Infrastruktur bedeutet Voraussetzung für zukünftiges soziales Handeln.

Nach *Jantsch* enfaltet sich Planung auf drei Ebenen: (1) der normativen oder „policy"-Planung (sollen), (2) der strategischen (können) und (3) der taktischen oder Maßnahmen-Planung (wollen). Aus dem Zusammenwirken dieser drei Ebenen ergibt sich die zukunftsschöpferische Planung.

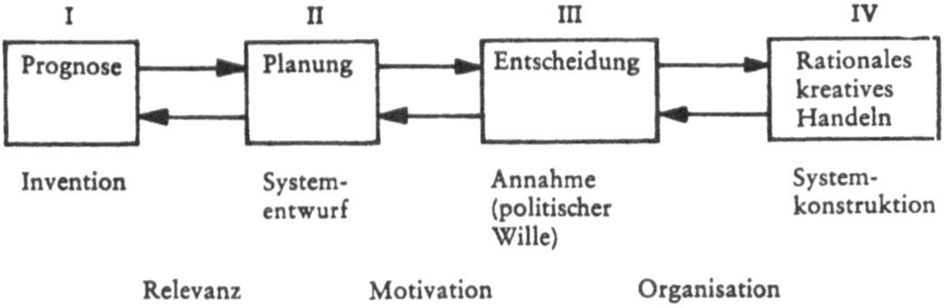

Abb. 1–3

Nach *Jantsch* muß der Planungsbegriff neu gefaßt und in Zusammenhang mit einer ganzen Reihe von Aktivitäten gesetzt werden. Unter Planung versteht er wesentlich einen bewußten *Systementwurf*. Dabei bedarf dieser der *Invention,* also der Vorstellung über zukünftige Entwicklungen. Nicht mehr oder minder unsystematische Prognosen aller Art bedingen den Systementwurf, sondern die Zielsetzungen der Planung entscheidet, welche Prognosen überhaupt nötig sind.

So soll der Systementwurf einerseits Entscheidungsstrukturen beeinflussen, wird aber andererseits von ihnen abhängen: Es kann nicht nur das geplant werden, was bestehende politische Instanzen oder wirtschaftliche Machtgruppen als machbar vorgeben, sondern es ist die Annahme von Systementwürfen ein ausgeprägtes Aktionsziel des Planens.

Auf der übergeordneten Ebene ergibt sich nunmehr die *Motivation.* In einer vierten Stufe schließlich entsteht das, was allgemein als *Planverwirklichung* bezeichnet wird, nämlich die

Systemkonstruktion. Sie ermöglicht rationales kreatives Handeln der Menschen, für die und mit denen geplant wird: Auf der übergeordneten Ebene sind hier die Probleme der *Organisation* angesprochen, wobei vor allem die finanziellen und technologischen Aspekte, d. h. die realen Verwirklichungsmöglichkeiten abgeklärt werden müssen. Wenn wir von Planung als Systementwurf sprechen im Gegensatz zu Planung als Systemkonstruktion, ist ersichtlich, daß Systementwürfe durchaus als Folge von Konflikten zu sehen sind, und die Systemkonstruktion diese keineswegs unterdrücken sollte – Konflikte sind sowohl für soziale Systeme wie für demokratisch-politische Verfassungen konstitutiv. Planen bedeutet institutionalisierte Konfliktregelung. Damit soll Planung auch die zukünftige Handlungsvielfalt nicht einschränken, sondern geradezu bewußt, also rational gestaltend, ermöglichen.

Planung im Sinne des Systementwurfes kommt selbstverständlich nicht ohne Technologie aus, hat indessen als Systementwurf Technologie zu steuern und wird nicht, wie dies beim traditionalen Planungsbegriff vornehmlich der Fall ist, Infrastrukturen erstellen, die durch politische, wirtschaftliche und technologische Sachzwänge bestimmt sind.

Das zweckrationale Handeln ist jedoch nur eine Art menschlicher Aktivität. Gerade bei der Analyse von der Entstehung gesellschaftlicher Normen ist das Emotionale der menschlichen Natur wesentlich. Deshalb wird sich die Soziologie zunächst der Erforschung realer gesellschaftlicher Systeme annehmen, die hochkomplex sind und andere Eigenschaften besitzen als etwa technologische oder naturwissenschaftliche. Dabei kann man auch nicht von der Systemforschung zur Systemtheorie gelangen, denn im sozialen Bereich – und Raumplanung ist eminent sozial – setzt Systemforschung Theorieentwürfe voraus.

Ähnlich verhält es sich mit Entscheidungstheorie und Entscheidungsforschung, die vor allem in den Bereich der Politologie gehören, wenn es um Entscheidungsabläufe innerhalb komplexer Strukturen geht.

Wenn schließlich Erkenntnisse der Allgemeinen Systemtheorie in die Praxis umzusetzen sind, kann in einigen Bereichen, vornehmlich technologischer Natur, von *Systemtechnik* gesprochen werden. Der Begriff *Sozialtechnik* im Sinne des *Popperschen* „Social Engineering“ ist allerdings suspekt: die Planungssoziologie hat ebenfalls das Ziel, Erkenntnisse in die Praxis umsetzbar zu gestalten. Aber dies wird nie mit einem Rezeptsatz von Techniken geschehen können. Ihr praktischer Beitrag wird vornehmlich in der Bereitstellung von spezifischen sozialwissenschaftlichen Methoden bestehen. Planen selbst ist eine Methode, „ist ein Verfahren zur Erlangung eigner Verhaltensantizipation. Auf diese generelle Funktion hin sind alle Planungsmethoden ihrerseits angelegt“ [1,30]. So können für den Bereich der Raumplanung lediglich spezielle Systemtheorien zur Anwendung gelangen, wobei spezifische sozialwissenschaftliche Systemtheorien, die von einem einheitlichen Konzept sozialen Handelns ausgehen, kaum zur Verfügung stehen. Systemtheoretische Ansätze, wie sie etwa *Luhmann* vertritt, sind zu ausschließlich auf „zweckrationales Handeln“ ausgerichtet. Sie setzen einen allgemeinen Konsensus über Rationalität voraus, der weder in der Gesellschaft von heute vorhanden ist, noch je erreichbar sein dürfte. Eine Darstellung verschiedener Rationalitätsbegriffe ist deshalb notwendig.

1.4.2 Planung und Rationalität

Die praktische Durchführung rationaler Planungsmaßnahmen beruht im Grunde auf einem irrationalen Konsensus. Diesem Dilemma des Planungsalltags entspricht auch ein theoretisches: In den meisten Planungsdefinitionen wird ein so umfassender Rationalitätsbegriff verwendet, daß auch das irrationale Handeln der Menschen darunter subsumiert werden kann. Es gibt im übrigen so viele Rationalitätsbegriffe, wie es unterschiedliche Planungskonzepte gibt. Autoren, die Planung grundsätzlich als notwendig betrachten, setzen sie als rationale Gestaltung der Irrationalität des Nichtplanens, dem „laissez-faire“ gegenüber. Wird dagegen Planung abgelehnt, wird ihr auch Rationalität abgesprochen. Rationalität scheint deshalb in den meisten Fällen in etwa dem zu entsprechen, was die jeweiligen Autoren selbst für richtig halten.

Jantsch hat den traditionellen Planungsbegriff, der lediglich Systemkonstruktion meint, erweitert und spricht von Planung als Systementwurf. Damit gibt er selbst ein Beispiel für einen umfassenden Rationalitätsbegriff. Möglicherweise entsprechen seinen vier Stadien des Planungsprozesses je vier verschiedene „Rationalitäten". Insbesondere spielen in der Invention irrationale Aspekte eine wesentliche Rolle.

Es scheint deshalb zweckdienlich, zwischen drei Typen von Rationalität zu unterscheiden: (1) der vollkommenen, (2) der eingeschränkten Rationalität und (3) der Systemrationalität. Als Beispiel eines umfassenden Rationalitätsbegriffes kann *Max Weber*s Konzeption des rationalen Handelns betrachtet werden. Er geht davon aus, daß die Menschen ihre Zwecke wie ein Präferenzsystem zu ordnen in der Lage sind. Wenn er annimmt, daß Individuen verschiedene Zwecke gegeneinander abwägen können, ist Handlungsrationalität für ihn eine Frage der Wahl von geeigneten Mitteln zur Erreichung des gewollten Zweckes. Der Wert des Zweckes ist zu messen an den aufgewendeten Mitteln und den unerwünschten Nebenfolgen.

Zahlreiche Planungstheorien scheinen diesem Typus der „Zweckrationalität" weitgehend zu entsprechen. Die Tatsache, daß solche Entwürfe in der Praxis immer wieder durch „Störfaktoren" und „Humanbarrieren" [1,14] behindert werden, wird in Kauf genommen.

Die Kritiker eines umfassenden Rationalitätsbegriffes weisen allerdings darauf hin, daß eine umfassende Rationalität in der Gesellschaft nicht vorhanden ist, wohl auch nicht vorausgesetzt werden dürfe. So weist *Tenbruck* auf die „systematische Verzerrung zwischen den Zwecken, die die Menschen sich machen oder machen können, und den Bedürfnissen, die für sie erfüllt werden müssen" [1,31, S. 112].

Für eine eingeschränkte Rationalität hat *Popper* plädiert, der gerade im Bereich der Planung für eine Politik ohne Illusionen, der praktikablen, realisierbaren Alternativen eintritt. Dies, wie es *Albert* ausführte „in enger Beziehung zu seiner Konzeption der Rationalität, wie sie auch für seine Wissenschaftsauffassung maßgebend ist. In ihr ist der Impuls einer kritischen Vernunft wirksam, die keine totalen Ansprüche kennt, weder im theoretischen noch im praktischen Bereich, weder für die Erklärung noch für die Gestaltung des gesellschaftlichen Lebens [1,2, S. 293].

Die Frage bleibt, ob die eingeschränkte Rationalität, bezogen auf isolierte Lösungen, nicht einer Verwechslung zwischen Rationalität und Rationalisierbarkeit Vorschub leistet. Wenn *Kaiser* definiert: „Planung ist der systematische Entwurf einer rationalen Ordnung auf der Grundlage allen verfügbaren einschlägigen Wissens", ist wohl ein Bezug zum Ganzen hergestellt, wobei wiederum offenbleibt, was unter einer rationalen Ordnung zu verstehen ist, und inwiefern die Vorläufigkeit des Wissens zu jeder Zeit den Allgemeinheitsanspruch von vornherein einschränkt [1,13]. „Rationalität ist nicht umfassend; ausschließlich rationales Denken ist nicht möglich; ausschließlich rational geleitetes Handeln ist unmenschlich", sagt *Ellwein.* Er weist ähnlich wie *Jantsch* auf die grundsätzliche Notwendigkeit auf offene und dynamische Planungsmodelle hin, die im Grunde auf verschiedenen Ebenen mit unterschiedlichen Rationalitätsbegriffen arbeiten [1,8, S. 17]. Für die Planungspraxis stellt sich deshalb nicht die Frage, ob von Rationalität gesprochen wird, sondern welche Rationalitätsbegriffe Verwendung finden.

Die Spanne zwischen sehr allgemeiner und sehr spezieller Bedeutung von Rationalität findet sich schließlich auch bei der sog. Systemrationalität. Ein Beispiel von umfassender Rationalität ist die soziologische Systemtheorie von *Luhmann.* Rationalität heißt bei ihm Systemrationalität und bemißt sich an der Leistungsfähigkeit zur Reduktion von Komplexität. Für ihn sind etwa soziale Strukturen nicht Ausgangspunkt, sondern die Strukturbildung ist selbst ein Mittel funktionaler, damit rationaler Problembewältigung.

Das *Luhmann*'sche Rationalitätskonzept bedeutet, daß unabhängig von den Bedürfnissen der Menschen alles rational ist, was dazu dient, Komplexität zu reduzieren. Dieses theoretische Modell fällt und steht mit der Annahme, daß menschliches Handeln grundsätzlich zweckrational sei. So richtig die Annahme ist, daß die Systemtheorie allein imstande ist, die Komplexität unserer modernen Gesellschaft in den Griff zu bekommen, so wenig kann eine Theorie praktische Lösungen im raumplanerischen Alltag anbieten. Sie gibt uns schließlich nicht darüber Auskunft, wie Entscheidungen in der politischen Praxis tatsächlich zustande kommen.

Ein Modell von eingeschränkter Rationalität („Bounded rationality“) hat *Simon* entwickelt. Er geht davon aus, daß Entscheidungen nur getroffen werden können auf Grund von den einem Aktor bekannten Handlungsalternativen und den diesen zugeordneten Outputs. Im einfachsten Fall wird unterschieden zwischen akzeptablen und inakzeptablen Outputs. Im Gegensatz zu *Luhmann* wird die Entscheidungsmöglichkeit durch die begrenzte Kapazität des einzelnen Menschen bestimmt. Auch dieser theoretische Entwurf ist für die Planung im Grunde untauglich: „In dem Maße jedoch, wie man das Modell dem tatsächlichen Handeln annähert, werden die Erfolgskriterien bereits durch das tatsächliche Handeln befriedigt. So kann man sich . . . schon fragen, welches tatsächliche Handeln dann dadurch noch korrigierbar ist“ [1,32, S. 35].

Es ist eine der wesentlichsten Aufgaben der Soziologie, die in Planungskonzepten aller Art verwendeten Rationalitätsbegriffe zu analysieren. Rationalität ist in keinem Falle eine Residualkategorie, die all das beinhaltet, was ein Planungskonzept oder eine Planungstheorie nicht zu erklären vermag. Wenn früher gefordert wurde, daß unabdingbar die Zielsetzung praktischer Planung dargelegt werden müsse, ist nunmehr im Bereich der theoretischen Arbeit in jedem Falle eine klare Fassung des Rationalitätsbegriffes zu verlangen. Eine nicht definierte, im allgemeinen belassene Verwendung des Rationalitätsbegriffes ist in nicht wenigen Fällen ideologisch, Rationalität entpuppt sich bezüglich der Planungsziele als ein Akt der Irrationalität. Weder beinhaltet er das, was er vorgibt, noch ist er für die Planungspraxis fruchtbar.

1.4.3 Planung und Prognose

Die Dichotomie zwischen irrationalem und rationalem Handeln ist in der Planung weitgehend aufgehoben: irrationale Handlungsweisen sind notwendige Randbedingungen im Planungsprozeß. Zielfindungen und -entscheidungen werden stets von Irrationalem begleitet. Somit ist es vornehmlich Aufgabe der Wissenschaft, diese Zusammenhänge systematisch, also rational, nachzuvollziehen, während in der Planungspraxis stets mit irrationalen Handlungsweisen von Menschen und Gruppen zu rechnen ist.

Rationales Handeln im Sinn der Planung setzt Ziel- und Zweckvorstellungen voraus. Der zu erreichende gewünschte Zustand bedarf der Prognose. Planung ist grundsätzlich zukunftsgerichtet, deshalb weitgehend prognoseorientiert. „Seit die Menschen begonnen haben, sich über die Bedingungen und Formen ihres Zusammenlebens in Gesellschaft und Geschichte Gedanken zu machen, gibt es zwei Grundkategorien, die der Vorstellung und der wissenschaftlichen Auseinandersetzung über die Struktur der Gesellschaft im Zeitablauf gedient haben: Die von Identität und Wandel, Stillstand (bzw. Verfall) und Fortschritt, also Statik und Dynamik. Diese Polarität füllte das gesellschaftsrelevante Denken aus, indem es entweder den Wandel in die Überlegungen einbezog, die Bedingungen zur Erhaltung des Status quo formulierte, oder ein Gesellschaftsmodell konstruierte und die Bedingungen seiner Herbeiführung und Erhaltung angab“ [1,27, S. 29].

Planung hat Wandel, Fortschritt und Dynamik als Wesensmerkmale, wobei die wissenschaftliche Prognose geradezu als Voraussetzung der praktischen Planung angesehen werden muß. Es ist im folgenden nicht nur zu unterscheiden zwischen verschiedenen, heute gebräuchlichen Arten von Prognosen, sondern auch über ihre Verwendung in der Planung.

Was für die Planung insgesamt gesagt wurde, trifft auch für die Prognose zu: Der Prognoseprozeß selbst unterliegt rationalen Kriterien. Die Notwendigkeit von Prognosen, insbesondere die Erwartungen, die an sie gestellt werden, beruhen indes weitgehend auf irrationalen Gefühlen, Wünschen und Ängsten. Es fällt einigermaßen leicht, eine wissenschaftliche Definition der Prognose zu geben: „Prognosen sind wissenschaftlich begründete Aussagen für bisher nicht bekannte, real mögliche oder wirkliche Sachverhalte, die im Rahmen einer wissenschaftlichen Theorie aus bekannten Gesetzesaussagen und Aussagen über gewisse Anfangs- und Randbedingungen des zu prognostizierenden Prozesses mit Hilfe eines logischen Schlusses abgeleitet werden“ [1,15, S. 882].

Es ist dagegen weit schwieriger, Prognosen zu erstellen und sie in der Planungspraxis anzuwenden. Selbst in der Planungstheorie ist zu entscheiden, welches die „gewissen Anfangs- und Randbedingungen“ darstellen.

Wie auch immer: 'Zwischen Prognose und Plan besteht eine ständige Wechselwirkung. Wie, wissenschaftlich gesprochen, der Weg zum Gesetz über die Prognose führt, so führt er, praktisch gesehen, von der Prognose über den Plan zur Realisierung [1,27, S. 37]. Beide, Prognose und Planung sind als Prozesse aufzufassen. Bei Prognosen herrschen zielsuchende und entscheidungsvorbereitende Aspekte vor, bei der Planung hingegen zielsetzende und entscheidungsdurchführende Aspekte. An Zielsetzung und Entscheidung sind Prognose und Planung, als Prozeß höchstens analytisch unterscheidbar, beteiligt.

Gerade bei der Erörterung von Bedeutung und Funktion der Prognose wird deutlich, daß vor den praktischen Aufgaben der Planung nicht von einer Dichotomie zwischen Theorie und Praxis gesprochen werden darf. Die modernen sozialwissenschaftlichen Theorien sind grundsätzlich handlungsbezogen. „Ihre prognostische Verwendung ist die Grundlage erfolgreichen Handelns“ [1,2, S. 127].

Es soll im folgenden kurz auf drei Arten von Prognosen eingegangen werden:

(1) Trend-Extrapolation,

(2) empirisch-deduktive Prognosen,

(3) normative Prognosen.

(1) In der Planungspraxis nehmen die *Trendextrapolationen* nach wie vor eine zentrale Stellung ein. Es werden bestehende Zustände unter Annahme verschiedener zukünftiger „Randbedingungen“ fortgeschrieben. Ein typisches Beispiel für die Raumplanung sind Bevölkerungs- und Verkehrsprognosen. Es ist bekannt, daß keine Bevölkerungsprognose bis heute durch die Wirklichkeit bestätigt wurde. Der grundsätzliche Mangel dieses Prognosetyps liegt in der geringen theoretischen Erkenntnis, die Trendextrapolationen im allgemeinen aufweisen.

Eine Voraussage der Bevölkerungsentwicklung müßte eine umfassende Analyse gesellschaftlicher Zusammenhänge beinhalten. Zukünftige Größen können nicht induktiv aus der zeitlichen Veränderung in der Vergangenheit abgeleitet und in die Zukunft projiziert werden. Die Grundannahme, daß soziale Veränderungen in der Zukunft gleich vorsichgehen werden wie in der Vergangenheit, klammert im Grunde eine bewußte Gestaltung der menschlichen Zukunft durch den Menschen selbst in der Prognose aus. Die Randbedingung für eine Bevölkerungsprognose ist die komplexe Struktur der heutigen Umwelt selbst, die systematisch überhaupt noch nicht untersucht werden konnte. Verkehrs- und Wirtschaftsprognosen unterliegen denselben theoretischen Schwierigkeiten.

Eine Beurteilung der Trendextrapolation hängt nicht davon ab, welcher Schwierigkeitsgrad unbestrittenermaßen vorliegt, sondern vielmehr davon, wie sie verwendet wird. Die Trendextrapolationen vermögen im Grunde auch keine Zielprojektionen zu vermitteln: Ein zu erwartender Zustand ergibt sich keineswegs etwa aus dem Schnittpunkt verschiedener Trendextrapolationen, wenn beispielsweise Bevölkerungsentwicklung, Wirtschaftsentwicklung und technologische Entwicklung im Sinne der Trendextrapolation ausgeschrieben werden. Wohl mögen die Entwicklungen eine unterschiedliche Kurve darstellen, wohl mögen sie sich an bestimmten Punkten überschneiden. Diese Schnittpunkte bleiben aber ohne reale Aussage, da sie nur deshalb zustande kommen, weil den einzelnen Trendextrapolationen bei im Grunde gleichen Randbedingungen unterschiedliche Methoden zugrunde liegen. Die Randbedingungen für alle sind Struktur und Dynamik der Gesellschaft.

Gerade in der Raumplanung wird diesem Umstande viel zu wenig Rechnung getragen, weil insbesondere Bevölkerungsentwicklung, Siedlungsdichte und Verkehrsentwicklung keineswegs unabhängige Variablen darstellen. Die Anwendung von Trendextrapolation hängt von der Zielsetzung einer Planung ab und nicht umgekehrt. Sie allein entscheidet über Wert oder Unwert von Trendextrapolationen und nicht allein methodische Schwierigkeiten.

Die wesentlichste Funktion heutiger Trendextrapolationen besteht deshalb nicht in ihrer wissenschaftlichen, sondern vielmehr in der politischen Warnfunktion. Trendextrapolationen entsprechen im Grunde dem Prinzip des „Wenn – dann“. Wenn gewisse gesellschaftliche Bedingungen konstant bleiben, andere sich dagegen in vorausschaubarer Weise verändern, dann sind diese oder jene Entwicklungen mit einem angebbaren Grad von Sicherheit zu erwarten. Wenn beispielsweise die Produktion von Autos und der Straßenverkehr mit Verbrennungsmotoren, die Bautätigkeit mit Ölheizung u. a. m. in bestimmter Weise zunehmen, dann ist im Jahre X mit dem Grade Y der Luftverschmutzung zu rechnen. Derartige Trendextrapolationen führen zu Maßnahmen: Nachdem wir die Gründe der Luftverschmutzung erkannt haben, suchen wir nach Methoden, sie zu verringern. Die Prognosen verändern also die gesellschaftlichen Bedingungen und damit auch die theoretische Basis, auf der sie beruhen.

(2) Auf die *empirisch-deduktiven Prognosen* sei an dieser Stelle lediglich hingewiesen. Sie wurden vor allem in der analytischen Wissenschaftstheorie entwickelt, die eine einheitliche Erkenntnismethode für alle Realwissenschaften postuliert. Ihre Anwendung ergibt sich in jenen Bereichen relativ als unproblematisch, wo sich genau definierbare Bedingungen oder Ursachen auch genau definierbare Konsequenzen oder Wirkungen zuordnen lassen. Dies ist gerade im sozialen Bereich im allgemeinen und in der Raumplanung im speziellen nicht der Fall. In der Planungspraxis hat sie im Gegensatz zur naturwissenschaftlichen Forschung und zur Technologie deshalb bislang kaum Verwendung finden können.

(3) Unter *normativen Prognosen* können Voraussagen verstanden werden, die bewußt auf die Realisierung von Handlungszielen gerichtet sind. Sie werden des weiteren von Vorstellungen der Richtigkeit getragen und müssen, sollen sie wissenschaftlicher Analyse zugänglich sein, eine kritische Überprüfung der Richtigkeitsvorstellungen erlauben. Sie gehen davon aus, daß eine bestimmte Entwicklung beeinflußbar und steuerbar ist, wobei es von vornherein fragwürdig ist, eine Prognose für solche Entwicklungen aufzustellen, ohne Rich-

tung und Art gewollter Eingriffe als integrierenden, wenn nicht sogar wesentlichsten Bestandteil der Prognose zu berücksichtigen.

In diesem Bereich gibt es keine Trennung von Normen und Fakten. Es können nicht einerseits gesellschaftliche Zusammenhänge berücksichtigt werden, um bei einer Prognose dann die politischen Determinanten offen zu lassen. Es geht also nicht an, daß die Wissenschaft mögliche Alternativen aufzeigt, um dann der „Politik" die Wahl zu überlassen. Die Aufgabe der Wissenschaft wird beim Aufzeigen normativer Prognosen gerade darin bestehen, politische Ziele und Implikationen des Prognostizierens darzulegen, nicht aber sie auszuschalten [1,17, S. 65 ff.].

Stachowiak hat drei planungstheoretisch relevante Aussagearten unterschieden: theoretische, operationale und prospektive [1,30, S. 7]. Theoretische Voraussagen prognostizieren künftige Veränderungen in einem Planungsbereich, ohne die „planmäßig zielgerichtete Mitwirkung" des Planers zu berücksichtigen. Die von uns dargestellte Trendextrapolation entspricht weitgehend dieser Art theoretischer Voraussagen.

Operationale Voraussagen dagegen prognostizieren künftige Veränderungen in einem Planbereich, die durch zielgerichtete Maßnahmen bedingt oder wesentlich mitbedingt sind. Ihr entsprechen weitgehend die skizzierten empirisch-deduktiven Prognosen.

Prospektive Voraussagen (sie sind mit normativen Prognosen gleichzusetzen) schließlich prognostizieren nicht nur die von Planung mit beeinflußten Veränderungen im Planungsbereich, sondern auch die Zielvorstellungen. „Prospektive Voraussagen sind vor allem für die Zielplanung relevant. Sie werden benötigt, um etwa notwendig werdende Zielkorrekturen und Neumotivierungen des Aktionssubjekts unter der Forderung verbesserter Anpassung desselben an seine veränderte Umwelt zu prüfen" [1,30, S. 7].

Es sind in diesem Zusammenhang verschiedene weitere Modelle vorgeschlagen worden, so etwa das von *Kahn* entwickelte Relevanz-Baum-Verfahren. Es handelt sich im Grunde um ein

System von Zielsetzungen und deren Unterteilung. Auch die Delphi-Methode, die darin besteht, durch ein bestimmtes Befragungssystem Übereinstimmung von Experten in den Voraussagen künftiger Entwicklung zu erzielen, geht grundsätzlich von Wertentscheiden und Zukunftsvorstellungen aus [1,3, S. 228].

Für die Planungspraxis bleibt die Tatsache bestehen, daß man bezüglich der prospektiven Voraussagen fast gänzlich auf intuitive Schätzungen angewiesen ist. Möglicherweise werden erst neue Modelltheorien eine bessere wissenschaftliche Fundierung erlauben, wobei in der Praxis mit Simulationen gearbeitet werden muß. Die in der Raumplanung durchgeführten Leitbildstudien machen indes deutlich, daß derart vorgestellte künftige Verhältnisse noch keineswegs die Funktion von Planzielen erfüllen können. Wohl können durch das Zusammenlegen von Teilleitbildern Inkompatibilitäten festgestellt werden, aus ihrer Addition ergibt sich noch keineswegs ein gesamtgesellschaftliches Leitbild [1,26].

Es muß überdies die Frage gestellt werden, ob es überhaupt sinnvoll sei, von normativen Prognosen zu sprechen. Denn bei dieser Art der Voraussage ist nicht nur eine äußerst starke Interdependenz von Programm und Prognose, von Zielvorstellungen und Prognose vorhanden, sondern der Planungsprozeß selbst ist weitgehend Prognose: „Die Realisierung des Planes ist zugleich auch das Kriterium der Wahrheit für die Prognose“ [1,7, S. 29].

Es scheint deshalb sinnvoll, nur von einem normativen Vorgehen in der Planung zu sprechen und nicht von normativen Prognosen selbst. Solche Beispiele haben insbesondere *Jantsch* und *Ozbekhan* gegeben, die in der Planungstheorie der „logischen Zukunft“ die „gewollte Zukunft“ gegenüberstellen. Anstelle von Prognosen und Voraussagen herkömmlichen Typs seien „Antizipationen“ zu setzen. Ähnlich wie *Jantsch*, der Prognose als Invention versteht, ist nach *Ozbekhan* die „gewollte Zukunft“ in den Zukunftsentwürfen systematisch zu antizipieren („Imaginative futures-creation“) [1,23, S. 47]. Beide Autoren versuchen den normativen Approach systemtheoretisch anzuwenden. Sie sind der Meinung, daß die technologischen Planungs- und Voraussagetypen, die sich einem „Methodologischen Individualismus" verschrieben hätten, bloß einer Verlängerung der Gegenwart dienten. Technologische Lösungen würden dabei auf Probleme angewendet, die offensichtlich nicht technologischer Art seien. Die bisher bekannten Prognosearten seien deshalb für die Lösung sozialer Probleme untauglich.

Für die Planungspraxis mag gelten, daß in der Tat im Unterschied zu traditionellen Vorhersagen systematisch antizipiert werden muß, also Prophezeiungen und Projektionen aller Art aufzustellen sind. *Ozbekhan* stellt 5 Thesen auf [1,23, S. 93]:

(1) Nur Änderungen in der Gesamtkonfiguration der Werte können die gegenwärtige Situation ändern.

(2) Nur individueller Wille kann solche Veränderungen zustande bringen.

(3) Wertänderungen können nicht vorausgesagt werden.

(4) Wertänderungen treten immer als individuelle Ideen, Reaktionen oder eine Verbesserung betreffender Einsichten auf, und wenn sie über einen großen Teil des Systems sozialisiert werden, ergibt sich ein „Fortschritt".

(5) Planung heißt Organisierung des Fortschritts.

Diese fünf Thesen sind in ihrem systematischen Zusammenhang keineswegs ausreichend geklärt. Es ist zwar durchaus richtig, daß Werte durch individuelle Ideen entstehen können. Jedoch sind diese bereits wieder in hohem Maße sozial bedingt und bedürfen zur Durchsetzung ganz bestimmter gesellschaftlicher Konstellationen. Sowohl Wertänderung wie Wertverfestigung können institutionalisiert sein. Diesen Fragen geht *Ozbekhan* nicht nach. Es ist des weiteren zu bezweifeln, ob Wertänderungen nicht vorausgesagt werden können. Diese Aussage mag auf einzelne Wertänderungen zutreffen, nicht aber auf generelle Tendenzen. So bleibt denn schließlich auch die fünfte These weitgehend tautologisch: Weder ist erläutert, was unter Fortschritt zu verstehen ist, noch was unter Organisierung subsumiert ist. Genau das aber ist zu klären, wenn Planungstheorie anwendbar formuliert werden soll.

Mit diesen Hinweisen sei verdeutlicht, wie stark im Bereich normativer Prognosen Planung, Organisation der Planung, Zielfindungsmechanismen, Entscheidungsstrukturen untereinander bedingt sind. Möglicherweise ist es sinnvoll, die bis jetzt als wesentlich erachteten Faktoren anhand von Planungstypen zu überprüfen.

1.5 Versuch einer Planungstypologie

Wenn wir im folgenden versuchen, verschiedene Typen von Planungen zu beschreiben, geht es nicht nur darum, den einen Typus vom anderen zu unterscheiden, gar sie mit Etiketten zu versehen. Es interessiert uns vielmehr, in welchen Konstellationen die in den vorhergehenden Abschnitten beschriebenen Problembereiche den einzelnen Planungstypen zuzuschreiben sind. Wir werden dabei sowohl den Theoriebezug wie auch die praktische Relevanz untersuchen.

Die einzelnen Planungsformen werden idealtypisch dargestellt. In reiner Form wird keiner der Typen vorkommen, viele Mischarten sind möglich. Dabei muß es sich insgesamt um einen vorläufigen Entwurf handeln, da eine umfassende Analyse der heute gebräuchlichen Planungsarten nicht vorliegt. Die Darstellung hat demgemäß den Charakter einer Orientierungshilfe für die Praxis, insbesondere der Raumplanung.

Wir unterscheiden:

(1) den dogmatischen Planungstyp,

(2) den technokratischen Planungstyp und

(3) den kybernetischen Planungstyp.

(1) Bei der *dogmatischen Planung* stehen sowohl die Planungsziele wie auch das heutige und zukünftige Gesellschaftsbild eindeutig fest. Gesellschaftliche Struktur und sozialer Wandel gelten theoretisch als geklärt und stehen im wissenschaftlichen Sinne einer empirischen Überprüfung nicht mehr an. Das zu erreichende Weltbild steht fest, ist dogmatisch. Der Anspruch der dogmatischen Planung ist umfassend. Die Theorie, auf die sie sich stützt, ist grundsätzlich festgelegt. Diskussionen gibt es allenfalls noch bezüglich ihrer Anwendung in der Praxis.

(2) Die *technokratische Planung* ist vornehmlich methodenorientiert. Sie geht ebenfalls von einem feststehenden Weltbild aus, das jedoch gesellschaftstheoretisch nicht weiter begründet ist. Ihre Zielsetzung ist meist begrenzt. Sie wird deshalb nicht als technologisch bezeichnet, weil sowohl die dogmatische wie die kybernetische Planung sich durchaus der Technologie bedienen. Es ist grundsätzlich unbestritten, daß technologische Planungsmethoden nützlich sein können. Unter Technokratie wird indessen verstanden die absolute Vorherrschaft der weitgehend naturwissenschaftlich geprägten technologischen Methode und deren fast ausschließliche Anwendung auch für soziale Probleme.

(3) Die *kybernetische Planung* ist systemtheoretisch orientiert. Ihre Zielsetzung ist umfassend, ihr Weltbild steht nicht fest, ist wandelbar. Sie arbeitet im übrigen mit einem unvollkommenen Erkenntnisstand über die gegenwärtige gesellschaftliche Struktur. Methodisch versucht sie eine Synthese zwischen ideologischen, technologischen und sozialen Aspekten der gesellschaftlichen Wirklichkeit. Kybernetisch auch deshalb, weil einzelne Planungsziele nie als endgültig, sondern immer nur als vorläufig und durch zahlreiche feedbacks beeinflußt betrachtet werden.

Wenn wir die heutige Situation in der Raumplanung sehen, so ist unschwer festzustellen, daß im überwiegenden Maße technokratische Planungen vorliegen. Zwar wird dogmatische Planung postuliert, aber in den seltensten Fällen angewendet. Selbst in Staaten mit kommunistisch-zentralistischer Regierungsform trifft, wenn auch gemildert, die Aussage von *Jochimsen* zu, der von isolierten Planungsbereichen, Planungszielen und Planungsmitteln spricht. Selbst bei zentralistischer Planung können zum Beispiel Wanderströme wohl beeinflußt, aber im einzelnen nicht gesteuert werden, entstehen Ballungsräume, die im Grunde nicht vorgesehen waren, überschneiden sich Kompetenzen.

Die kybernetische Planung ist höchstens in Ansätzen vorhanden und muß erst entwickelt werden. So werden in jüngster Zeit etwa kybernetische Modelle für Gesamtverkehrskonzeptionen geschaffen, die sowohl gesellschaftliche wie räumliche, wirtschaftliche und rechtliche Bedingungen systematisch miteinander in Beziehung setzen. Für die Raumplanung selbst ist uns kein derartiges Beispiel bekannt. Es sei auch darauf hingewiesen, daß die heute bekannte kybernetische Planung im technologischen Bereich nicht mit dem von uns postulierten sozial-kybernetischen Typus zu verwechseln ist.

Die Typologisierung mag anhand von Gegenüberstellungen von spezifischen Problemaspekten verdeutlicht werden.

1.5.1 Rationalität und Prognoseart

Planungstyp	Rationalität	Prognoseart
Dogmatische Planung	umfassend	ideologisch-normativ
Technokratische Planung	eingeschränkt	Trendextrapolation
Kybernetische Planung	operational	Kombination von deduktiven und normativen Prognosen

Abb. 1–4

Diese Zusammenstellung macht ersichtlich, daß der dogmatischen Planung ein umfassender Rationalitätsbegriff entspricht. Die Voraussage ist ideologisch normativ, d. h. die Zielsetzung wird als allgemeingültig vorausgesetzt und ist weder empirisch zu überprüfen noch zu verändern. Die mit den einzelnen Planungstypen in Verbindung gebrachten Merkmale der Rationalität und Prognoseart bedeuten jeweils die Tendenz der Zuordnung, nicht aber deren Ausschließlichkeit.

Rationalität und Prognoseart – wie übrigens auch die folgenden Merkmalspaare – stehen in expliziter oder impliziter gegenseitiger Beziehung. Bei der technokratischen Planung wird überwiegend ein eingeschränkter Rationalitätsbegriff verwendet. Die vorherrschende Prognoseart sind Trendextrapolationen. Selbst wenn dank der Computertechnik vermehrt auch Modellsimulationen möglich sind, bleiben soziale Indikatoren weitgehend unberücksichtigt. Weder sind sie in zureichendem

Maße verfügbar, noch ist eine theoretische Abklärung ihrer Gewichtung vorhergegangen.

Bei der kybernetischen Planung werden operationale Rationalitätsbegriffe verwendet. Selbst wenn keinerlei Übereinstimmung bezüglich der in der Systemtheorie verwendeten Rationalitätsbegriffe besteht, wird Bedacht auf deren Operationalisierbarkeit gelegt, d. h. die verwendeten Begriffe müssen so gefaßt sein, daß sie empirisch überprüfbar sind. Dementsprechend werden kombinierte Prognosearten verwendet, vornehmlich deduktiv-empirische und normative Prognosen, die zu Modellen der Zielfindung und Zielverwirklichung führen. Diese Modelle sind grundsätzlich dynamisch angelegt. Sie beruhen auf wandelbaren Wertstrukturen, die nicht zuletzt durch die kybernetischen Planungsvorgänge selbst beeinflußt werden.

1.5.2 Zuständigkeit und Planungsfeld

Versuchen wir die drei Typen nach ihrem Verhältnis zur Zuständigkeit im Sinne der Entscheidungsinstanzen und dem Planungsfeld im Sinne der Abgrenzung planerischer Aktivitäten in Beziehung zu setzen, so ergibt sich folgendes Bild:

Planungstyp	Zuständigkeit	Planungsfeld
Dogmatische Planung	zentral	unbegrenzt
Technokratische Planung	partikularistisch	definiert-begrenzt
Kybernetische Planung	dezentral	dynamisch-offen

Abb. 1–5

Beim dogmatischen Planungstyp ist die Zuständigkeit zentralistisch, das Planungsfeld ist gemäß dem Totalitätsanspruch unbegrenzt.

Bei der technokratischen Planung dagegen ist die Zuständigkeit politisch, rechtlich und machtmäßig geklärt, trägt aber überwiegend partikularistische Züge, d. h. sie gründet auf spezifischen Interessen, die nicht notwendigerweise mit dem Allgemeininteresse übereinstimmen. Dementsprechend wirkt technokratische Planung in wohldefinierten Planungsfeldern.

Bei der kybernetischen Planung ist die Zuständigkeit dezentral ausgerichtet, das Planungsfeld offen. Wenn z. B. eine Region entwickelt werden soll, mag zwar eine ganze Reihe von Instanzen zuständig sein oder muß zuständig gemacht werden, wobei bezüglich der Abgrenzung keineswegs historisch gewachsene politische Verwaltungsgrenzen maßgebend sind. Die Begrenzung des Gebietes ergibt sich erst aus der Systemhaftigkeit der Wechselbeziehungen. Das Planungsfeld ist deshalb grundsätzlich dynamisch offen, veränderbar.

1.5.3 Wissenschaftsorientierung und Planungsorganisation

Auf einer weiteren Ebene sind die Planungstypen mit der Wissenschaftsorientierung und der Planungsorganisation zu konfrontieren.

Planungstyp	Wissenschafts-orientierung	Planungsorganisation
Dogmatische Planung	ideologisch	zentral-hierarchisch
Technokratische Planung	naturwissenschaftlich-technisch	multizentral
Kybernetische Planung	empirisch sozialwissenschaftlich	koordiniert dezentral

Abb. 1–6

Dogmatische Planung ist grundsätzlich ideologisch ausgerichtet und an monokausale Theorien gebunden. Ihre Planungsorganisation ist in der Folge vorherrschend zentral und hierarchisch konzipiert.

Die technokratische Planung ist vornehmlich, wenn nicht gar ausschließlich, naturwissenschaftlich-technisch orientiert. Die Planungsorganisation ist oft multizentral, d. h. für einzelne spezifisch technokratische Zielsetzungen werden spezielle organisatorische Zentren erstellt (Primärplanungen).

Bei der kybernetischen Planung schließlich ist eine empirisch-sozialwissenschaftliche Orientierung vorherrschend. Von Kausalität im engen Sinne wird nicht gesprochen, sondern höchstens von Sicherheitsgraden und Wahrscheinlichkeiten. Die entsprechende Planungsorganisation ist koordiniert-dezentral. Da es grundsätzlich keine umfassende Erkenntnis der sozialen Wirklichkeit gibt, auch keine endgültige Theorie, ist entsprechend dieser Einsicht die Umsetzung von planerischen Vorstellungen in der Praxis durch spezialisierte aber koordinierte Planungsinstanzen als wirksamste Organisationsform zu werten.

Damit ist keineswegs einer „kybernetischen Planwirtschaft" Vorschub geleistet, vielmehr wird dadurch die konfliktregelnde Sekundärplanung (*Tenbruck*) ermöglicht.

1.5.4 Vorstellungen über die gesellschaftliche Struktur und Funktion des Staates

Des weiteren sind die einzelnen Typen in bezug zu setzen zu Vorstellungen über die gesellschaftliche Struktur und der Funktion des Staates, die sie implizit oder explizit beinhalten.

Planungstyp	Vorstellung über gesellschaftliche Struktur	Funktion des Staates
Dogmatische Planung	hierarchische Schichtung	Identität von Staat und Gesellschaft
Technokratische Planung	Massengesellschaft	partieller Interventionalismus
Kybernetische Planung	pluralistische Schichtung	ordnungspolitisch

Abb. 1–7

Dogmatische Planung geht grundsätzlich von einer hierarchischen Struktur der Gesellschaft aus. Will beispielsweise der Marxismus die bipolare Klassenstruktur der kapitalistischen Gesellschaft überwinden, um zu einer Herrschaft des Proletariats zu gelangen, so sind bei faschistischen und faschistoiden

Vorstellungen ständische Modelle vorherrschend. Das Prinzip der Gewaltentrennung im Staat ist nicht vorhanden, weil im Grunde eine Identität von Staat und Gesellschaft angenommen wird.

Die technokratische Planung geht von einer sehr oft nicht weiter differenzierten Massengesellschaft aus, wobei Herrschafts- und Schichtstrukturen äußerst unklar sind. Dem Staat werden Funktionen vornehmlich der Finanzierung zugerechnet, wobei partieller Interventionalismus dann angenommen wird, wenn das freie Spiel der Kräfte technokratische Planungsziele gefährdet.

Die kybernetische Planung gründet auf einer pluralistischen Schichtung der Gesellschaft. Die Funktion des Staates ist in erster Linie ordnungspolitisch.

Eng zusammenhängend mit Vorstellungen über die gesellschaftliche Struktur sind Vorstellungen über Funktion sozialer Konflikte, abhängend von der Funktion des Staates, gesellschaftspolitische Zielvorstellungen.

Planungstyp	Vorstellungen über Funktionen sozialer Konflikte	Gesellschaftspolitische Zielvorstellungen
Dogmatische Planung	Konfliktausschaltung	Systemwechsel
Technokratische Planung	Konfliktvermeidung	Systemerhaltung
Kybernetische Planung	Konfliktregelung	Systemveränderung

Abb. 1–8

Bei der dogmatischen Planung ist die Konfliktausschaltung impliziert, selbst wenn bestehende soziale Konflikte in die Planungsstrategie einbezogen werden. Gegenwärtige Konflikte sind in Zukunft unmöglich. Bei gesellschaftspolitischen Vorstellungen ist oft Systemwechsel das Ziel.

Bei der technokratischen Planung wird praktisch selbsttätige Konfliktvermeidung angenommen. So sind gesellschaftspoliti-

sche Zielvorstellungen auf einen Zustand ausgerichtet, bei dem Dank moderner Technologien die Ursachen für die heutigen Konflikte gar nicht mehr bestünden. Verteilungskämpfe sind nicht mehr zu erwarten, weil im Überfluß produziert werden kann. Im Prinzip ist die technokratische Planung auf Systemerhaltung ausgerichtet.
Die kybernetische Planung strebt institutionalisierte Konfliktregelung an. Konflikte sind notwendig und konstitutiv für das gesellschaftliche Leben überhaupt, sie können also weder unterdrückt noch vermieden werden. Ihr gesellschaftspolitisches Ziel ist Systemveränderung.

1.5.5 Raumbezogenheit und Mittelbeschaffung

Für die Raumplanung interessiert vor allem das Verhältnis von Raumbezogenheit und Mittelbeschaffung der einzelnen Planungstypen.

Planungstyp	Raumbezogenheit	Mittelbeschaffung
Dogmatische Planung	paradigmatisch	totale Umverteilung
Technokratische Planung	nutzungsorientiert	Sicherung des status quo
Kybernetische Planung	System immanent-multifunktional	schrittweise Neuverteilung

Abb. 1–9

Keine dogmatische Planung findet eine Tabula rasa vor, sie setzt grundsätzlich immer ein auf Grund bestimmter bestehender Zustände. Wohl sind Herrschaftsstrukturen einer gegebenen Gesellschaft durch Besitzverhältnisse an Grund und Boden festzustellen, wobei eine Veränderung dieser Verhältnisse noch keineswegs die Gesellschaft umfassend neu zu strukturieren vermöchte. Trotzdem ist die Verteilung des Grundbesitzes ein wesentlicher Faktor, den es zu verändern gilt. Nicht ein bestimmter zu beplanender Raum ist deshalb wichtig bei der dogmatischen Planung als vielmehr die Veränderung von Besitzverhältnissen überhaupt. In diesem Sinne ist die Raumbezogenheit paradigmatisch, beispielhaft Besitz an Boden ist nur eine Art von Besitz. Dementsprechend ist die Zielsetzung eine totale Umverteilung bestehender Mittel und Mittelbeschaffungssysteme.

Die technokratische Planung ist in zweifacher Hinsicht nutzungsorientiert und dies beinahe ausschließlich: Es werden im Sinne der partikularen Interessenplanung (Primärplanung) auf Grund des Bodenpreises und des Standortes Planungsziele gesetzt. Preis und Standort bestimmen die Auswahl des Besitzes, beispielsweise in der City von Großstädten. Die Möglichkeit, Besitz zu erwerben, ist restriktiv, da nur finanzkräftige Eigentümer zum Zuge kommen. Die Rentabilität bestimmt die Nutzung. Weitere gesellschaftliche und soziale Folgen sind meist technokratisch in der Planung nicht einbezogen. Die traditionelle Verkehrsplanung wäre ein weiteres typisches Beispiel: Es werden Straßen auf Grund des bestehenden und zu erwartenden Verkehrs geplant und gebaut, unabhängig davon, ob durch Straßenführung das Leben ganzer Quartiere beeinträchtigt, ja zerstört wird. Erst in jüngster Zeit beginnt man auch in der Verkehrsplanung Wechselwirkungen zwischen Verkehrswegen, Verkehrskapazitäten und Quartierstrukturen zu beachten.

Bei der kybernetischen Planung ist der Boden nur ein Faktor unter vielen, die Raumbezogenheit ist systemimmanent und naturgemäß multifunktional. Im Grunde werden nicht Nutzungsnotwendigkeiten sondern Nutzungsmöglichkeiten, werden nicht allein die Rentabilität sondern auch die „Social Costs“ mit in Betracht gezogen, und zwar nicht kurzfristige, sondern mittel- bis langfristige.

Bei der für die Raumplanung notwendigen Mittelbeschaffung sehen wir, daß die dogmatische Planung eine völlige Umverteilung der Ressourcen voraussetzt. Technokratische Planung geht grundsätzlich von bestehenden Verhältnissen aus und richtet sich im Prinzip nach dem Status quo. Die kybernetische Planung schließlich strebt eine schrittweise Neuverteilung an.

1.5.6 Plädoyer für eine kybernetische Raumplanung

Es wurde zuletzt versucht, theoretische Zusammenhänge, in denen praktische Raumplanungsaufgaben zu erfüllen sind, darzulegen. Für die Planungspraxis wurden vornehmlich Ist-Zustände beschrieben. Diese Beschreibung ging davon aus, daß sowohl die Bedingungen, unter denen geplant werden muß, wie auch die Planungsmethoden in Zukunft zu verändern sind.

Wer den Einsatz sozialwissenschaftlicher Methoden und Befunde in der heutigen Raumplanung betrachtet, stellt fest, daß eine fruchtbare Zusammenarbeit zwischen Raumplanern und insbesondere Soziologen noch kaum stattgefunden hat. Einerseits liegen zwar umfangreiche Berichte vor, die sich beinahe ausschließlich kritisch mit Planungszielen auseinandersetzen. So notwendig ideologiekritische Arbeit ist, fruchtet sie dann nicht, wenn sie zu keiner Veränderung führt. Die Erwartungen der Soziologen selbst und die Erwartungen an die Soziologen klaffen auseinander. In dieser Situation kann es auch nicht verwundern, daß die empirischen Befunde über Planungsprozesse diese kaum zu beeinflussen vermochten. Die sozialwissenschaftliche Theorie und die empirischen Methoden haben sich nicht in die Planung integrieren können.

Wenn überhaupt wurden empirische Untersuchungen zur Ergänzung von Sozialdaten bestellt. Jede Planungspolitik, wie zu Beginn dargestellt, beruht auf zeit-räumlichen Vorstellungen. Sie kann wohl auf Grund wissenschaftlicher Theorien und Methodologien erarbeitet werden, beinhaltet aber in jedem Fall die Erhaltung oder Veränderung bestehender bzw. die Festlegung neuer gesellschaftlicher Werte und Normen.

In diesem Sinne sind Planungsentscheide vornehmlich politische Entscheide. So ist es auch nicht die wissenschaftliche Aufgabe der Soziologie allein, die normativen Ziele zukünftiger Gesellschaften zu entwerfen. Soziologische Erkenntnisse sollen jedoch den Prozeß der politischen Bewußtseinsbildung unterstützen.

Soziologische Theorie und Praxis bilden nur einen Bestandteil einer umfassenden Planungstheorie, die noch kaum entwickelt ist. Erst in jüngster Zeit werden mit aller Vehemenz sog. „policy-sciences“ gefordert: „Die bloße Modifikation von ‚policies‘, die sich schon als unangemessen erwiesen haben, wird nicht zum richtigen Ergebnis führen. Allzu oft wird heute

Raumplanung: Theorie und Empirie des sozialen Wandels

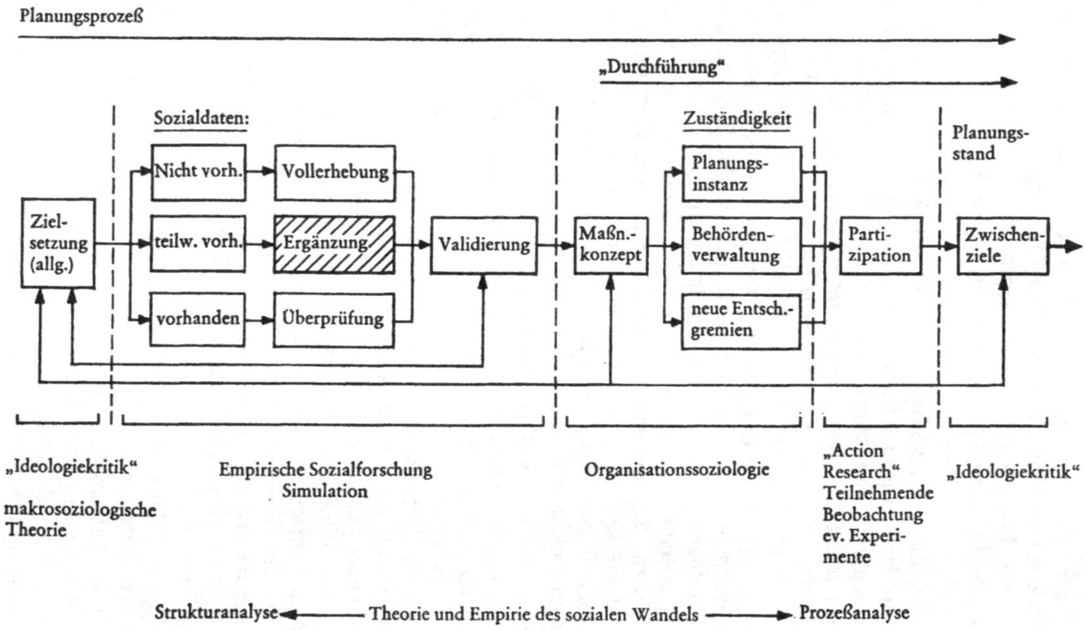

(Aus: P. Atteslander [1,4, S. 26])

Abb. 1–10

die Wissenschaft in Planungsprozessen dazu benutzt, eine an sich schon schlechte Situation noch weit schlechter zu machen" [1,23].

Es würde hier zu weit führen, den möglichen Beitrag soziologischer Theorie und Praxis für die „policy-sciences" darstellen zu wollen. In polemischer Verkürzung ausgedrückt geht es darum, für die Bereiche der Planung und insbesondere der Raumplanung die Soziologie insgesamt heranzuziehen und nicht nur zeitweilig einen Soziologen. Konkrete Beiträge der Soziologie können nicht erwartet werden, bevor die Fragestellung selbst in ihrem systematischen Zusammenhang mit soziologischer Theorie überprüft wurde. Es lassen sich in diesem Zusammenhang drei Aufgabenbereiche der Soziologie unterscheiden:

(1) Analyse der Planungsziele,
(2) Analyse der Planungsfelder,
(3) Analyse der Planungsprozesse.

(1) Das Aufstellen von Planungszielen, die einer formulierten Planungspolitik bedürfen, ist eine gemeinsame Aufgabe verschiedener wissenschaftlicher Disziplinen sowie der politischen Willensbildung insgesamt. In der Praxis treffen wir heute aber meist nur partikulare Zielvorstellungen, wobei ein großer Teil dieser Vorstellungen entweder nicht konkret genug formuliert wurde oder gar widersprüchlich ist. Für die Soziologie stellt sich hier die Aufgabe ideologischkritischer Analysen bestehender Zielvorstellungen (Wissenssoziologie).

Der gegenwärtige Beitrag der Soziologie in der Planungsdiskussion ist im überwiegenden Maße ideologisch-kritischer Natur. Nur in seltenen Fällen werden soziologische Theorien bei der Formulierung von Planungszielen benutzt. Dies wäre aber eine Forderung, die dem heutigen Stand unseres Fachwissens entspringt (Planungssoziologie).

(2) Beim allgemeinen Mangel an planungsrelevanten Sozialdaten in Planungsregionen sind künftig vermehrte empirische Untersuchungen erforderlich. Die Soziologie erhält hier, neben anderen Wissenschaften, die Funktion, soziale

Daten, die anderweitig nicht zur Verfügung stehen, zu beschaffen. Solche Analysen haben einerseits zur Aufgabe, die wesentlichen Aspekte des sozialen Handelns als Ist-Zustand zu überprüfen und andererseits auch Meinungsstrukturen und Zukunftsvorstellungen zu verdeutlichen.

Hier ergibt sich in der Praxis als vordringliche Frage: Wer entscheidet, wann, in welchem Umfange und zu welchem Zweck empirische Forschung geführt werden soll?

Der strategische Einsatz empirischer Forschungsmethoden ist nur dann sinnvoll, wenn soziologische Aspekte bereits bei der Formulierung der Planungspolitik genügende Berücksichtigung fand. Abzulehnen ist eine ex post facto-Erhebung, die in eingeschränkter Fragestellung lediglich zur nachträglichen Stützung von Planungshypothesen dienen soll. Abzulehnen ist die Alibifunktion der Soziologie.

(3) Es ist grundsätzlich zu sagen, daß empirische Sozialforschung kostspielig und auch langwierig ist. Zu oft werden nur relativ billige Umfragetechniken verwendet, deren Ergebnisse ungenügend sind und zu gefährlichen Entscheidungsfehlern führen können. Der wohl wesentlichste Beitrag der Soziologie zur Lösung von Planungsproblemen beruht auf der Tatsache, daß jede Planung eine Vielzahl sozialer Prozesse beinhaltet. Es ist nicht nur Aufgabe der Soziologie, diese Prozesse zu untersuchen, sondern auch an ihnen selbst maßgeblich mitzuwirken. Wer plant wie, wann, mit wem, auf Grund welcher Vorstellungen, für welche Ziele? Es genügt nicht, den Soziologen nur in einzelnen Phasen eines Planungsprozesses beizuziehen, etwa, wenn es darum geht, eine Informationspolitik zu formulieren und die Frage zu klären, welche Meinungen in einem Planungsgebiet vorherrschen und wie sie beeinflußt werden können.

So geht es nicht nur darum, an einer Informationsvorbereitung nach unten mitzuwirken, sondern ebensosehr die Informationen von unten nach oben, d. h. von einer Bevölkerung zu den Planungsinstanzen zu erleichtern. Ferner hat der Soziologe die Aufgabe, seine Kenntnisse über heute bestehende soziologische Theorie an die Planungsinstanzen weiterzugeben. Dazu

gehören insbesondere Forschungsergebnisse aus den Bereichen
- der *Theorie des sozialen Wandels*
- der *Theorie sozialer Institutionen*
- der *Theorie der Diffusion materieller und immaterieller Güter*, und schließlich müßte die *Theorie sozialer Systeme* im weiteren, interdisziplinären Bereich der Systemanalyse Verwendung finden.

Abb. 1–10 soll verdeutlichen, daß Sozialforscher während des ganzen Planungsprozesses beizuziehen sind. Heute wird Forschung, wenn überhaupt, oft nur zur Ergänzung bereits bestehender Sozialdaten verwendet, ohne daß im allgemeinen die Überprüfung der Relevanz der zu erhebenden Daten, damit auch eine Überprüfung der Zielsetzung, stattfindet. Wir müssen des weiteren davon ausgehen, daß Planung auch soziale Entwicklungsprozesse beinhaltet, sie also ohne Partizipation der Menschen, für die bzw. mit denen geplant wird, ihre Ziele nicht oder nur teilweise erreicht. Entscheidend dürfte der Hinweis sein, daß Sozialforschung nicht mit Allgemeinvorstellungen über Meinungsforschung gleichgesetzt werden darf. Es ist oft unerheblich, Wünsche und Vorstellungen der Menschen erforschen zu wollen ohne gründliches Erfassen ihres effektiven Sozialverhaltens.

Erfolgreiche Raumplanung bedarf zentraler Konzepte, regionaler Gewichtung und lokaler Partizipation. Es geht nicht nur darum, neue Leitideen, neue Ämter, schließlich neue Reglemente zu schaffen, es sind vielmehr neuartige Institutionen zu gründen und bestehende den dargelegten Aufgaben gemäß neu zu gestalten.

Unter erfolgreich sei eine Raumplanung verstanden, die nicht nur bestehende Bedürfnisse befriedigt, soziale Konflikte, wie sie immer vehementer in Ballungsräumen aufzubrechen scheinen, zu vermeiden, sondern auch Handlungsmöglichkeiten für die Menschen von morgen zu schaffen, damit diese nicht gleichsam in einer Zwangsjacke von irreversiblen Sachzwängen leben müssen.

Eine einmal sozial zerstörte Innenstadt wieder zum Leben zu erwecken, die Monotonie uniformer Schlafstädte zu durchbrechen, scheint oft unmöglich und ist auf alle Fälle nur mit weit größeren Kosten zu erreichen, als wir dies uns heute vorzustellen vermögen. Kybernetische Raumplanung hat zum überragenden Ziele, eine „Kolonialisierung der Zukunft" (Galtung) zu verhindern.

Die ungeregelte Besiedlung dieser Erde, die vehemente Verstädterung, die disparitäre Entwicklung der Gesellschaften, das krebsartige Anwachsen von Ballungsräumen in allen Teilen dieser Welt stellen das größte unkontrollierte Experiment dar, das man sich überhaupt vorstellen kann. Planung kann bewußte Beeinflussung dieser Entwicklung bedeuten, d. h. unerwünschte Prozesse kontrollieren, um überhaupt Gestaltung und Wachstum unter Kontrolle zu bringen.

Nur eine kybernetische Planung, wie wir sie idealtypisch skizzierten, scheint imstande zu sein, einerseits die Isolation der Ziele, Mittel und Zuständigkeiten zu überwinden, durch die die Planungswirklichkeit bis heute weitgehend bestimmt wird, andererseits ein Optimum der Fruchtbarmachung bestehenden Wissens zu gewährleisten.

Es besteht kein Zweifel darüber, daß die Ressourcen insgesamt immer geringer werden, daß die Dynamik der Entwicklung eine Knappheit an Entscheidungszeit bewirkt, die eine Knappheit der Finanzierungsmittel für Planungsforschung und Planungsmethodik als sekundär erscheinen läßt. Zwar wird die kybernetische Planung kostspieliger als die bisherige Planung ausfallen. Sie ermöglicht aber langfristig einen sinnvolleren Einsat der Mittel. Einerseits stehen wir vor steigenden Restriktionen in Bezug auf verfügbaren Raum und verfügbare Mittel, andererseits werden weitgehend Fragen der Legimitation und Legitimität von Planungszielen und Planungsträgern immer vordringlicher.

Wenn wir im Lichte dieser Gedanken die Planungstypen nach Art und Weise der Verwendung der empirischen Sozialforschung untersuchen, sehen wir, daß die dogmatische Planung ihrer überhaupt nicht bedarf. Bei der technokratischen Planung wird sie, wenn überhaupt, nur punktuell verwendet. Zwar wird Sekundärmaterial verwendet, wie etwa die üblichen demographischen Daten, gelegentlich mit repräsentativen Befragungen verbunden. Sozialforschung wird indes nur dann eingesetzt, wenn es darum geht, „Planungshindernisse“ zu erkunden, um sie allenfalls besser aus dem Wege räumen zu können. Oder es werden Untersuchungen angestellt, die dazu dienen, die Planungsziele zweckdienlich und praktisch im Sinne einer Marktforschung besser „verkaufen“ zu können. Wenn überhaupt, wird Sozialforschung, d. h. einzelne ihrer Methoden, strategisch verwendet.

Lediglich bei der kybernetischen Planung ist im Prinzip eine integrierte Sozialforschung Voraussetzung: Ohne den Einsatz aller verfügbaren Methoden zu den von der Planung her selbst notwendigen Zeitpunkten ist kybernetische Planung nicht denkbar. Daß sie in der Wirklichkeit noch nicht realisiert ist, ist kein Grund, sie nicht zu entwickeln. Dabei sei deutlich gemacht, daß es bei der kybernetischen Planung nicht um die Anwendung der traditionellen, vornehmlich in den technischen Bereichen verwendeten kybernetischen Methode geht. Vielmehr ist kybernetisches Denken im umfassenden Sinne notwendig [1,33].

Für die heute und morgen zu lösenden Probleme der Raumplanung nützt es wenig, wenn man die Praxis damit vertröstet, daß für einen unbestimmten ferneren Zeitpunkt wahrscheinlich kybernetische Planung zur Verfügung steht. Das kybernetische Denken setzt uns zumindest in die Lage, auch Beziehungen zwischen gesellschaftlichen Fakten herzustellen, selbst wenn diese nicht in aller Einzelheit untersucht und erforscht sind.

Die heute im Bereich der Sozialwissenschaft feststehenden Erkenntnisse sind durchaus zureichend, um beispielsweise generelle Normen aufzustellen. Die in der Gesetzgebung für die Landesentwicklungsplanung of verwendeten „unbestimmten Rechtsbegriffe“ können ausgefüllt werden. Dies gerade, weil noch keine einheitliche gesellschaftliche Theorie besteht, wobei eine solche allumfassende Theorie möglicherweise gar nicht wünschenswert ist.

Auf der Ebene der praktischen Beratung von Planungsinstanzen durch Wissenschaftler liegt ebenfalls genügend gesichertes

Forschungsmaterial vor, um mehr Entscheidungshilfe anbieten zu können, als dies bislang angefordert oder ermöglicht wurde. Schließlich wäre auch auf der Ebene der Ausbildung von Planern genügend Erfahrung vorhanden, die auch in Ausbildungsprogrammen endlich institutionalisiert werden müßte.

Grundsätzlich fehlt es an der „Sekundärplanung" der Raumplanung insgesamt. Sie zu erreichen ist nicht vordringlich eine Frage der finanziellen Mittel, sondern eine Frage der Einstellung zur gesellschaftlichen Bedeutung der Raumplanung selbst.

Literatur

[1,1] *Albert, H.:* Theorie und Prognose in den Sozialwissenschaften. In: Topitsch, E. (Hrsg.): Logik der Sozialwissenschaften. Köln, Berlin 1967.

[1,2] *Albert, H.:* Plädoyer für einen kritischen Rationalismus. In: Grossner, C., u. a. (Hrsg.): Das 198. Jahrzehnt. Hamburg 1969.

[1,3] *Atteslander, P.:* Der Mensch als Nutznießer der Infrastruktur. (ORL-Schriftenreihe 3) Zürich 1969.

[1,4] *Atteslander, P.:* Dichte und Mischung der Bevölkerung. Berlin, New York 1975.

[1,5] *von Bertalanffy, L.:* Vorläufer und Begründer der Systemtheorie. In: Kurzrock, R. (Hrsg.): Systemtheorie. Berlin 1972.

[1,6] *Chombard de Lauwe, P. H.:* Famille et Habitation, 2 Vols. Paris 1959.

[1,7] *Edeling, H.:* Über die Möglichkeit gesamtgesellschaftlicher Prognosen. In: Heyden, G. (Hrsg.): Gesellschaftsprognostik. Berlin 1968.

[1,8] *Ellwein, T.:* Politik und Planung. Stuttgart 1968.

[1,9] *Ericson, R. F.:* The Impact of Cybernetic Information Technology on Management Value Systems. In: Management Science, Vol. 16 (1969), S. 40 ff.

[1,10] *Händle, F.* u. *S. Jensen:* Einleitung. In: dies. (Hrsg.): Systemtheorie und Systemtechnik. München 1974.

[1,11] *Jantsch, E.:* Von Prognose und Planung zu den "Policy Sciences". In: Ronge, V., u. G. Schmieg. Politische Planung. München 1971.

[1,12] *Jochimsen, R.:* Zum Aufbau und Ausbau eines integrierten Aufgaben-Planungssystems der Bundesregierung. In: Bulletin des Presse- und Informationsamtes der Bundesregierung, Nr. 97, 6, 1970.

[1,13] *Kaiser, J. H.:* Exposé einer pragmatischen Theorie der Planung. In: ders. (Hrsg.): Planung I. Recht und Politik der Planung in Wirtschaft und Gesellschaft. Baden-Baden 1970.

[1,14] *Klages, H.:* Planungspolitik. Stuttgart 1971.
[1,15] *Kröber, G.:* Artikel: Prognose. In: Klaus, G. u. M. Buhr (Hrsg.): Philosophisches Wörterbuch, Bd. 2. Leipzig 1971.
[1,16] *Krysmanski, R.:* Bodenbezogenes Verhalten in der Industriegesellschaft. Münster 1967.
[1,17] *Kühn, A.:* Das Problem der Prognose in der Soziologie. Berlin 1970.
[1,18] *Luhmann, N.:* Zweckbegriff und Systemrationalität. Tübingen 1968.
[1,19] *Mannheim, K.:* Mensch und Gesellschaft im Zeitalter des Umbruchs. Leiden 1935.
[1,20] *Müller, G.:* Stichwort: Raumplanung. In: Handwörterbuch der Sozialwissenschaft (HdSW), Bd. 8. 1968.
[1,21] *Nigg, F.:* Raumplanung in der Industriegesellschaft. (ORL-Schriftenreihe 4) Zürich 1970.
[1,22] *Offe, C.:* Demokratische Legitimation der Planung. In: Schäfers, B. (Hrsg.): Gesellschaftliche Planung. Stuttgart 1973.
[1,23] *Ozbekhan, H.:* Toward a General Theory of Planning. In: Jantsch, E. (Hrsg.): Perspectives of Planning. Paris 1969.
[1,24] *Popper, K. R.:* Das Elend des Historizismus. Tübingen (erstmals 1944) 1957.
[1,25] *Ronge, V.:* Politökonomische Planungsforschung. In: Ronge, V., u. G. Schmieg: Politische Planung. München 1971.
[1,26] *Rotach, M., C. Hidber* u. *H. Ringli:* Landesplanerische Leitbilder in der Schweiz, Zielsetzungen und Konflikte. (ORL-Schriftenreihe 2) Zürich 1969.
[1,27] *Schäfers, B.:* Die wissenschaftliche Prognose als Voraussetzung der praktischen Planung. In: Schäfers, B. (Hrsg.): Gesellschaftliche Planung. Stuttgart 1973.
[1,28] *Schelsky, H.:* Die Arbeit tun die anderen. Opladen 1975.
[1,29] *Shannon, C. U.,* u. *W. Weaver:* The Mathematical Theory of Communication. Urbana 1949.
[1,30] *Stachowiak, H.:* Grundriß einer Planungstheorie. In: Kommunikation 6 (1970), Heft 1.
[1,31] *Tenbruck, F.:* Zu einer Theorie der Planung. In: Wissenschaftliche Praxis, Festschrift zum 20jährigen Bestehen des Westdt. Verlages. Köln, Opladen 1967.
[1,32] *Tenbruck, F.:* Zur Kritik der planenden Vernunft. Freiburg 1972.
[1,33] *Vester, F.:* Das kybernetische Zeitalter. Neue Dimensionen des Denkens. München 1975.
[1,34] *Wiener, N.:* Cybernetics. New York 1948.
[1,35] *Zahn, E.:* Systemforschung in der BRD. Göttingen 1972.
[1,36] *Zetterberg, H. L.:* Theorie, Forschung und Praxis in der Soziologie. In: König, R. (Hrsg.): Handwörterbuch der empirischen Sozialforschung, Bd. 1. Stuttgart 1973.

2. Planungsziele und Planungswirklichkeit

von *Gisela Zipp*

Trotz intensiver Planungsdiskussion in den letzten Jahren machen es die bisherigen planungstheoretischen Ansätze dem mit der Planung in der Praxis Befaßten fast unmöglich, die divergierenden Ansätze zu rezipieren und in die Praxis umzusetzen. Mehr denn je ist der Bedarf nach einer allgemeinen gesellschaftlichen Planungstheorie groß.

Die Diskussion über Planung in Wirtschaft und Gesellschaft in der Bundesrepublik [2,16] zeigt, daß sich erst dann ein Bedürfnis nach mehr Planung und regelnden Eingriffen des Staates entwickelte, als sich erwies, daß das „Laissez-Faire" des neoliberalen Denkens der Wiederaufbauphase zur Bewältigung der Probleme in einer komplizierter gewordenen Umwelt nicht mehr ausreichte. Dabei hinderte die allgemeine Gleichsetzung von Planung mit Planwirtschaft und die von Planungsabstinenz mit Freiheit die Bundesrepublik im Gegensatz zu anderen westlichen Ländern länger, sich intensiv mit grundsätzlichen Fragen der gesellschaftlichen Planung zu befassen. Die Ablehnung von Planung betraf aber nur die öffentliche oder politische Planung, von *Popper* als „Totalplanung" bezeichnet, das liberale Wirtschaftsdenken gestattete Planung in Einzelunternehmungen sehr wohl, sie war geradezu Voraussetzung für „marktwirtschaftliche" Aktivitäten. Die Tabuisierung der öffentlichen Planung führte schließlich zu Fehlentwicklungen, in der die „Selbstregulierung" der freien Kräfte versagte.

Das wachsende politische Interesse, das die Gesellschaft heute an ihrer räumlichen Ordnung nimmt, ist nicht zuletzt Ausdruck des erlebten Versagens räumlicher Planungen. Auseinandersetzungen um die Entwicklung der Agglomerationsräume bei gleichzeitiger Stagnation bzw. Entleerung ländlicher Gebiete, Diskussionen um die Erneuerung unserer Städte belegen symptomatisch, daß bestimmte Funktionsbeeinträchtigungen dazu führen, Entscheidungsinstanzen und -institutionen, Planungsabläufe und Planungsgrundlagen kritisch in Frage zu stellen.

So häufig heute von Planung gesprochen wird, so diffus und zum Teil undurchsichtig sind manchmal die Prozesse, die ablaufen, wenn konkrete Planungen in Gang gesetzt werden. Aus politischen Opportunitätsgründen erscheint die Zauberformel Planung heute in allen gesellschaftlichen Bereichen als Beruhigungspille angewandt zu werden, die die Hoffnung weckt, daß akute Mängel und Störungen in Teilbereichen der Gesellschaft dank der Aktivitäten „zuständiger" Planungsinstanzen in einer absehbaren Zukunft gelöst werden können. Das Vertrauen in die Problemlösungsfähigkeit von Planung kann am Beispiel der Umweltdiskussion oder der Energiekrise verdeutlicht werden. Daß die so gefundenen Lösungen, zum großen Teil nur Problemverlagerungen auf schwächere Bereiche der Gesellschaft sind, wird kaum erkannt. Diese Tendenz, zeigt sich nicht zuletzt darin, daß es Mechanismen gibt, die auf verschiedenen staatlichen und kommunalen Entscheidungsinstanzen Problemverschiebungen legitimieren.

Die zeitweilige Planungseuphorie hat Erwartungshaltungen bei den Bürgern geweckt, die die politischen Instanzen meist nicht befriedigend lösen können. Demzufolge kann eine Zunahme der Spannungen zwischen politischen Programmen und politischer Wirklichkeit beobachtet werden. Das Problem Planung in einer demokratischen Gesellschaft ist komplex. Einmal geht es um die Einordnung „freischwebender" Planungsinstanzen in einen sozialen Rechtsstaat. Die Frage, wie kann bei notwendiger Zunahme der Planung die Freiheit des Individuums gewährleistet werden, hat schon *Karl Mannheim* aufgegriffen. Für ihn heißt die Entscheidung nicht mehr Planung oder Planungsabstinenz, „sondern (sie fällt) nur zwischen einer guten und einer schlechten Planung" [2,19, S. 9]. Gute Planung ist demnach rationale Gestaltung des Systems ohne Beeinträchtigung der Bürgerrechte. Dabei weicht *Mannheim* dem Problem von Macht und Herrschaft und seiner möglichen Irrationalität aus. Herrschen die Planenden, ist die Politik nur noch ausführende Instanz, diese Konsequenz ist mit Recht utopisch genannt worden. „*Mannheim's* vielfache Forderungen nach einer demokratischen Planung können nicht über den totalitären Charakter seiner Konzeption hinwegtäuschen, in der auch die Freiheit noch geplant werden soll" [2,23, S. 166].

Das zweite ungelöste Problem ist die Frage nach der generellen Planungsfähigkeit unseres politischen Systems. Hat das System der klassischen Gewaltenteilung in Legislative, Exekutive und Judikative überhaupt noch Raum, Planungsinstanzen zu integrieren? Ist die Installierung von Planungskommissionen oder Beiräten ein organisatorischer Versuch, die Institutionalisierung von Planung zu erreichen? Es ist offen, ob diese Organisationsform tatsächlich dazu führt, gesellschaftliche Planung durchgängig zu ermöglichen, wenn nicht auch gleichzeitig die Entscheidungskompetenz verlagert wird. Auf Dauer sind empfehlende Planungen zu folgenlos, wenn sie nicht auch von den Planenden politisch verantwortet werden müssen.

2.1 Planung als politischer Prozeß

Der Stellenwert und die Einordnung der Planung sind dann unproblematisch, wenn wir Planung als technischen oder technokratischen Prozeß verstehen. Die zur Verfügung stehenden Methoden und Instrumente ermöglichen es bis zu einem gewissen Grade heute schon, bei gegebener Zielbestimmung und gegebener Mittelausstattung, eine optimale Kombination von Maßnahmen für die Lösung begrenzter Probleme zu finden. Gesellschaftliche Planung ist aber in erster Linie kein Optimierungsproblem. Die Entwicklung von Planungskonzepten, die Bestimmung von Zielen und ihre Realisierung sind eminent politische Prozesse, die weit über den Rahmen planerischer Einzelmaßahmen hinausgehen.

Zwei grundsätzlich kontroverse Positionen stehen einander gegenüber. In Anlehnung an Klages [2,15] bezeichnen wir die erste Position als umfassende Planung oder Gesamt- bzw. Gesellschaftsplanung. Dieser Ansatz, von *Mannheim* ausgehend, zielt auf eine ideologiefreie, rationale Zukunftsgestaltung.

Rational, sowohl von den Inhalten der Planung als auch im Verfahrensablauf, läßt sich die Rationalität des Verfahrens noch denken; ein „gesellschaftlicher Umbau", nach Rationalitätserfordernissen zu planen, scheint Utopie. Dabei wird davon ausgegangen, daß Zielvorgaben vorhanden und unproblematisch sind. Die Ausklammerung der Zielproblematik bedingt aber gleichzeitig eine Vernachlässigung der Herrschaftsproblematik.

Diskussionen um die „Reichweite der Planbarkeit" zeigen aber auch, daß dieser Ansatz im hohen Maße kontrovers ist. *Popper* als engagierter Kritiker weist auf die Gefahr des Totalitarismus hin, die seiner Meinung nach diesem Konzept immanent ist.

Die Absicht, soziale Systeme wissenschaftlich zu organisieren, sie planbar zu machen, ist nach *Popper* utopisch und empirisch nicht lösbar. Die Komplexität der gesellschaftlichen Wirklichkeit verhindere die Ganzheitserfassung, denn in einem Gesamtplan können nie alle relevanten gesellschaftlichen Beziehungen erfaßt werden, so daß unerwartete Nebeneffekte bei der Planrealisierung nur mit Hilfe von Zwangsmaßnahmen zurückgedrängt werden können, um das Planziel nicht zu gefährden [2,20]. *Popper* stellt jede Gesamtplanung grundsätzlich in Frage, weil selbst bei besten Absichten der Umschlag in die Totalität folgen muß, wenn die planende Instanz ihre Planung in Aktion umsetzen will. Dabei ist ihm aber nicht zu unterstellen, daß er grundsätzlich gegen jede Art von zukunftsorientiertem Handeln sei. Seine Konstruktion des „social engineering" (der Sozialtechnik), die ein schrittweises Vorgehen angesichts unüberschaubarer Komplexität vorsieht, gibt die Möglichkeit, bestimmte Handlungen ihren Folgen zuzuordnen und Fehler sofort zu korrigieren. „Das Prinzip der dauernden Fehlerkorrektur" ist im Grunde eher eine Planungsstrategie als eine Planungstheorie.

Daß gesellschaftliche Systeme bei wachsender Arbeitsteilung und zunehmender Spezialisierung und Differenzierung einen ständig höheren Komplexitätsgrad aufweisen, ist in den Sozialwissenschaften heute wohl unumstritten. Alle planenden und regelnden Eingriffe wären überflüssig, wenn bestimmte Axiome von vollkommener Rationalität und Information zu einer Selbstregulierung der Teilsysteme führen könnten.

Der Inkrementalismus als Strategie setzt an beim Einzelproblem, aus der Einsicht heraus, daß umfassende Planung bei unvollständiger Information und unzureichender Mittelausstattung nicht realisierbar ist. Die Entwicklung langfristiger Zielvorstellungen erübrigt sich, denn „Konflikte zwischen unterschiedlichen Interessenlagen und Wertvorstellungen werden dabei durch bargaining-Prozesse ... gelöst oder umgangen" [2,13, S. 32]. Problematisch erscheint jedoch, daß Randgruppen der Gesellschaft, die auf Grund unzureichender Informationsverarbeitungskapazität und mangelnder Artikulationsfähigkeit gar nicht in die Lage versetzt sind, ihre Interessen in den bargaining-Prozeß einzubringen, in die Gefahr geraten, nicht nur unberücksichtigt zu bleiben, sondern sogar in eine schlechtere Position gedrängt zu werden.

Die „Strategie der unkoordinierten kleinen Schritte" wird von *Lindblom* [2,17] als ein Weg der „Anpassung geistiger Prozesse an die Schwierigkeiten des Problemlösens und des Bewertens bei politischen Strategien" [2,2, S. 140] verstanden. Kennzeichen dieses Untersuchungsansatzes ist die Konzentration auf kleine Verbesserungen, die marginale Änderungen gesellschaftlicher Zustände bewirken. Das schrittweise Vorgehen trägt der Tatsache Rechnung, daß in der gegenwärtigen politischen Verfaßtheit weder ihre Komplexität total erfaßt werden kann, noch alle Konsequenzen bestimmter Eingriffe übersehen werden können. Die Eingrenzung des Betrachtungsfeldes auf Grenzverbesserungen ergibt sich nach *Braybrooke* und *Lindblom* zwingend aus der eingeschränkten Rationalität des Handelnden. Ziel der Planung ist in diesem Ansatz eine marginale Verbesserung des Status quo, wobei schon die Bewertung, was eine Verbesserung sei, wem sie zugute komme usw., nicht vorgenommen wird. Da die Informationen über ein bestimmtes Problem immer eingeschränkt sind, können auch nur begrenzte Handlungsalternativen entwickelt werden.

Die Zielanpassungsprozesse, die nach der Modellösung in Gang zu setzen sind, werden vom Politiker vorgenommen. So wird der Analyst, wie *Braybrooke* und *Lindblom* den Planer nennen, in die Rolle des Technokraten gedrängt, der zwar Problemlösungen anbietet, aber keinen Einfluß auf die politische Verwendung nimmt oder nehmen kann. Selbst wenn man radikalere politische Strategien für wünschenswert hält, kann man sie im Sinne der Autoren als Spekulation bewerten, wenn nicht Probleme der Informationsbewältigung gelöst, fehlende Theorien und Bewertungsmaßstäbe gefunden werden. Bei Berücksichtigung dieser Tatsache gewinnt die Strategie der „unkoordinierten kleinen Schritte“ Plausibilitätscharakter. „Analyse und Bewertung sind in dem Sinne unkoordiniert, daß ein und dasselbe Problem, ja sogar die einzelnen politischen Aspekte eines Problems, an verschiedenen Stellen ohne Zusammenhang untersucht werden – ohne sichtbare Koordination und ohne eine strikte Problemabgrenzung, wie sie im Idealfall bei Anwendung der synoptischen Problemlösung vorausgesetzt wird“ [2,2, S. 162].

Die hier beschriebene Strategie der permanenten Bewertung von Zielen und Mitteln ist ein getreues Abbild unserer Planungswirklichkeit. Denkt man an die politische Planung allgemein, aber auch an die Art und Weise, wie z. B. in der Regional- und Stadtplanung die Realität in Angriff genommen wird, ist das „muddling through“ (*Popper*), das Durchwursteln, tägliche Praxis. Dem Vorwurf, diese Strategie enthalte stark konservative Elemente, treten die Autoren entgegen. Gerade dadurch, daß sich die Strategie nicht auf gesellschaftliche Ziele festlegt, sei sie offen für alle Arten von Wandel, sie mache keine Angaben zu wünschbaren gesellschaftlichen Zuständen, die die Problemlösungen bringen sollten. Sie sei letztendlich anwendbar auf alle politischen Systeme, eine Methode der Analyse und Bewertung politischer Strategien. Anwendbar scheint die Strategie der unkoordinierten kleinen Schritte dann zu sein, wenn man vom Bild einer pluralistischen Gesellschaft ausgeht, in der die Interessengegensätze der verschiedenen Gruppen harmonisiert werden durch demokratische Abstimmungsmechanismen.

„Die Fiktion eines demokratischen Interessenausgleichs wird insbesondere dort deutlich, wo Zieldiskussionen unterbleiben, wo jene Interessen überdeckt werden, die über politische Machtkonstellationen Einfluß zu gewinnen verstehen", [2,14, S. 172]. Abstrakte Einheiten werden zu Entscheidungsträgern, die formalen Institutionen erscheinen als reale Machtträger, nicht die Interessenkonstellationen in einer Gesellschaft. Latente Machteliten werden nicht berücksichtigt.

Kade und *Hujer* sehen in der politischen Offenheit einen Beweis für den immanenten Konservativismus dieser Strategie. Die Orientierung am Status quo verhindert es, die Kluft zwischen technisch-ökonomischem Wissensstand und den menschlichen und sozialen Problemen, die sich in unserer Gesellschaft auftuen, zu überbrücken. Gerade aus dieser Fragestellung heraus kann aber allein die Entscheidung zwischen gesellschaftlicher Planung oder Detailplanung fallen. Die gesellschaftlichen Disparitäten, die öffentliche Armut und der private Reichtum, die Diskrepanz zwischen Industrienationen und Entwicklungsländern verlangen Konzepte langfristiger gesellschaftlicher Planung. Reicht das tradierte politische Instrumentarium nicht aus, diese Gesamtplanung zu leisten, so muß die Frage nach einer anderen Planungsorganisation legitim sein. Die relativ starre staatliche Organisation und ihr offensichtliches Unvermögen, gesellschaftlichen Wandel aufzufangen, geschweige denn zu antizipieren, hat gerade bewirkt, daß bei problematischer Legitimation Planungsaufgaben von außerstaatlichen Organisationen wahrgenommen werden, die sich jeder Legitimierung entziehen. „Politische Planung, d. h. aktives zukunftsorientiertes Handeln, ist heute gerade notwendig, weil sich gezeigt hat, daß in der Verfassungswirklichkeit die außerstaatlichen Mächte, die neben den demokratisch legitimierten Instanzen stehen und mit ihnen in der ‚Herrschaftsausübung' konkurrieren, in vielen Bereichen den Leerraum sozialstaatlicher Planung durch ihre eigenen planerischen Aktivitäten ausgefüllt haben" [2,18, S. 119].

Der Wandel unserer Umwelt hat sich schneller vollzogen als die Art, wie dadurch entstandene Probleme gelöst werden. Planung, und zwar Gesamtplanung, ist ein Schlüsselbegriff unserer Zukunftsbewältigung geworden. Die politische Praxis der unkoordinierten kleinen Schritte, der wissenschaftlichen Beratung der Politik, hat nicht verhindern können, daß sich Fortschritt als Wildwuchs mit unabsehbaren Folgeproblemen, die auch mit den herrschenden Wertvorstellungen in der Gesellschaft nicht mehr zu vereinbaren sind, etablierte und öffentliche Planung allenfalls reaktiv ist, d. h., kompensatorisch wirkt. Sie soll die Fehlentwicklungen, die durch die Aktivitäten anderer entstehen, auf Kosten der Allgemeinheit auffangen oder aufbessern.

Am Beispiel der Raumordnung und Raumplanung läßt sich belegen, daß unzureichende Planungskonzeptionen, die sogenannte Auffang- oder Anpassungsplanung zu erhöhten räumlichen und sozialen Defiziten geführt haben. Gerade im kommunalen Bereich vollzieht sich immer mehr der Schritt, zumindest eine sogenannte „integrierte Stadtentwicklungsplanung" zu versuchen. Gesellschaftliche Planung kann mit *Lompe* als Politik des geplanten sozialen Wandels definiert werden. Auch *Dahrendorf* [2,4] setzt Planung zumindest als zentrales Instrument rationaler Gesellschaftspolitik voraus. Die zunehmende Bewußtwerdung möglicher alternativer Zukunftsentwürfe in der Gesellschaft führt zu einer anderen Fragestellung. Wenn Anpassungsplanung immer häufiger die Funktion einer Strategie zur Krisenvermeidung einnimmt, gleichzeitig tendenziell eine Zunahme zentralstaatlicher Kompetenzerweiterung im Bereich von Steuerung, Regulierung und Koordinierung beobachtet werden kann, dann kommt man zur Fragestellung nach den Zielvorstellungen und Leitbildern, die implizit oder explizit in staatliches Handeln auf allen Ebenen eingehen.

2.2 Die Funktion von Leitbildern und Probleme bei der Entwicklung gesamtgesellschaftlicher Zielvorstellungen

Eine Planungsstrategie, wie die von *Lindblom* skizzierte, kann ohne verbindliche Zielvorgaben angewandt werden. Untere Planungsinstanzen der öffentlichen Verwaltung können bei begrenztem Auftrag bestimmte Planungsroutinen in Gang setzen, die alle subsumierbar sind unter Globalzielen wie z. B. Freiheit, Gerechtigkeit usw.

„Nicht nur die Planungspraxis, sondern auch die Planungstheorie macht zumeist da halt, wo pluralistische Wertvorstellungen und diversifizierte Interessen die konkrete Formulierung von Zielfunktionen oder die operationale Definition von Zielen erschweren“ [2,13, S. 23].

Je umfassender Planung aber verstanden wird, wie z. B. von *Lompe* und *Klages,* desto dringender wird die Lösung der Zielproblematik, denn nur unter „Einbeziehung der Zielproblematik ... wird die bedenkliche und folgenschwere Kluft zwischen einer durch subtile Planungstechniken erreichbaren Rationalität der Mittel und einer Irrationalität bei der Entscheidung über Werte und Ziele überbrückt“ [2,26, S. 45].

Sieht man in Zielen und in den hinter ihnen stehenden Leitbildern mehr als nur Vorstellungen über Richtgrößen oder Bebauungsdichten, dann steht man vor der Schwierigkeit, Leitbilder als zukünftige Endpunkte von Planungen zu definieren. *Burckhardt* [2,3] nennt Leitbilder „elegante Unklarheiten“, die „bildhaft geahnte höhere Ziele umfassen“. Leitbilder könnte man als Gesamtheit aller Ziele bezeichnen, die in der Zielhierarchie an oberster Stelle stehen (*Burckhardt*). Sie zeigen einerseits den kleinsten gemeinsamen Nenner, und sie sind so abstrakt, daß sie in der Lage sind, eine große Auswahl von Unterzielen zu subsumieren, die teilweise widersprüchlich sein können.

Ernst [2,8] sieht in Leitbildern längere Zeit gültige Ziele zur räumlichen Entwicklung, die von allen Planungsträgern verbindlich akzeptiert werden. *Dittrich* [2,6] begreift sie als geistige Prozesse, die in die materielle Wirklichkeit hineinwirken. Wie sie wirken, wer Träger der geistigen Prozesse ist, bleibt ungefragt.

Die Allgemeinheit dieser Art von Leitbildern nimmt einen leerformelhaften Charakter an, wenn eine gewünschte Zukunft mit höchstmöglicher Effizienz unter den Bedingungen eines Wertpluralismus angestrebt wird. Hier wird ein Konsensus widergespiegelt, der die Harmonie der Ziele, aber nicht ihr

Konfliktpotential aufzeigt. So lange es keine Instrumente zur Kontrolle gibt, wie weit allgemeine Ziele, die ein Leitbild formuliert, generell akzeptiert werden und operationalisierbar sind, können Leitbilder nur den Charakter von Ratschlägen haben. Es gibt eine Reihe von Definitionen des Begriffs Leitbild; denen allen ist gemeinsam, daß sie versuchen, die Längerfristigkeit gesellschaftlicher Zielvorstellung, ihre Allgemeingültigkeit und ihre Formkraft für zukünftige Entwicklungen in den Begriff einzubeziehen. Am ausführlichsten ist die Leitbilddiskussion bisher in dem Bereich gesellschaftlicher Planung durchgeführt worden, der heute die detailliertesten Planungsvorstellungen ausgearbeitet hat, der Raumplanung. Am Beispiel der Raumplanung lassen sich die Unverbindlichkeit der Leitbildvorstellung, der Allgemeinheitsgrad ihrer Aussagen und die Ungenauigkeit der Zielbestimmung ablesen. Wenn *Albers* sie definiert als Vorstellung einer dem Menschen gemäßen Umwelt, lassen sich unter diesem Leitbild die kontroversesten Ziele einordnen.

Leitbilder in der Raumordnung gehen aus von der verfassungsmäßigen Wertordnung und setzen sie um in Raumbezüge. „Danach ist die Ordnung des Einzelraumes mit der Ordnung des Gesamtraumes in Einklang zu bringen, sind gesunde Lebens- und Arbeitsbedingungen sowie ausgewogene wirtschaftliche, soziale und kulturelle Verhältnisse herzustellen und zu erhalten“ [2,13, S. 25].

Diese vagen Formulierungen von Leitbildern unterstellen, daß sich aus ihnen konfliktlos konkrete und operationalisierbare Planungsziele für eine begrenzte Planungsaufgabe ableiten lassen. Das heißt aber in der Regel, daß diese Ziele sich einer grundsätzlichen Diskussion entziehen, denn die Wahl alternativer Handlungsziele unter einem allgemeinen Leitbild wird zum Akt der planenden Verwaltung ohne öffentliche Kontrolle. Oberste Planungsziele werden allgemein akzeptiert, wertpolitische Entscheidungen unter konkreteren Alternativen erfolgen im Konkretisierungsstadium. Konflikte ergeben sich dann erst auf dieser Ebene und entziehen sich somit häufig politischen Diskussionen und Kontrolle. Bei der Art dieses

Vorgehens werden dezisionistische oder technische Lösungen vorrangig.

Burckhardt weist im weiteren darauf hin, daß allgemeine Ziele in der Regel so allgemein nicht sind [2,3, S. 8], denn hier kommen Schichtzugehörigkeit und sozaler Standort des Planenden mit ins Spiel. Er steht ja nicht außerhalb der konkreten Gesellschaft, für die er plant, er ist auf vielfältige Weise, und nicht zuletzt durch seine eigene Interessenlage, involviert und kann in der Regel aus seinem Sozialisationshintergrund allgemeine Leitbilder nur mit ganz spezifischen Zielvorstellungen füllen.

Hinzu kommt ein weiteres Problem, das die Schwierigkeit zeigt, Ziele aus gesamtgesellschaftlichen Wertvorstellungen abzuleiten. Auch Leitbilder selbst entziehen sich nicht dem sozialen Wandel, d. h. auch zeitweilig als absolut angesehene Werte unterliegen langfristig Veränderungen in ihrer Bewertung. So haben z. B. die Verknappung des verfügbaren Raumes zunächst in der Stadt und die sozialen Bedürfnisse der Allgemeinheit in bezug auf den Raum zu einem Wandel in der Bewertung des Eigentums an Grund und Boden geführt.

Die Wirklichkeit unserer Gesellschaft kann Leitbilder als oberste Ziele nur in dem hier beschriebenen Allgemeinheitscharakter aufnehmen, denn ein oberstes Ziel unserer Gesellschaft ist ja gerade Pluralismus in Wertvorstellungen und Handlungszielen. „Der Wertpluralismus und der Interessenpluralismus haben zur Folge, daß eine einheitliche Auffassung über die anzustrebenden Ziele für die Gesellschaft“ [2,27] nicht besteht. Die lange Zeit erhobene Forderung der Planer, vor allem an die Sozialwissenschaften, nach einem verbindlichen Leitbild, spiegelt eine Ordnungsideologie wider, die Vergangenes, gerade noch Gegenwärtiges, zum Inhalt zukunftsorientierter Planung macht. (Siehe hierzu: [2,1]). Diese Forderung ist illegitim und in hohem Maße unpolitisch, sie umgeht das Problem der Zielbildungsprozesse in demokratischen Systemen. Wenn *Damkowski* [2,5, S. 82] z. B. zum obersten Ziel der Stadtplanung erhebt, „den Bedürfnissen der betroffenen Menschen gerecht“ zu werden, dann kann jeder dieses Ziel unterschreiben, ohne daß die Inhalte diskutiert werden. Unbestritten ist, daß die Planung einer zukünftigen Gesellschaft ohne Beteiligung von Wissenschaft bzw. ohne wissenschaftliche Methoden nicht mehr denkbar ist. Nach wie vor fraglich ist in diesem Zusammenhang jedoch, welcher Stellenwert der Wissenschaft in Planungsprozessen zugeschrieben wird. So soll einmal wissenschaftlich orientierte Planung sich beschränken auf die Prüfung der Kompatibilität gesellschaftlicher Zielvorstellung (vergleiche *Braybrooke/Lindblom),* während zum anderen – in neueren Konzepten der umfassenden Planung – eine erheblich weiterreichende Funktion solcher Planung postuliert wird, die dann auch normative Reflexion und innovative Aktion einschließen soll. Bei aller Kritik an Funktion und Wirkungsweise von Leitbildern stehen wir aber nicht so sehr vor der Frage nach den Möglichkeiten gesamtgesellschaftlicher Ziele, sondern wir haben zu fragen nach der generellen Fähigkeit, langfristige Zielvorstellungen zu entwickeln [2,7]. Die Fähigkeit, diese Ziele operationalisierbar zu entwickeln, muß selbst wieder zu einem Teil gesellschaftlicher Planung werden.

Gans [2,11, S. 253] fordert in seinem „Memorandum zur Gesellschaftsplanung" die Entwicklung einer Methode, „die sich mit der Festsetzung von Zielen beschäftigt". Sie soll „flexibel sein, um die Vielfalt von Zielvorstellungen und Interessen in der Gesellschaft und die Veränderungen, die diese im Laufe der Zeit erfahren, zu ermöglichen. Gleichzeitig muß die Methode jedoch auch Kriterien oder Werte zur Verfügung stellen, die in einem heuristischen Sinne absolut sind, so daß Zielvorstellung und alternative Programme im Vergleich zu ihnen bewertet werden können." Die Planung muß zwangsläufig also Prozesse der Wirklichkeitserkundung einbauen, damit die alternativen Zukunftsvorstellungen sichtbar gemacht werden können. Das Ausmaß der Wirklichkeitserfassung ist primär ein Informations- und Legitimitätsproblem, aber in zunehmendem Maße auch ein Problem der Konfliktaustragung, -bewältigung und -steuerung. Im parlamentarischen System ist die formale Legitimität von Zielentwürfen im allgemeinen gewährleistet. Fragen wir aber, wer plant für wen, ist die Beteiligung nicht nur der Experten, die über das Was und Wie Auskunft geben sollen, zu sichern, sondern auch der Betroffenen selber. Methoden für den Kommunikationsablauf zwischen diesen Ebenen sind in Ansätzen heute schon entwickelt, die erprobte Anwendung steht noch aus.

2.3 Umfassende Planung und Zielpluralismus

Die Diskrepanz zwischen „Sachkompetenz" in Fragen der politischen Planung, hier verstanden als Zukunftsbewältigung durch umfassende Planung, und der politischen Verantwortung wird im zunehmenden Maße in Theorie und Praxis thematisiert. Die theoretische Konstruktion, die „dem Wissenschaftler die Funktion des abhängigen Handlungsgehilfen ... (zuweist), während der politische Mandatsträger sich die Festlegung der Ziele, die Entscheidungsgewalt und die Verantwortung vorbehält" [2,21, S. 169] ist in der Praxis widerlegt worden. Eine Trennung zwischen Entscheidungsvorbereitung als Alternativenauswahl und der Entscheidung selbst als politische Aktion ist insoweit Fiktion, als man nicht unterstellen kann, daß der Politiker über das Sachwissen verfügt, das den Experten zur Auswahl bestimmter Alternativen geführt hat, und er somit von der Vorentscheidung des Experten abhängig wird. Kriterien zur Überprüfung der Glaubwürdigkeit von fachmännischen Beratern gibt es bis heute nicht. „Zugleich begründet die Trennung von Entscheidung und Ausführung auch die Differenzierung der Rollen der Beteiligten und der Betroffenen und damit das Herrschaftsproblem der Politik" [2,24, S. 169].

Zum Problembereich Planung und Kontrolle weist *Schelsky* [2,25, S. 387 ff.] auf gewisse Zirkelschlüsse bei einer Anzahl von Autoren hin. Einmal wird von der These ausgegangen, daß rationale Planung einer bestimmten Herrschaftskonzentration bedarf, um wirksam werden zu können, gleichzeitig wird aber als Heilmittel gegen Gefahren der Technokratie demokratische Kontrolle und das Denken in Alternativen vorgeschlagen. *Schelsky* sieht darin ein Eingeständnis der Unvereinbarkeit von wissenschaftlicher Planung als „Herrschaftswissen" und von Demokratie als Herrschaftsverfassung.

Außerdem führt das Bedürfnis, Konfliktsituationen zwischen gesellschaftlichen und politischen Bereichen auf „rationalisierte und vorgeplante Alternativentscheidungen zu reduzieren", zu einer Ausblendung moralischer Entscheidungen. Je stärker Alternativen einer exakten Analyse im Bereich der Ziel-Mittel-Beziehung unterzogen werden, um so größer ist die Gefahr, daß die ethische Orientierung in der Bewertung dieser Relation verloren geht. Die Methoden des Operations Research, der Systemforschung und der Planungs- und Entscheidungstheorie haben zwar einiges zur Klärung der Struktur von Entscheidungsprozessen allgemein beigetragen, können aber gerade im Bereich der langfristigen Zielentscheidung, ihrer Kontrolle und ihrer moralischen Kompetenz noch keine Lösungen anbieten.

Der Prozeß der gesellschaftlichen Zielbestimmung findet in komplexen Gesellschaften, aber nicht allein im parlamentarisch-politisch legitimierten Raum statt. Geht man von der These der pluralistischen Gesellschaft aus, muß man einräumen, daß die Öffentlichkeit auf vielfache Weise Zielvorstellungen entwickelt und durch nicht kontrollierbare Kanäle Einfluß auf Zielentscheidungen nimmt. Hier zeigt sich ein entscheidendes Dilemma umfassender Planung überhaupt. Der Regelbedürftigkeit der politischen Planung zur Absicherung der Legitimität tritt theoretisch wie praktisch die Schwierigkeit der Realisierung in einem konkreten politischen System entgegen.

Folgt man *Tenbrucks* These [2,29], daß der Bereich der „primären Planung" Unternehmensplanung sei, also innovative Planung mit neuen Zielsetzungen im privatwirtschaftlichen Bereich liegt, und die sogannte Sekundärplanung als Auffangplanung des Staates die Regulierung von Folgewirkungen und Instabilitäten der Primärplanung übernimmt, dann hebt sich das Problem der Kontrolle auf. Der Pluralismus der Ziele wird durch die Vielzahl der Planungsträger gewährleistet, im „freien Spiel der Kräfte" werden kontroverse Ziele abgewogen, über die Art der Zielentscheidung, über Macht und Legitimation sind keine Aussagen zu machen.

„Das Konzept von *Tenbruck* impliziert, daß die primären unternehmerischen Planungen Ziel und Richtung der Zukunft grundsätzlich bestimmen, vorbehaltlich von staatlichen Korrekturen im Sinne von flankierenden Maßnahmen. Jedenfalls bleibt der Bereich der Zielsuche und der Definition staatlicher Aufgaben in einer prinzipiellen Beschränkung und Abhängigkeit von anderseitig festgelegten Zielvorstellungen" [2,30, S. 133]. Abgesehen von den Zufälligkeiten, die die so verstandene Primärplanung zwangsläufig produziert, setzt ja das Bedürfnis nach gesamtgesellschaftlicher Planung gerade da an, wo Selbstregulierungsmechanismen der Gesellschaft versagen. Der zunehmende Anspruch an staatliche Aktivitäten über die „etablierten Programme sozialer Sicherung hinaus" verlangt ein Überdenken der „gesellschaftlichen Verteilung von Lebenschancen" [2,24, S. 171]. Derartige Leistungen können aber nicht von einer Politik geleistet werden, die sich im *Tenbruck*schen Sinne auf kompensierende und korrigierende Eingriffe beschränkt und gesellschaftliche Strukturen und Prozesse der Zielentscheidung als gegeben voraussetzt. Staatliche Planung muß selbst innovativ sein, d. h., sie muß Methoden und Strategien entwickeln, um von der Ressortplanung zur konzeptionellen Planung zu kommen, außerdem muß sie die Kontrolle ihrer eigenen Aktivitäten auf breiter Basis institutionalisieren, um einen größtmöglichen Konsensus mit gesellschaftlichen Zielen herzustellen. Eine Gegenüberstellung der Forderung nach konzeptioneller Planung und den verfügbaren Planungsinstrumenten und -institutionen zeigt aber eine deutliche Diskrepanz zwischen Anspruch und Wirklichkeit. Bemühungen um Koordination und Integration unverbundener Zielentscheidungen erfordern eine systematische Zielplanung und die dazu notwendige „Konkretisierung oberster Werte" [2,30, S. 134]. Die Disparität der politischen Entscheidung und die Schwierigkeiten der Koordination zeigen sich vor allem auch in dem Nebeneinander verschiedener planender Verwaltungen. Dabei ist auf das Problem des Funktionswandels der staatlichen Verwaltungen hinzuweisen, die sich vom Vollzugsorgan parlamentarisch legitimierter Entscheidungen immer stärker zur selbst planenden Verwaltung wandelt. Es kann angenommen werden, daß eine planende Verwaltung sozialen Wandel antizipatorisch nicht auffangen kann, ohne daß eine langfristige Umstrukturierung von Entscheidungsprozessen und Kompetenzzuweisungen erfolgt. So lange aber Ressortplanung, die in sich unbestritten begrenzt innovativ sein kann, am Veto anderer Ressortkompetenzen scheitert, so lange die Zielbestimmung von der Verfügbarkeit der Mittel abhängig gemacht werden kann, ist das politische System allein von der Organisationsstruktur her nicht in der Lage, gesellschaftliche Planung im vorher als notwendig bestimmten Maße zu leisten.

Bisher haben wir die Fähigkeit zur Gesamtplanung von Unternehmungen und staatlichen Instanzen in ihrer derzeitigen Struktur in Frage gestellt, weil Probleme einmal der Informationsaufnahme und -verarbeitung und zum andern Fragen der Legitimierung von Planung nicht gelöst sind.

Fragen wir uns jetzt, ob die Beteiligung der Betroffenen, also einer breiten Öffentlichkeit, es eher ermöglicht, das Problem des als wünschbar angenommenen Zielpluralismus in umfassender Planung zu lösen. Hier sollen nicht die verschiedenen Partizipationsmodelle und ihre Realisierungschancen diskutiert werden (s. dazu Abschn. 7), es geht um die Frage, ob die Artikulation von Interessen im Bereich von Zielfindungsprozessen einen Indikator von realen Bedürfnissen der Betroffenen abgibt. Je weiter Planungsziele in der Zukunft liegen und je stärker künftiger Wandel antizipiert werden soll, um so weniger sind die Betroffenen in der Lage, „ihre Bedürfnisse im Hinblick auf eine noch nicht in ihrer Komplexität erfahrenen zukünftigen Situation im voraus zu spezifizieren“ [2,24, S. 176].

Außerdem kann man davon ausgehen, daß die Motivation, sich mit künftigen Entwicklungen zu befassen, abnimmt, je weiter in der Zukunft die mögliche Realisierung eines Zieles liegt. Nach der Auffassung von *Scharpf*, an den sich die folgende Argumentation anlehnt, werden von der verminderten Artikulationsfähigkeit nicht alle Interessen in gleicher Weise betroffen. Er erkennt schichtspezifische Unterschiede des Zeithorizontes und der Zukunftsorientierung, der Zukunftsorientierung insoweit, als anzunehmen ist, daß Individuen, die gelernt haben, in längeren Handlungsketten zu denken, auch eher in der Lage sind, mögliche Zukunftsentwicklungen abzuschätzen. Außerdem haben organisierte Interessen eher Zugang zur Planung als nichtorganisierte, da sie in der Regel der planenden Instanz als Informationsgeber bekannt sind. Organisationen, Verbände usw. verfügen aber auch meist selbst über Planungsinstrumente, weil sie die Auswirkungen künftiger Entscheidung auf ihre eigenen Interessen bestimmen müssen. Von ihnen gehen daher wiederum Impulse auf gesellschaftlich planende Instanzen aus. Das Verhältnis von organisierten Interessen in Verbänden zu Politik und Gesellschaft ist keineswegs unproblematisch, weil Verbandspluralismus allein nicht zu der Annahme berechtigt, alle gesellschaftlichen Interessen hätten die gleiche Chance, gehört zu werden [2,18, S. 100 ff.]. Die verminderte Artikulationsfähigkeit und ihre besondere Selektion im Informationsfluß von unten nach oben, von Individualzielen zu Globalzielen, wirkt daher einschränkend. In diesem Falle kann ein Konsensus, der sich zwischen planender Politik und „interessierter Öffentlichkeit" ergeben hat, im Realisierungsstadium auf heftige Kritik oder Ablehnung der Betroffenen stoßen. Es ist die Frage, ob das Problem der Unterrepräsentation von nicht organisierten Interessen allein durch einen Ausbau der Instrumente zur Informationsgewinnung gelöst werden kann. Zwar ist abzusehen, daß wir keineswegs die Grenzen unserer Informations- und Prognosesysteme ausgeschöpft haben, problematisiert werden sollte aber der Glaube, daß durch die rein quantitative Zunahme von Zukunftstechnologien die ungleiche Interessenperzeption der planenden Instanzen aufgehoben werden könnte.

Die Artikulationsfähigkeit des Planungspublikums bleibt aber auch so lange unterentwickelt, wie nicht ein gleichmäßiger Informationsfluß von oben nach unten in Gang kommt, wie nicht die Dichotomie zwischen Planungssubjekt und Planungsobjekt überwunden wird [2,28].

„Der erste Schritt auf dem Wege zu einem heuristisch ergiebigen Bezugsrahmen für die Analyse von Auswahlprozessen verlangt eine Differenzierung des gängigen ‚input-conversion-output'-Modells der politischen Systemtheorie. Während hier die Funktion des politischen Systems auf die Verarbeitung von artikulierten und aggregierten Forderungen aus der gesellschaftlichen Umwelt zu verbindlichen Entscheidungen reduziert wird, soll das veränderte Modell ... der Nicht-Identität von Betroffenen und Beteiligten und damit die Möglichkeit relativer Autonomie gegenüber der Gesellschaft problematisieren" [2,24, S. 172 f.]. Zu prüfen ist, wieweit mit diesem Ansatz möglicherweise die Trennung von Politik und Gesellschaft zu überwinden ist. Die in politischen Systemen Handelnden und Entscheidenden sind dann nicht mehr nur interessenlose Funktionäre gesellschaftlicher Erfordernisse, sondern sie werden selber auch von Entscheidungsprozessen betroffen. Das differenzierte systemtheoretische Modell erlaubt nach *Scharpf* eher, den Einfluß des gesellschaftlichen Systems auf das politische System festzustellen und somit auch Prozesse der Konfliktaustragung und Konsensusbildung nachzuweisen.

Ein minimaler Konsensus als Übereinstimmung von Zielen wird häufig als Ergebnis parlamentarischer Abstimmungsverfahren erwartet. Aus der Sicht der politischen Planung kann Konsensus aber nur das Ergebnis wechselseitiger Beeinflussung von Zielhierarchien und politischer Aktivität sein, d. h. Konsensus muß in einem permanenten Prozeß neu erreicht werden, um etablierte Machteliten und ihre Zielhierarchien ständig mit den sich wandelnden gesellschaftlichen Zielvorstellungen zu konfrontieren. Nach *Etzioni* [2,9, S. 187 ff.] ist die Entwicklung von Strukturen zur Konsensusbildung aber abhängig vom Grad der Institutionalisierung des politischen Systems, wobei die Effektivität der Konfliktbewältigung und die Leistungsfähigkeit zur Konsensusbildung stärker reduziert erscheinen, je mehr formale Organisationen am Entscheidungsprozeß beteiligt sind. Wir stehen vor dem Dilemma, daß gesellschaftliche Interessen – angenommen, sie könnten in ihrer Totalität erfaßt werden – die institutionalisierten Entscheidungsstrukturen in ihrer Fähigkeit zum Konsens überfordern. Zeigt sich eine zu große Differenz zwischen gesellschaftlichem Anspruch an die Zukunftsgestaltung und politischer Leistung, ist also der output des politischen Systems gemessen an den Anforderungen zu gering, werden zusätzliche Konflikte produziert.

2.4 Planung als umfassende gesellschaftliche Aufgabe

Es wurde versucht, einige Spannungen und bisher ungelöste Probleme im Bereich der Planung zwischen Zielbestimmung und politischer Wirklichkeit zur Diskussion zu stellen. Dabei sind bewußt ausgewählte Aspekte aus dem Bereich der politischen Planung erörtert worden, die, bei zunehmender Nachfrage nach regelnden und zukunftsorientierten Eingriffen zur Steuerung des gesellschaftlichen Systems und gleichzeitig erhöhtem Anspruch auf demokratische Mitsprache und Mitverantwortung, mit der Frage nach der Planbarkeit der Planung konfrontiert werden müssen. Jeder, der in Praxis oder Theorie mit Fragen der Planung im Bereich der Finanzen, Bildung oder Raumordnung befaßt ist, ist sich bewußt, daß eine moderne Gesellschaft ein überaus komplexes Gebilde ist und daß Planung ein Instrument zur „Reduktion dieser Komplexität" (*Luhmann*) sein kann. Die Notwendigkeit der Planung, auch in diesem hier geforderten Umfang, ist kaum umstritten. Die bisher von den Wissenschaften angebotenen Instrumente, Strategien und methodischen und theoretischen Ansätzen aber, und das muß man kritisch zugestehen, reichen nicht aus, zum einen alle in diesem Zusammenhang auftretenden Probleme analytisch zu erfassen und zum anderen problemorientierte, nicht technologische Lösungen anzubieten. Umfassende Planung sieht sich der Gefahr gegenüber, durch die technologische Verengung der Perspektive (*Naschold*) nach einem einzigen richtigen Weg zu suchen oder aber durch reine Ideologiekritik ohne Bezug zur Praxis und ohne Aufzeigen der eigenen Zielvorstellungen die Macht und die Zwänge des Faktischen zu übersehen. Planung fängt nicht bei Null an, sie hat sich einzustellen auf die gesellschaftlichen Realitäten. Die Negativität der jeweiligen Gegenwart herauszustellen und an die universale Heilkraft der Planung zu glauben, sind allein keine Instrumente zur rationalen Bewältigung der Zukunft.

Der Zusammenarbeit zwischen Politik, Verwaltung, Wissenschaft und Öffentlichkeit stehen eine Reihe von Hemmnissen gegenüber, die nicht allein auf dem allseitigen Unvermögen beruhen, Informationen sprachlich so weiterzugeben, daß sie im anderen Bereich auch verstanden werden. So lange nicht über die bestehenden Abhängigkeiten hinaus die Kompetenzen, die aus der Sache und dem instrumentellen Wissen erwachsen, überdacht und neu strukturiert werden, wird der disparitäre Ansatz der Planungsorganisation nicht zu überwinden sein. Es scheint nicht unmöglich, bessere Entscheidungssysteme zu entwerfen, die unter der Voraussetzung besserer Informationssysteme die verschiedenen Stufen des Wissen aufnehmen und die verantwortlich abschätzen und beurteilen können, welche Konsequenzen bestimmte Handlungs- und Entscheidungsabläufe ergeben. Wie weit aber demokratische Kontrolle in diese Entscheidungssysteme eingebaut werden kann, ist ein weiteres offenes Problem, wenn nicht gar demokratische Kontrolle Gefahr läuft, unter die zu eliminierenden Störfaktoren im System zu fallen.

Eine Frage wird in der Planungsdiskussion häufig ausgeklammert, nämlich die Verankerung der Planung im gesellschaftlichen Wertsystem. Wir haben versucht darzustellen, daß über die Formulierung von allgemeinen Leitbildern die Wirklichkeit der Wertvorstellungen nicht aufgenommen werden kann. Instrumente zur Erfassung von Wertstrukturen als Grundlage von Zielentscheidungen, die außerdem die Dimension des Wandels einschließen, existieren nicht. Wie notwendig gerade Entwicklungen in diesem Bereich sind, zeigt zunehmend die Gefahr der Problemverlagerung und die sich daraus ergebende Segmentierung der schwächeren Teilsysteme der Gesellschaft.

Gesellschaftliche Planung wird heute mit sehr kontroversen Zielvorstellungen und widersprüchlichen Wertkategorien angestrebt. Wir müssen aber wissen, wie hoch muß bzw. wie niedrig kann die Fähigkeit der Gesellschaft zur Konfliktaustragung bzw. Konsensusbildung ausgebildet sein, damit Planung überhaupt möglich ist. All den hier aufgelisteten Problemen, aber auch den Grenzen der Planbarkeit, wird sich die wissenschaftliche Forschung, besonders die Sozialwissenschaften, zuzuwenden haben, wenn wir nicht eines Tages im „Durchwursteln“, in Planungsstückwerken ersticken wollen.

Literatur

[2,1] *Berndt, H.:* Das Gesellschaftsbild bei Stadtplanern. Stuttgart, Bern 1968.

[2,2] *Braybrooke, D., u. Ch. E. Lindblom:* Zur Strategie der unkoordinierten kleinen Schritte. Nachdruck in: Fehl, Fester, Kuhnert (Hrsg.): Planung und Information, Materialien zur Planungsforschung. Gütersloh 1972.

[2,3] *Burckhardt, L.:* Schwierigkeiten beim Nachdenken über Leitbilder. In: Raumplanung zwischen Wunsch und Wirklichkeit. (ORL-Schriftenreihe 7) Zürich 1971.

[2,4] *Dahrendorf, R.:* Deutsche Gesellschaft im Wandel. In: Netzer, H. J. (Hrsg.): Adenauer und die Folgen. München 1965.

[2,5] *Damkowski, W.:* Die Planung unserer Städte. In: Öffentliche Verwaltung 25, 3 (1972).

[2,6] *Dittrich, E.:* Raumordnung und Leitbild. Schriftenreihe des Institutes für Städtebau, Raumplanung und Raumordnung. TH Wien, Heft 2 (1962).

[2,7] *Ellwein, T.:* Politik und Planung. Stuttgart 1968.

[2,8] *Ernst, W.:* Die Rolle des Leitbildes in der Raumordnung. R 1.2.3., Mainz 1970.

[2,9] *Etzioni, A.:* Ansätze zu einer Theorie der gesellschaftlichen Steuerung. In: Esser, Naschold, Väth (Hrsg.): Gesellschaftsplanung in kapitalistischen und sozialistischen Systemen. Gütersloh 1972.

[2,10] *Faludi, A.:* Planungstheorie oder Theorie des Planens. In: Stadtbauwelt 38/39 (1969).

[2,11] *Gans, H. J.:* Memorandum zur Gesellschaftsplanung. In: Stadtbauwelt 51/52 (1969).

[2,12] *Grauhan, R. R.:* Modelle politischer Verwaltungsführung. In: Politische Vierteljahresschriften 10 (1969).

[2,13] *Hesse, J. J.:* Stadtentwicklungsplanung: Zielfindungsprozesse und Zielvorstellungen. Stuttgart 1972.

[2,14] *Kade, G., u. R. Hujer:* Planung der kleinen Schritte und Politik des „Status quo“. Zur systemerhaltenden Funktion von Planungskonzepten. In Fehl, Fester, Kuhnert (Hrsg.): Planung und Information. Gütersloh 1972.

[2,15] *Klages, H.:* Planungspolitik. Stuttgart, Berlin, Köln, Mainz 1971.

[2,16] *Lenk, K.:* Aspekte der gegenwärtigen Planungsdiskussion in der Bundesrepublik. In: Politische Vierteljahresschriften (1966).

[2,17] *Lindblom, Ch. E.:* The Intelligence of Democracy. New York, London 1965.

[2,18] *Lompe, K.:* Gesellschaftspolitik und Planung. Freiburg 1971.

[2,19] *Mannheim, K.:* Mensch und Gesellschaft im Zeitalter des Umbaus. Darmstadt 1967.

[2,20] *Popper, K. R.:* Das Elend des Historizismus. Tübingen 1965.
[2,21] *Rittel, H.:* Instrumentelles Wissen in der Politik. In: Stadtbauwelt 21 (1969).
[2,22] *Ronge, V., u. G. Schmieg:* Politische Planung in Theorie und Praxis. München 1971.
[2,23] *Schäfers, B.:* Einige Anmerkungen zur gesamtgesellschaftlichen Planungsdiskussion in der BRD. In: Schäfers, B.: Gesellschaftliche Planung. Stuttgart 1973.
[2,24] *Scharpf, F. W.:* Planung als politischer Prozeß. Aufsätze zur Theorie der planenden Demokratie. Frankfurt/M. 1973.
[2,25] *Schelsky, H.:* Planung der Zukunft. In: Schäfers, B.: Gesellschaftliche Planung. Stuttgart 1973.
[2,26] *Schneider, H. K.:* Planung und Modell. In: Schäfers, B.: Gesellschaftliche Planung. Stuttgart 1973.
[2,27] *Schneider, H. K.:* Zielbestimmung in der pluralistischen Gesellschaft. In: Theoretische und institutionelle Grundlagen der Wirtschaftspolitik. Berlin 1967.
[2,28] *Stachowiak, H.:* Grundriß einer Planungstheorie. In: Kommunikation 6 (1970), Heft 1.
[2,29] *Tenbruck, F. H.:* Zu einer Theorie der Planung. In: Wissenschaft und Praxis. Festschrift zum 20jährigen Bestehen des Westdt. Verlages. Köln, Opladen 1967.
[2,30] *Wahl, R.:* Politische Planung in der differenzierten Gesellschaft. In: Schäfers, B.: Gesellschaftliche Planung. Stuttgart 1973.

3. Sozialökologie und Raumplanung

von *Bernd Hamm*

3.1 Siedlungssoziologie, Sozialökologie und Raumplanung

Gibt es kausale Beziehungen zwischen physischem Raum und sozialem Verhalten? Welcher Art sind sie? – so etwa wären die Fragen zu stellen, von denen Siedlungssoziologie ausgeht und mit denen sich im Gefolge der Entwicklung in Architektur, Städtebau und Raumplanung so großes Interesse verbindet. Allerdings geht der weitaus größte Teil der Literatur (meist unter Stichworten wie Gemeindesoziologie, Stadtsoziologie, Soziologie des Städtebaus und teilweise auch Agrarsoziologie zu finden) von paradigmatischen Ansätzen aus [3,2]: Gemeinden stehen hier nur quasi stellvertretend für Gesellschaft, als Paradigma, an dem nicht der Zusammenhang zwischen Raum und Sozialverhalten, sondern ein ganz anderes Problem untersucht wird. Im Vordergrund steht dabei die allgemeine Gesellschaftstheorie. Von dort her allein läßt sich indessen keine Antwort auf die Fragen der Raumplanung finden, für die man sehr viel näher am Objekt der Raum-Verhalten-Beziehungen bleiben muß.

Siedlungssoziologie soll Hilfen anbieten zur Analyse und Erklärung sozialräumlicher Phänomene, etwa der Verstädterung, der Differenzierung städtischer Gebiete, der Nachbarschaftsbeziehungen, der Interpretation räumlicher Symbolik. Sie soll Entwicklungstendenzen dieser Phänomene feststellen und nach Möglichkeit prognostizieren; und sie soll Kriterien für die Beurteilung solcher Phänomene vermitteln und Ansätze zu ihrer Beeinflussung durch Planung aufzeigen. Das Schwergewicht verlagert sich damit in Richtung auf den Handlungsbezug.

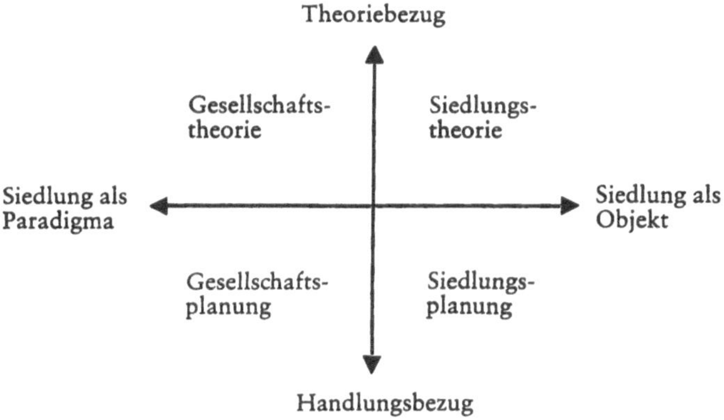

Abb. 3–1. Erkenntnisinteressen der Siedlungssoziologie

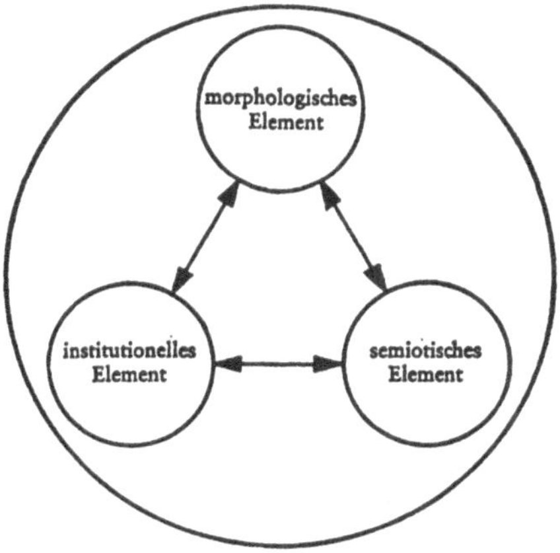

Abb. 3–2. Struktur des Raum-Verhalten-Systems[1]

[1] Solche Konstruktionen sind nicht neu. Man denke etwa an die „ökologischen Faktoren“ bei McKenzie [3,37], an den „Ekistics Grid“ (1968) oder an die Diskussion des „Ecological Complex“ vgl. Abschn. 3.2.3.

Nach der Skizze, die Atteslander und Hamm [3,3, Einleitung] vorgeschlagen haben, steht Siedlungssoziologie im weiteren Bereich der Mensch-Umwelt-Forschung. Sie untersucht im engeren Sinne die soziokulturellen Aspekte als einen Teil der Mensch-Umwelt-Beziehungen. Ihr Gegenstand wird definiert als das Raum-Verhalten-System, innerhalb dessen sich drei Elemente analytisch unterscheiden lassen: das morphologische, das institutionelle und das semiotische Element.

Das morphologische Element steht dabei für alle Merkmale, die zusammen das „materielle Substrat" [3,17] sozialräumlicher Situationen ausmachen, d. h. insbesondere die Zuammensetzung, Verteilung und Veränderung der Bevölkerung im Raum. Hier setzt die sozialökologische Theorie als der bisher am weitesten entwickelte und ausgebaute Ansatz innerhalb der Siedlungssoziologie an. Der Begriff macht dabei schon deutlich, daß wichtige Bestimmungsfaktoren der morphologischen Struktur einer Bevölkerung im Bereich der „natürlichen" – freilich immer kulturell überformten – Umwelt sowie der Technologie, mit deren Hilfe sich Menschen dieser Umwelt bedienen, zu suchen sind.

Relativ dauernde Verhaltensmuster, Werthaltungen, Ideologien, Formen sozialer Organisation bis hin zu hochformalisierten Bürokratien machen den Gegenstand des institutionellen Elementes aus. Hierher gehören Rechts- und Wirtschaftssystem, die Verteilung von Macht und Privilegien in der gesellschaftlichen Rangordnung, aber auch das Nachbarschafts- und Partizipationsverhalten und dgl. – immer insoweit, wie damit eine Raum-Verhalten-Beziehung thematisiert wird. Wichtige Beiträge zum Verständnis dieses Elementes sind aus der allgemeinen sozial- und wirtschaftswissenschaftlichen Theorie zu gewinnen.

Das semiotische Element schließlich soll darauf hinweisen, daß physische Umwelt immer nur durch soziale Definitionen vermittelt, also als Konfiguration von Symbolen wahrgenommen und interpretiert wird. Für die kognitive Erfahrung von Räumen, für die Zuordnung von Attributen wie „nah" oder

„entfernt", „eng" oder „weit", „hoch" oder „tief", „dicht" oder „locker", spielt neben spezifischen Sozialisationsinhalten die Leiblichkeit des Menschen eine wichtige Rolle.

Die drei Elemente des Raum-Verhalten-Systems stehen in einem nur analytisch auflösbaren Interdependenzverhältnis zueinander. Keines erlaubt per se die Erklärung von Beziehungen, die zwischen Raum und Verhalten existieren. Sozialräumliche Situationen lassen sich adäquat nur begreifen, wenn man dabei alle Elemente im Auge hat. Eine in diesem Sinn integrale Siedlungssoziologie liegt freilich bisher nicht vor. Der Systemansatz impliziert indessen, daß der Weg dazu über die Beschreibung der Systemelemente führt. Und schließlich darf das Raum-Verhalten-System nicht als statisches Konzept mißverstanden werden. Seine Elemente und ihr Zusammenwirken im Systemverhalten verändern sich ständig im historischen Ablauf und reflektieren jeden Wandel im ökologischen Komplex [3,14].

Der sozialökologische Ansatz, der im folgenden näher dargestellt werden soll, steht also nicht für Siedlungssoziologie schlechthin. Unter den verschiedenen wissenschaftlichen Disziplinen, die sich mit der Analyse sozialmorphologischer Strukturen befassen, kommt ihm jedoch ein besonderer Stellenwert zu, der ihm für die Diskussion zwischen Soziologie und Raumplanung ein herausragendes Gewicht gibt.

3.2 Ursprünge und Entwicklungen der Sozialökologie[2])

Man geht fehl, wenn man in der sozialökologischen Theorie, wie sie nach 1915 vor allem an der Universität Chicago entwickelt worden ist, eine unité de doctrine sucht, die es selbst in den Anfängen nicht gab. Ebensowenig einmütig sind die Interpretationen, die sich in der Literatur finden lassen. Es ist hier freilich nicht möglich, auf alle Spielarten und Facetten einzugehen. Die folgende Zusammenfassung orientiert sich

[2] Es kann hier natürlich nur um einen skizzenhaften Abriß gehen, der auf zahlreiche Nuancen verzichten muß. Über die Entwicklung bis gegen Ende der fünfziger Jahre orientiert am besten G. A. Theodorson [3,57]. Eine ausführlichere Darstellung gibt [3,24].

deswegen weitgehend an der vorzüglichen Darstellung von *Theodorson* [3,57], muß damit aber auch deren Mängel in Kauf nehmen. Dafür soll versucht werden, auch die neueste Entwicklung mit einzubeziehen.

Die Anfänge der Human Ecology müssen vor einem wissenschaftshistorischen Hintergrund gesehen werden, der wesentlich mitbestimmt war von der Entwicklung der modernen Biologie im Anschluß an *Darwin*. Von *Darwin* übernehmen die Sozialökologen der Chicagoschule die Konzepte des Wettbewerbs (struggle for existence, survival of the fittest), aber auch des Gleichgewichts, die ihnen als grundlegende Momente der Erklärung dienten. Dem deutschen Biologen *Haeckel* (1866) verdankt die Schule den Begriff, unter dem sie seit 1921 bekannt werden sollte: Ökologie.

Daneben darf eine zweite wichtige Quelle nicht unterschätzt werden: die Entwicklung der Statistik (vgl. dazu auch [3,46]). In Europa lagen seit den 30er Jahren des 19. Jahrhunderts Untersuchungen vor, die den Anfängen der Sozialökologie in manchem so gleichen, daß sie als deren Vorläufer bezeichnet worden sind. Besondere Bedeutung hatten die Anfänge der Kriminalstatistik in Frankreich und Großbritannien. Aber auch eine theoretische Parallele zeigt sich in der frühen europäischen Soziologie: *Durkheim* hatte die Unterscheidung zwischen sozialer Morphologie – die sich mit dem „materiellen Substrat" der Gesellschaft befassen sollte – und sozialer Physiologie eingeführt [3,17]. Erst *Halbwachs* sollte dann die morphologie sociale theoretisch und empirisch so weit entwickeln, daß sich in ihr das europäische Analogon zur Sozialökologie erblicken läßt. Die enge Verwandtschaft beider Schulen ist auch von den Übersetzern von *Halbwachs'* Werk erkannt und hervorgehoben worden [3,22]. Man darf wohl annehmen, daß *Park*, der eigentliche Begründer der Human Ecology in den Vereinigten Staaten, während seiner Studien bei *Simmel* in Berlin mit *Durkheims* zentraler Unterscheidung bekanntgeworden ist und von dort wichtige Anregungen mitgenommen hat.

Eine Erklärung, warum die Human Ecology sich in den USA so rasch entwickeln konnte, liegt, wie *Burgess* und *Bogue* vermuten [3,10], in der sozialgeschichtlichen Situation Chicagos. Die Stadt war seit etwa 1890 von mehreren massiven Einwanderungswellen überrollt worden. Die Zuwanderer begannen, sich in Gebieten anzusiedeln, in denen sie herkunftsmäßig homogene Gruppen bilden und ihre kulturellen Traditionen weiterführen konnten. Die Möglichkeit dafür ergab sich in den vom Zerfall bedrohten citynahen Wohngebieten, die später von den Sozialökologen als die „zone of transition" beschrieben werden sollten. Nach einem vorübergehenden Abflauen der Zuwanderung befürchtete man einen neuen Zustrom für die Jahre nach dem ersten Weltkrieg. Um diese Entwicklung nicht völlig unkontrolliert ablaufen zu lassen, verlangten die Behörden nach wissenschaftlichen Untersuchungen. In dieser Zeit und vor allem in Chicago finden sich auch die ersten Anfänge der Zonenplanung.

R. E. Park, ein sozialkritisch engagierter Soziologe und Journalist, wurde 1915 auf den Lehrstuhl für Soziologie an der Universität Chicago berufen. Vom Journalismus brachte er das Interesse an den aktuellen Problemen dieser Stadt mit, ein Interesse, das sich entsprechend der pragmatischen Tradition seiner Lehrer *James* und *Dewey* primär an den beobachtbaren Fakten, nicht an vorgegebenen theoretischen Konstruktionen entzündete. Er begann zusammen mit seinen Kollegen *McKenzie* und *Burgess* und ihren Schülern die beunruhigenden sozialen Phänomene, die mit der Immigration zusammenhingen, kartographisch zu erfassen. Diese Arbeiten wurden im Rahmen der Arbeitsbeschaffungsmaßnahmen während des ersten Weltkrieges unterstützt und verzeichneten rasch große Fortschritte.

Die Regelmäßigkeiten, die sich bei diesen deskriptiven Studien gezeigt hatten, verlangten nach theoretischer Durchdringung und Erklärung. Erste Ansätze dazu lieferte *Park* in zahlreichen Aufsätzen in Fachzeitschriften (vgl. etwa die Sammlung *Park*]3,45], eine vorläufige Synthese wurde dann 1925 mit der Artikelsammlung „The City", hrsg. von *Park, Burgess* und *McKenzie* [3,42], vorgelegt. Besonders beachtet wurde dort die Theorie des städtischen Wachstums, die *Burgess* formuliert hatte.

Während der dreißiger und bis zu Beginn der vierziger Jahre konsolidierte man die Theorie. *Wirth* [3,61] formulierte ihre wichtigsten Erkenntnisse 1939 in einem Artikel „Human Ecology", und *Quinn* faßte die bis dahin durchgeführten empirischen Untersuchungen 1940 zusammen [3,47]. Sein Buch „Human Ecology" kann als Synthese und Abschluß der klassischen Sozialökologie gelten [3,48].

Die Kritik an der klassischen Position (vgl. Abschn. 3.2.2) kam aus den Reihen der Chicago-Schüler selbst. Ihre wichtigsten Argumente wurden bis zum Ende der vierziger Jahre formuliert. Parallel dazu setzte die Revision der klassischen Theorie ein, die schließlich zur Ausbildung von drei verschiedenen Richtungen führte: dem „neo-orthodox approach" (Hauptvertreter *Hawley* und *Quinn*), der „social area analysis" (*Shevky, Bell*) und dem „socio-cultural approach" (*Firey*)[3]. In der weiteren Entwicklung entstand aus dem neoorthodoxen Ansatz die Diskussion um den „ecological complex" und aus der „social area analysis", deren Voraussetzungen von den Neoorthodoxen heftig kritisiert worden waren, die Faktorialökologie. Nur der soziokulturelle Ansatz ist über die ersten Ansätze hinaus kaum weiterverfolgt worden.

Heute scheint in einer weiteren Phase der Kritik (z. B. *Michelson* [3,38]) eine Bewegung in Gang zu kommen, die diese drei Richtungen zu integrieren sucht.

3.2.1 Die klassische Position

Es ist bereits gesagt worden, daß auch die klassische Position nicht als monolithische Doktrin gesehen werden darf. Deshalb soll zunächst der Ansatz von *Park* kurz referiert werden, gegen den sich dann Nuancierungen kontrastieren lassen.

Park [3,44] ging davon aus, daß der Wettbewerb der grundlegende Prozeß in den zwischenmenschlichen Beziehungen sei. Totale Konkurrenz ist aber nicht möglich, und wegen des hohen Grades an gegenseitiger Abhängigkeit stehen neben ihm immer auch kooperative Momente. *Park* sprach von „competitive cooperation" und nannte dies ein symbiotische

[3] Die Bezeichnung dieser Schulen ist von Theodorson übernommen.

Beziehung. Gesellschaft ist auf zwei Ebenen strukturiert: der biotischen, deren Grundlage eben diese symbiotischen Beziehungen sind, und der kulturellen, die auf Kommunikation und Konsens beruht. Auf der biotischen Ebene spielt sich der Kampf ums Dasein ab, der in einer spezifischen Form der Anpassung des Menschen an seine physische Umwelt resultiert. Diese Ebene wird als „subsozial" angesehen. Die räumliche Verteilung der Menschen in einer Stadt stellt also einen Reflex der biotischen Struktur dar. Die kulturelle Ebene baut als Superstruktur darauf auf. Sozialökologie beschäftigt sich ausschließlich mit der biotischen Ebene und vernachlässigt damit kulturelle Elemente.

Zu diesem Punkt, der Anlaß zu heftiger Kritik bot, ist eine Anmerkung am Platz: Soziologie wurde in Chicago seit *Park* in drei verschiedenen Abteilungen betrieben, die einander ergänzten: die eine beschäftigte sich mit Demographie, Sozialökologie und den sozialen Auswirkungen technologischen Wandels, die zweite mit sozialer Organisation und die dritte schließlich mit Sozialpsychologie. Diese Dreiteilung mag die Ursache dafür sein, daß *Park* kulturelle Elemente, also Werte, Normen und Traditionen, so rigoros aus der Sozialökologie ausschließen wollte. Freilich gibt es keinen Zweifel daran, daß *Park* nicht der Meinung war, es gebe keine Beziehung zwischen biotischer und kultureller Ebene (vgl. z. B. *Park* [3,43], und daß ihn diese Beziehungen auch interessierten – nur eben in einem anderen Zusammenhang.

McKenzie verlagerte das Hauptgewicht von der noch stark durch Analogien zur Biologie beeinflußten Perspektive *Parks* auf eine mehr ökonomische Ausrichtung. Er schließt die kulturelle Ebene nicht aus, sondern subsumiert sie vielmehr unter das, was er als „ökologische Faktoren" beschrieb: geographische, ökonomische, kulturelle und technologische, politische und administrative Faktoren [3,37]. Er akzeptierte den Wettbewerb als grundlegenden Beziehungstyp und stimmte mit den anderen Vertretern der klassischen Position darin überein, daß die ökologische Organisation auf der Dominanz des Geschäftszentrums beruhe. Geographische Mobilität, Konkurrenz und Dominanz führen zu den typischen ökologischen Prozessen, die man in Chicago beobachtet hatte: Segregation, Invasion, Sukzession, Zentralisation und Konzentration [3,37].

Burgess betonte ebenfalls die Dominanz des Geschäftszentrums. Er fand eine stetige Variation der Merkmale ökologischer Einheiten (der „natural areas") mit der Entfernung von der City und baute darauf seine Theorie des konzentrischen Wachstums der Städte auf. Sie besagt, grob zusammengefaßt, daß im Bereich mit den höchsten Bodenpreisen, d. h. meist an der Kreuzung wichtiger Verkehrswege, sich aus dem Wettbewerb um Standortvorteile das Geschäftszentrum entwickle. Daran schließt sich die „zone of transition" an, in die die Ausdehnung der City erwartet wird. Um den kurzfristigen Gewinn zu maximieren, verzichten die Spekulanten auf weitere Investitionen zur Erhaltung des Baubestandes und vermieten statt dessen billige Kleinwohnungen an Zuwanderer, die nicht in der Lage sind, höhere Mieten zu zahlen. Dort entstehen die Slums und Ghettos. An diese Übergangszone schließen sich in der Form konzentrischer Ringe die Wohngebiete der Arbeiter an, durchmischt mit Industrie und Gewerbe, und von dort an steigt das Prestige der Wohngegend mit der Entfernung vom Zentrum [3,9].

Zorbaugh [3,63] und *Wirth* [3,60] entwickelten das Konzept der „natural area" weiter. Darunter verstand man relativ kleine lokale Einheiten, die ungeplant, wegen ökologischer Prozesse aber sozial homogen strukturiert sind. Der Begriff erinnert noch einmal an den Einfluß der biologischen Ökologie. Schon *Park* hatte damit gearbeitet, und für ihn lag offenbar hier die Verbindung zwischen biotischer und kultureller Ebene (er sprach z. B. auch von „moral regions"). Die „natural area" sollte dann von *Perry* als das Rezept der Nachbarschaftseinheit in die Stadtplanung eingeführt werden [3,23].

3.2.2 Die Kritik an der klassischen Position

Im Verlauf der dreißiger Jahre wurde die klassische Position immer wieder von verschiedenen Seiten her heftig kritisiert. *Davie* [3,12] zeigt in einer Untersuchung von New Haven, daß das Wachstum dieser Stadt nicht dem von *Burgess* entwickelten Konzept der „concentric zones" folgte. *Hoyt* [3,30] schlägt später an deren Stelle seine Sektorentheorie vor, *Harris* & *Ullmann* setzen dem dann die „multiple nucleus"-Theorie entgegen. Sieht man die Ringtheorie mit *Burgess* als idealtypisches Konzept an, so verliert diese Kontroverse einiges an Bedeutung. Die Funktion der Bodenpreise für die ökologische Struktur der Städte wurde ja nicht bestritten, und tatsächlich konnte auch gezeigt werden, daß sie sich als Gradient der Entfernung vom Geschäftszentrum darstellen ließen, d. h. stetig mit der Entfernung variierten. Die Sektorentheorie wählt dafür eine andere Art der Darstellung. Auch die „multiple nucleus"-Theorie widerspricht dem nicht, sie bezieht nur ein, daß sich Zentrumsfunktionen, zumal in Metropolen, nicht nur an einem einzigen Standort ausbilden.

Die scharfe Trennung zwischen biotischer und kultureller Ebene wurde von *Alihan* [3,1] und anderen abgelehnt. Sie war freilich schon von *McKenzie* gemildert worden und ist später nicht mehr in gleicher Form beibehalten worden. Der soziokulturelle Ansatz versuchte sogar, kulturelle Elemente als erklärende Kategorien heranzuziehen. Auch der Vorwurf des biologischen Determinismus, den *Gettys* [3,20] erhob, trifft nicht ganz, denn schon *Park* hatte gesehen, daß es sich hier um Analogien, um Metaphern handelte. Auch wenn der Begriff der symbiotischen Beziehung beibehalten wurde, ging man doch vom extensiven Gebrauch solcher aus der Biologie entlehnter Konzepte immer mehr ab.

Hatt [3,25] suchte in einer Studie in Seattle vergeblich nach jenen „natural areas", den Einheiten der ökologischen Analayse. *Hollingshead* [3,29] verwirft das Konzept des Wettbewerbs als verfehlte anthropologische Kategorie und lehnt Erklärungen ab, die darauf zurückgehen.

Schon 1934 wiesen die Statistiker *Gehlke* und *Biehl* [3,19] nach, daß bei der ökologischen Korrelation der Korrelationskoeffizient auch abhängig ist von der Größe des Bezugsgebietes, und *Robinson* [3,49] machte auf den sogenannten ökologischen Fehlschluß aufmerksam, der darin besteht, daß von ökologischer Korrelation auf das Zusammentreffen zweier Merkmale bei den Individuen im Untersuchungsgebiet geschlossen wird. Die Diskussion um dieses Problem dauerte bis 1953, als *Duncan* und *Davis* [3,13] eine Methode zeigten, mit der sich der ökologische Fehlschluß vermeiden ließ, indem man nun nicht mehr direkt auf individuelle Korrelation schloß, sondern für diese einen Schätzbereich angab. Dieses Verfahren wurde von *Goodman* [3,21] noch verbessert. Daneben ist darauf hingewiesen worden, daß ein legitimes Interesse auch an Beziehungen zwischen aggregierten Daten besteht. Die Kritik betraf zentrale Elemente des Theorieansatzes, auch wenn sie nicht in allen Punkten stichhaltig war. Die sozialökologische Theorie hat sich aber, wenngleich in modifizierter Form, in ihren Grundzügen durchzusetzen vermocht.

3.2.3 Die Revision der klassischen Position

Ein erster Revisionsversuch erfolgte zu Beginn der vierziger Jahre mit dem „neo-orthodox approach", als dessen wichtigste Vertreter *Hawley* und *Quinn* gelten. *Quinn* [3,48] weist die Unterscheidung zwischen biotischer und kultureller Ebene zurück, setzt aber an ihre Stelle – was ihm von *Hawley* vorgeworfen wurde – die Unterscheidung zwischen „social" und „subsocial level". Die soziale Ebene beruht auf Bewußtsein und Kommunikation, die subsoziale auf dem Wettbewerb um beschränkt vorhandene Ressourcen, vor allem um Boden. Gegenstand der Sozialökologie ist ähnlich wie bei *Park* diese subsoziale Ebene. Es wird aber zugestanden, daß sie immer auch kulturelle Elemente enthalte und vor allen Dingen nur in Begriffen, d. h. mit einem kulturell präformierten Instrument, verstanden werden könne. Im Prozeß der subsozialen Interaktion verteilen sich die Menschen nach dem Prinzip des geringsten Aufwandes über den vorhandenen Raum.

Hawley [3,26] betrachtet alle zwischenmenschlichen Beziehungen a priori als soziale Beziehungen. Für ihn ist der zentrale Gegenstand der Sozialökologie die „community" und die Analyse ihrer Strukturen, die er im Gefolge der Arbeitsteilung sich entwickeln sieht, das Problem also, wie eine Bevölkerung sich räumlich organisiert, um in einem gegebenen Habitat überleben zu können. Allerdings gehören auch die nichträumlichen Komponenten, die zusammen mit der physischen

Umwelt das Ökosystem bilden, zum Gegenstand der Sozialökologie: Bevölkerung, Technologie und soziale Organisation. *Hawleys* Orientierung schließt mehr an *McKenzie* und seine Betonung ökonomischer Faktoren an; ihm dienen ökonomische Daten als Indikatoren für soziale Prozesse.

Die neueste Entwicklung der neoorthodoxen Schule begann mit *Duncans* Spezifikation des „ecological complex“ [3,14]. *Hawley* hatte der Tendenz nach die soziale Organisation als die einzige abhängige Variable, die den Sozialökologen interessiert, angesehen – unter den vier wichtigsten Komponenten Bevölkerung, soziale Organisation, Umwelt und Technologie. Demgegenüber argumentierte *Duncan* und mit ihm auch *Schnore* [3,15], viele der auftretenden Probleme ließen sich am besten lösen, wenn jede der Variablen als abhängige, soziale Organisation, aber auch als unabhängige angesehen werden könne. Die neueste Entwicklung scheint auf einen Systemansatz mit als interdependent verstandenen Variablen hinzuweisen, wobei *Michelson* [3,38] darauf aufmerksam gemacht hat, daß die Konzeptualisierung der physischen Umwelt immer noch ungenügend sei.

Nicht als eigentliche Neuformulierung der klassischen Position kann die „social area analysis“ angesehen werden, obwohl *Theodorson* ihr diesen Status einräumt. Einmal geht es primär um eine methodische Weiterentwicklung mit dem Ziel, Volkszählungsdaten zu Vergleichszwecken aufzuarbeiten. Dazu werden drei Indikatoren konstruiert: soziale Position (erfaßt durch eine Kombination der Elemente Beruf, Ausbildung und Höhe der Miete), Urbanisierung (Fertilität, Anteil der berufstätigen Frauen, Anteil der Einfamilienhäuser) und Segregation, d. h. relative Isolierung von rassischen und nationalen Minderheiten. Die drei Indikatoren sind in verschiedenen empirischen Studien verwendet und als brauchbar erachtet worden. (Vgl. dazu vor allem *Timms* [3,58]. Mit Hilfe dieser Indikatoren werden dann „social areas“ gebildet, also Siedlungsräume – die nach Meinung von *Shevky* und *Bell* [3,53] nicht auf städtische Gebiete beschränkt sein müssen, sondern auch regionale oder nationale Räume sein können – zu Vergleichszwecken typisiert. Die Methode soll auch dazu dienen, Gebiete für intensivere soziologische Untersuchungen auszuwählen.

Die Kritik dieses Ansatzes wurde eingeleitet durch einen Artikel von *Hawley* und *Duncan* [3,28], in dem bestritten wird, daß die Typisierung in „social areas" tatsächlich einen Informationsgewinn bringe. Die Indikatoren soziale Position, Urbanisierung und Segregation seien theoretisch nicht gerechtfertigt, und die Behauptung von *Shevky* und *Bell,* die Menschen in einer „social area" hätten im allgemeinen denselben Lebensstandard, dieselbe Lebensweise und einen ähnlichen ethnischen Hintergrund, treffe nicht notwendig zu. Vor allem aber liefere der Ansatz keinerlei Hinweise auf mögliche Ursachen der beschriebenen Phänomene.

Einige der damit vorgebrachten Argumente waren den Vertretern der „social area analysis" offenbar bereits bekannt. Mit den Arbeiten von *Tryon* [3,59] und *Bell* [3,8] findet der Übergang zur sogenannten Faktorialökologie statt. Hier wird die Faktorenanalyse auf einen erweiterten Variablensatz angewendet, der neben demographischen, sozioökonomischen und Wohnungsdaten auch die von *Shevky* und *Bell* verwendeten Indikatoren enthält. Die meines Wissens einzige Untersuchung, die im deutschsprachigen Raum mit diesem Ansatz durchgeführt worden ist [3,49a], arbeitet mit 35 Variablen, die dann auf sieben Faktoren reduziert wurden.

W. *Firey*, der als der wichtigste Vertreter des soziokulturellen Ansatzes gilt, versuchte nachzuweisen, welchen großen Einfluß kulturelle Werte auf die ökologische Struktur einer Stadt haben. Eine Reihe von empirischen Studien zeigte, daß eine Betrachtungsweise, die sich ausschließlich an den Bodenpreisen orientiert, nicht ausreicht. *Firey* spricht in diesem Zusammenhang auch von „räumlichen Fetischen": Friedhöfen, Allmenden, Kirchen usw., die zentrale Standorte behaupten können, obwohl dies nur aus dem Wettbewerb um Standortvorteile und den daraus resultierenden Bodenpreisen nicht zu erwarten wäre. Diese These ist durch die Untersuchung der Landnutzungen in Boston unterstützt worden [3,18]. Der theoretische Ansatz geht davon aus, daß immer kulturelle

Momente vermittelnd zwischen physischer Umwelt und sozialen Beziehungen stehen.

Die empirischen Studien, die hier anschließen, beziehen sich vor allem auf die Wirkung jener spezifischen kulturellen Traditionen, die in Gebieten mit herkunftsmäßig homogener Zuwanderungsbevölkerung beobachtet werden: *Jonassen* [3,32] am Beispiel einer Norwegerkolonie, *Myers* [3,39] für eine italienische Siedlung, *Seemann* [3,52] an den Mormonensiedlungen in Utah. Ähnliche Untersuchungen wurden auch außerhalb der USA durchgeführt.

Heute stehen im Vordergrund der Diskussion der Ansatz des „ecological complex" und die Faktorialökologie. Ersterer ist dem, was in der Einleitung als Mensch-Umwelt-System bezeichnet worden ist, eng verwandt (ebenso dem Ekistics Grid des Athens Center of Ekistics), während die Anwendung der Faktorenanalyse auf Variable, die aus der sozialökologischen Theorie abgeleitet werden, eng zusammenhängt mit dem, was hier als das morphologische Element des Raum-Verhalten-Systems bezeichnet worden ist. Soweit kann man sagen, daß sich die Diskussion in der Sozialökologie im wesentlichen in einem makrosoziologischen Bezugsrahmen abspielt.

Nicht zufällig hat *Michelson* [3,38] in seiner kritischen Sichtung der sozialökologischen Literatur auch auf die „ecological psychology" verwiesen, auf einen Ansatz der neueren Umweltpsychologie also, dessen zentrales Konzept des „behavior setting" in manchem der theoretischen Stellung der „natural area" der klassischen Position gleicht. Hier scheint sich eine Möglichkeit zu eröffnen, die mikro- und die makrosoziologische Perspektive systematisch miteinander zu verbinden [3,7].

3.3 Theorie und Planungsrelevanz der Sozialökologie

3.3.1 Zur Theorie

Die Sozialökologie versucht, auf dem Weg über eine Beschreibung der Außenseite der interessierenden Phänomene zu Erklärungen zu kommen. Es handelt sich also vom historischen Ursprung her gesehen um einen induktiven Ansatz, der zunächst an der Deskription makrosoziologischer Strukturen interessiert war. In diesem Sinn ist sie vergleichbar mit verwandten Ansätzen: der erwähnten morphologie sociale (*Durkheim, Halbwachs*), der Sozialgeographie (*Ratzel*), der Demographie (*Mackenroth*), der Soziographie (*Steinmetz, Neundörfer, Diederich*) und wird konsequenterweise von *König* auch mit diesen zusammen unter dem Titel „Soziale Morphologie" behandelt [*König* 3,32a]. Sie unterscheidet sich von diesen allerdings durch Gegenstand und Grundprobleme nicht unerheblich (*Hamm* [3,24]). Zur Erklärung der vorgefundenen und beschriebenen Erscheinungen werden dann – zum Teil in Analogie zur Biologie – die Konzepte des Wettbewerbs und des survival of the fittest, des ökologischen Gleichgewichts und der Symbiose eingeführt. Zu Mystifikationen wird es dabei allenfalls kommen, wenn in diesen Begriffen anthropologische statt kulturelle Kategorien gesehen werden.

Park hatte den Ansatz noch wesentlich paradigmatisch verstanden. Die Stadt war für ihn ein „social laboratory", in dem gesellschaftliche Prozesse studiert und Sozialreformen vorbereitet werden konnten. Aber spätestens seit der Kritik und der Revision des Ansatzes in den vierziger Jahren zeigt sich deutlich ein Wandel der Perspektive: im Zentrum des Interesses stehen nun die Prozesse der Raumaneignung, der Interdependenz zwischen physischer Umwelt und sozialem Verhalten. Damit steht die Sozialökologie wieder im weiten Bereich der ökologischen Forschung, die heute zu Recht neue Bedeutung erlangt hat. Darin liegt auch die Tendenz des neoorthodoxen Ansatzes [3,27]. Sozialökologie kann dort den soziokulturellen Kontext einführen – man denke etwa an sozialen Strukturwandel im Verlaufe der Industrialisierung, der für die Dritte Welt besonders wichtig sein wird –, und ohne diese Thematik werden sich mannigfache Fragen der Ökologie nicht lösen lassen.

Hier muß allerdings auch noch auf verschiedene Interpretationsformen des sozialökologischen Ansatzes aufmerksam gemacht werden, die seine Rezeption nicht eben erleichtert haben. Die vulgärste dieser Interpretationen könnte man als biologistische bezeichnen. Sie unterstellt, Sozialökologie entwickle ahistorische „Naturgesetze" sozialräumlicher Entwicklungen und reduziere sie auf rein biologische Determinanten. Begründet wird diese Interpretation damit, daß vor allem die klassische Sozialökologie häufig Begriffe aus der biologischen Ökologie entlehnt hat. Auch wenn bis heute kaum davon gesprochen werden kann, daß die theoretische Durchdringung sozialökologischer Positionen weit gediehen wäre, zeigen doch die Quellentexte deutlich das Bemühen, biologische Konzepte auf ihre soziologische Relevanz zu prüfen. Umgekehrt ist auch eingewendet worden, daß gerade die biologisch orientierte Ökologie in weitem Umfang Begriffe aus der Soziologie übernommen hat [3,16]. Die internationale Diskussion ist über dieses Stadium der Argumentation längst hinaus, auch wenn die biologistische Interpretation die Rezeption der Sozialökologie im deutschsprachigen Raum offenbar noch blokkiert.

Daneben findet sich häufig eine technokratische Interpretation der Sozialökologie, die in ihr nicht mehr sehen will als eine Methode zur Untersuchung von Gemeindestrukturen und damit auf den theoretischen Hintergrund ganz verzichtet. Von dort her gesehen läßt sich Sozialökologie dann zu beliebigen Zwecken instrumentalisieren: für die Standortbestimmung von Einrichtungen des Gesundheitswesens oder der Sozialfürsorge, für die Dimensionierung von Schulanlagen, für Prognosen des Verkehrsaufkommens. Sozialökologie ist dann nur eine andere Bezeichnung für Sozialraumstatistik. Eine derart verkürzte Interpretation des Ansatzes kann freilich in der Planungspraxis zu kaum mehr als zu Symptomkorrekturen führen, die nur kurze Zeit Bestand haben dürften.

Eine kritische Interpretation der Sozialökologie ist freilich bis heute nicht ausformuliert, auch wenn Ansätze dazu vorliegen. Zu ihren Gunsten wäre anzuführen, daß Sozialökologie sich grundsätzlich mit Phänomenen sozialer Organisation beschäftigt [3,15]. Sie fragt über das Konzept der Dominanz nach sozialer Macht, über das Konzept der Segregation nach Diskriminierung, über das Konzept der Sukzession nach sozialem Wandel. Auch Wettbewerb kann nicht als ontologische Kategorie mißverstanden werden, der Begriff wäre vielmehr konflikttheoretisch aufzufassen und enthält eminent wichtige historische Implikationen. Selbst die begrifflich unglückliche Unterscheidung zwischen biotischer und kultureller Ebene sozialer Differenzierung und ihr in der Sozialökologie nicht ganz klarer theoretischer Hintergrund ließe sich neu begreifen, ohne damit den Ansatz zu strapazieren: die Ähnlichkeit zwischen der biotischen Sozialstruktur bei *Park* und den Produktionsverhältnissen bei *Marx* ist ebenso augenfällig wie die zwischen kultureller Ebene und den *Marx*'schen Überbauphänomenen [3,35].

Es scheint, daß in dieser Richtung sinnvolle theoretische Arbeit zu leisten wäre. Ihr Wert kann sich freilich nur daran erweisen, daß sich aus dieser kritischen Interpretation auch relevante Fragestellungen ableiten lassen [3,51].

Immerhin wird man sich auch der Beschränkungen einer ausschließlich sozialökologischen Argumentation bewußt sein müssen; dem dient der Entwurf des Raum-Verhalten-Systems. Nur die interdependente Betrachtung seiner drei Subsysteme wird theoretisch und praktisch zu befriedigenden Resultaten führen können. Sozialökologie kann dazu einen Beitrag liefern – und wohl den wichtigsten, der sich im Rahmen der aktuellen Siedlungssoziologie finden läßt.

3.3.2 Planungsrelevanz

Wenn nun von Planungsrelevanz die Rede ist, soll es nicht darum gehen, den Interessierten zu erklären, es fehlten genügend gesicherte Ergebnisse, Methoden und Theorien, man könne keine Rezepte liefern, oder sie auf eine ferne Zukunft zu vertrösten, in der dies alles möglich sein soll. Es geht vielmehr darum zu zeigen, ob und in welchen Bereichen sich Zusammenhänge zwischen Raumplanung und Sozialökologie finden lassen und welcher Beitrag hier und heute realistischerweise von der Sozialökologie erwartet werden kann. Auch wenn sich gewisse Probleme des Vergleichs und der Übertragbarkeit daraus ergeben, daß im deutschsprachigen Raum nur sehr wenige Untersuchungen auf dieser Basis vorliegen und wir somit die meisten Konzepte aus Untersuchungen amerikanischer Großstädte ableiten müssen, sind doch die grundlegenden Denkansätze und Methoden, also das formale

Gerüst der Sozialökologie, verwendbar. Zweifellos muß also die Forschung und die Theoriebildung weitergehen, und zwar mit einiger Intensität.

Trotzdem können wir nicht ignorieren, daß heute wichtige Aufgaben in Städtebau und Raumplanung zu bewältigen sind und daß die damit Beschäftigten unter einem Entscheidungsdruck stehen, der es ihnen nicht erlaubt zu warten, bis die Soziologen mit methodologischer Akribie alles zusammengetragen haben, was ihnen nötig erscheint. Für die alltäglichen schwierigen Probleme, denen Menschen auf Grund von Fehlplanungen ausgesetzt sind, wären wir mitverantwortlich, wenn wir in Planungsprozessen nicht nach bestem Wissen mitarbeiten würden. Daß davon auch die Siedlungssoziologie letztlich nur profitieren kann, ist selbstverständlich.

Die Planungsrelevanz läßt sich nur beurteilen, wenn man sich klar ist über die Instrumentvariablen, die dem Planer zur Verfügung stehen, und über die Situation, in der Entscheide über die konkreten Werte dieser Instrumentvariablen gefällt werden müssen. Dabei geht es im Zusammenhang mit Sozialökologie in erster Linie um die verfügbaren Instrumente, jedenfalls um die wichtigsten: Zonierung, Erschließung, Ausrüstung, Etappierung von Siedlungsräumen. Die Zonierung verlangt dabei Entscheide über die Standorte verschiedener Nutzungen wie Wohnen, Gewerbe, Industrie, öffentliche Anlagen, Grünflächen usw.; die Erschließung entscheidet über Zeit und Kosten, die zur Erreichung dieser Nutzungen aufzuwenden sind, und regelt die Ver- und Entsorgung mit Strom, Gas, Wasser; die Ausrüstung bestimmt Menge und Qualität der Folgeeinrichtungen, wie Schulen, Bibliotheken, Spiel- und Sportplätze, Parks, Dienstleistungsbetriebe und kulturelle Einrichtungen; und die Etappierung legt fest, in welcher zeitlichen Reihenfolge dies alles realisiert werden soll.

Die Kriterien, nach denen solche Entscheide gefällt werden, lassen sich aus dem bereits Vorhandenen (z. B. einer Stadt), nach geographischen Gesichtspunkten (z. B. topographische Eignung, hydrologische Situation), aus technischen Überlegungen (z. B. Qualität des Baugrundes) und vor allem unter ökonomischer und finanzwirtschaftlicher Perspektive gewinnen.

Diese Kriterien haben im allgemeinen den Vorteil, quantifizierbar zu sein und damit klare Argumente für die Festsetzung mindestens der Grenzwerte von Instrumentvariablen zu liefern. Daneben liegen bestimmte Umstände als Randbedingungen fest, etwa die Eigentumsverhältnisse und der bürokratische Entscheidungsprozeß, die vom Planer her zumindest kurzfristig nicht verändert werden können. Der verbleibende Entscheidungsspielraum ist relativ schmal.

Offenbar wird über die Instrumentvariablen des Planers ein Entscheid gefällt über die Verteilung von Bevölkerungsgruppen – hier liegt der Bezugspunkt zur Sozialökologie. Die Ausweisung von Baugebiet bedeutet, daß sich nach Meinung des Planers hier Menschen ansiedeln sollen, die Festlegung der Zonenart entscheidet, welchen Aktivitäten diese Menschen den überwiegenden Teil ihrer Zeit widmen werden, die Geschoßflächenzahl bestimmt einerseits die Rendite, andererseits bereits aber auch die Auswahl der künftigen Bewohner. Die Lage des neu ausgewiesenen Baugebietes im Verhältnis zu den umliegenden Nutzungen determiniert z. B. die Erreichbarkeit zentraler Einrichtungen, Immissionen usw.; sie bestimmt auch, ob eine realistische Chance besteht, dieser Umwelt bei Bedarf zu entfliehen. Die Verkehrserschließung trennt und verbindet Baugebiete, ihre Dimensionierung erlaubt Aussagen darüber, ob sie Kontakte ermöglicht oder verhindert. Die Ausrüstung eines Quartiers legt fest, welche Bedürfnisse in ihm und welche in anderen Zonen befriedigt werden, und sie bestimmt damit auch die Attraktivität eines Gebietes für verschiedene Gruppen der Bevölkerung. Dazu kommt die Lage am Wohnungsmarkt und die Vermietpolitik großer Baugesellschaften. Alle diese Entscheide zusammen bestimmen zu einem großen Teil die ökologische Struktur eines Siedlungsraumes und damit auch die sozialökologischen Prozesse, die mit einiger Wahrscheinlichkeit dort zu erwarten sind.

Würde man das institutionelle und das semiotische Element in diese Überlegungen einbeziehen, so käme man schließlich zu einigermaßen plausiblen Aussagen über die wahrscheinlich dominierenden Verhaltensmuster (vgl. dazu z. B. [3,11]).

Auch wenn zuzugeben ist, daß man solche Prognosen nur mit einigen Skrupeln als Entscheidungskriterien heranziehen wird, lassen sich damit doch im ganzen gesehen die Konsequenzen planerischer Entscheide besser abschätzen. Ein wesentlicher Mangel liegt heute darin, daß sich diese Konsequenzen nicht beziffern lassen. Wir wissen zwar, daß es Zusammenhänge gibt zwischen Wohndichte und pathologischen Reaktionen, aber wir sind nicht in der Lage, fundiert begründete Schwellenwerte für Dichte anzugeben, unter anderem natürlich auch deswegen, weil sich über Dichte kaum sprechen läßt, ohne daß soziale Zusammensetzung, Ausrüstung, Erschließung und Gestaltung mit in die Argumentation einbezogen werden [3,4], [3,56]. Dieses Beispiel zeigt, wo die Schwäche sozialwissenschaftlicher Argumentation in der Planungsberatung liegt: Solange solche Grenz- oder gar Optimalwerte fehlen, die als Entscheidkriterium herangezogen werden könnten, wird der Planer den oben angeführten quantifizierbaren Kriterien den Vorrang vor Aussagen geben, die nur unter stochastischen Bedingungen zu machen sind. Die Unsicherheit in der Beurteilung des Stellenwertes, der sozialwissenschaftlicher Argumentation einzuräumen ist, muß dann fast zwangsläufig technokratische Entscheide begünstigen, wie sie von Soziologen zu Recht in den letzten Jahren immer wieder kritisiert worden sind.

Der Ausweg aus dieser Situation führt nur über die Klärung sozialwissenschaftlicher Konzepte und über die Aufbereitung des vielfältigen Materials, das in einer Unzahl von empirischen Untersuchungen und theoretischen Überlegungen weit verstreut vorliegt. Nur so läßt sich in der heutigen Situation die Argumentation straffen und besser fundieren, die der Verhaltenswissenschaftler, wenn er zu Planungsprozessen überhaupt beigezogen wird, einzubringen hat.

Mit diesen Hinweisen soll die Planungsrelevanz des sozialökologischen Theorieansatzes verdeutlicht werden. Was bleibt hier vorerst zu tun? Zunächst bleibt das Problem der interkulturellen Übertragbarkeit seiner zentralen Konzepte noch offen. Weiter hilft uns zwar der Theorieansatz als allgemeiner theoretischer Bezugsrahmen, für seine konkrete Anwendung aber benötigen wir Daten, mit deren Hilfe wir die Konzepte der Sozialökologie auf Situationen hier und heute beziehen können. Beide Probleme lassen sich am besten angehen, wenn die Variablen, die sich aus diesem Bezugsrahmen ableiten lassen, klar definiert und in einem Katalog zusammengefaßt werden. Diese Standardisierung könnte es den statistischen Ämtern erlauben, eine theoretisch fundierte Sozialraumstatistik aufzubauen. Eine solche Statistik würde den interkulturellen Vergleich und damit die Adaptation der Theorie auf verschiedene Kulturräume erleichtern, sie gäbe aber auch den in Planungsprozessen engagierten Verhaltenswissenschaftlern einige jener Daten in die Hand, die sie zur besseren Gewichtung und Durchsetzung des Beitrages befähigt, den sie zu leisten haben.

3.4 Zur weiteren Entwicklung

Wie oben gezeigt worden ist, hat sich die sozialökologische Theorie über die Kritik der klassischen Position in zwei unterscheidbare Richtungen weiterentwickelt, in die der Untersuchung des „ecological complex“ und des Ökosystems einerseits und der Faktorialökologie andererseits. Diese Zweiteilung ist bedauerlich und muß nicht nachvollzogen werden, wenn die Faktorialökologie im wesentlichen als analytisches Instrument begriffen wird. Vom stärkeren Bezug zur allgemeinen Ökologie wird der ‚ecological complex'-Ansatz nur profitieren, insbesondere hinsichtlich der Erklärungsansätze. Eine Theorie des Raumverhaltens wird freilich Räume immer nur als kulturell überformt und Raumaneignung immer nur als kulturell vermittelt verstehen können. Daraus leitet sich die Einheit dessen ab, was zu Anfang als Raum-Verhalten-System skizziert worden ist. In dieser Richtung sollte die Forschung weitergehen. Die Probleme im institutionellen Bereich liegen dabei eher in der Vielfalt der Phänomene: Nachbarschaft, Verkehrskreis; Raumplanung, kommunale Machtstrukturen, Bürokratie; Werte, Ideologien; das in einer Gesellschaft als angemessen angesehene Verhältnis von Aufwand und Ertrag, über das sich der ökonomische Bereich einführen ließe. Dies sind nur einige der Themen, die darunter zu subsumieren wären.

Dagegen bietet die Umweltpsychologie offenbar in erster Linie konzeptuelle und methodische Probleme. Immerhin sind mit *Barkers* „behavior setting", *Craiks* „environmental display", *Sommers* ‚personal space' und anderen Ansätze formuliert, die in nächster Zeit weiterführen dürften.

Um das Ziel der Integration all dieser Ansätze in eine Theorie des Raumverhaltens nicht aus den Augen zu verlieren, dürfte es freilich zweckmäßig sein, wenn sich die weitere Arbeit an einem der zu Beginn dieses Artikels geschilderten Versuche zur übergreifenden Perspektive orientiert.

Literatur

[3,1] *Alihan, M. A.:* Social Ecology, A Critical Analysis. New York 1938.

[3,2] *Arensberg, C. M.:* Die Gemeinde als Objekt und als Paradigma. In: König, R. (Hrsg.): Handbuch der empirischen Sozialforschung, Bd. 4, 3. Aufl. Stuttgart 1974.

[3,3] *Atteslander, P.,* u. *B. Hamm* (Hrsg): Materialien zur Siedlungssoziologie. Köln, Berlin 1974.

[3,4] *Atteslander, P.:* Dichte und Mischung der Bevölkerung. Berlin, New York 1975.

[3,5] *Bahrdt, H. P.:* Die moderne Großstadt. Hamburg 1961.

[3,6] *Bahrdt, H. P.:* Humaner Städtebau. Hamburg 1968.

[3,7] *Barker, R.:* Ecological Psychology. Stanford 1968.

[3,8] *Bell, W.:* Economic, Family, and Ethnic Status: An Empirical Test. In: American Sociological Review 20 (1955).

[3,9] *Burgess, E. W.:* The Growth of the City: Introduction to a Research Project. In: [3,42]. In: [3,57].

[3,10] *Burgess, E. W.,* u. *D. J. Bogue* (Hrsg.): Contributions to Urban Sociology. Chicago 1964.

[3,11] *Chamboredon, J. C.,* u. *M. Lemaire:* Räumliche Nähe und soziale Distanz. In: [3,3].

[3,12] *Davie, M. R.:* The Pattern of Urban Growth. In: [3,57].

[3,13] *Duncan, O. D.,* u. *B. Davis:* An Alternative to Ecological Correlation. In: American Sociological Review 18 (1953).

[3,14] *Duncan, O. D.:* Human Ecology and Population Studies. In: Duncan, O. D., u. P. M. Hauser (Hrsg.): The Study of Population. Chicago 1958.

[3,15] *Duncan, O. D., u. L. F. Schnore:* Cultural, Behavioral, and Ecological Perspectives in the Study of Social Organization. In: American Journal of Sociology 65 (1959).

[3,16] *Duncan, O. D:* Humanökologie. In: Bernsdorff, W. (Hrsg.): Wörterbuch der Soziologie. 2. Aufl. Stuttgart 1969.
[3,17] *Durkheim, E.:* De la dividion du travail social. Paris 1893.
[3,18] *Firey, W.:* Land Use in Central Boston. Cambridge 1947.
[3,19] *Gehlke, C. E., u. K. Biehl:* Certain Effects of Grouping upon the Size of the Correlation Coefficient in Census Tract Material. In: Journal of the American Statistical Association 29 (1934).
[3,20] *Gettys, W. E.:* Human Ecology and Social Theory. In: [3,57].
[3,21] *Goodman, L. A.:* Some Alternatives to Ecological Correlation. In: American Journal of Sociology 64 (1959).
[3,22] *Halbwachs, M.:* Morphologie sociale. Paris 1938. Die Beziehungen zur Sozialökologie sind dargestellt im Vorwort der amerikanischen Ausgabe: Population and Society. Glencoe 1960.
[3,23] *Hamm, B.:* Betrifft: Nachbarschaft. Düsseldorf 1973.
[3,24] *Hamm, B.:* Die Organisation der städtischen Umwelt. Diss. Bern 1975 – Publikation in Vorbereitung.
[3,24a] *Harris, C. D., E. L. Ullmann:* The Nature of Cities. In: The Annals 242 (1945).
[3,25] *Hatt, P.:* Natural Areas in the Central Residential District of Seattle. Washington 1945.
[3,26] *Hawley, A. H.:* Human Ecology. New York 1950.
[3,27] *Hawley, A. H.:* Human Ecology. In: Encyclopedia of the Social Sciences, vol. 4. New York 1968.
[3,28] *Hawley, A. H., u. O. D. Duncan:* Social Area Analysis: A Critical Appraisal. In: Land Economics 33 (1957).
[3,29] *Hollingshead, A. B.:* A Re-Examination of Ecological Theory. In: [3,57].
[3,30] *Hoyt, H.:* The Structure and Growth of Residential Neighborhoods in American Cities. Washington 1939.
[3,31] *Ipsen, G.* (Hrsg.): Daseinsformen der Großstadt. Tübingen 1959.
[3,32] *Jonassen, C. T.:* Cultural Variables in the Ecology of an Ethnic Group. In: [3,57].
[3,32a] *König, R.:* Soziale Morphologie. In: König, R.: Soziologie. Frankfurt 1958.
[3,33] *Korte, H.* (Hrsg.): Soziologie der Stadt. München 1972.
[3,34] *Kruse, L.:* Räumliche Umwelt. Berlin 1974.
[3,35] *Marx, K., u. F. Engels:* Die deutsche Ideologie: In: Landshut, S. (Hrsg.): Karl Marx – die Frühschriften. Stuttgart 1968.
[3,36] *Mayntz, R.:* Soziale Schichtung und sozialer Wandel in einer Industriegemeinde. Stuttgart 1958.
[3,37] *McKenzie, R. D.:* Konzepte der Sozialökologie. In: [3,3].
[3,38] *Michelson, W.:* Man and his Urban Environment. Reading 1970.

[3,39] *Myers, J. K.:* Assimilation to the Ecological and Social Systems of a Community. In: [3,57].
[3,40] *von Oppen, D.:* Familien in ihrer Umwelt. Köln, Opladen 1957.
[3,41] *Oswald, H.:* Die überschätzte Stadt. Freiburg 1966.
[3,42] *Park, R. E., E. W. Burgess* u. *R. D. McKenzie* (Hrsg.): The City. Chicago 1925.
[3,43] *Park, R. E.:* Die Stadt als räumliche Struktur und als sittliche Ordnung. In: [3,3].
[3,44] *Park, R. E.:* Human Ecology. In: [3,45].
[3,45] *Park, R. E.:* Human Communities. New York 1952.
[3,46] *Pfeil, E.:* Großstadtforschung. Hannover 1972.
[3,47] *Quinn, J. A.:* Topical Summary of Current Literature on Human Ecology. In: American Journal of Sociology 46 (1940).
[3,48] *Quinn, J. A.:* Human Ecology. New York 1950.
[3,49] *Robinson, W. S.:* Ecological Correlations and the Behavior of Individuals. In: [3,57].
[3,49a] *Sauberer, M., K. Cserjan:* Sozialräumliche Gliederung Wien 1961. In: Der Aufbau 27 (1972).
[3,50] *Schmidt-Relenberg, N.:* Soziologie und Städtebau. Stuttgart 1968.
[3,51] *Schröter, L., u. C. Wurms:* Konsequenzen der Infrastrukturenentwicklung für die Stadt- und Regionalsoziologie. Unveröff. Arbeitspapier. Dortmund 1975.
[3,52] *Seemann, A. L.:* Communities in the Salt Lake Basin. In: [3,57].
[3,53] *Shevky, E., u. W. Bell:* Sozialraumanalyse. In: [3,3].
[3,54] *Simmel, G.:* Die Großstädte und das Geistesleben. In: Mills, C. W. (Hrsg.): Klassik der Soziologie. Frankfurt 1966.
[3,55] *Simmel, G.:* Der Raum und die räumlichen Ordnungen der Gesellschaft. In: Simmel, G.: Soziologie. Berlin 1968.
[3,56] *Stokols, D.:* Ein sozialpsychologisches Modell menschlicher Engephänomene. In: [3,3].
[3,57] *Theodorson, G. A.* (Hrsg.): Studies in Human Ecology. Evanston 1961.
[3,58] *Timms, D. W. G.:* The Urban Mosaic. Cambridge 1971.
[3,59] *Tryon, R. C.:* Identification of Social Areas by Cluster Analysis. Berkely 1955.
[3,60] *Wirth, L.:* The Ghetto. Chicago 1928.
[3,61] *Wirth, L.:* On Cities and Social Life. Chicago 1964.
[3,62] *Wurzbacher, G.:* Das Dorf im Spannungsfeld industrieller Entwicklung. Stuttgart 1959.
[3,63] *Zorbaugh, H.:* The Gold Coast and the Slum. Chicago 1929.

4. Raum- und Sozialverhalten

von *Walter Molt*

4.1 Psychologie und Raum

4.1.1 Die Beziehungen von Verhalten und Raum

Bei der Frage, ob es einen Zusammenhang zwischen psychologischen Prozessen, des Erlebens und Verhaltens, und räumlichen Bedingungen gibt, stößt man auf das Problem, daß sich – abgesehen von der offensichtlich wahren, allgemeinen Aussage, jedes Verhalten finde auch in der Dimension des Raumes statt, – keine eindeutige und notwendige Zuordnung von räumlichen Kategorien zu Verhaltens- oder Erlebenskategorien oder gar Persönlichkeitstypen usw. herstellen läßt.

Es werden hierbei als räumliche Kategorien so eindeutige Bestimmungen verstanden wie: ein Wartezimmer, ein Platz auf einer Straße, ein Arbeitsplatz in einer irgendwie gestalteten Fabrikhalle usw.; unter Verhaltenskategorien seien sowohl konkrete Verhaltensweisen verstanden wie: ein Auto steuern, einen Brief schreiben, als auch abstraktere Kategorien wie: sich freuen, aggressiv sein, eine Sache wertschätzen oder ablehnen. Die Zuordnung – Briefschreiben am Schreibtisch – ist zwar sinnvoll, aber eben nicht eindeutig und notwendig, weil das Briefschreiben an beliebigen anderen Orten vorgenommen werden kann und umgekehrt der Schreibtisch zu unzähligen anderen Verhaltensweisen benützt werden kann. Unter Verwendung der bekannten Formel von *Lewin* [4,31] zur Erklärung des Verhaltens (V) aus Persönlichkeit (P) und Umwelt (U)

$$V = f(P, U)$$

läßt sich, wenn man die Umwelt in soziale Bedingungen (S)

und physische Bedingungen (Ph) aufspaltet, feststellen, daß die Gleichung

$$V = f\ (P, S, Ph)$$

gänzlich unbestimmt ist[1]

Diese Unbestimmtheit wird in dem begreiflichen Bedürfnis der Planer baulicher Strukturen, Städtebauer oder Architekten, nach klarer funktionaler Gestaltung gern übersehen.

Beim Entwerfen des Plans eines Badezimmers wird an die in unserer Gesellschaft wohl definierten Funktionen der körperlichen Reinigungen gedacht. Die bauliche Struktur entspricht den erwarteten Verhaltensweisen. *Kira* [4,27] beschreibt das Bedürfnis nach Alleinsein (privacy), für welches unter den gegenwärtigen Wohnungsbedingungen das Badezimmer oft der einzige Platz ist.

Das Bedürfnis nach Privatheit einer Person (P) kann also unter den gegebenen sozialen und baulichen Verhältnissen nur an einem bestimmten Ort erfüllt werden, der – obschon nicht dafür vorgesehen – die erforderlichen Bedingungen erfüllt.

Der Planer wäre bereit, die sozial akzeptierten Bedürfnisse in seinen Wohnungsentwurf aufzunehmen – vorausgesetzt, die ökonomischen Bedingungen sind erfüllbar –, wenn man ihm den Katalog der Bedürfnisse nennen könnte und die erforderlichen räumlichen Strukturbedingungen für die Erfüllung der Bedürfnisse. Für die Psychologen ist es jedoch nicht möglich, den Katalog der Bedürfnisse und die dafür erforderlichen konkreten Raumbedingungen aufzuzählen. Es ist ohne weiteres einsichtig, daß die schon für die Planung der Befriedigung von Wohn- und Arbeitsbedürfnissen von Individuen bestehenden Schwierigkeiten noch beträchtlich vermehrt wer-

[1] *Kruse* [4,29] (vgl. a. *Graumann* [4,22], *Deutsch* [4,14]) weist darauf hin, daß es sich bei der Formel um einen Zirkelschluß handelt, da *Lewin* die – erlebte – Umwelt als bestimmt durch den Zustand der Person und ihr Verhalten bezeichnet [4,31]. Diese – im Sinne wissenschaftlicher Erklärung – unakzeptable Situation beeinträchtigt jedoch nicht den heuristischen Wert der Formel, der wohl dafür verantwortlich ist, daß sie zu den meist zitierten Formeln und zum Ausgangspunkt zahlreicher Untersuchungen wurde.

den bei der Planung der Erfüllung der gemeinsamen oder partiell gemeinsamen Bedürfnisse der Bewohner eines Neubaugebietes, einer Stadt oder Region.

Daraus folgt, daß nicht aus praktischen, sondern aus theoretischen Gründen, eine befriedigende Lösung aller sich – bei der Planung baulich gestalteter Umwelt – ergebenden Probleme nicht möglich ist.

Dennoch gibt es eine Reihe von empirischen Untersuchungen und theoretischen Konzepten, welche von Psychologen durchgeführt und entwickelt wurden, die geeignet sind, Verständnis für die Interaktion zwischen Verhalten von Personen und Gruppen von Personen und Raum i. S. der physisch gegebenen, gebauten oder natürlichen Umwelt zu geben. Es geht um den Zusammenhang der physischen und sozialen Eigenschaften, welche bestimmten Räumen zugeschrieben werden, und deren psychischem Erleben und dem daraus resultierenden Verhalten.

Angeregt durch *Lewin* [4,32][2], soll versucht werden, einen Begriffsnahmen aufzubauen, der sowohl der psychischen wie der physischen Gliederung des Raumes angemessen ist, und nach dieser Gliederung die wichtigsten theoretischen und empirischen Arbeiten zu referieren.

Dabei lassen sich die Unterschiede und Bezüge, welche sich zwischen Verhalten und Verhaltensumwelt, Erleben und Erlebensumwelt ergeben, einheitlich fassen. „Verhalten spielt sich in einer Verhaltensumwelt ab, durch welche es reguliert wird.

[2] *Kurt Lewin* hat in seiner topologischen Psychologie [4,32] einen Teil der theoretischen Psychologie in Begriffen der mathematischen Topologie dargestellt. Er versucht, einen Begriffsrahmen für die „konstruktive Darstellung und Ableitung psychischer Vorgänge aufzubauen, der in sich logisch und folgerichtig und zugleich der besonderen Eigenschaften des psychischen Lebensraums angepaßt ist“ (S. 28).
Der psychische Lebensraum ist nicht mit dem physischen Lebensraum identisch. Aber – und *Lewin* belegt dies durch zahlreiche illustrative Beispiele – Erlebnis- und Verhaltensraum sind auch physisch bedingt (als äußere Hülle bezeichnet). Deshalb erscheint die Anwendung dieser Kategorien durchaus für das vorliegende Thema adäquat

Die Verhaltensumwelt hängt von zwei Sätzen von Bedingungen ab; eine, welche der geographischen Umwelt innewohnt, und eine, welche dem Organismus innewohnt“ [4,28].

4.1.2 Psychologische Welt und physikalische Welt

„Ein wesentliches Charakeristikum des physikalischen Raumes ist, daß er als einziger, in sich zusammenhängender Raum aufgefaßt wird, der die Gesamtheit aller in einem Zeitmoment überhaupt existierender physikalischer Gebilde umfaßt, und daß er ferner ausschließlich physikalische Gebilde umfaßt. Psychische Fakten, d. h. jene Fakten, denen die Psychologie Realität zuerkennen muß, weil sie wirken, haben ebensowenig, wie ökonomische oder ästhetische Fakten, eine Stelle im Lehrgebäude der Physik“ [4,32, S. 84]. Psychisches kann also als nicht-räumlich definiert werden.

Wenn man dennoch vom psychischen Raum oder Lebensraum spricht, der offenbar irgendwie den physikalischen Raum umfaßt, so ist damit eine nicht-räumliche Repräsentation von physikalisch Räumlichem gemeint, wie es durch Wahrnehmung aufgenommen, durch Handlung erfahren und durch das Gedächtnis irgendwie gespeichert wird.

Dann ist aber die Frage, ob der so entstehende psychische Raum auch als zusammenhängender Raum aufgefaßt werden kann. Wenn man das „Wirken“ als konstituierendes Element der psychischen Realität betrachtet, dann wird der Wirkzusammenhang zum bestimmenden für die Einheit des psychischen Raumes. Damit gibt es aber für jedes Individuum einen gesonderten Lebensraum. „Dynamisch ist der Lebensraum jedes einzelnen Individuums eine Totalität, die der Totalität der physikalischen Gesamtwelt äquivalent ist“ [4,32, S. 85].

Die Zusammenhänge einer Stadt, wie sie vom Individuum erfaßt werden, ergeben sich zunächst einmal durch das Erleben. Sie können von Individuum zu Individuum verschieden sein, weil ja jedes Individuum andere Ausgangs- und Zielpunkte für sein Erleben der Stadt hat. *Lynch* [4,36], *Saarinen* [4,43] u. a. ließen Versuchspersonen Karten von Städten und Ländern zeichnen.

Die Aufgabe, die subjektive, kognitive Welt zeichnerisch darzustellen, erfordert eine komplizierte Transformation und Reduzierung der psychischen Information. Stellt man sich einen beliebigen Weg, z. B. den täglichen Weg zur Arbeitsstätte, vor, so sind in dieser Vorstellung nicht nur der zurückzulegende Weg, die Stelle, an der man abbiegen muß, die Umgebung des Wegs mit ihren Häusern und Ausblicken enthalten, sondern auch emotionale Gehalte, die Gefährlichkeit einer Kreuzung oder die unangenehme Erwartung, durch Stauungen an bestimmter Stelle aufgehalten zu werden. Dennoch enthält eine solche Karte subjektiv wichtige Informationen über den Weg, mögliche Alternativwege usw.. Es gehen aber auch die Erkenntnisse mit ein, die man aus dem Studium von Stadtplänen und Landkarten gewonnen hat, also aus symbolischer Repräsentation der physikalischen Welt, die in ihrer Struktur der geforderten Aufgabe, die kognitive Karte zeichnerisch-symbolisch darzustellen, sehr ähnlich sind. Der Verfasser machte darüber hinaus die Erfahrungen, daß geschulte Versuchspersonen, nämlich Architekten und Ingenieure, in der Lage sind, erlebte Straßenzüge so darzustellen, daß sie dem objektiven Stadtplan sehr nahekommen (die betreffenden Versuchspersonen hatten keine Kenntnis des in Frage stehenden Ortsplanes). Sieht man von der Möglichkeit ab, den objektiven Plan zu erinnern oder durch gezielte, geschulte Wahrnehmung aufzubauen, so eröffnet diese Methode der „zeichnerischen“ Wiedergabe der durch Erleben aufgebauten kognitiven Karten einen Einblick in diese. Sie ermöglicht dann eine Antwort auf die Frage, ob die verschiedenen subjektiven Welten irgendwie ähnlich sind.

Dabei zeigt sich, daß es z. B. in einer Stadt bestimmte typische Stellen gibt, die von allen Versuchspersonen wahrgenommen werden, bestimmte Stellen, die regelmäßig nicht genau erinnert werden oder bezüglich ihrer Lage nicht genau wiedergegeben werden können, Zusammenhänge, die richtig, und solche, die regelmäßig falsch wahrgenommen werden. (siehe hierzu die klassische Untersuchung von *Lynch* [4,36] und Abb. 4–1 und 4–2, die dieser Arbeit entnommen sind.)

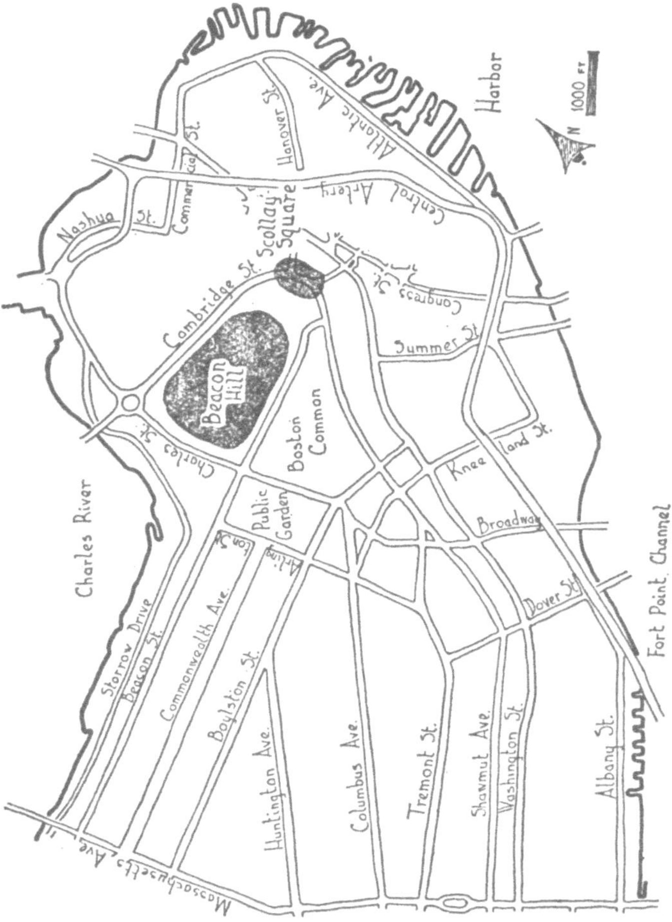

Abb. 1–4. Stadtplan von Boston

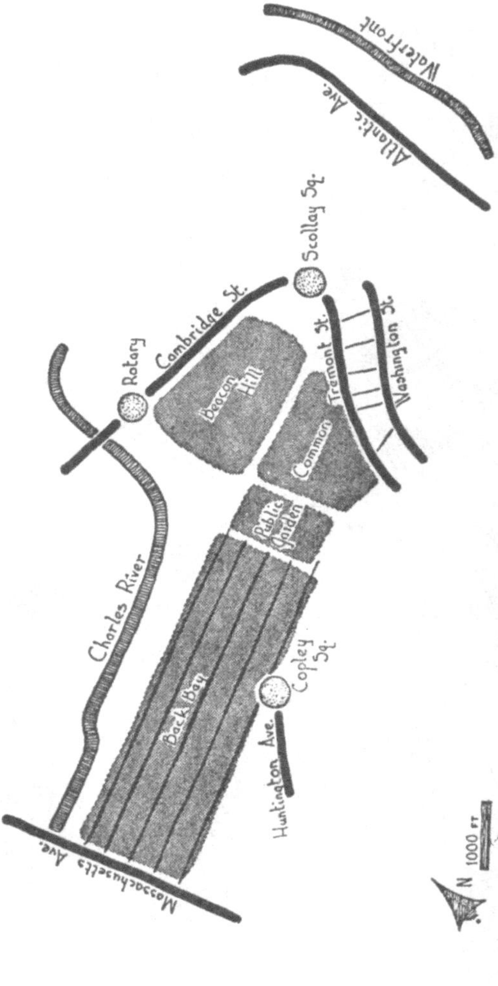

Abb. 4–2. „Kognitive Karte“ von Boston

Einen anderen Aspekt desselben Problems diskutiert *E. T. Hall* [4,24] am Beispiel der Verzweiflung, in die eine Hausfrau geraten kann, wenn jemand anders ihre Küche aufgeräumt hat. Sie findet nichts, weil die Dinge am falschen Platz sind. Die Frau in diesem Sektor ihres Lebensraumes hat die Ordnung der Gegenstände entsprechend ihrer persönlichen, kognitiven Ordnung hergestellt. Das Eindringen einer fremden Person in diesen persönlich geordneten Bereich zerstört die Kongruenz von kognitiver und physikalischer Ordnung. Die wohlmeinende Hilfe des Ehemannes wird zu einer empfindlichen Störung der Ordnung des Lebensraumes, die in der Übereinstimmung zwischen kognitiver und physikalischer Welt besteht.

Dies zeigt deutlich, daß physikalischer und psychischer Raum zwei Realitäten unterschiedlicher Art sind, aber nicht ohne Bezug zueinander. Wahrnehmung und Handeln sind auf den physikalischen Raum gerichtet. Kognitive Ordnung ist auf die Ordnung der so empfangenen Inputs bezogen.

4.1.3 Die Einheit von Wahrnehmen und Handeln

Handeln bezeichnen wir in diesem Zusammenhang als Input, weil – mehr als durch Wahrnehmung – im Handeln die physikalische Realität zur psychischen Realität wird. Der Widerstand, den das physikalisch Wirkliche dem Handeln entgegensetzt, wird rückgemeldet und führt zu einer Verhaltenssteuerung (vgl. [4,38] und [4,24]).

Eines der Probleme, das die Wahrnehmungspsychologie am meisten beschäftigt hat, ist das Problem der Konstanz, das am Beispiel der Größenkonstanz verdeutlicht werden kann. Ein Gegenstand, der in unterschiedlicher Entfernung gesehen wird, behält seine wahrgenommene Größe, obwohl sein Abbild auf der Retina unterschiedlich groß ist. Dies zwingt zu der Unterscheidung von Stimulus und Perzeption. Die wahrgenommene Konstanz der Größe ist eine kognitive Leistung mit hoher Bedeutung für unser Verhalten. Wie aber können dann Veränderungen am Objekt wahrgenommen werden, wenn durch die Kognition das Objekt konstant gehalten wird? Tatsächlich läßt sich experimentell nachweisen [4,25], daß Größenveränderungen am Objekt sich in Verschätzungen der Entfernungen auswirken. Solche „Fehlwahrnehmungen" können durch Handlungen korrigiert werden. „Funktionale Effizienz wird durch Wahrnehmungskonstanz vermittelt und Konstanz wird vermittelt durch funktionelles Verhalten" [4,25]. Aus der Wirkung der Handlungen wird ein unbewußtes Muster von Annahmen errichtet. Die Summe der Annahmen, welche ein Individuum sich bezüglich der Natur und Bedeutung der äußeren – physikalischen – Welt aufbaut, bildet seine angenommene Welt, oder in den Worten von *Boulding* [4,7] sein Bild (Image); (vgl. [4,11]). Und diese angenommene Welt bestimmt seine Wahrnehmung. Wahrnehmung kann aufgefaßt werden als eine Prognose der Wirkung von Handlungen.

Wie sich Konstanzen durch Erfahrungen aufbauen und die Wahrnehmung steuern im Hinblick auf effektives Handeln, so werden sie verändert, wenn sich die Handlung als uneffizient erweist. Es ist also durch Handlungen, daß der Wandel der physikalischen Welt zu Wandlungen der subjektiven Welt führt. Dies zwingt dazu, das Input-Output-Modell, wie es den gängigen S-R-Modellen in der Psychologie entspricht, zu einem Regelkreismodell zu erweitern [4,38].

4.2 Kategorien des Raumes

Kategorien des Raumes sind Orte oder Bereiche; Grenzen, welche die Bereiche von anderen Bereichen trennen und gegen eine – undifferenzierte – Außenwelt abtrennen, und Wege, welche die Bereiche miteinander verbinden.

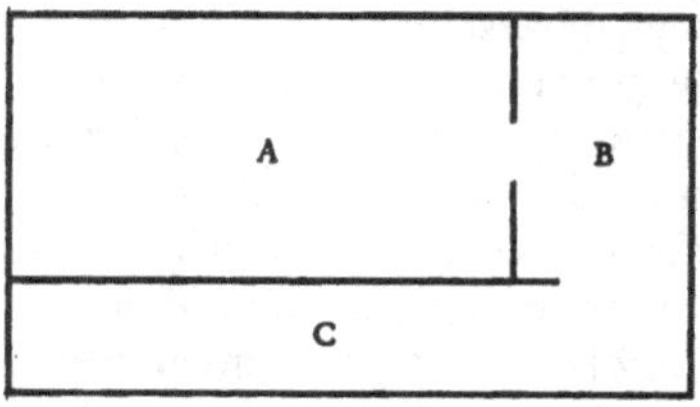

Abb. 4–3. Zusammenhängender Bereich

4.2.1 Orte oder Bereiche

„Ein Bereich wird dann zusammenhängend genannt, wenn jeder seiner Punkte mit jedem Punkt von ihm durch einen Weg verbunden werden kann, der vollständig innerhalb des Bereiches liegt“ [4,32, S. 106].

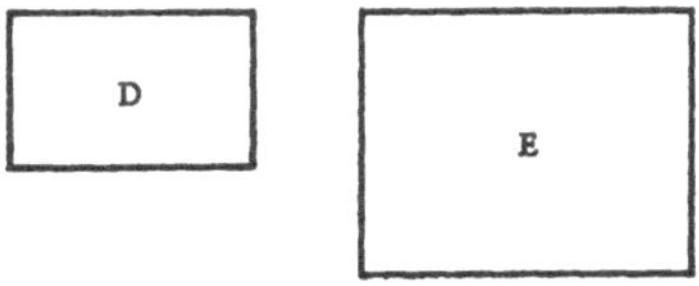

Abb. 4–4. Unzusammenhängender Bereich

A, B, C in Abb. 4–3 sind ein zusammenhängender Bereich, D, E in Abb. 4–4 dagegen nicht.

Für die Psychologie gilt: Jedem Teilgebiet des Lebensraumes ist ein Bereich zuzuordnen. Alles, worin ein Gebilde des Lebensraumes, z. B. eine Person, Platz findet, worin es sich bewegt, ist als Bereich darzustellen. Nicht alles, worin verschiedene Positionen oder Teilgebiete unterschieden werden können, ein oder zwei Teilgebiete ein umfassendes Ganzes darstellen, ist ein Bereich.

Für physikalische Bereiche gilt sinngemäß das Gleiche. Es müssen nun Zuordnungen von psychischen und physischen Bereichen hergestellt werden. Dabei entsteht das schon oben dargelegte Problem, daß derartige Zuordnungen mehrdeutig sein können.

4.2.2 Grenzen und Wege

Grenzen schließen den Bereich ab. Jene Punkte eines Bereiches, für den es keine Umgebung gibt, die vollständig innerhalb des Bereiches liegen, bezeichnet man als Grenze [4,32, S. 134]. Grenzen sind von unterschiedlicher Festigkeit, je nach dem Widerstand, den sie einer Überschreitung entgegensetzen.

Wege sind mögliche Verbindungen von Punkten. Definitionsgemäß gehören Punkte, wenn sie durch Wege verbunden werden können, zum selben Bereich. Es wäre also richtig, wenn Grenzen überschritten werden können, die zunächst durch diese Grenzen getrennten Bereiche als durch einen Weg zu einem zusammenhängenden Bereich gehörig zu betrachten. Dies hieße jedoch, die dynamische Eigenschaft von psychischen Grenzen übersehen. Man vergegenwärtige sich ein Kind, das im Begriffe ist, eine belebte Straße zu überqueren. Die Straße ist eine Grenze für seinen Bezugsraum. Es zögert, hält inne, schaut um und rennt dann plötzlich los; die psychische Grenze Straßenrand setzt der Überwindung Widerstand entgegen. Ist sie aber einmal überschritten, so schlagen die Kräfte um, die sich der Bewegung des Kindes entgegenstellten und führen zu einer Beschleunigung. Grenzen, die einer Lokomotion[3] Widerstand entgegensetzen, werden von *Lewin* als Barriere bezeichnet. Oft sind die Grenzen nicht scharf, sondern fließend. Man spricht von Grenzzonen.

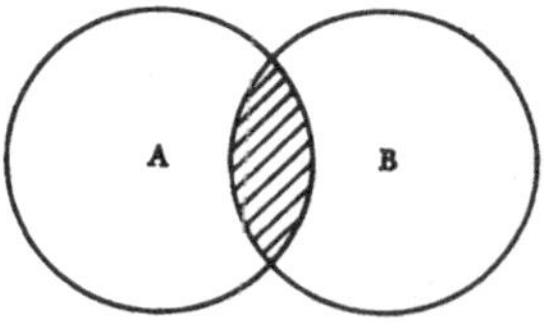

Abb. 4–5. Überlappende Bereiche

Von überlappenden Bereichen spricht man, wenn zwei Bereiche einen Durchschnitt haben. In Abb. 4–5 haben die Bereiche einen Durchschnitt, der schraffiert dargestellt ist. Dieser überlappende Bereich stellt eine Grenzzone besonderer Art dar, da er die Bereiche nicht trennt, sondern in besonderer Weise verbindet.

Das Schaffen überlappender Bereiche ist ein wichtiges Mittel zur Beeinflussung der Lokomotion. In der Anlage einer Ladenpassage überlappen sich z. B. der Bereich „öffentlicher

[3] Als Lokomotion wird eine Lageveränderung im Lebensraum bezeichnet; dies kann sowohl eine körperliche, als auch eine – nicht physisch gemeinte – Bewegung sein; z. B. einer Sache nähertreten, sich damit befassen [4,32, S. 67].

Weg“, der von allen betreten wird, die so zu einem bestimmten Ziel gelangen wollen, und der Einflußbereich der Geschäfte. Personen, die diesen Bereich betreten, können leichter zur Beschäftigung mit den Waren und zu einem evtl. Kauf bewegt werden, als dies bei abgeschlossenen Einkaufsbereichen der Fall ist, bei deren Betreten erst eine Barriere – die Ladentür – zu überwinden ist, was nur dann vorgenommen wird, wenn man ein spezifisches Einkaufsziel hat.

4.2.3 Territorium und Orbit als Bereich

Aus der biologischen Verhaltenswissenschaft sind zahlreiche Untersuchungen bekannt, die sich mit Territorialverhalten beschäftigen (vgl. *Lorenz* [4,34], [4,35], *Tinbergen* [4,51], [4,52], in der Humanethologie *Eibl-Eiblsfeld* [4,15], [4,16] und *Leyhausen* [4,33]. Territorium ist der Raum, den eine Person als Einzelwesen oder Mitglied einer Gruppe bei gemeinsamer Wohnung als „Eigentum“ bezeichnet oder beansprucht und willens ist, zu verteidigen *(Parr, 1965)*. In dieser Definition wird der Territorialbegriff auf den Menschen übertragen. Hierbei wird auch eine eindeutige Zuordnung einer hypothetischen Verhaltensweise, die durch Beanspruchen und Verteidigungsbereitschaft gekennzeichnet ist, auf einen physikalischen Bereich vorgenommen.

Wohnung, Garten und landwirtschaftlich genutzte Flächen lassen sich bei dieser Definition dem Territorium zuordnen. Sie weisen – analog dem Territorium der Tiere – die Eigenschaften auf, daß sie wesentliche Funktionen für die Sicherung der unmittelbaren Existenz haben (oder vielleicht stammesgeschichtlich hatten)[4]. Dagegen ist ein Geschäft auch in gewisser Weise Territorium. Der Ladenbesitzer wird sich gegen den Versuch von Konkurrenten verteidigen, auf seinem Territorium Waren zu verkaufen. Aber er verteidigt es nicht gegen einkaufswillige Kunden – im Gegenteil. Dies zeigt deutlich, daß für das menschliche Territorialverhalten auch soziale De-

[4] *Kruse* [4,29, S. 18 f.] warnt vor der undifferenzierten Übernahme des Territorialbegriffs aus der Tierethologie auf menschliches Verhalten; z. B. *Ardrey* [4,3], der das menschliche Streben nach Besitz und seine Verteidigung als angeborenen Instinkt bezeichnet.

finitionen eine Rolle spielen. Wenn man die Verteidigung des Kompetenzbereichs des Mitglieds einer Organisation gegen rivalisierende Kollegen in die Kategorie des Territorialverhaltens einbezieht, wird die eindeutige Zuordnung zu einem bestimmten physikalischen Bereich aufgehoben. Die vielfältigen sozialen Bestimmungsformen menschlichen Verhaltens können das „Territorialverhalten" entscheidend modifizieren.

Als Orbit bezeichnet *Parr* [4,41] jene Räume, durch welche ein Individuum gewohnheitsmäßig oder gelegentlich sich bewegt. Der Orbit umfaßt damit einen oder mehrere Territorialbereiche und alle anderen Räume, die das Individuum durchquert oder besetzt, ohne einen Territorialanspruch zu erheben. *Parr* legt besondern Wert auf die Bestimmung des Orbits durch den technisch-kulturellen Wandel: einheitliche Orbits für Mann, Frau und Kinder in traditionellen Gesellschaften und ihre Trennung in heutiger Zeit. Dem entspricht eine Verringerung der Territorien in dem Sinn, daß ein Dorf, ein Stammesgebiet, die mehr oder weniger Gruppenterritorium waren, diese Eigenschaft notwendigerweise verlieren, weil sie ja im Wandel der Zeit von keiner Gruppe mehr beansprucht werden können.

Betrachtet man diese Entwicklung unter dem Gesichtspunkt öffentlicher – privater Raum, so läßt sich das Territorium in gewisser Weise mit dem privaten Raum gleichsetzen. Die Eigenschaft der Privatheit bedarf dabei noch der Klärung. Der öffentliche Raum ist Orbit der Möglichkeit nach, d. h. er steht offen. Ob er jedoch in die Verhaltensmuster einbezogen wird, ist unbestimmt.

Hall [4,24] spricht vom sozialen und persönlichen Raum. Proxemics ist der von ihm eingeführte Begriff für die Beobachtungen und Theorien des menschlichen Raumverhaltens als einer spezifischen Kulturleistung (S. 1). Er weitet die subjektivistische Betrachtung bei *Lewin* zu einer sozialen Betrachtung.

Er spricht von proxemischen Bedürfnissen des Menschen, die durch die Kultur definiert sind.

Dabei handelt es sich um verschiedene Kontaktstufen und entsprechende Distanzen, die in der gleichzeitigen Anwesenheit mehrerer Personen in einem bestimmten Raum gegeben sind.

Er unterscheidet vier derartige Stufen:

- *Intime Distanz,* die durch Lieben, Trösten, Schützen, Ringen, gekennzeichnet ist. Diese Distanz ist durch Körperkontakt definiert. In gedrängten Situationen, z. B. überfüllten öffentlichen Verkehrsmitteln werden spezielle Abwehrmechanismen entwickelt, welche – trotz Körperkontakt – die soziale Distanz aufrechterhalten.
- *Persönliche Distanz* ist der Abstand, den Personen einer Nicht-Kontakt-Beziehung für gewöhnlich einhalten. Man hält jemanden gewissermaßen auf Armlänge entfernt. Während eine Ehefrau in den persönlichen Raum des Mannes eindringen darf, wäre dies für eine andere Frau – je nach den sozialen Umständen – unpassend.
- *Soziale Distanz,* die Grenze zwischen persönlicher Distanz und sozialer Distanz, markiert die „Grenze der Dominierung". Es ist die Entfernung, in der für gewöhnlich unpersönliche Geschäfte getätigt werden.
- *Öffentliche Distanz* ist außerhalb des Kreises persönlicher Beteiligung. Sie gestattet Flucht- und Abwehrbewegungen. Sie wird vor allem gegenüber hochgestellten Personen eingehalten. *White* (n. *Hall* [4,24, S. 124]) berichtet, wie die Mitarbeiter Kennedys nach seiner Wahl zum Präsidenten in einer Entfernung von 10 m innehielten und von Sargeant *Shriver* einzeln zum Präsidenten geführt werden mußten. Die Distanz ergab sich unwillkürlich aus seiner Wahl zum Präsidenten und konnte nur gegen einen psychischen Widerstand überwunden werden.

Hall beschreibt ausführlich die Unterschiede, die zwischen verschiedenen Kulturen (Amerikanern, Deutschen, Engländern, Japanern, Arabern) hinsichtlich ihres Raumverhaltens bestehen bzw. der verschiedenen sozialen Bedeutung von Distanzen.

4.2.4 Probleme der territorialen Ordnung

4.2.4.1 Der zentrale Ortsbezug – Wohnung und Heimat

Die bisher referierten Theorien haben einen hohen Abstraktionsgrad, indem sie von dem konkreten Ortsbezug der Person oder Gruppe absehen. Der ausgezeichnete Bereich für die Person ist durch den Begriff des Wohnens gekennzeichnet. Wohnung und Heimat sind dann Bereiche, mit denen man sich identifiziert, die einem zugehören. Privatheit hat dabei nicht nur den Sinn des Alleinseins, geschützt zu sein vor anderen, sondern der Geborgenheit.

Die höchst unbestimmte Zuordnung von Raum und Verhalten wird dadurch zu einer personbezogenen Ordnung verändert. *Kruse* [4,29] unterscheidet zwischen habituellem Raum, aktuellem und potentiellem Raum. Der habituelle Raum ist dabei der wichtigste, der der Person gewissermaßen eine grundsätzliche – individuelle – Ortsbezogenheit vermittelt, dort, wo man zu Hause ist.

Der aktuelle Raum ist jener, in dem man sich gerade befindet, der also „in der Fremde" oder „auf Reisen" sein kann. Der potentielle Raum ist dagegen jener, in dem man war oder den man gerade anstrebt[5].

Das Entstehen eines habituellen Raums kann sowohl als Sozialisationsergebnis als auch als Sozialisationsbedingung aufgefaßt werden.

4.2.4.2 Konzept der behavior settings

Einen anderen Ordnungsgesichtspunkt führt *Barker* [4,4] mit dem Begriff der „behavior settings" ein. Als solche bezeichnet er so konkrete Einheiten, wie Fußballspiel, Lebensmittelgeschäft, Kino. In den behavior settings finden wir genau vorgezeichnete Verhaltensmuster, z. B. beim Fußballspiel die der Spieler, der Zuschauer, des Schiedsrichters, der Reporter, der

[5] Erwähnt seien an dieser Stelle die kulturellen Unterschiede und Wandlungen und ihre Folgen, wie sie *Vance Packard* in der „ruhelosen Gesellschaft" beschreibt, d. h. der durch die Ultramobilität der amerikanischen Gesellschaft verursachte Verlust der Ortsbezogenheit.

Ordner usw. Jedem an einem solchen Ereignis Beteiligten kommen bestimmte, durch das setting vorgezeichnete Motive und Verhaltensweisen zu, die zu denen anderer am Ereignis Beteiligten komplementär sind. Entscheidend ist, daß das „behavior setting“ seinen Ort hat, der in der gestalteten räumlichen Welt genau bestimmt ist. Darüber hinaus hat es auch seinen Zeitpunkt, der periodisch wiederkehren kann. Es ergibt sich die Möglichkeit, daß am selben Ort in zeitlicher Folge verschiedene behavior settings stattfinden können (in einem Gasthaus ein Faschingsball und die Probe eines Kirchenchors).

Als Synomorphe bezeichnet er die strukturellen Einheiten aus Verhalten und räumlichen Bedingungen [4,4, S. 19]. *Barker* nimmt also die oben geforderte eindeutige Zuordnung von Verhaltensbedingungen und räumlich-gegenständlichen Bedingungen (Milieu genannt) vor, die für die zeitliche Dauer eines behavior settings gelten. Bei einem Gottesdienst (behavior setting) sind sowohl die Bänke (Milieu) als die zuhörende Gemeinde (Verhalten) nach vorne gerichtet, wo der Prediger (Verhalten) auf der Kanzel (Milieu) steht.

Das Milieu wird als verhaltensumgebend oder umgrenzend bezeichnet. In gewisser Hinsicht taucht dabei der *Lewin*sche Gedanke der Grenze auf. Milieu ist ferner dem Verhalten synomorph; damit ist gemeint, daß es Verhaltensstrukturen durch feine Barrieren innerhalb des Verhaltensraumes und der Verhaltenszeit strukturiert; Beginn und Ende des Gottesdienstes, Richtung der Blicke auf die Kanzel usw.

Dieses Konzept sollte man zweckmäßigerweise um die von *Hall* [4,24] eingeführte Unterscheidung von festgelegter (fixed feature space), halb festgelegter (semi-fixed feature space) und informeller Raumgestaltung erweitern. Bei *Hall* ist diese Einteilung zwar nicht auf das Milieu von behavior settings beschränkt, er zeigt es auf am Beispiel der Einrichtung von Räumen sowie städtebaulichen Gestaltungen. Sein Problem ist, daß durch mangelnde Flexibilität architektonischer Gestaltung oder vom Planer auferlegte Festlegungen verhaltenshemmende Barrieren entstehen.

Informelle und halbfestgelegte Raumgestaltung lockert den Begriff der Synomorphie, ohne die Zuordnung aufzuheben.

Mehrere Synomorphe, die untereinander in engerer Beziehung stehen als zu anderen Synomorphen, werden als behavior setting bezeichnet; Synomorphe sind Teile eines behavior settings, z. B. Küche, Garderobe, Gastraum, sind Synomorphe und bilden zusammen ein behavior setting, die Wirtschaft.

Nach bestimmten Kriterien, die hier nicht erörtert werden können, werden aus der Vielzahl von Verhaltensereignissen, die sich in einer Stadt in einem Zeitraum abspielen, die behavior settings ermittelt, die dann wieder nach der Häufigkeit ihres räumlichen Vorkommens, der zeitlichen Häufigkeit und Dauer und der Anzahl der daran beteiligten Personen gegliedert werden können. Diese Analyse ermöglicht den qualitativen Vergleich verschiedener Orte und Wohnviertel [4,5]. Verhaltenswissenschaftlich ist der Hinweis von *Barker* interessant, daß mehr tatsächliches Verhalten einer Person aus der Kenntnis ihrer Teilnahme an behavior settings als aus einer noch so detaillierten Kenntnis ihrer Persönlichkeit erklärt werden kann. Von planerischer Bedeutung ist, daß dadurch alle regelmäßig wiederkehrenden – raumbezogenen – Verhaltensweisen erfaßt werden können.

4.2.4.3 Orientierung

Die behavior settings sind sozial und raum-zeitlich definierte Orte der Bedürfniserfüllung des Individuums. Wir haben den potentiellen Raum (2.4.1) schon erwähnt. Dieser ist jedoch in verschiedene Stufen der Potentialität einzuteilen:

a) Die räumlichen und zeitlichen Koordinaten sind bekannt, ebenso wie der Weg dorthin. – Im *Lewin*schen Sinne (4.2.1) ist damit ein zusammenhängender Bereich gegeben.

b) Ein zusammenhängender Bereich ist auch vorhanden, wenn der Weg zwar nicht gegeben ist, aber durch Hinweise leicht auffindbar ist.

c) Wenn der Ort zwar bekannt, der Weg aber – zunächst – unbekannt ist, oder wenn vermutet werden kann, daß der Ort vorhanden ist, aber hinsichtlich Raum und Zeit nicht bekannt ist, sowie der dorthin führende Weg unbekannt ist, ist ein unzusammenhängender Bereich gegeben. Informationsbeschaffung ist dann notwendig. Sie stellt eine Lokomotion dar, indem der Lebensraum erweitert wird bzw. Barrieren entfernt werden.

d) Unzusammenhängend ist der Bereich auch dann, wenn über das Vorhandensein eines Bereiches das Individuum keine Kenntnis hat. Er kann dann jedoch auch nur in einer sehr undifferenzierten Weise zum Verhaltensziel werden. – Man hat ein allgemein unbefriedigendes Gefühl, ohne zu wissen, wie es erfüllt werden könnte.

Das beiläufige Auffinden eines solchen – bislang unbekannten Ortes – kann dann zum spontanen Auftreten neuer Verhaltensweisen von Individuen führen. Die Ziele des Verhaltens können also sowohl im Individuum als auch im Aufforderungscharakter der behavior settings liegen. Es besteht heute allgemeine Übereinstimmung darin, daß derartige Formen der Bedürfniserfüllung erlernt und nicht etwa als Instinkt angeboren sind. In Beziehung zu settings ist das menschliche Verhalten ausdauernd und konsistent, d. h. die settings bestimmen ihren Gebrauch. Der physische Ausdruck von settings hat eine Geschichte seines Gebrauchs, der sich im Laufe der Zeit wandeln kann. Die mit dem behavior setting verbundenen Verhaltensmuster bestehen unabhängig von den Personen, die daran beteiligt sind. Zwischen den Personen aber variieren sie in Raum und Zeit und interviduell [4,26, S. 95]. Das Verhalten einer Person wird durch Erfolg verstärkt oder durch Mißerfolg modifiziert [4,25, S. 119]. Dies führt einerseits zur Konformität mit der Rollenstruktur des settings oder aber zum Aufsuchen anderer settings zum Zwecke der Bedürfnisbefriedigung, oder dem Versuch, das setting zu ändern.

Als Orientierung bezeichnen wir den Prozeß, mit dem das Individuum versucht, das Verhalten eines behavior settings zu erfassen, sich aktiv anzueignen, aber auch das Bemühen, sich Zugang zu verschaffen, sich Informationen über die Wege einzuholen. Orientierung ist sowohl eine – kognitive – als auch eine – aktive – Überwindung von *Barrieren* im Lebensraum, als auch Ausweitung und Strukturierung des Lebensraumes. Orientierungsmangel oder Orientierungsverlust löst Angsterlebnisse aus. Insofern hat man das Orientierungsbedürfnis den Grundbedürfnissen zugeordnet. Die Eroberung einer neuen Umwelt durch explorierendes Verhalten dient der Befriedigung dieses Bedürfnisses.

Aktives Orientierungsverhalten ist die Veränderung der Umwelt durch Handeln. – Die Hausfrau, die eine Küche übernimmt, möchte den Dingen darin, soweit es die festgelegte Gestaltung zuläßt, ihre persönlich gewohnte Ordnung geben und räumt solange um, bis die Ordnung ihren Vorstellungen entspricht. – Wie man leicht erfahren kann, haben dabei kaum zwei Menschen identische Auffassungen über die „rechte" Ordnung. Man kann aber auch versuchen, die den Dingen und Verhaltensweisen innewohnende Ordnung zu erfassen; sich die Zusammenhänge der Straßen und Kreuzungen einer neuen Stadtumwelt einzuprägen. In verzerrten Umwelten, die sich einer kognitiven Ordnung (Gestalt) einfach widersetzen, wird der Versuch unternommen, die der angenommenen subjektiven Welt am besten entsprechende Ordnung zu schaffen [4,25].

Extremfälle ausgenommen – bei psychisch Kranken oder unter Drogeneinfluß stehenden Personen – kann man davon ausgehen, daß die subjektive Welt des Individuums zu einer kognitiven Ordnung der Dinge tendiert. Diese kognitive Ordnung steuert das Verhalten. Bei erheblichen Unterschieden zwischen kognitiver Ordnung und tatsächlich vorgefundenen Beziehungen, die durch Handeln erfahren werden, werden Änderungen der kognitiven Ordnung erforderlich und wird das Verhalten geändert.

Die Fähigkeit des Menschen zum Verständnis von Symbolen ermöglicht Orientierung in Fällen, in denen dies aufgrund der unmittelbaren Lebenserfahrung nicht möglich wäre.

Die Umweltgestaltung durch den Planer, insbesondere Architekten, enthält implizite Annahmen über die sächliche Ordnung der räumlichen Umwelt, die ihr Korrelat in der kognitiven Ordnung der Menschen, für die sie entworfen ist, finden müssen. Über die dabei auftretenden Schwierigkeiten besteht oft keine rechte Klarheit. Ein weiteres, weit verbreitetes Problem ist der durch Umgestaltung vorhandener Umwelten entstehende Orientierungsverlust.

4.2.4.4 *Orientierungslosigkeit und Fehlorientierung als Ursachen von Verhaltensunsicherheit – Crowding – und Informationsüberlastung*

Unter Orientierungslosigkeit sei hier nicht jener Zustand verstanden, den man etwa beim Eintreffen in einer fremden Stadt hat. Vielmehr sei Orientierungslosigkeit als jener Zustand bezeichnet, in dem die soziale oder räumliche Umwelt eine Orientierung unmöglich macht.

Es werden vermeintliche Anhaltspunkte gesucht; in der Fata Morgana werden die Produkte der Phantasie in die Umwelt projiziert.

Eine andere Art der Orientierungslosigkeit resultiert aus dem Verlust des eigenen Bezugsbereichs, wie ihn die persönliche Wohnung oder Heimat darstellt, und zwar dann, wenn durch äußere Umstände, z. B. Überbevölkerung, die Bildung eines Personen- oder Gruppenterritoriums unmöglich wird.

Die Übertragung der Ergebnisse der klassischen Tierversuche von *Calhoun* [4,8] und [4,9] auf menschliche Verhaltensweisen ist äußerst problematisch. Slums – in den USA, in lateinamerikanischen, afrikanischen und asiatischen Städten – bieten ein Bild äußerster Überbelegung. *Schorr* [4,44] berichtet äußerst widersprüchliche Beobachtungen: zum einen Zerfall bestimmter Verhaltensstandards und zum anderen Weigerung, den engen Kontakt mit anderen, wie er in den Slums gegeben ist, aufzugeben, und von erhöhtem Platzangebot (bei Sanierungen) Gebrauch zu machen.

Ittelson u. a. [4,26, S. 151] kommt nach einer Revision verschiedener Studien, die auch solche Situationen, wie Verhalten in überfüllten Nahverkehrsmitteln, Sportstadien, Gefängnissen, Krankenhäusern usw., miteinbezogen, zu dem Schluß, daß „crowding" als psychisches Phänomen keine Beziehung zu der Anzahl der Personen in einem bestimmten Raum hat. „Das bedeutsame Element ist, daß die Gegenwart anderer Individuen am Erreichen bestimmter Ziele hindert. In manchen Fällen scheint sich eine Depersonalisation einzustellen. Das Individuum verliert seine Idenität, und die Vielzahl der anderen Menschen läßt diese den Charakter von Objekten annehmen. In anderen Fällen stellt jedoch crowding geradezu eine Bedingung zur Erfüllung bestimmtr Ziele dar."

Strotzka [4,48] beobachtete, daß Familien unter extrem engen Wohnverhältnissen eine größeren Teil ihrer Zeit außerhalb des Hauses zubrachten. Erst wenn diese Erholung außer Hauses nicht verfügbar war, zeigten sich verstärkt neurotische Verhaltensweisen.

Übereinstimmung besteht jedoch hinsichtlich der Beobachtung, daß Personen, die einen bestimmten Territorialraum gewöhnt sind, dazu tendieren, diesen unter veränderten Bedingungen beizubehalten, und unter einer Verringerung mehr leiden, eine Vergrößerung jedoch nicht ohne weiteres annehmen [4,44], [4,26].

Informationsüberladung ist eine verbreitete Tatsache des Lebens in der Stadt. Nicht nur die Massenkommunikationsmittel, die Vielfalt des Angebots an Konsumgütern, Freizeitmöglichkeiten, sondern der Verkehr, die zahllosen „Nachbarn" und Kollegen, bieten so viele Stimuli, daß sie vom Individuum nicht mehr verarbeitet werden können. Das erzwingt neue Verhaltensstrategien. Das Individuum wird veranlaßt, Informationen und Kontakte zu vermeiden. Eines der Ergebnisse ist, daß Menschen alle Kontakte mit anderen, außer den unbedingt nötigen, vermeiden. *Christopher Alexander* [4,1] vertrat die Auffassung, daß nicht der Streß, sondern das Bemühen, Streß zu vermeiden, die Ursache für die städtischen Übel ist. „Das Abschalten begünstigt den Rückgang von normalem, sozialem Verhalten und schafft eine Art autonomer Menschen. Dieses Autonomie-Rückzugssyndrom schafft Menschen, die an Selbstgenügsamkeit als ein Ideal glauben, es läßt enge Kontakte weniger notwendig erscheinen."

Informationen werden ausgefiltert, anscheinend unwichtige abgewehrt. In Organisationen zeigt sich Überlastung in Form von Bürokratisierung. Anträge werden formal behandelt, persönlicher Kontakt möglichst vermieden. Die Qualität der Dienstleistung sinkt.

Foa [4,18] vertrat die Auffassung, daß unter solchen Umständen universalistische Güter „Geld, Arbeitsplätze" ausgetauscht werden, dagegen partikularische Güter „Dienstleistung, persönlicher Kontakt" vernachlässigt werden.

Milgram [4,37] fügt diesen Abwehrhandlungen noch hinzu, die Strategie, die Verantwortung abzuschieben (das geht mich nichts an), soziale Filter einzubauen (besprechen Sie das mit meinem Referenten) und spezielle Institutionen zu schaffen, um mit persönlichen Problemen fertig zu werden (Übernahme der Verantwortung für Kinder, Jugendliche, Alte, Obdachlose usw. durch eigene Ämter – keine soziale Verantwortung mehr der Angehörigen und der Gemeinschaft).

Der Stadtbewohner kennt die Menschen nicht, denen er täglich begegnet, ist feindselig gegen Fremde, hilft nicht bei Unglücksfällen, kämpft rücksichtslos um knappe Güter, wie Taxis, Stehplätze in der Untergrundbahn usw. *Milgram* zieht die Folgerung, daß die Unterschiede zwischen Verhalten von Menschen in Städten und auf dem Lande nicht auf intrinsische Wertunterschiede zurückzuführen sind, sondern aus der – informationsüberladenen – Stadtsituation resultieren.

Darley [4,30] führte folgenden Versuch durch: Ein Mann, der an Krücken ging, den Fuß in einem Verband, stolperte und fiel in der Nähe eines anderen Mannes, der genügend isoliert war, so daß er und nur er in die Situation kam zu helfen. Der Versuch wurde 60mal durchgeführt; in einer Metrostation und in der Wartehalle eines Flughafens. 83 % der Untergrundbahnfahrer kamen zu Hilfe, dagegen nur 41 % der Flughafengäste. In nachfolgenden Befragungen konnte kein Zusammenhang zwischen sozialer Klasse und Hilfsbereitschaft gefunden werden. Dagegen wurde eine signifikante Beziehung zur Vertrautheit mit der Situation – Flughafen bzw. Metrostation – festgestellt. Warum sollte Vertrautheit einen solchen Unterschied machen?

Jemand, der mit seiner Umgebung vertraut ist, ist sich darüber im klaren, wie diese Umgebung funktioniert. Er steht nicht unter Informationsüberlastung. So hat er einen größeren Anteil daran, die Umwelt sicher zu halten, und nimmt einen größeren Anteil an der Sicherhaltung [4,30, S. 119].

Es sei jedoch darauf hingewiesen, daß es bisher kein objektives Maß für Informationsüberladung gibt. *Hall* [4,24] betonte kulturelle Unterschiede der Dichte. Dagegen kann man annehmen, daß junge Menschen größere Dichte bevorzugen als ältere (vgl. [4,26]).

4.2.5 Lokomotion und Verkehr

Als Lokomotion haben wir definiert die physische oder psychische Bewegung einer Person aus einem Teil eines Bereichs in einen anderen. Zur Lokomotion gehört eine Kraft, welche die Bewegung zustande bringt [4,31], [4,32].

Der in unserem Zusammenhang interessanteste Fall der Lokomotion ist die im physischen Raum, die dadurch erzwungen ist, daß das Individuum im Tagesablauf mehrere Tätigkeiten ausübt. Die Orbitis der Individuen überlagern sich notwendigerweise[6]. Dies wird im Zusammenhang mit mechanischen Verkehrsmitteln, öffentlichem und Individual-Verkehr, zum Problem wegen des dafür erforderlichen Raumbedarfs. Dabei darf die Interaktion von Verkehrsmittel und räumlicher Anordnung der Orte der Tätigkeiten nicht übersehen werden.

Einerseits kann man die Verkehrsbedürfnisse als eine Funktion der individuellen Bedürfnisse und der räumlichen Verteilung der Orte der potentiellen Befriedigung dieser Bedürfnisse betrachten. Dann hätte die Funktion eine ziemlich konstante psychische Komponente, die *Chapin* [4,12] als fundamentale Bedürfnisse bezeichnet, nämlich Wohnen, Ernährung, Ausbildung, Arbeiten, Erholen, und eine durch die Baustruktur (Straßen und Gebäude) bestimmte.

Genauere Betrachtung zeigt jedoch, daß die unabhängigen Variablen dieses Erklärungsansatzes nicht so unabhängig sind. Das Erholungsbedürfnis – außerhalb der Stadt zu befriedigen – ist möglicherweise nur deshalb außerhalb der Stadt lokalisiert,

[6] Man kann (Planungs-)Regionen durch die Überlagerung von Orbits bilden, die sich dann dadurch auszeichnen, daß sich innerhalb der Regionen mehr Bewegungen vollziehen als mit benachbarten Regionen; z. B. eine Stadt mit ihrem Einzugsbereich von Berufs- und Einkaufspendlern.

weil die Erholungsräume innerhalb der Stadt den Verkehrsflächen zum Opfer gefallen sind. Die Entscheidung für einen bestimmten Arbeitsplatz kann nur – bei gegebenem Wohnort – getroffen werden, wenn Verkehrsmittel zur Erreichung des Arbeitsplatzes zur Verfügung stehen. Weiter wird in diesem Ansatz eine wesentliche ökonomische Variable außer acht gelassen, die – ökonomisch-bedingte – Verfügbarkeit eines Verkehrsmittels. In der amerikanischen Gesellschaft mit mehreren Autos pro Familie bräuchte dies nicht problematisiert zu werden. Dagegen ist für eine deutsche Familie – mit in der Regel nur einem Auto – eine Entscheidung – Pkw-Benützung für den arbeitenden Ehemann oder die Ehefrau zum Einkauf, oder die Kinder zum Schultransport, – zu treffen. Steigende Benzinpreise sind im Begriff, diese Freizügigkeit auch in den USA zu reduzieren.

Das ist ein erster Hinweis darauf, daß die sich aus Verkehrsbedürfnissen ableitenden Verkehrswege und Verkehrsmittel ihrerseits zu Bedingungsvariablen für die Lokalisierung des Befriedigungsortes der Fundamentalbedürfnisse werden.

Die Standortentscheidung des Individuums für eine Wohnung, die nachfolgend zu verschiedenartigen Verkehrsbedürfnissen führt, dürfte neben der Frage – welche Wohnungen zum Zeitpunkt seiner Entscheidung gerade frei oder käuflich sind – vor allem davon abhängen, wie die Verkehrsbedingungen zu den Orten seiner Bedürfnisbefriedigung sind. Unternehmerentscheidungen über den Standort von Fabriken und Einkaufszentren hängen in hohem Maße von der Erreichbarkeit durch Arbeiter und Kunden ab. – Man denke an die in den letzten Jahren entstandenen Supermärkte am Stadtrand mit großen Parkplätzen. – Die Randlage mit ihren langen Wegen ist vergleichsweise unwichtig im Verhältnis zu der Verfügbarkeit billiger Parkplätze und guter Zufahrtsstraßen. Das ist eine andere Ausdrucksweise dafür, daß unsere Städte, so wie sie entstehen und sich laufend verändern, im Hinblick auf die jeweils verfügbaren Verkehrsmittel gebaut sind, wobei wir immer Städte bewohnen, die zum Teil in einer Epoche mit anderen technisch-ökonomischen Bedingungen gebaut wurden.

Jede neue Straße oder Linie eines Nahverkehrssystems verändert die Verfügbarkeit dieses sächlichen Systems und beeinflußt damit die Entscheidungen der nächsten Zeitperiode; Standorte gewinnen und verlieren an Attraktivität. Der Bau von Straßen und Verkehrsmitteln ist so selbst eine Ursache von Verkehrsbedürfnissen.

Das Verkehrsverhalten ist vom psychologischen Standpunkt aus bemerkenswert unerforscht [4,40]. Arbeiten über den Weg zur Arbeit stellen eher die Ausnahme dar [4,49]. In Untersuchungen über das Kreuzungsverhalten wird von der maximalen Wartetoleranz von 3 Minuten berichtet. Längere Wartezeiten würden zu regelwidrigem Verhalten führen. *Stapf* [4,47] konnte nachweisen, daß mindestens 60 % der Autofahrer ihre Kosten für den Pkw erheblich unterschätzen; die meisten Autofahrer können auch nur einen kleinen Teil ihrer tatsächlich gefahrenen Kilometer während eines Jahres erklären, was die Annahme von *Chapin,* der größte Teil der Fahrten diene der Erfüllung von Fundamentalbedürfnissen, zu widerlegen scheint [4,40]. Das führt zu der Hypothese, daß Fahren nicht nur Mittel zum Zweck ist [4,12], sondern selbst eine Form der Bedürfnisbefriedigung darstellt [4,39]. Allerdings steht die Untersuchung eines derartigen Fahr-Motivs noch aus. Es wäre z. B. zu untersuchen, warum es offenbar mehr zum Ferienerlebnis mancher Menschen gehört, Kilometer zurückzulegen, als Ziele um ihrer selbst willen zu erreichen.

4.2.6 Kommunikation

Als Kommunikation bezeichnet *Lewin* [4,32] die Abhängigkeit zwischen zwei Bereichen, d. h. die Art und Weise, in welcher der Zustand eines Bereiches A vom Bereich B abhängt und möglicherweise B von A abhängt.

Im Sinne der Theorie des Lebensraumes, der den subjektiven Bereich darstellt, sind andere Bereiche Randbedingungen, die jedoch den Lebensraum beeinflussen können. Die Zahl der dadurch gegebenen Interaktionen ist praktisch unendlich groß. Nun gibt es jedoch Bereiche, die Randbedingungen für viele Lebensräume sind. Bereiche mit genereller Wirkung gewinnen immer größere Bedeutung. Die Kommunikation ist dabei in der Regel als – unbeabsichtigte – Nebenwirkung von bestimmten Maßnahmen aufzufassen. Man denke z. B. an die Wirkung einer verkehrsreichen Straße nicht für die Benützer der Straße, sondern für die Anwohner; oder an die Wirkung einer Fabrik, die in einem Wohngebiet errichtet wird, auf die – nicht – in der Fabrik beschäftigten Bewohner dieses Gebietes. Die Ruhe wird gestört; das Überqueren der Straße wird durch den Verkehr erschwert – so entstehen im bisher bestehenden zusammenhängenden Bereich Barrieren.

Die Prognose der unbeabsichtigten, aber doch kommunikativ zustande kommenden Wirkungen von Maßnahmen ist eine Aufgabe der Wissenschaft.

Zur Lösung der dadurch aufgeworfenen Probleme, die nun im konkreten Kontext zu lösen sind, bedarf es eines methodischen Rüstzeugs, auf das im Abschnitt 4.3 noch eingegangen werden soll, zum andern aber auch einer Analyse der wesentlichen Einflußarten.

Neben den schon erwähnten Orientierungsproblemen (4.2.4) sei hier auf Streß und die soziale Organisation hingewiesen.

4.2.7 Streß

Als Streß bezeichnet *Selye* [4,45] eine unspezifische physiologische und psychische Reaktion des Organismus auf Stimuli.

An anderer Stelle haben wir die außerordentliche Fähigkeit des Menschen betont, sich auch ungünstigen Lebensbedingungen anzupassen. Dies kann jedoch unter Umständen nur unter mehr oder minder starken Streßreaktionen geschehen. Streß – als physiologische wie als psychische Reaktion – gehört zu den natürlichen Lebensumständen. Die Probleme, die heute vorrangig untersucht werden, sind vor allem die langdauernden Konsequenzen des Streß. Viele emotionale Störungen, wie auch bestimmte körperliche Krankheiten (Blutdruck, Herzerkrankungen), werden auf andauernden Streß zurückgeführt. Als Hauptursache von Dauerstreß werden Informationsüberlastung und Lärm angesehen. Als Hauptquelle von Streß verursachendem Lärm gilt der Straßenlärm (auch Verkehrsflughäfen wären ein Beispiel), womit die Verkehrsbedürfnisse und die Art und Weise ihrer Befriedigung in einem notwendigen Zusammenhang zur psychischen Gesundheit der dadurch indirekt Betroffenen stehen.

Appleyard und *Lintell* [4,2] verglichen die verschiedenen Arten von Straßenlärm auf verschiedene Aspekte des menschlichen Verhaltens. An vielbefahrenen Straßen fanden sie wenig Interaktion zwischen Nachbarn, wenig soziale Verantwortung für die Straße und das Gefühl, in einer beschränkten Umwelt zu leben. Zufriedenheit war gering. Wer konnte, versuchte wegzugehen.

An einer mäßig befahrenen Straße war die Unzufriedenheit noch größer. Wenig befahrene Straßen wurden vor allem von Familien mit Kindern bevorzugt. Die Anwohner bildeten eine lebhafte, eng verbundene Gemeinschaft, hatten mehr Freunde und Bekannte. Sie erlebten die Umgebung also reicher. Lärm mag eine der Ursachen sein – wie *Appleyard* und *Lintell* vermuten. Ein anderer Grund könnte darin zu suchen sein, daß ein wenig befahrener Straßenraum als zum Wohnbereich gehörig erlebt wird, also verbindend wirkt; wenn er dagegen viel befahren wird, wird er zur Barriere, trennt die Anwohner.

Das Paradox, daß die mäßig befahrene Straße die größte Unzufriedenheit auslöste, läßt sich damit erklären, daß sie den Erwartungen nicht entspricht. Es läßt sich auch denken, daß hier ein ständiger Konflikt erlebt wird, ob die Straße nun zum Wohnbereich gehört oder nicht und dadurch mehr Frustration im Territorialverhalten ausgelöst wird.

4.3 Planung und Gestaltung

Planung und Gestaltung der menschlichen Umwelt ist vor allem eine Aufgabe der Architektur und des Städtebaus. Geht man davon aus, daß das Objekt dieser Gestaltung die gelebte Welt des Menschen ist, so ist die bauliche Gestaltung Mittel zum Zweck. Mit dem Mittel der Errichtung von Häusern und Wohnungen, von Geschäften, Straßen, Brücken, werden Territorien und Orbits geplant, Grenzen gezogen, Barrieren errichtet.

Der Mensch verbringt den größten Teil seiner Zeit und seiner Bedürfnisbefriedigung in baulich gestalteter Umwelt – mehr als in der natürlichen Umwelt. Diese Umwelt, von *Fitch* als „dritte Umwelt" bezeichnet [4,17], schiebt sich gewissermaßen zwischen den Menschen und die natürliche Umwelt. Sie wird nach bestimmten Zwecksetzungen gestaltet.

Der Planer baut dabei nicht nur nach den Werten und Vorstellungen der Gesellschaft, der er und die künftigen Nutzer angehören, sondern er entwickelt seine eigenen Vorstellungen. Vor allem aber plant er im Rahmen der Regeln, welche die Öffentliche Hand in Form von Bauleitplänen, Bebauungsplänen und sonstigen Richtlinien erlassen hat, und Zwecksetzungen der Unternehmer, die in der Regel mit den Benützern nicht identisch sind.

Die daraus entstehende Problematik einer Nutzerbeteiligung am Planungsprozeß (Partizipation) wird an anderer Stelle (s. Abschn. 7) behandelt. Wie auch immer der Plan zustande kommt, er beeinflußt Verhalten; oftmals ist dies auch die erklärte Absicht von Plänen, z. B. bei Sanierungsplänen, die meistens nicht nur bauliche, sondern auch soziale Sanierung zum Ziel haben.

Pläne werden in der Regel unter dem Gesichtspunkt der Funktionalität, der Ästhetik sowie nach ökonomischen Zwecksetzungen entworfen. Sie vernachlässigen den „Bedeutungsgehalt" des Raumes für die Benützer.

4.3.1 Evaluation

Wiener [4,50] hat Planung als Rückkoppelung bezeichnet. Damit drückt er aus, daß Planung nicht den Entwurf der zu errichtenden Struktur allein umfaßt, sondern auch die Rückmeldung über die – in Ausführung des Plans – bewirkten Ergebnisse. Um die psychologische Bedeutung des Begriffs „Plan" besser zu fassen (vgl. [4,38]), sollte man sagen: Pläne steuern das Verhalten von Menschen. Das ist nur möglich, wenn eine ständige Rückmeldung über das resultierende Verhalten erfolgt. Diese Rückmeldung bezeichnen wir als Evaluation.

Jeder komplexe Prozeß kann als aus vielen ineinandergeschachtelten Rückkoppelungsschleifen aufgebaut betrachtet werden. Der Bau eines Hauses beginnt mit dem Entwurf, wird aber in zahlreiche kleine Schritte zerlegt, wie z. B. Einschlagen eines Nagels durch den Handwerker oder richtiges Zusammensetzen der Betonmischung als kleinste, technisch-psychische Einheiten. Geht man davon aus, daß Bauen letztlich Gestaltung der gelebten Welt ist, dann endet es auch nicht mit der Fertigstellung der physischen Struktur, sondern umfaßt auch – als äußerste Rückkoppelungsschleife – die Evaluation des Gebrauchs, der Zufriedenheit und Verhaltensweise der Benützer. So ist die soziologisch-psychologische Untersuchung der aus der gebauten Umwelt entstehenden Verhaltenssysteme ein entscheidender Teil des Planungsprozesses. Ein offensichtlicher Mangel dieses Verfahrens ist, daß die Evaluation erst stattfindet, wenn ein Vorhaben abgeschlossen ist. Beobachtung zeigt jedoch, daß Städtebau ein niemals abgeschlossener Prozeß ist. Im Zeitraum einer Generation werden wichtige Plätze und Straßenzüge mehrfach neu gestaltet. Es würde also genügend Raum für die Einbeziehung der geschilderten Evaluationskriterien bleiben.

4.3.2 Evaluationsmethoden und Forschungsmethoden

Da der Zusammenhang von Raum und Verhalten äußerst komplex ist, ergeben sich für eine wissenschaftliche Forschung, welche die Bedingungsvariablen zu isolieren trachtet, große Schwierigkeiten. *Barker* [4,4] kritisiert auch an der klassischen psychologischen Forschungsmethode – der experimentellen Forschung –, daß sie die natürliche Verhaltensumwelt durch die Laborbedingungen ersetzt; die so isolierten unabhängigen Variablen aber völlig anders wirken als in ihrem natürlichen Kontext. Er zweifelt damit die externe Validität oder Generalisierbarkeit von Ergebnissen an, die in Experimentalsituationen gewonnen wurden.

Von Untersuchungen so klar abgrenzbarer Variabler, wie Lärm und Leistung [4,21] abgesehen, sind die meisten Studien deshalb vom Feld-Typ, d. h. die natürliche Situation soll so wenig wie möglich durch die Untersuchung verändert werden.

Ein aus der Kulturanthropologie stammendes Verfahren ist die ganzheitliche Beschreibung der Situation eines Stadtviertels, Dorfes usw. durch teilnehmende Beobachtung, z. B. [4,20]. Ein stärker objektiviertes Verfahren ist die Umfragetechnik, die alle Verfahren der empirischen Sozialforschung einsetzt: repräsentative Stichprobe mit offenen und geschlossenen Fragen, z. B. standardisierte Skalen, Polaritätenprofil usw.; Beobachtungsmethoden von Verhalten setzen z. B. *Barker* [4,4] und *Ittelson, Rivlin, Prohansky* [4,26] ein.

Für *Craik* stellen sich bei der Wahl der geeigneten Forschungsstrategie vier Fragen [4,13]:

(1) Wie wird dem Beobachter das zu beobachtende Umweltphänomen dargeboten: ist es die Situation, in der er sich befindet, wird er mit symbolischen Repräsentationen – in Form von Karten, Photographien usw. – konfrontiert, oder wird, durch Nennung des Namens, nur eine Erinnerung an eine bestimmte Umweltsituation aufgerufen?

(2) Welche Art von Antworten oder Reaktionen sollen von Forschern aufgezeichnet werden: freie Beschreibung, standardisierte Beschreibung – durch Ankreuzlisten –, semantisches Differential usw., globale Antworten auf bestimmte Fragen, Einstellungen?

(3) Welche Umweltcharakteristika werden aufgenommen: z. B. bestimmte topologische Charakteristika der Umweltsituation?

(4) Welcher Art sind die Befragten: repräsentativ für jedermann, bestimmte Benutzergruppen, Schlüsselpersonen?

Die Einschränkung auf direkt beobachtbares Verhalten, wie es *Ittelson, Rivlin, Prohansky* [4,26] verwenden, verzichtet auf die Erlebenssicht der Individuen, die Bedeutungsdimension. Auch *Barker*s intensive Untersuchung und Beobachtung von „behavior settings" erfaßt das Verhalten vor allem aus der Sicht des nicht beteiligten Beobachters.

Demgegenüber stehen subjektive Verfahren, wie z. B. die „kognitiven Karten" von *Lynch*.

Die befragten Personen werden aufgefordert, die Stadt so zu zeichnen, wie sie sie sehen; in *Lynch*s Worten: wie die befragten Personen Struktur und Identität aus dem gegebenen Material extrahieren. Aus der Interpretation dieses Materials lassen sich die charakteristischen Orientierungsmerkmale einer Stadt abbilden, so wie sie sich den Benützern einprägen (s. Abb. 4–1 u. 4–2).

Der Zweck der Forschung ist, einerseits Zusammenhänge aufzuzeichnen, andererseits Wirkungen des Handelns zu prognostizieren, also Planung. Für diesen konkreten Zweck eignet sich die Aktionsforschung, die in neuester Zeit als Planungsinstrument herangezogen wird. Dabei geht es darum, die vorzunehmenden Maßnahmen hinsichtlich ihrer Wirkungen so zu definieren, daß diese Wirkungen meßbar werden. Das Meßverfahren kann dabei jedes der erwähnten Verfahren zur Datengewinnung oder eine beliebige Kombination solcher Verfahren sein. Die Messung der Wirkungen wird dann zur Steuerung der weiteren, künftigen Maßnahmen.

Gehen wir davon aus, daß das Ziel der baulichen Gestaltung die Beeinflussung menschlicher Verhaltensweisen ist, dann wird die Erfassung eben dieses Einflusses auf die Verhaltensweisen zum entscheidenden Schritt in der Planung und Gestaltung der baulichen Umwelt überhaupt.

Der unbefriedigende Zustand der Psychologie bei der Erfassung der raumwirksamen Verhaltensweisen und des Einflusses von Architektur und Städtebau auf das Verhalten und Erleben der Menschen ist ebenso Resultat des Selbstverständnisses der Psychologie wie von Architektur und Städtebau. Nur aus einer viel intensiveren Beschäftigung mit diesen Problemen kann man einen Dialog der Wissenschaften und einen Fortschritt erhoffen.

Literatur

[4,1] *Alexander, Ch.:* The city as a mechanism for sustaining human contact. Working paper Nr. 50, Berkely Calif., Institute of Urban and Regional Development. University of California. In: [4,26], 1966.

[4,2] *Appleyard, D., u. M. Lintell:* Environmental qualities of city streets: The residents viewpoint. In: Journal of the American Institute of Planners 38 (1972), 84–101.

[4,3] *Ardrey, R.:* Adam und sein Revier. Wien 1968.
[4,4] *Barker, R. G.:* Ecological Psychology. Stanford, Calif., 1968.
[4,5] *Barker, R. G., u. Ph. Schoggen:* Qualities of community life. San Francisco 1973.
[4,6] *Boesch, E. E.:* Zwischen zwei Wirklichkeiten, Prolegomena zu einer ökologischen Psychologie. Bern 1971.
[4,7] *Boulding, K. E.:* The Image. Ann Arbor 1956.
[4,8] *Calhoun, J. B.:* Population density and social pathology. In: Scientific American 206 (1962), 39–46.
[4,9] *Calhoun, J. B.:* A behavioral sink. In: Bliss, E. L. (Hrsg.): Roots of behavior. New York 1962.
[4,10] *Calhoun, J. B.:* The role of space in animal sociology. Journal of Social Issues. In: [4,42].
[4,11] *Cantril, H.:* The „Why" of man's experience. New York 1950.
[4,12] *Chapin u. Logan:* Pattern of time and space use. In: Perloff, H. S.: The quality of urban environment ressource for the future inc. Washington 1970.
[4,13] *Craik, K. H.:* Environment Psychology. In: Craik, K. H., B. Kleinmuntz, R. L. Rosnow, R. Rosenthal, J. A. Cheine u. R. H. Walters: New directions in psychology, 4. New York 1970.
[4,14] *Deutsch, M.:* Field theory in social psychology. In: Lindzey, G., and E. Aronson (Hrsg.): The Handbook of Social Psychology, 1. Reading, Mass., 1968.
[4,15] *Eibl-Eibelsfeldt, J.:* Grundriß der vergleichenden Verhaltensforschung. München 1967.
[4,16] *Eibl-Eibelsfeldt, J.:* Zur Ethologie des menschlichen Grußverhaltens. In: Zeitschrift für Tierpsychologie 25 (1968).
[4,17] *Fitch, J. M.:* The aestethics of function. In: Gutman, R. (Hrsg.): People and buildings. New York 1972.
[4,18] *Foa, U. G.:* Interpersonal and economic resources. In: Science (1971), 345–351.
[4,19] *Funke, G.:* Gewohnheit. In: Archiv für Begriffsgeschichte, 3. Bonn 1961.
[4,20] *Gans, H.:* The urban villagers. New York 1962.
[4,21] *Glass, D. C., u. J. E. Singer:* Urban stress: experiments on noise and social stressors. New York 1972.
[4,22] *Graumann, C. F.:* Interaktion und Kommunikation. In: Graumann, C. F. (Hrsg.) Handbuch der Psychologie, 7: Sozialpsychologie. Göttingen 1972.
[4,23] *Hall, E. T.:* The silent language. Garden City, N. Y. 1959.
[4,24] *Hall, E. T.:* The hidden dimension. Garden City, N. Y. 1966.
[4,25] *Ittelson, W. H.:* The constancies in perceptual theory. In: The Psych. Review 58 (1951), 285–294.
[4,26] *Ittelson, W. H., H. M. Prohansky, L. G. Rivlin* u. *G. H. Winnel:* An introduction to environmental psychology. New York 1974.

[4,27] *Kira, A.:* Privacy and the bathroom. In: [4,42].

[4,28] *Koffka, K.:* Principles of Gestalt Psychology. New York 1935.

[4,29] *Kruse, L.:* Räumliche Umwelt. Berlin, New York 1974.

[4,30] *Latanê, B., u. J. Darley:* The unresponsive by stander. New York 1970.

[4,31] *Lewin, K.:* Feldtheorie in den Sozialwissenschaften. Bern 1963.

[4,32] *Lewin, K.:* Topologische Psychologie. Bern 1969.

[4,33] *Leyhausen, P.:* Dominance and territoriality as complemented in mammalien social structure. In: Esser, A. H.: Behavior and Environment. New York 1971.

[4,34] *Lorenz, K.:* Der Kumpan in der Umwelt des Vogels. In: Ornith, J. 83 (1935).

[4,35] *Lorenz, K.:* Über die Bildung des Instinktbegriffes. In: Naturw. 25 (1937).

[4,36] *Lynch, K.:* The image of the city. Cambridge, Mass., 1960.

[4,37] *Milgram, S.:* The experience of living in cities. In: Science (1970), 1461–1468.

[4,38] *Miller, G. A., E. Galanter u. K. H. Pribram:* Plans and the structure of action. 1960.

[4,39] *Molt, W.:* Gutachten zur Entwicklung von Wirtschaft und Verkehr in Oberstdorf. (Als Manuskript vervielfältigt) Bad Homburg 1970.

[4,40] *Molt, W.:* Psychologie der Verkehrsverursachung und der Wahl des Verkehrsmittels. Institut für Straßenbau und Verkehrsplanung der Universität Innsbruck, Heft 2 (1974).

[4,41] *Parr, A. E.:* In search of theory, arts and architecture. 82 (1965), 14–16.

[4,42] *Prohansky, H. M., W. Ittelson u. L. Rivlin* (Hrsg.): Environmental Psychology. Man and his physical setting. New York 1974.

[4,43] *Saarinen, T. F.:* The perception of the drought hazard on the Great Plains. Dept. of Geography Research, Paper Nr. 106. Chicago 1966.

[4,44] *Schorr, A. L.:* Slums and social insecurity. U. S. Department of Health, Education and Welfare. Washington, D. C., 1966.

[4,45] *Selye, H.:* The stress of life. New York 1956.

[4,46] *Sommer, R.:* Spatial parameters in naturalistic social research. In: *Esser, A. H.* (Hrsg.): Behavior and Environment, the use or space by animals and men. New York 1971.

[4,47] *Stapf, H.:* Subjektive Unterschätzung der individuellen Pkw-Benützung. Diplomarbeit (als Manuskript vervielfältigt), Augsburg 1975.

[4,48] *Strotzka, H.:* Zitiert nach *F. Chapin:* The relationship of housing to mental health. Working Paper 3 A for the Expert Committee on the Public Health Aspect of Housing of the World Health Organization. Geeneva 1961.

[4,49] *Wallace, A. F. C.:* Driving to work. In: *J. Helmer* u. *N. Eddington* (Hrsg.): Urban man. New York 1973.
[4,50] *Wiener, N. W.:* Short-time and long-time planning, In: Planning 1954, Proceedings of the Annual National Planning Conference. American Society of Planning Officials. Chicago 1954.
[4,51] *Tinbergen, N.:* The study of instinct. London 1951. Dt.: Instinktlehre. Berlin 1972.
[4,52] *Tinbergen, N.:* Social behavior in animals. London 1953.

5. Soziale Indikatoren

von *Fritz Nigg*

5.1 Praxisbezogene Sozialstatistik

Die Verwendung sozialer Indikatoren in der Soziologie ist so alt wie die empirische Sozialforschung selbst. Meßgrößen verschiedenster Art werden eingesetzt, um theoretisch-abstrakte Begriffe meßbar zu machen und so den Bezug zur historischen Wirklichkeit herzustellen. Allerdings hat sich mit der Zeit das Bedürfnis nach einer leicht faßlichen Konkretisierung soziologischer Begriffe erheblich verstärkt. Von der Siedlungs- und Planungssoziologie her gesehen, geschieht dies in dem Maße, wie soziologische Erkenntnisse Eingang finden in eine interdisziplinäre Forschung und Praxis. Hier besteht das Bedürfnis nach einer, wenn schon nicht gemeinsamen, so doch allen Beteiligten verständlichen Ausdrucksweise. Daß die Möglichkeiten der elektronischen Datenverarbeitung sich ebenfalls zugunsten quantitativer Methoden auswirken, braucht nicht speziell begründet zu werden.

Ein entscheidender Anstoß zur Verwendung sozialer Indikatoren kommt von der Volkswirtschaftslehre her. Sie hat bekanntlich schon viel früher als die Soziologie mit breit angelegten Indikatorensystemen zu arbeiten begonnen. Eine Unzulänglichkeit wird nun gerade in bezug auf jene Fälle kritisiert, bei denen sich soziale und wirtschaftliche Probleme überschneiden. So fehlt es nicht an Versuchen von Wirtschaftswissenschaftlern, sogenannte „transökonomische" Indikatoren einzuführen. Diese sind weitgehend identisch mit sozialen Indikatoren. Als Ausdruck gemeinsamer Bestrebungen hat das Social Indicators Movement auf informeller, ständig wechselnder Grundlage die Sozialforschung der jüngsten Zeit spürbar beeinflußt. Es hat zu einer Zusammenarbeit zahlreicher Forscher und Institutionen geführt, deren Ziel die Förderung einer periodisch erhobenen, praxisbezogenen und rasch abrufbaren Sozialstatistik ist. Als ein erster Markstein in der Geschichte der Bewegung wird üblicherweise der von *Raymond A. Bauer* 1966 in den USA herausgegebene Sammelband „Social Indicators" genannt [5,3]. Die darin enthaltenen Arbeiten gehen zurück auf Forschungsaufträge der amerikanischen Luft- und Raumfahrtbehörde (NASA) über die gesellschaftlichen Auswirkungen des Raumfahrt-Programmes. Als ein zweiter Markstein gilt der Bericht „Toward a Social Report", der 1969, gestützt auf die Arbeiten einer Kommission, von der amerikanischen Regierung veröffentlicht worden ist [5,41]. Seit diesen Anfängen ist die Literatur über soziale Indikatoren beinahe ins Unermeßliche angewachsen [5,43], [5,27].

Man kann annehmen, daß die meisten Studien dasselbe Anliegen ausdrücken, das *Raymond Bauer* einmal als „Arbeiten in einer Gesellschaft mit besseren Statistiken" bezeichnet hat [5,4]. Es ist ein kritisch gestimmter Ruf nach mehr Daten, rascherer Verbreitung und unterschiedlichsten Dimensionierungen. Die Gefahr besteht, daß die sozialen Indikatoren wegen der Vielfalt der mit ihnen verbundenen Ansprüche als inhaltsleer gewordene Allerweltsbezeichnung ebenso rasch verschwinden, wie sie aufgekommen sind. Das würde aber nicht bedeuten, daß deswegen auch das „Movement" mit seinen nach wie vor aktuellen Bestrebungen zur Konkretisierung und Vereinheitlichung der Daten eingehen würde.

5.2 Methodologische Grundsätze

5.2.1 Definition

Man kann, von der sozialwissenschaftlichen Methodenlehre ausgehend, gewisse Anforderungen an soziale Indikatoren aufstellen, denen diese in jedem Fall genügen sollten (vgl. [5,32, S. 89 ff. u. 130 ff.] sowie [5,26, S. 40 f.]). Soziale Indikatoren gehören in den Problemkreis der Operationalisierung von Begriffen. Reine Begriffe sollen also mit ihrer Hilfe in der Form meß- und beobachtbarer Erscheinungen dargestellt werden. Zum Beispiel bedeutet Bevölkerung, operational ausgedrückt, „alle Personen, die zu einem bestimmten Gebiet ‚gehören'"

[5,36, S. 92]. Die Indikatoren im speziellen sind die in einer operationalen Definition enthaltenen Objekte oder Merkmale von bestimmten Erscheinungen der Wirklichkeit. Im Falle der Bevölkerung sind es also die Personen mit dem Merkmal „Wohnsitz bzw. gewohnheitsmäßiger Aufenthalt usw. in X". Die methodologische Abstammung ist auf jeden Fall eine durchgehende Gemeinsamkeit der sozialen Indikatoren.

Das zweite gemeinsame Merkmal ist die Verbindung der sozialen Indikatoren mit wichtigen Anliegen der Sozial- und Wirtschaftspolitik im weitesten Sinne. Sie ist es, welche die sozialen Indikatoren aus den übrigen Daten der Sozialstatistik heraushebt [5,20]. Die Verbindung muß nicht unbedingt theoretisch fundiert sein, wie noch zu zeigen sein wird. Derselbe Indikator kann sodann für verschiedene Fragestellungen herangezogen werden. Deshalb sind soziale Indikatoren an sich auch nicht problemorientiert, obwohl sie bei der Behandlung von Problemen benutzt werden. Es ist auch schon gesagt worden, manche von ihnen seien „eminent ökonomisch und wenig sozial" [5,28, Bd. 2, S. 246].

Häufig wird die Ansicht vertreten, soziale Indikatoren müßten in jedem Fall Zeitreihen sein, vgl. [5,34, S. 97]. Für die Studien sozialen Wandels, von denen die Indikatorenforschung ausgegangen ist, sind Zeitreihen offensichtlich unentbehrlich. Soziale Indikatoren werden aber auch bei Forschungen verwendet, für welche die zeitliche Dimension nicht in jedem Fall erheblich ist. Bei der Raumforschung und Raumplanung zum Beispiel treten an die Stelle von zeitlichen Vergleichen oft solche verschiedener geographischer Einheiten. Dazu müssen – mindestens im genannten Anwendungsbereich – soziale Indikatoren nicht unbedingt als Zeitreihen erhoben worden sein.

Bei Berücksichtigung der skizzierten Merkmale könnte eine Definition etwa so lauten: „Soziale Indikatoren sind Kennziffern im Dienste einer breit angelegten, sozialwissenschaftlichen und gesellschaftspolitischen Betrachtungsweise" [5,29]. Diese Formulierung ist weitmaschig und überschreitet den Rahmen einer einzelnen wissenschaftlichen Disziplin – ähnlich wie die Verwendung sozialer Indikatoren selbst.

5.2.2 Zuordnung sozialer Indikatoren

Es gibt grundsätzlich zwei Vorgehensweisen, einem abstrakten Begriff konkretisierende Indikatoren zuzuordnen: (1) die konzeptionelle und (2) die korrelative Zuordnung [5,40, S. 198]. Konzeptionell bedeutet, daß der Indikator aus dem Konzept oder der Definition der gesuchten Erscheinung abgeleitet wird. In diesem Sinne wäre das Vorhandensein von Bad, Zentralheizung usw. in einer Wohnung als Indikator der Wohnungsausstattung zu betrachten.

Oft fehlen aber die Daten zu Indikatoren, welche sich konzeptionell zuordnen lassen. Im genannten Beispiel der Wohnungsausstattung liegen unter Umständen nur Angaben über die Mietzins und das ungefähre Baujahr vor. Diese können immerhin noch als korrelative Indikatoren dienen. Das heißt, daß der Indikator nicht mehr logisch aus der Wohnungsausstattung hergeleitet werden kann, weil Mietzinsen bei weitem nicht nur die ausstattungsbedingten Kosten wiedergeben. Immerhin kann man ausgehen von einem empirisch festgestellten, zahlenmäßigen Zusammenhang zwischen Miete und Wohnungsqualität, nämlich einer positiven Korrelation zwischen Miethöhe und Ausstattungsgrad. Im Gegensatz zur konzeptionellen Zuordnung stellt sich hier – wie bei allen Korrelationen – das Problem der Zuverlässigkeit.

Der Vorteil einer nur korrelativen Zuordnung von Indikatoren liegt in der breiteren Auswahl verfügbarer Daten. Wahrscheinlich gibt es noch einen weiteren Grund für die häufige Verwendung korrelativer Indikatoren. In der Sozialpolitik sind die Ziele oft nicht klar definierbar, weil die Auffassungen verschiedener Gruppen sich widersprechen. Über den einen oder anderen Indikator für die umstrittene Zielsetzung kann allenfalls noch eine Einigung erzielt werden, z. B. die Geschoßfläche pro Einwohner als Indikator der Dichte. Der Konsensus über den Indikator ersetzt in solchen Fällen die übereinstimmende Beurteilung des Zieles selbst. In der Raumplanung, wo manche Konzepte noch nicht gefestigt sind, ist diese Ausweichmöglichkeit besonders aktuell.

Bei der Zuordnung sozialer Indikatoren ist ferner zu überlegen, auf welcher Aggregationsstufe bzw. Abstraktionsebene sich das uns interessierende Problem befindet. Ein Beispiel: Derart unterschiedlich aggregierte Sachverhalte wie der Verstädterungsgrad einer Gemeinde und der Anteil der White-Collar-Beschäftigten lassen sich mit demselben Indikator „Anteil der in Betrieben des tertiären Sektors Beschäftigten" ausdrücken. Für umfassende Sachverhalte wie Gesundheitzustand oder Ausbildungsniveau werden oft Kombinationen einzelner, gewichteter Indikatoren verwendet. Der Aggregationsstufe des Phänomens entspricht in solchen Fällen also ungefähr diejenige des Indikators.

Von der Raumplanung her betrachtet, kann schließlich bei der Zuordnung sozialer Indikatoren auch die planerische Operabilität eine Rolle spielen [5,30]. Diese hängt davon ab, ob die im Indikator ausgedrückte Erscheinung direkt zum Gegenstand planerischer Ziele und Maßnahmen gemacht werden kann oder nicht. Vorteile wie Nachteile planerisch operabler Indikatoren sind leicht ersichtlich. Dem engen Bezug zur Praxis steht die Gefahr der Manipulation gegenüber. So kann man durchaus den Anteil der in Sonderwohnformen (Heime, Alterswohnungen usw.) lebenden Betagten als Indikator für die Altersbetreuung betrachten. Dessen Werte kann man „hintenherum" verbessern, wenn nichts dagegen unternommen wird, daß alte Leute aus ihren angestammten Wohnungen und Quartieren vertrieben werden.

5.3 Inhalt und Ausgestaltung

5.3.1 Problembereiche

Es gibt keine meß- und zählbaren Erscheinungen, die von vornherein davon ausgeschlossen sind, als soziale Indikatoren aufzutreten. Insbesondere müssen sie nicht notwendigerweise im Rahmen der herkömmlichen Sozial- und Wirtschaftsstatistik erhoben worden sein. Entscheidend ist vielmehr, welchem Problem die einzelnen, vielleicht sehr verstreut erhobenen Indikatoren zugeordnet werden. Dementsprechend beginnt diese Übersicht über den sachlichen Inhalt von Indikatoren nicht mit ihrer Herkunft, sondern mit einer Liste von besonders häufig untersuchten Problemen. Die Reihenfolge der einzelnen Bereiche entspricht ungefähr der Häufigkeit ihres Auftretens in der siedlungs- und planungsbezogenen Literatur [5,39].

(1) *Gesundheit* (körperliche und geistige Verfassung, medizinische Versorgung).

(2) *Ausbildung* (Schulen und Schüler, Ausbildungsniveau).

(3) *Verbrechen und Sicherheit* (vor allem Verbrechen gegen Leib und Leben).

(4) *Wohnungswesen* (Wohnungsausstattung und Wohnungsmarkt, Belegung).

(5) *Sozial und wirtschaftlich benachteiligte Gegenden* (Sanierungsgebiete, ländliche Problemgegenden, Gebiete mit Sonderprogrammen wie z. B. Community Development).

(6) *Situation der alten Leute.*

(7) *Gleichberechtigung* bezüglich Rasse, ethnischer Herkunft, Geschlecht.

(8) *Lebensstandard ausgewählter Bevölkerungskategorien* (meistens gemessen an Konsumgewohnheiten und Wohnverhältnissen).

Die Problemliste ist damit bei weitem noch nicht erschöpft. Ebenfalls recht häufig werden soziale Indikatoren verwendet im Zusammenhang mit Fragen des Arbeitsmarktes, der Familie, der Religion und zur Beurteilung des Standes der Technologie. Der Blick aufs Ganze zeigt deutlich, daß die klassischen Domänen der Sozialpolitik – Gesundheitswesen, Fürsorge – den Ausschlag geben. Die ureigenen Anliegen des Indicators Movement, nämlich die Erfassung des Kulturwandels und der technologisch bedingten Veränderungen, treten ihnen gegenüber in den Hintergrund.

5.3.2 Aufwendungen und soziale Wirkung

Parallel zur Entwicklung sozialer Indikatoren ging von Anfang an das Bestreben, sie zur Beurteilung der Wirkung bestimmter Maßnahmen auf die Gesellschaft zu verwenden [5,22]. Die

Wirkung oder der Output gesellschaftpolitisch relevanter Handlungen des Staates oder privater Träger soll mit Hilfe ausgeklügelter Methoden erfaßt werden. Damit will man ein Gegengewicht schaffen zu den hoch entwickelten herkömmlichen Planungsverfahren, welche in erster Linie an den Aufwendungen der öffentlichen Hand orientiert sind, so zum Beispiel das PPBS (Planning Programming Budgeting System). Das Anliegen, die gesellschaftspolitische Beurteilung solle sich nicht in erster Linie auf die aufgewendeten Geldmittel oder die Anzahl der beteiligten Personen stützen, ist unbestritten. Es sind ja durchaus nicht immer die größten Äpfel, die am besten schmecken.

Die Schwierigkeiten einer wirkungs- und outputorientierten Betrachtungsweise sind indessen nicht zu übersehen. Sie ergeben sich einmal daraus, daß es im gesellschaftlichen Bereich bekanntlich nahezu ausgeschlossen ist, festgestellte Ereignisse eindeutig bestimmten Inputs oder „Ursachen" zuzuordnen. Und ferner ist die Unterscheidung von Eingabe und Ausgabe im Zusammenhang mit gesellschaftlichen Problemen nur begrenzt gültig. Für eine Amtsstelle mit genau abgegrenzten Kompetenzen, die sich als Subsystem versteht, mag sie problemlos sein. Je weiter man sich aber von Zuständigkeiten und anderen organisatorischen Gegebenheiten entfernt, desto mehr verblassen die Grenzen. Man stellt fest, daß sich das soziale System in unzähligen Schritten verändert; jeder davon ist gleichzeitig Input und Output, Mittel oder Ziel, je nach dem Blickpunkt des Betrachters. Wie bereits erwähnt, stehen solche Überlegungen für einen Planer oder eine Behörde mit genau abgegrenztem Aktionsradius nicht im Vordergrund. Ihr Bestreben geht dahin, mit Hilfe sozialer Indikatoren zum Beispiel der Volksgesundheit eine gesellschaftsnähere Erfolgskontrolle zu erhalten als dies bisher mit nur der Statistik der Krankenhausbetten und Arztpraxen möglich war.

5.3.3 „Objektive" und subjektive Indikatoren

Bis dahin ist stillschweigend vorausgesetzt worden, daß ein sozialer Indikator eine objektive Größe wiedergibt, das heißt, daß seine Eigenschaften durch verschiedene Individuen in gleicher Weise wahrgenommen und gemessen werden. Daß diese Objektivität ebenfalls eingeschränkt ist, nämlich durch die gemeinsame Auffassung über das rechte Meßverfahren, braucht nicht besonders hervorgehoben zu werden. Dagegen ist zu fragen, ob Kennziffern im Zusammenhang mit sozialen Problemen sich überhaupt auf sogenannte objektive Tatbestände beschränken können.

Weil eine vollständige Objektivität der Indikatoren ausgeschlossen ist, interessiert auch die subjektive Bewertung der von ihnen ausgedrückten Sachverhalte durch einzelne Personen oder Gruppen. Damit könnte ein Gegengewicht geschaffen werden zu möglichen Einseitigkeiten der objektiven Indikatoren. Auf jeden Fall wird die Grundlage erweitert, auf welcher der Sozialwissenschaftler oder Planer sich sein Urteil bildet. Die Forderung, an die Seite objektiver Sozialindikatoren auch subjektive Indikatoren zu stellen, wird denn in der Literatur auch nicht bestritten.

Im Grunde genommen drücken subjektive soziale Indikatoren Aspekte der momentanen Zufriedenheit oder Unzufriedenheit einzelner aus. Sie stellen die Differenz fest zwischen den Ansprüchen und dem, was der einzelne für realisiert hält. Subjektive Indikatoren sind mithin ein Mittel der Zufriedenheitsforschung. Sie werden in der Regel durch Umfragen erhoben. Die Vorbehalte, die im allgemeinen gegenüber derartigen Studien gemacht werden, gelten auch gegenüber den subjektiven sozialen Indikatoren [5,6]. Hier sei nur herausgegriffen, was im Hinblick auf die Zusammenarbeit von Raumplanung und Sozialforschung besonders aktuell erscheint.

Einstellung und Verhalten bezüglich Wohnumwelt und Verkehrseinrichtungen sind schon oft mit Hilfe subjektiver Indikatoren untersucht worden. Beides wird offenbar stark durch äußere Umstände geprägt, und die Tendenz ist groß, sich mit dem Vorhandenen kritiklos abzufinden. Oft mangelt es an Faktenwissen als Grundlage eines Vergleichs der eigenen Situation mit derjenigen anderer. Die einzige Vergleichsbasis von Neuzuzüglern ist unter Umständen die eigene frühere Wohnumwelt. Die Zufriedenheit, ein neues Heim gefunden zu haben, und der Druck zur Anpassung an die neue soziale Umgebung drücken sich in den Indikatoren aus und machen es schwer, sie zu beurteilen[1]. Als Faustregel mag gelten, daß subjektive Indikatoren in diesem Zusammenhang um so aufschlußreicher sind, je mehr sie sich auf ganz konkrete Erscheinungen beziehen. Daraus lassen sich freilich kaum allgemeinere Schlüsse auf uneingestandene Mängel und verdrängte Bedürfnisse ziehen. Bei der Untersuchung allgemeiner Probleme auf Gemeinde- oder Quartierebene können ebenfalls subjektive soziale Indikatoren verwendet werden (z. B. Ausmaß der Integration, Beziehungen zu zentralen Einrichtungen der Gemeinde). Angesichts der Vielfalt möglicher Fragestellungen ist es aber ausgeschlossen, deren Zweckmäßigkeit pauschal zu beurteilen.

5.3.4 Soziale Disaggregierung

Ein interessantes Merkmal des statistischen Durchschnittsmenschen ist bekanntlich, daß es ihn in Wirklichkeit nicht gibt. Die Kritik am Planungskriterium Bruttosozialprodukt pro Kopf hat manchen Volkswirtschaftler zum Verfechter sozialer Indikatoren gemacht. Namentlich auch in Siedlungs- und Planungsfragen spielen soziale Unterschiede eine entscheidende Rolle. Sie sind denn auch schon seit Jahrzehnten ein Gegenstand von Forschungen und Theorien. Dementsprechend ist auch die Verwendung sozialer Indikatoren manchmal erst sinnvoll, wenn es gelingt, sie einzelnen sozialen Kategorien oder Gruppen zuzuordnen. Eine Bereicherung der Befunde kann die soziale Disaggregation auf jeden Fall erbringen.

[1] Ein typisches Beispiel: Bei einer Untersuchung in Neubausiedhungen mit 908 Befragten erklären sich 95 % der innerhalb Jahresfrist Zugezogenen und 96 % der seit mindestens vier Jahren Ansässigen für „sehr zufrieden“ bzw. „zufrieden“ mit ihrer Wohnung. Die übrigen bekennen sich zu „weniger“ oder „überhaupt nicht zufrieden“. Jedoch entfallen auf „sehr zufrieden“ bei den Neuzuzüglern 41 %, bei den mindestens vier Jahren Ansässigen 28 % der Nennungen. Nach Isopublic AG (Hrsg.): Was sagen die Bewohner zur modernen Gesamtüberbauung? Zürich 1973.

Von der Sozialforschung wie von der planerischen Praxis her gesehen ist also das Bedürfnis unbestritten, soziale Indikatoren auch tatsächlich sozial, das heißt gruppenspezifisch, zuzuordnen. Dennoch gibt es erstaunlich wenige Beispiele, bei denen dies tatsächlich durchgeführt worden ist. Entsprechend dünn gesät sind auch die Hinweise zur sozialen Disaggregierung in der Literatur, als Ausnahme: [5,10]. Die in den üblichen Sozialstatistiken (Zensus, Betriebs-, Wohn- und Schulstatistiken usw.) erhobenen Merkmale sind meistens Geschlecht, Alter, Schulbildung, Beruf, Einkommen (fehlt oft), Zivilstand und ethnische Herkunft. Sie lassen nur eine sehr grobe soziologisch relevante Differenzierung zu. Ihre Aussagekraft kann natürlich durch die Verbindung von Merkmalen wie Alter und Zivilstand gesteigert werden. Leider aber fehlen diese Kreuztabulationen häufig in bezug auf jene Daten, welche man als soziale Indikatoren verwenden möchte. Dies gilt auf jeden Fall für die publizierten Dokumente. Wer ihnen nachgeht, muß ferner auch feststellen, daß vieles gar nicht ausgezählt worden ist und daß eine nachträgliche Auswertung einen erheblichen Aufwand voraussetzt. Für heikle Probleme muß die soziale Differenzierung über die genannten groben Kriterien hinausgehen und Aspekte wie Berufsprestige oder die Anzahl der in der Haushaltung lebenden Kinder mit berücksichtigen [5,17].

Da und dort mögen Unterlagen mit Daten über spezielle Problemkreise und Gruppen (Jugendkriminalität, körperlich und geistig Behinderte) vorhanden sein, so daß sie als sozial disaggregierte Indikatoren verwendet werden können. Größere Gemeinwesen und Wohnbauunternehmungen lassen von Markt- und Meinungsforschungsinstituten eigene Erhebungen durchführen, aus denen ebenfalls Indikatoren resultieren können, die sich auf genauer angebbare Gruppen und Bevölkerungskategorien beziehen. Zeitreihen sind dabei freilich höchst selten. Ebenfalls findet die von den Antwortkategorien her denkbare Vielfalt der Aussagen ihre Grenze am manchmal recht klein bemessenen Sample oder bei einer Vollerhebung an der Gefährdung der Anonymität. Zum Schluß sei noch auf jene sozialen Indikatoren hingewiesen, die gar nicht mit einem eingeschränkten Personenkreis in Verbindung gebracht werden können. Dies, weil sie zum Beispiel völlig unpersönlich sind (Anzahl Einwohner pro lokale Amtsstelle) oder definitionsgemäß Mittelwerte darstellen (mittlere Reisezeiten).

5.3.5 Räumliche und zeitliche Aufgliederung

Im Zusammenhang mit Raumforschung und Planung sind Größe und Art des geographischen Bezugsgebietes sozialer Indikatoren besonders wichtig. Die Bestrebungen gehen dahin, für einzelne Regionen, Gemeinden und Quartiere die Daten gesondert festzuhalten. Eine weitere Möglichkeit besteht darin, ohne Rückgriff auf politische oder Verwaltungsgrenzen den erhobenen Indikatoren einen expliziten räumlichen Bezug zu verleihen. Das heißt, daß die Grenzen des Bezugsgebietes einzig nach Maßgabe des konkreten Sachproblems bemessen werden, zum Beispiel entsprechend den in einem Kataster eingetragenen Gebieten mit gleicher Lärm- oder Geruchsbelastung. Verschiedene Indikatoren, deren Lokalisierung wesentlich ist, lassen sich nicht nach bezüglich Intensität oder Häufigkeit bemessenen Schwerpunkten oder Gebieten zuordnen. Sie sind heterotop. Ein technisches Hilfsmittel, auch sie zweckmäßig zu registrieren, sind planerische Datenbanken. Allen von ihnen erfaßten Daten ist eine Angabe darüber beigegeben, auf welchen Ort (z. B. ein Kartenquadrat von 100 x 100 Meter Rastergröße) sie sich beziehen [5,14].

Die räumliche Aufgliederung sozialer Indikatoren kann erfolgen, um ein besonderes Gebiet gegenüber einem größeren Ganzen zu charakterisieren oder um es mit anderen, gleichrangigen Gebieten zu vergleichen. Nun sind das bestimmte Problem, welches mit einem Indikator erfaßt werden soll, und die vorgegebenen politisch-administrativen Bezugsgebiete selten aufeinander abgestimmt. Auf der anderen Seite können die Erhebungsbereiche der einzelnen Indikatoren nicht beliebig an die Erfordernisse einzelner Sachprobleme angepaßt werden. Zum Schluß würden nämlich unzählige Bezugsgebiete vorliegen, von der Wohnung bis zum Staatsterritorium. Dem Vorteil der Sachbezogenheit würde der Nachteil topographischer Zersplitterung gegenüberstehen.

Weiter vorn ist bereits ausgeführt worden, daß soziale Indikatoren nicht unbedingt periodisch erhoben werden müssen. Die Vorteile von Zeitreihen sind von der Praxis her gesehen freilich eindeutig. Die Beziehung zwischen Indikator und Phänomen (oder Problem) ist ja oft nur schwer erklärbar. Der Blick auf die vergangene Entwicklung beider Größen gestattet nun, im einzelnen Fall verschiedene denkbare Erklärungen zu überprüfen. Ebenfalls mit dem Problem des versuchsweisen Vorgehens im Zusammenhang steht ein weiterer Vorteil der Zeitreihen. Die gewählten Indikatorgrößen können im Zuge fortgesetzter Messungen verfeinert und angepaßt werden, nicht zuletzt aufgrund gemachter Erfahrungen. In der Literatur wird in diesem Fall von einem „Learn-as-you-go Approach" des „Activist" gesprochen [5,33].

So rasch dürfte man bezüglich der räumlichen und zeitlichen Gliederung sozialer Indikatoren nicht ausgelernt haben. Es gäbe da etwa noch die Erfassung des dreidimensionalen Raumes, die für die Hochhaus-Forschung wichtig ist. Und es sei darauf hingewiesen, wie schwierig es ist, mit den bestehenden Methoden von Datenverarbeitung und Statistik räumliche und zeitliche Merkmale zusammen mit weiteren Merkmalen zu kombinieren.

5.3.6 Informativ, prädikativ oder normativ?

Die Festlegung sozialer Indikatoren wird mitbestimmt durch den Zweck, für welchen sie verwendet werden sollen. Gemeint ist damit nicht eine von vornherein feststehende Aussage, die es nur noch mit Hilfe einer Meßgröße geschickt zu illustrieren gilt. Sondern gemeint ist der Entscheid, ob der Indikator ein politisches Ziel mit zum Ausdruck bringen soll oder nicht. Er kann im eigentlichen Sinn normativ sein, einmal indem er sich auf eine Erscheinung bezieht, die ausdrücklich als politisches Ziel vorgesehen ist, und zudem, indem er die Abweichung von einem Soll-Wert wiedergibt. Der Indikator kann andererseits auch eine Größe wiedergeben, die außerhalb des Zielbereichs liegt und dies erst noch, ohne sie einem Normwert gegenüberzustellen. Einmal mehr liegt der Regelfall zwischen den theoretisch möglichen Extremen. Ein Beispiel dafür sind

Indikatoren, welche im einzelnen nicht zielbezogen sind, die aber eine Trendumkehr bei wichtigen gesellschaftlichen Prozessen im voraus signalisieren (Early Warning) [5,12, S. 29 ff.].

Bei den eigentlichen Zielindikatoren liegt das große Problem vorderhand noch darin, die Ziele überhaupt mit Hilfe brauchbarer Indikatoren darzustellen. Allein die Literatur darüber, mit welchen Indikatoren die Wohndichte zu messen ist, würde Bände füllen. Ein gewisser Konsens über die Wahl der Indikatoren ist aber notwendig, damit vergleichbare Daten vorliegen für den zweiten Schritt der Bildung normativer Indikatoren: das Festlegen von Richt- und Grenzwerten.

Die Möglichkeit, soziale Indikatoren normativ zu verwenden, wird bei ihrer Ausgestaltung meistens berücksichtigt. Dies auch, wenn eine solche Verwendung momentan nicht in Frage kommt. Vor allem bei aggregierten Indikatoren wird die Möglichkeit einer Bewertung bewußt mit eingeschlossen. Die Aggregation als Ganzes ist zielgerichtet und ihre Teilgrößen sind gleichlaufend. Das sei an einem Beispiel erläutert: Je größer der Wert, den der aggregierte Indikator „Sicherheit" als reine Zahl angibt, desto besser entspricht die gemessene Realität einer idealen Vorstellung von Sicherheit. Entsprechend weisen die einzelnen Indikatoren der Sicherheit einen gleichen Verlauf auf; ein höherer Zahlenwert steht in allen Fällen für eine größere Sicherheit. Das klingt selbstverständlich und liegt etwa beim Indikator „Anzahl Polizeibeamte pro 100 000 Einwohner" auf der Hand. Die gleichlaufende Kalibrierung kann aber auch zu derart makabren Indikatoren führen wie die „Anzahl nicht ermordeter Personen pro 100 000 Einwohner"[2].

[2] Das Beispiel stammt aus dem weiter unten eingehend dargestellten Artikel von Robert E. Coughlin [5,9].
Coughlin weist übrigens darauf hin, daß ein Zielindikator „open ended" oder als „target" formuliert sein kann. Im ersten Fall bedeutet ein höherer Wert des Zielindikators in jedem Fall, daß das Ziel besser verwirklicht ist. Ist der Indikator dagegen als „target" (Zielscheibe) zu verstehen, gibt es einen Schwellenwert, nach dessen Erreichen die Zunahme des Indikator-Wertes nicht mehr als bessere Zielerfüllung gewertet wird. In beiden Fällen könnte zudem noch der abnehmende Grenznutzen bei der Zielerreichung mit berücksichtigt werden.

Soziale Indikatoren sind also ein zweckmäßiges Hilfsmittel für die Formulierung von Zielen wie auch für die Bewertung von Zuständen. Immerhin muß auf die erheblichen methodologischen Probleme einer normativen Verwendung hingewiesen werden. Sobald bei einer Bewertung mehrere Indikatoren benützt werden, müssen diese untereinander gewogen und standardisiert werden. Der in der Ökonomie allgegenwärtige Standard Geld ist in der Sozialforschung häufig nicht vorhanden oder nicht zweckmäßig, so daß ein abstrakter Ersatz gefunden werden muß. Noch komplizierter wird das Vorgehen, wenn mehr als ein Wert oder Ziel gegeben ist. Dann kann ein Indikator unter Umständen gleich mehrfach in Erscheinung treten: die Bewertung wird multidimensional. Es gibt seit einiger Zeit Modelle für eine multidimensionale Nutzwertanalyse und es gibt sorgfältig dokumentierte Entscheidungsregeln zur Wertsynthese. Auch sie sind begreiflicherweise nicht frei von einem politischen Element und von subjektiven Einflüssen. Immerhin erscheint die Nutzwertanalyse, zum Beispiel *Ch. Zangemeister,* [5,44, S. 320] geeignet, „eine operationale Brücke zwischen den Extremen rein dezisionistischer und rein technokratischer Entscheidfindung zu schlagen".

5.4 Indikatoren-Systeme

5.4.1 Deduktiver und induktiver Aufbau

So eingeschränkt wie die Möglichkeit, ein soziales Problem isoliert zu studieren, so gering ist auch die Aussagekraft eines einzigen sozialen Indikators. Was benötigt wird, sind übersichtliche Zusammenstellungen oder Systeme, in welchen die einzelnen Indikatoren ihren festen Platz und Stellenwert haben. Eine Systematik sozialer Indikatoren ist gleichzeitig auch eine solche von sozialen Problemen. Diese aber lassen sich nach den verschiedensten Gesichtspunkten gliedern. Grundsätzlich kann man auch hier zwischen einer deduktiven und einer induktiven Vorgehensweise unterscheiden. Ein deduktiv aufgebautes Indikatoren-System fußt idealerweise auf einer allgemeinen Vorstellung über die Natur der zu untersuchenden gesellschaftlichen Erscheinungen, der Art und Weise ihrer Gliederung sowie des inneren Zusammenhanges ihrer Elemente. Diese Vorstellung kann verschiedene Formen haben, beispielsweise die einer Theorie, einer System-Übersicht oder eines Zielrahmens. Sie kann ein gesamtgesellschaftliches Modell beinhalten (etwa bei Indikatoren des Kulturwandels) oder ein einzelnes Konzept (etwa dessen, was die Attraktivität einer Stadt ausmacht) (Vgl. *Anderson*, [5,1]).

Das induktive Vorgehen beim Schaffen eines Indikatoren-Systems ist treffend mit der Entwurfstätigkeit eines Architekten verglichen worden. Er fügt die vorgegebenen einzelnen Elemente zu einem zweckmäßigen Gebäude zusammen, ein Prozeß, der nicht ohne feste Regeln ist, der aber im ganzen keinem zwingenden Ablauf unterliegt. Als Maßstab für die Auswahl und Gliederung der Elemente gilt im allgemeinen, ob ein Problem oder Ziel durchwegs als von nationaler beziehungsweise internationaler Bedeutung anerkannt wird [5,35, S. 141 f.]. Bezeichnenderweise heißt das von der OECD (1973) vorgeschlagene Indikatorensystem „Liste des préoccupations sociales“. Daß die solcherart bestimmten Indikatoren möglichst aufgrund theoretischer Überlegungen geordnet und kalibriert werden, versteht sich. Auch einzelne Beziehungen zwischen ihnen werden, soweit überhaupt schon einigermaßen abgesichert, berücksichtigt. Insofern gibt es rein induktive Indikatoren-Systeme sowenig wie rein deduktive. Aber die Verfeinerung im Sinne der Theorie ist sekundär. Sie schließt sich an ein Auswahlverfahren an, dessen Regeln maßgeblich von der politischen Aktualität und den Zufälligkeiten des Handlungsspielraums staatlicher Stellen bestimmt werden. In dieser Verbindung mit der aktuellen Praxis liegen gleichzeitig Stärke und Schwäche induktiver Indikatoren-Systeme.

5.4.2 Integrierte soziale Gesamtrechnung

Die von den Ökonomen durchgeführten volkswirtschaftlichen Gesamtrechnungen haben von Anfang an die Vorstellungen von sozialen Indikatoren-Systemen beeinflußt. Sie bleiben „bei aller Kritik am Ökonomismus das bewunderte Vorbild“; [5,46]. So sind denn schon verschiedentlich Indikatoren-Systeme vorgeschlagen worden, die sich stark an das Vorbild der Nationalen Buchhaltung anlehnen. Man bezeichnet sie als integrierte soziale Gesamtrechnungen (Social Accounting). Mit ihrer Hilfe sollen zwei Grundfragen beantwortet werden: Wie wandeln sich die Strukturen der Gesellschaft und wie verändern sich die Leistungen, die von den einzelnen Bereichen erbracht werden? Eine derart breit angelegte Gesamtrechnung sollte von einer theoretischen Grundlage ausgehen können, die mehr oder weniger allgemein akzeptiert wird. Diese fehlt aber in der Soziologie noch viel mehr als in der Ökonomie. Ferner gibt es, wie bereits gesagt worden ist, keine gängige Maßeinheit, kein „Geld". Und bekanntlich bestimmt letztlich das individuelle Credo, ob man einen so umfassenden Erkenntnisanspruch überhaupt erheben will oder darf.

Weil sich die soziale Gesamtrechnung an ökonomische Vorbilder anlehnt, können die daran geübten Kritiken zum Teil ebenfalls übertragen werden. Der volkswirtschaftlichen Gesamtrechnung wird zum einen ihre enge Bindung an ein vorgegebenes System vorgeworfen. Es gebe Elemente, Beziehungen und Randbedingungen, welche im Moment tatsächlich zu vernachlässigen seien, die aber allenfalls zu einem anderen Zeitpunkt bedeutsam würden, wie etwa die Verwertung von Abfallstoffen. Ferner sollten neben den Leistungen (Flow Data) auch Bestandsgrößen (Stock Data) in ein Rechnungsmodell mit einbezogen werden [5,37], [5,15, S. 109]. Bestandsgrößen, die bisher stillschweigend als nach oben unbegrenzt galten, können plötzlich abnehmen und so zu einem wichtigen Indikator werden. Alle diese Vorbehalte treffen nicht nur auf wirtschaftliche, sondern auch auf sozial relevante Erscheinungen zu. Ähnlich wie heute mit der Entvölkerung einzelner Landesgegenden werden morgen vielleicht ganze Länder mit einer abnehmenden Bevölkerung konfrontiert sein [5,38, Nr. 3, S. 7]. Die grundsätzliche Brauchbarkeit der volkswirtschaftlichen Gesamtrechnung für eine ganze Reihe von Zwekken wird indessen nicht bestritten. Ebensowenig wird man innerhalb der nötigen Vorbehalte die Nützlichkeit ihres sozialwissenschaftlichen Gegenstückes in Abrede stellen können, sofern man nicht jede Form reduziert-erweiterter Sozialforschung von vornherein ablehnt. Bis soziale Gesamtrechnungen in der Praxis eingespielt sind, wird indessen noch einige Zeit vergehen.

5.4.3 Attraktivität und Lebensqualität

Von den problembezogenen, eingeschränkten Indikatoren-Systemen (z. B. für Gesundheit, Ausbildung) sollen zum Abschluß zwei Beispiele dargestellt werden. Sie vermitteln gleichzeitig einen Einblick in die „Werkstatt" der Indikatoren und verdeutlichen einiges von dem, was weiter oben nur abstrakt gesagt worden ist. Beide Systeme befassen sich mit den Lebensbedingungen in großstädtischen Verhältnissen, das eine unter dem Titel „Attraktivität", das andere unter dem der „Lebensqualität". In beiden Fällen kann kein eigentlicher Überblick über die gesamte Studie gegeben werden. Es sind vielmehr jene Aspekte ausgewählt und erörtert worden, die am besten zu den bisherigen Ausführungen zu passen schienen, ohne daß mit der Auswahl im übrigen eine fachliche Kritik oder Wertung verbunden ist.

Beispiel 1

Ein Indikatoren-System zur Messung der Attraktivität ist im Rahmen der Entwicklungskoordination der Stadt Zürich ausgearbeitet worden [5,16]. Der Zweck besteht darin, eine empirische Grundlage für die Gestaltung und Bewertung von Alternativen der Stadtentwicklung zu schaffen. Die Bearbeiter *(Peter Iblher* und *Georg D. Jansen)* gehen aus von einem Modell stadträumlicher Attraktivität. „Attraktivität wird verstanden als die Ausgestaltung eines Raumes mit Eigenschaften, von denen es abhängt, ob einerseits Bewohner anderer Gebiete ihren Wohnsitz in diesen Raum verlegen oder sich zeitweilig dort aufhalten, und/oder andererseits Produzenten von Gütern und Dienstleistungen, seien sie Arbeitgeber oder Arbeitnehmer, Arbeitsplätze dort ansiedeln oder nachfragen". Soziologischer Ansatz der Attraktivität ist also die Wanderung (Migration). Sie wird mit einem Gravitationsmodell erklärt, in welchem die Attraktivität die anziehenden Eigenschaften des Zielgebietes verkörpert. Die Autoren unterscheiden zwischen einer Attraktivität für Produzenten und einer solchen für Bewohner, die sie je getrennt untersuchten. Hier soll nur auf die letztere eingegangen werden.

Die Attraktivität für Bewohner wird definiert als eine Summe etwa gleichwertiger Attraktivitätskomponenten. Deren Liste stützt sich auf Untersuchungen von *Rainer Mackensen* und seinen Mitarbeitern im Zentrum Berlin für Zukunftsforschung [5,24], [5,25], unter bewußter Vernachlässigung der politischen und institutionellen Aspekte. Berücksichtigt wurden somit die folgenden acht Komponenten: Freizeit, Wohnen, Bildung, Sensation (Dichte und Mischung), Konsum, Erwerb, Sozialdienste, Verkehr. In einer Umfrage wurden subjektive Indikatoren erhoben, die in erster Linie zur Gewinnung einer Rangfolge der acht Komponenten in den Augen der Bevölkerung dienten. Methodologisch interessanter ist das weitere Vorgehen bei der Bestimmung objektiver Daten. Das Problem war, für jede Attraktivitätskomponente geeignete Indikatoren zu finden. Dies erwies sich als schwierig, „und zwar aus methodischen, ‚abbildungstechnischen', als auch aus Gründen der Verfügbarkeit statistischer Unterlagen" [5,16, S. 104]. Schließlich konnten jeder Attraktivitätskomponente zwischen

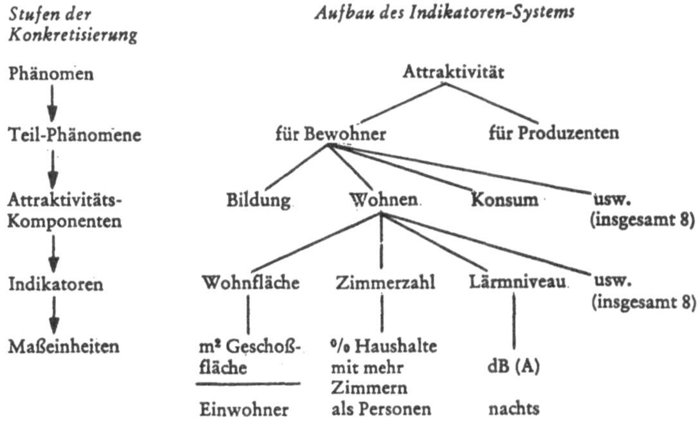

Abb. 5–1. Städtische Attraktivität, ausgedrückt durch soziale Indikatoren (nach Mackensen und Iblher/Jansen)

drei und acht Indikatoren zugewiesen werden. Jeder Indikator bezieht sich nur auf eine bestimmte Attraktivitätskomponente. Fig. 1 zeigt deutlich, daß das Indikatoren-System streng hierarchisch aufgebaut ist. Jede Dimension wird auf der nächstfolgenden Stufe zerlegt und konkretisiert; am Ende wird jeder Indikator mit kontinuierlichen Maßeinheiten versehen (kalibriert).

Im Prinzip ist das Indikatoren-System deduktiv aufgebaut, denn die Elemente jeder Stufe werden anhand derjenigen der vorangegangenen Stufe näher bestimmt. In der Ausführung ist dieses Prinzip freilich immer wieder durchbrochen worden, weil die theoretischen Grundlagen nicht ausreichten. Schon die Bestimmung der acht Attraktivitäten ist nicht frei von Ermessen. Bei den folgenden Schritten spielte, wie gesagt, die Verfügbarkeit bereits erhobener Daten eine beachtliche Rolle. Die Kalibrierung des Lärmniveaus zeigt, daß die Indikatoren nicht alle gleichlaufen: eine Zunahme des gemessenen Wertes entspricht hier einer Abnahme der Attraktivität. Dies ist noch bei einigen weiteren der insgesamt 47 Indikatoren der Fall. Dazu ist freilich zu bemerken, daß in einem anschließenden Teil der Arbeit auch die Soll-Werte der Indikatoren aufgeführt werden. In Zweifelsfällen kann man also dort nachschlagen.

Beispiel 2

Unser zweites Beispiel befaßt sich mit der Lebensqualität. Dieser Begriff ist innerhalb kurzer Zeit zu einem eigentlichen politischen Schlager geworden, und zwar bevor er auch nur einigermaßen theoretisch ausgeleuchtet worden war [5,47], [5,31], [5,13]. So gibt es beispielsweise in der französischen Regierung einen Minister für Lebensqualität.

Mit Lebensqualität sind in der Regel die Eigenschaften der sozialen, politischen, physikalischen und wirtschaftlichen Umwelt des Individuums gemeint. Die Umwelt wird in einzelne Bereiche unterteilt, und deren Vorzüge oder Mängel werden durch soziale Indikatoren ausgedrückt. Spätestens hier dürfte deutlich geworden sein, daß es bei den Studien über Lebensqualität um eine Bewertung der Lebensbedingungen geht. Es ist schade, daß in der deutschsprachigen Literatur nicht diese

Bezeichnung verwendet wird; in der englischen Sprache stellen „living conditions“ kein genaues Gegenstück dar [5,23, S. 8 u. 27], sonst hätte man vielleicht auch dort diesen zweckmäßigeren Ausdruck verwendet. Lebensqualität dagegen ist doch wohl in den Augen vieler Leute mehr als eine Summe von Um- und Außenweltbedingungen. Gehörten nicht die individuell und sozial differenzierte Einstellung dazu mit berücksichtigt sowie die Art und Weise, sein Leben gestalten zu können? Nun sind die Studien über Lebensqualität freilich zumeist induktiv aufgebaut. Es wird gar nicht ausgegangen von beinahe philosophisch anmutenden allgemeinen Überlegungen, wie sie vorhin dargelegt worden sind. Vielmehr liegt der Ansatz bei einzelnen, als solchen anerkannten Aufgabenbereichen von Gesetzgebung und Verwaltung. Hinter der Liste solcher Aufgaben steckt implizit schon eine Philosophie. Man könnte sie vielleicht mit *Henri Lefèbvre* die der „bürokratisch gelenkten Konsumgesellschaft“ nennen [5,21]. Dazu kommt die bereits besprochene Reduktion auf äußere Lebensumstände, und zwar des statistisch-durchschnittlichen Individuums.

Die hier zu besprechende Untersuchung heißt „Zielerreichungsniveau in 101 großstädtischen Agglomerationen“ (der USA) [5,9]. Der Autor, *Robert E. Coughlin,* stellt fest, das allgemeine Anliegen der Kommunalpolitik sei die Verbesserung der Lebensqualität. Die Lebensqualität sei eine Summe von Teilzielen. *Coughlin* hat eine Liste solcher Ziele aufgestellt. Sie beruhen, wie er selbst sagt, auf allgemeiner Kenntnis der Literatur über Raumplanung, Politologie, Soziologie, Ökonomie usw., also nicht auf empirischen Studien oder einem systematischen analytischen Vorgehen. Ferner nahm er als Zielgrößen nur Erscheinungen auf, welche er als durch die Politik der öffentlichen Hand veränderbar betrachtete. Die Zuordnung der Indikatoren zu den einzelnen Zielgrößen richtete sich stark nach den vorhandenen Daten, weil *Coughlin* keine eigenen Erhebungen durchgeführt hat. Ferner erfolgt die Zuordnung der Indikatoren wie bei anderen Untersuchungen ähnlicher Art zum Teil im Hinblick auf soziologische Teiltheorien (z. B. bei der Integration in Wohngebieten), zum Teil eher zufällig. Der Rückgriff auf eine Teiltheorie steigert zweifellos die soziologische Aussagekraft eines Indikators. Weil die Teiltheorien von Fall zu Fall ausgewählt werden, ist freilich damit zu rechnen, daß innerhalb eines Indikatoren-Systems einzelne der Teiltheorien sich gegenseitig widersprechen.

Im ganzen umfaßt *Coughlins* Liste 60 Indikatoren, die in 17 Zielbereiche gegliedert sind. Die Bereiche beinhalten von der Reinheit der Luft über Ausbildung, Angebot an Dienstleistungen bis zum öffentlichen Verkehr die verschiedensten Anliegen. Soweit es um gesellschaftliche, wirtschaftliche und Gesundheits-Tatbestände gehe, seien genügend soziale Indikatoren vorhanden. Hingegen erwiesen sich die erhältlichen Daten über die physikalischen Aspekte der Lebensbedingungen als unzureichend. Das gilt nicht nur für die Verkehrsverhältnisse, sondern zum Beispiel auch für die Freiräume oder die Qualität des Wassers. Diese Beobachtung trifft nach der Erfahrung des Verfassers auch für europäische Verhältnisse zu, wobei hier aber auch die zuerst genannten Daten mehr oder weniger unzureichend sind. Alle Indikatoren sind von *Coughlin* für die 101 Standard-Agglomerationen (Städte) mit einer Bevölkerung von über 250 000 im Jahre 1960 ausgewählt worden.

Coughlin hat zuerst in einem für alle Bezugsgebiete einheitlichen Verfahren berechnet, wieweit die Indikatoren der einzelnen Städte vom Durchschnitt aller Städte abweichen. Für jede Stadt ergaben sich so standardisierte Werte für die Erreichung der verschiedenen Ziele. In einem Zielerreichungsprofil konnte er alsdann Ranglisten aufstellen, die angeben, welche Stelle eine Stadt hinsichtlich der Erfüllung eines Zieles innerhalb der übrigen Städte einnimmt. Erwartungsgemäß sieht diese Liste je nach dem gewählten Ziel etwas verschieden aus, ist eine bestimmte Stadt besser oder schlechter plaziert. Dieser Städtevergleich ist eine naheliegende und auch entsprechend häufige Anwendungsform eines Indikatoren-Systems.

Coughlin hat aber noch eine Reihe weiterer Berechnungen angestellt, die zeigen, daß ein Indikatoren-System über die reine Feststellung momentaner Zustände hinaus ein interessantes Indstrument sozialwissenschaftlicher Forschung sein kann und so einen Beitrag erbringt zur Theoriebildung. Als erstes wurde untersucht, wieweit das mittlere Haushalts-Einkommen als eine Art Haupt-Indikator für die übrigen Aspekte der Lebensbedingungen gelten kann. In der Tat wird in Planung und Politik diesem Indikator oft eine erstrangige Bedeutung zugemessen.

Es ergeben sich Anzeichen, daß das Einkommen tatsächlich als der beste einzelne Indikator für die Zielerreichung in recht verschiedenen Bereichen gelten mag. Für verschiedene Zielbereiche, namentlich im Zusammenhang mit der physischen Umwelt, trifft dies indessen nicht zu. Ferner waren einige wenige Ziele in Gebieten mit hohen Einkommen regelmäßig schlechter erfüllt. Im Kommentar heißt es dazu: „Die relative Unabhängigkeit der physikalischen Ziele deutet an, daß die herkömmlichen Anliegen der Raumplaner wahrscheinlich nicht zu verwirklichen sind, wenn sie einfach unter den sozialen und wirtschaftlichen Zielen subsumiert werden."

Interessant ist auch, daß die Widersprüche zwischen den Zielen sich im allgemeinen als rar erwiesen. Jedenfalls traten selten Ziele auf, deren Erfüllung regelmäßig von der Nichterfüllung eines anderen Zieles begleitet war. Aber auch positive Korrelationen zwischen den einzelnen Zielbereichen ergaben sich seltener als erwartet. Mit Ausnahme des schon erwähnten Einkommens war ein gutes Abschneiden in einem Zielbereich ziemlich unabhängig von den Resultaten in anderen Bereichen.

Die weiteren Analysen *Coughlins* können hier nur angedeutet werden. So hat er mit Hilfe der Faktoren-Analyse untersucht, welche Ziele in einem – zum mindesten mathematischen – Zusammenhang stehen und maßgeblich zur Gesamtsumme der Zielerreichung beitragen bzw. diese erschweren. Dies ermöglichte weitere Rangierungen der 101 Städte, und zwar im Hinblick auf übergeordnete Zielbündel, die *Coughlin* dann mit Bezeichnung wie „weltstädtischer Charakter" oder „Ziele der Mittelschicht" versah. Weil die Agglomerationen zum Teil sehr unterschiedliche Einwohnerzahlen aufweisen, ist sodann versucht worden, deren Einfluß auf die Zusammenhänge zwischen den Zielen festzustellen.

5.5 Soziale Indikatoren in der Raumplanung

Die zahlenmäßig exakte Wiedergabe von Zuständen und Zielen ist eine wichtige Voraussetzung für die möglichst objektive Beurteilung planerisch-politischer Grundsatzentscheide. Die sozialen Indikatoren gehören zu den Instrumenten solcher Policy-Studien, ähnlich wie die Systemanalyse, das Planning-Programming-Budgeting-System und die Computer-Simulation. Die Zweckmäßigkeit ihrer Anwendung in der Raumplanung ist somit in erster Linie abhängig von den Möglichkeiten und Grenzen rationalistischer Planungs- und Entscheidungsmodelle im allgemeinen. Man hat dies etwas übersehen, wohl weil die sozialen Indikatoren aus den USA stammen, also einem Land mit oft recht pragmatischer Philosophie und Theorie der Planung. Grundsätzliche Überlegungen kamen im Zuge der Spezialisierung zu kurz. Sie wurden erst nachgeholt, als Rückschläge in Forschung und Praxis eine Verschnaufpause erzwungen hatten.

Die Fülle von Informationen, die in den Indikatoren-Systemen enthalten sind, ist sicher bemerkenswert. Die Angaben sind sonst nur verstreut vorhanden, so daß die Systeme als Daten-Übersicht von seltener Breite dienen. Man kann auch feststellen, daß von ihnen ein Anreiz ausgeht, die Datengrundlagen zu verbessern und zu ergänzen. Vor allem hinsichtlich der physikalischen Lebensbedingungen ist dies überall dringlich. Von der Information zur Planung ist es aber ein weiter Schritt. Es genügt nicht, einen Sachverhalt mit ausgeklügelten Methoden zu untersuchen, um ihn planerisch-politisch relevant zu machen. Diese Problematisierung ist beileibe nicht nur eine Frage der Aufklärung, sondern eher eine solche von Tradition, Machtverhältnissen, wirtschaftlichen Umständen – oder auch von bürokratischen Zufälligkeiten. Den Übergang von der Darstellung von Sachverhalten zu ihrer Anerkennung als Problem- oder Zielgröße der Planung können die sozialen Indikatoren unter Umständen erleichtern, nicht aber bewerkstelligen [5,20].

Aus der Sicht der staatlichen Verwaltung ist daher vorgeschlagen worden, die methodologischen Grundsätze sozialer Indikatoren (Zielorientierung, Beobachtbarkeit, Theoriefähigkeit) um einen Punkt zu erweitern: Die „Indikatoren sollen strategiefähig sein; wir können nichts mit ihnen anfangen, wenn sie uns nicht auch zeigen, daß wir etwas politisch verändern können" [5,2]. Hier wurde unterstellt, daß es für die aufgezeigten Probleme Lösungen geben, ja daß in der Formulierung von Problemen gleich auch der Kern ihrer Lösung irgendwie enthalten sein müsse. So sehr diese Vorstellung den Aufgaben des planenden Verwaltung entspricht, so wenig kann sie indessen für die Praxis der Raumplanung als ganzes gelten. Zu dieser Praxis gehören auch Aufgaben, die nicht auf bürokratische Weise behandelt werden können, und Mitwirkende, die keiner Behörde angehören. Ihnen kann durchaus auch mit utopischen sozialen Indikatoren gedient sein, welche lediglich Widersprüche aufzeigen oder langfristige Veränderungen andeuten, die dem Zugriff der gebräuchlichen Planung entzogen sind. Zwischen den beiden Extremen der Strategiefähigkeit bzw. Utopie kann, allgemein gesprochen, der Verwendungszweck eines sozialen Indikators situiert werden.

Bei aller Achtung vor der Utopie wird man freilich vor einer Verwendung sozialer Indikatoren die Realitäten sorgfältig prüfen: auf der einen Seite den Bedarf an sozialen Daten für die vorgesehene Raumplanungsarbeit, auf der anderen Seite die vorhandenen Indikatoren, die zu ergänzen nur selten möglich sein dürfte. Für den Sozialwissenschafter im Planungsteam besteht namentlich die Gefahr, daß er den Anspruch der Raumplanung, umfassend (comprehensive) zu sein, überschätzt. In der Praxis ist die Raumplanung wahrscheinlich kaum je die „Königin" der ihr logisch untergeordneten Sachplanungen, die von der Verkehrs- bis zur Erholungsplanung reichen können. Selbst wenn diese einzelnen Planungen hinreichend koordiniert sind, bleibt Raumplanung sektoriell, denn sie ist im wesentlichen beschränkt auf die Ordnung der Bodennutzung und die dazugehörigen öffentlichen Infrastruktur- und allenfalls Wohnbau-Investitionen. Dies gilt selbst für zentral verwaltete Wirtschaftssysteme wie beispielsweise jenes der Tschechoslowakei. Weil die Raumplanung aus soziologischer Sicht sektoriell ist, scheint es müßig, einer Fiktion umfassender Planung ein vielleicht ebenso fiktives vollständiges System sozialer Indikatoren gegenüberzustellen. Die Gefahr einer Überinformation kommt dazu. Zuviele Daten erschweren die Kommunikation zwischen Planern und Behörden oder Bevölkerung. Verlangt wird meistens nicht eine möglichst üppige Information, sondern eine zweckmäßige Diät. Die Überbeanspruchung des Informations-Empfängers scheint auch beim Planer *John Friedmann* durch, wenn er ironisch von einem „Supergehirn" spricht, „das an ein landesweites Datenerfassungs-System für soziale Indikatoren angeschlossen ist" (*Friedmann* [1973], S. 193)[2]. Die Praxis erfordert in erster Linie, daß jene Problembereiche sorgfältig mit Indikatoren abgedeckt sind, die grundsätzlich mit Mitteln der Raumplanung angegangen werden sollten. Im Gegensatz zur zitierten Ansicht aus Verwaltungskreisen würde der Verfasser aber durchaus die Probleme mit einschließen, welche aufgrund der aktuellen Lage der Planung als vorerst unveränderlich erscheinen. Denn auch bei Aufgaben, die sich erst in der Zukunft stellen werden, können Zeitreihen unentbehrlich sein.

Es ist schon gesagt worden, manche Kritiken an den sozialen Indikatoren bezögen sich gar nicht auf deren tatsächliche Anwendung, sondern auf die da und dort zu findenden Ausblicke auf zukünftige Verwendungsmöglichkeiten [5,42]. Bei Äußerungen von Raumplanern stellt man ferner hin und wieder fest, daß ihre Einwände dank des Fortschreitens der Indikatoren-Forschung grundlos geworden sind. Damit soll aber nicht die Kritik von seiten der Raumplanung einfach abgetan werden. Wie aufschlußreich sie nämlich sein kann, zeigt das Beispiel des Kataloges von Sozialindikatoren im Entwurf zum deutschen Bundesraumordnungsprogramm. Gegen ihn wurde von einem Planer eingewendet, „daß es nicht sinnvoll sein kann, generalisierte Sozialindikatoren für die unterschiedlichen

[2] Das Buch, dem dieses Zitat entnommen ist (Retracking America. A Theorie of Transactive Planning. Garden City. N. Y.), kann als Gegenstück zur Indikatoren-Literatur gelten. Wichtigstes Anliegen der hier vertretenen Planungstheorie ist der Ersatz verarbeiteter, standardisierter Information durch direkte Kommunikation in kleinen Gruppen.

Teilräume der Bundesrepublik einzusetzen." Den Grund sieht er darin, „weil der spezifische Wert vieler Sozialindikatoren von den ebenso spezifischen Verhältnissen bestimmer Raumtypen bedingt ist" [5,42]. Mit diesen Raumtypen ist einmal mehr die von der Sozialforschung vernachlässigte Interdependenz zwischen sozialem Geschehen und Umwelt angesprochen. Damit sei angedeutet, daß der Fortschritt in der planerischen Verwendung sozialer Indikatoren wesentlich davon abhängt, ob die interdisziplinäre Zusammenarbeit mit den Sozialwissenschaften erweitert werden kann.

Eine auf gleichen Rechten und gleicher Verantwortung der verschiedenen Disziplinen basierende Mitwirkung der Sozialwissenschaften in der Raumplanung hätte zudem einen weiteren Vorteil. Sie könnte verhindern helfen, daß die Beschäftigung mit sozialen Indikatoren zu einem Ersatz für die Setzung politischer Prioritäten wird. Dabei sollten doch die Indikatoren ein Instrument sein, um Ziele zu setzen und zu realisieren. Daß sie diesen Beitrag auch tatsächlich leisten, ist das nach wie vor aktuelle Anliegen der Sozialindikatoren-Bewegung.

Literatur

[5,1] *Anderson, J.:* Causal Models and Social Indicators: Toward the Development of Social Systems Models. In: American Sociological Review (Juni 1973).

[5,2] *Bartholomäi, R.:* Soziale Indikatoren aus der Sicht des Anwenders. In: *B. Biervert., u. a.* (Hrsg.): Konsum und Qualität des Lebens. Opladen 1974.

[5,3] *Bauer, R. A.:* Social Indicators. Cambridge, Mass., 1966.

[5,4] *Bauer, R. A.:* Social Indicators or: Working in a Society which has better Social Statistics. In: *Anderson, St., u. a.* (Hrsg.): Planning for Diversity and Choice. Cambridge, Mass., 1968.

[5,5] *Biervert, B.* (Hrsg.): Konsum und Qualität des Lebens. Opladen 1974.

[5,6] *Biervert, B.:* Subjektive Sozialindikatoren. Ansatzpunkte einer sozio-ökonomischen Theorie der Bedürfnisse. Manuskript eines Vortrages im Battelle-Institut. Frankfurt 1973.

[5,7] *Carlisle, E.:* The conceptual structure of social indicators. In: *Shonfield, A., u. S. Shaw* (Hrsg.): Social Indicators and Social Policy. London 1972.

[5,8] *Cazes, B.:* The development of social indicators: a survey. In: *Shonfield, A., u. S. Shaw* (Hrsg.): Social Indicators and Social Policy. London 1972.

[5,9] *Coughlin, E.:* Attainment along Goal Dimensions in 101 Metropolitan Areas. In: AIP-Journal (November 1973).

[5,10] *Drewe, P.:* Social Costs and Benefits of Urban Development. Manuskript des Vortrags an der 4. SAINT-Konferenz. Salzburg 1972.

[5,11] *Fox, K.:* Social Indicators and Social Theory. New York 1974.

[5,12] *Garment, L.:* Toward Balanced Growth: Quantity with Quality. National Goals Research Staff (Hrsg.) Washington 1970.

[5,13] *Gehrmann, F.:* Vorschläge zu Forschungsstrategien im Rahmen der Quantifizierung der städtischen Lebensqualität. Arbeitsunterlagen für die Sitzung der OECD Sector Group on the Urban Environment. Paris 1974.

[5,14] *Hase, K., C. Hidber, P. W. Vonderhorst u. a.:* Informationsraster. In: ORL-Institut ETH (Hrsg.): Informationen zur Orts-, Regional- und Landesplanung 24. Zürich 1972.

[5,15] *Hodel, M.:* Soziale Experimente in der Raumplanung? In: Jahrbuch der Neuen Helvetischen Gesellschaft. Bern 1974.

[5,16] *Jürgensen, H.* (Hrsg.): Entwicklung der Stadt Zürich. Analysen, Trends, Programme. Bd. 3. Zürich 1972.

[5,17] *Kasl, St., u. E. Harburg:* Perceptions of the Neighborhood and the Desire to Move out. In: AIP-Journal (September 1972).

[5,18] *Kaufmann, F.-X.:* Soziale Indikatoren in der Bundesrepublik Deutschland? Ein Bericht über die Sektion Soziale Indikatoren der DGS. In: Zeitschrift für Soziologie (April 1974).

[5,19] *Land, K., u. S. Spilerman:* Social Indicator Models. New York 1975.

[5,20] *Land, K., u. O. Benoit-Guilbot:* Les indicateurs sociaux aux Etats-Unies et en France. In: Revue Francaise de Sociologie (1973).

[5,21] *Lefêbvre, H.:* Die Revolution der Städte. München 1972.

[5,22] *Leipert, Chr.:* Soziale Indikatoren, Überblick über den Stand der Diskussion. In: Konjunkturpolitik (1973).

[5,23] *Liu, Ben-Chieh:* The Quality of Life in the United States 1970; Index, Rating, and Statistics. Midwest Research Institute. Kansas City, Miss., 1973.

[5,24] *Mackensen, R.:* Attraktivität der Großstadt – ein Sozialindikator. In: Analysen und Prognosen 16 (1971).

[5,25] *Mackensen, R., u. W. Eckert:* Zur Messung der Attraktivität von Großstädten. In: Analysen und Prognosen (1970).

[5,26] *Mayntz, R., u. a.:* Einführung in die Methoden der empirischen Soziologie. Köln 1969.

[5,27] *McVeigh, T.:* Social Indicators: A Bibliography. Council of Planning Librarians (Hrsg.). Monticello, Ill., 1971.
[5,28] *de Miguel, J. M.:* Indicadores e indices en sociologia. In: Boletin de Documentacion del Fondo para la Investigacion Economica y Social. Confederacion Espanola de Cajas de Ahorros (Hrsg.). Vol. 2. Madrid 1970.
[5,29] *Nigg, F.:* Forschungen über soziale Indikatoren. In: Neue Zürcher Zeitung v. 4. März 1974.
[5,30] *Nigg, F.:* Soziale Indikatoren: Begriff und Konzepte. In: ORL-Institut ETH (Hrsg.): NDS-Notiz 2. Zürich 1974.
[5,31] *Offe, C.:* Lebensqualität – Eine neue Friedensformel sozialdemokratischer Innenpolitik? In: Leviathan, Zeitschr. f. Sozialwissenschaften 1 (1974).
[5,32] *Opp, K.:* Methodologie der Sozialwissenschaften. Reinbek bei Hamburg 1970.
[5,33] *Plessas, D., u. R. Fein:* An Evaluation of Social Indicators. In: AIP-Journal (Januar 1972).
[5,34] *Sheldon, E., u. E. Freeman:* Notes on Social Indicators: Promises and Potential. In: Policy Sciences (1970).
[5,35] *Sheldon, E., u. K. Land:* Social Reporting for the 1970's. In: Policy Sciences (1972).
[5,36] *Shrycock, H., u. J. Siegel:* The Methods and Materials of Demography. Washington, D. C., 1973.
[5,37] *Simonis, U.:* Neue Zielvariablen für die regionale Wirtschaftspolitik. In: Stadtbauwelt 34 (1972).
[5,38] Society 1974: Roundup of current Research. New Brunswick, N. Y., 1974.
[5,39] SSRC Center for Social Indicators (Hrsg.): Social Reporting in Local Areas. In: Social Indicators Newsletter 3 (December). Washington, D. C., 1973.
[5,40] *Theodorson, A., u. G. Theodorson:* A Modern Dictionary of Sociology. New York 1969.
[5,41] U. S. Department of Health, Education and Welfare (Hrsg.): Toward a Social Report. Washington, D. C., 1969.
[5,42] *Weyl, H.:* Inwieweit sind Indikatoren für Teilbereiche der Qualität des Lebens untereinander substituierbar? Referat gehalten an der Arbeitstagung über gesellschaftliche Indikatoren als Orientierungshilfe für die Regionalpolitik. Münster 1974.
[5,43] *Wilcox, L., R. Brooks, G. Beal u. G. Klonglan:* Social Indicators und Societal Monitoring. An annotated bibliography. Amsterdam 1972.
[5,44] *Zangemeister, Chr.:* Nutzwertanalyse in der Systemtechnik. München 1971.
[5,45] *Zapf, W.:* Soziale Indikatoren. Konzepte und Forschungsansätze 2. Frankfurt 1974.

[5,46] *Zapf, W.:* Soziale Indikatoren. In: ***Albrecht, G., u. a.*** (Hrsg.): Soziologie. Opladen 1973.
[5,47] *Zapf, W.:* Zur Messung der Lebensqualität. In: Ztschr. f. Soziologie 4 (1972).

Nach Abschluß des Manuskripts erschienen:
[5,48] *Werner, R.:* Soziale Indikatoren und politische Planung. Reinbeck 1975.

Zeitschriften:
Social Indicators Newsletters. Hrsg. vom Social Science Research Council, Washington D. C.
Social Indicators Research, Dordrecht (Holland)
Journal of the American Institute of Planners, Washington D. C., (Abk.: AIP-Journal)

6. Soziale Mobilität und Wanderung

von *Walter Zingg*

6.1 Wanderung als die geographische Dimension der sozialen Mobilität

6.1.1 Begriffe

Der Mobilitätsbegriff wird häufig zur Kennzeichnung von Bewegungen im geographischen Raum verwendet. Dies kommt besonders deutlich zum Ausdruck, wenn beispielsweise von Verkehrs-, Freizeit- oder von Wanderungsmobilität die Rede ist. Zur begrifflichen Verwirrung haben aber auch Sozialwissenschaftler beigetragen, die, wie *Horstmann* [6,17], Bewegungen im geographischen Raum mit horizontaler Mobilität bezeichnen. Zum Verständnis sei hier angemerkt, daß zur Kennzeichnung geographischer Bewegungen in diesem Beitrag ausschließlich die Begriffe Wanderung, Migration oder Umzug verwendet werden, während mit Mobilität Bewegungen im sozialen Raum, horizontal oder vertikal in Form von Auf- und Abstieg gemeint sind.

In allgemeiner Form versteht *Bolte* unter Mobilität „die Bewegungen von Personen aus einer Position in eine andere . . ., wobei Position den ‚Platz' eines Menschen in einem sozialen Gefüge bzw. in einer Gliederung innerhalb einer solchen bezeichnet" [6,9, S. 1]. Die Gliederungsmöglichkeiten sind vielfältig. Die hier interessierenden sozialen Bewegungen in Form des Auf- und Abstieges, sowie der horizontalen Mobilität weisen auf Ungleichheiten innerhalb jener Gliederungskriterien hin, welche die Lebensbedingungen von Menschen entscheidend prägen bzw. über die die Belohnungen materieller und immaterieller Art verlaufen. Formal wird hier soziale Mobilität als Positionswechsel mit einer Veränderung der damit verbundenen gesellschaftlichen Belohnungen verstanden, oder anders ausgedrückt, als Statusveränderungen. Sozialer Aufstieg bedeutet somit Änderungen im Positionsgefüge mit einer Statuszunahme, Abstieg dementsprechend Änderung im Positionsgefüge mit einer Statusabnahme. Horizontale Mobilität als Sonderform bedeutet Veränderungen im Positionsgefüge, ohne daß dabei der Gesamtstatus, d. h. das Total der gesellschaftlichen Belohnunen, tangiert wird. Der Begriff Gesamtstatus deutet – wie unten weiter ausgeführt wird – darauf hin, daß hier eine Mehrzahl von Dimensionen im Spiel ist. Von horizontaler Mobilität ist streng genommen nur dann zu sprechen, wenn der Gesamtstatus konstant geblieben ist, dabei aber eine interne „Umgruppierung" stattgefunden hat. Eine Zunahme innerhalb eines Teilstatus ist kompensiert worden durch eine entsprechende Abnahme innerhalb eines anderen Teilstatus. Findet keine derartige Umgruppierung statt, liegt soziale Immobilität vor.

In der von einer demographischen Perspektive beherrschten Literatur wird der Wanderungsbegriff aussließlich auf Bewegungen im geographischen Raum angewendet. Dies gilt vor allem in empirischen Untersuchungen, die auf amtliches statistisches Material, wie z. B. Volkszählungsdaten oder Informationen aus den Karteien der Meldeämter zurückgreifen (müssen). Politische oder verwaltungsmäßig abgegrenzte Gebietskörperschaften, wie Gemeinden, Landkreise, Regierungsbezirke, Regionen oder Länder, sind je nach der konkreten Fragestellung die Gebietseinheiten, zwischen denen Wanderungsbewegungen gemessen werden. Daneben sind Umzüge, kleinräumige Wanderungen oder Binnenwanderungen Beispiele für geographische Bewegungen innerhalb betrachteter Raumeinheiten.

Aus soziologischer Sicht sind diese Gebietskörperschaften auf der Basis zur Messung von Wanderungsbewegungen insofern von Bedeutung, als sie häufig die einzige empirische Forschungsgrundlage darstellen. „Wenn die Intention besteht, wissenschaftliche Aussagen mit der Wirklichkeit zu konfrontieren, . . ., so hängen sowohl die Definition der Begriffe als auch die Anlage einer empirischen Arbeit nicht unwesentlich von dem verfügbaren Material ab" [6,36. S. 20]. Wenn die von den verschiedenen Gebietskörperschaften geführten Statistiken die empirische Forschungsgrundlage darstellen, muß eine Argumentation gefunden werden, die zeigt, daß die Datensammlungen und deren Aufbereitung auch soziologisch bedeutsam sind. Sie sind es dann, wenn die Überschreitung von Grenzen zwischen Gebietskörperschaften auch Veränderungen sozialer Art beinhalten. Wanderung bedeutet in diesem Sinn den mehr oder weniger dauerhaften Wechsel von Position(en) im geographischen und gleichzeitig im sozialen Raum.

Unter Wechsel von Positionen im sozialen Raum wird der Wechsel innerhalb oder zwischen Interaktionssystemen verstanden. Die Gleichzeitigkeit der Wechsel in beiden Räumen ist deshalb bedeutsam, weil der Wechsel im sozialen Raum, wie dies beispielsweise bei sozialem Aufstieg oder bei Gründung einer eigenen Familie der Fall ist, nicht zwingend auch einen solchen im geographischen Raum voraussetzt. Umgekehrt können sich Wanderungsbewegungen, wie *Mangalam* [6,22, S. 10] anschaulich zeigt, einer soziologischen Perspektive verschließen. Der Wohnsitzwechsel eines Professors, bedingt durch die Annahme eines Rufes einer anderen Universität, ist begleitet von der Erhaltung der Positionen in jenen Interaktionsbereichen, die räumlich nicht auf den bisherigen Wohnort bezogen sind. Was die Positionen in den örtlich bezogenen Interaktionsbereichen anbelangt, kann die Übernahme einer gleichen beruflichen Position in einer anderen Stadt durchaus begleitet sein von der Übernahme gleicher oder gleichartiger Positionen in ebenso gleichen oder gleichartigen Interaktionssystemen am neuen Wohnort. Insofern also eine Wanderungsbewegung – unabhängig von deren geographischen Distanz – einhergeht mit der mehr oder weniger ausschließlichen Übernahme gleicher oder gleichartiger Positionen am neuen Wohnort, fehlt ihr die soziologische Dimension. Offen bleibt das Ausmaß der Wanderungsbewegungen dieser Art, ebenso die Frage des Ausmaßes von Veränderungen im sozialen Raum ohne gleichzeitige Änderungen im geographischen Raum. Hier ist die Feststellung wichtig, daß theoretisch – soweit die Analyse dem wandernden Personenkreis gilt – Veränderungen im geographischen ohne gleichzeitige Veränderungen im sozialen Raum denkbar sind, als auch umgekehrt Veränderungen im sozialen ohne solche im geographischen Raum.

Mit der vorliegenden Bestimmung von Wanderung als gleichzeitigem Wechsel von Position(en) im geographischen und sozialen Raum ist die Möglichkeit einer soziologischen Analyse der Wanderungsbewegungen geschaffen. Die begriffliche Verbindung mit der sozialen Mobilität ist insofern gegeben, daß soziale Mobilität ebenso wie Wanderung sich auf den sozialen Raum bezieht. Indem aber bei der sozialen Mobilität der Status- oder Belohnungsaspekt im Zentrum steht, ist auch ausgesagt, daß hier nur jene Aspekte angesprochen werden, die mit der Erhaltung oder Veränderung von Status zusammenhängen. Wanderungsbewegungen, die keinen oder keinen unmittelbaren Statusaspekt im Sinne der sozialen Mobilität aufweisen, wie im oben erwähnten Beispiel der Gründung einer Familie, in der die Position Kind zugunsten der Position Gatte und Gattin an Bedeutung verliert, bleiben somit außerhalb der vorliegenden Analyse. Damit wird *Bacons* begriffliche Identifizierung von Bewegungen im sozialen Raum mit sozialer Mobilität [6,2, S. 132] nicht übernommen. Wanderungen werden im folgenden als die geographische Dimension der sozialen Mobilität verstanden.

6.1.2 Das Verhältnis zwischen sozialer Mobilität und Wanderung

Unabhängig von der Frage des kausalen Zusammenhanges gibt es innerhalb des Statusaspektes der Bewegungen im sozialen Raum zwei Kombinationsmöglichkeiten von Bewegungen im geographischen Raum mit sozialer Mobilität. Einmal kann eine Bewegung im geographischen Raum parallel mit horizontaler Mobilität als Wechsel zwischen gleichwertigen Positionen verlaufen. Hier ist, z. B. innerhalb des Mobilitätsbereiches „Beruf“, der Wechsel der beruflichen Tätigkeit mit Verschiebungen innerhalb verschiedener Statusdimensionen ohne Veränderung des beruflichen Gesamtstatus angesprochen. Der Wechsel zwischen gleichen oder gleichartigen sozialen Positionen wird hier, im Gegensatz zu *Bacon*, der Bewegungen im sozialen Raum mit Statusveränderungen gleichsetzt, in Anlehnung an *Kreckel* u. a. [6,19] als soziale Immobilität bezeichnet. Die zweite Kombinationsmöglichkeit besteht in Wanderungsbewegungen mit gleichzeitigem sozialem Auf- oder Abstieg, bzw. Zu- oder Abnahme des sozialen Status. Darüber hinaus ist der Verzicht auf Bewegungen im geographischen Raum denkbar mit gleichzeitiger horizontaler oder vertikaler Mobilität. Dazu ist ergänzend festzuhalten, daß der Verzicht auf Bewegungen im geographischen Raum gleichzeitig mit sozialer Immobilität auftreten kann. Der Frage, welche dieser möglichen Kombinationen zwischen (Nicht-)Bewegungen im geographischen Raum und sozialer (Im-)Mobilität am häufigsten auftreten, soll weiter unten nachgegangen werden.

Die Analyse der geographischen und beruflichen Mobilität in Frankreich erlaubt *Pourcher* [6,24] zwar die Feststellung, daß Berufswechsel meist geographische Ortsveränderungen begleiten, Schlußfolgerungen über den Zusammenhang zwischen beiden Phänomenen mag er aber nicht ziehen. In seiner Abhandlung über die Ursachen der Wanderung hat sich *Albrecht* [6,1] intensiv mit der Frage des Zusammenhanges von sozialer Mobilität und Wanderung auseinandergesetzt. Die Kernfrage, „ob die geographische Mobilität die Folge vertikaler Mobilität oder umgekehrt, die vertikale Mobilität Folge geographischer Mobilität sei, oder ob nicht vielleicht die beiden Phänomene völlig voneinander unabhängig sind“ [6,1, S. 136] beantwortet er so, „daß die funktionale Beziehung zwischen vertikaler und geographischer Mobilität derart (sei), daß die beiden Größen als unabhängige bzw. als abhängige Variablen auftreten können“ [6,1, S. 141]. Setzt man sich das Ziel, mit der sozialen Mobilität einen Beitrag zur Erklärung von Wanderungsbewegungen zu leisten, dann sind Ergebnisse und Schlußfolgerungen wie jene von *Pourcher* und *Albrecht* enttäuschend. *Heberle* (1973) weist aber darauf hin, daß *Albrechts* Fragestellung unglücklich sei, und meint, daß mit einem differenzierten Konzept der sozialen Mobilität bzw. der sozialen Ungleichheit hinsichtlich des Mobilitätsbereiches „Beruf“ eine eindeutigere Antwort möglich sei. Ausgehend von einer Skizzierung der allgemeinen Problematik der empirischen Mobilitätsforschung und der Konzeptualisierung der sozialen Mobilität in der Wanderungsforschung, sollen im folgenden Abschnitt einige Hinweise auf ein differenzierteres Mobilitätskonzept gegeben werden, mit dem gezeigt werden kann, daß Wanderungen als Folge von sozialer Mobilität bzw. der die soziale Mobilität bestimmenden Faktoren gesehen werden muß.

6.1.3 Die Konzeptualisierung der sozialen Mobilität

Soziale Mobilität findet zwischen Einheiten gesellschaftlicher Ungleichheit statt. Einheiten gesellschaftlicher Ungleichheit unterscheiden sich durch ihre Lebenschancen und Verhaltensweisen. Damit ist die formale Umschreibung von sozialer Mobilität als Statuszu- oder -abnahme dahingehend zu ergänzen, daß Statusveränderungen gleichbedeutend sind mit typischen Veränderungen von Lebenschancen. Offen ist, wodurch die Lebenschancen entscheidend bestimmt und beeinflußt werden, und damit, welche konkreten Positionsveränderungen als Auf- oder Abstieg bezeichnet werden können. Ausgehend von der Kritik an *Marx*, der die Lebenschancen grundsätzlich bestimmt sah durch den Besitz oder den Ausschluß von Produktionsmitteln, hat *Max Weber* verschiedene Dimensionen der Ungleichheit begründet und damit die inhaltliche Vielfalt der sozialen Auf- und Abstiegsbewegungen. Der Begründung einer Mehrzahl von Mobilitätsdimensionen ist aber nicht die theoretische und empirische Abklärung der Zusammenhänge der Dimensionen untereinander gefolgt, oder man hat die Unvergleichbarkeit der Dimensionen miteinander festgestellt. Für die Mobilitätsforschung hatte dies die Folge, daß man es – abgesehen von der einer marxistischen Denktradition verhafteten Forschung – bei der Feststellung von Zusammenhängen zwischen den Rangdimensionen bewenden ließ und sich in der Praxis vorwiegend auf die Dimension Beruf, oder genauer auf das Berufsprestige, beschränkte und auf ihre besondere Bedetung hinwies. *Dahrendorf* z. B. weist dem Beruf die entscheidende Bestimmungskraft für die soziale Mobilität zu: „Aufgrund des Berufes werden Menschen eingeordnet. Gewiß spielen in der engeren Sozialsphäre des einzelnen auch persönliche Qualitäten eine Rolle für die Wertschätzung, die er genießt. Vornehmlich jedoch ist es der mit einem System von Titeln und Symbolen ausgestattete Beruf, der den Platz des einzelnen in der gesellschaftlichen Hierarchie bestimmt“ [6,11, S. 123]. Es überrascht daher nicht, daß sich viele Instrumente zur Messung von sozialem Auf- und Abstieg auf das Prestige des Berufes beziehen, wie z. B. die NORC-Skala von *Hatt* [6,16]. Mehrdimensionale Skalen, welche den Beruf als Hauptkriterium verwenden, etwa jene von *Kahl* und *Davis* [6,18] oder *Scheuch* [6,28] widerspiegeln bereits das Unbehagen bei der Verwendung von reinen Berufsprestigeskalen. Allerdings sind auch die mehrdimensionalen Meßinstrumente, wie die Kritik von *Baumert* [6,4] zeigt, nicht ohne weiteres verwendbar, da sie häufig losgelöst von theoretischen Überlegungen entwickelt worden sind.

Die Begrenzung der sozialen Mobilität auf Statusveränderungen innerhalb der Position Beruf, d. h. auf das Berufsprestige, ist auch in der Fragestellung über Mobilität und Wanderung häufig anzutreffen. Daneben liegen Forschungsergebnisse vor, die die Rangdimension wirtschaftlicher Positionen, allerdings meist reduziert auf den Aspekt Einkommen, verwenden. Dem Anspruch, soziale Mobilität als Wechsel von typischen Lebenschancen, Lebensstilen oder Lebenslagen zu verstehen, genügen deshalb in der Wanderungsliteratur nur wenigen Arbeiten. Dies liegt einmal daran, daß die Theorie der sozialen Mobilität, wie oben ausgeführt, kaum Konzepte anbietet, die es gestatten würden, eindeutige Übergänge in andere Einheiten sozialer Ungleichheit zu messen. Damit verbunden ist die in der Mobilitätsliteratur oft vorhandene Grundannahme, daß soziale Ungleichheit keineswegs (mehr) ein wichtiges gesellschaftliches Strukturmerkmal sei, was mit der Häufigkeit und dem Umfang an Aufstiegschancen belegt wird.

Die Bestimmung von sozialer Mobilität als Statusveränderungen verweist auf die Beschreibung jener Dimensionen, aus denen sich das Total der materiellen und immateriellen Belohnungen zusammensetzt. Auf dem Hintergrund der oben zitierten Aussage von *Dahrendorf* hat *Recker* ein Modell zur Einordnung von Berufen nach sozialen Korrelaten als Grundlage zur Ermittlung von Barrieren bzw. zur Abgrenzung von

Einheiten sozialer Ungleichheit vorgeschlagen [6,25, S. 121]. Dieses Modell besteht aus den Dimensionen: Qualifikationen, Arbeitsbedingungen, Freiheitsspielraum, Belohnungen, Sicherheit und Prestige. Als Barrieren wurden Besitz und Qualifikation sowie Arbeitskraft ermittelt. Mit einem derart differenzierten Mobilitätsinstrument wird es möglich sein, auch horizontale und „small-scale-Mobilität" zu erfassen. Zur Vergleichbarkeit der im nächsten Abschnitt darzustellenden Ergebnisse über soziale Mobilität und Wanderung wäre eine Integration der den Ergebnissen zugrunde liegenden Meßinstrumente notwendig. Da dies nicht möglich ist, bleibt nur der Weg übrig, bei den Vergleichen auf mögliche Unterschiede hinzuweisen.

6.2 Mobilitätsbezogene Ergebnisse der Wanderungsforschung

Die folgende Beschreibung der Wanderung nach einigen personenbezogenen Merkmalen soll zeigen, „daß Wandernde keine Zufallsauswahl aus der Bevölkerung am Herkunftsort sind" [6,21, S. 126]. Aus der Fülle möglicher Merkmale, durch die sich die Wandernden besonders auszeichnen, sollen einige herausgegriffen werden, die in einem spezifischen Verhältnis zur Frage der sozialen Mobilität stehen. Dazu gehören insbesondere die soziale Herkunft, die Ausbildung, der eigene soziale Status mit besonderer Bedeutung des Ausgangsstatus, bzw. der ersten beruflichen Tätigkeit nach Abschluß der Ausbildung und das Alter.

Die isolierte Darstellung der Wandernden nach den einzelnen Merkmalen darf aber keineswegs den Eindruck erwecken, als stünden diese in keinem Zusammenhang zueinander. Daß mit steigender sozialer Herkunft das Ausbildungsniveau steigt und damit auch der Ausgangsstatus, darf nach bisherigen Erkenntnissen als gesicherter Zusammenhang betrachtet werden, ebenso wie die Aussage, daß sich Mobilitätsbewegungen auf bestimmte Altersperioden konzentrieren. Die Aussage, daß Wanderungen als – wenn auch keineswegs perfekter – sozialer Ausgleichsmechanismus funktioniert zwischen geographischen Räumen mit Über- und Unterbevölkerung, gemessen als Relation des Bevölkerungsstandes zu den Erwerbsmöglichkeiten je geographischer Raumeinheit, hat ihre Entsprechung auf der Ebene der Merkmale der Wanderer in dem von *Lee* bemerkten Paradoxon der Wanderung. Er stellt fest, „daß die Bevölkerungsbewegung dazu tendieren kann, die Qualität der Bevölkerung, ausgedrückt durch eine bestimmte Eigenschaft sowohl am Ursprungsort als auch am Bestimmungsort zu vermindern“ [6,21, S. 128]. Damit sind jene beiden Komplexe angedeutet, auf die im folgenden nicht eingegangen wird, nämlich wie sich die Selektivität der Wanderung einerseits auf die Herkunftsgesellschaft andererseits auf die Gesellschaft am Zuwanderungsort auswirkt.

6.2.1 Soziale Schichten

Daß hier im allgemeinen nur von Ober- und Unterschichten die Rede ist, ist auf die oben angeführte begriffliche Unvergleichbarkeit zurückzuführen. Die Reduktion auf zwei Einheiten sozialer Ungleichheit ist zwar mit einem Verlust an Genauigkeit der Aussagen zu erkaufen, bedeutet aber andererseits einen Vorteil, weil dadurch die Gefahr der Verfälschungen wegen der unterschiedlichen Datenbasis der verschiedenen Arbeiten verringert wird. Eine zweite Vorbemerkung bezieht sich auf die Folgen der Tatsache, daß Oberschichten nur absteigen oder horizontal mobil sein können. Ihr Wanderungsverhalten kann daher nur daraufhin ausgerichtet sein, ihre soziale Stellung abzusichern und zu erhalten, wobei dieses Absichern vor allem auf die Mobilitätsdimensionen Sicherheit und Arbeitsbedingungen verweist, die in der Wanderungsliteratur vernachlässigt werden. Durch die von unten nach oben Drängenden stehen die Mitglieder der Oberschicht in einem ständigen Abwehrkampf. Ihr Verhalten zur Sicherung der eigenen Position ist daher primär ein solches der Diskriminierung der nach oben drängenden Mitglieder der Unterschicht. Auf der anderen Seite können die Mitglieder der Unterschicht nicht (mehr) absteigen, da sie sich bereits unten befinden. Ihr Ziel ist demnach nicht die Verteidigung einer bestimmten sozialen Position, sondern der soziale Aufstieg.

Oberschichten

Die Bereitschaft zur Wanderung nimmt mit steigendem sozialen Rang zu, ebenso, wie *Stub* [6,31, S. 89] und *Rose* [6,26, S. 420 ff.] nachweisen, die Wanderungsdistanz. Diese Aussage weist auf das grundlegende Problem hin, daß mit steigendem Status die Anzahl der zu besetzenden Positionen sinkt und daß daher eine größere geographische Distanz zurückgelegt werden muß, um eine gleich- oder höherwertige Position zu erreichen. Hier stellt sich die Frage, ob die zunehmende geographische Ausdehnung des Arbeitsmarktes mit steigendem Status der Beschäftigung auch eine steigende soziale Distanz zur Folge hat, d. h. ob bei Wanderungen die sozialen Kosten parallel zur geographischen Distanz steigen. Dies ist zu verneinen, denn es ist gerade ein Kennzeichen von Oberschichten, daß sich ihre Interaktionssysteme, beispielsweise über berufsbezogene Interaktionen, auf einen viel größeren geographischen Raum erstrecken.

Eine wichtige Einschränkung dieser Aussage ergibt sich für jene Angehörigen der Oberschichten, deren Berufsposition gekoppelt ist mit hohem Anteil an unbeweglichen Produktionsmitteln. Ein Unternehmer ist daher viel stärker an einen bestimmten Ort gebunden als beispielsweise ein ebenso erfolgreicher Manager ohne eigene Produktionsmittel. Eine ähnliche geographische Begrenzung und damit ein hoher Grad von geographischer Immobilität liegt, wie *Ladinski* [6,20], oder *Beshers* und *Nishiura* [6,6] zeigen, bei Inhabern jener Berufspositionen vor, deren Berufsausübung von staatlichen Lizenzen oder berufsgenossenschaftlichen Genehmigungen abhängig sind. Die Verlegung der Praxis eines Arztes oder Anwalts in eine andere Stadt ist fast gleichbedeutend mit einem Neuanfang. Dies bedeutet, daß ein wenigstens vorübergehender sozialer Abstieg in Kauf genommen werden muß, sofern man soziale Mobilität auf die Dimension Einkommen beschränkt und man einen langfristigen Einkommensrückgang unterstellen kann.

Eine weitere Eigenart der Oberschichtenwanderung ist die Größe des Abwanderungsortes. Im Wanderungsstrom zwischen (Groß-)Städten ist ihr Anteil gegenüber jenem anderer

Schichten am größten. Dieses Ergebnis von *Stub* [6,31, S. 90] überrascht allerdings nicht, wenn man sich bewußt ist, daß der Anteil der Positionen mit hohem Status in jenen geographischen Räumen am größten ist, deren wirtschaftlicher Entwicklungsstand am höchsten ist.

Schließlich ist auf eine interessante Unterscheidung hinzuweisen. Sie geht von der Feststellung aus, daß mit steigendem Status ein zweckrationales Handeln auch im Problembereich der sozialen Stellung und des Aufstieges vorherrscht. Diese Art von Handeln senkt die möglichen emotionalen Restriktionen, die mit Wanderungen über zunehmende geographische Distanzen zusammenhängen. Dies hat zur Folge, daß Oberschichten die Aufstiegschancen bzw. die Chancen, die sozialen Positionen zu erhalten, durch die tendenzielle Vorrangigkeit langfristiger Interessen noch besser zu realisieren vermögen.

Unterschichten

Angehörige der Unterschichten zeichnen sich durch eine besonders geringe Wanderungsneigung aus. *Batchelder* [6,3] zeigt, daß auch bei langfristiger Arbeitslosigkeit immer noch mehr als die Hälfte der arbeitslosen Arbeiter nicht bereit ist, abzuwandern, obschon der Einkommensverlust für Unterschichten eine weit größere Bedeutung hat als für die anderen Einheiten sozialer Ungleichheit. Ähnliche Ergebnisse hat auch *Tarver* [6,33] vorgelegt. Die geringe Wanderungswilligkeit in der Untersuchung von *Batchelder* hatte auch zur Folge, daß die Angebote zur Umschulung auf andere berufliche Tätigkeiten nur zögernd angenommen wurden, weil für die neu erlernten beruflichen Fähigkeiten keine Arbeitsplätze am bisherigen Wohnort vorhanden waren. Nimmt, wie auch *Carlsson* [6,10] zeigt, bei Gefährdung der sozialen Stellung, u. a. durch drohende Arbeitslosigkeit, die Wanderungsbereitschaft ab, so ist auf Ergebnisse hinzuweisen, die zeigen, wie Angehörige von Unterschichten sich dabei verhalten. *Hamilton* [6,15] weist nach, daß mit sinkender sozialer Stellung die Anzahl der Erwerbstätigen innerhalb einer Familie zunimmt, wobei die Bedeutung der einzelnen Teileinkommen zur Sicherung des Lebensstandards mit steigender Zahl der erwerbstätigen Familienangehörigen sinkt. Eine vorübergehende Einschränkung des Lebensstandards bei Verlust des Einkommens eines erwerbstätigen Familienmitgliedes hat daher nicht unmittelbar zur Folge, daß die betroffenen Familien in die Gruppe der sozial Verelendeten absinken. Dies läßt gleichzeitig die Möglichkeit offen, sich über eine verhältnismäßig lange Zeit einer Abwanderung zu entziehen, oder löst Versuche aus, durch vorübergehendes Pendeln zwischen dem bisherigen Wohn- und dem neuen Arbeitsort dem drohenden Abstieg zu entgehen. Das System der teilweisen Arbeitseinkommenssicherung durch Arbeitslosenunterstützung trägt ebenso zur geographischen Immobilität bei.

Im Gegensatz zu den Oberschichten ist die Wanderungsdistanz bei Unterschichten durchschnittlich kleiner. Dies hängt mit der engen geographischen Begrenzung des Arbeitsmarktes zusammen. Das Interaktionssystem Beruf hat für Unterschichten eine lokale oder regionale Begrenzung. Ein Wohnortwechsel über die Grenzen des lokalen oder regionalen Arbeitsmarktes hinaus bedeutet in einem viel größerem Ausmaß Interaktionswechsel für Unterschichten, als dies bei einer vergleichbaren Wanderungsdistanz bei Oberschichten der Fall ist.

Eine weitere Einschränkung der Wanderungsbereitschaft ergibt sich analog der Beschränkung der Wanderungsbereitschaft bei Oberschichten durch unbewegliche Produktionsmittel. Hier sind es allerdings nicht unbewegliche Produktionsmittel, welche zu geringerer Wanderungsneigung führen, sondern Haus- und Wohnungseigentum, das die außerordentlich starke geographische Unbeweglichkeit hervorruft. Die gleiche Situation ist zu bemerken bei kleinen Gewerbetreibenden und, wie *Haller* [6,14] nachweist, bei Landwirten, soweit sie Eigentümer sind von Grund und Boden, der (noch) nicht von spekulativen Bodenpreisbewegungen erfaßt ist, d. h. deren Höfe abseits von städtischen oder expandierenden Zentren liegen. Geographische Unbeweglichkeit wird einerseits durch die Bildung von Wohnungs- und Kleinhauseigentum gefördert. Daneben wirken sich aber auch in der beruflichen Situation liegende Faktoren häufig negativ für die geographische Beweglichkeit aus. Es sind dies die betrieblichen Vereinbarungen über soziale Sicherheit, wie z. B. betriebsbezogene Altersversicherung oder Zuwendungen und Vergünstigungen, die ausschließlich den Betriebsangehörigen gewährt werden. Vor allem in Ländern, in denen ein bedeutender Teil der Altersversorgung nicht staatlich geregelt ist, wie z. B. in den USA oder auch in der Schweiz, wirken sich diese betriebsinternen Sozialversorgungspläne äußerst wanderungshemmend aus. Durch die neue gesetzliche Regelung der Altersversorgung in der Schweiz, deren praktische Bewährung allerdings noch aussteht, bleibt zwar die Trennung zwischen öffentlicher und betriebsbezogener Altersversorgung erhalten. Das Gesetz gewährleistet aber die Freizügigkeit, so daß der Arbeitnehmer bei Wechsel des Arbeitgebers auch die Arbeitgeberanteile einer betriebsbezogenen Altersversicherung ausbezahlt erhält. Die von den Unternehmungen bewußt angestrebten Bindungen der Arbeitnehmer an den Betrieb durch teilweisen oder gänzlichen Verlust der Unternehmeranteile an der betrieblichen Altersversicherung beim Ausscheiden aus der Unternehmung führen insgesamt auch zu einem Druck auf die Arbeitslöhne. Ein anderes Beispiel der Bindung an den Betrieb ist die Zurverfügungstellung von Wohnungen und Häusern zu Vorzugsmieten. Bei einer seit dem zweiten Weltkrieg ständig andauernden Knappheit an preisgünstigen Wohnungen kann man sich vorstellen, welche negativen Wirkungen sich daraus für die Wanderungsbereitschaft ergeben. Auch der Anreiz auf betriebsinterne Aufstiegsmöglichkeiten vom ungelernten zum hochspezialisierten angelernten Arbeiter wirkt sich als „goldene Fessel" aus. Geographische Immobilität, vor allem in einem Alter, in dem berufliche Chancen kaum noch gegeben sind, scheinen für Unterschichten das typische Verhaltensmuster zu sein. Wenn überhaupt, werden Umzüge oder kleinräumige Wanderungen in Kauf genommen, die einerseits finanziell tragbar sind und andererseits die Erhaltung wesentlicher Teile bestehender Interaktionsmuster und -partner erlauben.

Es ist festgestellt worden, daß die Oberschichten eine größere Wanderungsneigung aufweisen als Unterschichten, unabhängig von den möglichen Wanderungsrichtungen und Distanzen. Der Anteil der Unterschichten ist am größten im Wanderungsstrom, der vom Land in die Stadt führt. Mit dem Aufstieg hängt dies insofern zusammen, als wegen der geringeren Differenziertheit von Berufspositionen und Einkommensmöglichkeiten die Erwerbschancen auf dem Lande ohnehin relativ gering sind. Dazu kommt, daß der natürliche Bevölkerungszuwachs auf dem Lande stets größer ist als in der Stadt, wobei sich allerdings die Unterschiede zunehmend ausgleichen, wie beispielsweise ein Vergleich der Entwicklung der Geburtenüberschüsse in den achtzehn bayerischen Planungsregionen beweist. Sollte in Zukunft auch in ländlichen Gebieten mit einem negativen natürlichen Bevölkerungssaldo gerechnet werden müssen, dann würden sich die negativen Folgen der Abwanderung verstärken, da durch die Attraktivität der Aufstiegsmöglichkeiten in städtischen Gebieten eine zunehmende Anzahl Menschen vom Land abwandert. Galt früher die Land-Stadt-Wanderung als indirekte Existenzsicherung der Bevölkerung im ländlichen Raum wegen fehlender Beschäftigungs- und Aufstiegsmöglichkeiten, so würden bei gleichen Abwanderungsraten, aber sinkenden Geburtenüberschüssen erhebliche strukturelle Probleme für die ländlichen Räume entstehen.

Ein weiteres Problem bei der Wanderungsneigung von Unterschichten liegt in der relativen Dominanz des kurzfristigen hedonistischen Handlungstyps. Dieser Typ zeichnet sich durch das Fehlen einer rationalen, langfristigen Zukunftsorientierung aus. Eine zukunftsorientierte Handlungsweise setzt neben entsprechender Ausbildung in erster Linie eine gewisse Unabhängigkeit von täglichen Unsicherheiten voraus und die Garantie eines Lebensstandards, der es ermöglicht, kostenintensive Investitionen zugunsten eines möglichen späteren sozialen Aufstieges zu machen.

6.2.2 Soziale Herkunft und Ausbildung

Aus der Mobilitätsliteratur geht hervor, daß soziale Herkunft sowie Ausbildung von entscheidender Bedeutung für den sozialen Aufstieg oder für die Erhaltung des sozialen Status ist. Gleichzeitig mit der Verlangsamung des wirtschaftlichen Wachstums, wie dies typisch ist für bürokratisch organisierte, hochindustrialisierte Gesellschaften, verläuft ein Prozeß, der die Zugänglichkeit zu sozialen Positionen immer stärker von formaler Ausbildung abhängig macht. Entscheidend für den erreichbaren sozialen Status ist die Schichtzugehörigkeit im Zeitpunkt des Eintritts in das Erwerbsleben. Wer seine berufliche Karriere in der Unterschicht beginnt, hat eine sehr große Chance, in dieser zu verbleiben. Es hat sich gezeigt, daß Aufstiegsbewegungen häufig sind. Wenn man aber die dabei zurückgelegte Distanz betrachtet, dann fällt auf, daß die Wahrscheinlichkeit, im intergenerationellen Vergleich in die nächst höhere soziale Schicht aufzusteigen, viel größer ist als jene des Aufstieges in die übernächste Schicht. Im Vergleich innerhalb derselben Generation gilt dies im verstärktem Maße.

In welcher Weise soziale Herkunft die Aufstiegschancen beeinflußt, wird deutlich, wenn man sie in direkte Beziehung zur Ausbildung setzt. Kann man die Ausbildung, wie *Featherman* nachweist [6,12], als Schlüsselvariable für soziale Mobilität betrachten, so sind es die durch die Herkunftsfamilie geprägten Werte und Einstellungen, durch die Orientierungen und Ziele im Hinblick auf Ausbildung geprägt werden. Die Ergebnisse von *Featherman* und *Blevins* stützen die Hypothese, daß das Ausbildungsniveau steigt, je privilegierter die soziale Stellung der Herkunftsfamilie ist. Allerdings ist die Vererbung des sozialen Status auf die nächste Generation nicht nur über die Ausbildung möglich, sondern auch direkt durch Übertragen von Besitz und Eigentum an Produktionsmitteln, deren Erhaltung und Vermehrung durch eine entsprechende Ausbildung zwar erleichtert, aber nicht gewährleistet sind.

Die nächste Frage betrifft den Zusammenhang zwischen Ausbildung und Wanderung. Wenn es sich erweist, daß der Zusammenhang gleichartig ist wie jener zwischen Ausbildung und sozialer Mobilität, dann läßt sich aus dem zeitlichen Verlauf von Ausbildung, Mobilitätseinstellung, Wanderung und sozialer Mobilität die Hypothese bestätigen, wonach die Wanderung eine Folge der sozialen Mobilität(seinstellung) ist. Die Ergebnisse scheinen die Interpretation zu bestätigen. *Beshers* und *Nishiura* stellen fest, daß der Anteil der Collegeabsolventen in fast allen Wanderungsrichtungen am größten ist. Umgekehrt ist der Anteil der Wanderer ländlicher Herkunft mit höchstens sechsjähriger Ausbildung geringer als jener mit einer Ausbildung von sieben und mehr Jahren [6,6, S. 217]. Ohne Differenzierung nach der Richtung der Wanderungsströme, stellen *Shyrock* und *Nam* fest, daß Wanderer zwischen Regionen über eine bessere Ausbildung verfügen als Nicht-Wanderer. In den nach den verschiedenen Richtungen (Land-Stadt, Stadt-Stadt, Stadt-Land, Land-Land) differenzierten Wanderungsströmen kommen auch *Blau* und *Duncan* [6,7, S. 257 f.] zum Ergebnis, daß mit Ausnahme der Wanderungsströme zwischen ländlichen Gebieten die Wanderer sich von den Nicht-Wanderern durch den Ausbildungsgrad, durch die unterschiedliche soziale Herkunft und durch die soziale Stellung beim Eintritt ins Erwerbsleben unterscheiden. Die Wanderer verfügen im Durchschnitt über eine bessere Ausbildung, haben eine höhere soziale Herkunft und einen höheren Ausgangsstatus. Verdächtig scheint das deutliche Übergewicht der besser Ausgebildeten im Wanderungsstrom von den Nordstaaten der USA in die Südstaaten zu sein, d. h. von einer hochentwickelten Region in eine erheblich weniger entwickelte. *Blau* und *Duncan* bieten für dieses Phänomen, daß den allgemeinen Erwartungen zuwiderzusprechen scheint, die Interpretation an, daß die Wanderung in weniger entwickelte Gebiete mit überdurchschnittlichen individuellen Aufstiegschancen verbunden sein müsse [6,7, S. 268]. Dagegen meinen *Shyrock* und *Nam* [6,30, S. 310], daß die Gleichsetzung des Südens der USA mit Unterentwicklung und umgekehrt, des Nordens der USA mit Hochentwicklung zu global sei. Sie vermuten, daß dieser Nord-Süd-Strom aus wenig entwickelten Gebieten des Nordens in vergleichsweise besser entwickelte Regionen des Südens, z. B. nach Florida, verläuft.

Ebenso deutlich, wie die Ausbildungsunterschiede in den verschiedenen Wanderungsströmen, ist auch eine deutliche Differenzierung nach der Wanderungsrichtung festzustellen. *Suval* und *Hamilton* [6,32, S. 546] haben nachgewiesen, daß das durchschnittliche Ausbildungsniveau unter den Wanderern mit zunehmender Wanderungsdistanz steigt. Dieser Befund deckt sich mit der oben gemachten Aussage, daß die Wanderungsdistanz schichtenspezifisch ist, d. h. daß Angehörige der Oberschichten durchschnittlich über eine längere Distanz wandern als jene der Unterschichten.

Ein unmittelbarer Einfluß der Ausbildung auf das Wanderungsverhalten ergibt sich dann, wenn bereits die Erreichung eines bestimmten Ausbildungszieles die Wanderung (oder zumindest das Pendeln) voraussetzt und nicht erst der „Vollzug" des sozialen Aufstieges. Dies ist beim Fehlen der notwendigen Ausbildungsmöglichkeiten am bisherigen Wohnort der Fall. Dazu kommt dann die Tatsache, daß die der Ausbildung entsprechenden Erwerbsmöglichkeiten am Wohnort vielfach nicht vorhanden sind. Diese Situation wird vor allem deutlich bei benachbarten Regionen mit großen Entwicklungsunterschieden. Daß viele an Universitäten in hochindustrialisierten Ländern ausgebildete Akademiker aus Entwicklungsländern nach ihrem Studium nicht zurückkehren, hängt damit zusammen, daß sie im Ausbildungsland einen ihrer Ausbildung entsprechenden und durch die Erfahrung im Gastland mitbedingten Anspruch auf eine soziale Stellung verwirklichen können, während dies in ihren Heimatländern nur beschränkt möglich ist. Ebenso verhält es sich z. B. bei der in den Gebirgsregionen festgestellten Abwanderung der jungen, erwerbsfähigen Bevölkerung in städtische Zentren. Auch hier verstärken die sich außerhalb der Region befindlichen Ausbildungsmöglichkeiten und das gleichzeitige Fehlen von – der Ausbildung entsprechenden – Erwerbs- und Aufstiegsmöglichkeiten die Tendenz zur definitiven Abwanderung.

Wenn die Abwanderung als Problem empfunden wird, kann sie primär durch Schaffung von Erwerbs- und Aufstiegs- und sekundär durch Verbesserung der Ausbildungsmöglichkeiten innerhalb der Abwanderungsregion gebremst werden. Ausbildung ohne parallele Aufstiegschancen innerhalb derselben Region führt zwangsläufig zur Abwanderung oder Deprivation wegen Unterschreitens des durch die Ausbildung legitimierten beruflichen und einkommensmäßigen Anspruchsniveaus. Andererseits werden Aufstiegschancen der Bevölkerung in den unterentwickelten Regionen auch dann realisiert, wenn die dazu notwendigen Ausbildungsmöglichkeiten außerhalb der Region zu finden sind. Dies, weil durch die relative Sicherheit der Verwirklichung des Anspruchniveaus innerhalb der Herkunftsregion, die sozialen Interaktionsmuster erhalten werden können, soweit sie durch einen sozialen Aufstieg nicht ohnehin verändert werden.

6.2.3 Alter

Die Gliederung der Wandernden nach verschiedenen Altersgruppen zeigt eindeutige Schwerpunkte. Ausgehend von der Feststellung, daß jüngere Menschen im allgemeinen eine geringere ortsbezogene Handlungsorientierung aufweisen als ältere Menschen, stellen *Beshers* und *Nishiura* fest, daß die Wanderungsneigung der jungen Erwachsenen größer ist als jene anderer Altersgruppen. Daß die Wanderungsneigung der Altersgruppe der 15–19jährigen geringer ist als bei der Gruppe der 20–24jährigen, ist ebenfalls in diese Aussage einzuordnen, wie die von *Albrecht* [6,1, S. 87] zitierte Feststellung von *Daniel*, daß „die Migranten sich besonders in der Altersgruppe der unter 35jährigen konzentrieren, vor allem in der von 20–24 Jahren". Eine weitere Häufung von Wanderungsfällen ist in der Altersgruppe der Rentner zu verzeichnen. Der Anteil der Wandernden in der Altersgruppe der 65jährigen und Älteren liegt deutlich über jenem der 40–64jährigen.

Die Einbettung des Alters in einen größeren Zusammenhang kann auf zwei Arten erfolgen. Setzt man die altersmäßige Verteilung der Wanderungshäufigkeit in Beziehung zu anderen demographischen Variablen, wie z. B. Familienstand, dann scheint, daß „im Faktor Alter als ‚Ursache' für Wanderungen zum Teil der Faktor ‚Familienstand' versteckt ist" [6,1, S. 88]. Diese Interpretation läßt sich weiter ausbauen und kann zum Konzept des Lebenszyklus führen, das demographische mit ökonomischen Variablen verbindet. Es beinhaltet die Aussage, daß die Wanderungsneigung in Zeiten der Veränderungen innerhalb einer Familie, beispielsweise bei Heirat, Geburt der Kinder, bei Ausscheiden der Kinder aus dem elterlichen Haushalt oder beim Tod eines Ehepartners größer ist als in Zeiten der Stabilität im Lebensverlauf der Familie. Aber erst die Verbindung des Familienlebenszyklus mit, wie *Rossi* es gemacht hat, Wohnungsproblemen, eröffnet die Möglichkeit, Alter und Familienstand bzw. Familiengröße in ein Erklärungsschema einzuordnen: *Rossi* entwikkelt einen Beschwerdeindex über die Unzufriedenheit mit der Wohnung und weist nach, daß die Unzufriedenheit mit der Größe und der Qualität einer bisherigen Wohnung mit zunehmender Familiengröße steigt und damit auch die Wahrscheinlichkeit der Wanderung bzw. des Umzuges in eine größere oder qualitativ bessere Wohnung [6,27].

Neben der Einordnung der Variable Alter in das Konzept des Lebenszyklus ist auch eine Verbindung mit der sozialen Mobilität erkennbar: Die Häufung der Wanderungsfälle bei der Altersgruppe der unter 35jährigen fällt zusammen mit der – wie *Müller* betont – Hauptphase, in der die Mobilitätsbewegungen stattfinden. Er stellt fest, daß die meisten Menschen im Alter von 32 Jahren eine Position erreicht haben, „an der sich im späteren Leben nicht mehr viel ändert. Vor allem die berufliche Mobilität sinkt nach diesem Alter stark ab" [6,23, S. 11]. Auch die Häufung der Wanderungsfälle des im Rentneralter stehenden Personenkreises kann auf dem Hintergrund von Mobilitätsaspekten gesehen werden. Als Ursache für die steigende Wanderungsrate dieser Altersgruppe wird angeführt, daß das Ausscheiden aus dem Berufsleben gleichbedeutend sei mit dem Verlust einer zentralen gesellschaftlichen Rolle oder der Aufgabe der Position in einem gesellschaftlichen Subsystem, das einen maßgeblichen Einfluß auf das Verhalten des Menschen ausübt. Um der drohenden Desintegration oder Isolierung zu entgehen, wird Wanderung in Orte oder Siedlungen mit überwiegendem Anteil an ebenfalls aus dem Erwerbsleben ausgeschiedenen Gleichaltrigen häufig dem Verbleiben am bisherigen Wohnort vorgezogen.

Die altersmäßige Häufung der Wanderungsfälle und ihre Interpretation innerhalb der übergeordneten Konzepte des Lebenszyklus und der sozialen Mobilität deuten darauf hin, daß das Alter nicht als erklärende Variable für die Wanderungsbewegungen zu sehen ist. Das Alter ist vielmehr ein brauchbarer Indikator für das unterschiedliche Ausmaß des Auftretens von sozialen Mobilitätsprozessen einerseits, von Veränderungen innerhalb der Familienstruktur andererseits.

Wenn das Alter auf die Funktion eines Indikators für zwei vorwiegend gleichzeitig ablaufende soziale Prozesse reduziert wird, stellt sich die Frage des Verhältnisses der beiden Konzepte Lebenszyklus und soziale Mobilität zueinander. An dieser Stelle soll der Hinweis genügen, daß *Rossis* Verbindung von Lebenszyklus mit Wohnungsproblemen, die eine deutliche ökonomische Dimension aufweist, darauf hindeutet, daß dem Konzept des Lebenszyklus eine differenzierende Funktion innerhalb eines umfassenderen Mobilitätskonzeptes zukommt.

6.3 Wanderung – Seßhaftigkeit

Im vorangegangenen Abschnitt lag der Schwerpunkt auf der Kennzeichnung einiger mobilitätsrelevanter Merkmale der Wandernden, telweise differenziert nach Wanderungsrichtung und -distanz. De Nicht-Wandernden standen dabei meist indirekt als Vergleichsgruppe im Hintergrund. Vergleicht man aber die Zahlen derjenigen, die wandern, mit jenen, die nicht wandern, so liegt der Schluß nahe, daß neben der sozialen Mobilität entweder andere, konkurrierende Zielsetzungen vorhanden sind, oder daß strukturelle Ursachen dafür verantwortlich sind, daß ein bedeutender Teil der Bevölkerung seßhaft bleibt und auch keinen sozialen Aufstieg erlebt.

Im folgenden geht es weniger um einen expliziten Vergleich von Persönlichkeitsmerkmalen zwischen dem wandernden und dem seßhaften Teil der Bevölkerung, sondern um die Frage, ob und in welcher Weise gesellschaftliche Werte oder Zielsetzungen wirken, die der Idee der sozialen Mobilität und der Wanderung als Instrument zur Verwirklichung des Aufstieges entgegenstehen. Abgesehen von der Frage des tatsächlichen Vorhandenseins von Mobilitätschancen und struktureller Mobilitätsbarrieren ist es für eine Raumplanung, die vom Ziel der sozialen Mobilität im Rahmen einer Chancengleichheit in allen Gebietseinheiten ausgeht, von entscheidender Bedeutung zu wissen, welche individuellen Zielsetzungen Mobilitätsansprüche zu überlagern oder zu ersetzen vermögen.

Nach Angaben von *Schwarz* beträgt der Anteil der in einem Jahr den Wohnort wechselnden Personen in der Bundesrepublik zwischen 1950 und 1967 durchschnittlich etwas mehr als

6 Prozent [6,29, S. 80]. Bei Annahme einer mehr oder weniger konstanten jährlichen Wanderungsrate, die aus den Daten von *Schwarz* gerechtfertigt erscheint, ergibt sich, daß in ungefähr 17 Jahren die gesamte Bevölkerung einmal „umgesetzt" wird, d. h. daß innerhalb des Zeitraums von 17 Jahren im Durchschnitt jeder Bewohner einmal seinen Wohnort wechselt. Geht man ferner von einer durchschnittlichen Lebenserwartung von 70 Jahren aus, läßt sich daraus ermitteln, daß, wiederum im Durchschnitt, jeder Mensch innerhalb seines Lebens viermal seinen Wohnort wechselt. Zieht man dabei jene Wanderungsfälle ab, die während der Zugehörigkeit zur Herkunftsfamilie auftreten, dann dürfte die Zahl der durchschnittlichen Wanderungsfälle ungefähr gleich groß sein wie jene, die *Pourcher* in Frankreich bei seiner Kohortenanalyse festgestellt hat. Für die von 1886 bis 1910 Geborenen ergeben sich nach dem 15. Lebensjahr zwischen 1,95 und 1,55 Ortsveränderungen [6,24, S. 216 f.]. Die leicht sinkende Wanderungsziffer bei *Pourcher* sowie die von *Schwarz* dargestellten Wanderungsraten in der BRD widerlegen auch die häufig vertretene Behauptung, daß die Bevölkerung in der Gegenwart häufiger den Wohnort wechsele als dies früher der Fall gewesen sei. Dies stimmt nur insofern, daß das Wanderungsvolumen erheblich zugenommen hat. Legt man aber das erhöhte Volumen auf die gestiegene Bevölkerungszahl um, dann zeigt sich, daß die Anzahl der Wanderungsfälle je Bevölkerungseinheit stagniert oder, wie bei *Pourcher*, leicht rückläufig ist.

6.3.1. Konkurrierende Werte

Vorerst soll die Frage der zur sozialen Mobilität in Konkurrenz stehenden Zielsetzungen oder Werten geklärt werden, die möglicherweise die Wanderungsbereitschaft hemmen. Fragt man nach den Ursachen der Nicht-Wanderung, so stößt man auf die Bedeutung der sozialen Integration oder auf ein Heimatgefühl und eine emotionale Ortsbezogenheit [6,34, S. 257], die nicht auf die Attraktivität des geographischen Raumes – es sei denn bei Wanderungsbewegungen von wohlhabenden Rentnern – als vielmehr auf die Verwurzelung über Mitgliedschaften in lokalen Vereinigungen, über den

Wunsch auf Aufrechterhaltung von Verwandtschaftsbeziehungen, kurz auf die Beständigkeit und Sicherheit der Rollenbeziehungen innerhalb gegebener sozialer Räume, zurückzuführen sind. Wanderung heißt Ausscheiden aus den örtlich bezogenen sozialen Sub-Systemen und Notwendigkeit der Neuintegration oder Anpassung an einen neuen Ort. Wenn Wanderung von Aufstieg und nicht von horizontaler Mobilität begleitet ist, dann bedeutet sie nicht nur einen Wechsel zwischen gleichartigen oder gleichwertigen Teilsystemen, sondern es werden neuartige Verhaltensweisen verlangt, d. h. Integration in eine ungleichartige, unbekannte soziale Umwelt. Bei Wanderung mit horizontaler Mobilität werden zwar gleiche, gleichartige oder per Saldo gleichwertige Positionen und Rollenbeziehungen übernommen, aber die Interaktionspartner sind nicht mehr dieselben.

Wird der Wanderungsentscheidungsprozeß verfolgt, dann findet – ein zweckrationales Handeln sowie Informationen über die und Perzeption der Mobilitätschancen vorausgesetzt – ein Abwägen zwischen den durch die Wanderung erwarteten ökonomischen und anderen statusbezogenen Vorteilen und den damit verbundenen Kosten der Desintegration und Neuintegration statt. Aus den bisherigen Ausführungen kann nur geschlossen werden, daß Menschen mit Aufstiegsorientierung und Informationen darüber der Wanderung den Vorzug geben werden, während Menschen ohne diese Orientierungen und Informationen sich eher zum Verbleiben am bisherigen Ort entscheiden. Dazu ist zu ergänzen, daß Nichtwanderung keineswegs nur als Ergebnis von bewußt ablaufenden Entscheidungsprozessen gesehen werden darf. Seßhaftigkeit ist oft eine nicht in Frage gestellte, selbstverständliche Verhaltensweise, was dazu führt, daß Aufstiegsmöglichkeiten gar nicht gesehen werden.

Beispiele für die fehlende Wahrnehmung von Aufstiegsmöglichkeiten mangels Informationen darüber und für den bewußten Verzicht auf Aufstieg zugunsten der örtlichen sozialen Integration gibt *Uhlenberg*. Er berichtet über die sehr stark unter dem Durchschnitt liegende Abwanderungshäufigkeit in den südlichen Appalachen, eine der ärmsten Regionen in den USA, zwischen 1930 und 1960. Unter der Annahme von ökonomischer Zweckrationalität hätte schon vor 1930 eine Massenabwanderung stattfinden müssen. Auch die 30 Jahre anhaltende wirtschaftliche Depression in dieser Region führte zu keiner massiven Abwanderung. Die Bedeutung der sozialen Integration als Ursache der Nichtwanderung bei vorhandenen Informationen über Aufstiegsmöglichkeiten beschreibt *Uhlenberg*, indem er sich *Parr*s Schlußfolgerungen anschließt, daß die sozialen Bindungen, insbesondere die Zugehörigkeit zu kirchlichen Organisationen und Vereinigungen, enge Familienbindungen, unterschiedliche Lebensstile und die Schwierigkeit, sich in städtischer Umgebung anzupassen, die Abwanderungswahrscheinlichkeit verminderten [6,35, S. 308].

Ein zweites Beispiel für den bewußten Verzicht auf sozialen Aufstieg ist die für den Autor unverständlich geringe Anzahl der – während des zweiten Weltkrieges zwangsinternierten – Japaner, die die Lager verließen. Obschon die Internierung noch vor Kriegsende aufgehoben und ökonomische Anreize für den Auszug aus den Lagern geboten worden waren, mußte die Regierung die Lager zwangsweise räumen. *Uhlenberg* schließt daraus auf die enge soziale Bindung der Japaner untereinander, was zum Verbleiben in den Lagern führte. Dies um so mehr, als die Internierten vor Übergriffen durch Amerikaner als mögliche Folge bei negativem Kriegsverlauf für die USA geschützt waren und zudem die Grundbedürfnisse befriedigt wurden. Allerdings wurde eine Rückkehr in die von den Japanern bevorzugten Regionen an der Westküste nicht gewährt. Zudem wurde auch der Zusammenschluß außerhalb der Lager verboten. Auch hier ist zusätzlich anzumerken, daß vorzugsweise die Jungen und Anpassungsfähigen die Gelegenheit benutzten, um die Lager zu verlassen. Die schon vor der Internierung wenig an ihre amerikanische Umwelt Angepaßten blieben so lange wie möglich in den Lagern zurück.

Schließlich wird berichtet von der aufgrund des wirtschaftlichen Entwicklungsunterschiedes zwischen den Nord- und Südstaaten unerwartet geringen Abwanderungshäufigkeit der nach dem Bürgerkrieg frei gewordenen Neger im Süden. Hier sind es die fehlende Information über die Aufstiegsmöglichkeiten im Norden und auch die mehr rechtliche als tatsächliche Aufhebung der Sklaverei, d. h. die Zwangsintegration durch faktische Erhaltung bisher rechtlich gesicherter Abhängigkeitsverhältnisse, die zugeringer Abwanderung führten. Mit dem Stopp der Einwanderung aus Europa in den Norden der USA und der sich allmählich verbreitenden Information über die Aufstiegsmöglichkeiten im Norden setzte dann die Massenabwanderung nach dem ersten Weltkrieg ein.

6.3.2 Zum Verhältnis zwischen Mobilität und Integration

Diese Ergebnisse deuten darauf hin, daß es sich bei sozialer Mobilität(saspiration) einerseits und sozialer Integration andererseits um gegensätzliche Werte handelt, insofern, als die durch soziale Mobilität notwendig gewordene Wanderung, und daneben auch sozialer Aufstieg ohne Wohnortwechsel, aber dafür zumindest mit örtlichem Umzug, mindestens vorübergehend Desintegration bedeutet. Dieser Gegensatz ist keineswegs in der Weise zu sehen, daß der eine Wert nur ausschließlich auf Kosten des anderen erreichbar ist, denn die zeitliche Komponente läßt ein Neben- oder besser ein Nacheinander durchaus zu. Die Wanderungs- und Mobilitätsphase fallen in jene Zeit innerhalb des Lebenszyklus eines Menschen, in der die wesentlichen Veränderungen stattfinden. Die Suche nach dem endgültigen Status oder des wichtigen Ausgangspunktes für den gesellschaftlichen Endstatus und damit auch Wanderung fallen zeitlich zusammen mit dem Ablösungsprozeß von der Herkunftsfamilie, der Heirat und dem Anwachsen der Familie durch die Kinder. Man kann daher sagen, daß es sich um ein Nacheinander handelt. In der expansiven Phase des Lebenszyklus wird gleichzeitig der später kaum mehr veränderbare soziale Gesamtstatus fixiert oder vorbereitet, und die Wanderungsneigung ist in dieser Phase am größten. Diese Phase kann als Vorbereitung der sozialen Integration bezeichnet werden, während die daran anschließende Phase, die bis zum Ausscheiden aus dem Erwerbsleben dauert und in der die Wanderungshäufigkeit stark zurückgeht, vorwiegend der Erhaltung der in der ersten Phase erreichten Integration dient.

Das Dominieren von unterschiedlichen Werten in zwei verschiedenen Grundphasen des Lebenszyklus bedeutet nicht, daß beide Werte kongruent sind. Es ist eine Interpretation denkbar, bei der der Wert Integration jenem der sozialen Mobilität nachgeordnet ist. Es soll abschließend gezeigt werden, daß die Ergebnisse von *Uhlenberg* in dieser Richtung interpretiert werden können. Im Falle der hochintegrierten, vorwiegend armen Bevölkerung in den südlichen Appalachen ist die Feststellung wichtig, daß sich in Übereinstimmung mit den bisher vorgetragenen Ergebnissen unter den dennoch Abgewanderten überwiegend jene befinden, die jung sind, über eine überdurchschnittliche Ausbildung verfügen und auf eine „bessere" Herkunft verweisen können und außerdem auch jene, die nicht durch unbewegliches Produktionskapital – hier vor allem Farmer, deren Landpreise nur aus dem Ertragswert hervorgehen – örtlich gebunden sind. Zurückgeblieben sind, wie erwähnt, Alte, Kranke unterdurchschnittlich Ausgebildete, kurz die Unterprivilegierten. Die Realisierung der Abwanderung scheitert in diesen Gruppen, weil nicht einmal die Umzugskosten aufgebracht werden können. Da *Uhlenberg* in seinem Beispiel auf das Vorhandensein von Informationen über Mobilitätsmöglichkeiten in anderen Regionen hinweist, liegt der Schluß nahe, daß die Betonung der örtlichen Integration und der verschworenen Gemeinschaft als Ersatzwert für die Unmöglichkeit der Realisierung des Wertes soziale Mobilität dient.

Am Beispiel des spärlichen Wanderungsstromes der in den sechziger Jahren des vergangenen Jahrhunderts befreiten Negersklaven in den Südstaaten der USA ist die Integration als Ursache der Nicht-Wanderung kaum haltbar. Das Verbleiben im Süden ist auf den Mangel an Information über die besseren Möglichkeiten im Norden zurückzuführen und auf die reaktiven Maßnahmen der Oberschichten im Süden, die Gefahr liefen, durch Abwanderung ihr billiges Arbeitskräftereservoir zu verlieren, was ihre Konkurrenzfähigkeit und ihre politische Machtstellung gefährdet hätte. Wäre die Integration tatsächlich die Ursache der Nicht-Wanderung gewesen, dann hätten die Oberschichten im Süden auf ihre Reaktion verzichten können. Zudem hätte die Entdeckung des vorhandenen Arbeitskräftepotentials durch den inzwischen hochindustrialisierten Norden nicht unmittelbar zur Massenabwanderung nach dem ersten Weltkrieg führen dürfen.

Schließlich ist zu der fehlenden Bereitschaft der während des zweiten Weltkrieges zwangsinternierten Japaner zur Abwanderung zu sagen, daß diese fehlende Bereitschaft auch hier ihren Schwerpunkt unter den Älteren hatte. Die Integration als Ursache der Nicht-Wanderung ist in diesem Falle am ehesten gerechtfertigt. Man darf dabei aber nicht übersehen, daß die Internierungslager zwar keine Aufstiegsmöglichkeiten boten, aber das Zusammenleben innerhalb der gleichen ethnischen Gruppe gewährleisteten und ebenso eine relative wirtschaftliche Sicherheit boten, da die persönlichen Grundbedürfnisse gesichert waren. Die Sicherstellung der wirtschaftlichen Existenz außerhalb der Lager lag ausschließlich bei den Abgewanderten selbst. Dazu kommt, daß die ökonomischen Möglichkeiten außerhalb der Lager und die physische Existenz so lange unsicher blieben, wie der Krieg zwischen den USA und Japan tobte.

Die Überprüfung der von *Uhlenberg* herangezogenen Beispiele zur Bestätigung der Bedeutung der nicht-ökonomischen Ursachen der Nicht-Wanderung bzw. der Integration ergibt, daß es (1) nützlich ist, das zeitliche Nacheinander des Dominierens der Werte soziale Mobilität und soziale Integration zu beachten. (2) scheint der Wert Integration jenen der sozialen Mobilität zu überlagern und vor allem dann wirksam zu werden, wenn die Mobilitätsphase abgeschlossen ist oder wenn Mobilität nicht erreicht oder als nicht erreichbar eingeschätzt wird.

6.4 Schlußfolgerungen

Wanderung wird hier als geographische Dimension der sozialen Mobilität bzw. als Folge des Anspruches auf sozialen Aufstieg oder des Bemühens gesehen, einen einmal erreichten sozialen Status zu erhalten. Dazu ist zu ergänzen, daß der Wanderung die Rolle eines Wegbereiters zukommt oder auch als notwendige Voraussetzung verstanden werden muß, ohne die sozialer Aufstieg oder Verhinderung von Abstieg aufgrund der geographisch ungleichen Verteilung von „hohen“ und „tiefen“ sozialen Positionen erschwert wird. Soziale Herkunft und Ausbildung sind jene beiden Faktoren, welche den sozialen Gesamtstatus eines Menschen zentral beeinflussen. Dies direkt über die formalen Qualifikationen, die mit zunehmender Tendenz zur Bürokratisierung aller beruflichen Positionen den theoretisch möglichen sozialen beruflichen Endstatus bestimmen. Andererseits indirekt über die in der Herkunftsfamilie und durch die Ausbildung geprägten Mobilitätsorientierungen, -ansprüche und -einstellungen. Die Mobilitäts- bzw. Wanderungsphase konzentriert sich auf die Lebensjahre zwischen 20 und 35 oder, allgemeiner ausgedrückt, auf die expansiven Phasen des Lebenszyklus. In direkter Abhängigkeit zur sozialen Stellung ist die geographische Ausdehnung des gesamten Interaktionsfeldes zu sehen und damit erstens die Wanderungsneigung und zweitens die -distanz. Die Wanderungswahrscheinlichkeit und die Distanz steigen mit zunehmender sozialer Stellung und umgekehrt. Die Wanderungsrichtung verläuft generell von wenig zu höher entwickelten Gebietseinheiten, d. h. auf der Ebene der Individuen gesehen, in Gebietseinheiten, welche Aufstiegsmöglichkeiten bieten, sei dies auch bloß in Form von dauerhafter Arbeit.

Die Auseinandersetzung mit der sozialen Mobilität und dem gesellschaftlichen Wert soziale Integration als mögliche Erklärung der Nicht-Wanderung sowie der sozialen Immobilität hat zwei weitere Ergebnisse erbracht: Die beiden Werte schließen sich nicht gegenseitig aus, sondern sie dominieren in unterschiedlichen Zeitperioden innerhalb eines Lebenszyklus. Außerdem ist der Wert soziale Integration als eine Art sekundärer oder als Ersatzwert zu sehen: entweder kommt er nach Abschluß der sozialen Mobilitätsbewegungen zum Tragen und hat dann die Funktion der Erhaltung des Status quo. Oder er ist, wenn er während der Lebensphase der (nicht realisierten) Mobilität dominiert, als Ersatzwert zu sehen. Damit ist auch die Nicht-Wanderung unter Mobilitätsgesichtspunkten zu interpretieren.

Für die Besiedlung des Raumes als Teilaufgabe der Raumordnung sind die Ergebnisse in folgender Weise bedeutsam: Lenkung von Wanderungsströmen ist dann mit Erfolg möglich, wenn die Richtung von unterentwickelten in besser entwickelte Gebietseinheiten verläuft. Das bedeutet, daß in den gewünschten Zuwanderungsgebieten soziale Aufstiegsmöglichkeiten gegenüber den erwarteten Abwanderungsräumen geschaffen oder erhalten werden müssen. Außerdem ist die schichtspezifische Wanderungsdistanz und -häufigkeit zu berücksichtigen. Umgekehrt kann einer Abwanderung und damit einer langfristigen Entleerung von Gebietseinheiten nur dadurch begegnet werden, wenn in erster Linie Erwerbs- und Aufstiegsmöglichkeiten geschaffen werden und darüber hinaus auch die entsprechenden Ausbildungseinrichtungen.

Aus der theoretischen Unmöglichkeit heraus, alle geographischen Räume zu entwickeln und damit in allen Gebieten positive Wanderungssaldi zu erwarten – es sei denn, man beziehe auch die internationalen Wanderungsbewegungen für nationale Raumentwicklungsvorstellungen mit ein-, müssen geographische Raumeinheiten als potentielle oder erwünschte Abwanderungsgebiete explizit formuliert werden, um damit anderen Gebietseinheiten Entwicklungsmöglichkeiten zu eröffnen. Mit dem in einer Reihe von hochindustrialisierten Staaten sich gegen Null bewegenden natürlichen Bevölkerungszuwachs gewinnen die Wanderungsbewegungen eine zunehmende Bedeutung für die regionale Bevölkerungsverteilung und damit für die regionalen Entwicklungsmöglichkeiten.

Literatur

[6,1] *Albrecht, G.:* Soziologie der geographischen Mobilität. Stuttgart 1972.

[6,2] *Bacon, L.:* Poverty among Interregional Rural-to-Urban Migrants. In: Rural Sociology 36 (1971).

[6,3] *Batchelder, A. B.:* Occupational and Geographic Mobility: Two Ohio Area Case Studies. In: Industrial and Labor Relations Review 18 (1965).

[6,4] *Baumert, G.:* Kritische Bemerkungen über empirische Ansätze zur Bestimmung der sozialen Schichtung. In: Kölner Zs. f. Soziol. u. Sozialpsych. Sonderh. 5 (1961): Soziale Schichtung und Mobilität.

[6,5] Bayerisches Staatsministerium für Landesentwicklung und Umweltfragen (Hrsg.): Planungsregionen. München 1973.

[6,6] *Beshers, J. M., u. E. N. Nishiura:* A Theory of Internal Migration Differentials. In: Social Forces 39 (1961).

[6,7] *Blau, P. M., u. O. D. Duncan:* The American Occupational Structure. New York 1967.

[6,8] *Blevins jr., A. L.:* Socioeconomic Differences between Migrants and Non-Migrants. In: Rural Sociology 36 (1971).

[6,9] *Bolte, K. M.:* Vertikale Mobilität. In: *König, R.* (Hrsg.): Handbuch der empirischen Sozialforschung. Bd. II. Stuttgart 1969.

[6,10] *Carlsson, G.:* The Causal Connection between Migration and Social Mobility. Working Paper 8 submitted to the Fourth Working Conference on Social Stratification and Social Mobility. International Sociological Association. (Dezember 1957).

[6,11] *Dahrendorf, R.:* Industrie- und Betriebssoziologie. Berlin 1965.

[6,12] *Featherman, D. L.:* Residential Background and Socioeconomic Achievements in Metropolitan Stratification Systems. In: Rural Sociology 36 (1971).

[6,13] *Geiger, Th.:* Eine dynamische Analyse der sozialen Mobilität. In: Arbeiten zur Soziologie, Band 7. Neuwied 1962.

[6,14] *Haller, O. A.:* The Occupational Achievment Process of Farm-Reared Youth in Urban-Industrial Society. In: Rural Sociology 25 (1960).

[6,15] *Hamilton, R. F.:* Einkommen und Klassenstruktur. In: Kölner Zs. f. Soziol. u. Sozialpsych. 20 (1968).

[6,16] *Hatt, T.:* Occupation and Social Stratification. In: Amer. J. Sociol. (May 1950).

[6,17] *Horstmann, K.:* Horizontale Mobilität. In: König, R. (Hrsg.): Handbuch der empirischen Sozialforschung, Bd. II. Stuttgart 1969.

[6,18] *Kahl, J. A., u. J. A. Davis:* A Comparison of Indexes of Socio-Economic Status. In: Amer. Sociol. Rev. 20 (1955).

[6,19] *Kreckel, R., u. a.:* Vertikale Mobilität und Immobilität in der Bundesrepublik Deutschland. In: Mitteilungen aus dem Institut für Raumordnung. Bonn–Bad Godesberg 1972.

[6,20] *Ladinski, J.:* Occupational Determinants of Geographic Mobility among Professional Workers. In: Amer. Sociol. Rev. 32 (1967).

[6,21] *Lee, E. S.:* Eine Theorie der Wanderung. In: Széll, G. (Hrsg.): Regionale Mobilität. München 1972.

[6,22] *Mangalam, J. J.:* Human Migration. A Guide to Migration Literature in English 1955–1962. Lexington 1968.

[6,23] *Müller, W.:* Messung der sozialen Mobilität. Unv. Manuskript 1968.

[6,24] *Pourcher, G.:* Die geographische und berufliche Mobilität in Frankreich. In: Széll, G. (Hrsg.): Regionale Mobilität. München 1972.
[6,25] *Recker, H.:* Mobilität der „offenen" Gesellschaft. Köln 1974.
[6,26] *Rose, A. M.:* Distance of Migration and Socioeconomic Status of Migrants. In: Amer. Sociol. Rev. 23 (1958).
[6,27] *Rossi, P. H.:* Why Families Move. A Study of the Social Psychology of Urban Residential Mobility. Glencoe 1955.
[6,28] *Scheuch, E. K.:* Sozialprestige und soziale Schichtung. In: Kölner Zs. f. Soziol. u. Sozialpsych., Sonderheft 5 (1961): Soziale Schichtung und Mobilität.
[6,29] *Schwarz, K.:* Analyse der räumlichen Bevölkerungsbewegung. Hannover 1969.
[6,30] *Shryock, H. S., u. C. B. Nam.:* Educational Selectivity of Interregional Migration. In: Social Forces 43 (1965).
[6,31] *Stub, H. G.:* The Occupational Characteristics of Migrants to Duluth: A Retest of Rose's Hypothesis. In: Amer. Sociol. Rev. 27 (1962).
[6,32] *Suval, E. M., u. C. H. Hamilton:* Some New Evidence on Educational Selectivity in Migration to and from the South. In: Social Forces 43 (1965).
[6,33] *Tarver, J. M.:* Occupational Migration Differentials. In: Social Forces 43 (1964).
[6,34] *Treinen, H.:* Symbolische Ortsbezogenheit. In: Atteslander, P., B. Hamm (Hrsg.): Materialien zur Siedlungssoziologie. Köln 1974.
[6,35] *Uhlenberg, P.:* Noneconomic Determinants of Nonmigration: Sociological Considerations for Migration Theory. In: Rural Sociology 38 (1973).
[6,36] *Vanberg, H.:* Kritische Analyse der Wanderungsforschung in der BRD. Berlin 1971.

7. Partizipation und Raumplanung

Anforderungen an ein umfassendes Modell

von *Frank Hollihn*

Partizipation ist in den letzten Jahren fast zu einem Modebegriff geworden. Entsprechend werden diesem Begriff sehr verschiedenartige Inhalte unterschoben. Eine grundsätzliche Unterscheidung ergibt die Prüfung, ob der Terminus „Partizipation“ auf beratende Tätigkeit in verschiedenen Gremien eingeschränkt wird oder auch die Teilnahme an Entscheidungen beinhalten soll. Untergliedert man diese Grundmerkmale noch stärker, so kommt man zu einer „Stufenleiter der Partizipation“, wie sie z. B. von *Sherry Arnstein* beschrieben wurde [7,1].

Wir wollen hier Partizipation verstehen als „die Möglichkeit, Fähigkeit und Bereitschaft, sich gleichberechtigt mit allen Partnern aktiv am Willensbildungs- und Entscheidungsprozeß in allen Lebensbereichen zu beteiligen“ [7,23].

Der im Titel verwendete Begriff „Umfassendes Modell“ meint hier ein Modell, welches auf alle theoretisch denkbaren Partizipationsprobleme[1] eingeht. Damit wird gleichzeitig der idealtypische Charakter der folgenden Ausführung unterstrichen, da vergleichsweise bekannte Partizipationsmodelle oft bei weitem nicht alle hier angeschnittenen Problemkreise berücksichtigen. Grundsätzlich gibt es sieben Punkte, mit denen sich jedes Partizipationsmodell auseinandersetzen muß: (1) die Repräsentation der Betroffenen, (2) die Organisationsform der Vertretung, (3) die Legitimation des Vertretungsgremiums, (4) die Bedürfnisermittlung, (5) die Mobilisierung

[1] Wir verzichten in diesem Rahmen bewußt auf eingehende Diskussion des Begriffs „Partizipation“, diese Aufgabe würde den Rahmen dieses Artikels sprengen, und wenden uns ausschließlich der Erörterung derjenigen Probleme zu, die sich für jedes Partizipationsmodell stellen.

allgemein, (6) die Mobilisierung speziell von Unterschichten und (7) die Frage des Planungsstils.

7.1 Repräsentation der Betroffenen

Zunächst ist die Frage zu stellen, wer bzw. wessen Interessen repräsentiert werden sollen. Geht man von einem formaldemokratischen Repräsentationsbegriff aus, so können die Vertreter der betroffenen Bevölkerung eines Gebietes nach bestimmten demographischen Kriterien oder nach einer Zufallsstichprobe ausgewählt werden. Das Ziel wäre in diesem Fall ein getreues Abbild der vorhandenen Bevölkerung ohne irgendeine Gewichtung bestimmter Gruppen.

Schwieriger wird es hingegen, wenn ein Partizipationsmodell von vornherein nicht alle Betroffenen gleich stark repräsentieren möchte, sondern davon ausgeht, daß nicht alle Bevölkerungsgruppen die gleichen Möglichkeiten haben, ihre Interessen überhaupt zu erkennen, auszudrücken und schließlich auch durchzusetzen. *Lisa Peattie,* die zusammen mit *Paul Davidoff* Mitte der sechziger Jahre das Modell der „Anwaltsplanung" in den USA entwickelte, schreibt hierzu: „Wir gingen davon aus, daß die Interessen bestimmter Leute im Planungsprozeß viel größere Berücksichtigung finden als diejenigen anderer Gruppen. Die gegenwärtige Organisation des Planungsprozesses bevorzugt die Reichen und die Mächtigen und führt dazu, daß die Unterprivilegierten, solange es keine vernünftigen Wege gibt, um ihre Bedürfnisse zu berücksichtigen, wahrscheinlich weiterhin zuschauen müssen, wie Schnellstraßen durch ihre Wohngebiete gebaut und ihre alten Häuser abgerissen werden, um Platz für Luxus-Appartements mit hoher Rendite zu schaffen" [7,19, S. 405].

Doch auch bei der „Anwaltsplanung" stellt sich auf einer weniger abstrakten Ebene wieder die gleiche Frage nach dem notwendigen Grad an Repräsentativität. Bei dem Versuch der Verwirklichung des Anwaltsplanungsprinzips durch die UPA (Urban Planning Aid) in Boston tauchten gerade in dieser Hinsicht erhebliche Schwierigkeiten auf. In einem Papier dieser Gruppe liest man dazu: „Angesichts dieser Probleme und angesichts zusätzlicher Hilfeersuchen von Gemeinwesengruppen aus anderen Teilen der Stadt haben die Mitglieder der Urban Planning Aid den Versuch gemacht, Grundsätze darüber aufzustellen, welches Maß an Repräsentativität als ausreichend anzusehen wäre. Eine exakte Formel schien nicht erreichbar. Die Artikulation einiger bisher nicht vertretener Interessen muß notwendigerweise die Form von kleinen organisatorischen Ansätzen annehmen. Diese werden mit der Zeit eine höhere Beteiligung erreichen, wenn die Absicht besteht, die Basis auszuweiten, und erste Erfolge die Teilnahme lohnend erscheinen lassen" [7,20, S. 180].

Der Anwaltsplaner (nach Davidoff [7,4]) setzt sich zum Ziel, die bisher im Planungsprozeß nicht vertretenen Interessen der Unterprivilegierten zu repräsentieren. Dabei steht er zunächst einmal vor dem Problem, daß er – da er selbst nicht Angehöriger der „Unterprivilegierten" ist, die er vertreten will – deren Interessen nicht kennt; er muß sie also erst ermitteln. In der Theorie sieht diese Aufgabe ganz einfach aus: Man muß sich an die „Gemeinschaft" der Unterprivilegierten eines Planungsgebietes wenden, deren Interessen in Versammlungen, Umfrageaktionen usw. erfragen und dann nur noch in Pläne umsetzen, um sie gegenüber der Verwaltung vertreten zu können. Das Ziel besteht darin, Gruppen mit niedrigem Einkommen zu unterstützen, die „Klienten" sollten „Gemeinschaften" (communities) sein, und nicht einzelne Individuen, Organisation oder politische Körperschaften [7,19, S. 405].

Die Mitglieder der UPA arbeiteten fast ausschließlich mit organisierten Gruppen zusammen, da diese den einzigen ansprechbaren Verhandlungspartner darstellten, wobei ihnen bewußt war, daß „die einzige Arbeitsgrundlage die Zusammenarbeit mit und Unterstützung von Organisationen war, die erhoffen ließen, daß sie sich zunehmend der Interessen von Leuten annehmen würden, die bisher nicht vertreten wurden" [7,20, S. 180]. Die UPA wußte, daß die Mitglieder vorhandener, organisierter Gruppen größtenteils den Mittelschichten angehörten. Sie wählte diesen Weg, da sie zu der auch bei etlichen anderen Autoren, wie z. B. *Herlyn* [7,12]; *Wilson* [7,23]; *Arnstein* [7,1]; *Zinn* [7,24] zu findenden

Erkenntnis kam, daß gerade diejenigen, die von einer Planungsmaßnahme am härtesten betroffen werden, diejenigen sind, die am schwersten zu einer aktiven Mitarbeit in Bürgerkomitees, -ausschüssen, -initiativen usw. zu bringen sind. Auch *Peattie* schreibt: „Man kann tatsächlich feststellen, daß gerade diejenigen Menschen, deren Position am Wohnungsmarkt am schlechtesten ist, von denen man daher annehmen könnte, daß sie die Forderungen, die von der Nachbarschaftsgruppe vorgebracht werden, voll unterstützen, diejenigen sind, die zu sehr durch den Kampf ums tägliche Brot in Anspruch genommen werden, die zu mißtrauisch sind und die zu geringe Bindungen zu ihrer Umgebung aufweisen, um in irgendeiner Weise initiativ zu werden" [7,19, S. 406]. Wir werden auf dieses Problem später noch näher eingehen.

In der amerikanischen Literatur zu Partizipationsversuchen im Zusammenhang mit Slumsanierungsprojekten ist sehr viel von der betroffenen „community" die Rede. Es wird betont, daß die Interessen der „community" zu berücksichtigen seien, die „community" an der Planung beteiligt werden soll usw., wobei lange Zeit von der Fiktion ausgegangen wurde, die „commanity" sei eine Einheit mit gleichen, genau definierten Interessen. Es ist das Verdienst von *L. Peattie,* daß sie als eine der ersten dazu beigetragen hat, den Leerformel-Charakter des nur schwer übersetzbaren Begriffs der „community" aufzudecken.

Die „community" ist keine einheitliche Gemeinschaft, sie läßt sich sogar in den typischen Einwanderervierteln der amerikanischen Großstädte mit relativ geschlossenen ethnischen Gruppen aufteilen in diejenigen, die früher gekommen sind und es zu einem bescheidenen Wohlstand gebracht haben, und in die Habenichtse, die bei den anderen zur Miete wohnen.

Die Vertretung der Interessen der Betroffenen eines ganzen Planungsgebietes wird bei großer Heterogenität der Bewohner sehr erschwert. In der Bundesrepublik Deutschland ist mit Inkrafttreten des Städtebauförderungsgesetzes im August 1971 das gleiche Problem aufgetaucht, wie schon vorher bei den Slumsanierungen in den USA. In § 1 dieses Gesetzes wird der Grundsatz aufgestellt: „Die Belange der Betroffenen, insbesondere der Eigentümer, der Mieter und Pächter, und die der Allgemeinheit sind gerecht gegeneinander abzuwägen. Den Betroffenen soll Gelegenheit gegeben werden, bei der Vorbereitung und Durchführung der Maßnahmen mitzuwirken."

Hier wird immerhin schon davon ausgegangen, daß die von einer Sanierungsmaßnahme Betroffenen keine Einheit bilden, sondern als Eigentümer, Mieter, Pächter entgegengesetzte Interessen haben. Wenn man der Sache noch etwas genauer nachgeht, kann man z. B. feststellen, daß nicht einmal die Mitglieder dieser Gruppierungen untereinander gleiche Interessen vertreten. Die Mieter eines Sanierungsgebietes sind alle an billigen Wohnungen interessiert, aber aus unterschiedlichen Gründen, freiwillig oder gezwungenermaßen. Die eine Gruppe der Alten, Rentner, Sozialhilfeempfänger, Studenten usw., kann sich keine bessere Wohnung leisten, während ein anderer Teil der Mieter, die jungen Familien und Gastarbeiter, in der Regel nur vorübergehend in Sanierungsgebieten wohnt, um für irgendwelche langfristigen Zwecke Geld auf die Seite legen zu können. Die Verwurzelung der verschiedenen Gruppen, die innerhalb eines Sanierungsgebietes wohnen, ist entsprechend unterschiedlich groß. Insgesamt wird es bei einer derartigen heterogenen Interessenlage sehr schwierig bis unmöglich, die Interessen der Betroffenen überhaupt auszumachen und entsprechend zu vertreten, geschweige denn dies noch mit dem Anspruch einer „repräsentativen" Vertretung der Betroffenen zu dekorieren.

Noch schwieriger wird die Frage der Vertretung der Interessen von Planungsbetroffenen bei Projekten, die in naher oder ferner Zukunft auf der grünen Wiese realisiert werden sollen. Sie tritt bei jeder Neuüberbauung auf und führt gelegentlich dazu, daß Fehlplanungen entstehen, wie etwa beim „Märkischen Viertel" in Berlin. Es wird an den Bedürfnissen der späteren Bewohner vorbeigeplant, da niemand deren Interessen schon im Frühstadium des Planungsprozesses aktiv vertritt.

Je weiter ein Planungsziel in der Zukunft liegt, desto schwieriger ist es, zu tragfähigen Entscheidungen zu kommen. Die meisten Menschen, die sich von Amts wegen mit derartigen langfristigen Problemen befassen, legen ihren Entscheidungen reine Trendextrapolationen zugrunde (z. B. Verkehrsaufkommen, Geburtenrate), ohne näher den Ursachen dieser Trends nachzugehen, was dann, bedingt durch nicht einbezogene Faktoren (z. B. Ölkrise, Pillenknick), zu gigantischen Fehlprognosen und damit auch Fehlplanungen führt. Auf der anderen Seite finden sich nur wenige Menschen, die bereit und fähig sind, sich über langfristig anstehende Probleme schon heute Gedanken zu machen, aus dem einfachen Grunde, weil sie dies nie gelernt haben. *Klages* hat dieses Problem unter dem Begriff der „Humanbarriere" abgehandelt: „Dort, wo es um die Evokation gesamtgesellschaftlich bezogener und konstruktiv-zielerkennender Phantasie geht, werden sich die bestehenden Grenzen unter allen Umständen noch viel früher und drastischer geltend machen müssen. Meines Erachtens muß eingesehen werden, daß die Planung bei einem Bemühen um die Ausweitung dieser Art von Phantasie ungeachtet aller Lobpreisungen des mobilen Menschen von heute schnell an eine schwer durchdringbare Humanbarriere stößt, deren Bewältigenug viel massivere und langfristiger geplante emanzipatorische Attacken erfordert, als sich die europäische neue Linke in ihrer Neigung zur Erweckungsromantik bisher vorstellt" [7,15, S. 65].

Dienel sieht in diesem Zusammenhang das vermehrte Auftreten von Bürgerinitiativen nur als Spitze des Eisberges an, die signalsiert, daß versäumt wurde, langfristig notwendige Entscheidungen zu treffen. „Daß immer häufiger kurzfristige Probleme mit hohem Dringlichkeitsgrad anstehen, daß Bürgerinitiativen sich spontan für die Änderung von ‚Entwicklungen' einsetzen, ist ebenfalls ein Hinweis darauf, wie viel mehr Sachverhalte als früher langfristig voraus bedacht werden müßten, wenn das Gemeininteresse gewahrt werden soll. Ungelöste Langfristprobleme stellen sich nämlich dem einzelnen vielfach als kurzfristig lösbar dar. Bürgerinitiativen enden dann für die meisten Teilnehmer deswegen mit so handfesten Frustrationen, weil erst den Engagierten sichtbar wird, wie viele Vorentscheidungen schon seit wie lange unverrückbar festliegen. Änderungen lassen sich hier nur noch durch langfristiges Vorab-Bedenken aller relevanten Aktions- und Reaktionsmöglichkeiten einleiten. Es wird uns als Gesellschaft immer weniger erlaubt sein, einfach in den Tag hineinzuleben" [7,7, S. 122].

Zusammenfassend kann man sagen, daß die Frage des notwendigen Repräsentativitätsgrades der Interessenvertretung bei Planungsvorhaben direkt mit dem verwendeten Partizipationsbegriff zusammenhängt. Geht man von einem „emanzipativen" Partizipationsbegriff aus mit dem Ziel, das bestehende Macht- und Informationsgefälle (etwas) einzuebnen, so ist die Frage der notwendigen Repräsentativität der Bürgervertretung längst nicht so zentral, wie wenn von einem pluralistischen oder formal-demokratischen Partizipationsbegriff ausgegangen wird, dessen Ziel es ist, mögliche Widerstände gegen laufende Planungsvorhaben frühzeitig zu ermitteln, um im Wege der Verhandlungen und des Kompromisseschließens zu einer „glatten" Planung und Durchführung zu kommen.

Im ersten Fall spielt das Problem der Repräsentativität keine große Rolle. Bei Bürgerinitiativen wird in der Regel jeder, allein durch seine Aktivität, als genügend legitimiert angesehen, zum anstehenden Planungsproblem Stellung zu nehmen.

Im zweiten Fall ist die Frage der notwendigen Repräsentativität von viel größerer Bedeutung. Wenn nicht alle betroffenen Interessen am Verhandlungstisch vertreten sind, führt das immer zu der Gefahr, daß einige ausgeschlossene oder nicht beachtete Gruppen später die getroffene Entscheidung bekämpfen, da sie nicht berücksichtigt wurden. Das Verfahrensproblem, nach welchen Kriterien eine Vertretung der Bürger zusammengesetzt werden soll, bekommt dann eine zentrale Bedeutung.

7.2 Organisationsform der Vertretung der Betroffenen

Gerade in letzter Zeit ist das formale Problem, wie Partizipation am besten zu organisieren sei, vermehrt diskutiert worden, es sind grundsätzlich unzählige Möglichkeiten denkbar. Auf der einen Seite stehen die verschiedensten Formen von

Bürgerinitiativen, auf der anderen Seite weitgehend formalisierte Modelle, wie Planungszellen, Planungsbeiräte, Ausschüsse und dergleichen, mit genau festgelegten Verfahrensregeln. Eine generelle Aussage, welche Form der Partizipation die bessere sei, ist unmöglich. Wie alle Probleme, die sich im Zusammenhang mit Partizipationsmodellen stellen, hängt auch die Frage der „optimalen" Organisation ausschließlich von dem Ziel ab, das durch die Beteiligung der Bürger an der Planung erreicht werden soll. Wenn wir zwischen institutionalisierten und nicht institutionalisierten Partizipationsformen – man könnte auch „erwünschter" und „unerwünschter" Partizipation sagen – unterscheiden, so lassen sich die Beteiligungsformen eindeutig zuordnen.

Jede Form institutionalisierter Partizipation ist auf Kooperation mit der Verwaltung und der Legislative ausgerichtet, was gleichzeitig heißt, daß die endgültigen Entscheidungen immer diesem Gremium vorbehalten bleiben. Ziel dieser Art der Partizipation ist es, möglichst viele Informationen über die Wünsche der betroffenen Bürger möglichst frühzeitig zu ermitteln.

Zu den institutionalisierten Partizipationsformen gehören unterschiedliche Verfahren wie Informationsveranstaltungen, Diskussionen über Planungsvorhaben, Teilnahme von Bürgern an Planungsausschüssen, „Planungs-Foren" usw. Noch stärker formalisiert sind repräsentativ auf ein bestimmtes Planungsproblem hin zusammengestellte Beratungsgremien, welche die Entscheidungsträger über die Vorstellungen der betroffenen Bevölkerung informieren sollen. Dieser Kategorie wäre z. B. die von *Dienel* vorgeschlagene „Planungszelle" zuzurechnen. Auch die Anwaltsplanung gehört hierher, da sie zwar ausdrücklich antritt, um bisher nicht berücksichtigte Interessen unterprivilegierter Bevölkerungsgruppen im Planungsprozeß zur Geltung zu bringen, die Anwaltsplaner jedoch um dieses Ziel zu erreichen, auf die Kooperation der Verwaltung angewiesen sind und oft sogar direkt von dieser eingesetzt und bezahlt werden.

Die nicht institutionalisierte Partizipationsform stellen die verschiedenen Spielarten der Bürgerinitative dar. Das Typische an den Bürgerinitiativen ist gerade ihr spontanes, unvorhersehbares Entstehen und oft auch Vergehen; dies macht sie für die offiziellen Planer so unberechenbar und deshalb prinzipiell unangenehm, unabhängig von der vorgebrachten Kritik. Sie stören den glatten Ablauf des Planungsprozesses, womit sie zur „ungebetenen" Form der Bürgerbeteiligung werden. Die ungebetene Einmischung in den Planungsprozeß kann aus verschiedensten Motiven geschehen. Man kann einerseits den organisierten Protest der (salopp ausgedrückt) „Direkt-auf-den-Schwanz-Getretenen" beobachten, d. h. die Kritik derjenigen Mieter, Haus- und Gartenbesitzer, die z. B. durch eine neue Straßenführung ihre Vorgärten verlieren und von Lärm belästigt würden. Derartige Initiativen argumentieren oft nach dem sog. „Sankt-Florians-Prinzip", d. h. die Notwendigkeit der neuen Straße, um bei unserem Beispiel zu bleiben, wird nicht bestritten, hingegen die Trassenführung. Die Argumentation lautet dann etwa: „Warum denn gerade durch unsere Vorgärten, zwei Straßen weiter vorne geht es doch viel besser". Auch derartige Proteste können durchaus sinnvoll sein, indem sie die planende Verwaltung zu einer nochmaligen Überprüfung und Begründung ihrer Pläne veranlassen. Sie sind jedoch generell von Bürgerinitiativen zu unterscheiden, die mit grundsätzlichen Argumenten eine Fehlplanung aufzudekken versuchen. Am Beispiel der Straßenführung deutlich gemacht, sind es Bürgerinitiativen, die die Notwendigkeit der Straße als solche oder z. B. als vierspurig ausgebaute Autobahn mit fundierten Argumenten in Frage stellen bzw. entsprechend begründete Alternativen vorschlagen. Hierbei geht es dann nicht um die Verteidigung von betroffenen Einzelinteressen, sondern um die Verteidigung von Interessen der Allgemeinheit (soweit sich diese überhaupt eindeutig feststellen lassen). Das Verhältnis der planenden Verwaltung und der Legislative zu den Bürgerinitiativen wird in nächster Zeit sicher noch einige Wandlungen durchmachen, indem sich die Behörden, vor allem in kleineren Städten und Gemeinden, erst an diese Form der Bürgerbeteiligung gewöhnen und lernen müssen, daß Bürgerinitiative nicht gleich Bürgerinitiative ist, d. h. die Qualität der vorgebrachten Argumente stark differieren kann und daher auch eine unterschiedliche Beachtung verdient.

Ein anderes wichtiges Problem bei der Organisation der Beteiligung an Planungsprozessen ist die Frage, wie innerhalb des Vertretungsgremiums Entscheidungen getroffen werden. Der Normalfall dürfte sein, daß Abstimmungen stattfinden, wobei dann wieder die Zusammensetzung der Mitglieder der Gruppe, also die Repräsentativität, von großer Bedeutung ist. Daneben findet man jedoch mehr oder weniger autoritäre Entscheidungsmechanismen. Eine Gefahr bei nicht institutionalisierten Formen der Beteilgung, wie z. B. Bürgerinitiativen, liegt u. a. gerade darin, daß sich ein (oder einige) Sprecher der Gruppe verselbständigt und im Namen aller Betroffenen zu sprechen vorgibt, ohne dazu in irgendeiner Art und Weise legitimiert zu sein; andererseits gibt es gerade bei Bürgerinitiativen eine starke Tendenz, die Vertreter der Gruppe durch ein imperatives Mandat zu binden.

Sowohl innerhalb der Gruppe, beim Prozeß der Entscheidungsfindung, wie auch außerhalb bei der Vertretung der Interessen gegenüber der Verwaltung tritt dann das Problem auf, daß ein Teil der Bürger seine Interessen (aufgrund von Machtverhältnissen oder weil er überstimmt wurde) nicht durchsetzen kann. In diesem Fall droht das Interesse der Bürger an der weiteren Beschäftigung mit Planungsfragen einzuschlafen oder man resigniert. *Von Beyme* ist der Meinung, daß im Zuge der „Demokratieausweitung" die Bürger erst noch lernen müßten, sich auch überstimmen zu lassen, ohne sich deshalb sofort vom Kampffeld zurückzuziehen: „Wenn man davon ausgeht, daß die meisten Individuen politisch nicht sehr stark motiviert sind, weil für ein politisches Zusatz-Engagement nur langfristig gesehen Gratifikationen zu winken scheinen, hat der Durchschnittsbürger bisher – zum Teil aufgrund einseitiger und illusionärer politischer Sozialisation – nicht genügend Härte im Hinnehmen der Tatsache entwickelt, daß mindestens die Hälfte der Entscheidungen, die in Organisationen gefällt werden, an deren Willensbildung man partizipiert, gegen den eigenen Willen ausfallen" [7,2, S. 219]. Daher endet vorerst die Beteiligung der Bürger oft mit großen

Frustrationen, denn: „Partizipationserweiterung wird erst nach langfristigen Sozialisationsprozessen, die vor allem den Erwerb der Fähigkeit mit einschließen, sich überstimmen zu lassen, auch die Steigerung der Effizienz der Strukturen und die Zufriedenheit der Beteiligten erhöhen" [7,2, S. 220].

Wie schon eingangs erwähnt, sind die Entscheidungssituationen zu verschiedenartig, die Interessen der Betroffenen zu unterschiedlich, als daß es sinnvoll erscheint, sich über eine einzige ideale Form der Organisation von Partizipation Gedanken zu machen. Wenn es sicher auch keine für alle Fälle sinnvolle Form der Bürgerbeteiligung geben mag, so heißt das dennoch nicht, daß es nicht äußerst notwendig ist, sich eingehende Gedanken darüber zu machen, wie die Teilnahme der Bürger an spezifischen Entscheidungsproblemen am besten gestaltet werden könnte. „Wie Planung unter Beteiligung der Bürger sich optimal organisieren läßt, ist eine der Großforschungsaufgaben der Zukunft" [7,5, S 151].

7.3 Legitimation des Vertretungsgremiums

Ähnlich gelagert wie das oben erörterte Problem des Entscheidungsmodus innerhalb eines Vertretungsgremiums ist die Frage, woher ein Vertretungsgremium seine Legitimation bezieht. Es genügt nicht, in einem Sanierungsgebiet oder an einer neu geplanten Straße zu wohnen, um daraus schon den Anspruch ableiten zu können, für die Betroffenen als Ganzes zu sprechen. Derartige selbsternannte Einzelkämpfer findet man zwar hin und wieder; ihnen fehlt jedoch die „Basis", mit deren Unterstützung sie im Notfall drohen könnten.

Vor allem nichtinstitutionalisierte Partizipationsformen, wie Bürgerinitiativen, zeichnen sich dadurch aus, daß ihre Vertreter von einer Versammlung eines (interessierten) Teils der betroffenen Bevölkerung gewählt werden. Je größer und je repräsentativer die Gruppe zusammengesetzt ist, auf deren Unterstützung die Vertreter pochen können, um so mehr Gewicht wird man ihren Forderungen in der Regel bei den Behörden beimessen. Interessant ist, daß gerade bei den institutionalisierten Partizipationsformen, wie Ausschüssen, Foren,

Anwaltsplanung, Planungszelle, die Gruppenvertreter in der Regel von „außen" – von der planenden Verwaltung – eingesetzt und legitimiert werden, für eine bestimmte Gruppe zu sprechen, obwohl sie von dieser Gruppe nie direkt ein Mandat erhalten haben. Ein derartiges Vorgehen wird mit dem Fehlen eines ansprechbaren Partners, fehlender Zeit, fehlenden Finanzen usw. begründet. Ob nun die Begründung stimmen mag oder reine Taktik darstellt, um einen angenehmen Mann in das Vertretungsgremium schicken zu können, ein derartig legitimierter Gruppenvertreter wird immer Gefahr laufen, zumindest nicht in dem Maße wie ein gewählter Vertreter anerkannt zu werden, wenn ihm nicht sogar vorgeworfen wird, gar nicht die Interessen der Gruppe als Ganzes zu vertreten. Schwierig wird die Frage der Legitimation dann, wenn diejenigen, die als Betroffene legitimiert wären, ihre Interessen zu verteidigen, diese Aufgabe nicht selbst in die Hand nehmen können, weil sie Probleme haben, überhaupt ihre Interessen zu erkennen, geschweige denn in einem komplizierten politischen Prozeß zu vertreten. Dies führt z. B. zu dem Gedanken, derartigen Gruppen zu helfen, indem man stellvertretend ihre Wünsche vertritt, d. h. zur Anwaltsplanung.

Ein anderes Problem liegt im Konkurrenzverhältnis, das zwischen den Trägern öffentlicher Legitimation durch politische Wahlen, den Stadt- und Gemeinderäten einerseits, und der Legitimation durch einen speziellen Teil der Bevölkerung, den Planungsbetroffenen andererseits, entstehen kann. Stadt- und Gemeinderäte berufen sich oft auf ihre Legitimation als gewählte Volksvertreter (und meinen damit Legitimation für alle Belange), während sich die Vertreter von Bürgerinitiativen auf ihre spezifische Legitimation für ein bestimmtes Problem berufen. Trotz aller daraus entstehenden Schwierigkeiten ist eigentlich nicht einzusehen, warum beide Arten von „Volksvertretern" sich nicht ergänzen könnten. Der gewählte Stadtrat hat ein viel allgemeineres, in der Regel auch langfristigeres Mandat als die von einer Gruppe gewählten Interessenvertreter, deren Aufgabe auf ein ganz bestimmtes Planungsproblem bezogen ist und danach erlischt.

7.4 Ermittlung der Bedürfnisse der Betroffenen

Weiter oben wurde schon die Frage angeschnitten, wie die Vertreter der Planungsbetroffenen wissen können, was ihre „Klienten“ oder ihre „Basis“ eigentlich wollen. Oft werden die Bedürfnisse aller Betroffenen global als „Allgemeinwohl“ definiert, welches von vornherein feststeht und nur noch verwirklicht werden muß. Aber wer bestimmt denn, was das Allgemeinwohl ist?: doch stets ein Angehöriger einer bestimmten Gruppe oder Schicht (Hausbesitzer, Mieter, Pächter, Großverdiener, Einkommensschwacher, Angehöriger der großen Mehrheit oder einer Minderheitsgruppe). Mag dieser sich noch so um Objektivität bemühen, er sieht das „Allgemeinwohl“ zwangsläufig immer mehr oder weniger stark aus seiner Sicht. *Davidoff* hat deutlich erkannt, was etlichen Planern und Politikern immer noch nicht bewußt geworden zu sein scheint: „Zweckmäßiges planerisches Handeln kann nicht aus einer Position der Wertneutralität heraus bestimmt werden“ [7,4, S. 151]. Da man auch im Planungsprozeß verschiedene Meinungen darüber haben kann, was in einer bestimmten Situation die bestmögliche Lösung sei, ist „die Festlegung dessen, was dem *Gemeinwohl* dient, in einer Gesellschaft mit vielen unterschiedlichen Interessenlagen seiner Natur nach immer umstritten“ [7,4, S. 151]. Man kann das Gemeinwohl bestenfalls als Kompromißformel sehen, auf die sich die Repräsentanten der verschiedenen Einzel- oder Gruppeninteressen einigen, wie es z. B. *Lauritzen* vertritt: „Das Gemeinwohl läßt sich nur konkretisieren als Ergebnis eines Interessenkonfliktes zwischen verschiedenen Gruppen und einzelnen Personen“ [7,16, S. 16]. Kann man also nicht auf ein bekanntes Gemeinwohl zurückgreifen, so ist zu fragen, wie sich die Bedürfnisse der Betroffenen überhaupt ermitteln lassen.

Wenn der Repräsentant einer betroffenen Gruppe selbst Mitglied dieser Gruppe ist, so kann man annehmen, daß er immerhin die Bedürfnisse seiner eigenen Gruppe einigermaßen genau kennt. Da seine eigene Gruppe oder Schicht aber nur ein Teil aller Betroffenen, der ganzen „community“ ist, kann er die Interessen der übrigen betroffenen Gruppen und Schichten nicht auch noch vertreten. Noch schwieriger wird es natürlich, wenn der Vertreter eines bestimmten Gruppeninteresses nicht selbst Angehöriger der betreffenden Gruppe ist, wie es z. B. bei allen Anwaltsplaner zutrifft.

Es überrascht, wie selbstverständlich oft angenommen wird, man könne ohne weiteres die Interessen einer Gruppe oder Schicht vertreten, der man selbst nicht angehört. Dabei wird übersehen, daß z. B. gerade Unterschicht-Angehörige von ganz anderen Normen und Werten ausgehen als Mittelschicht-Angehörige, die deren Interessen zu vertreten versuchen. *Gans* weist in einem Artikel über Sanierungsprojekte in USA darauf hin, daß „die Wohnungsstandards, die von lokalen wie von Bundesbehörden bei der Bewertung von Slumgebieten angewendet werden, den Werten des gehobenen Bürgertums entsprechen. Diese Gruppe, wie überhaupt die ganze Mittelschicht, legt, gemessen am Anteil, den sie vom Gesamteinkommen für die Wohnung ausgibt, einen viel größeren Wert auf eine gute Unterkunft und sieht in der Wohnung in viel größerem Maße ein Prestigeobjekt als die Unterschichten" [7,9, S. 16].

Nach *Gans* leben die Menschen, die in einem Sanierungsgebiet wohnen, in einem engen sozialen Netzwerk, gehören einer Vielzahl informeller Gruppen an, die in ihrem Leben eine entscheidende Bedeutung einnehmen, denen jedoch der ausgeprägte Individualismus des Bürgertums völlig fremd ist [vgl. 7,9, S. 17].

Diese pauschalen Hinweise auf die Unmöglichkeit, zumindest Schwierigkeit, andere Interessen als die der Gruppe, der man selbst angehört, vertreten zu können, führen notwendigerweise zu der Forderung, daß im Planungsprozeß die direkt betroffenen Gruppen und Schichten, soweit es irgendwie möglich ist, ihre Bedürfnisse und Interessen selbst vertreten sollten. Es ist klar, daß diese Forderung nur ein Fernziel sein kann, zu dem nur ein langer Weg des Lernens auf beiden Seiten hinführen kann.

7.5 Mobilisierung der Betroffenen

Bevor man diskutiert, wie Bürger angeregt werden können, sich vermehrt für Planungsprobleme zu interessieren, die sie selbst betreffen, ist es sinnvoll, kurz die Möglichkeiten und Grenzen einer derartigen Mobilisierungsstrategie zu erörtern.

Mit Stadtplanung haben sich bisher vor allem die Verwaltung, die zuständigen Stadtratsausschüsse und einige private Büros beschäftigt. Bei dem Versuch, die Betroffenen selbst speziell für Planungsfragen zu interessieren, ist zu berücksichtigen, daß die Bereitschaft der Allgemeinheit, sich an Enscheidungen, vor allem lokalpolitischer Art, zu beteiligen, in letzter Zeit abnimmt. Wir wollen hier die Gründe dafür nicht nochmals analysieren. Sicher ist, daß sich auf diesem Hintergrund einer fast völligen Nichtbeteiligung am Planungsprozeß ein gewisses Maß an Beteiligung bei entsprechender Propagierung leicht „organisieren" läßt. Wenn nach einem ersten publizistischen Anlauf (durch Zeitungsartikel, Ausstellungen, Diskussionen – die üblichen Mittel des ersten, zaghaften Versuchs der Mobilisierung) ein Drittel der Betroffenen einigermaßen gut über das anstehende Planungsproblem informiert ist, so ist dies schon als ein großer Erfolg zu bezeichnen. Betrachtet man dieses informierte Drittel vom Ideal der demokratischen Selbstbestimmung her, so ist das natürlich nur ein kläglicher Anfang, denn bevor jeder einzelne über ihn betreffende Maßnahmen mitentscheiden könnte, falls er dürfte, müßte er zumindest über die Hintergründe des Problems eingehend informiert sein.

Wieweit aber ist es überhaupt sinnvoll, von dem Ideal einer Partizipationen aller an den sie betreffenden Planungsproblemen auszugehen? Der Beteiligung *aller* Betroffenen am Planungsprozeß sind schon dadurch Grenzen gesetzt, daß sich trotz noch so großer propagandistischer Anstrengungen niemals alle für kommunalpolitische Fragen interessieren werden, da es für viele der Betroffenen immer andere für sie wichtigere Interessen geben wird.

So sagt etwa auch *Scharpf*: „Am Ende dieser Überlegungen steht also die Einsicht, daß vom Standpunkt des einzelnen

Bürgers aus die Motivation zu aktiver politischer Beteiligung keineswegs selbstverständlich und universell vorausgesetzt werden kann. Empirisch erscheint das politische Engagement der wenigen viel eher erklärungsbedürftig als das relative Desinteresse der vielen" [7,22, S. 62].

Eine Beteiligung *aller* Betroffenen erscheint so als Idealzustand, der jedoch aller Voraussicht nach nie erreicht werden kann. Jedem Bürger muß weiterhin, mag er noch so „direkt betroffen" sein, das Recht zugestanden werden, sich nicht für Planungsprobleme zu interessieren, oder wie es *Beyme* ausdrückt: „Eine Demokratietheorie, die über den berechtigten normativen Partizipationspostulaten den Kontakt zur Realität nicht völlig verliert, wird sich damit abfinden müssen, daß auch der aufgeklärte Bürger in bestimmten Bereichen, in denen er partizipieren könnte und sollte, nur Konsument von angebotenen Dienstleistungen und passiver Zuschauer bleibt" [7,2, S. 225].

Auch *Dienel* vertritt die Auffassung, daß man nicht von einem „Einheitsdemokraten" ausgehen könne, sondern daß die Bürger sehr unterschiedlich partizipationsbereit und partizipationsinteressiert sind. Er untergliedert die Gesamtheit der Betroffenen in die Sozialaktiven und die indifferente Mehrheit [7,5, S. 153].

Andererseits sollte man auch nicht in das andere Extrem verfallen und nur dann von einer Möglichkeit der Partizipation der Bürger sprechen, wenn diese sich selbst zu Planungsexperten ausgebildet haben. Bei Planungsproblemen, die alle angehen, kann es sich in der Regel nur um Grundsatzfragen handeln. Dabei wird z. B. für technische Details möglicher genereller Alternativen nach wie vor der Bauingenieur zuständig sein. Wie bei jeder Art von Mitbestimmung kann auch bei Planungsproblemen nur derjenige etwas beitragen, der über die Sachlage informiert ist, was jedoch nicht heißen soll, daß er deswegen Experte (d. h. ausgebildeter Planer) sein muß. *Pflaumer* sieht in der teilweise zu beobachtenden Entwicklung von Partizipationsgremien zu Sachverständigenausschüssen eine Gefahr für die weitere Öffnung des Planungsprozesses: „Die Entwicklung zum Sachverständigenrat ist nicht nur wegen der schon angedeuteten Gefahr des Ausschlusses von Öffentlichkeit negativ zu beurteilen, sondern auch wegen der damit zwangsläufig gegebenen Überforderung der Bürger. Sachverständiger kann man eben nicht nebenher sein – dazu sind die Sachen zu kompliziert" [7,21, S. 228].

Bei der Frage nach den Mitteln, die zur Verfügung stehen, um die Bevölkerung an der Planung zu interessieren, denkt man unwillkülich zuerst an Ausstellungen, Zeitungsberichte, Podiumsdiskussionen und ähnliche gängige „public-relations"-Instrumente. Insgesamt geht es darum, zuerst einmal die Bürger darüber zu informieren, daß ihr Gebiet betreffend geplant wird und wie dazu die Vorstellungen der Verwaltung aussehen.

Nichtinstitutionalisierte Formen der Bürgerbeteiligung wenden auch andere wirksame Mittel der Mobilisierung der Bevölkerung an. Hier sind hauptsächlich alle Formen von spektakulären Aktionen zu nennen, die vordergründig nur die Funktion haben, Aufmerksamkeit zu erregen, tatsächlich jedoch viel weiterreichende Funktionen erfüllen können.

Lisa Peattie analysiert eine derartige Aktion [7,19]. Sie sieht in dem traditionellen Planungsprozeß, analog einem Theaterstück, eine klare Trennung zwischen Schauspielern und Publikum. Eine bedeutende Funktion von „Aktionen" besteht nach *Peattie* darin, den verschiedenen Gruppen ihr gemeinsames Interesse deutlich zu machen und dadurch zur Bildung einer eigentlichen „Gemeinschaft" beizutragen, deren Interesse erst dann geschlossen nach außen vertreten werden kann. „Wo immer man hinsieht, findet man trotz Sozial- und Gemeinwesenarbeitern keine festgefügten Gemeinschaften, sondern nur organisierte Geselligkeit und um diese herum verschiedene Arten sozialer Bindungen und Interessenvertretungen. Es scheint, daß eine Funktion der dramatischen Aktionen, wie ich sie beschrieben habe, gerade darin liegt, einige dieser sozialen Elemente zur Erkenntnis eines gemeinsamen Interesses, einer gemeinsamen Identität zu bringen, d. h. zu einer ‚Gemeinschaft'" [7,19, S. 409].

Eine andere Form der Mobilisierungsstrategie stellt das öffentliche Aufdecken der konkurrierenden Interessen dar, die mit jedem Planungsprojekt verbunden sind, wie es *Herlyn* in Göttingen versucht hat, indem er konfligierende Interessen einzelner Gruppen (z. B. der potentiellen Sanierungsträger und Investoren, der Bauverwaltung, Parteien, Eigentümer und Mieter) bei anstehenden Planungsvorhaben in einzelnen Teilen der Innenstadt in öffentlicher Diskussion aufdeckte, um Stadterneuerung als politischen Prozeß deutlich zu machen [7,12, S. 244]. Eine derartige Strategie weckt das Interesse der Bürger. Sie führt ihnen vor, daß Planung keine rein bürokratisch-technische Angelegenheit, sondern eminent politisch ist. Erst wenn diese Erkenntnis bei den Betroffenen vorhanden ist, wird es möglich, an weiterreichende Formen der Partizipation zu denken.

7.6 Mobilisierung von Unterschichtangehörigen

Die geringe Beteiligung von Unterschichtangehörigen an den wenigen gebotenen Partizipationsmöglichkeiten wurde schon erwähnt. Gerade diejenigen, die unter den Planungsmaßnahmen am meisten zu leiden haben (indem sie z. B. ihre bisher billigen Wohnungen durch Sanierung verlieren), sind am wenigsten bereit, ihre Interessen öffentlich zu vertreten. Sicherlich sitzen in vielen Beteiligungsgremien (von Bürgerinitiativen bis zu behördlichen Planungsausschüssen) Vertreter der Betroffenen, die mitberaten und eventuell sogar mitentscheiden. *Arnstein* wendet aber dagegen ein, daß diese meist typischerweise nicht zu den „Ärmsten der Armen" gehören, zu den am schlimmsten Betroffenen, sondern zur Schicht darüber. Es sind die Aufstiegsorientierten, die in einer Art „vorwegnehmender Sozialisaton" [7,13] auf die Mittelschicht schielen: „Wie in vielen Programmen des Kampfes gegen die Armut repräsentierten die beteiligten Bürger eher aufsteigende Teile der Arbeiterschaft. Daher bestand wenig Wahrscheinlichkeit dafür, daß ihre Hinnahme der Pläne der Stadtverwaltung den Ansichten der Arbeitslosen, der Jugendlichen, der militanteren Bewohner und der eigentlichen Armen entsprach" [7,1, S. 207]. *Zinn* stellt das erstaunliche Phänomen fest, „daß politische Forderungen nach mehr Chancengleichheit seit längerem nicht mehr von denjenigen erhoben werden, die unter der Ungleichheit eigentlich am meisten leiden sollten. Es fehlt allgemein der aktive Druck der Ungebildeten gegen die Bildungsmisere oder der Druck der Arbeiter und Angestellten für die Mitbestimmung in den Betrieben. Reformversuche werden, wenn überhaupt, von oben lanciert und von denjenigen, die es angeht, mißtrauisch oder indifferent beobachtet" [7,24, S. 88]. *Herlyn* kommt in bezug auf Sanierungsgebiete zu demselben Ergebnis: „Dieses zu verwirklichen, erscheint angesichts der heterogen zusammengesetzten Bevölkerung in typischen Erneuerungsgebieten und des oft geringen Problembewußtseins gerade bei den ökonomisch Schwächsten der Betroffenen einigermaßen schwierig. Um einer Verbreiterung der Basis zu erreichen und Rückhalt in der Bevölkerung zu gewinnen, müßten die örtlichen Planungen transparent gemacht und die Interessenabhängigkeit dieser Planungen am konkreten Fall aufgezeigt werden" [7,12, S. 236].

Sucht man nach den Gründen, die zu dem geringen Interesse der Unterschichten an Planungsfragen führen, so findet man auch hierfür in der Literatur eine ganze Reihe von möglichen Antworten. Bezogen auf Bewohner von Sanierungsgebieten gibt *Wilson* einen ganzen Katalog von Eigenschaften an, die für die geringe Beteiligung verantwortlich sein sollen: „Die meisten Sanierungsgebiete werden von Familien mit niedrigem Einkommen bewohnt... . Diese Bevölkerungsteile denken in der Regel nur in relativ kurzen Zeiträumen, haben Schwierigkeiten von der eigenen Erfahrung zu abstrahieren, sind nicht gewohnt mit quartierübergreifenden Institutionen zu verkehren und mißtrauen ihnen, beschäftigen sich vornehmlich mit den persönlichen, drängenden Problemen und sind selten Mitglieder offizieller Organisationen, die Kirchen ausgenommen" [7,23, S. 245].

Hertig sieht die Ursachen der geringen Beteiligung durch die Art des Planungsablaufs bedingt. „Es resultiert so aus spezifischen Bedingungen des gegenwärtigen Prozeßverfahrens mit größter Wahrscheinlichkeit nicht nur eine tiefe Beteiligung, sondern zudem eine einseitige Verschiebung zugunsten einzelner Planungsinteressierter. Vermehrt an Planungsentscheiden engagieren wird sich einmal der materiell einsichtig direkt Betroffene, allgemein aber der Stimmbürger mit höherem sozialen Status; ein Ergebnis, das verschiedenste Studien empirisch untermauern" [7,13, S. 42]. Man kann sich fragen, ob die Beteiligung allein durch eine Änderung des gegenwärtigen Planungsverfahrens viel größer wäre. Die Ursachen für die Nichtbeteiligung liegen wahrscheinlich tiefer.

Interessant ist in diesem Zusammenhang ein Aufsatz von *Wilson,* in dem zwei verschiedene Planungsvorhaben miteinander verglichen werden. In einem Fall handelt es sich um ein Gebiet nahe der „University of Chicago", in dem vor allem Universitätsangehörige und Angehörige der Mittelschicht wohnen, bei dem anderen Projekt handelt es sich um ein Sanierungsgebiet mit vorwiegend Angehörigen der Unterschicht. Die Beteiligung der Betroffenen am Planungsverfahren war beim ersten Projekt sehr groß, beim Sanierungsvorhaben jedoch gewohnt schlecht. *Wilson* führt dies auf die unterschiedliche Verhaltensorientierung der beiden Gruppen zurück. Die Mittelschichtangehörigen nennt er „öffentlichkeitsorientiert" und sieht darin gleichzeitig die ideale Voraussetzung für Partzipation.

Die Unterschicht-Angehörigen hingegen nennt er „privatheitsorientiert", sie interessieren sich nicht für langfristig auf sie zukommende oder abstrakte Probleme, da der tägliche Kleinkram ihre Energie auffrißt. *Wilson* hat wahrscheinlich recht, daß die Unterprivilegierten sich aus „Notwendigkeit wie aus Neigung" eher an spezifischen Gefahren und kurzfristigen Kosten orientieren. *Peattie* [7,20] kommt zu dem selben Schluß: Menschen, die um ihre Existenz bangen müssen, sind nicht geneigt, sich mit der „Spielerei" der Partizipation zu befassen.

Leider versäumt es *Wilson* zu fragen, welches die Ursachen für die „Privatheitsorientierung" der Unterschichten sind, um so der Überwindung der Apathie ein Stück näher zu kommen. Zweifellos ist ein bestimmter Ausbildungsstand notwendig, um die oft abstrakten Zusammenhänge in der Stadtplanung durchschauen zu können. Daneben muß man den Planungsprozeß nicht als einen von Sachzwängen vollkommen vorherbestimmten, sondern als politischen Prozeß zu sehen gelernt haben, um ihn zu seinen Gunsten beeinflussen zu können. Schließlich ist ein gesicherter Arbeitsplatz eine absolute Vorbedingung, ohne die kaum jemand bereit ist, sich um Fragen, die die Allgemeinheit betreffen, zu kümmern. Partizipation ist nach *Dienel* [7,5, S. 151] (a) ein Informations- und Bildungsproblem, (b) ein Herrschaftsproblem und (c) ein Verfahrensproblem. Nur im Verfahrensbereich sind kurzfristig neue Formen der Partizipation möglich; die beiden anderen Probleme, wie auch die Umsetzung neuer Verfahren in die Praxis, lassen sich nur langfristig lösen.

7.7 Planungsstil und Partizipation

Der institutionelle Rahmen eines Vertretungsgremiums wird vor allem durch drei Faktoren bestimmt: Die Stellung zur Verwaltung, die Finanzierung und die Zeitdimension, in der das Gremium gesehen wird.

Hinsichtlich der Stellung einer Bürgervertretung zur Verwaltung ist zu klären, inwieweit die Beteiligung am Planungsverfahren unabhängig von den planenden Behörden geschehen kann und soll. Nur bei einer unabhängigen Bürgervertretung ist die uneingeschränkte Möglichkeit der freien Kritik an der Planung und eine unbeeinflußte Interessenvertretung gewährleistet. Bei anderen Konstruktionen wie Foren, Ausschüssen usw. ist die Gefahr der „Technokratisierung“ der anstehenden Probleme sehr groß.

Bei unabhängigen, wie auch bei von der Verwaltung initiierten oder abhängigen Vertretungsgremien, ist die Grundeinstellung der Beteiligten auf seiten der offiziellen Planer wie der Betroffenen von entscheidender Bedeutung. *Hyman* beschreibt am Beispiel eines Sanierungsprojektes im Süden von Boston, die Auswirkungen zweier unterschiedlicher Planungsstile. Nacheinander leiteten zwei Planer mit entgegengesetztem Planungsstil dasselbe Projekt. Der erste Projektleiter (PL I) war gelernter „Gemeinschaftsorganisator“ (community organizer); er entstammte einer Sozialarbeiterschule und ging von einem Gesellschaftsmodell der Machtelite im Sinne *Hunter*s aus. Der zweite Projektleiter (PL II) war ausgebildeter Stadtplaner und Anhänger des pluralistischen Machtstrukturmodells (ausgehend von *Banfield, Dahl, Polsby*). Der erste Projektleiter arbeitete mit „gemeindeweiten" Gruppen, vor allem mit deren Vorständen. Der zweite Projektleiter hingegen arbeitete vor allem mit Nachbarschaftsgruppen. Die Planung des ersten ging vom Allgemeinen zum Spezifischen, die des zweiten vom Spezifischen (Stoppzeichen an der Straße, Preise, Anzahl der billigen Wohnungen) zum Allgemeinen. *Hyman* vergleicht die beiden Planungsstile in bezug auf (a) Kontakt mit den Bürgern, (b) Planungsausrichtung, (c) Beziehung zur übergeordneten Behörde und (d) allgemeine Ausrichtung.

Er zieht daraus den Schluß: „Das Konzept des Planers bestimmt weitgehend, mit welchem Teil der betroffenen Bevölkerung er sich identifiziert; mit der übergeordneten Elite oder mit Nachbarschaftsgruppen. Die Zusammenarbeit mit den Autoritäten der Gemeinde verlangt die Ausrichtung auf abstrakte Pläne, in denen die Beziehungen der verschiedenen Elemente untereinander aufgezeigt und analysiert werden, wie in den Plänen des ersten Projektleiters. Planer hingegen, die mit Nachbarschaftsgruppen arbeiten, müssen eher konkrete Detailprogramme ausarbeiten, die miteinander verbunden sind oder nicht, auf jeden Fall jedoch einen Vorschlag zur Lösung der augenblicklich aktuellen Probleme der Bewohner bringen müssen" [7,14, S. 111].

Schlußbemerkung

Es gibt im Bereich der Partizipationsformen kein Patentrezept. Entscheidend ist, welches Ziel durch die Bürgerbeteiligung erreicht werden soll. Das ausgeklügeltste Partizipationsmodell nützt so lange nichts, wie es keine entsprechend vorbereiteten Menschen gibt, die mit diesem Modell umzugehen – nach *Peattie* [7,19] zu „spielen" – verstehen. Wenn man sich die oft große Differenz zwischen idealistischem Anspruch einiger Modelle und der gegebenen Realität ins Bewußtsein ruft, so wird deutlich, daß nur ein Arbeiten an der Überwindung der „Humanbarriere" [7,15] einen Fortschritt bringen kann. *Zinn* gibt eine treffende Begründung der einzig möglichen Politik der kleinen Schritte: „Dennoch scheint uns dieser bescheidene Weg so lange sinnvoll, wie eine bessere Alternative fehlt. Gutgemeinte Verbalforderungen nach einer gesellschaftsbezogenen, progressiven Planung ändern ja nichts an den Gesellschaftsverhältnissen und an der Tatsache, daß innerhalb dieser Verhältnisse alltäglich Planung gemacht wird und gemacht werden muß. Die Attitüde der großen Verweigerung lähmt jedes Handeln und ist sicher keine Alternative gegenüber der Politik der kleinen Schritte und der kleinen Experimente in der Planung. Allerdings ist eine solche Politik nur dann nicht reaktionär, wenn sie sich in ihrem konkreten Handeln ständig in Frage stellen läßt und unter dem Einfluß der Kritik selbst korrigiert. Deshalb ist es einerseits unumgänglich, daß über die heutigen Randbedingungen hinweg die utopischen Möglichkeiten bedacht und die Grenzen reformistischer Praxismodelle kritisch reflektiert werden. Andererseits ist es aber sinnlos, sich aus Angst, Fehler zu begehen oder ‚korrumpiert' oder ‚integriert' zu werden, von der Praxis zu distanzieren. Das wäre letztlich der Verzicht auf jede Gelegenheit, zu lernen" [7,24, S. 102].

Literatur

[7,1] *Arnstein, S.:* 1972: Stufen der Bürgerbeteiligung. Orig.: A Ladder of Citizen Participation. In: AIP-Journal (Juli 1969), S. 216–223. In: [7,16].

[7,2] *von Beyme, K.:* Die politischen Theorien der Gegenwart. München 1972.

[7,3] *Davidoff, P.:* A Choice Theory of Planning. In: AIP-Journal 28 (1962).

[7,4] *Davidoff, P.:* Anwaltsprinzip und Pluralismus in der Planung. Orig.: Advocacy and Pluralism in Planning. In: AIP-Journal 31 (1965), Heft 4. In: [7,16].

[7,5] *Dienel, P.:* Wie können die Bürger an Planungsprozessen beteiligt werden? Planwahl und Planungszelle als Beteiligungsverfahren. In: Der Bürger im Staat 21 (1971), Heft 3.

[7,6] *Dienel, P.:* Partizipation an Planungsprozessen – mögliche bildungsplanerische Konsequenzen. In: [7,16].

[7,7] *Dienel, P.:* Die Bearbeitung von Langfristproblemen in der parlamentarischen Demokratie. In: Horn, H., (Hrsg.): Entscheidung und Solidarität; Festschrift für Johannes Harder. Wuppertal 1973.

[7,8] *Dyckmann, J. W.:* Sozialplanung, Sozialplaner und Gesellschaftsplanung. Orig.: Social Planning, Social Planers and planed Societies. In: AIP-Journal 32 (1966). In: [7,16].

[7,9] *Gans, H. J.:* The Human Implications of Current Redevelopment and Relocation Planning. In: AIP-Journal 25 (1959).

[7,10] *Gans, H. J.:* People and Plans. New York 1968.

[7,11] *Hamm, B.:* Betrifft: Nachbarschaft. Düsseldorf 1973.

[7,12] *Herlyn, U.:* Innenstadterneuerung und Beteiligung der Betroffenen: Ein Versuch in Göttingen. In: [7,16].

[7,13] *Hertig, H. P.:* Partizipationsmodelle für die Stadtplanung, Bedürfnis – Möglichkeiten – Grenzen. Unveröff. Manuskript. Bern 1973.

[7,14] *Hyman, H. H.:* Planning with Citizens: Two Styles. In: AIP-Journal 35 (1969).

[7,15] *Klages, H.:* Planungspolitik, Stuttgart 1971.

[7,16] *Lauritzen, L.:* Mehr Demokratie im Städtebau. Hannover 1972.

[7,17] *Merton, R. K.:* Social Theory and Social Structure. Revised and enlarged edition. New York 1957.

[7,18] *Oswald, H.:* Die überschätzte Stadt. Olten, Freiburg i. Br. 1966.

[7,19] *Peattie, L. R.:* Drama and advocacy Planning. In: AIP-Journal 36 (1970).

[7,20] *Peattie, L. R.:* Überlegungen zur Anwaltsplanung. Orig.: Reflections on Advocacy Planning. In: AIP-Journal 34 (1968). In: [7,16].

[7,21] *Pflaumer, H.:* Öffentlichkeit und Verwaltung in einem demokratisierten Planungsprozeß. In: [7,16].

[7,22] *Scharpf, F.:* Demokratietheorie zwischen Utopie und Anpassung. Konstanz 1970.

[7,23] *Vilmar, F.:* Das „Humane Unternehmen" als europäische Forschungs-, Bildungs- und Organisationsaufgabe. Planungsentwurf für das Gottlieb-Puttweiler-Institut, Rüschlikon/Zürich 1973.

[7,24] *Wilson, J. Q.:* Planning and Politics: Citizen Participation in Urban Renewal. In: AIP-Journal 29 (1963).

[7,25] *Zinn, H.:* Mehr Öffentlichkeit in der Stadtplanung? In: [7,16].

8. Freizeit und Raumplanung

von *Jörg Oetterli*

8.1 Bemerkungen zum aktuellen Stand der soziologischen Forschung auf dem Gebiet der Freizeit

Der Problembereich „Freizeit“ gewinnt in der öffentlichen Diskussion zunehmend an Bedeutung. Industrialisierung, Urbanisierung und technischer Fortschritt führten in den letzten 150 Jahren nicht nur zu einer räumlichen und damit auch sozialen Trennung zwischen den Lebensbereichen – insbesondere zwischen Wohnen und Arbeiten –, sondern gaben den Anstoß zu einer entscheidenden Ausdehnung der arbeitsfreien Zeit für den größten Teil der Bevölkerung. Die Freizeit wurde zu einem der zentralen gesellschaftlichen Lebens- und Aktivitätsbereiche in allen modernen Industriegesellschaften. Die damit verbundenen wachsenden Freizeitprobleme haben ihre Auswirkungen auf die soziologische Forschung. Seit dem zweiten Weltkrieg, vor allem aber seit den 60er Jahren, sind Hunderte von Publikationen zu diesem Themenkreis erschienen. [8,33] und [8,34] sind Versuche einer kritischen Verarbeitung dieser Literatur. Trozdem ist der Stand der freizeitsoziologischen Forschung – vor allem aus raumplanerischer Sicht – heute noch weitgehend unbefriedigend. Dies gilt besonders für den deutschen Sprachbereich. Die Mehrzahl der veröffentlichten Studien sind Berichte über empirische Arbeiten, die nur sehr spezielle Aspekte der Freizeit oder nur einen sehr engen räumlichen Bereich betreffen. Zudem sind diese Studien vielfach bloße Datenanhäufungen ohne erkennbaren theoretischen Bezugsrahmen und oft selbst ohne Angaben über die angewandten Methoden. Die relativ wenigen umfassenderen, qualitativ ansprechenden empirischen Forschungsberichte enthalten vor allem Analysen über den Umfang der den einzelnen sozialen Gruppen zur Verfügung stehenden Freizeit sowie über die Abhängigkeit des Freizeitverhaltens von verschiedenen demographischen, sozio-ökonomischen und sozio-kulturellen Einflußfaktoren.

Der rein deskriptive Charakter der überwiegenden Mehrheit der vorhandenen Freizeitstudien engt deren Brauchbarkeit als Planungsgrundlagen zusätzlich entscheidend ein. Sie geben zwar Hinweise auf den status quo, auf die heute bestehende Situation im Freizeitbereich, ihr Informationsgehalt ist jedoch in kurzer Zeit veraltet und daher bereits für mittelfristige Planungsvorhaben weitgehend unbrauchbar. Es fehlen dringend umfassendere Studien über die Entwicklungstendenzen im Freizeitbereich, über die Interdependenz der verschiedenen Einflußfaktoren sowie deren Wandel. Erste theoretisch interessante Ansätze wurden in den letzten 10 Jahren insbesondere von Forschungsgruppen in Frankreich und Belgien entwickelt (z. B. [8,13], [8,15], [8,16], [8,17], [8,27], [8,42]).

Neben der Entwicklung von Prognoseverfahren sind aus raumplanerischer Sicht die folgenden Aspekte besonders vordringlich:

(1) Eingliederung der soziologischen Fragestellung in interdisziplinäre Grundlagenprojekte der Freizeitforschung. Raumplanung ist grundsätzlich interdisziplinär, sie bedingt die gegenseitige Abstimmung verschiedener wissenschaftlicher Disziplinen bezüglich ihrer raumrelevanten Aussagen. Auch die soziologische Forschung kann ihre Funktion nur dann erfüllen, wenn sich ihre Ergebnisse in diesen Gesamtrahmen integrieren lassen.

Ein Versuch in dieser Richtung ist die im Auftrag des Instituts für Orts-, Regional- und Landesplanung der Eidgenössischen Technischen Hochschule in Zürich in den vergangenen Jahren durchgeführte interdisziplinäre Grundlagenstudie zur Gewinnung raumplanungsrelevanter Aussagen für den Freizeitbereich. Beiträge der Bereiche Medizin, Pädagogik, Soziologie, Ökonomie und Recht sollen die Erarbeitung von Richtlinien für die Freizeitplanung ermöglichen [8,46].

(2) Analyse der Freizeitsituation unter Einbezug der Einflußfaktoren und Entwicklungsbedingungen der übrigen zen-

tralen gesellschaftlichen Bereiche, wie z. B. Arbeit, Familie, Erziehung und Bildung. Die Forschungspraxis bedingt zwar meist eine analytische Begrenzung der Fragestellung. Eine zu enge Optik enthält jedoch die Gefahr, die wechselseitige Verflechtung des Freizeitverhaltens mit den Bedingungen in den übrigen Lebensbereichen zu übersehen und damit die letztlich wesentlichen Einflußfaktoren auszuklammern.

(3) Überprüfung der interkulturellen Übertragbarkeit von freizeitrelevanten Forschungsergebnissen. Das Fehlen umfassender theoretischer Ansätze – insbesondere auch das Fehlen operabler Theorien des sozialen Wandels – macht nicht nur die Vergleichbarkeit der internationalen Freizeitforschung unmöglich, sondern verhindert gleichzeitig auch Aussagen über die Brauchbarkeit empirischer Daten für andere geographische oder kulturelle Räume über den konkreten Erhebungsraum hinaus. Die aktuelle Raumplanungspraxis begnügt sich sehr oft mit Forschungsergebnissen, deren Relevanz für den Planungsraum keineswegs feststeht. Gerade im Freizeitbereich dürften sich spezifische, kulturelle und subkulturelle Merkmale entscheidend auswirken und damit die Gefahr von Fehlplanungen erhöhen, sofern nicht die erforderliche Überprüfung vorliegender Forschungsergebnisse durch entsprechende Untersuchungen gesichert wird.

8.2 Arbeitszeit und Freizeit: Probleme der Abgrenzung

Die Schwierigkeiten einer gegenseitigen Vergleichbarkeit der vorhandenen Freizeitstudien werden bereits beim Versuch einer brauchbaren Definition von „Freizeit“ drastisch deutlich. Eine Vielzahl unterschiedlicher Begriffsumschreibungen steht sich gegenüber. Sie bilden nicht nur die Ursache vieler Mißverständnisse, sondern weisen vor allem auch auf theoretische und ideologische Divergenzen der betreffenden Ansätze hin.

Trotz der Vielfalt der Unterschiede spielt bei praktisch allen Abgrenzungsversuchen der „Freizeit“ der enge Zusammenhang zwischen Freizeit und Arbeitszeit eine zentrale Rolle.

Die räumliche Trennung von Wohnung und Arbeitsplatz, verbunden mit der Einführung streng formalisierter Arbeitszeiten in der industriellen Gesellschaft, ermöglichte zwar erst jene klare Trennung zwischen der Arbeit und jenen Lebensbereichen, die sich außerhalb des Arbeitsplatzes vollziehen. Trotzdem stehen diese Lebensbereiche in engem wechselseitigem Verhältnis zum Arbeitsbereich. Die Wechselwirkungen zwischen Arbeit und Freizeit bestimmen dabei in weitem Maße auch die Freizeitbedingungen nicht unmittelbar erwerbstätiger Bevölkerungsgruppen (z. B. Hausfrauen, Kinder). Somit ist es auch sinnvoll, dieses Wechselverhältnis als Kriterium für die Gruppierung der wichtigsten Freizeitdefinitionen zu verwenden, und zwar gleichsam auf einem Kontinuum von einer „engen" zu einer „weiten" Begriffsumschreibung. Aus raumplanerischer Sicht wird die Wahl des zweckmäßigsten Freizeitbegriffs eng mit dem Problem der Operationalisierbarkeit zusammenhängen.

Zu einem sehr eng gefaßten Freizeitbegriff gehören auf diesem Kontinuum alle jene Definitionen, die Freizeit als eine „Residualkategorie" verstehen, d. h. als jenen Rest der Zeit, der übrigbleibt, nachdem die Zeitanteile der Arbeit sowie der übrigen Notwendigkeiten und Verpflichtungen des täglichen Lebens (z. B. Haushalt, Kindererziehung, Ernährung, Schlaf, Weiterbildung) vom gesamten Zeitbudget abgezogen sind [8,13], [8,53], [8,27].

Das Gegenextrem – ein sehr weit gefaßter Freizeitbegriff also – geht vom Freiheitsgrad aus, den der einzelne bei der Gestaltung seiner verschiedenen Aktivitätsbereiche besitzt. Unter Freizeit werden dabei jene Bereiche verstanden, welche durch einen relativ hohen Freiheitsgrad charakterisiert sind (z. B. [3,38], [8,55]). Einerseits ist es natürlich denkbar, nach objektiven Kriterien für diese Abgrenzung unterschiedlicher Freiheitsgrade zu suchen. So besteht z. B. im Arbeitsbereich in einem gewissen Ausmaße die Freiheit der Arbeitsplatzwahl, insbesondere etwa für jüngere Arbeitskräfte. Die Verrichtungen an einem einmal gewählten Arbeitsplatz sind jedoch infolge ihrer relativ starren Formalisierung mit einem starken Zwangscharakter versehen.

Im Gegensatz dazu stehen die vergleichsweise größeren Freiheitsgrade in der Gestaltung des außerberuflichen Lebensbereichs, obwohl auch hier keineswegs von einer absoluten Freiheit gesprochen werden kann. Die Interdependenzen zwischen den Lebensbereichen, gesellschaftlichen Wertvorstellungen und Rollenerwartungen, räumlichen Bedingungen usw. engen die Wahlmöglichkeiten faktisch ein. Eine Reihe von Autoren ignoriert fälschlicherweise diese sozialen Zwänge und betrachtet die Freizeit als Gebiet der völlig freien Bestimmung des Individuums (siehe z. B. [8,50]).

Andererseits hängt das Empfinden von Freiheit oder Zwang bei der Ausübung einer Tätigkeit entscheidend von subjektiven Komponenten ab – ist also objektiv kaum erfaßbar. Unter diesem Gesichtspunkt könnte theoretisch jede Tätigkeit als „Freizeitaktivität" empfunden werden. Damit wird aber wiederum die Operationalisierbarkeit des Freizeitbegriffs für raumplanerische Bedürfnisse in Frage gestellt.

Zwischen den beiden Extremen stehen jene Versuche, welche die Freizeit mit ganz bestimmten Aktivitäten oder Typen von Aktivitäten definieren. Freizeit wird hier also nicht mehr als bloße Residualkatgorie verstanden, die übrigbleibt, wenn alle anderen Tätigkeitn des Tagesablaufes abgezogen sind, sondern Freizeit erhält einen konkreten Gehalt durch die Umschreibung ihrer spezifischen Funktionen und der entsprechenden Aktivitäten.

Jeder dieser drei erwähnten Definitionsversuche enthält zwar einen besonderen Gesichtspunkt, der sich auf den Begriff „Freizeit" beziehen läßt, ist jedoch für sich alleine genommen zu einseitig. Ein planungsrelevanter Ansatz müßte alle drei Aspekte beinhalten (siehe z. B. [8,42]). So hat die Raumplanung bei ihren Maßnahmen die bestehenden Interdependenzen zwischen den menschlichen Lebens- und Aktivitätsbereichen zu berücksichtigen. Freizeitbedürfnisse sind eng verknüpft mit den Bedingungen im Arbeits- oder Wohnbereich. Trotzdem muß sich die Raumplanung vermehrt speziell mit der Gestaltung der Freizeit befassen und damit deren Bedeutung als eigener zentraler Lebensbereich anerkennen und unterstützen. Die Stadt- und Regionalplanung hat sich lange

Zeit zu einseitig auf die Erfordernisse des Arbeitsbereichs konzentriert.

Schließlich ist für die Raumplanung auch der Tatbestand des unterschiedlichen Freiheitsgrades, der bei der Ausübung der einzelnen räumlich relevanten Tätigkeitsbereiche besteht, von wesentlicher Bedeutung. Je größer dieser Freiheitsgrad ist, desto höhere Anforderungen werden beispielsweise an die Flexibilität raumplanerischer Maßnahmen und räumlicher Einrichtungen gestellt.

8.3 Die gesellschaftlichen Funktionen der Freizeit

Die zunehmende Bedeutung, die der Freizeit in der modernen Gesellschaft zukommt, und ihr Einfluß auf den sozialen Wandel und damit auf die Strukturen der „Gesellschaft von Morgen" sind eine direkte Folge ihrer gesellschaftlichen Funktionen. Diese Funktionen lassen sich wiederum unter verschiedensten Gesichtspunkten beschreiben und einordnen. Eine der klassischen Betrachtungsweisen ist die Gliederung nach makro- und mikrosoziologischen Aspekten. Auf der gesamtgesellschaftlichen Ebene (Makroebene) geht es dabei sowohl um die Bedeutung der Freizeit zur Erhaltung und Festigung bestehender gesellschaftlicher Verhältnisse (wie z. B. die Wiederherstellung der Arbeitskraft, die Kompensation von Frustrationen, Spannungen und Unzufriedenheit in anderen Lebensbereichen oder den Beitrag zur sozialen Integration und Sozialisation) als auch um die der Freizeit innewohnenden Möglichkeiten zur Beeinflussung gesellschaftlicher Veränderungen (wie z. B. durch den Einfluß auf die Bildungsmöglichkeiten oder den Wandel des Lebensstils). Welcher dieser Funktionen das entscheidende Gewicht zukommt, hängt im wesentlichen vom weiteren Rahmen gesellschaftspolitischer Grundhaltungen ab. Untersucht wurden diese makrosoziologischen Auswirkungen der Freizeit bisher kaum. So könnte es von besonderem Interesse sein, abzuklären, welches gesellschaftliche Innovationspotential im Freizeitbereich liegt, wieweit also sozialer Wandel durch den relativen Freiheitsgrad bei der Gestaltung der Freizeit beeinflußt wird. *Touraine* [8,55] z. B. vertritt die Auffassung, daß durch den Abbau der Klassenstrukturen im Freizeitbereich die Freizeit allgemein zu einem Faktor der sozialen Entwicklung werden kann.

Die Darstellung der Freizeitfunktionen auf der Ebene der Individuen bzw. der sozialen Gruppen, d. h. also auf der Mikroebene, beinhaltet nicht grundsätzlich andere Aspekte, sondern ist lediglich ein Spiegelbild der gesamtgesellschaftlichen Zusammenhänge. Die Dreigliederung in Erholung, Zerstreuung und Persönlichkeitsentwicklung entspricht der in der Literatur am häufigsten verwendeten Typologie. Dabei können Erholung und Zerstreuung wiederum als die statischen, die Persönlichkeitsentwicklung als die kreativ-dynamischen Komponenten der Freizeit betrachtet und entsprechende Folgerungen bezüglich ihrer Wirkungen auf die gesellschaftliche Entwicklung gezogen werden. Laut den bestehenden Prognosen dürfte sich in den kommenden Jahrzehnten ein spürbarer Wandel in der relativen Bedeutung dieser drei Funktionen der Freizeit vollziehen. Die Frage nach den Auswirkungen der Veränderungen im Freizeitbereich auf den gesellschaftlichen Wandel insgesamt läßt sich dabei nur beantworten, wenn man die wechselseitigen Verflechtungen zwischen den verschiedenen gesellschaftlichen Teilsystemen analysiert.

Der Zusammenhang zwischen den gesellschaftlichen Funktionen der Freizeit und der Raumplanung ist indirekter Art. Raumplanerische Maßnahmen können bestimmte Freizeitaktivitäten erleichtern oder erschweren. Dabei ist darauf hinzuweisen, daß eine konkrete Freizeittätigkeit sich in der Regel nicht eindeutig einer der drei erwähnten gesellschaftlichen Funktionen der Freizeit zuordnen läßt. Vielmehr enthält die einzelne Freizeitaktivität meist Elemente aller drei Funktionen, wobei die eine überwiegen kann. Der Wandel der Bedeutung der verschiedenen Funktionen der Freizeit führt somit nicht automatisch zu einer Zu- oder Abnahme einzelner Freizeittätigkeiten. Für die künftige Entwicklung lassen sich immerhin folgende allgemeine Annahmen treffen:

- eine abnehmende Bedeutung der Rolle jener Freizeitaktivitäten, deren dominierende Funktion die Zerstreuung ist,

- die vermehrte Entwicklung von Freizeitaktivitäten, deren dominierende Funktion in der Persönlichkeitsentfaltung liegt,
- die stärkere Bedeutung des Elementes „Persönlichkeitsentwicklung" innerhalb bestehender und stark verbreiteter Freizeitaktivitäten (z. B. Fernsehen).

Welche Freizeitfunktionen wünschbar sind und deshalb gefördert werden sollen, ist eine wesentlich gesellschaftspolitische Frage. Für die Raumplanung gilt es zu beurteilen, welche Gruppen von Freizeitaktivitäten durch räumliche Maßnahmen zu beeinflussen sind, um diesen gesellschaftspolitischen Konzepten zu entsprechen.

8.4 Die Einflußfaktoren auf Freizeitverhalten und Freizeitbedürfnisse und deren Wandel

Wie im vorangehenden Abschnitt dargestellt wurde, sind Freizeiterwartungen, Freizeitbedürfnisse und damit auch das Freizeitverhalten die Folge einer Reihe von Einflußfaktoren der verschiedenen Bereiche sozialer Realität. Für die Raumplanung bedeutet dies zweierlei:

- Die bisher in der empirischen Sozialforschung vorherrschenden rein deskriptiven Studien des Freizeitverhaltens enthalten kaum Informationen über die Wirkungsweise der maßgebenden Einflußfaktoren, deren Interdependenzen und deren Wandel. Für die erfolgreiche Planung wären aber gerade solche analytischen Grundlagen von entscheidender Bedeutung.
- Eine isolierte Betrachtung der Bedingungen im Freizeitbereich ist wenig aufschlußreich, da sich ein großer Teil der bestimmenden Einflußfaktoren nur aus der Verflechtung mit den übrigen Lebensbereichen (z. B. Arbeitsbereich, Familie) ermitteln läßt. Die bestehenden Verhältnisse und die Veränderungstendenzen in diesen Lebensbereichen bilden wesentliche Hinweise für eine bedürfnisgerechte Freizeitplanung.

Die folgende graphische Darstellung (siehe auch [8,2, S. 90]) vermittelt einen groben Überblick über die vielfältige Verflechtung der sozialen Einflußfaktoren auf die Freizeit. Die Dicke der Pfeile bedeutet eine Gewichtung der Stärke der entsprechenden Einflußrichtung.

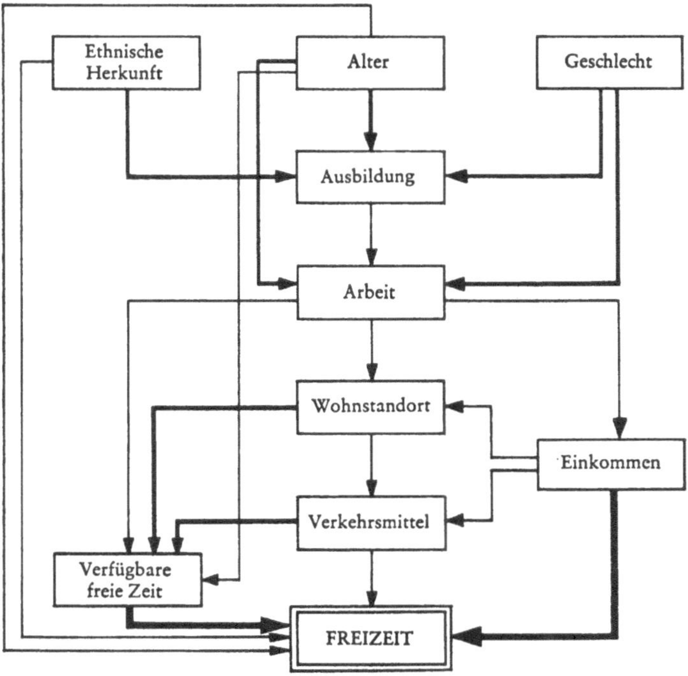

Abb. 8–1

Für die nähere Erläuterung soll eine Gliederung der verschiedenen Einflußfaktoren nach drei Haupttypen vorgenommen werden, nämlich:

- Demographische Einflußfaktoren
- Einflußfaktoren aufgrund von sozialen Bedingungen in den übrigen Lebensbereichen
- Einflußfaktoren aufgrund von Bedingungen innerhalb des Freizeitbereichs selbst.

8.4.1 Demographische Einflußfaktoren

Zu den demographischen Einflußfaktoren gehören die Merkmale der Bevölkerungsstruktur (Altersstruktur, Berufsstruktur, Bildungsstruktur usw.) einerseits und der räumlichen Verteilung der Bevölkerung andererseits.

a) Die Altersstruktur

In allen hochindustrialisierten Gesellschaften läßt sich ein deutlicher Trend zur Zunahme der oberen Altersgruppen feststellen. Dieses Anwachsen des relativen Anteils der Gruppe der über 65jährigen an der Gesamtbevölkerung ist zudem von einer Reihe qualitativer Aspekte begleitet, so etwa der Umgestaltung des physischen Alterungsprozesses, der Verlangsamung des Vitalitäts- und Intelligenzabbaus und damit der Steigerung der sozialen Wertigkeit älterer Menschen. Rechnet man noch die zu erwartende Herabsetzung des Pensionierungsalters dazu, so wird offensichtlich, daß die Gestaltung des Alters in zunehmendem Maße auch für die Raumplanung zu einem wesentlichen und langfristigen Problem wird.

Am anderen Extrem der Alterspyramide verläuft die Entwicklung umgekehrt: Der relative Anteil der Jugendlichen an der Gesamtbevölkerung nimmt ab. Dieser quantitative Rückgang erhält jedoch ein qualitatives Gegengewicht durch die wachsende ökonomische und gesellschaftliche Bedeutung der Jugend. Die immer stärker betonte Ablehnung der „Alten“ als Vorbilder fördert die Entstehung spezifischer jugendlicher Subkulturen mit eigenen Wertvorstellungen und Verhaltensweisen. Berücksichtigt man noch die tendenziell zunehmende Ausbildungszeit, so lassen sich für die Zukunft immer deutlicher drei wichtige Lebensabschnitte unterscheiden: 25 bis 30 Jahre Ausbildung, 30 bis 35 Jahre Berufstätigkeit, 25 bis 30 Jahre Ruhestand. Jeder dieser Lebensabschnitte ist durch ganz bestimmte Prioritäten gekennzeichnet, die sich besonders auch auf den Freizeitbereich auswirken.

Zwischen den einzelnen Lebensphasen bestehen natürlich trotzdem enge Querbeziehungen. So haben z. B. *Dumazedier* und *Ripert* [8,14] darauf hingewiesen, daß die im Ruhestand bevorzugten Tätigkeiten stark von jenen Aktivitäten (Freizeit und Beruf) beeinflußt sind, die früher im Vordergrund standen. Eine veränderte finanzielle Lage, Krankheiten und körperliche Behinderungen oder psychologische Hindernisse treten dabei jedoch als neue Einflußfaktoren auf.

b) Die Berufs- und Bildungsstruktur

Berufliche Stellung und Bildungsniveau sind zwar nicht identisch, jedoch in der Praxis meist eng miteinander verknüpft. So kann das Freizeitverhalten der verschiedenen sozio-ökonomischen Gruppen einerseits durch die spezifischen Anforderungen der beruflichen Tätigkeit, andererseits aber auch durch den Einfluß der dazu erforderlichen unterschiedlichen Schulbildung geprägt sein.

Die bestehenden Berufsstrukturen werden in den kommenden Jahren einschneidenden Veränderungen unterworfen sein. Dazu gehören insbesondere auch die sich bereits deutlich abzeichnenden Verlagerungen der Beschäftigtenanteile zwischen den drei Wirtschaftssektoren. So werden nach *Fourastié* [8,21] im Jahr 2000 im primären (Landwirtschaft, Bergbau) und sekundären (industrielle und gewerbliche Produktion) Sektor noch je 10 %, im tertiären Sektor (Dienstleistungen) jedoch rund 80 % aller Beschäftigten tätig sein. Der Rückgang der körperlichen Beanspruchung bei der Berufsausübung wird sich zudem im Zuge der technologischen Entwicklung weiter fortsetzen. Dies bedeutet für immer breitere Bevölkerungsgruppen ein zunehmendes Bedürfnis nach sportlicher Betätigung oder anderen körperlich aktiven Freizeittätigkeiten.

Für den Einflußfaktor „Bildung" lassen die vorhandenen Untersuchungen ähnliche Zusammenhänge erkennen. Die Bedeutung der „passiven" und „sitzenden" Freizeitaktivitäten, die der Entspannung und dem Vergnügen dienen, nimmt mit steigendem Bildungsniveau ab, während die kulturellen Aktivitäten und die soziale Kontaktnahme relativ an Bedeutung gewinnen. *Touraine* [8,55] stellt beispielsweise fest, daß die kulturelle Unterkonsumption charakteristisch ist für die unteren Schichten – d. h. damit für jene sozialen Gruppen mit niedrigerem Bildungsniveau. Ähnliche Feststellungen bezüglich der charakteristischen Passivität in der Freizeitgestaltung der Arbeiter machten z. B. auch *Larrue* [8,43], *Dumazedier* [8,13] sowie *Hanhart* [8,29]. Für die Zukunft ist jedoch mit einer Erhöhung des durchschnittlichen Bildungsniveaus zu rechnen – von der vor allem die bisher unterprivilegierten Gruppen profitieren werden. Damit dürften auch entsprechende Auswirkungen auf die Freizeitgestaltung erwartet werden, so etwa ein steigendes Interesse für kulturell oder intellektuell reichhaltigere Aktivitäten bzw. eine zunehmende Diversifikation der Freizeitbedürfnisse. Diese „kulturelle Emanzipation" von traditionell bildungsmäßig benachteiligten Gruppen gehört zu den Grundvoraussetzungen für eine echte Demokratisierung der Freizeit. Diese Tendenzen sind zum Teil wiederum eng mit den Entwicklungen im Arbeitsbereich verknüpft. So bedeutet für einige wesentliche Gruppen von Erwerbstätigen Schulung in Zukunft praktisch dauernde Umschulung während des Berufslebens (Education permanente).

c) Die Nationalität

Die Bedeutung der Nationalität als demographischer Einflußfaktor auf das Freizeitverhalten und die Freizeitbedürfnisse ergibt sich vor allem aus dem großen Zuzug von Gastarbeitern aus wirtschaftlich wenig entwickelten und kulturell sehr verschiedenen Ländern in die industriell hochentwickelten Staaten (wie z. B. in die Bundesrepublik oder in die Schweiz). Die oft völlig entgegengesetzten Wertvorstellungen und Verhaltensweisen führen zu gegenseitigen Assimilationsproblemen und Konflikten zwischen den einheimischen und den zugezogenen Bevölkerungsgruppen. Dies betrifft grundsätzlich alle Lebensbereiche, insbesondere auch die Freizeit, da hier die Bildung von Subkulturen – d. h. die Absonderung zwischen Einheimischen und Gastarbeitern – besonders auffällt. Eine allmähliche Anpassung erfolgt vor allem an den Lebensstil der unteren Schichten des Gastlandes, womit die sozialen Probleme dieser Schichten noch verstärkt werden.

d) Die räumliche Bevölkerungsverteilung

Zu den demographischen Einflußfaktoren gehört neben den Merkmalen der Bevölkerungsstruktur auch die räumliche bzw. regionale Bevölkerungsverteilung. Hervorragendste Erscheinung und für das Freizeitverhalten von entscheidender Bedeutung ist dabei der Prozeß der Urbanisierung. Urbanisierung bedeutet einerseits eine wachsende Konzentration von Bevölkerung und Arbeitsstätten in städtischen Agglomerationen; bis zum Jahr 2000 werden es rund 4/5 der Gesamtbevölkerung sein. Verbunden mit diesem Verstädterungsvorgang ist aber andererseits auch ein Wandel des Lebensstils, der Denk- und Verhaltensweisen. Dieser Wandel wirkt sich in ganz besonderem Maße auf die Struktur der Freizeitbedürfnisse aus. Ganz allgemein nehmen die Ausgaben für die Freizeitgestaltung im Budget des Städters einen höheren Anteil ein als beim Bewohner ländlicher Regionen. Dabei ist die Reichhaltigkeit und Vielfalt der Freizeitmöglichkeiten in der Stadt von besonderer Bedeutung, da dadurch die Nachfrage nach Freizeitbetätigungen zusätzlich stimuliert wird. Die städtische Umwelt und die damit verbundenen Streßfaktoren steigern andererseits das Bedürfnis nach Erholung in der freien Natur.

Das Problem der wünschbaren räumlichen Verteilung der Bevölkerung bildet in fast allen industrialisierten Staaten Gegenstand raumplanerischer Bemühungen. Dabei geht es vor allem darum, eine einseitige und ungeordnete Konzentration der Bevölkerung in wenigen riesigen Ballungsräumen, verbunden mit einer entsprechenden Entleerung der übrigen Landesgegenden, zu verhindern. Die Sicherstellung genügender, gut ausgebauter und optimal erreichbarer Freizeit- und Erholungsräume stellt einen wesentlichen Gesichtspunkt bei der Diskussion der wünschbaren regionalen Verteilung und Größe der künftigen städtischen Agglomerationen dar. Die Verwirklichung solcher nationaler Raumordnungskonzepte setzt allerdings umfassende raumplanerische, gesellschafts- und wirtschaftspolitische Maßnahmen voraus. (Als Beispiele solcher umfassender Raumordnungskonzepte siehe etwa: [8,45], [8,12], [8,32]).

8.4.2 Soziale Bedingungen in den übrigen Lebensbereichen als Einflußfaktoren auf die Freizeit

Die Einflußfaktoren auf die Freizeit, die sich aus den spezifischen sozialen Bedingungen in den übrigen Lebensbereichen ergeben, sind sehr zahlreich und in ihrer Wirkungsweise bisher kaum untersucht worden. Es soll hier nur auf einige besonders relevante Aspekte verwiesen werden.

a) Bedingungen im Arbeitsbereich

Praktisch unbestritten bei allen Autoren ist die Existenz eines engen Zusammenhanges zwischen den Bedingungen im Arbeitsbereich und der Freizeit. Unterschiedliche – zum Teil gegensätzliche – Auffassungen bestehen allerdings in der Beurteilung der Art dieses Einflusses. So wird von einzelnen Autoren vor allem auf die kompensatorische Funktion der Freizeit hingewiesen, d. h. die Mängel im Arbeitsbereich sollen über eine besonders aktive und kreative Betätigung in der Freizeit ausgeglichen werden. Die Arbeit übt damit einen positiv stimulierenden Einfluß auf die Freizeit aus. Im Gegensatz dazu steht die Auffassung von der negativen Kongruenz zwischen Arbeit und Freizeit. Die unbefriedigende Arbeitssituation provoziert ein Fluchtverhalten, ein Vergessen der Arbeit während der Freizeit, d. h. ein extremer Wunsch nach passiver Zerstreuung. Die Passivität und der Mangel an Kreativität während der Arbeit machen auch Aktivität und Kreativität in der Freizeit unmöglich. *Crozier* [8,10] hat in seinen Studien beide Verhaltensformen empirisch nachgewiesen. Nach ihm stehen die Unterschiede in engem Zusammenhang mit dem Bildungsniveau. Aktive Kompensation findet sich eher bei Personen mit hohem, Fluchtverhalten eher bei Personen mit niedrigem Bildungsniveau. Für die Zukunft ergeben sich zumindest zwei Konsequenzen:

- Der wirtschaftliche und technische Wandel führt zu veränderten Bedingungen im Arbeitsbereich, und zwar nicht bloß zu einer quantitativen Umschichtung der Beschäftigtenzahlen zwischen den Wirtschaftssektoren, sondern vielmehr auch zu qualitativen Veränderungen der Arbeitsanforderungen und Arbeitsabläufe. Daraus ergeben sich entsprechende Auswirkungen auf die Freizeitbedürfnisse.
- Freizeitverhalten darf nicht nur als „Reaktion“ auf die Arbeitssituation verstanden werden, vielmehr muß versucht werden, auch die Gestaltungsmöglichkeiten der Freizeit künf-

tig aktiv in den Erziehungs- und Sozialisationsprozeß einzubeziehen.

b) Die Wohnverhältnisse

Die Wohnverhältnisse werden stark durch den bereits erwähnten Prozeß der Urbanisierung beeinflußt. Besondere Probleme verursacht die Situation der Bewohner der sich ständig ausdehnenden Vorstädte. Die bisherige Planung ist gekennzeichnet durch die Förderung einer Entmischung der städtischen Funktionen: In den Stadtzentren konzentrieren sich die Arbeitsplätze, in den Vororten die Wohnplätze. Der Wohnungsbau erfolgte dort zudem kaum nach umfassenden Konzeptionen, sondern meist nur nach eher arbiträren und veralteten Bauvorschriften. Dies wirkte sich insbesondere auf den Bau von Freizeiteinrichtungen aus. Orts- und Regionalplanungen, die auch eine systematische Freizeitplanung enthalten, dürften wohl eine Seltenheit sein. Dieser Nachteil der Wohnvororte wird oft verstärkt durch eine relativ schlechte Verkehrserschließung – insbesondere außerhalb der Spitzenstunden des Arbeitsverkehrs –, so daß auch die Erreichbarkeit entfernterer Freizeitplätze mit Schwierigkeiten verbunden ist.

c) Die familiäre Situation

Auch die familiäre Situation läßt sich als Einflußfaktor auf die Freizeitaktivitäten nur schwer von der Verflechtung mit den anderen Einflußgrößen, wie etwa den Wohnverhältnissen, isolieren. Die vorhandenen Studien, insbesondere auch die internationalen Zeitbudgetstudien (siehe [8,53]), zeigen deutliche Unterschiede im Freizeitverhalten zwischen Verheirateten und Ledigen einerseits sowie zwischen Ehepaaren und Familien mit Kindern andererseits. Diese Ergebnisse sind an sich nicht erstaunlich. Für die Raumplanung ergeben sich jedoch trotzdem wesentliche Hinweise auf spezielle Probleme der Freizeitgestaltung. Während bestimmter Lebensphasen bildet die Familie die eigentliche Bezugsgruppe für die Freizeit; die Eltern müssen oft ihre individuellen Bedürfnisse zurückstellen, wobei die Mütter in besonderem Maße benachteiligt sind.

d) Der Lebensstandard (Einkommen)

Industrialisierung und technischer Fortschritt ermöglichten in den letzten 100 Jahren eine beachtliche Hebung des Lebensstandards für alle Bevölkerungsgruppen. Dies schließt natürlich nicht aus, daß weiterhin große Diskrepanzen und Benachteiligungen in der Verteilung des materiellen Wohlstandes bestehen. Der höhere Lebensstandard äußert sich aber nicht zuletzt im wachsenden Freizeitkonsum. Je mehr sich die soziale Auseinandersetzung um das physische Existenzminimum abschwächt, desto größer werden die Möglichkeiten zur Befriedigung kultureller Bedürfnisse, desto mehr wächst der Anteil des Einkommens, der für die Freizeitgestaltung aufgewendet wird. Dieser Trend dürfte sich in den nächsten Jahrzehnten bei allen sozialen Gruppen verstärken.

e) Die allgemeinen Demokratisierungstendenzen

Der Hinweis auf die allgemeinen Demokratisierungstendenzen bezieht sich auf einen Aspekt des sozialen Wandels, der quer durch alle Lebensbereiche verläuft und oft mit dem Begriff der „Fundamentaldemokratisierung" bezeichnet wird. Diese Forderung nach einer echten und grundlegenden Demokratisierung des gesellschaftlichen Lebens ist die Folge einer wachsenden Kritik an den bestehenden gesellschaftlichen Strukturen, sowie der Entideologisierung der formalen politischen Demokratie. Sie führt zu neuen Bewußtseins- und Verhaltensformen. Hervorstechende Beispiele dieser Entwicklung sind etwa: Die Emanzipation der Frau, die sexuelle Revolution, die Mitbestimmung im Arbeitsbereich, die Demokratisierung der Bildungs- und Aufstiegschancen. Ein solcher Wandel traditioneller Wertvorstellungen und Verhaltensweisen prägt selbstverständlich Erwartungen und Aktivitäten im Freizeitbereich in besonderem Maße. So werden etwa Freizeitmöglichkeiten, welche bisher einer privilegierten Schicht vorbehalten waren, immer mehr allen sozialen Gruppen zugänglich sein. Ferner führt die Demokratisierung zu einer Angleichung von Interessen und Aktivitäten zwischen sozialen Gruppen sowie zu einem Wandel in den Prioritäten der Freizeitgestaltung. Die Raumplanung hat gerade diese Entwicklungen sehr aufmerksam zu verfolgen.

8.4.3 Bedingungen innerhalb des Freizeitbereichs als Einflußfaktoren

Zur dritten Gruppe von Einflußfaktoren auf das Freizeitverhalten gehören insbesondere Dauer und Verteilung der freien Zeit – also Bestimmungsgrößen, die dem Freizeitbereich selbst entstammen, jedoch ihrerseits durch externe Bedingungen bestimmt werden.

a) Die Länge der verfügbaren Freizeit

Das Problem der Länge der verfügbaren Freizeit läßt sich von zwei Gesichtspunkten her betrachten, nämlich einerseits bezüglich der langfristigen Tendenz einer generellen Verkürzung der Arbeitszeit und andererseits bezüglich der bestehenden Ungleichheiten zwischen den sozialen Gruppen. Technischer und sozialpolitischer Fortschritt führten seit dem Ende des letzten Jahrhunderts zu einer sukzessiven Verkürzung der Arbeitszeit und damit zu einer allgemeinen Verlängerung der verfügbaren Freizeit. Die zu erwartende künftige Entwicklung wird sehr verschieden beurteilt. Den optimistischen Thesen (siehe z. B. [8,21], [8,13], [8,37]), die eine weitere Evolution der Freizeit prognostizieren, stehen die pessimistischen Annahmen gegenüber, welche sowohl die Möglichkeiten der künftigen Entwicklung der Freizeit als auch die effektive Bedeutung der bisherigen Tendenzen kritischer beurteilen (siehe z. B. [8,55]). Dabei richtet sich die Kritik teilweise gegen die Fehlinterpreation statistischer Daten, teilweise gegen die Annahme, daß die Verkürzung der Arbeitszeit automatisch mehr Freizeit bedeute.

Trotzdem läßt sich eindeutig feststellen, daß die Länge der Freizeit für alle Bevölkerungsgruppen zugenommen hat und auch künftig weiter zunehmen wird, allerdings vermutlich langsamer, als dies die optimistischen Annahmen prognostizieren. Mit den ökonomischen und sozialpolitischen Problemen dieser Entwicklung in der Bundesrepublik befaßt sich eine Studie der Kommission für wirtschaftlichen und sozialen Wandel [8,40].

Die Berechnung von Durchschnittswerten für die zur Verfügung stehende Freizeit sagt relativ wenig aus. Die meisten Studien weisen auf starke Unterschiede zwischen den sozialen Gruppen hin. Als wesentliche Einflußfaktoren werden dabei erwähnt: die soziale Schicht bzw. Berufsgruppe, das Ausbildungsniveau, die Rollenkumulation, das Alter bzw. die Lebensphase, die Lage des Wohnortes bzw. der Arbeitsweg. Aufgrund dieser Faktoren gelten die folgenden Gruppen als besonders benachteiligt: Die verheirateten Frauen (insbesondere wenn berufstätig oder als Mutter von kleineren Kindern), die jüngeren Altersgruppen (vor allem während der Ausbildung und beruflichen Weiterbildung), die untersten und obersten sozialen Schichten, die Bauern, die Bewohner der Vorstädte. Die Benachteiligungen sind dort am größten, wo mehrere Einflußfaktoren zusammenfallen. Dies ist etwa der Fall bei der Rollenkumulation und der sozialen Schichtzugehörigkeit.

b) Die zeitliche Verteilung der Freizeit

Neben der Dauer der verfügbaren Freizeit spielt auch deren Verteilung im gesamten Lebensablauf eine wesentliche Rolle für die Freizeitgestaltung. Je nachdem, ob man von der täglichen Freizeit, vom Wochenende, von den Ferien oder vom Ruhestand spricht, stehen andere Bedürfnisse und Erwartungen und damit auch andere Freizeitaktivitäten im Vordergrund. So ist z. B. für die tägliche Freizeit vorwiegend die lokale Umgebung, für das Wochenende der regionale Bereich und für die Ferien der überregionale (d. h. der nationale und internationale) Raum von Bedeutung. Schon diese räumlichen Bezugspunkte der Freizeit sind wesentliche Randbedingungen der Planung. Damit wird auch die Kenntnis der künftigen Entwicklung in der Aufteilung der Freizeit für eine Prognose der zu erwartenden Freizeitbedürfnisse erforderlich sein. Die tägliche Freizeit kann bereits mittels Maßnahmen wie Kürzung der Mittagspausen, Verkürzung der Arbeitswege, gleitende Arbeitszeiten usw. verbessert werden. Wie weit eine zusätzliche Verkürzung der täglichen Arbeitszeit gewünscht wird, geht aus den vorhandenen Untersuchungen nicht klar hervor. Gemäß angelsächsischen Quellen besteht zwar eine

Tendenz in dieser Richtung, die Ergebnisse von französischen Studien jedoch weisen umgekehrt auf einen verstärkten Wunsch nach verlängerten Wochenenden und längeren Ferien hin.

Für die Zukunft ist schließlich auch mit einer Vorverlegung des Pensionierungsalters zu rechnen – zumindest mit einer Aufhebung der heutigen starren Altersgrenzen. Dazu kommt die durch den medizinischen Fortschritt und den allgemeinen Wandel der Lebensweise ermöglichte Verlangsamung des physischen und psychischen Alterungsprozesses. Es kann in Zukunft immer mehr zwischen zwei Phasen des Ruhestandes unterschieden werden. Während der ersten Phase (sog. dritte Altersstufe) ist der Mensch praktisch noch im Vollbesitz seiner physischen, psychischen und biologischen Kräfte und wird somit auch seine bisherigen Freizeitaktivitäten weiterhn ausüben. Die zweite Phase (sog. vierte Altersstufe) setzt mit dem Beginn der irreparablen Altersbeschwerden ein; hier werden auch die Aktivitätsmöglichkeiten und die räumlichen Bezugsbereiche immer beschränkter.

8.5 Möglichkeiten und Grenzen raumplanerischer Maßnahmen im Bereich der Freizeit

8.5.1 Raumplanung als Instrument der Freizeitpolitik

Die vorangehenden Überlegungen zeigten deutlich, daß die Probleme der Freizeit nicht als isolierte soziale Phänomene zu betrachten sind, sondern immer nur in ihrer Verknüpfung mit der Gesamtheit der sozialen Erscheinungen beurteilt werden können. Eingriffe und Verlängerungen in den verschiedenen gesellschaftlichen Bereichen wirken sich auf den Freizeitbereich aus. Daher ist es auch unmöglich, die Probleme der Freizeit lediglich mit raumplanerischen Mitteln lösen zu wollen. Die Raumplanung kann zwar einen positiven oder negativen Einfluß auf die Freizeitgestaltung ausüben; dieser Einfluß ist jedoch in der Regel *indirekter* Art. So kann z. B. die Planung und der Bau eines neuen Wohnquartiers dank seiner baulichen Struktur soziale Kontakte erleichtern oder erschweren; Wunsch oder Verzicht auf Nachbarschaftskontakte hängen selbst aber nicht von baulichen Maßnahmen, sondern von anderen sozialen Faktoren ab.

Raumplanung steht immer im Rahmen eines bestimmten gesellschaftspolitischen Konzepts. Damit sind auch im Freizeitbereich raumplanerische Maßnahmen als Instrumente zur Verwirklichung freizeitpolitischer Ziele zu betrachten. Ihre Möglichkeiten liegen darin, gesellschaftlich wünschbare Tendenzen zu unterstützen bzw. gesellschaftlich unerwünschte Entwicklungen zu behindern.

Am Ausgangspunkt raumplanerischer Konzepte muß daher immer die Frage nach den Zielen stehen, die als wünschbar gelten. Sie sind notwendigerweise mit Vorstellungen von menschlicher Existenz und mit Wertentscheidungen verbunden. Der Planer muß hierüber Klarheit haben, will er sich nicht dem Vorwurf aussetzen, durch seine Maßnahmen wünschbare Entwicklungstendenzen zu blockieren bzw. unerwünschte Entwicklungen zu fördern.

Die Grundgesetze vieler moderner Staaten beruhen auf den Grundwerten der Demokratie. Raumplanung soll damit alle Ziele unterstützen, die mit der Vorstellung einer demokratischen Gesellschaft übereinstimmen. Das Problem besteht dabei darin, diese Vorstellung zu konkretisieren, damit sich daraus operable Planungsziele ableiten lassen. Demokratische Planung erfordert eine Vergrößerung des Freiheitspotentials aller Bevölkerungsgruppen. Sie soll das Ziel der optimalen Befriedigung von Bedürfnissen und der optimalen Entfaltung der geistigen, emotionalen, sozialen und physischen Lebensmöglichkeiten von Gesellschaft, Gruppen und Individuen unterstützen. So wird etwa die Forderung nach freier Selbstverwirklichung des Menschen, nach seiner Emanzipation von Bedingungen, die seine Entfaltung behindern, nach der Unterscheidung zwischen notwendigen oder willkürlichen Einschränkungen seiner Bedürfnisse gerade für die Freizeitpolitik und damit auch für die Freizeitplanung von zentraler Bedeutung.

Die Kritik an den heutigen gesellschaftlichen Bedingungen bezieht sich im wesentlichen auf die bestehende Diskrepanz zwischen den formal garantierten Ansprüchen auf freie Entfaltung und den effektiven Möglichkeiten ihrer Verwirklichung. Eine entsprechende Freizeitpolitik kann hier Korrekturen und Entwicklungen einleiten, um diese Diskrepanzen abzubauen – allerdings nicht ohne Veränderungen und entsprechende Bestrebungen in den übrigen gesellschaftlichen Bereichen, so vor allem etwa im Bereich der Arbeit, des Wohnens, der Familie, der Politik.

Die Beeinflussung freizeitpolitischer Ziele mittels raumplanerischer Maßnahmen erfolgt auf zwei Ebenen:

- Auf der mikrosoziologischen Ebene der Individuen und Gruppen: Im Vordergrund steht die Verwirklichung der Chancengleichheit, d. h. der Abbau von Ungleichheiten bezüglich der verfügbaren Freizeit sowie die Öffnung des Zugangs der verschiedenen Freizeitaktivitäten für alle Gruppen.
- Auf der makrosoziologischen Ebene der Gesellschaftspolitik: Hier geht es um die allgemeine Steuerung der Entwicklung (Förderung oder Behinderung) der verschiedenen Freizeitfunktionen und -aktivitäten.

Die beiden Betrachtungsebenen sind – wie schon früher erwähnt – voneinander letztlich nicht trennbar. Beide stehen im Rahmen der Basiswertung, daß Raumplanung im Dienste einer Verbesserung der demokratischen Lebensmöglichkeiten zu stehen hat. Dabei werden Konflikte zwischen den verschiedenen Zielen nicht ausgeschlossen. So steht etwa der Verbesserung des Grades an Freiheit und Autonomie der Abbau von Privilegien und die Förderung der als gesellschaftlich wünschenswert betrachteten Freizeitaktivitäten gegenüber.

8.5.2 Raumplanung und Chancengleichheit im Freizeitbereich

Zur Chancengleichheit in der Freizeit gehört zunächst ein Abbau in den Unterschieden, die zwischen den sozialen Gruppen bezüglich der *verfügbaren Länge der Freizeit* bestehen. Die Länge der Freizeit (tägliche Freizeit, Wochenende oder Ferien) ist ja nicht bloß ein quantitatives Problem, sondern sie beeinflußt zum Teil recht stark auch den Inhalt der Freizeit, d. h. die Freizeitaktivitäten selbst. Benachteiligung in der Verfügung über Freizeit kann damit eine doppelte Diskriminierung bedeuten und so zu einer erheblichen Ungleichheit der Chancen führen.

Die Ursachen dieser Diskrepanzen in der verfügbaren Freizeit sind allerdings sehr unterschiedlich – und deshalb sind auch den Einflußmöglichkeiten der Raumplanung mehr oder weniger enge Grenzen gesetzt.

Nicht durch raumplanerische Maßnahmen beeinflußbar sind jene zeitlichen Unterschiede, die auf den spezifischen Arbeitsbedingungen (Länge der Arbeitszeit) einzelner Gruppen beruhen (z. B. Landwirte, Pflegepersonal). In die gleiche Gruppe gehören auch die Jugendlichen in bestimmten Ausbildungsphasen (Schularbeiten, Abendkurse) oder die verheirateten Frauen infolge der bestehenden gesellschaftlichen Rollenverteilung. Verbesserungen für solche Gruppen setzen Veränderungen der Arbeitsbedingungen (Verkürzung der Arbeitszeit, flexible Arbeitszeiten usw.), der Bildungsprogramme (z. B. Weiterbildung während der Arbeitszeit) oder sogar tiefergehende gesellschaftliche Strukturänderungen voraus (z. B. Änderung der Arbeitsteilung zwischen Mann und Frau). Ein Erfolg raumplanerischer Maßnahmen ist überall dort möglich, wo die Ursachen der Unterschiede in der verfügbaren Freizeit bereits räumlicher Art sind – oft sogar eine direkte Folge bisheriger Planung. Im Vordergrund dürfte vor allem der durch den Arbeitsweg bedingte Verlust an effektiver Freizeit stehen. Planerische Maßnahmen können hier auf zwei Ebenen einsetzen: auf der Ebene der Stadtplanung einerseits und der Ebene der Verkehrsplanung andererseits.

Zum ersten Bereich gehört die bekannte städteplanerische Forderung nach einer besseren Durchmischung der städtischen Funktionen. Eine solche Durchmischung verkürzt nicht nur den Weg zwischen Arbeits- und Wohnplatz, sondern vermindert gleichzeitig auch die Distanzen zu den Freizeiteinrichtungen. Eine Verbindung der Vorteile der Konzentration mit jenen der Dezentralisation von Freizeiteinrichtungen wird vom raumplanerischen Prinzip der „dezentralisierten Konzentration“ angestrebt, ein Prinzip, das heute ganz allgemein auf der landesplanerischen Ebene zur Diskussion steht. Dezentralisierte Standorte sind räumlich und sozial besser erreichbar, die Konzentration verschiedenartiger Einrichtungen andererseits fördert die Attraktivität und die Auswahlmöglichkeiten. Die räumliche Standortwahl der Freizeiteinrichtungen hängt im übrigen wesentlich davon ab, ob diese Einrichtungen für ihre Funktionsfähigkeit ein attraktives städtisches Zentrum benötigen (z. B. kulturelle Einrichtungen) oder nicht (z. B. Sport- und Spielplätze).

Dort wo eine Dezentralisierung der Freizeit bzw. der Arbeitsplätze nicht möglich oder sinnvoll ist, wo diese räumliche Trennung der menschlichen Aktivitätsbereiche die Überwindung von Distanzen erfordert und damit die effektiv verfügbare Freizeit beeinträchtigt wird, können verkehrsplanerische Maßnahmen einsetzen. Gerade im Freizeitbereich sind noch zahlreiche Verbesserungen möglich. Die bisherige Verkehrsplanung war fast ausschließlich auf den Berufs- und Wirtschaftsverkehr ausgerichtet. Die Bedürfnisse des Freizeitverkehrs wurden erst allmählich erkannt; dies gilt insbesondere für den Ausbau des öffentlichen Verkehrs. Dabei geht es nicht nur um eine Verkürzung der eigentlichen Fahrzeiten, sondern vor allem um eine Verbesserung des Fahrplans (Häufigkeit der Fahrgelegenheiten). Die Auswirkungen dieser Verbesserungen auf die Freizeit sind sicher regional und international verschieden. So ergab etwa eine Analyse der Pendlermobilität aufgrund der Volkszählung 1970 für die Schweiz allgemein erstaunlich kurze Pendlerdistanzen. Für rund 60 % der Berufstätigen und Schüler beträgt der Zeitaufwand pro Wegstrecke weniger als $^1/_4$ Stunde ([8,4]), Verhältnisse, wie sie sicher für die großstädtischen Agglomerationen in der Bundesrepublik nicht zutreffen. Solche Maßnahmen zur Verminderung von Ungleichheiten in der verfügbaren Freizeit dürften zwar für die tägliche Freizeit die offensichtlichsten Auswirkungen haben. haben; ähnliche Überlegungen gelten aber auch für das Wochenende und in extremen Fällen für die Ferien.

Chancengleichheit bezieht sich nicht nur auf die Länge der Freizeit. Sie ist ebenso sehr eine Frage der faktischen Zugangsmöglichkeiten zu den verschiedenen Freizeitaktivitäten. Wirtschaftliche und soziale Schranken schließen Gruppen wie soziale Unterschichten, Frauen, Vorstadtbewohner, Landbevölkerung, Ausländer oder Betagte von wesentlichen Bereichen der Freizeit aus oder behindern deren Integration. Die Ursachen solcher Unterschiede im Zugang zu den Freizeitmöglichkeiten sind wiederum überwiegend sozialer und nicht räumlicher Art. Es sind also nicht in erster Linie räumliche, sondern soziale Schranken abzubauen. Dies geschieht einerseits durch die allgemeine materielle Besserstellung benachteiligter Gruppen und andererseits durch entsprechende Reformen im Erziehungs- und Bildungsbereich, durch sozial- und betriebspädagogische Maßnahmen (z. B. umfassende Vorbereitung auf den Ruhestand), durch eine bewußte Assimilationspolitik bei den Ausländern, durch gewerkschaftliche Aktionsprogramme etc. Dieser notwendige Abbau der sozialen Distanzen benachteiligter Gruppen zu zahlreichen Freizeitmöglichkeiten kann durch raumplanerische Mittel unterstützt werden. Im Vordergrund stehen dabei wiederum Maßnahmen im Bereich der Siedlungs- und Verkehrsplanung. Neben der bereits erwähnten Verbesserung der funktionalen Mischung sowie der verkehrsmäßigen Erreichbarkeit geht es selbstverständlich auch darum, das Angebot an Freizeiteinrichtungen allgemein zu erhöhen, und zwar vor allem an jenen räumlichen Standorten, wo solche Einrichtungen bisher fehlen (z. B. Sport- und Spielmöglichkeiten sowie dezentralisierbare kulturelle Einrichtungen in den Wohnvororten der Städte und in den ländlichen Regionen).

8.5.3 Raumplanung und die Steuerung von Freizeitinhalten

Neben der Verbesserung der Chancengleichheit für benachteiligte Gruppen müssen in einem freizeitpolitischen Konzept ganz allgemeine Vorstellungen entwickelt werden, welche Funktionen und Aktivitäten zu fördern, welche zu bremsen sind. Raumplanung ist hier wiederum ein Hilfsinstrument mit begrenzten Einflußmöglichkeiten.

Eine fortschrittliche Freizeitpolitik legt das Schwergewicht ihrer Förderungsmaßnahmen einerseits auf Funktionen und Aktivitäten, die der Persönlichkeitsentwicklung dienen, sowie auf den Ausbau der sozialen Partizipation andererseits.

Auf die gesamtgesellschaftliche Bedeutung einer konsequenten Förderung der Persönlichkeitsentwicklung und der Möglichkeiten der Selbstentfaltung wurde bereits früher hingewiesen. Mit wachsendem Lebensstandard breiter Bevölkerungsgruppen sowie mit dem Ansteigen des durchschnittlichen Bildungsniveaus besteht auch ein zunehmendes Bedürfnis nach einer aktiven, kreativen und kulturell anspruchsvolleren Freizeitgestaltung. Die planerische Unterstützung dieser Tendenz liegt im Bau entsprechender Einrichtungen und in der Gewährleistung ihrer Erreichbarkeit.

Die Forderung nach sozialer Partizipation hängt eng mit dem Ziel der Persönlichkeitsentwicklung zusammen; auch sie ist nicht in erster Linie eine Frage raumplanerischer Maßnahmen. Fehlende soziale Kontakte können verschiedenste Ursachen haben, wie etwa: soziale und kulturelle Schranken zwischen sozialen Gruppen, die in der urbanen Umwelt bestehende Tendenz zur Anonymität und zu funktionell bedingten Kontakten, die heutige Kleinfamilie, der betonte Gegensatz zwischen privatem und öffentlichem Bereich etc.

Die Wohnung gilt als primärer Freizeitbereich. Deshalb ist es naheliegend, die zukünftige Planung von Wohngebieten und Wohnungen auf die wünschbaren freizeitpolitischen Ziele hin zu überprüfen. Die Mehrheit der Bevölkerung konnte bisher kaum echt Einfluß nehmen auf die Gestaltung des Wohnbereichs. Es sind die Wohnungseigentümer, die darüber entscheiden, welcher Lebensraum dem Mieter zur Verfügung stehen soll. Eine der wesentlichen Forderungen dürfte die Flexibilität der Wohnungen sein. Wohnungen müssen veränderbar sein im Hinblick auf die sich wandelnde Lebenssituation des Bewohners. Ein weiterer Einwand gegen den heutigen Wohnungsbau richtet sich gegen die zu einseitige Verfestigung des Bedürfnisses nach Privatsphäre. Diese Kritik mündet in die Forderung nach vermehrter Schaffung von Gemeinschaftseinrichtungen. Die heutige Abtrennung von Wohnräumen für Kleingruppen erschwert die soziale Partizipation, vor allem die heutige Hochbauweise behindert Kontakte und Kommunikation. Besonders stiefmütterlich werden die speziellen Bedürfnisse der Kinder im bestehenden Wohnungsbau behandelt. Die kleinen Kinderzimmer machen eine wünschbare Entfaltung der kindlichen Aktivitäten unmöglich; der Rest der Wohnung ist weitgehend die Domäne der „Erwachsenen“. Auch in der Umgebung der Wohnung fehlen Einrichtungen aller Art für Kinder, die der physischen, psychischen und intellektuellen Förderung dienen und soziale Erfahrungen mit Gruppen Gleichaltriger erleichtern. Im besonderen ist hier auf das Problem der Kinderspielplätze hinzuweisen; weder Größe noch Ausstattung werden den Bedürfnissen der Kinder gerecht. Eine Fülle interessanter pädagogischer Hinweise zu diesen Problemen enthält eine von der Arbeitsgruppe „Freizeitpädagogik“ der Universität Hamburg erarbeitete freizeitpädagogische Grundlagenstudie (siehe [8,46]).

Ein weiterer Bereich, in dem raumplanerische Maßnahmen eingesetzt werden können, sind Freizeiteinrichtungen in der Schule. Die Räumlichkeiten der Schule bieten auch in der schulfreien Zeit große Möglichkeiten, sofern sie flexibel ausgestaltet sind. Allerdings setzt dies entsprechende organisatorische Bedingungen voraus, denen die heutige Schule nur in Ausnahmefällen gerecht wird.

Die Wohnung bzw. die Wohnumgebung dient vor allem der täglichen Freizeit. Die Raumplanung muß sich aber auch vermehrt mit der Gestaltung der Wochenend- und Ferienräume befassen. Dabei sind wiederum die besonderen Bedürfnisse der Kinder und Jugendlichen von jenen der Erwachsenen zu unterscheiden und in der Planung zu berücksichtigen.

Der Förderung wünschenswerter bzw. heute zu wenig entwickelter Freizeitaktivitäten steht die Bremsung unerwünschter bzw. heute zu einseitig geförderter Freizeittätigkeiten gegenüber. Es handelt sich vor allem um den Abbau der vorwiegend kompensatorischen Verhaltensweisen. Dabei sollen etwa Funktionen wie die Erholung, die Entspannung, die Unterhaltung, die Zerstreuung oder der Konsum durchaus ihren Platz im Bereich der Freizeitgestaltung haben. Zu verhindern ist lediglich ihr Übergewicht oder sogar ihre Ausschließlichkeit. Verstärkt werden diese kompensatorischen Freizeitbedürfnisse vor allem durch physische und psychische Überforderungen am Arbeitsplatz sowie durch die mit der städtischen

Lebensumwelt verbundenen Streßsituationen. Es geht also zunächst darum, diese Bedingungen zu verbessern, um zu verhindern, daß Erholung, Zerstreuung und Konsum zu den ausschließlichen Freizeitwünschen für breite Bevölkerungsgruppen werden. Die Raumplanung hat ihre Bedeutung wiederum als unterstützendes Hilfsmittel im Rahmen einer Vielzahl von Maßnahmen, und zwar einerseits durch die Bereitstellung geeigneter Freizeiteinrichtungen und andererseits durch eine Verbesserung in der planerischen Gestaltung des Arbeitsbereichs und der städtischen Umwelt insgesamt.

8.5.4 Die Erarbeitung von Planungsrichtlinien

Im Rahmen des Themas „Freizeit und Raumplanung" können grundsätzlich verschiedenste Problemebenen angegangen werden, nach ihnen richtet sich der Konkretheitsgrad der Aussagen. Im vorliegenden Beitrag wurde bewußt auf die Vermittlung eigentlicher „Rezepte" für den Planungspraktiker verzichtet. Eine umfangreiche Planungsliteratur enthält Details über den Bau und die Größe von Sportanlagen, Spielplätzen, Gemeinschaftszentren, Theatern usw. Solche Planungsrichtlinien sind jedoch solange äußerst fragwürdige Instrumente, wie die fundamentalen sozialen Zusammenhänge, welche ihnen zugrunde liegen, nicht geklärt sind oder nicht transparent gemacht werden. Dies gilt sowohl bezüglich der freizeitpolitischen Absichten, die mit planerischen Maßnahmen unterstützt werden, als auch bezüglich jener vielfältigen sozialen Einflußfaktoren, durch welche das Freizeitverhalten und die Freizeiterwartungen der einzelnen Bevölkerungsgruppen bestimmt werden. Es war das Ziel dieses Beitrages auf einige Aspekte dieser Zusammenhänge hinzuweisen. Die bessere Kenntnis dieser Probleme liegt nicht nur im engeren Interesse der Freizeitsoziologie, sondern sie liefert auch dem Planer Hinweise über Bedeutung, Wirkungsweise, Möglichkeiten und Grenzen seiner Bemühungen. Der sozialwissenschaftlichen Forschung fällt in erster Dringlichkeit die Aufgabe zu, diese Grundlagen zu erweitern und für die Planung aufzuarbeiten. Erst mit diesem Grundlagenwissen wird es in weiteren Arbeitsschritten möglich sein, konkrete, theoretisch und empirisch genügend abgesicherte Richtlinien für die Freizeitplanung dem Planungspraktiker als brauchbare Arbeitsinstrumente zur Verfügung zu stellen.

Literatur

[8,1] *Andreae, C. A.:* Ökonomik der Freizeit. Hamburg 1970.
[8,2] *Bassand, M., u. Ch. Lalive d'Epinay:* Loisir et mobilité spatiale. Etat des connaissances et problématique. Genève, Département de Sociologie/Bern, Stab GVK-CH 1974.
[8,3] *Bassand, M.:* Urbanisation et loisir. In: Society and Leisure 1 (1971).
[8,4] *Baumgartner, C., W. Beutler u. J. Oetterli:* Die Pendlermobilität in der Schweiz. Eine Auswertung der Volkszählung 1970. Stab der Kommission für die Schweizerische Gesamtverkehrskonzeption, Bern 1974.
[8,5] *Blancpain, R., u. E. Häuselmann:* Zur Unrast der Jugend. Eine soziologische Untersuchung über Einstellungen, politische Verhaltensweisen und ihre gesellschaftlichen Determinanten. Frauenfeld, Stuttgart 1974.
[8,6] *Blücher, V.:* Freizeit in der industriellen Gesellschaft. Stuttgart 1956.
[8,7] *Bolte, K. M.:* Deutsche Gesellschaft im Wandel. Bd. I u. II. Opladen 1967 u. 1970.
[8,8] *Chombard de Lauwe, P.:* Famille et habitation. Bd. II. Paris 1960.
[8,9] *Chombard de Lauwe, P.:* Des hommes et des villes. Paris 1970.
[8,10] *Crozier, M.:* Employés et petits fonctionnaires parisiens. In: Revue „Esprit" 1969.
[8,11] *Cullingworth, J. B.:* Planning for leisure. In: Urban Studies, Bd. I, 1964.
[8,12] Datar (Délégation à l'Aménagement du Territoire et à l'Action Régionale): Une image de la France en l'an 2000. Schéma général d'aménagement de la France. La documentation française. Paris 1971.
[8,13] *Dumazedier, J.:* Vers une civilisation du loisir? Paris 1962.
[8,14] *Dumazedier, J., u. A. Ripert:* Troisième âge et loisir. In: Revue internationale des sciences sociales 15, Nr. 3 (1963).
[8,15] *Dumazedier, J., u. A. Ripert:* Le loisir et la ville. Tome I. Paris 1966.
[8,16] *Dumazedier, J., u. A. Ripert:* Loisir et culture. Paris 1966.
[8,17] *Dumazedier, J., u. M. Imbert:* Espace et loisir dans la société française d'hier et de demain. Centre de Recherche d'Urbanisme. Paris 1968.
[8,18] *Dumazedier, J.:* Sociologie empirique du loisir. Critique et contre-critique de la civilisation du loisir. Paris 1974.

[8,19] *Emnid-Institut:* Dokumentation zur Freizeitliteratur. Bielefeld 1969.
[8,20] *Emnid-Institut:* Freizeit im Ruhrgebiet. Bielefeld 1971.
[8,21] *Fourastié, J.:* Les 40'000 heures. Paris 1965.
[8,22] *Fourastié, J.:* Die große Hoffnung des 20. Jahrhundert. Köln 1974.
[8,23] *von Friedeburg, L.:* Jugend in der modernen Gesellschaft. Köln, Berlin 1965.
[8,24] *Friedmann, G.:* Leisure and Technological Civilisation. In: International Social Science Journal. Bd. 12, 1960.
[8,25] *Giesecke, H.:* Freizeit- und Konsumerziehung. Göttingen 1971.
[8,26] *Gleichmann, P.:* Sozialwissenschaftliche Aspekte der Grünplanung in der Großstadt. Stuttgart 1963.
[8,27] *Govaerts, F.:* Loisir des femmes et temps libre. Institut de Sociologie de l'Université libre. Bruxelles 1969.
[8,28] *de Grazia, S.:* Of time, work and leisure. The Twentieth Century Found. New York 1962.
[8,29] *Hanhart, D.:* Arbeiter in der Freizeit. Bern, Stuttgart 1964.
[8,30] *Haseloff, W.:* Mensch und Gesellschaft im Jahr 1985. Prognosen zukünftiger Entwicklungen in der Bundesrepublik Deutschland. Sigma Institut. Berlin 1972.
[8,31] *Held, T., u. R. Levy:* Die Stellung der Frau in Familie und Gesellschaft. Frauenfeld, Stuttgart 1974.
[8,32] *Hessischer Ministerpräsident* (Hrsg.): Großer Hessenplan – Landesentwicklungsplanung. Wiesbaden 1970.
[8,33] *Höbermann, F., u. N. Prosenc:* Kritische Zeitschriftenbibliographie der Freizeitsoziologie. Seminar für Sozialwissenschaften. Hamburg 1970.
[8,34] *Höbermann, F.:* Kritische Bibliographie der Bücher und Sammelwerke zur Freizeitsoziologie. Seminar für Sozialwissenschaften. Hamburg 1971.
[8,35] *Hoffmann, H.:* Der Ausflugs- und Wochenendausflugsverkehr in der BRD. Deutsches Wirtschaftswissenschaftliches Institut an der Universität München. München 1973.
[8,36] *Illich, I.:* Die sogenannte Energiekrise oder die Lähmung der Gesellschaft. Hamburg 1974.
[8,37] *Kahn, H., u. A. Wiener:* Ihr werdet es erleben. Voraussagen der Wissenschaft bis zum Jahr 2000. Hamburg 1971.
[8,38] *Kaplan, M.:* Leisure in America. A social inquiry. New York 1960.
[8,39] *Kluth, H.:* Freizeit im Schatten der industriellen Arbeit. Göttingen 1966.
[8,40] *Külp, B., u. R. Müller:* Alternative Verwendungsmöglichkeiten wachsender Freizeit. Göttingen 1973.
[8,41] Kursbuch 27: Planen – Bauen – Wohnen. Berlin 1972.
[8,42] *Lanfant, M. F.:* Les théories du loisir, P. U. F. Paris 1972.
[8,43] *Larrue, J.:* Loisir ouvriers et partizipation sociale. In: Sociologie du travail 5, Nr. 1 (1963).

[8,44] *Oetterli, J., u. Y. North:* Teilleitbild Gesellschaft. Sekundärteil, Institut für Orts-, Regional- und Landesplanung der ETH. Arbeitsdokument im Rahmen der Landesplanerischen Leitbilder der Schweiz. Zürich 1971.
[8,45] *ORL-Institut:* Landesplanerische Leitbilder der Schweiz. Schlußbericht. Institut für Orts-, Regional- und Landesplanung der ETH. Zürich 1971.
[8,46] *ORL-Institut:* Freizeit und Raumplanung. Resultate von Literaturanalysen in den Bereichen Soziologie, Pädagogik, Medizin, Institut für Orts-, Regional- und Landesplanung der ETH. Zürich 1974.
[8,47] *Pfeil, E.:* Die Familie im Gefüge der Großstadt. Hamburg 1965.
[8,48] *Pirker, T.:* Drei Tage Arbeit – Vier Tage Freizeit. In: Die Gesellschaft der nächsten Generation. München 1966.
[8,49] *Prohaska, L.:* Mensch und Freizeit als pädagogisches Problem. Wien, München 1962.
[8,50] *Schelsky, H.:* Die skeptische Generation. Düsseldorf, Köln 1957.
[8,51] *Scheuch, E. K., u. R. Meyersohn:* Soziologie der Freizeit. Köln 1972.
[8,52] *Schneider, A.:* Familienstruktur und Freizeitverhalten. Institut für vergleichende Sozialforschung. Köln 1960.
[8,53] *Szalai, A.* (Hrsg.): The use of time. Daily activities of urban and suburban populations in twelve countries. Den Haag, Paris 1972.
[8,54] *Thomae, H.:* Beziehungen zwischen Freizeitverhalten, sozialen Faktoren und Persönlichkeitsstruktur. In: Psychologische Rundschau. Bd. II, 1960.
[8,55] *Touraine, A.:* La société post-industrielle. Paris 1969.
[8,56] *Unesco Institut für Pädagogik* (Hrsg.): Evolutions of the Forms and Needs of Leisure. Hamburg 1962.
[8,57] *UNO/ONU:* Les loisirs des travailleurs dans les sociétés modernes industrialisées. New York 1969.
[8,58] *Wiechert, K.:* Mehr Freizeit – mehr Aufgaben für die Städte. In: Der Städtetag. N. F. II. Stuttgart 1958.

Sach- und Personenregister

FSC
www.fsc.org
MIX
Papier | Fördert
gute Waldnutzung
FSC® C083411

Kolibri 360 GmbH
Ferdinand-Jühlke-Straße 7
99095 Erfurt, Deutschland
produktsicherheit@kolibri360.de